中国农业产业技术发展报告——2022

农业农村部科技教育司
财政部科教和文化司　　主编
农业农村部科技发展中心

中国农业科学技术出版社

图书在版编目(CIP)数据

中国农业产业技术发展报告．2022 / 农业农村部科技教育司，财政部科教和文化司，农业农村部科技发展中心主编．--北京：中国农业科学技术出版社，2023.8
ISBN 978-7-5116-6391-7

Ⅰ．①中… Ⅱ．①农…②财…③农… Ⅲ．①农业产业-技术发展-研究报告-中国-2022 Ⅳ．①F320.1

中国国家版本馆 CIP 数据核字(2023)第 149625 号

责任编辑 穆玉红 倪小勋
责任校对 马广洋
责任印制 姜义伟 王思文

出 版 者 中国农业科学技术出版社
北京市中关村南大街 12 号 邮编：100081
电 话 (010) 82106626(编辑室) (010) 82109702(发行部)
(010) 82109709(读者服务部)
网 址 https://castp.caas.cn
经 销 者 各地新华书店
印 刷 者 北京建宏印刷有限公司
开 本 185 mm×260 mm 1/16
印 张 22.25
字 数 580 千字
版 次 2023 年 8 月第 1 版 2023 年 8 月第 1 次印刷
定 价 88.00 元

《中国农业产业技术发展报告 2022》

前　言

收集、整理、分析产业及技术发展动态信息，为政府决策提供咨询，为社会发布技术成果信息和技术需求信息是现代农业产业技术体系（以下简称“体系”）的重要任务之一。为了进一步促进体系对产业发展基础信息资料的收集与总结，强化体系对产业发展的技术支撑作用和效能，2022 年，我们组织水稻、玉米、小麦、大豆、大麦青稞、谷子高粱、燕麦荞麦、食用豆、马铃薯、甘薯、木薯、油菜、花生、特色油料、棉花、麻类、糖料、蚕桑、茶叶、食用菌、中药材、绿肥、大宗蔬菜、特色蔬菜、西甜瓜、柑橘、苹果、梨、葡萄、桃、香蕉、荔枝龙眼、天然橡胶、牧草、生猪、奶牛、肉牛牦牛、肉羊、绒毛用羊、蛋鸡、肉鸡、水禽、兔、蜂、大宗淡水鱼、特色淡水鱼、海水鱼、虾蟹、贝类、藻类 50 个体系的首席科学家牵头编写了《中国农业产业技术发展报告 2022》，供各级农业及相关行业行政主管部门、科研教学单位、推广机构和各类企事业单位参考和借鉴。由于水平所限，书中如有疏漏之处，敬请读者指正。

2023 年 7 月

目　录

2022年度水稻产业技术发展报告

（国家水稻产业技术体系）

一、国际水稻生产与贸易概况

（一）生产

根据联合国粮食及农业组织（FAO）2022年12月发布的报告，2022年全球大米产量预估达到5.13亿吨，比2021年减少2.4%。除中国以外的主要生产国家，印度、孟加拉国、印度尼西亚、越南、泰国大米产量分别为12 467万吨、3 565万吨、3 564万吨、2 756万吨、2 247万吨，分别比2021年减少4.31%、减少0.56%、增长2.31%、减少3.31%、增长1.10%。

（二）贸易

2022年全球大米贸易量5 445万吨，比2021年增加5.54%。大米出口量前5位的国家为印度、泰国、越南、巴基斯坦、缅甸，出口量分别为2 200万吨、756万吨、644万吨、480万吨、230万吨，分别比2021年增长9.02%、增长52.11%、减少2.87%、增长22.20%、增长21.05%。大米进口量前5位的国家为中国、菲律宾、尼日利亚、伊拉克、科特迪瓦，进口量分别为577万吨、363万吨、242万吨、190万吨、160万吨，分别比2021年增长32.64%、64.25%、5.22%、48.44%和10.34%。

（三）市场

2022年国际大米价格（指泰国曼谷25%破碎率大米价格）由每吨419美元涨至454美元，涨幅8.4%，年度内价格呈震荡上行趋势。导致国际米价上涨的主要因素包括：2022年印度部分地区干旱少雨，水稻种植面积下降，减产显著，印度加大国内新季稻谷收购力度导致出口供应减少；受印度大米出口限令以及市场担忧，泰国、越南联合提高大米出口价格；巴基斯坦、美国因极端天气导致稻谷减产、出口量下降；加之俄乌冲突后国际大米需求和粮食流通成本增加等因素影响，国际大米价格震荡上行。

二、国内水稻生产与贸易概况

（一）生产

据国家统计局数据，2022年全国水稻播种面积4.42亿亩①，较2021年减少706.7万亩，减幅1.6%，主要是全国农业种植结构调整和局部地区遭遇灾害天气等；受南方水稻主产区高温干旱影响，2022年稻谷亩产472千克，降低2.2千克，减幅0.5%；总产20 849.5万吨，减产434.8万吨，减幅2.1%；面对极端恶劣天气影响，2022年面积和单产虽略微下降，但总产仍稳定在2亿吨以上。

（二）贸易

2022年，我国大米进口量再创历史新高。据中国海关统计，2022年1—12月累计，

---

① 1亩≈667平方米，全书同。

我国进口大米 619.4 万吨，比 2021 年增长 24.6%，进口额 26.63 亿美元，同比增长 19.1%，主要进口来源国分别为印度、巴基斯坦、越南、缅甸和泰国。出口量基本稳定，2022 年 1—12 月累计，我国出口稻谷和大米 219.0 万吨，出口额 9.46 亿美元，分别比 2021 年减少 10.5%和增长 0.5%；出口的主要国家有埃及、土耳其、塞拉利昂、韩国和巴布亚新几内亚。受国内饲料加工需求拉动，碎米进口量明显增加，2022 年 1—12 月，我国累计进口碎米 352.6 万吨，占大米进口总量的 56.9%，进口量同比增长 40.1%，进口占比提高 6.2 个百分点。

（三）市场

据统计，2022 年受主产区水稻生长期间高温、洪涝等灾害天气因素综合影响，全国稻米年均价为 3 768.48 元/吨，同比下滑 5.2%。其中价格高点为 3 803 元/吨，低点为 3 751.9 元/吨，高低价差 51.1 元/吨。

三、国际水稻产业技术研发进展

（一）遗传改良

英国牛津大学植物科学系团队联合澳大利亚光合作用卓越转化研究中心、堪培拉澳大利亚国立大学生物研究院植物科学部等多家研究机构，开发出一个用于水稻的启动子系统。该系统包括合成的类转录激活物效应子（dTALEs）和同源合成的 TALE 激活启动子（STAP），可实现多基因的可调节且组织特异性的表达，为多个转基因表达的微调控提供了一种强有力的途径。得克萨斯农工大学研究人员使用多重 CRISPR/Cas9 基因组编辑技术，将含有 4 个 *SBE* 基因 sgRNAs 的 Cas9 载体转化到美国水稻品种 *Presidio* 中，可显著增加水稻中平均抗性淀粉含量，比受体品种 *Presidio* 高 10%～15%。华中农业大学谢卡斌团队和美国宾夕法尼亚州立大学杨亦农等研究人员利用基因编辑手段，通过改变水稻靶标蛋白的磷酸化修饰，实现了产量和免疫力的双重提升。香港浸会大学/香港中文大学王冠群和湖南农业大学叶能辉等团队合作，克隆了首个水稻温敏雌性不育基因，并解析了由其介导的温敏雌性不育调控的新机制。

（二）栽培与施肥

随着信息技术和智能农机装备生产技术的发展，国际稻作智慧型农业技术正在水稻生产环节中快速研发应用。在农机农艺融合方面，日本进一步提高插秧机的单机工作效率，高速插秧机速度可达 1.86 米/秒，同时研发出多用途的复式作业插秧机，如实时监测土壤肥力的插秧机，实现变量施肥，增加耙地轮，减少插秧机转弯对稻田的破坏，增加撒布除草剂、杀菌剂，减少稻田杂草发生；研发出具有自动驾驶功能的插秧机，能够实现辅助直线行走与自动转弯等功能。同时，日本持续应用密播稀植和覆膜机插技术，大幅度降低了水稻育秧机插作业成本，减少了除草剂的使用，显著提高了经济效益。在肥水高效利用方面，日本农协与德国巴斯夫公司合作，引进了 Xarvio 数字农业解决方案，将积累了大量耕种数据的人工智能（AI）技术与卫星每日收集到的数据相结合，农户可以在智能手机或其他设备上详细查看每块稻田的生长情况，根据土壤和水稻生长情况，自动调整化肥用量，在最恰当的时间施放最合适数量的化肥，还能预测病虫害发生，提供适宜区域的水稻种植管理方案。

（三）病虫草害防控

在病害研究方面，Shahid 等明确了生物合成 ZnO NPs 可显著减少稻平脐蠕孢和稻尾孢的孢子萌发，并且崩解这两种真菌的菌丝，与商业杀菌剂在室内的致病性测定相比较，能有效控制水稻病害，揭示了生物合成的 ZnO NPs 是潜在的抗菌剂。Kawano 等在水稻中发现了一种新的小分泌蛋白 IRP1，其在水稻免疫中作为植物细胞因子发挥作用，调节 MAPK 和 *OsWRKY* 表达，增强几丁质和其他信号通路，过表达可增强水稻对稻瘟病菌的抗性。Sun 等研究发现水稻 DELLA 蛋白 *SLR1* 是 GA 信号通路中的主要负调节因子，水稻病毒编码的病毒蛋白都通过促进与 GA 受体 *OsGID1* 的结合直接触发 *SLR1* 的快速降解，这些独立进化的病毒蛋白破坏了 *SLR1* 介导的广谱抗性，中断了 *SLR1* 和 JA 信号之间的功能串扰。在虫害研究方面，Adiredjo 等在水稻中鉴定了一个新的抗褐飞虱基因 *Bph44*，并将其定位在水稻 4 号染色体上，研究表明该基因可有效防控褐飞虱；Kim 等解析了外源赤霉酸和茉莉酸甲酯增强水稻抗性作用的机制机理，从而达到减少水稻白背飞虱的胁迫作用。在草害研究方面，Lu 等发现除草剂 DU 会引起水稻中抗性相关激素如 JA、ABA 和 SA 的含量上调及其他分子调控信号通路的积极响应。

（四）产后处理及加工

随着生活水平的不断提高，人们对稻米的综合食用品质也日益重视。Liu 等通过挤压膨化技术生产了 GI 值为 53.6 的低 GI 重组米，该米可有效降低人体食用后的升糖速度；大米抗性淀粉具有抗消化性，能够调节血糖血脂；Sun 等发现大米淀粉浆浓度为 18%，高压釜 115℃下糊化 80 分钟时，抗性淀粉产率显著提高，最高可达 9.78%；Paramee 等也通过超声处理得到了络合程度和抗性淀粉含量都比较高的复合物，并且其体外生物活性优异，可用于功能性食品制备。米糠作为大米的加工副产物，是一种优质的蛋白质来源。Cho 等开发了一种低温处理脱脂米糠方式来制备高纯度、高产量米糠蛋白，得到的蛋白不仅溶解度得到提升，乳化性和起泡性都较大豆蛋白更为优秀，是一种优质的乳化食品蛋白来源，成功解决了传统米糠蛋白提取产量低的问题。

（五）产业机械化

高端农机装备代表着农业生产力最高水平，是提高生产效率、转变发展方式的物质基础，也是国际农机装备产业技术竞争的焦点。2022 年，全球农机市场整体呈增长趋势，亚太地区农业机械需求持续扩大，西欧和北美农机装备水平、产业及产值稳定性较高；欧美形成了约翰迪尔、凯斯纽荷兰、爱科、克拉斯和赛迈道依茨五大农机集团；日本形成了以久保田株式会社为首的四大农机生产巨头，已形成国际巨头规模化竞争和中小企业细分市场竞争并存的局面。国际水稻机械化整体已实现了“系列化、专业化、精细化、信息化、自动化、智能化”逐步推进，其机械化智能化水平最高的国家为日本，水田高地隙动力底盘配套无级变速、液压驱动等功能，高标准田埂修筑实现了不停机实时监测转向，智能化激光平地精准度极高，秧盘育秧配备自动输苗、精准栽植、覆膜栽植、振动平衡及智能监控等功能，水田株间除草可实现精确识别且除草率达 80%以上，联合收获机适于平原规模化和丘陵山区轻简化需求，具有完整的成套种子加工与谷物产后综合利用装备体系，整体智能农机装备已实现了数字化柔性制造与定制化全生命周期服务。同时基于自动导航的自动化、智能化、无人化技术被广泛应用于农业机械。智慧农业正加速推广，农业机械化、智能化有效促进了国际农业机械发展。

四、国内水稻产业技术研发进展

（一）遗传改良

王克剑团队和李家洋团队合作，成功在水稻中开发出高效引导编辑系统，可以在基因组的靶位点处实现任意碱基替换和小片段精准删除、插入，为推动引导编辑在农业育种、作物改良等方面的快速应用奠定了技术基础。曹晓风团队和杨远柱团队合作详细解析了翻译核糖体亲和纯化（TRAP）技术对株 1S 及其野生型近等基因系生殖细胞特异性的翻译组，为促进温敏型两系不育系的遗传改良提供理论依据和基因资源储备。中国农业科学院深圳农业基因组研究所组织攻关，与中国农业大学等多家单位合作，组装了 251 份高质量的水稻基因组，构建出目前植物中群体规模最大的、基因组充分注释的、稻属中最为系统的超级泛基因组，极大促进了水稻功能基因挖掘和水稻种质资源利用。周文彬团队在水稻中发现了一个高产基因（*OsDREB1C*），能够同时提高光合作用效率和氮素利用效率，可实现提高作物产量 30%以上。储成才团队和高彩霞团队合作发现了调控水稻、小麦穗发芽问题的两个“开关”，包括负调控种子休眠的关键基因 *SD6* 和正调控种子休眠的基因 *ICE2*，两个基因“双剑合璧”，有望为因种子穗发芽导致的大规模农业损失提供解决方法。严建兵团队联合中国农业大学李建生和杨小红团队，发现玉米 *KRN2* 和水稻 *OsKRN2* 基因受到趋同选择并通过相似的途径调控玉米和水稻的产量，并解析了玉米和水稻趋同选择的遗传规律，为作物驯化的机理解析和未来作物育种奠定了重要理论基础。

（二）栽培与施肥

研发了一批水稻轻简智能绿色低碳丰产高效农机农艺融合新技术，杂交稻和再生稻丰产高效栽培技术、水稻有序抛秧栽培技术、杂交稻精准播种育秧机插栽培技术及单本密植大苗机插、水稻无人机精量穴播种植技术、水稻机插智能育供秧模式与技术、水稻生物降解地膜覆膜机插技术、水稻智能灌溉系统和好氧灌溉减排技术、水稻一次性施用控混节氮高效施肥技术和有机肥替代化肥技术、水稻秸秆炭化还田等新技术新模式的推广应用，为攻克水稻生产瓶颈，进一步推动我国水稻高产高效种植和规模化机插生产提供了技术支撑，其中“水稻机插智能育供秧模式与技术”“节水抗旱稻旱直播节水栽培技术”和“水稻机插缓混一次施肥技术”入选农业农村部 2022 年农业主推技术；熟化了一批不同区域粮油多熟制主导模式，建立了早稻—连作晚稻—青花菜、早稻—鲜食秋大豆—油菜、早稻—连作晚稻—油菜等多熟制栽培技术模式，为稳粮保供提供了强有力支撑。强化了水稻高低温灾害防控技术的应用，因地制宜制定防灾减灾技术措施，积极应对了南方夏季极端高温干旱天气和东北苗期低温天气对水稻生产的影响，为水稻减灾保产提供了技术措施。

（三）病虫草害防控

在病害研究方面，朱小源团队首次挖掘鉴定了一个显性高效的水稻细条病抗性新基因 *Xo2*，并建立一套水稻白叶枯病原菌系变异监测新技术。赵弘巍团队明确了 OsPRMT5-OsAGO2/miR1875-OsHXK1 模块调控水稻对稻瘟病菌的防御能力，杨俊团队构建了含广谱抗瘟基因 *Pi-h263*（*t*）的 F_3 分离群体，并精细定位在水稻 12 号染色体上的 10.70～13.27M，均为稻瘟病抗性研究提供了新的思路。魏松红团队研究发现，生防菌 SNZC-48 对水稻纹枯病有防治效果，烯肟菌胺和啶氧菌酯与 SHAM 复配组合可提高稻曲病的田间防治效果，为水稻大田病害防治提供了技术支撑。周雪平团队成功开发了我国水稻黑条矮缩病毒 dot-ELISA 快速检测试剂盒和传毒介体带毒率检测试剂盒，并得到市场大面积的生产和应用。在虫害研究方面，娄永根团队通过对水稻诱导抗虫剂 4-氟苯氧乙酸、SC-30、稻飞虱天敌引诱剂等研究发现，改变表面活性剂和助剂，可显著提高水稻诱导抗虫剂 4-氟苯氧乙酸对稻飞虱的防治效果。方继朝团队研究发现，在水稻播种前利用氯虫苯甲酰胺、三氟苯嘧啶和噻呋酰胺进行拌种处理，可有效防治水稻病虫草害，并撰写形成了一套直播粳稻主要病虫草害绿色防控技术规程。傅强团队研发了一套准确率大于 90%的褐飞虱不同抗级水稻智能模型，为水稻褐飞虱的防治提供了有效的技术平台。在草害研究方面，陆永良团队建立了 3 种模式的杂草防控技术体系，在水稻杂草防控过程中发挥了重要作用。

（四）产后处理及加工

稻米适度加工成为我国近年来的研究热点。刘颖等将精白米和糙米进行复配，并以冲调性、体外消化性、流变性等作为研究指标，最终确定了精白米与糙米粉的配比为 2：8 的综合品质最佳复配糙米粉，解决了糙米营养丰富，但口感及消化特性较差的问题。白琼等探究了微波高压、微波常压、高压蒸煮、常压蒸煮 4 种不同熟化方式对糙米粉的抗氧化、降血糖活性影响，开发了一种营养成分较高的全新糙米软雪饼产品，为稻米适度加工产品提供了参照依据。发芽糙米作为一种富含 γ-氨基丁酸（GABA）的适度加工产品，近年来备受关注。温翠娟等采用循环加湿的非浸泡方法不仅能够降低传统浸泡法过程中糙米的爆腰率，减少用水量，而且 GABA 含量也得到了显著富集和提升。陈冠华等研究发现发芽糙米能够有效调节 2 型糖尿病患者的血糖水平，降低不良反应发生率，并改善患者的生活质量。留胚米因保留胚芽以及部分皮层，富含较多营养物质。林玉辉等基于一种新型的柔和型大米抛光辊的球磨抛光机，采用混合纤维介质碾制大米的方法，实现了规模化生产高留胚率的留胚米。姚钢等研究发现适当的 γ 射线处理能够抑制储藏期间留胚米蛋白质的氧化和二硫键的生成，提高留胚米对水、油脂和风味物质的保持力，延缓留胚米品质劣化。

（五）产业机械化

国内水稻机械化领域在高效节种保苗、肥药减施增效、植保提质增产、机收粮食减损、稻米产后多元化、智慧农业关键技术等方面取得一定进展。在高效节种保苗方面，持续推进水稻工厂化育秧进程，推广带有侧深施肥功能插秧机及配备撒播器植保无人机。植保提质增产方面，研发多种配备风幕防飘、恒压和变量喷洒系统的喷杆喷雾机，强化机械、栽培、品种集成配套。在机收粮食减损方面，推动降低生产各环节损耗浪费，完善水稻种植与收获减损作业标准和操作规范，研发适度规模经营和丘陵山区作业的智能绿色高效收获机，特别针对再生稻收获装备开展专项科技攻关。在稻米产后多元化方面，研发和试验示范先进、智能的储粮机械，加大绿色热源烘干设备推广力度，完善从单一的大米产品向优质米蛋白、米淀粉、米糠油及稻壳发电等深加工及综合运用的循环经济模式。在智慧农业应用方面，促进物联网、大数据、移动互联网、智能控制、卫星定位等信息技术在农机装备和农机作业上的应用，在黑龙江、广东等水稻主产区建立数字化无人农场，加快推广应用农机作业监测、维修诊断、远程调度等信息化服务平台。在高效机械化生产体系方面，加快选育、推广适于机械化作业、轻简化栽培的品种，种子处理、高效植保、产地烘干、秸秆综合利用等环节与耕种收环节机械化集成配套，促使良种、良法、良地、良机配套，为全程机械化作业、规模化生产创造条件。

（国家水稻产业技术体系首席科学家　程式华　提供）

2022年度玉米产业技术发展报告

（国家玉米产业技术体系）

一、国际玉米生产与贸易概况

（一）全球玉米总产量小幅下降

2022年度全球玉米产量小幅下降。美国农业部预测2022/2023年度全球玉米收获面积预计为2.02亿公顷，同比减少360万公顷；玉米产量预计为11.69亿吨，同比减少4 860万吨，同比下降4.0%。

受干旱影响，美国2022年度玉米播种面积为3 586万公顷，同比下降5.0%；产量约3.53亿吨，减少2 990万吨，同比下降7.82%。受地缘政治风险冲击，乌克兰2022年度玉米播种面积为460万公顷，同比下降16%；产量约3 150万吨，减少1 050万吨，同比下降25%。受极端高温和干旱影响，欧盟2022年度玉米产量预计5 620万吨，下降1 500万吨，同比下降20.8%。南美地区2022/2023年度玉米产量预期迎来大幅增长，巴西玉米产量预计1.27亿吨，增长1 400万吨，同比增加12.5%；阿根廷玉米产量预计5 500万吨，增长350万吨，同比增加6.8%。

（二）全球玉米总贸易量同比上升

全球玉米总贸易量同比上升。2021/2022年度全球玉米总出口量为2.04亿吨，比上年度增长8.5%；总进口量为1.84亿吨（进出口差额受统计口径及运输尚未到达等因素影响），与上一年度基本持平。主要出口国家包括美国（6 278万吨）、阿根廷（3 550万吨）、巴西（4 650万吨）和乌克兰（2 698万吨）。主要进口国家和地区包括中国（2 062万吨）、欧盟（1 978万吨）、墨西哥（1 757万吨）、日本（1 500万吨）、韩国（1 150万吨）和埃及（976万吨）。

（三）全球玉米价格波动较大

2022年国际玉米价格大幅波动。1—2月，国际玉米价格连续走高，保持了连续6个月的涨势。受俄乌冲突影响，3—4月国际市场玉米价格继续强势上涨，4月芝加哥期货交易所（CBOT）玉米主力合约收盘价上涨至322美元/吨。5月美国玉米播种进度加快，CBOT玉米期价下跌。进入6月，美国玉米主产区高温少雨，CBOT玉米价格恢复上涨。但6月16日美联储加息75个点，玉米价格结束了此前连续8个月上涨的态势。6月末美国农业部公布的玉米种植面积数据利空加剧玉米价格下跌速度，6月CBOT玉米主力合约收盘价环比下降7.7%，月末降至每吨246美元，创2022年2月以来新低。8月，受欧盟和美国中西部地区高温以及美国出口减少影响，玉米价格回弹。9月国际市场玉米价格持续上涨，9月CBOT玉米期货收盘价平均为266.5美元/吨，环比增7.4%。

2022年12月，美国玉米近月船期运抵我国南方港口的到岸税后平均价为2 931元/吨，国内南方港口玉米平均成交价格为3 022元/吨，国内外平均价差91元/吨，自2022年1月以来美国玉米进口利润重现。

二、国内玉米生产与贸易概况

（一）2022 年我国玉米产量创历史新高

受大豆扩种政策影响，2022 年我国玉米播种面积小幅下降。2022 年东北地区积极扩种大豆，推行大豆、玉米合理轮作，黄淮海、西北、西南地区推广大豆玉米带状复合种植，受内部种植结构调整影响，全国玉米播种面积 4 307 万公顷，同比减少 25.4 万公顷，减幅 0.6%；玉米单产 6.436 吨/公顷，同比增加 145.5 千克/公顷，增幅 2.3%；2022 年全国玉米总产量 27 720 万吨，同比增加 465 万吨，增幅 1.7%，再创历史新高。

（二）我国玉米需求略有上涨

2022 年玉米需求略有上涨。2022 年一、二季度玉米加工量仍有所增长，但三、四季度受开工率下降等影响，全年玉米工业消费同比持平；生猪价格上涨导致养殖企业补栏积极性提高，玉米饲料消费同比上升。2022 年全国玉米饲用需求约为 1.82 亿吨，与 2021 年相比增加 400 万吨；玉米深加工实际玉米消耗量约为 7 700 万吨，与 2021 年基本持平，加上玉米直接食用消费，全年玉米总需求量为 2.89 亿吨，比 2021 年略有上涨。

（三）我国进口玉米数量同比下降，进口来源发生变化

2022 年我国进口玉米数量同比下降。中国海关数据显示，2022 年我国进口玉米 2 062 万吨，同比减少 773 万吨，减幅 27.3%。自美国进口 1 486.4 万吨，占比 72.1%；自乌克兰进口 526.3 万吨，占比 25.5%。

我国玉米进口来源从乌克兰转向美国，并首次从巴西进口玉米。2022 年 4 月后乌克兰玉米到港量急剧下降，与此同时，我国增加了对美国玉米的采购。俄乌冲突后，美国玉米价格持续上涨，随着美元持续走高，巴西玉米的比价优势逐渐增大。目前已经解决检验检疫技术问题，全国首批散船进口的巴西玉米已在 2023 年 1 月初到港。

三、国际玉米产业技术研发进展

（一）基础研究为未来玉米育种产业技术奠定重要基础

基因组学的发展为玉米遗传研究与改良提供了关键基础信息。2022 年在基因组学和功能基因组学研究领域，获得了包含 700 余份玉蜀黍材料的泛基因组信息及其特征，为解析玉米进化过程提供了重要信息。在玉米新基因挖掘与功能解析、产量品质和抗性等重要性状形成的分子机制与调控网络研究方面，挖掘出控制玉米穗行数的关键基因 *KRN2*，同时控制籽粒品质和氮素利用效率的关键基因 *THP9*，解析了玉米根系发生规律及其形态形成的遗传基础，克隆了果穗长度控制基因 *YIGE1*，苗期耐冷关键基因 *bZIP68*、*ZmICE1*，南方锈病的主效抗病基因 *RppK* 等，这些基因的克隆将为玉米种质的定向改良提供重要靶点。

（二）现代育种技术持续发展，绿色环保、智慧农业生产成为种子产业技术创新方向

在单倍体育种技术研究上，通过遗传选择使单倍体诱导效率进一步提升，使用具有 *ZmC1* 和 *ZmR* 的转基因标记诱导系使幼胚鉴别更加简化、高效，节省 80%的幼胚分离工作量，进一步提高了纯系创制的效率。随着液相芯片等新型高通量基因型鉴定成本的不断降低，结合规模化双单倍体纯系的基因型和表型数据驱动的智能育种技术已形成并正在不断熟化。通过过表达 *Bbm* 和 *Wus2* 等基因和转化方法优化，玉米遗传转化效率不断提升，同时可转化的玉米遗传背景逐渐多元化。基因编辑的应用和诱导编辑的熟化，进一步缩短

了作物定向改良周期，提升了玉米遗传改良的精准性和效率。此外，新型转基因抗虫、抗除草剂的转化事件不断丰富，为玉米绿色生产提供了更多解决方案。

（三）玉米绿色增产增效技术研发不断深化

绿色增产增效技术研发一直是国际玉米产业科技的热点。重视通过现代生物学手段改良玉米株型结构及根系构型提升光温肥水等资源效率，强化玉米秸秆还田、休耕轮作、生物耕作和施用土壤改良剂等用养结合的可持续生产技术应用。重视缓控释肥、液体肥、生物肥等新型肥料投入，开展区域氮磷面源污染综合分析和评价，应用精准化和智能化的灌溉施肥装备，适应集约化和规模化农场的肥水高效管理。

（四）微生态调控土壤健康提升生态系统服务和控制玉米病害进入快速发展期

当前，国际研究热点聚焦通过调控土壤微生物群落可改善土壤健康、提高土壤肥力、增强根际免疫、降低病虫害发生、减少化肥农药施用、提高作物产量，从而减低农业生产过程中资源消耗、缓解环境污染。通过多样化种植和选用耐瘠抗逆品种可大幅提高粮田健康水平，应用不同有机物料配合功能微生物菌剂可通过对土壤微生物种群和活性的定向消减土壤障碍，改善土壤微生态环境。

在玉米产业中，利用生防微生物或其代谢产物防控病虫草害和降解籽粒毒素是产业发展的前沿。国际上，大量的生防微生物正在被发现，木糖氧化酶无色杆菌（ISD04）处理种子能使茎腐病为害程度降低 72.6%。以芽孢杆菌、假单胞菌、木霉等为主防治镰孢菌病害和叶部病害，以苏云金杆菌、绿僵菌、球孢白僵菌、核型多角体病毒为主防治鳞翅目等虫害正被大范围开发和大面积应用。

（五）玉米加工精深化、专用化、高值化技术持续创新

近年来，国际上玉米深加工技术研发与创新主要集中在玉米精深加工与高值化综合利用效率提升方面。在新一代生物信息及柔性智能制造等新技术的引领下，功能性淀粉与功能性糖及其衍生物高效生物转化、柠檬酸与氨基酸等有机酸生物发酵产品、聚乳酸为代表的环境友好生物材料等玉米精深加工产品生产技术愈加成熟。副产物秸秆高值化利用方面，秸秆与农膜塑料等废弃物混合热解气化、炭化制备新材料以及糠醛类生物燃料绿色化学生产等技术工艺都得到了有效提升，定向制备合成了多种高值产品。

（六）高端智能农机装备引领玉米生产机械化发展

欧美等发达国家玉米生产全程机械化技术先进，向着大型、高效、智能、精准方向发展。John Deere、Precision Planting 和 Väderstad 等公司生产的电驱精量播种机，作业速度可达 20 千米/时，播种合格率达到 97%。Case New Holland 和 Claas 等公司生产的玉米联合收获机，割台达到 24 行，每小时可收获玉米籽粒 138 吨，作业效率高。采用土壤—机器—植物信息智能感知、作业信息在线检测、卫星导航、无线通信、智慧决策与农机自主作业等技术与玉米生产机械装备融合，实现了高效率、精准化的播种、施肥、田间管理、收获等作业。建立了玉米全程机械生产的精准管理决策平台，大幅提高了作业效率和质量。

四、国内玉米产业技术研发进展

（一）种源与技术协同创新，助力玉米种业发展

在种质创新方面，重点围绕高产高效、耐密抗逆、抗病虫、优质专用、适宜机收等关键性状，通过种质资源的精准鉴定和深度挖掘，利用单倍体、分子标记、基因编辑等生物技术创制、筛选出资源高效、抗病抗虫、籽粒脱水快等目标性状突出、杂种优势类群明确的优异种质，其中“玉米骨干亲本自交系京 2416 创制及其系列杂交品种培育”获得北京市科技进步奖一等奖。通过前育种体系的构建、种质的持续改良与创新，创制出一批耐密抗倒、抗病性好、熟期适宜、配合力高、适宜籽粒机收的新种质。

玉米育种技术正从传统杂交育种方式向生物技术育种方式转变，创建的玉米单倍体育种高效技术体系已大范围应用，以单核苷酸多态性（SNP）差异为基础的第三代分子标记辅助选择技术、全基因组选择技术、基因组编辑技术开始在我国玉米育种中应用。创制了工程化色素强化标记高效单倍体诱导系，提高了鉴定准确率。克隆了种子发育和活力形成的关键基因 *smk-wl10*、*Dek504* 并解析了调控机制。克隆了抗南方锈病关键基因 *RPPM*，并利用分子标记辅助选择，实现对多个自交系高抗南方锈病的定向改良。建立高效 CBE 与 ABE 碱基编辑技术，编辑效率分别达到 70% 和 80%。融合了尿嘧啶 DNA 糖化酶抑制剂（UGI）的 CRISPR/Cas9 型胞苷脱氨酶，实现了对玉米乙酰乳酸合成酶基因 *ZmALS1* 和 *ZmALS2* 的靶向突变。利用全基因组关联分析挖掘到一个玉米苗期抗旱新基因 *ZmCa4*，定位一批磷高效、产量和抗性主效 QTL 位点及其候选新基因，预测了 2 个与茎秆弯折角度显著相关的候选基因，并设计了有效的 KASP 标记，用于分子标记辅助育种。

培育出龙单 206、京科 271、中单 168 等一批高产、早熟、抗倒、耐密、收获时籽粒含水量与破损率低的宜机收玉米新品种。

（二）玉米高产高效协同绿色生产技术取得新进展

系统阐明玉米密植高产高效群体结构特征与光合有效辐射及热量资源的定量关系，建立了丰产抗逆减灾技术 5 项，“夏玉米丰产抗逆高效关键技术创建与应用”获 2019—2021 年度全国农牧渔业丰收奖二等奖。开展玉米专用控释配方肥及机械化一次性施肥技术的熟化与大面积应用，设计适用于各主产区玉米高产绿色低碳系统的有机—无机专用控释配方肥 8 种，与国内大型新型肥料企业合作组织生产与示范，建立了“玉米控释配方肥免追高效施肥技术”，2022 年连续入选农业农村部主推技术。创建了条带耕作密植增产增效技术，显著提高了秸秆还田下玉米出苗率和群体质量，入选 2022 年农业农村部主推技术。创新玉米墒情监测与灌溉预报技术，创建的“玉米密植高产滴灌水肥精准调控技术”，实现节水省肥与高产协同，入选 2022 年中国农业农村重大新技术，获 2019—2021 年度全国农牧渔业丰收奖一等奖。

（三）基于保障粮食安全的土壤健康管护技术取得重要进展

开展东北半干旱区秸秆全量还田条件下玉米养分综合管理关键技术研究，研发出黑土地保护专用绿色有机复合调理剂产品，创新形成的秸秆颗粒原位快速制作与快速培肥技术入选“科创中国”农业“卡脖子”技术榜，构建的东北黑土区轻度苏打盐碱耕地培肥、西北沿黄灌区盐碱地改土排盐、滨海中度盐碱地高效阻盐与扩容增效等技术模式列入农业农村部主推技术。同时，研发出南方红黄壤快速降酸培肥关键技术，创制醌基改性秸秆炭等土壤污染修复和地力提升新产品 6 个；提出黄淮南部麦玉两熟区“合理耕作调结构、秸秆还田培地力”为核心的耕层调控途径，建立了生物炭基产品高效培肥增产等技术，大面积应用氮肥利用效率提高7~10 个百分点。

（四）病虫草害绿色防控技术研发与应用进一步提升

建立了我国自主研发的高空测报灯和昆虫雷达为主的害虫迁飞活动监测技术体系，利用迁飞轨迹模型对害虫迁飞虫源地、途经区域和降落地的理论预测研究已达国际先进水平。筛选出对双斑长跗萤叶甲防治效果较好的 48%噻虫胺种衣剂，变成虫防治为幼虫防治。创建育苗盘撒施颗粒防治鲜食玉米苗期草地贪夜蛾新技术，减少苗期喷雾 1~2 次，21 天防效在 75%以上。研发的适合植保无人机撒施的微型颗粒剂造粒技术，对草地贪夜蛾等玉米害虫防效显著。以木霉—芽孢杆菌生物种衣剂为主，结合防控药剂在高效控制病虫害的前提下，大幅度降低化学农药的施用量。生物除草剂研发进一步受到重视，获得一种抑制杂草萌发的菜籽粕生物除草剂，能够有效控制杂草生长，与化学除草剂复配减药效果显著。玉米病虫害一体化防控技术不断完善，并在玉米主产区大面积推广应用。

（五）我国玉米资源综合利用技术及精深加工产品开发取得突破

当前我国玉米加工环节仍然存在"低端加工产能过剩、高端需求供给不足、贮藏玉米存在损失"的结构性问题。系统开展玉米食品品质提升关键技术研究，突破了场辅助生物修饰与老化控制、多级变温挤出质构重组、营养组配和协同增效等关键技术，开发出系列玉米健康食品在全国粮食加工重点企业进行应用转化，相应成果入选"2022 中国食品科技十大进展"。研发了秸秆热解、水热炭化、成型燃料等提质增效调控技术，开发了移动式热解炭化、高效分离预处理、调控合成中链脂肪酸等高值利用新技术与新工艺。

（六）我国高效精准农业机械化技术发展迅速

玉米生产机械装备仍以小型为主，正在逐步向高端智能方向发展。农机北斗无人驾驶、天空地一体化监测、变量播种施肥施药等大马力、高速、宽幅、高效农机装备研发应用取得一定进展，适合丘陵山区玉米生产作业的轻简型耕整地、播种、植保、收获机械化技术装备得到较快发展。卫星导航定位、智能监控、物联网、人工智能、大数据等先进技术正逐渐在玉米生产中示范应用。开展了电驱高速精量排种、变量施肥、变量施药、玉米联合收获机作业工况参数监测与智能控制的研究，玉米复杂性状的表型—模型融合解析技术和面向玉米健康需水、需氮过程的智慧水肥决策模型研究取得实质进展，建立了无人作业示范农场。

（七）我国玉米产业技术发展建议

1. 藏粮于种，发掘优异种质夯实产业基础

加大种质资源创新利用，针对收集到的玉米地方品种资源，开展产量、抗穗粒腐病、抗旱性、耐热性等重要性状的鉴定评价以及基因型鉴定；挖掘抗旱重要基因资源，优化完善抗穗腐病、氮磷养分高效利用等性状高通量精准鉴定体系。提升以配合力为核心的遗传改良水平，强化分子设计和单倍体等技术应用。开展碱基编辑技术优化与创新，以及基于基因编辑技术的种源创制技术。应用已构建的高效前育种循环改良技术体系和模式，通过杂优模式的创新设计和基础材料集成改良，综合利用外引和本土化优异种质构建基础群体，以性状和配合力测试为主，构建四大玉米主产区前育种技术体系，创制宜机化优异新种质。优化创新我国杂种优势利用模式，配制杂交组合；统筹品种鉴定平台，构建四大区多环境规模化和数字化性能测试体系，研发大数据智能化技术，实现育种、种子生产和质量检控的全流程应用。

2. 藏粮于地，提升耕地质量保障粮食安全

围绕土壤健康与质量提升，开展耕地培肥改良与利用、禾豆轮作地力提升、产地面源污染综合防控技术的研发与应用，创新以轮耕轮作、秸秆还田和生物改良的土壤质量提升关键技术，不断优化提升土壤耕作和有机无机结合培肥技术；研发重金属污染土壤的修复和安全利用技术，创新不同区域土壤障碍因子消减技术；研发以微塑料为代表的新污染物溯源与阻控技术，构建不同生态区地力提升与绿色可持续生产模式。同时加强用地养地相结合，不断提高土壤质量水平，实现玉米安全生产和持续高产。

3. 藏粮于技，绿色生产技术实现可持续发展

围绕产量与效率协同提升，开展玉米生产系统群体定量栽培理论与关键技术研究，探究不同土壤环境下控释肥养分释放规律，推广应用配方控释肥一次性施用技术；创新玉米水分亏缺信息无损感知与需水精准诊断技术，融合密植高产农艺技术与滴灌水肥一体化工程措施，创新玉米密植群体抗倒防衰关键技术，构建不同区域密植滴灌技术模式并应用。揭示玉米非生物逆境危害特征及其致灾的生物学机制，研发抗御减灾关键技术与缓解逆境的调控产品，实现玉米丰产高效与绿色可持续生产。

4. 创新全程一体化绿色防控技术体系，保障玉米生产安全

加强玉米镰孢菌病害、南方锈病和白斑病等重要病害的发生、流行规律、病原菌生活史及侵染规律研究。推广精准包衣技术，促进包衣方案内药剂成分多元化、对靶标病虫害精准防控。建立玉米、大豆带状复合种植模式下病虫草害一体防控技术体系，引导和鼓励以玉米病虫害为防治对象的生物源农药登记。研发玉米新型高效生物除草剂，加大对微生态调控品的支持力度。加快建立玉米重大迁飞性害虫、流行性病害和土传病害的智能化、信息化监测预警技术体系；揭示玉米重大迁飞害虫跨境跨区迁飞规律，提高预警精度时效。

5. 补短板、强弱项，加快玉米生产机械化转型升级

加强农机农艺融合，强化高端智能农机装备的研发，提升精准化水平。结合国家黑土地保护专项行动，重视玉米秸秆粉碎混拌、覆盖还田、条带耕作等机械化技术装备以及“翻、松、旋、免”组合耕作技术模式的研发，加快鲜食玉米收获机械化技术装备、轻简型玉米机械化技术装备和大豆、玉米间作轮作机械化技术装备的研发。构建玉米作物—土壤—气象信息大数据平台与精准灌溉技术装备，加强农机北斗驾驶、天空地一体化监测、高速电驱排种、变量施肥、变量施药、玉米收获智能调控、物联网监控等技术在玉米全程机械化生产过程中的应用，促进玉米生产机械化向高端智能转型升级。

6. 多学科协同提升玉米精深加工与资源利用水平

加快推进玉米产后干燥储藏加工领域保质、减损、增效关键技术研究，阐明玉米采后品质变化及不同加工方式对品质的影响机理，建立组分互作影响及加工应用方向数据平台，构建质量安全控制评价与精准适度加工技术体系，实现产地初加工、精深加工、适度加工和定向改良技术研发。加强秸秆等副产物利用低碳化、高值化及产业化技术研发与应用，优化秸秆热化学与生物转化路径，大力开展秸秆“三素”分离与代谢路径调控技术攻关；围绕智慧储粮、健康食品加工、组分精准分离和智能制造等关键技术与核心装备研发方面实现突破，开展多学科协同攻关，全面提升玉米精深加工产业核心竞争力。

（国家玉米产业技术体系首席科学家　李新海　提供）

2022年度小麦产业技术发展报告

（国家小麦产业技术体系）

一、国际小麦生产与贸易概况

1. 世界小麦产量上升

据联合国粮食及农业组织12月最新发布的报告，预期全球小麦产量有所上升，供求关系基本平衡。2022年全球小麦产量预测为7.812亿吨，较2021年上涨0.4%，原因是加拿大、俄罗斯等几个国家的产量预计将有明显增加，抵消了乌克兰、澳大利亚等国产量的下降。分国家和地区看，欧盟2022年小麦产量为1.36亿吨，同比减少2.52%；中国2022年产量为1.38亿吨，同比增加1.10%①；印度2022年产量为1.07亿吨，同比减少2.55%；俄罗斯2022年产量为9 200万吨，同比增加20.89%；美国2022年产量为4 490万吨，同比增加0.22%；加拿大2022年产量为3 470万吨，同比增加55.61%；乌克兰2022年产量为2 000万吨，同比减少37.89%；澳大利亚2022年产量为3 220万吨，同比减少11.29%。

2. 国际麦价波动增长，总体处历史高位

受俄乌冲突、美国冬小麦产区干旱范围扩大等因素影响，1—2月，国际小麦价格持续上涨；3月，俄乌冲突持续影响黑海地区谷物出口，冬小麦产区生产前景堪忧，支撑国际小麦价格大幅上涨26.8%，达到503.5美元/吨。5月，美国农业部发布的全球供需报告中下调了美国硬红冬麦产量预估，印度发布小麦出口禁令，促使国际小麦价格环比上涨7.6%，高达530.8美元/吨。6—8月，受全球小麦丰收前景等影响，国际小麦价格持续大幅下跌。12月国际麦价下降至386.0美元/吨。

3. 世界小麦贸易量略微下降

2022年世界小麦贸易量预测为1.94亿吨，较2021年水平有所下降（表1）。

表1　2017—2022年世界谷物与小麦供求情况　　（单位：亿吨）

指标	2017年	2018年	2019年	2020年	2021年（估计）	2022年（预测）	2022年比2021年（%）
产　量							
谷物	26.95	26.45	27.14	27.77	28.13	27.56	-2.03
小麦	7.62	7.31	7.60	7.75	7.78	7.81	0.39

① 数据来自联合国粮食及农业组织报告，与后文来自国家统计局的国内小麦产量增幅数据有微小差别。

（续表）

指标	2017 年	2018 年	2019 年	2020 年	2021 年（估计）	2022 年（预测）	2022 年比 2021 年（%）
消费量							
谷物	26. 59	26. 86	27. 10	27. 58	27. 98	27. 77	−0. 75
小麦	7. 39	7. 50	7. 48	7. 62	7. 73	7. 75	0. 26
贸易量							
谷物	4. 23	4. 12	4. 39	4. 80	4. 81	4. 72	−1. 87
小麦	1. 78	1. 69	1. 84	1. 90	1. 96	1. 94	−1. 02
库存量							
谷物	8. 59	8. 32	8. 28	8. 38	8. 58	8. 39	−2. 21
小麦	2. 89	2. 74	2. 84	2. 92	2. 93	3. 00	2. 39

数据来源：联合国粮食及农业组织。

二、国内小麦生产与贸易概况

1. 国内小麦播种面积基本稳定，单产和总产量同比增加

据国家统计局数据，2022 年我国小麦播种面积 2 351. 85 万公顷，比 2021 年减少4. 99 万公顷，同比下降 0. 2%，面积基本稳定；小麦单产 5 856. 00 千克/公顷（390. 4 千克/亩），比 2021 年增加 45. 4 千克/公顷（3. 03 千克/亩），同比增长 0. 8%；小麦总产量为 1. 38 亿吨，比 2021 年增加 77. 7 万吨，同比增长 0. 6%。据国家粮油信息中心 2023 年 1 月最新发布的报告，预计 2022 年我国小麦消费总量 1. 28 亿吨，同比减少 1 869 万吨，主要源于饲用和工业消费的下降，食用消费基本持平；年度结余量 1 957 万吨，同比增加 1 951. 1 万吨。我国小麦供应较为充足，总体供需平衡，为市场稳定奠定了良好基础。

2. 国内麦价波动上涨

2022 年年初，主产区政策性小麦拍卖重启，市场主体普遍看好后市；同时受节前备货、疫情反复等因素影响，部分贸易商持粮待售，小麦价格稳中略涨。2 月，俄乌冲突拉动国际小麦价格大幅上涨，传导影响国内小麦价格，且由于主产区部分地区秋播推迟引发冬小麦减产担忧等因素，国内麦价整体上涨。3 月，国内麦价持续大幅上涨，普通小麦市场价格达到 1. 58 元/斤①，环比涨 11. 0%；优质小麦市场价格达到 1. 69 元/斤，环比涨 12. 6%。6—7 月，夏粮丰收已成定局，主产区小麦集中上市，粮源供应充足，国内小麦价格整体下跌，普通小麦市场价格分别为 1. 54 元/斤和 1. 52 元/斤，优质小麦市场价格分别为 1. 64 元/斤和 1. 58 元/斤。国内小麦价格变化情况详见图 1。

3. 我国小麦进口数量和金额同比略增，出口金额同比增加

2022 年 1—12 月，中国小麦进口量累计为 995. 9 万吨，同比增加 1. 9%；进口额为 38. 4 亿美元，同比增加 24. 6%（图 2）。累计出口小麦产品 14. 6 万吨，同比增加 74. 5%；

① 1 斤=0. 5 千克，全书同。

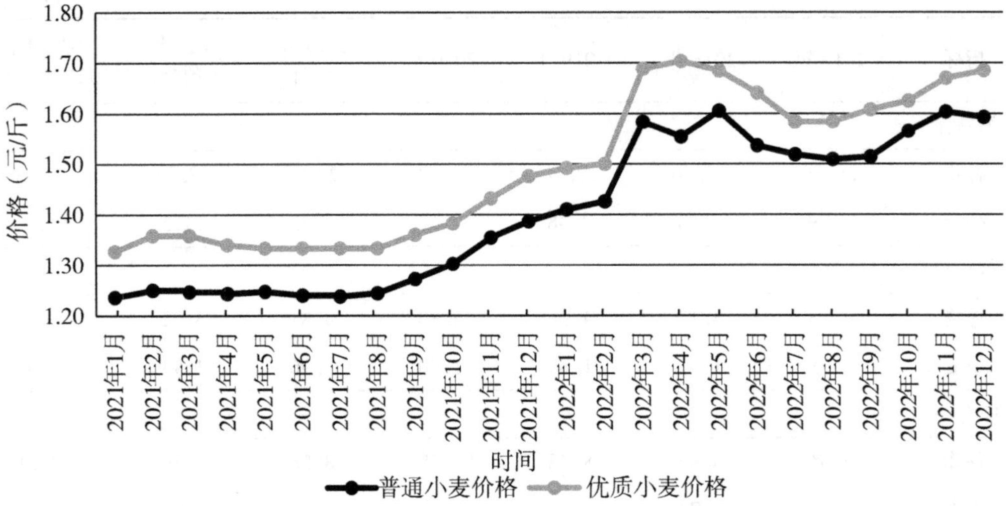

图 1　2021—2022 年河南地区普优麦市场价格变化情况

数据来源：国家粮油信息中心。

出口额为 0.7 亿美元，同比增加 63.9%。总的来看，我国小麦进口数量和金额远大于出口，且呈扩大趋势，小麦进口以澳大利亚、加拿大和法国为主，分别占小麦进口总量的 57.5%、18.0%和 17.1%。小麦出口以我国香港和朝鲜为主，分别占小麦出口总量的 49.9%和 37.9%。

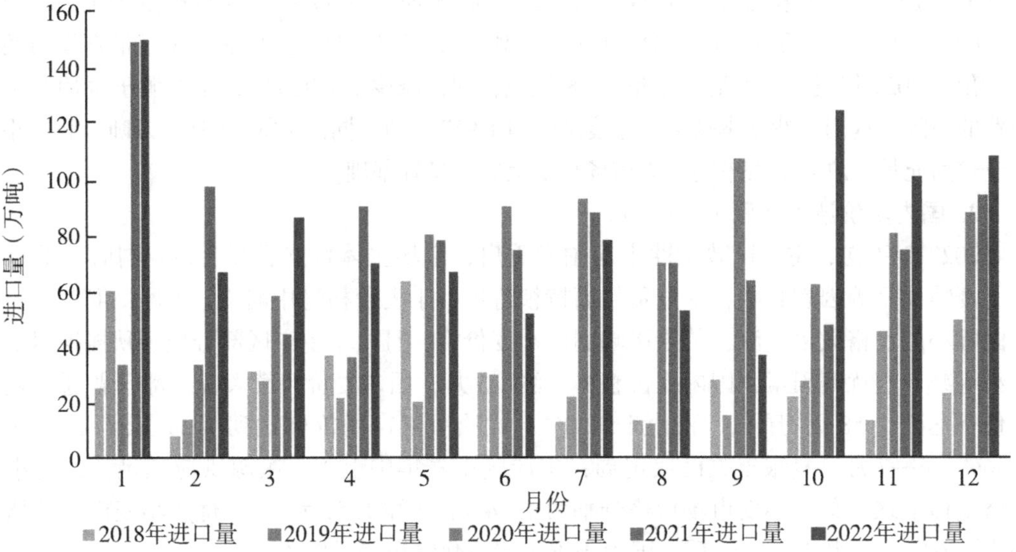

图 2　2018—2022 年小麦产品月度进口量

数据来源：中国海关。

三、国际小麦产业技术研发进展

根据 Web of Science 以小麦为主题词检索，2022 年的小麦 SCI 研究性论文共 13 821

篇，比 2021 年增加 1 421 篇，增幅 11.46%。其中，中国（包括港澳台地区）学者发表论文数仍为最多，共 5 228 篇，占比 37.83%，比 2021 年增加 1 197 篇，增幅 29.69%；美国、印度、巴基斯坦、澳大利亚分列第二至第五位。国际主要小麦研究机构发表有关小麦 SCI 论文数量，中国科学院以 690 篇居国际首位，排名第二至第五位依次是农业农村部、中国农业科学院、西北农林科技大学和中国农业大学。涉及的研究方向前三名为农学、植物科学和生态环境科学。

以知网专利为检索依据，2022 年全球公开的小麦相关专利 4 200 件，比 2021 年增加 2 274 件，增幅 118.07%。其中，授权发明专利 978 件，申请发明专利 2 063 件，实用新型专利 1 105 件。

（一）气候变化形势下小麦品种耐逆性研究需加强

1. 生长条件良好，美国软红冬麦产量和品质好于往年

根据美国农业部数据，2022 年收获的软红冬麦面积 278 万公顷，高于 2021 年的 267 万公顷，也高于 5 年平均值；产量估计为 1 040 万吨，高于 2021 年的 980 万吨，也高于 5 年平均值的 830 万吨。由于生长条件总体良好，调查样品的总体平均等级为美国一等软红冬麦，呕吐毒素（DON）平均值远低于美国农业部 2.0 毫克/千克的要求。品质较为均衡，适合用来制作蛋糕和饼干。

2. 小麦耐盐性与抗旱性存在紧密相关性

小麦苗期遇到盐胁迫时，外源喷施脱落酸类似物，可显著改善小麦幼苗的光合效应、抗氧化酶活性、细胞膜受损状况、渗透调节物质积累等，有效提高小麦的耐盐性。喷施赤霉素结构类似物，可通过提高小麦体内的抗氧化酶活性，改善盐胁迫带来的伤害。水杨酸可显著改善盐胁迫下小麦植株的光合色素含量、矿物质稳态和渗透保护溶质的积累。

3. 小麦耐高温特性研究进展缓慢

培育耐高温小麦新品种是应对全球变暖、实现小麦高产稳产及保障国家粮食安全的有效途径之一。目前在小麦耐高温生理机制研究方面已取得较大进展，但在小麦耐高温分子机制研究方面还相对落后。与水稻相比，小麦耐高温基因挖掘研究进展相对缓慢，目前尚未定位到直接与小麦耐高温特性相关的主效 QTL，已发现的部分耐高温基因的作用机制也不完全清楚。未来小麦耐高温生理与分子机制研究应重点加强耐高温小麦表型精准鉴定技术体系构建、基因挖掘、新材料创制等工作。

（二）科学施肥播种和增加土壤有机基质是实现小麦产量、品质协同提升的关键

1. 合理施用氮肥是提高小麦产量和品质的关键

氮肥是小麦生长最重要和最基本的元素之一，研究发现，即使没有产量的增加，施氮也能够显著提高小麦籽粒蛋白质含量，且施氮量越高，籽粒蛋白质含量越高，但却降低了氮肥利用率，合适的氮肥用量能够优化小麦产量、谷物蛋白、氮吸收和养分利用效率，但其也受地点、年份和环境条件的影响。追施氮肥的次数可以影响小麦的产量和品质，研究发现，3 次叶面追施氮肥较只追施 1 次和 2 次氮肥可以获得更高的小麦产量和更好的籽粒品质。在施氮量 151~200 千克/公顷施肥水平下，分次施氮可以在不降低小麦产量的前提下使籽粒蛋白浓度提高 6.9%，稳定时间提高 14.0%，湿面筋含量提高 7.7%，且只有在孕穗期后期施氮时，分次施氮才能提高小麦的产量和品质。

2. 适宜的播期播量是优化小麦群体结构、实现高产优质小麦生产的关键

Verma 等发现正常播种较晚播能够显著提高小麦产量，在两年田间试验下，晚播与正常播种相比谷物产量分别下降 23.0%和 24.0%，但对每平方米穗数、穗长、每穗可育小穗数、每穗粒数和千粒重的影响相当。播期还影响籽粒品质，Arata 等研究发现，延迟播种较正常时期播种导致蛋白质含量降低 15%，面筋浓度降低 17.9%。播种密度同样影响小麦籽粒品质，Bożek 等发现不同的播种密度对小麦面筋参数的影响不同，播种密度越高，面筋质量参数越低。

3. 覆盖作物影响土壤颗粒态有机碳和矿物结合态有机碳含量及化学组成

作物覆盖是提高干旱半干旱区农田土壤有机碳固存的一项重要管理措施。覆盖作物可通过增加植物残体输入、保护有益土壤微生物、改善土壤团聚体结构等方式提高土壤有机碳固存，但取决于覆盖作物的植物功能类型以及植物残体输入的数量与质量。不同植物功能类型的覆盖作物对分布于土壤不同物理组分中的植物源碳和微生物源碳含量会产生差异化影响，进而会影响土壤有机碳的主要形成途径及稳定性。研究为更好地选择覆盖作物类型以及种植模式，提高农业生态系统土壤有机碳固存提供了重要的理论基础和实践指导。

（三）小麦茎基腐病研究受到重视

1. 充足水分条件下茎基腐病仍导致小麦显著减产

通常认为，茎基腐病所导致的小麦产量损失与开花和灌浆期间的干旱和缺水有关。但 Buster 等的试验表明，在提供充足或高于平均水平的水分条件下，茎基腐病仍能造成显著的产量下降。在不同水分条件下，茎基腐病感染显著减少了小麦的用水量，小麦产量下降了 9.5%。即使所有田间试验点的降水量都高于平均水平，感染茎基腐病后，品种的产量均显著下降。在自然雨水灌溉的情况下，茎基腐病造成的产量损失达 18.4%。在补充灌溉的情况下，小麦产量仍下降 13.2%。小麦灌浆期发生干旱时，茎基腐病造成的产量损失会更严重。病菌侵染后，小麦茎秆长度和生物量减少，根系的长度、生物量和结构也发生了变化，这可能是造成小麦产量损失的重要原因之一。

2. 国际上正在筛选抗茎基腐病小麦种源

Özdemir 等从国际小麦改良中心提供的 200 份春小麦种质资源中筛选出了 26 个品系，加上 6 个当地品系，共 32 个品系对茎基腐病具有抗性。L12 等 4 个品系在成株期和苗期均表现出抗性。进一步的产量鉴定表明，L26 在提高小麦产量和抗病性方面具有较高的潜力，在小麦杂交研究中具有重要的应用价值。Mawcha 等从埃塞俄比亚小麦品种中筛选出 Alidoro 等 10 个品种，多环境条件下在苗期和成株期对茎基腐病表现抗或中抗。这些在苗期和成株期均表现抗或中抗的品种和资源将成为茎基腐病抗性育种的宝贵资源。

（四）低能耗精准管理机械成为新的发展方向

1. 土壤耕整和播种技术向低能耗方向发展

为提升小麦整播作业质量，设计了一种新型耙，研究了影响耕层厚度和土壤耕作阻力的主要因素，通过设计垂直叶片倾斜角降低油耗，减少二氧化碳排放；动力耙在尽可能降低燃料消耗的情况下，采用较高的土壤冲击速度，可有效构建高质量种床。设计使用一种“凹形”免耕播种机，能将小麦种子打入稻茬避免秸秆燃烧，消除了空气污染及燃烧造成的营养物质和有机碳的损失，同时保持或增加了产量。

2. 精准施肥技术已成为研究热点

精准施肥技术是根据土壤养分和作物长势的空间变异，决策生成变量施肥处方图或基于实时传感器获取土壤和作物信息，利用农田精准变量施肥作业机械，在田间因地制宜、定位投入、变量实施。国外市场上几种代表性获取作物营养的传感器，包括美国俄克拉荷马州立大学和 N-tech 公司研制的 GreenSeeker、美国 Holland 公司研制的 RapidSCAN CS-45 等。

3. 改进收获技术提高收获效率

为了解决拨禾轮与柔性切割器干涉造成弹齿和切割器损坏的问题，凯斯纽荷兰公司设计了一种可自动调节弹齿倾角的拨禾轮，采用传感器检测切割器的高度，反映切割器相对于拨禾轮的位置，并通过凸轮和连杆机构实现弹齿倾角调整，有效避免了拨禾轮与柔性切割器碰撞；还设计了一种清选控制系统，主要由控制器、风压传感器以及位于清选风机出风口的风门调节装置组成，通过改变不同出风口的气流，以提高清选质量。

（五）绿色天然及营养健康小麦加工成为主导方向

1. 小麦加工制品的营养健康越来越受到重视

小麦加工产品作为主食和主食原料的主要来源，无论小麦原料的选择、产品的研发、技术的创新都非常关注其绿色、安全、营养、健康。一是偏重于通过小麦原料选择和加工工艺控制调控小麦加工产品的糖代谢水平，如选择培育高抗性淀粉小麦品种，加工中精确把握碾磨强度控制胚乳细胞结构及淀粉粒的损伤等来调控淀粉的代谢；二是通过采用一些特色小麦（如黑麦、紫麦等）开发具有抗氧化功效的营养型健康产品；三是选用白麦来生产全麦粉及产品等。

2. 新技术在传统小麦加工行业开始深度融合和应用

随着信息化和数字化在小麦加工中的应用，数字化小麦粉工厂和智能化小麦粉工厂开始出现；生物技术在小麦加工中的应用革新了加工工艺，促进了新的产品开发，如酶在小麦调质中的应用，可以使小麦调质时间由 16~24 小时缩短至 4~8 小时，提升了加工效率，降低了加工中的微生物污染安全风险；各类物理、化学或生物传感器的应用可以实现小麦加工过程质量的在线控制。

四、国内小麦产业技术研发进展

（一）小麦遗传基础研究进展迅速，抗病和优质种源创新仍需加强

1. 克隆了小麦重要矮秆基因 *Rht8*

我国科学家分别利用优异矮秆突变体和衍生次级分离群体及其近等基因系，图位克隆了小麦抗倒伏育种中普遍应用的矮秆基因 *Rht8*，并开发了基因功能性分子标记，实现 *Rht8* 基因的育种精准利用，加速小麦株高改良的育种进程，为小麦株高调控的机制研究提供了重要理论参考。

2. 拓宽东北春小麦赤霉病抗性种质资源库极为迫切

从东北春麦区小麦赤霉病防治角度看，培育抗病品种是减轻赤霉病为害最根本、最经济的方法，而抗源则是培育抗赤霉病小麦新品种的根本。在 1 592 份东北春小麦种质资源中仅鉴定到中抗赤霉病品种/系 29 份，占比为 1. 82%。相比于我国长江中下游麦产区，东北春麦区小麦赤霉病抗源极端匮乏。充分利用外引赤霉病抗性种质，拓宽东北春小麦赤霉病抗性种质资源库极为迫切。迄今为止，*Fhb1* 基因在东北春小麦中尚未检测到。将当地

抗源与 *Fhb1* 等赤霉病抗性基因进行定向积聚，是快速提升东北春小麦赤霉病抗性的主要途径。

3. 小麦籽粒微量元素存在区域差异，铁锌含量普遍偏低

目前微量营养元素缺乏导致的“隐性饥饿”问题仍在加剧，使“营养功能育种”成为作物育种发展的必然选择。我国小麦籽粒微量元素含量存在区域间变异，其中，铁、锌含量普遍偏低，我国小麦籽粒铁含量平均为 43.8 毫克/千克，72.9%的样本低于铁的推荐量下限 50 毫克/千克，所有样本铁含量均低于推荐量上限 140 毫克/千克；锌含量平均为 31.4 毫克/千克，85.8%的样本低于推荐量下限 40 毫克/千克，仅 4.1%的样本高于 50 毫克/千克的推荐量上限；部分地区硼、钼含量不足，锰含量偏高，铜含量基本在推荐范围内。

（二）我国小麦生产氮肥施用量大，有益小麦产量和品质的同时，需提高氮素利用效率

1. 我国小麦主产区氮盈余偏高

世界主产麦区中，小麦单产变幅 3.0~5.8 吨/公顷，从高到低依次为欧盟、中国、印度和美国（表 2）。虽然中国小麦单产相对较高，但单位面积施氮量也远高于其他主产麦区，超过 200 千克/公顷，而国外一般不超过 150 千克/公顷，即使在氮梯度的试验研究中，最高的施氮量一般也不超过 200 千克/公顷。根据产量和施氮量计算的氮肥偏生产力，欧盟和美国在 40 千克/千克左右，印度和中国接近，均不足 30 千克/千克。自 20 世纪 80 年代起，欧盟出台系列法案以治理面源污染，氮表观盈余量大幅降低，而我国小麦主产区的氮的表观盈余量年均达 49 千克/公顷。

表 2　世界小麦主产区单产和氮肥偏生产力（PFP_N）

国家或地区	2021 年单产（吨/公顷）	施氮量（千克/公顷）	PFP_N（千克/千克）
中国	5.81	210	27.7
印度	3.52	120	29.3
欧盟	5.98	150	40.0
美国	2.98	78	38.2

产量数据来源：中国数据源于国家统计局，印度源于 FAO，欧盟数据源于 www.nasdaq.com，美国数据源于 https://www.statista.com/statistics/190356/wheat-yield-per-harvested-acre-in-the-us-from-2000/。

施氮量数据来源：中国源于 Yin（2021）调查数据，印度数据源于 Ghosha（2020），欧盟数据综合 https://www.eea.europa.eu/airs/2018/natural-capital/agricultural-land-nitrogen-balance，https://ec.europa.eu/eurostat/statistics-explained/index.php?title=Archive:Nitrogen_balance_in_agriculture#Nitrogen_inputs，美国数据源于 https://www.ers.usda.gov/data-products/fertilizer-use-and-price/。

2. 氮硫肥施用量影响小麦品质

Wang 等研究发现在氮肥总量为 180 千克/公顷的情况下，按照基肥：分蘖肥：拔节肥=5：1：4 的比例施入能够保证较高产量的同时获得较好的饼干品质。拔节期施硫能够显著提高小麦籽粒总蛋白、蛋白组分和高低分子量麦谷蛋白亚基含量，施硫同样能够提高干湿面筋含量和沉降值，显著降低面包的咀嚼性和硬度，增大面包的体积，提高面包感官评分及改善面包的烘焙品质。

3. 水氮交互作用对籽粒产量有明显影响

小麦籽粒产量随着施氮量和灌溉率的上升而增加。当施氮量从 0 增加到 180 千克/公顷和 270 千克/公顷时，在雨养条件下谷物产量增加 27.4%～44.1%，在拔节期灌溉时谷物产量增加 24.6%～46.7%，与雨养相比，灌溉下的谷物产量增加了 39.8%～45.4%。在西北干旱农业地区，春小麦采用灌水 315 毫米和施氮量 250 千克/公顷的策略为最优策略，相比于灌水 450 毫米和施氮量 340 千克/公顷的对照处理，产量增加了 6%。在膜孔灌溉冬小麦大田试验条件下，与高水和低水处理相比，中水条件下冬小麦的籽粒产量有所提高，在保证高产的情况下，中水中氮处理为最佳方案。

（三）小麦新发病害需引起高度关注

1. 小麦主产区茎基腐病普遍发生

2022 年小麦茎基腐病仍然在黄淮麦区发生普遍。根据全国农业技术推广服务中心 3 月的调查数据，山东、河南、河北、山西等华北黄淮麦区发生 791 万亩。其中山东西南部、南部、西北部、北部麦区普遍发生，平均病株率 4.15%；河南全省平均病田率 7%，平均病株率 1.4%，最高病株率 23%，主要发生在豫北、豫东麦区；河北平均病株率 1%～3%，主要发生在南部麦区。由于黄淮和华北麦区后期雨水较多，病害发生严重度和造成的危害比较轻。长江中下游麦区由于小麦拔节抽穗后的雨水较少，不少田块赤霉病很轻，但茎基腐发生较重。

2. 尚未有简便的小麦茎基腐病田间成株期抗性鉴定方法

采用孢子悬浮液水培胚芽鞘接种法和小米扩繁拌土法在小麦苗期接种茎基腐病取得了较好的效果。通过向小麦幼苗茎中注射孢子悬液进行茎基腐病接种的方法，发现在一叶一心期注射孢子含量 1×10^7 个的孢子悬液效果最好。该方法经多轮试验证明重复性较高，可用于在大田试验之前的初筛。但到目前为止，尚未有操作简便、稳定有效的田间成株期茎基腐病抗性鉴定方法。

3. 监测到多种小麦新发入侵病虫

小麦麦角病（Wheat ergot）不仅影响产量，更严重的是能产生致幻毒素。2022 年在新疆伊犁尼勒克县和云南嵩明县发现了麦角病的发生（新疆发生面积约 10 亩，病穗率 60%～70%；云南发生面积约 20 亩，病穗率约 20%）。麦秆蝇原产于北美洲，目前仅分布于美国、加拿大和挪威。我国继 2021 年在新疆博乐市青得里镇春麦田首次发现后，2022 年在博乐市青得里镇、乌图布拉格镇再次发现，发生面积约 5 000 亩，不同田块春小麦受害株率 5%～10%。

（四）小麦生产全程机械化装备技术发展迅速

1. 秸秆还田机具研发进展明显

针对秸秆还田机刀辊中螺旋横刀因切削阻力大、耕深不足影响秸秆掩埋效果的问题，研究确定螺旋横刀结构参数和作业参数最优组合。针对东北稻区秸秆粉碎质量不达标影响后续整地质量、机具作业次数多土壤压实严重的问题，设计了一种连接装置可连接秸秆粉碎还田机与整地机具进行复式作业，通过田间试验明确了复式作业比分段作业油耗减少 3.15 千克/公顷。

2. 灌溉及水药肥一体化技术发展迅速

随着节水灌溉技术及水肥一体化技术的发展，喷微灌及相应的水肥一体化技术在小麦生产中得到了越来越多的应用，我国微灌面积已经达到9 425万亩（约628万公顷），远远超过了美国，居世界第一。掺气摇臂喷头喷灌效果优于摇臂喷头；三层智能离心式变量喷头，可实现 4 级流量调节，满足变量喷施需求，调节喷药量范围宽，农药施用量大幅度减少。

3. 植保无人机技术处于领先地位

2021 年我国植保无人飞机年作业面积已达 0.93 亿公顷次，植保无人飞机数量达到16 万架。在植保无人飞机数量、作业面积和技术发展等方面处于世界领先地位。证明了超高空间分辨率无人机成像在小麦条锈病检测方面的作用；获取不同空间分辨率的小麦黑星病图像，并明确了空间分辨率对无人机多光谱小麦黑星病监测精度的影响。研究了 5 种药剂在小麦扬花初期、扬花盛期对小麦赤霉病的防效，为实施小麦赤霉病大面积统防统治提供了参考和理论依据。

4. 谷物联合收获机智能化水平不断提升

针对联合收获机动态作业条件下小麦水分检测稳定性差、测量精度低等问题，研发了一种联合收获机水分在线检测装置，提出了一种动态连续取样、静态间歇测量的新方法，实现了联合收获机作业条件下在线快速稳定检测小麦含水率。提出了一种联合收获机拨禾轮作业参数调控系统的调控方法。

（五）小麦加工技术及产品持续升级转型

1. 食品工业专用粉以及方便型小麦加工产品比例持续上升

面制食品的工业化促进了各种食品工业专用小麦粉比例的增加。大型小麦加工企业通过研发新型食品工业专用粉、营养方便型面粉和预拌粉等产品，适应后端食品工业多样化的需求，而大多数中小型面粉企业由于技术、人才和资金等限制仍大多只生产等级粉和通用粉，造成生存空间艰难。新型营养方便型小麦制品也得到发展，如各种预制面团、冷藏及冷冻面制品、主食—菜肴组合化食品等发展迅速，而传统的普通挂面、油炸方便面等面制品竞争较大。

2. 小麦储藏加工减损增效和综合利用受到重视

绿色储粮技术在小麦储备中得到充分应用，同时储粮过程数字化监控有效地保持小麦的储存品质和储粮损失。在小麦加工环节，除小麦加工的高精度小麦粉外，精度较低的后路粉、次粉、麸皮、胚等副产物在食品工业应用得到重视，有效提升了小麦的利用率；全麦粉的加工和新型全麦制品研发也得到重视和发展，如各种类型的全麦粉、全麦面制品等，实现了小麦全资源的利用；另外，秸秆的能源化、原料化等秸秆高值高效利用，为促进小麦产业高质量发展提供技术支撑。

（国家小麦产业技术体系首席科学家　刘录祥　提供）

2022年度大豆产业技术发展报告

（国家大豆产业技术体系）

一、国际大豆生产与贸易概况

（一）世界大豆总产有所下降

2022年世界大豆收获面积为1.33亿公顷，比2021年增加370万公顷。其中，美国、巴西收获面积较2021年分别增加12万公顷和200万公顷，总收获面积分别为3 505万公顷和4 150万公顷。2022年世界大豆总产为3.54亿吨，比2021年减少1 974万吨。其中，巴西、美国总产分别下降1 250万吨和326万吨，分别为1.27亿吨和1.18亿吨。在单产方面，2022年世界大豆平均单产为178.46千克/亩，较2021年减少15.34千克/亩。其中，巴西单产为204.01千克/亩，美国单产为224.90千克/亩。

（二）大豆贸易市场持续活跃

美国农业部统计数据显示，2022年世界大豆总出口量为1.69亿吨，比2021年增加155万吨。其中，美国大豆出口量有较大幅度下降，为5 565万吨，较2021年减少306万吨；巴西和阿根廷出口量分别增加1 035万吨、483万吨，为8 950万吨、770万吨。2022年世界大豆进口量为1.66亿吨，比2021年增加907万吨。其中，欧盟进口量减少14万吨，总进口量为1 440万吨；墨西哥进口量增加45万吨，为640万吨。

二、国内大豆生产与贸易概况

（一）全国大豆总产创历史新高

2022年，全国大豆产量达到2 028万吨，同比增长23.79%；大豆单产132千克/亩，同比增长2.16%；大豆播种面积1.54亿亩，同比增长22.22%。主要由于东北地区积极扩种大豆，推行大豆、玉米合理轮作，黄淮海、西北、西南地区推广大豆玉米带状复合种植，带动大豆播种面积提升。大豆总产创历史新高，大豆种植面积创1958年以来最高水平，大豆生产能力取得长足进步。

（二）大豆进口量继续下降

2022年1—12月，我国共进口大豆9 108万吨，较2021年同期下降538万吨，降幅为5.57%。进口均价为685美元/吨，较2021年同期上涨135美元/吨。进口结构方面，自美国进口大豆2 953万吨，较2021年同期下降273万吨，占比32.42%；自巴西进口大豆5 439万吨，较2021年同期下降375万吨，占比58.88%。此外，我国自阿根廷、巴拉圭等国家进口大豆数量有所增长，但占比仍然较低。

三、国际大豆产业技术研发进展

（一）大豆育种基础研究取得显著进展

基因的精准敲入是一种更高效的作物性状创制方式。美国科迪华农业科技公司建立了一种新的基因敲入体系，能够在大豆中实现2%~3.4%的无筛选标记的精准敲入。在大豆中上调 AtVDE、AtPsbS、AtZEP 明显增强了叶黄素类循环（VAZ），导致 NPQ 的诱导和弛豫更快，从而提高了波动光下的光合作用效率。2020 年田间试验中 5 个转基因株系的种子产量平均提高 24.5%，与之前转基因烟草的生物量增幅相当，表明通过基因工程改造提高光合作用效率是增加大豆产量的有效手段。在大豆 20 号染色体上鉴定了一个调控蛋白和油脂主效基因 *POWR1*，通过育种和生物技术手段，高蛋白 POWR1 等位基因可以用于解决世界范围内对高蛋白食品和饲料的需求。美国多所大学和科研机构的研究人员实现了大豆胞囊线虫两个抗性等位基因 *rhg1-a* 和 *rhg1-b* 的分离，确定了 *rhg2* 的候选基因 *GmSNAP11*，发现基因 *rhg1-a* 和 *rhg2* 之间具有独特的上位性相互作用，影响着多个不同 SCN 群体的抗性，为多基因聚合提供了新的基因资源。

（二）大豆生产技术体系不断完善

美国、巴西、阿根廷等世界大豆主产国普遍采用耐除草剂转基因大豆品种，为实现秸秆全量还田条件下的免耕直播提供了支撑，并能增加土壤有机质，减轻病害发生，减少农药投入；根瘤菌的普遍施用及土壤有机质的增加，减少了大豆生产氮肥的投入。南美洲普遍采用土壤酸碱度调控技术，为大豆产量的提升提供了保障。世界大豆主产国全程机械化生产技术，提高了生产技术到位率，单产水平不断提高，生产成本不断下降，国际竞争力进一步提升。

（三）大豆病虫草害防治产品发展迅速

国外围绕大豆根腐病、胞囊线虫病、病毒病、地下害虫等主要病虫害，利用生物学、遗传学、生物信息学、分子生物学等技术，开展了抗病品种选育、致病机理、生物防治、生物信息学等方面的基础与应用研究。部分代表性工作有：Thays 等揭示了大豆锈病病原菌通过效应子 Phapa-7431740 抑制 PAMP 触发免疫（PTI），并与葡聚糖内切-1,3-β-葡糖苷酶互作，进而促进病原菌侵染，对大豆锈病的致病机理有了进一步的了解。Pei 等对大豆疫霉中的两个典型的酰基辅酶 A 结合蛋白进行研究，结果发现这两个蛋白是大豆疫霉无性发育和致病的必需蛋白。Zhou 等发现了一个新的 TIR-NBS-LRR 基因调控大豆对疫霉根腐病的免疫反应。Dalvan 等发现解淀粉芽孢杆菌 ACB-08（4）和 ACB-23（30）在促进大豆生长和抑制大豆胞囊线虫方面效果最好。鉴定到大豆中与昆虫抗性相关的一个新的正调控抗虫基因 *GmCDPK17*，该基因编码大豆中的钙依赖蛋白激酶 17，过表达该基因的大豆植株对斜纹夜蛾幼虫的抗性显著提高，并对野生大豆和栽培大豆中该基因的遗传多样性和单倍型进行分析。

（四）大豆生产机械向精准化、通用化、智能化发展

国际上，大豆种植已从机械化向信息化方向推进，采用全球卫星定位系统实现大豆田间数据采集及耕整地、播种、施肥、施药和收获作业的精确定位，运用地理信息系统对作业数据进行输入、分析、管理和输出，采用传感器和自动控制技术，控制大豆生产过程中播种、化肥、农药等用量，实现了大豆生产全过程智能化精准作业，使大豆规模化生产效率进一步提升。

大豆收获机械化领域，欧美国家研发了适合当地种植模式的大型智能化大豆联合收获机。日本及我国台湾地区研发了适合于丘陵、小地块为主的小型大豆联合收获机，重视一机多用。农机农艺融合方面，美洲大豆生产先进国家充分考虑大豆种植模式、生产机具与农艺措施相互配套，建立了以大型作业机具为载体的高产高效全程机械化作业体系。大豆生产机具通用性方面，发达国家在耕作、播种、植保、收获等作业机具研究设计方面充分考虑了不同作物的通用性，针对不同农艺需求，作业机具作业部件快速更换、作业参数便捷调整。在大豆机械化生产智能化方面，发达国家大豆作业机具作业状态参数、作业质量参数能够实现实时采集，做到大豆作物属性、机具作业质量、机具结构参数等多源信息融合，基本实现大豆生产机具田间作业智能化。以自动导航、信息智能自动获取等技术为基础的机械化大数据平台得到重视，可提升大豆生产管理信息化水平。

（五）大豆加工技术研发全面推进

在传统豆制品研究方面，国家大豆产业技术体系采用浆渣共熟化和超高压纳米乳化等技术开发了具有高蛋白含量的高品质豆腐（乳）系列产品；以高蛋白大豆为原料开发全籽粒植物肉产品方面取得了一定成果，针对不同大豆品种影响豆制品的品质和风味方面的研究取得了一定的进展，此外还研究了乳酸菌结合其他发酵菌种发酵豆制品等。

副产物综合利用方面，重点以豆渣为原料通过发酵和干燥等方式开发健康食品原料和产品，如具有辅助降血糖功能的高纯度不溶性膳食纤维粉和纤维素等；利用豆腐乳清废水发酵制备生理活性成分也是本年度研发重点，利用豆渣中残留的蛋白分离具有显著抗氧化性和免疫特性的低分子量功能性肽也取得了显著进展，为提高豆渣的靶向高附加值提供了理论依据。

在现代大豆加工技术方面，关于大豆蛋白不同亚基的结构与功能关系的技术进一步深入研究，逐渐明确了蛋白亚基与其加工特性的关系；大豆蛋白水解物大豆肽及大豆功能成分功能评价是研究焦点，如选择性热处理和高压均质等技术应用到大豆蛋白的加工过程中；大豆组织蛋白加工工艺（干法挤压、高湿挤压技术等）及品质也是2022年度的研究热点。

四、国内大豆产业技术研发进展

（一）重要性状基因挖掘和分子调控机制研究加快

加快对大豆重要性状基因挖掘，利用基因组学、生物信息学等方法，发掘了在高纬度地区控制大豆开花期的新位点 *Tof18*、控制大豆籽粒厚度和大小的基因 *GmST05*、调控大豆光合作用基因 *GmFtsH25*、光敏核雄性不育基因 *ms3*、调控大豆耐低磷胁迫基因 *GmEIL4* 等。在大豆根瘤中发现了新的能量感受器蛋白 GmNAS1（Soybean nodule AMP sensor 1）和 GmNAP1（GmNAS1-associated protein 1），揭示了大豆根瘤中的新型能量感受器 GmNAS1/GmNAP1 通过调控根瘤碳源的重新分配，进而调整根瘤固氮能力的分子机制。发现 *E2* 为同时控制大豆耐盐性和开花期位点的编码基因，*E2* 的功能缺失等位变异能够促进控制大豆过氧化酶基因的表达，增强盐胁迫下大豆对活性氧（ROS）的清除能力，进而提高大豆对盐的耐性，同时，*E2* 的功能缺失等位变异负调控 *E1* 的表达，进而通过提高 *FT2a* 基因的表达来促进大豆早花早熟。大豆重要性状基因挖掘和大豆重要性状的分子调控机制的解析为开展大豆育种提供了理论基础。

（二）大豆基因编辑技术等育种技术走向育种实用化

炸荚基因 *PDH1* 的易炸荚基因型在我国南方和日本、韩国、东南亚等地的大豆品种中存在较高的比例，利用 CRISPR/Cas9 对 *PDH1* 基因进行了基因编辑，*pdh1* 突变显著提高了植株抗炸荚性，为运用基因编辑技术快速去除主推品种的不良性状提供了范例。优化大豆花粉超低温保存关键技术，实现了大豆花粉异季和异地应用，打破大豆花粉应用时空障碍，为实现规模化、工程化育种提供了技术支撑。利用大豆 *GmW1* 基因作为报告基因，成功实现通过花色和茎色来辨别转基因和基因敲除大豆植株，建立起生物工程大豆可视化识别技术体系。

（三）耐除草剂转基因大豆开展大面积产业化试点

在国家提出“要尊重科学、严格监管，有序推进生物育种产业化应用”的背景下，2022 年，11 个转基因大豆品种通过了国家农作物品种审定委员会初审。在 2021 年小面积试验的基础上，农业农村部对耐除草剂转基因大豆开展了大面积产业化试点。通过 2 年的产业化试点，中黄 6106 和 DBN9004 转育的品种试点种植效果显著，喷施草甘膦除草剂的除草效果在 95%以上，明显优于常规大豆喷施除草剂的效果，可降低除草成本 50%以上，大面积种植条件下比对照品种平均增产 8.2%，节本增效和产业竞争力优势明显。另外，转基因耐除草剂大豆和玉米使用同一种低残留除草剂，能够解决大田种植大豆、玉米因使用不同除草剂而互相影响的问题，有利于进行大豆、玉米的间作和轮作，实现高效生产。转基因品种的初审和产业化试点取得的显著成效标志着中国的转基因大豆产业化迈开了历史性的一步。

（四）高产创建打造可复制可推广的高产高效样板

针对各地区自然条件和耕作制度，国家大豆产业技术体系组织开展“个十百千万”高产创建活动，筛选出中黄 301、郑 1307、合农 71、中豆 41 等高产稳产品种，良种良法配套，创造一批新的高产典型。合农 71 示范田在实收测产 2.162 亩情况下，平均亩产 341.6 千克，创造了寒地旱作条件下东北地区大豆单产新纪录。郑 1307 示范方在实收面积 1.8 亩情况下，亩产 368.26 千克，创造了黄淮海地区大豆高产新纪录。中黄 301 高产示范田连续 7 年亩产超过 300 千克。中豆 41 高产示范田实收测产 3.015 亩，平均亩产 336.05 千克，创造了南方地区大豆实收高产新纪录。上述高产典型展示了新品种的产量潜力，通过大面积展示示范，辐射、带动大豆单产水平的提高，对稳步扩大国产大豆种植面积，振兴大豆产业具有重要意义。

（五）病虫草防控技术保障了大豆生产安全

南京农业大学等国内研究单位聚焦我国大豆生产中的植保关键问题，开展监测与防控技术的基础与应用性研究，并为生产提供防控技术培训指导等服务。2022 年分别在病原鉴定、致病机理、生防制剂、病害防控等方面取得了一系列突破性进展，部分结果发表在国内外高水平学术杂志上，部分代表性工作有：王源超团队与柴继杰团队合作，首次揭示了细胞膜受体蛋白具有“免疫识别受体”和“抑制子”的双重免疫功能，对认识植物免疫系统、合理利用和精准改造免疫受体，提高作物抗性具有重要的指导意义；陶小荣团队首次揭示病毒攻击植物激素受体有利自身侵染，植物则进化出了一种免疫受体模拟受攻击的激素受体，从而识别病毒并激活免疫反应，该研究揭示了植物免疫受体监控病毒靶向激素受体诱导抗病的全新机制，提供了植物与病毒“军备竞赛”的新案例；陶小荣团队研究还发现引起大豆“症青”的一种新型重组的双生病毒 SoSGV，解析了该病毒的分子特征、分化时间和变异速率等流行基础；王二涛团队通过多组学联动将微生物菌群失调和双生病毒侵染与大豆“症青”发生建立关联，为农作物病原的快速鉴定提供了范例，也为大豆“症青”的防治提供了重要的理论基础。

（六）大豆生产机械化水平逐步提升

2022 年，我国大豆机耕、机种水平整体提升，耕种收综合机械化率达 85%以上。在大豆耕播机械化领域，在防缠防堵、减黏降阻、种床整理、播深控制、高速排种方面开展了大量研究，系列原茬地免耕覆秸精量播种机及以此为核心构建的免耕覆秸播种机械化技术在全国推广应用。在大豆田间管理机械化领域，变量施药技术得到进一步发展，施药机器人、无人机施药进一步提升了施药的精量化与农药利用率。在大豆收获机械化领域，低损收获技术进一步得到应用，专用收获机械不断涌现，大幅度降低了机收损失。在大豆智能化管理与精准作业领域，表型获取、田间信息采集为特征的信息化管理手段在大豆生产中得到应用。大豆玉米带状复合种植全程机械化技术得到突破，专用播种机、植保机、收获机开始走向市场，为大豆玉米带状复合种植提供装备支撑。

（七）大豆加工技术研究全面升级

在传统豆制品研究方面，国际上在利用发酵、微波和超声等不同工艺对豆浆中功能性成分和消化吸收等方面研究取得了进展；利用冷冻工艺对豆腐及豆腐乳的网络结构进行了改善；再应用新工艺如超声等将酱油从普通调味品开发成具有功能的食品方面有新突破，大豆饮料的功能评价取得了新进展。

副产物综合利用方面，豆渣的应用和开发是 2022 年的研究热点，对于豆渣的技术进展主要集中在不同的改性方法研发方面，如使用酶解、蒸汽爆破、高压均质和高压灭菌等方式处理豆渣；很多学者关注益生菌对豆渣的发酵作用，如使用乳酸菌发酵豆渣，可以观察到糖苷型异黄酮向苷元形式转化，提高了豆渣的营养价值。

现代大豆加工技术方面，新型加工技术如超高压均质、低温常压等离子体、等离子体活化水和高静水压力等非热技术被应用于大豆食品深加工研究。

（八）稳定和发展我国大豆产业的政策建议

1. 优化产业扶持政策结构，挖掘大豆生产潜能

在坚持市场主导原则的前提下，进一步完善大豆生产者补贴政策，在保证生产者种粮基本收益的基础上，结合补贴资金额度、补贴面积及结构调整方向等因素，对玉米生产者和大豆生产者实行差异化补贴标准，引导扩大大豆种植，促进种植结构优化调整。同时，应积极探索在黄淮海、南方和盐碱地等产区开展大豆生产者补贴及粮豆轮作补贴试点，进一步提升我国大豆产能。

2. 加快推进良种良法良机研发，提高大豆生产支撑能力

加快推进种源攻关和生物育种等重大项目实施，加强种质资源保护创新和利用，提升育种水平，培育突破性新品种，稳步提高大豆品种单产潜力；完善东北地区粮豆轮作、黄淮海地区麦茬免耕覆秸、南方和西北地区大豆间作套种等绿色生产技术的研发和标准制定工作。加快轻简化播种、植保、水肥管理、收获等新型机械设备研发，实现农机农艺融合，提高大豆生产技术水平；加强玉米、大豆等间套作配套机械的研发和推广，挖掘南方和西北地区的大豆生产潜力。扶持专业化技术服务机构，提高大豆生产的公共服务和社会化服务水平，降低大豆生产成本，加快小农户与现代农业的有效衔接。建立粮豆合理轮作模式，突破中低产田改造技术难题，提高土地生产力，提升大豆综合产能支撑能力。

3. 开展整县整建制高产创建，提升大豆生产水平

针对北方、黄淮海和南方等产区生产特点和技术需求，以优良品种和高效机具为技术载体，集成优化适合不同产区大面积推广应用的大豆绿色丰产综合技术模式，大力开展整县整建制高产创建，抓好机收减损，开展技术模式示范，创建高产典型，利用试验基地试点、农技培训、农技人员下乡指导等方式多渠道引导农民使用大豆绿色生产技术，带动全国大豆生产发展。

4. 深化加工行业调控，提倡大豆健康消费

强化对大豆加工市场的监测，在尊重市场的基础上合理引导传统豆制品生产，改进生产工艺；强化大豆精深加工研究，开发新型大豆食品和高附加值深加工产品，提升大豆加工业的整体效益。要鼓励大豆加工企业延伸产业链条，推动大豆种植、加工一体化经营，支持有条件的大豆加工企业流转土地、承包农场，通过规模化、标准化、集约化经营，实现国产大豆自产、自收、加工一体化运作，向市场提供高质量的大豆制品，提高加工企业的竞争力。此外，还应引导居民形成良好的饮食习惯，促进对植物蛋白的消费。

5. 实行差异化发展战略，进一步拓宽大豆进口渠道

我国大豆消费已经形成了食用和饲料用两个相对独立的市场，进口大豆主要用于满足国内植物油和蛋白粕需求；国产大豆主要用于直接食用、加工豆制品和大豆蛋白，少量用于生产豆油和豆粕。国产大豆蛋白含量、价格均高于进口大豆，其优质特性得到充分体现。有鉴于此，我国必须大力支持国产大豆生产发展，充分发挥国产大豆高蛋白优势，实施差异化发展战略。同时，针对当前我国大豆对外依存度高的现状，充分利用我国的科技优势和资金优势，结合“一带一路”倡议和各类贸易协定，进一步拓宽大豆进口的渠道，鼓励大型粮食企业走出去，提升进口货源掌控权，构建大豆安全供给链。

（国家大豆产业技术体系首席科学家　韩天富　提供）

2022年度大麦青稞产业技术发展报告

（国家大麦青稞产业技术体系）

一、国际大麦青稞生产与贸易概况

（一）生产情况

根据美国农业部的预测数据，2022/2023 年度全球大麦收获面积预计为 4 725 万公顷，比上年度减少 138 万公顷；其中，乌克兰、加拿大和澳大利亚的大麦收获面积减少较为明显。2022/2023 年度全球大麦平均单产预计为 3. 15 吨/公顷，比上年度增加 0. 16 吨/公顷；其中，大麦单产增幅处在前 4 位的主产区是加拿大、土耳其、美国和俄罗斯，分别增加 1. 50 吨/公顷、0. 73 吨/公顷、0. 60 吨/公顷和 0. 48 吨/公顷。2022/2023 年度全球大麦产量将达到 1. 49 亿吨，比上年度增加 348 万吨，增幅为 2. 39%。

（二）消费情况

根据联合国粮食及农业组织（FAO）的预测数据，2022/2023 年度全球大麦消费量预计为 1. 45 亿吨，比上年度减少 280 万吨；其中，位处前 8 位的国家或地区是：欧盟（4 570万吨）、俄罗斯（1 470万吨）、中国（1 120万吨）、土耳其（880 万吨）、伊朗（630 万吨）、加拿大（600 万吨）、沙特阿拉伯（480 万吨）和澳大利亚（470 万吨）。

（三）贸易情况

根据 FAO 预测数据，2022/2023 年度全球大麦贸易量（以出口量表示）预计为 2 790 万吨，比上年度减少 440 万吨，主要是由中国、土耳其等国家大麦进口量预计减少造成。2022/2023 年度，大麦主要进口国家或地区预计为：中国（900 万吨）、沙特阿拉伯（470 万吨）、伊朗（270 万吨）、日本（120 万吨）和欧盟（100 万吨）；大麦主要出口国家或地区预计为：欧盟（700 万吨）、澳大利亚（650 万吨）、俄罗斯（430 万吨）、阿根廷（320 万吨）、乌克兰（250 万吨）和加拿大（220 万吨）。

（四）库存情况

根据 FAO 预测数据，2022 年全球大麦期末库存量预计为 3 210 万吨，比 2021 年增加 70 万吨；其中，期末库存量位处前 4 位的国家或地区是：澳大利亚（570 万吨）、俄罗斯（520 万吨）、欧盟（470 万吨）和中国（200 万吨）。

（五）价格情况

2022 年 1—10 月，法国雷恩（Rouen）饲料大麦和澳大利亚南部州饲料大麦的月度价格均先涨后跌，在 1—4 月和 1—6 月分别上涨了 43. 62% 和 43. 87%，此后均以下跌为主，10 月比 1 月仍分别高 4. 36% 和 10. 41%；1—10 月，法国雷恩（Rouen）饲料大麦和澳大利亚南部州饲料大麦的平均价格分别为 347 美元/吨和 326 美元/吨，比 2021 年同期（268 美元/吨和 242 美元/吨）分别上涨 79 美元/吨和 85 美元/吨，涨幅分别为 29. 62% 和 35. 10%。

二、国内大麦青稞生产与贸易概况

（一）生产情况

根据国家大麦青稞产业技术体系统计，2022 年我国大麦青稞的总收获面积为 100.16 万公顷，较上年增加 0.70 万公顷；总产量为 430.72 万吨，较上年增加 12.47 万吨；平均单产为 4.30 吨/公顷，较上年增加 0.09 吨/公顷。其中，大麦（即皮大麦，包括啤酒大麦和饲料大麦）的收获面积为 61.49 万公顷，较上年增加 0.07 万公顷；产量为 302.09 万吨，较上年增加 9.80 万吨；平均单产为 4.91 吨/公顷，较上年增加 0.15 吨/公顷。青稞（即裸大麦）的收获面积为 38.67 万公顷，较上年增加 0.63 万公顷；产量为 128.63 万吨，较上年增加 2.67 万吨；平均单产为 3.33 吨/公顷，较上年增加 0.01 吨/公顷。

（二）贸易情况

根据中国海关数据，2022 年 1—11 月我国大麦进口量为 528.38 万吨，较上年同期减少 618.14 万吨，降幅为 53.91%。其中，从阿根廷进口 236.21 万吨，占 44.70%；从加拿大进口 142.38 万吨，占 26.95%；从法国进口 91.76 万吨，占 17.37%；从乌克兰进口 20.97 万吨，占 3.97%；从乌拉圭进口 15.78 万吨，占 2.99%。受到中澳经贸关系持续恶化，特别是商务部从 2020 年 5 月 19 日起连续 5 年对澳大利亚进口大麦征收 73.6%反倾销税、6.9%反补贴税的影响，我国从 2020 年 12 月起不再从澳大利亚进口大麦。

（三）价格情况

2022 年 1—11 月我国大麦进口平均价格为 360.18 美元/吨，较上年同期（281.48 美元/吨）上涨了 78.70 美元/吨，涨幅为 27.96%；从月度进口价格变化趋势看，1—8 月持续上涨，9 月转而下跌，10—11 月又开始上涨。2022 年国产大麦价格，根据国家大麦青稞产业技术体系调研数据，啤酒大麦、饲料大麦和青稞的市场均价分别为 2.68 元/千克、2.66 元/千克和 3.89 元/千克，分别比 2021 年上涨了 17.89%、15.70%和 19.35%。

三、国际大麦青稞产业技术研发进展

（一）遗传改良

1. 加工品质性状

大麦麦芽的品质优劣是影响啤酒风味的重要因子，Alptekin 等确定了编码富含甘氨酸的 RNA 结合蛋白（HvGR-RBP1）和两个 NAC 转录因子（HvNAM1 和 HvNAM2）影响大麦麦芽质量，该团队将‘Karl’的两个 *NAC* 基因的等位基因与‘Lewis’的 *HvGR-RBP1* 等位基因相结合，可以延长籽粒填充期，增加丰满籽粒的比例，降低籽粒蛋白，并提升麦芽品质和稳定性。Garcia-Gimenez 等描述了应用 CRISPR/Cas9 技术在大麦中围绕影响麦芽提取物的醇溶蛋白基因（*Hor3*）、淀粉生物合成与积累的淀粉合成酶 1（*Gbss1a*）定向编辑、大麦籽粒 β-葡聚糖调控基因（*CslF6*）等可实现对大麦籽粒品质性状的定向改良。

2. 非生物胁迫抗性

非生物胁迫对大麦青稞生长发育会产生较大影响。Hasanuzzaman 等通过渐进式干旱试验和耐盐碱试验对 80 个大麦基因型开展了研究，研究发现耐旱基因型也拥有较高耐盐性。Jadidi 等研究发现，盐度胁迫明显增加了大麦根和芽的 Na^+ 含量以及根到芽的 Na^+ 和 K^+ 转位，而其他生理特征、气体交换相关性状以及根和芽的生物量因盐度胁迫而明显下降。Mwando 等利用 CM72/Gairdner 和 Skiff/CM72 两个 DH 群体，CM72/Gairdner / * Spartacus CL 的 $F_{2:3}$家系，确定 *RLPK4* 或 *RLK* 可能是在盐度胁迫下提高发芽率的候选基因。

3. 生物胁迫抗性

Skoppek 等分析了大麦单糖转运体 *HvSTP13* 在细菌和真菌病原体相关分子模式（PAMP）的应用中表达量增加，无功能的 *HvSTP13GR* 对锈病真菌具有抗性。Mahdi 等研究发现大麦根系中内生真菌与核心细菌微生物群可协同作用，以协同抵御土传病原体的入侵，提升大麦植株的抗病性。Dinh 证实 *Rph3* 起源于野生大麦并首次引入埃及栽培品种，且 *Rph3* 与已知的跨膜效应蛋白基因如 *Bs3* 和 *Xa7* 一样，在烟草中异源表达诱导细胞死亡反应，其中类似的防御机制在单子叶和双子叶植物中独立进化。

（二）生产环境与栽培技术

1. 栽培生理与生产品质

Shirdelmoghanloo 等研究表明，在高温胁迫下，籽粒较重且饱满的品种，籽粒灌浆率、灌浆持续时间、绿叶保留面积、茎水溶性碳水化合物动员效率、株高、叶片大小、绿叶面积保持率、收获指数和开花时间会更高。Kumar 等发现大麦千粒重和麦芽脆性呈正相关，但与谷壳含量呈负相关，β-葡聚糖含量为 3.4%~6.1%，在亚热带气候条件下，降低谷物β-葡聚糖含量和增加淀粉酶可能是未来麦芽大麦改良计划的重点。McGlinch 等研究表明，随着播种量的增加，蛋白质、发芽率等籽粒质量参数都趋于改善。

2. 精准栽培技术

国外通过无人机 RGB 系统遥感估算大麦农艺性状，实现大麦精准栽培。韩国科研人员基于 DNN 和机器学习 ML 回归方法的遥感信息，评估大麦叶面积指数，模型效率达 0.89。德国科研人员在大麦轮作和休耕土壤之间交替的两个不同季节，采集涵盖可见光、近红外、短波红外和热红外（VNIR-SWIR-TIR）的高光谱航空数据，分析与土壤退化状况相关的植被活力和粮食产量的空间差异，总体精度达到 71%以上。捷克利用无人机图像中的植被指数和收获时的产量图，结果表明与 FTD 排水相比，CTD 会通过增加土壤湿度影响春大麦的发育和产量。

3. 气候变化反应预测

科研人员希望研究建立气候变化影响大麦等谷类作物生产的预测模型。Gardi 等利用农业技术转让决策支持系统（DSSAT）—作物环境资源综合系统（CERES）—大麦模型，调查气候变化对大麦生产的可能影响。Faramiñan 等研究出一个由气象站测量的公共变量计算大麦日实际蒸散量的线性广义模型，应用在阿根廷南部大麦田表现良好。

（三）植保技术

1. 大麦抗病调控技术

Basheer 等通过敲除激酶基因 *HvMPK3*，可以将根腐病原菌菌丝限制在根细胞的胞外空间，减低菌丝上形成类似附着胞结构的数量及其穿透力，从而能显著增强根腐病抗性。Kolozsváriné Nagy 等研究了 *mlo* 基因介导的大麦对白粉病广谱持久抗性，其蛋白受体基因 *Ror1* 编码大麦 XI 组的肌球蛋白 Myo11A，*Ror2* 编码附着 N-乙基马来酰亚胺敏感因子蛋白受体 SNARE。高温 35°C 胁迫处理抑制和滞后大麦抗白粉病品种的防卫基因的早期激活反应，可以不同程度增强抗白粉病基因 *Mla12*、*Mlg* 和 *mlo5* 的感病性，并且高温处理时间越长，感病性增加程度越高。Galli 等将细胞核调控因子 *MORC1* 和 *MORC1* 同时敲除，突变体的大麦白粉病和赤霉病抗性显著增强，但幼苗植株及根系生长受到抑制。

2. 病虫草害防控新途径和药剂研发

Byrne 等研究获得 6 个能够体外及体内抑制赤霉病菌产孢的乳酸细菌株，有望用于防控赤霉病。Dutilloy 等获得生物防治网斑病的假单胞菌（*Pseudomonas*）、芽孢杆菌（*Bacillus*）和乌拉姆伯克霍尔德氏菌（*Paraburkholderia* spp.）菌株。Grauby 等发现，大麦和三叶草间作可能是一种将来有希望用于防控黄矮病的方法。Volakakis 等研究发现，将野豌豆、豌豆和大麦种子混合种植可以增强寄生蜂对麦类害虫的防治效果。Amjad 等合成出基于稻壳的银纳米颗粒，用 600 毫克/千克的纳米颗粒处理 2 天，蚜虫死亡率达 93.3%，且过氧化氢和谷胱甘肽 *S*-转移酶活性随着纳米颗粒浓度而提高。Alizadeh 等使用基于 MSN 的新型溴氰菊酯制剂（deltamethrin® KIT-6），可以减少麦扁盾蝽产卵和若虫种群，降低其对小麦和大麦生产为害。

（四）加工利用技术

1. 综合利用研发

目前大麦的主要用途为生产麦芽，动物饲料，食品饮料及保健品等。Song 等利用肠内分泌 STC-1 细胞，发现大麦蛋白能刺激胆囊收缩素分泌，可作为肥胖管理的膳食补充剂。Li 等研究表明，大麦全谷物纤维结合多酚能够捕获活性碳基，具有潜在健康益生功效。Sharma 等研究发现，大麦富含易被益生菌吸收的营养物质，可以作为益生菌的发酵底物，用于健康食品和饮料生产。Borrega 等研究表明，大麦秸秆纤维素可以替代木材纤维，用作可持续、可降解、可循环利用的新材料。Su 等研究发现，大麦醇溶谷蛋白可以用作 3D 打印的肌肉细胞培养物的支架原料等。

2. 加工工艺及检测技术

Bangar 等分析了挤压加工对大麦面粉的抗性淀粉、血糖生成指数和抗氧化物质含量的影响，发现双螺杆挤压技术能有效改良面粉品质，提升营养健康功效。Xie 等研究发现采用闪蒸爆炸、爆裂膨胀热处理方法两种加工方式制备的多酚提取物，抗糖尿病作用和抗氧化能力更强，使青稞面粉具有更好的存储稳定性。加工后的青稞麸皮可以作为食品工业中潜在的功能添加剂。Xi 等采用不同的蒸汽爆炸辅助方法，对青稞麦麸进行加工处理，研究膳食纤维提取物的结构和功能特性。Zhao 等研究发现，高温砂炒可提高青稞熟粉的体外消化率。Nie 等试验表明，酶解处理可以改善青稞淀粉的稳定性和流变性能，超声法能够降低淀粉改性。Liu 等采用真空冷冻干燥技术加工生产的大麦苗粉，其颜色、抗坏血酸和叶绿素等营养成分的保存度较高。

四、国内大麦青稞产业技术研发进展

（一）遗传改良与育种技术

1. 种质创制和良种选育

对 1 000 余份大麦青稞资源表型和基因型进行了鉴定，筛选出优异性状资源 122 份。运用杂交、诱变等结合小孢子培养技术，创制出产量构成、品质组分、肥水高效、抗病抗逆、特异观赏等一系列优质早熟、高产、粮饲兼用、加工专用等高代品系，选育高产优质绿色多元化大麦新品系 34 个，新品种 18 个，授权新品种权 6 个；选育高寒区特早熟丰产、粮草双高、抗逆丰产、糯性和黑粒等多元化青稞新品系 19 个，新品种 1 个。以大麦地方品种哈铁系（HTX）为材料创制了一个 EMS 化学诱变群体，获得 8 525 份形态变异丰富的 M2 家系单株的 DNA 样品及其对应的 M3 种子。建立了一套经济高效的 TILLING 突变体筛选系统。

2. 育种技术改进与基因功能分析

在育种技术改进方面，对大麦单倍体诱导基因 *HvMTL* 进行基因编辑，设计出大麦单倍体诱导基因 *HvMTL*，获得了 6 株纯合编辑植株。利用 CRISPR/Cas9 基因编辑技术，创制出大麦籽粒淀粉合成障碍的 *SSIIa* 等位变异缺失突变体，其直链淀粉和抗性淀粉含量分别为野生型的 2 倍和 6 倍，具有突出的营养保健功能。采用 CRISPR/Cas9 技术精确编辑赤霉素 3-氧化酶（GA3ox1），发现 GA3ox1 通过调控类胡萝卜素、脱落酸和淀粉合成途径，影响大麦（青稞）的胚芽鞘长度和种子休眠。

品质性状基因发掘方面，Xu 等研究发现，东西方大麦中 *HvGST* 基因存在两个独立的自然变异事件，分别影响籽粒糊粉层的花青素积累，探讨了该基因参与不同大麦（青稞）粒色形成的遗传调控机制，且青稞籽粒花青素合成相关基因 *HvnF3M* 表达量随籽粒颜色的形成而增长。Zhao 等通过代谢组学分析，发现啤用大麦品种的糖类、醇溶蛋白—葡萄糖苷和羟脯氨酸的积累较多，而非啤用大麦中多酚和单乳糖基单酰基甘油积累较多。

在抗逆性研究方面，Qiu 等综合基因组重测序和转录组分析，结合生物信息学和大麦缺水耐受性的基因功能分析表明 *HvZIFL2* 和 *HvPOD11* 是在大麦复杂的驯化历史中选择的新功能基因，可以在不同的缺水环境中茁壮成长。此外，还对大麦（青稞）的硝酸盐转运蛋白基因 *HvnNPF4. 5*、耐盐相关基因 *HvMBF1c*、逆境响应 TIFY 基因家族和 *HvLBD19* 转录因子，进行了蛋白质结构、亚细胞定位和表达模式分析。Zhang 等研究发现，在 *HvWRKY45* 基因启动子区域插入一个 29 bp 碱基片段有助于增强南坡野生大麦对干旱的耐受性；启动子区域发生单个 SNP 突变可能影响开花基因 *HvCO5* 的表达与环境适应。

在抗病性研究方面，Xu 等利用多种组学数据，通过对白粉病抗性（K69）和敏感（G72）的青稞种质进行比较分析，发现茉莉酸信号通过 *H3K27me3* 基因去甲基化和激活防御相关基因的表达，控制芳香族 PAs 的积累，从而增强植株的免疫抗性。Yu 等研究发现，WRKY2 可能的工作模型，即大麦 *CEBiP* 介导真菌几丁质激发的抗病通路：WRKY2 通过结合到 *CEBiP* 的启动子区调控 *CEBiP* 的表达，在病原菌侵染早期阻遏植株的抗病反应。

（二）栽培与土肥调控技术

1. 青饲青贮与种养结合生产技术

创新集成出南方和黄淮地区大麦青稞“冬放牧、春青刈、夏收粮”种养结合、大麦青稞—玉米—玉米“一年三收”青饲青贮、高纬高寒区大麦—燕麦和大麦—大豆“一年两收”饲草和大豆生产、青藏高原春青稞苗期放牧割草“粮草双收”、西南地区核桃林下种植等主产区大麦青稞饲用生产主推技术，部分编制出生产技术规程，技术示范单位面积生产效益显著提高。例如，完成安徽《青贮大麦青贮玉米一年三熟生产技术规程》《沿海地区青贮大麦栽培技术规程》、内蒙古自治区地方标准《大麦青干草饲喂肉羊技术规程》和黑龙江《食用大麦生产技术规程》《青贮大麦复种大豆生产技术规程》及《苜蓿间种饲草大麦生产技术规程》等地方标准制定。测产结果表明，皖饲啤 14 008 成熟期籽粒产量为 450 千克/亩，乳熟期青贮产量为 2. 3 吨/亩；以云啤、保大麦系列品种在云南腾冲进行化肥减量增效示范，示范区面积 1 500 亩，亩产 483. 7 千克，增产 12. 02%，化肥减量 3% 以上；在四川凉山州冕宁县示范推广适合冬闲稻田“冬放牧、春青刈、夏收粮”种植的优良饲用大麦新品种川农饲麦 1 号青饲青贮技术示范 10 000 亩示范样板田，为畜牧业猪（冕宁火腿）、肉牛等提供了优质饲料。“青贮大麦高产高效栽培技术”入选 2022 年云南省主推技术。内蒙古研发推广的“河套灌区饲草大麦复种食用向日葵栽培技术”亩增收 2 300元，两季合计收入3 140元，纯收益2 080元；“大麦复种燕麦高效栽培技术”两季合计收入1 974. 5~2 489. 0元，纯收益927. 5~1 154. 5元；“大麦复种水果萝卜”亩增收 2 189. 2元，亩增纯收益989. 2 元。湖北省探索出“再生稻+大麦”“高粱+大麦”一年 2 熟或 3 熟模式。

2. 啤酒大麦产量与质量协同技术

为适应国际啤酒大麦原料市场的变化，在国内啤酒大麦主产区，组织开展了啤酒大麦产量与质量协同攻关。其中，在新疆红山农场进行啤酒大麦轻简栽培高产创建与示范 1 500多亩，平均亩产 471 千克，比 2021 年亩增产 16. 3%。按照当地收购价格 2. 9 元计，创造直接经济效益 28. 71 万元。在江苏盐城，集成啤酒大麦优质高产栽培技术规程，进行优质啤酒大麦订单生产，建立优质啤酒大麦原料基地 15 万亩，平均亩产超过 500 千克，原料质量达到国标优级。在甘肃，育种单位与华润雪花啤酒（中国）有限公司联合开展啤酒育种和优质原料生产。在内蒙古，集成啤酒大麦轻简化绿色优质高效生产技术，示范啤酒大麦早播收获后耕地恢复休闲的种植模式。

3. 优质高产青稞生产技术研究

针对青藏高原青稞产量水平低、后期倒伏严重、饱满度差等问题，从品种布局、种子生产、土壤培肥、播种方式、灌排技术、肥料运筹及收获等方面深化研究，创新集成 2 套青稞全程机械化、轻简化、高效化生产技术规程，建立丰产示范方 10 多个。

4. 农田环境检测与土壤养分调控技术

对西藏粮食主产区一江两河流域（拉萨、日喀则、山南）开展了土壤及农产品重金属含量检测，初步摸清了当地土壤和青稞籽粒中 Pb、Cd、Cr、As 和 Hg 的含量累积与空间分布特征；进行了防控重金属污染技术试验研究，筛选出了低积累的青稞品种和高积累植物，初步提出了有效阻控青稞重金属富集的生产技术模式。通过全国 7 个大麦主产区土壤样品的 pH 值、有机质、硝态氮、铵态氮、有效磷、速效钾和微量元素（钙、镁、硫、铁、铜、硼、氯）的对比分析，完成了我国大麦不同生态区的土壤质量评价，为各地配方施肥提供了依据。

王海泽等研究表明营养器官中可溶性糖的积累量、籽粒中淀粉积累量、花前花后营养器官可溶性糖的输出量及其对籽粒淀粉的贡献率达到最大值的最佳施氮量为 180 千克/公顷纯氮。党爱华等研究表明大麦施氮量为 80 千克/公顷时能提高氮肥使用率和得到高产优良的青贮大麦，播种密度以 375 万株/公顷为宜，在适宜条件下大麦必须早播。张腾薇等研究表明留茬 10 厘米大麦青贮处理乳酸菌含量显著提高，好氧细菌数量、pH 值、丁酸含量以及氨态氮/总氮显著下降，大麦发酵品质提高。

（三）植保技术

1. 抗病资源发掘和抗病机制研究

鉴定筛选到浙 35-217、扬 99175 等 7 份大麦黄花叶病抗源，鉴定出 3 个分子标记抗病遗传位点 SNP2571、SNP4036 和 SNP0024，抗病贡献率达到或超过 20%。从直接来自国家种质库的 700 多份大麦种质中，鉴定发掘出高抗及中抗云纹病材料 12 份，中抗蠕孢叶斑病材料 11 份，高抗条锈病材料 12 份。获得的 *HvPDIL5-1*（PDIL5-1，蛋白质二硫化物异构酶 5-1）基因编辑突变体，广谱高抗病毒组合 BaMMV/BaYMV，有望用于大麦（青稞）抗黄花叶病育种。研究发现 GRIK1-SnRK1 激酶能够对大麦黄矮病毒（BYDVs）的关键保守毒性蛋白因子 17K，通过磷酸化形成 P17K 及 P17K 与下游蛋白互作从而降低病毒侵染。发现抗白粉病反应中，茉莉酸信号途径组蛋白赖氨酸脱甲基酶基因 *HvJMJ705*，通过介导降低芳香族酚胺合成途径基因 *HvTBT1* 和 *HvTBT2* 的组蛋白 H3K27me3 修饰水平，阻止大麦（青稞）植株中芳香族酚胺物质大量积累，从而增强对白粉菌的抗性。

2. 病原菌致病性变异及害虫抗药性监测

以 Pallas 为遗传背景构建了一套大麦白粉菌鉴别品种体系，由 21 个近等基因系组成。适用于我国大麦白粉菌致病力变异情况分析监测。利用该套鉴别品种体系，分析西藏和云南地区的白粉病菌菌株，发现抗病基因 *Mla3*、*mlo-5* 和 *Mla23* 的平均毒性已经分别上升到了 1.8%、5.4% 和 8.3%，但未发现 *Mla9*、*Mlp1*、*Mla1 + MlaAl2*、*Mla7 + Ml*（*Lg2*）、*Mla7+Mlk*、*Mla9+Mlk* 和 *Mla9+Mlg* 等 7 个基因或组合的高致病力菌株，可继续用于抗病育种。构建了一套适用于分析我国大麦（青稞）条锈菌致病性变异的鉴别品种体系。

害虫抗药性水平与药剂防治效果密切相关。从荻草谷网蚜（*Sitobion miscanthi*）中鉴定出新基因 *CYP4CJ6*，证明了 miR-316 参与 *CYP4CJ6* 转录后调控，且 *CYP4CJ6* 可能与 *S. miscanthi* 对吡虫啉和噻虫嗪的抗药性有关。发现相对于啶虫脒，禾谷缢管蚜和荻草谷网蚜对吡虫啉的抗药性更高，为生产合理施药提供了实践指导。

3. 病害防控措施研究

发现氧化石墨烯具有抑制麦根腐平脐蠕孢菌（*Bipolaris sorokiniana*）菌丝生长及分生孢子萌发的活性。试验研制出青藏高原新穗部病害——穗腐病的防控策略：生育期 3 次杀菌剂与杀螨剂联合防治，防效达 54.6%，增产 17.95%。

（四）农机装备集成

围绕西藏青稞高产栽培技术研发需要，研制出青稞旋耕施肥宽幅播种开沟联合作业机和青稞旋耕施肥宽幅播种筑畦联合作业机各 1 台，用于西藏青稞宽幅播种+节水沟灌沟排高产栽培技术研究及推广应用。研制出青稞旋耕智能精量播种机 1 台，该机具采用雷达测速播种同步控制技术、集中交错式精准排种、气力式送种技术，提高了播种质量。围绕青海青稞丰产增效栽培技术研究及推广应用需要，研制出青稞旋耕施肥宽幅沟播机和旋耕施肥双行沟播机各 1 台，该机具采用均分板宽幅播种、旋耕控深抛土覆盖、播种行对行镇压成沟技术，实现青稞抗旱、防风、防冻沟播作业，促进了青稞沟播高产栽培技术推广应用。开展了小区单粒精播技术研究，研制改进电动式小区播种机 1 台，该机具减轻了机具重量，提高了操作方便性。

（五）加工利用技术

用藏灵菇进行青稞液体发酵实验。结果显示，富集青稞 β-葡聚糖发酵，最佳料液比为 1∶25、藏灵菇接种量为 5%（质量比）、发酵时间为 36 小时、发酵温度为 37℃，β-葡聚糖得率为 48.26%，较发酵前提高 1.93 倍；富集青稞 γ-氨基丁酸，最佳料液比为 1∶30、发酵时间为 8 小时、接种量与发酵温度同前，γ-氨基丁酸得率为 54.56%，较发酵前提高 1.8 倍。采用气相色谱—离子迁移谱仪，研究了 5 种炒制温度对白青稞和黑青稞糌粑粉挥发性风味物质的影响。炒制显著影响糌粑粉 VOCs 的组成，且随炒制温度升高，醇类 VOCs 逐渐下降，而青稞糌粑粉的特征性主要风味物质醛类、酮类、酯类、吡嗪类、呋喃类 VOCs 则不断增加。优化了青稞若叶加工工艺：若叶长度 20~25 厘米，杀青时间 30 秒，真空冷冻干燥时间 16 小时，粉碎细度 300 目，产品的叶绿素含量、可溶蛋白含量、溶解度分别为 37.96 毫克/升、10.72 毫克/克和 40%，质量最佳。

（国家大麦青稞产业技术体系首席科学家　郭刚刚　提供）

2022年度谷子高粱产业技术发展报告

（国家谷子高粱产业技术体系）

一、国际谷子、高粱、糜子生产与贸易概况

2022年1—11月，中国出口谷子3 865.04吨，出口额3 400.87万元。主要出口国家是印度尼西亚、日本、德国和韩国等，主要出口省（市）为辽宁省、天津市、甘肃省和河北省等。2022年1—11月，中国出口高粱3 424.25吨，出口额1 892.14万元，主要出口韩国，为0.18万吨，出口额1 159.58万元。2022年1—11月，中国进口高粱1 003.66万吨，其中，1月、3月、5月、7月进口量均超过100万吨，占全年进口量的51.04%。主要进口国为美国（占比63.06%）、阿根廷（占比19.81%）、澳大利亚（占比17.05%）。主要进口省（市）22个，其中福建高粱进口量最多，占比42.71%；其次是广东，占比23.41%。

二、国内谷子、高粱、糜子生产与贸易概况

1. 种植面积谷子小幅下滑，高粱略有增长，糜子保持平稳

据统计，2022年全国谷子播种面积1 600万亩，总产约400万吨；高粱播种面积1 250万亩，总产约570万吨；糜子播种面积780万亩，总产约170万吨。与同期相比，谷子种植面积减少10%左右，高粱种植面积增加6%左右，糜子种植面积基本稳定。2022年由于张杂谷春夏谷混合制繁种以及夏谷常规种在春谷区推广，造成春谷主产区多数地区零星发生线虫病，东北地区严重地块发病率达到50%。

2. 市场需求疲软叠加物流受限，谷子、高粱、糜子价格波动频繁

受下游需求疲软，分销区物流受限，粮商走货迟滞，主产区原粮价格波动频繁。年初谷价5.61元/千克，2—5月一路下滑跌至5.25元/千克；6月初回弹，7月上旬上涨至5.70元/千克。随后又持续小幅下滑，8月底跌至5.05元/千克；进入9月，随着新谷上市谷价回暖，11月底谷价为5.55元/千克。糜子价格1—3月一直处于低位运行，均价4.10元/千克，进入4月后开始持续小幅上扬，11月底糜子价格5.60元/千克。高粱价格低开高走，年初全国高粱均价3.54元/千克，之后价格开始小幅上扬，由2月的3.72元/千克上涨至11月的4.24元/千克。

3. 国际与国内谷子、高粱和糜子产业技术创新实力的比较

搜索Web of Science，2022年全球发表谷子文章198篇，高于2021年的137篇，我国占发文量的67%（132篇），远超印度的39篇和美国的13篇。2022年全球发表高粱论文2 226篇，我国发文量已从2021年的第二位跃升为第一位，全年发文量415篇，超过美国发文量394篇。糜子发表国际论文56篇，中国发表9篇，低于印度（15篇）和美国（10篇）。从发表论文情况看，我国在谷子、高粱领域发表的论文最多，产业技术体系支持已使我国谷子、高粱研究领先国际水平。

三、国际谷子、高粱、糜子产业技术研发进展

（一）前瞻性基础研究

国际上谷子、高粱和糜子前瞻性研究聚焦功能基因挖掘鉴定及其应用。2022 年美国佐治亚州立大学利用来自谷子的 *BABYBOOM* 基因实现了诱导水稻孤雌生殖，产生了单倍体 T1 幼苗。印度国家水稻研究所发现过表达 C_4特异性 SiPEPC 酶能增强转基因水稻的光合作用，谷子 *PEPC* 基因在水稻中过量表达使转 *PEPC* 基因株系产量提高 23. 0%～28. 9%，生物量提高 24. 1%～29. 0%。巴西 ABC 联邦大学发现谷子的产量随水分亏缺强度的增加而递减，与信号转导和代谢调节紧密相关。日本广岛县立大学采用重组自交系群体检测了叶鞘颜色、小穗尖刚毛和抽穗期 3 个性状的主效遗传位点。

（二）品种资源研究与新品种选育

种质资源的遗传解析和育种方法的优化及新技术的应用得到广泛关注。2022 年印度奈尼农学院分析证实，谷子穗长、单株分蘖数、容重和剑叶长度是谷子高产品种选育的关键性状。印度雅各布生物技术与生物工程研究所研究认为，穗重、容重和秸秆重量对谷子单株籽粒产量有极显著影响。Charles Andiku 等鉴定出 6 个农艺性状优良且铁、锌含量较高的高粱种质。2022 年 Nuoya 等创建了两种四倍体和八倍体旱地糜子的遗传转化方案。

（三）抗逆、栽培与水肥管理研究

通过各种措施提高谷子、高粱和糜子抗逆能力和养分利用效率是栽培研究的重点。2022 年 Cedric Habiyaremye 等认为谷子是卢旺达旱地轮作有潜力的作物，能增加种植系统的多样性，保障粮食安全；McKena Lipham Wilson 等也认为谷子在粮食作物中具有极强的适应性和气候适应能力。研究表明，土壤初始肥力增加时谷子产量和 N、P、K 吸收量增加，叶面喷施 1% K_2SO_4可以增加谷子籽粒产量。

2022 年美国堪萨斯州立大学和 USDA 提出通过改善高粱持绿性，衰减、促进氮向籽粒中运转来提高氮利用效率。津巴布韦结合养分综合管理，利用具有固氮功能的银合欢提高土壤氮含量、阳离子代换量和土壤保水能力，使高粱产量提高了两倍。日本学者研究表明，分泌高粱酮能力强的高粱能够更好地降低 N_2O 排放。2022 年 Paul 等采用栽培措施诱导糜子分枝和根系生长，使糜子具有更好地适应干旱环境的形态和生理生化特征。Maryam 等研究表明，温室条件下菌根真菌能缓解糜子的铜胁迫。Bent 等研究表明，长期施动物粪肥对糜子籽粒产量和 δ15N 值有显著影响。

（四）病虫草害研究

病害组学分析、虫害时空分布和病虫害防治成为年度研究热点。病害方面，2022 年 Kobayashi 等通过蛋白质谱分析，从接种白发病菌的谷子叶片胞外液中鉴定到 8 个受白发病菌诱导表达的 *SgJRL* 基因。2022 年报道了高粱新的病害，de Paula 等在巴西米纳斯吉拉斯州发现了高粱煤纹病，Louis K. Prom 等在美国得克萨斯州发现了高粱豹纹斑病，Félix-Gastélum 等在墨西哥锡那罗亚州发现了高粱靶腐病。Poudel 等完成了高粱炭腐病病原菌壳球孢菌基因组的首次注释组装。Ahn 等鉴定到高粱炭疽病菌得克萨斯州分离株的抗病性 SNP 位点，Lipps、Rooney 等定位了 6 个高粱大斑病抗性 QTL 位点。

虫害方面，2022 年 Lopes 等利用地质统计学分析了麦二叉蚜及其天敌七星瓢虫在粒用高粱营养和繁殖阶段的时空分布。HarrisShultz Karen 等对高粱蚜基因分型研究显示，MLL-F超级克隆仍存在于美国高粱、约翰逊草和巨型芒草上，并存在于整个巴西。Brewer

Michael 等对高粱蚜虫入侵北美高粱农业生态系统风险进行了评估。Adesanya 等对高粱玉米螟防御进行了遗传变异研究，发现不同品种有显著差异。Faris 研究发现，蚜虫的寄生虫和捕食者与抑制蚜感染能力有关。

草害方面，2022 年 Arvind Verma 等发现封闭处理中阿特拉津对高粱田杂草防效最好。Werkissa Yali 研究表明，增加土壤肥力、轮作和间作可以有效解决高粱杂草危害。

（五）加工利用研究

国际上谷子、高粱、糜子加工特性和营养功能成分研究依然是其主要研究领域。2022 年 Niharika Sachdev 等认为谷子在开发富含蛋白质功能性食品方面具有巨大潜力。Geethambika、Pasagadi 等发现 PET 包装材料的变质反应速率最低。Kwaku G. Duodu 等指出较高的淀粉含量对血糖反应产生积极影响；单宁型高粱中的单宁可以改善血糖反应和其他健康相关参数。巴基斯坦政府学院大学研究发现高粱中的酚类化合物、维生素以及矿物质具备抑制慢性疾病的作用。波兰波兹南农学院明确高粱中富含植物甾醇类物质。

产品加工方面，Kabir 开发出 30%小米含量的白面包。美国内布拉斯加大学以高粱和高粱酒糟为原料建立了一种基于超临界 CO_2萃取工艺的天然蜡绿色提取工艺。印度东部国立退伍军人发展大学开发出一款新型帕尔丁鱼肉饼汉堡产品，提升了产品风味。

（六）机械化生产研究

国际上很少有谷子、糜子机械研发方面的报告。高粱方面，2022 年 Tsybulevsky 等对安哥拉一种高粱精密播种机的工作参数进行了评估。Caoili 等研究了高粱脱粒机的齿形脱粒滚筒齿数、转速和凹板间隙对甜高粱脱粒性能的影响。Suradiradja 等构建了快速估算饲用高粱收获时间的模型。

四、国内谷子、高粱、糜子产业技术研发进展

（一）前瞻性与基础研究

1. 谷子前瞻性与基础研究

2022 年谷子驯化和生长发育关键基因解析取得突破。中国农业科学院作物科学研究所鉴定出谷子驯化关键调控基因 *SiPHYC* 并系统分析了其对开花的抑制功能；同时通过多组学联合分析，揭示了谷子驯化选择中代谢物定向变化的遗传机制。中国农业大学发现转座子是谷子驯化过程中导致自然落粒性丧失的最活跃因素。南京农业大学鉴定出狗尾草钙调神经磷酸酶 b 样蛋白 5（*SiCBL5*）通过调节 Na^+稳态增强谷子的耐盐性；沧州市农林科学院定位了在谷子发育穗和种子中高度表达、控制谷壳颜色的基因 *Si1g06530*。北京市农林科学院利用转基因植株证实了 CCT 基因 *SiPRR37* 的过度表达可以推迟谷子抽穗期和增加株高。Li 等通过比较代谢组学和转录组学分析揭示了谷子籽粒类胡萝卜素代谢途径的共表达网络。Zhang 等采用共表达网络分析鉴定了谷子拔节期根、茎、叶不同组织的耐旱响应机理，获得了耐旱相关 9 个调控模块，鉴定到 72 个关键基因。

2. 高粱前瞻性与基础研究

2022 年高粱功能基因解析、遗传转化体系建立和基因家族分析取得明显进展。景海春团队明确了驯化和改良的基因组印记及单倍型变化模式。Wu 等发现高粱亚群间遗传交换频繁。李金红等利用 EMS 诱变获得了受隐性核基因调控的叶夹角变小突变体 LA1，并将突变基因定位于第 1 染色体物理距离 70 kb 区间的两个标记之间。Zhang 等定位了酿造高粱籽粒发育过程中千粒重、果皮厚度等相关基因；李广信等利用花粉管通道法将高粱

DNA 导入水稻获得表型稳定株系。郝曜山等建立并优化了高粱组培再生体系，程云伟等建立了高粱 BTx623 幼胚遗传转化及再生体系，牛玲等筛选出高粱转基因最适品种和生根培养最优条件，为高粱高效稳定的遗传转化奠定了基础。

3. 糜子前瞻性与基础研究

2022 年糜子考古研究取得重大进展，功能基因研究继续推进。He 等首次定量分析了中国北方新石器时代和青铜器时代糜子种植格局；Li 等考证了中国北方游牧业向农业转变导致人类生活方式转变的证据；Dong 等通过碳和氮同位素分析揭示了古代糜子种植中的水肥管理。Wang 等探讨了糜子叶片黄变的分子机制；Liu 等精细定位了糜子株高主效 QTL（PH1.1），并开发出可用于矮秆品种分子辅助选择的 InDel 标记；朱学海等研究了糜子 GA 信号传导缺陷型矮秆突变体 m819 的矮化机制。

（二）品种资源研究与新品种选育

1. 谷子品种资源研究与新品种选育

2022 年王海岗等结合 SSR 基因分型数据，对 595 份山西谷子核心资源进行鉴定评价，发掘出优异等位变异及其载体材料。王蓉等利用 SSR 及 SRAP 标记首次从分子层面评价了我国的传统名小米。榆林学院研究了我国不同生态区谷子根系形态特征，发现西北早熟区谷子品种根系最大，东北早熟区谷子品种根系最小。王淑君等研究表明不同谷子品种叶片表皮微形态学特征存在明显差异。2022 年体系专家团队在优质、抗新型除草剂谷子品种培育方面取得较大突破，育成的 54 个谷子品种通过登记。构建完成的谷子杂种优势利用 SPT 系统，可大幅提升杂交种制种效率，制种纯度由 30%提高到 100%；完成了不育系 AL2 的改造，将显著改善谷子杂交种抗病性、抗倒性和品质。

2. 高粱品种资源研究与新品种选育

2022 年于淼等通过 EMS 诱变初步构建了包含矮秆、紧穗、早熟等表型变异的高粱突变体库，陈冰嬬等将春播早熟区 55 份亲本系划分为 4 个杂种优势群，为高粱种质资源高效利用奠定了基础。对高粱种质资源芽期耐低温、耐涝性和耐盐碱性的鉴定筛选，以及耐瘠性、抗病性、株型、秸秆产量和遗传多样性等的研究为高粱遗传改良提供了材料保障。谢旗等利用基因编辑技术创制了新型香高粱，通过 LC-MS 检测到突变体籽粒和叶中 2-AP 含量分别达 0.177 毫克/千克和 0.801 毫克/千克。2022 年度全国共登记高粱品种 128 个，其中酿造高粱品种 116 个、粮用高粱 6 个、饲草高粱 3 个、甜高粱 2 个，帚高粱 1 个。育成的优质食用、饲用、帚用高粱新品种满足了产业多样性需求。

3. 糜子品种资源研究与新品种选育

2022 年赵宁等对糜子品种品质特性的分析表明，不同品种的红绿值 a^*、粗脂肪、灰分、直链淀粉、溶解度、膨胀度、DPPH 清除率和糊化特性差异较大。王倩等对北方春糜子区黍稷资源抗性淀粉分析发现青海和甘肃资源抗性淀粉含量较高，而冯链等对黄土高原春夏糜子区糜子资源抗性淀粉检测显示宁夏高抗性淀粉种质资源较多。研究人员对糜子种质资源的抗旱性进行了鉴定筛选，郑婷婷等筛选出一级耐旱资源 2 份、二级耐旱资源 17 份；邢媛筛选出苗期抗旱资源 5 份；程冀南等筛选出芽苗期极强抗旱种质 2 份、苗期强抗旱种质 6 份。2022 年体系育成优质、高产、中矮秆糜子新品种 8 个，体系育成的第一个糜子杂交种也进入实质性生产应用。

（三）抗逆、栽培与水肥管理

1. 谷子抗逆、栽培与水肥管理

通过合理轮作、科学施肥、适期播种、种植模式等来提高谷子产量、品质和抗逆性是谷子栽培研究的热点。2022 年 Yu 等研究表明轮作对谷子产量、真菌群落和土壤过氧化氢酶活性有积极影响。张立媛等研究发现谷子出苗至抽穗期受低氮胁迫影响更敏感。高小峰等研究表明长期施肥能显著提高黄土丘陵区坡耕地土壤质量和谷子产量。拔节期喷施 300 毫克/升多效唑可增强谷子抗倒伏能力，灌浆期喷施 0.004 克/升锌肥谷子增产效果显著；施用微生物菌剂能显著改善谷子农艺性状并提高产量，施用生物菌肥能显著提高谷子产量并可代替部分无机肥料，施用乙烯利和矮壮素螯合生长调节剂能提高谷子茎粗和茎秆强度从而提高产量，施用腐殖酸能提高谷子苗期土壤含水量、出苗率、地上地下干重、根冠比和叶片 POD、SOD 和 CAT 活性，实现增产。

2. 高粱抗逆、栽培与水肥管理

干旱和盐等逆境胁迫是制约高粱生产的主要因素。2022 年 Wang 等研究发现干旱和盐复合胁迫显著抑制高粱叶片光合作用。研究发现，利用枯草芽孢杆菌能提高高粱幼苗抗氧化酶活性从而提高幼苗耐盐性。喷施外源海藻糖可提高甜高粱幼苗抗旱性；用氯化钙（50 毫摩/升）和水杨酸（0.1 毫摩/升）也能提高高粱苗期抗旱性。

氮素管理对高粱生长和产量与品质提高有重要影响。研究表明，缺氮虽提高高粱籽粒淀粉含量但影响籽粒灌浆；低氮胁迫导致根系中色氨酸含量增加，促进了高粱根系伸长。施氮水平影响高粱籽粒淀粉的理化特性，拔节期施氮 300 千克/公顷可使籽粒淀粉含量最高；氮肥施用方式会影响高粱光合特性和土壤环境，利用水肥一体化合理施用氮肥能提高高粱产量。

3. 糜子抗逆、栽培与水肥管理

2022 年糜子栽培主要集中在逆境、肥料运筹、种植模式与管理对糜子生长发育及产量的影响上。逆境研究方面，Yuan 等认为糜子干旱胁迫复水恢复后基因和蛋白质表达重排增强了糜子对胁迫的耐受性。Ma 等研究发现油菜素内酯可以缓解糜子对碱的胁迫。Liu 等研究显示低氮耐受性糜子品种跨膜转运蛋白差异表达基因是影响氮素利用率的重要因子。Liu 等解析了糜子镉提取机制为糜子镉修复提供了新思路。肥料运筹方面，研究证明，耐低氮糜子品种能减少氮肥投入，提高氮肥利用率；复混肥对糜子生长最有效。王英等研究显示控释氮肥一次性基施利于糜子农艺性状及产量提高；谢呈辉等认为适量施氮能有效平衡产量和氮素利用效率。高志军等研究也发现，植物生长调节剂对糜子生长发育有明显影响。使用矮壮素能增加糜子产量，随喷施浓度增大，产量有增加趋势；董扬等发现在糜子分蘖期和拔节期喷施多效唑、甲哌、矮壮素、烯效唑都能不同程度地提高糜子抗倒伏能力和产量。在栽培模式研究方面，Tian 等研究表明覆盖措施降低了糜子根际和根系的细菌多样性；张晓娟等研究表明起垄覆膜提高了糜子的株高和生物量。

（四）病虫草害研究

1. 谷子病虫草害研究

白发病是近年来最具破坏性的谷子病害。Zhang 等发现谷子感染禾生指梗霉后叶片叶绿素和类胡萝卜素含量、净光合速率和气孔导度下降，胞间 CO_2浓度显著升高。张宝俊等研究表明禾生指梗霉通过调控寄主体内生长素合成及信号转导来影响谷子花序形态建成。

Wang 等认为谷子寄主对禾生指梗霉的抗性可能是由于防御相关基因的激活，水杨酸对抵御病原体起着重要作用；刘旭等推测 *SiNPR2* 在谷子抗禾生指梗霉反应中起负调控作用，*SiNPR4* 可能抵御了卵孢子形成。Xu 等研究发现轮作制度提高了谷子根际细菌和真菌的多样性和丰度，也能降低谷子白发病的发病率。其他病害方面，Hao 等发现立枯丝核菌 AG-4 HG-III 融合群为谷子纹枯病优势融合群。程溪柳等研究表明，不同的谷瘟生理小种的致病性存在差异，并筛选到一个致病力强的谷瘟真菌海南-1。此外，Xu 等在内蒙古通辽市和辽宁朝阳市首次报道了谷子根腐病；Kong 等在辽宁朝阳市首次报道了亚洲镰孢菌引起的谷子穗腐病。谷子受杂草危害严重。研究表明，苗后用 50%特丁津悬浮剂茎叶喷雾对谷子安全，田间阔叶杂草鲜重防效达 90%以上；用 5 250 克/公顷的 38%莠去津悬浮剂除草对谷子安全且除草效果好；谷友（单嘧磺隆）和异氧氟草醚对谷子安全，可用作谷子辅助除草剂。

2. 高粱病虫草害研究

郭怀刚等研究表明，接种立枯丝核菌可致高粱幼苗活性氧过量积累，膜质发生明显的氧化损伤。马俊卿等认为高粱是幼套近明球囊霉扩繁的最佳宿主植物。Sun 等研究证明，水杨酸预处理可以在高粱中诱导免疫应答角质、木栓和蜡生物合成途径以及参与炭疽病抗性的类黄酮生物合成途径富集。Han 等开发出用于高粱花叶病毒早期诊断的高灵敏度的快速荧光开启生物传感器，在大规模抗原抗体的检测中极具潜力。高粱虫害方面，Huang 等研究发现蚜虫攻击后高粱茉莉酸、水杨酸、脱落酸和生长素都有较高水平差异表达；夏丽娟等研究显示印楝素对高粱亚洲玉米螟有较好的防治效果且对高粱相对安全。高粱草害方面，许锦程等和王江红等研究发现，喹草酮、莠去津、二氯喹啉酸、辛酰溴苯腈、氯氟吡氧乙酸异辛酯等除草剂对高粱安全；李雪等建议使用对高粱安全性高、除草效果好的 72%异丙甲草胺乳油+48%麦草畏水剂。

3. 糜子病虫草害研究

Wu 等研究表明，*Alternaria destruens* 定殖于糜子所有组织中但只在花序中产生冬孢子并在感染宿主后以系统性方式增殖，宿主通过积累胼胝质类似物和高电子密度沉积物来抵抗 *A. destruens* 感染。研究发现 50% 2,4-D 异辛酯对糜子生理及光合作用影响较小，苗后喷施较安全。

（五）加工利用研究

1. 谷子加工利用研究

2022 年谷子加工品质研究继续占据主导地位，功能研究崭露头角。研究发现，小米储藏褪色过程中脂肪氧化酶发挥重要作用；品种和省份的交互作用对谷子粗蛋白、粗脂肪、可溶性膳食纤维及小米粥适口性有显著影响；不同地理来源的小米营养成分含量存在差异；地域环境因素是造成小米矿物元素分布差异的主要因素。周湘寒等研究表明，不同小米蒸煮成粥后黏度、米汤固形物含量与直链淀粉含量呈正相关，与蛋白质含量呈负相关。刘红等研究发现小米的食味品质越好，其峰值黏度和崩解值越高。刘敬科等证实醛类和酮类可能对糙米的气味有重要贡献。徐晓琴等研究表明，蒸煮后小米不溶性膳食纤维结构更为“松散”，可溶性膳食纤维形成紧密相连的组织。

谷子功能成分研究重点集中在对肠道微生物的影响和抗氧化等方面。沈群等研究发现小米正己烷提取物富含亚油酸，可减少高脂膳食引起的体重增加和肝脏脂肪堆积、促炎细胞因子和胰岛素抵抗，并改善葡萄糖耐量和脂质谱。研究表明，发酵米糠和小米及小米粥油对小鼠腹泻有缓解作用。

2. 高粱加工利用研究

高粱加工利用研究仍以酒类占主导地位。马振东等研究表明随高粱粉碎度降低，一、二轮次出酒率降低，三、四、五轮次出酒率增加且感官质量最佳。程度研究表明酱香型白酒高粱原料应具有粒小皮厚、籽粒饱满和玻璃质含量较高等特性。朱琳发现添加高粱醇溶蛋白对浓香型白酒的窖泥味有消减作用。杨传天研究发现高粱蒸煮性受淀粉晶体结构控制，酿造过程中支链淀粉更易水解为葡萄糖，但产生的过多糊精将导致风味口感变差。

3. 糜子加工利用研究

糜子加工利用研究主要集中在品质分析评价方面。杨苗研究表明电子束辐照处理显著提高了粳糯糜子总酚、总黄酮含量、抗氧化活性及单体酚含量。李梦卿研究表明糯性糜子起糊温度、峰值黏度、破损值、最终黏度和回生值均低于粳性糜子。冯佰利等研究表明高直链淀粉糜子品种的全粉糊化黏度、糊化时间、糊化温度，糜子饭吸水率、体积膨胀率、硬度较高，而糊化热焓值较低。

（六）机械化研究

1. 播种机械关键部件设计和播种技术

排种器是保障精量播种的关键。陈涛等设计了一种正负气压—型孔轮组合式谷子穴播排种器，李渤海等对气力窝眼轮组合式谷子穴播排种器进行优化，提高和改善了谷子播种效果。原向阳等研发出履带自走式和拖拉机牵引式两种类型谷子抗旱补水播种机。杨志杰等实现了麦茬地的谷子直播。杨志杰等研发出高粱大豆密植分控播种机。宫帅等对 2MBFC-1/2 多功能膜侧精量播种机进行改进，解决了膜上打孔种植中存在的扣苗放苗、地膜回收等难题。

2. 收获机械关键部件设计和收获技术

Bao 等设计优化了一种前端锉刀、后端钉齿结构的轴流式脱粒分离装置，原向阳等获得了谷子联合收获机脱出物清选的最优工作参数。赵菁等研发出 4LZG-1.5 型小型自走式谷子收获机。原向阳等研究了适合机械收获的配套技术。原向阳等还研究了高粱收获过程中不同含水量条件下籽粒的碰撞力学特性。

3. 信息化与智能化技术的应用

农机装备智能测控技术是未来的发展方向。原向阳等构建了基于多尺度特征融合和轻量化改进的谷穗检测模型。原向阳等对无人驾驶拖拉机、犁、播种机等进行了初步集成。

（国家谷子高粱产业技术体系首席科学家　刁现民　提供）

2022年度燕麦荞麦产业技术发展报告

（国家燕麦荞麦产业技术体系）

一、国际燕麦荞麦生产与贸易概况

根据美国农业部统计数据①，2022年全球燕麦收获面积为945.1万公顷，较上一年同期②缩减1.65%，总产量约2 490.3万吨，较上一年增加10.52%。面积略有缩减而产量明显增加，说明2022年燕麦单产水平有较大提升。全球范围内，燕麦产量超过50万吨的国家和地区包括：欧盟（760.80万吨）、加拿大（522.60万吨）、俄罗斯（380.00万吨）、澳大利亚（140万吨）、巴西（115.50万吨）、英国（105.00万吨）、美国（83.7万吨）、阿根廷（64.50万吨）、中国（60.00万吨）、智利（55.00万吨）。与2021年相比，2022年加拿大、美国燕麦产量大幅增加，较2021年同期增加86.11%、44.81%。欧盟、俄罗斯的燕麦产量降幅较大，阿根廷、中国等国家基本持平（图1）。

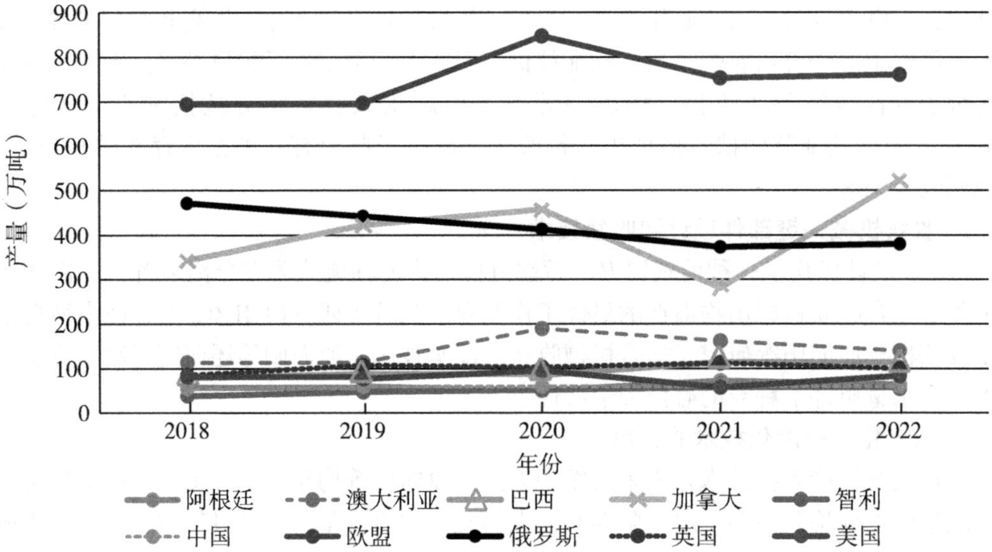

图1　2018—2022年世界主要燕麦生产国燕麦产量趋势

2022年，疫情影响减弱，贸易逐渐恢复，全球燕麦贸易呈现上升趋势。2022年全球燕麦出口量为268.3万吨，较上一年增长22.74%。从地理分布看，呈现集中趋势，加拿大（180万吨）、澳大利亚（50万吨）、英国（12万吨）、欧盟（11万吨）、俄罗斯（10万吨）5个国家和地区总出口量占全球燕麦出口总量的98.02%，且加拿大产量的剧增带来出

---

① 美国农业部于2021年11月9日公布的数据。

② 鉴于数据的可得性，在此所提同期，对比的是2020年11月全球燕麦收获面积数据。

口量的大幅增加，增幅高达 63.63%（图 2）。从进口看，2022 年全球燕麦进口量为 265.7 万吨，较上一年增长 28.17%，同样呈现较为集中的地理分布，其中美国（146.5 万吨）、中国（35.00 万吨）、墨西哥（17.00 万吨）、智利（15.00 万吨）、欧盟（12.00 万吨）5 个国家和地区的总进口量占全球燕麦进口总量的 84.87%，均呈现增长的趋势（图 3）。

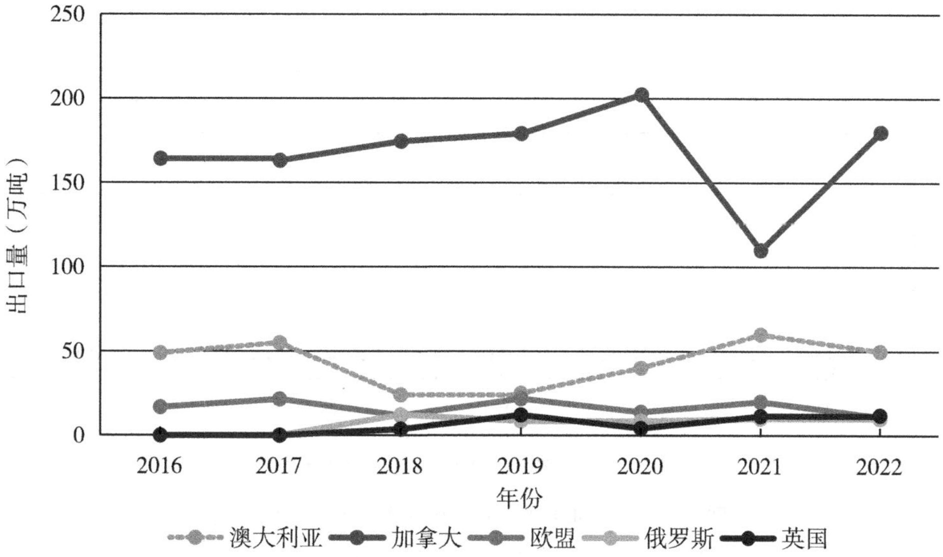

图 2　2016—2022 年世界主要燕麦出口国燕麦出口量趋势

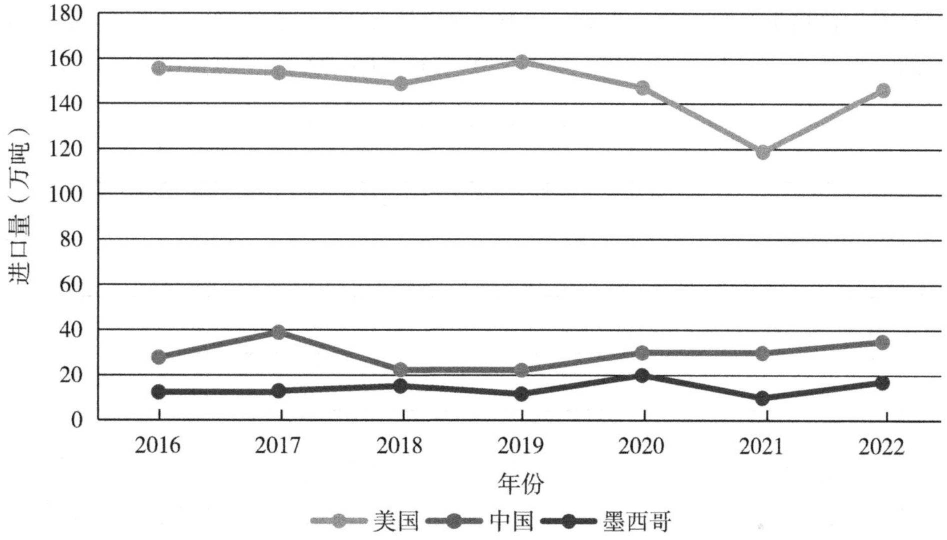

图 3　2016—2022 年世界主要燕麦进口国燕麦进口量趋势

根据 FAO 统计数据，2021 年全球荞麦收获面积约为 198.8 万公顷，总产量约为 187.5 万吨，较上一年同期分别增加 7.34%、3.87%，可见世界荞麦单产变化不大。荞麦产量超过 5 万吨的国家和地区包括：俄罗斯（91.91 万吨）、中国（50.23 万吨），乌克兰

（10.57万吨）、巴西（6.54万吨）、美国（8.23万吨）（图4）。

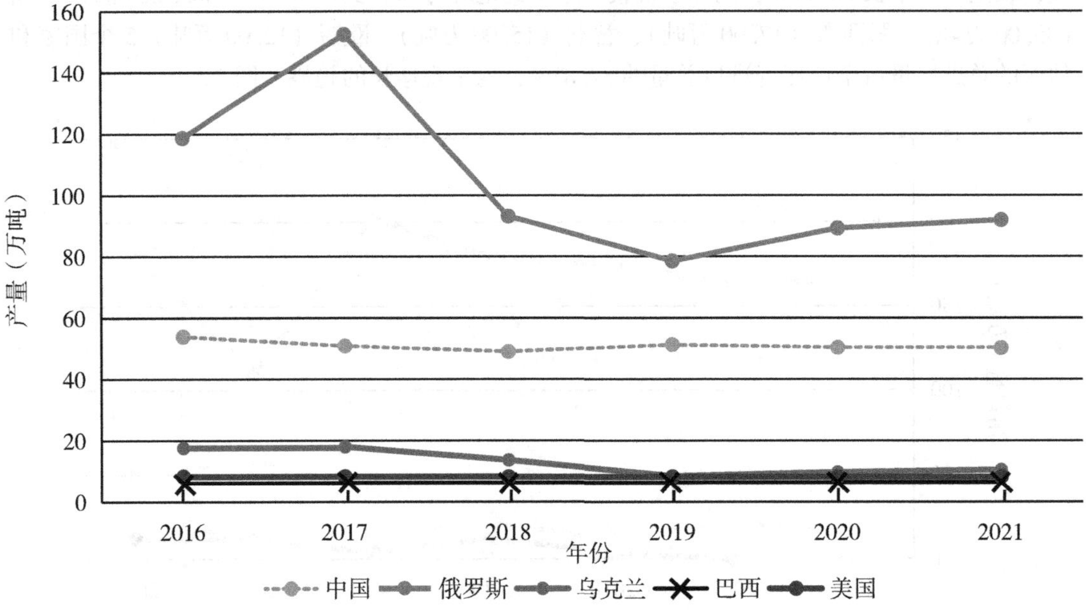

图4　2017—2021年世界主要荞麦生产国荞麦产量

注：2021年为FAO的预估值。

根据联合国商品贸易数据库数据，2021年全球荞麦出口量为16.54万吨，较上一年同期增长0.53%；出口额为128.5万美元，较上一年同期增长23.20%，这是由于2021年全球贸易平均价格上涨所致。俄罗斯、美国、中国、波兰、立陶宛、拉脱维亚是荞麦的主要出口国，日本、乌克兰、意大利、波兰等国是荞麦的主要进口国（图5）。

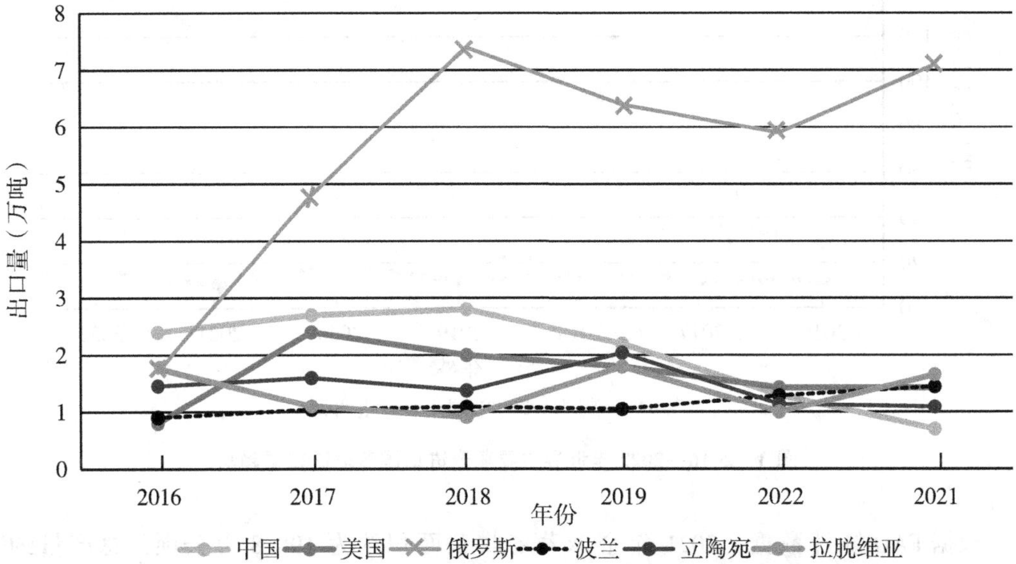

图5　2016—2020年世界主要荞麦出口国荞麦出口量

二、国内燕麦荞麦生产与贸易概况

据国家燕麦荞麦产业技术体系统计，2022 年我国燕麦种植面积约 85 万公顷（较 2021 年缩减 0.44%），其中燕麦籽粒 43 万公顷（缩减 3.01%）、燕麦饲草 42 万公顷（增加 15.67%）；收获燕麦籽粒 68.69 万吨（减少 12.05%），燕麦饲草 306.19 万吨（减少 5.44%），除燕麦饲草种植面积有较大增加外，其余各指标均比上一年有所下降。2022 年全国荞麦种植面积 64 万公顷（较 2021 年增加 19.06%），其中甜荞 33 万公顷（增加 11%）、苦荞 31 万公顷（增加 4.45%）；收获荞麦共 114.39 万吨（增长 36.69%），包括 39.98 万吨甜荞（增长 39.25%）和 74.41 万吨苦荞（增长 35.36%），均比上一年有较大增长。

2022 年 1—8 月，我国进口燕麦干草累计 10.65 万吨，同比下降 29.2%，进口金额 4 480.74 万美元，同比下降 10.0%，平均到岸价 420.84 美元/吨，同比上涨 27.1%。燕麦草进口全部来自澳大利亚，目前澳大利亚可出口中国燕麦草公司仅剩 3 个。进口量下降明显。

中国海关进口数据统计显示，2022 年 11 月中国荞麦进口量为 4 357.17 吨，主要从俄罗斯进口，金额为 226.57 万美元。1—7 月累计进口 12 645.32 吨，同比下降 51.59%。进口省（区）主要为辽宁省与内蒙古自治区，其中内蒙古自治区进口量为 3 966.57 吨，金额 202.90 万美元，占比 91.04%，同比增长 559.82%，环比增长 23.45%。辽宁省进口量为 410.9 吨，金额 23.67 万美元，占 6 月总进口量的 8.96%，环比减少 4.94%。整体来看，当前我国荞麦市场供需双弱，由于产区荞麦基层余粮见底，难以满足销区市场需求，6—8 月需要依靠进口货源进行补充，7 月进口俄罗斯荞麦需求稍显疲弱，国内市场不断受到冲击，酒厂对进口荞麦呈现短暂依赖。

三、国际燕麦荞麦产业技术研发进展

（一）燕麦荞麦育种

1. 2022 年燕麦育种研究进展

燕麦育种研究主要涉及种质资源筛选、品种比较、新品种选育、SNP 分子标记开发、遗传转化体系建立等方面，主要涉及全基因组测序，育种数据库开发，遗传多样性分析，抗病基因的遗传定位及分子标记开发，抗病、抗盐、抗旱种质资源筛选及基因发掘等。育种专利方面以燕麦氧化鲨烯环化酶 AsHS1、AsHS2，燕麦基因组的快速提取方法，花药培养愈伤组织诱导率的培养基等专利意义较大，先进性强。

2. 2022 年荞麦育种研究进展

荞麦育种主要涉及新品种选育、种质遗传多样性分析、种质资源评价、功能基因挖掘、分子标记开发，品种比较、遗传转化体系建立等方面，涉及新种质创制、遗传多样性分析、SSR 分子标记开发、薄壳苦荞易脱壳性状和甜荞籽粒大小性状遗传定位、遗传转化体系、抗旱和黄酮生物合成等功能基因鉴定与验证等。荞麦育种专利数量比 2021 年显著减少，主要焦点在遗传转化、抗除草剂基因、分子标记、单倍体诱导等方面。其中以基因编辑技术、耐低温基因、抗草甘膦突变体、单倍体诱导方法等专利意义较大，先进性强。

（二）燕麦荞麦栽培

1. 2022 年燕麦栽培研究进展

国外有关燕麦栽培方面的研究以种植制度方面居多，其次是关于播期栽培管理方式以及肥料施用等方面的研究。不同的种植制度对作物产量、品质及养分利用效率均会产生较大影响。在不施肥的情况下，燕麦和向日葵间作的产量分别比相应的单作高 28%～32%和 18%～47%。然而，这种产量优势随着施肥量的增加而降低。间作燕麦在不施氮肥的情况下，边行对产量的贡献超过 1/3，但随着氮肥的增加，其贡献率降低。

2. 2022 年荞麦栽培研究进展

国内外关于荞麦栽培方面的研究主要集中在种植模式、耕作措施、施肥、叶面施硒肥和化学调控等对荞麦农艺性状、产量、品质和根际微环境方面的影响。科研人员更加关注多种杂粮作物优良品种配合的生产新格局，研究了多种类型的复合种植技术，尤以荞麦—燕麦，荞麦—谷子，荞麦—杂豆等的间作、混作、复种、轮作生产模式为主。创新形成了玉米—荞麦—菠菜一年三熟高效种植模式及配套栽培技术，该种植模式纯效益是当地水稻—小麦一年两熟传统种植模式的 3 倍以上，燕麦草复种荞麦显著提高了燕麦草和荞麦的产量和经济效益，同时有利于生态脆弱区的环境改善。烟草—荞麦轮作可有效降低田间病害，显著提高根际微生物群落丰富度和多样性，对改善土壤微生态环境、缓解连作障碍具有积极作用。针对特大干旱地区，提出了除常规田间管理措施外，适当增加良种的辅助授粉有利于荞麦结实。

在施肥方面，明确了贵州喀斯特土壤含氮量较低地区、西北地区和宁夏引黄灌区荞麦的最佳播种时间和施肥量，发现施氮会影响荞麦籽粒淀粉的晶体结构、黏着性和流变性以及氨基酸合成。研究了荞麦硒肥施用技术，在初花期施用 2～5 克/公顷硒肥可使荞麦籽粒硒利用率达到最高，达到富硒标准。发现硒肥可提高荞麦籽粒芦丁、黄酮和淀粉含量，改变籽粒淀粉的晶体结构、黏着性和流变性，形成了富硒荞麦绿色优质高产高效栽培技术。

在化学调控方面，发现褪黑素（MT）和 2,4-表油菜素内酯（EBR）浸种能通过提高荞麦种子保护酶活性、减少活性氧积累、增加渗透调节物质含量，促进盐胁迫条件下荞麦种子发芽及幼苗生长，提高荞麦的抗盐性。赤霉素、赤霉素配施 2,4-表油菜素内酯（EBR）能促进荞麦开花结实，籽粒灌浆，延缓叶片衰老，提高粒重和产量，并筛选出了最佳的喷施浓度。伊朗科学家发现荞麦能在不降低种子产量的情况下抵抗 25 毫摩/升 NaCl 的胁迫，外源施用 5-氨基乙酰丙酸可通过提高盐胁迫下处理植株的抗氧化能力和光合作用能力来缓解盐毒性。水杨酸（SA）对镉（Cd）污染土壤中苦荞麦幼苗 Cd 耐受性和 Cd 积累的影响研究表明，水杨酸处理可使根系生物量增加和 Cd 保留量增加，促进了 Cd 向细胞壁和固定化学形式的分配。

（三）燕麦荞麦病虫草害防控研究

1. 2022 年燕麦病虫害防治研究进展

国外有关燕麦病虫害方面的研究主要集中在发病较为普遍的赤霉病、锈病及白粉病等病害，研究内容包括病原物分离、毒素鉴定、抗病基因定位、种质资源抗性鉴定等。

燕麦赤霉病研究方面，为探究不同品种皮燕麦和生长条件对赤霉病发生、毒性含量和燕麦产量的影响，Kuchynková 等选取前茬作物分别为燕麦、玉米和油菜的试验地开展试验，发现在燕麦籽粒中梨孢镰刀菌（*Fusarium poae*）的分离频率最高，皮燕麦 Flamingsprofi 和 Salo 是高感品种。燕麦锈病研究方面，Huerta-Espino 等对 50 份燕麦种质秆锈病抗性进行了评价，燕麦品种 Diamante、Menonita、Karma 和 Turquesa 在苗期表现抗病，AMEX18. 21. 1. 1、AMEX18. 18. 1. 1 和 TNQ 表现感病。从自然感染燕麦专化型秆锈菌（*P. graminis* f. sp. *avenae*）的燕麦叶片上共分离到 159 株燕麦专化型秆锈菌。首次鉴定出 TJJ、TBD、TJB、TJD、TJL、TJN、TGD 和 TKN 8 个小种，其中优势小种为 TJD，亚优势小种为 TJN 和 TKN。燕麦白粉病研究方面，利用蒽醌类杀菌剂对豌豆和燕麦白粉病开展防治试验，将不同浓度的杀菌剂喷施在燕麦和豌豆的植株上，发现均能抑制豌豆和燕麦的白粉病发生。

Walkowiak 等对加拿大禾谷作物的麦角病进行了综述，发现从加拿大西部地区收获的 23 万份籽粒样品中黑麦的麦角病发病率和严重度最高，其次是小麦，大麦和燕麦最低，在收获籽粒样品中生物碱含量由高到低的作物分别为小麦、燕麦、大麦。Brodführer 等采用广义线性模型分析环境因素、抗病性和闭花受精指数对燕麦黑穗病发生的影响，结果表明受抗病水平和环境因素的影响，闭花受精降低了种子的黑穗病侵染率，最多可降低 68%。Kim 等在韩国主要燕麦种植区进行燕麦红叶病调查，评估了 8 个种植区域大麦黄矮病毒（BYDV）的遗传株系，发现 125 份样品中有 39% 检测出 BYDV，BYDV-PAV、BYDV-SGV、BYDV-PAS 和 BYDV-RPV 在燕麦不同种植区均被检测到，BYDV-PAV 是整个种植区的优势毒株。

2. 2022 年荞麦病虫害防治研究进展

国外在荞麦病虫害方面的研究主要集中于病虫在荞麦上的定殖特性、荞麦提取物对病虫害的抑制作用、病虫害绿色防控策略等方面。荞麦提取物对病虫害的抑制作用方面，Chiara Nobili 等从荞麦外壳中提取多酚、生育酚、植物甾醇和脂肪酸等化合物，在体外条件下，检验它们抑制病菌 *Aspergillus flavus* 生长和黄曲霉毒素生物合成的能力。荞麦病虫害绿色防控策略方面，Blassioli-Moraes 等根据“智能植物”的概念，探讨了荞麦等伴生植物及其信息化合物在促进保护性生物防治方面的前景。

3. 2022 年燕麦荞麦田除草研究进展

国际上专门针对燕麦荞麦田除草的研究较少，对于其他作物田杂草的研究有杂草发生情况调查、植物残体覆盖控草、稻田中引入低等植物浮萍控草等；燕麦荞麦田除草的研究应借鉴这些研究结果。在杂草防治方面，绿色防除技术成为研究热点。Bailey-Elkin 等通过燕麦与豌豆间作来防治杂草，发现杂草降低了 17%~44%，间作降低了豌豆产量 6%~26%，但增加了豌豆种子质量。促进杂草种子腐烂是降低土壤杂草种子库持久性的一种生态学途径。Lewis 等发现燕麦镰刀菌（*Fusarium avenaceum*）提高了野燕麦多种防御酶活性，通过对燕麦镰刀菌侵染种子表面的可溶性外源性蛋白和野燕麦细胞中的蛋白分析，发现有 119 个被归类为防御/胁迫的浸出液蛋白中，有 80 个被诱导或抑制，表明燕麦镰刀菌可以调控野燕麦防御蛋白。

（四）燕麦荞麦加工与营养研究

1. 2022 年燕麦加工与营养研究进展

Yue 等分别研究了采用食品级水合深共晶溶剂，物理静电分离方法提取燕麦蛋白质。Jaquellyne 等采取水热—化学组合工艺从燕麦壳中提取亲水性大大改进的纤维素。Tiffany 等证实了 β-葡聚糖对燕麦基饮料黏性的重要贡献，Wang 等研究了燕麦奶在胃肠道的模拟消化。Ramos 等发现通过添加燕麦纤维浓缩物可以保持人造肉纤维状肉的结构。Luca 等就发酵燕麦酸奶质构改进、燕麦酸奶对肠道的健康功能、发酵燕麦对于糖尿病治疗的辅助作用进行了初步研究。Trabalzini 等发现燕麦蒽酰胺具有 EGFR 酪氨酸激酶抑制剂的药理活性。美国路易斯维尔大学、泰国朱拉隆功大学等进一步证实了燕麦 β-葡聚糖、燕麦纳米颗粒抑制小鼠大脑炎症，改善认知的功能。

欧美许多国家研究了不同燕麦饲草品种基因型对脂质含量和脂肪酸组成的影响，探讨了燕麦酚酸和蒽胺基因型与环境的相互关系，研究结果为进一步提高燕麦饲草产量和品质奠定理论基础。欧洲国家探究了燕麦生长过程中各部位不同发育阶段 β-D-葡聚糖积累量，通过了解生物聚合物在燕麦发育过程中的变化过程，有助于为牲畜提供更多富含功能性物质的优质燕麦饲草。南美学者研究了不同生长阶段和青贮技术对燕麦青贮品质和瘤胃消化的影响。此外，印度学者针对燕麦饲草特性进行了预处理研究，发现不同预处理方式对燕麦饲草抗氧化特性影响不同，发酵和菌剂均能降低抗营养因子物质含量，因此选择合适的预处理方式可以调控饲草的营养特性。加拿大学者发现燕麦裹包青贮饲料可提高动物生长性能和营养成分利用效率，改善反刍动物瘤胃发酵性能。欧洲国家在奶牛日粮中添加燕麦青贮饲料，增加了牛奶产量以及牛奶中乳脂、总固体和乳能量的含量。英国学者在奶牛哺乳期晚期日粮中添加燕麦提取物，显著提高了牛奶中的共轭亚油酸浓度。

2. 2022 年荞麦加工与营养研究进展

荞麦加工与营养的研究中，无麸质食品仍是研究热点。功效研究方面，Cao 等研究了富含多酚的苦荞提取物对酒精性肝病的保护作用，阐明苦荞提取物可能通过调节磷脂酰胆碱/磷脂酰乙醇胺稳态来发挥其降脂作用；Ninomiya 等开展了荞麦水解白蛋白对餐后血糖升高的抑制作用及其作用肽的鉴定研究。多种新工艺被用于荞麦加工，Cheng 等发现喷射磨粉的应用显著降低了荞麦粉的粒径，且荞麦粉的受损淀粉含量、水溶性指数、吸水指数和膨胀性均有所提高，制成的全荞麦挤压面条的破碎率和蒸煮损失有效降低；Gao 等发现高压短时间介质阻挡放电等离子体处理可加速淀粉水解过程，可应用于酿造和食品发酵等；此外，超高压技术、微波辐照、低温等离子体等也是研究者们关注的技术领域。在材料领域，Yang 等采用荞麦麸制备了纳米纤维素，并对其理化特性、细胞毒性评价及对脂肪消化吸收的抑制作用进行了研究；Yu 等研究了荞麦自组装肽基水凝胶的制备、特性及形成机理。

四、国内燕麦荞麦产业技术研发进展

国内燕麦栽培多数研究聚焦于不同的栽培模式及施肥制度下高产燕麦栽培管理技术措施方面。燕麦在干旱、土壤贫瘠、盐碱化较重的地区广泛种植，如何提高土壤供水供肥能力一直是燕麦栽培管理措施研究的重点。因此，高产、高效、绿色、可持续的施肥制度亟待开发。不同作物的混播、间作因其在增加生物多样性、提高生产力及增加系统稳定性等方面的优势而备受关注。燕麦与多种作物的间作、轮作、混播等高效栽培技术模式已成为我国饲草业的重点研究方向。

2022 年国内在燕麦病虫害方面的研究主要聚焦于绿色防控技术的探索和研发，包括农艺防治措施、生物防治和添加外源物防治等方面。农艺防治措施方面，刘万友等从燕麦品种、播期、种植密度、施氮量、施磷量和灌水量 6 个因素探究了燕麦叶斑病的田间发病规律。王亚南等研究发现燕麦不同间作模式均能显著（$P<0.05$）降低植物寄生线虫的相对丰度。生物防治方面，王海霞等从燕麦中分离出了 512 株菌株，有 9 株菌株对燕麦叶斑

病菌和炭疽病菌有显著抑制作用。马建华等研究了4种生物农药对燕麦蚜虫的防治效果，发现喷施8 000 IU/μL苏云金杆菌悬浮剂处理，施药3天、7天、14天的防效分别为58.4%、88.9%、85.6%，表现较好；喷施1.3%苦参碱水剂处理、1.6%狼毒素水乳剂处理和0.5%印楝素乳油处理也具有一定的防效。喷施8 000 IU/μL苏云金杆菌悬浮剂处理施药14天的防效高于喷施化学农药2.5%高效氯氟氰菊酯微乳剂。添加外源物提高植物抗性方面，李英浩等探究了外源硅对燕麦幼苗秆锈病的抗病能力，认为施硅可通过诱导燕麦叶片增强燕麦对秆锈病的抗性。

国内在荞麦病虫害方面的研究主要聚焦于病原菌的分离、病原菌毒力测定、病害识别、病原菌鉴定和病原菌在荞麦定殖特性等方面。Hsiao等利用ITS和微管蛋白（β-tublin gene，TUB2）基因，对荞麦病原菌进行了形态和分子特征分析，并首次发现白粉病病原菌（*Erysiphe ipomoeae* comb. nov.）可以侵染荞麦。Tang等首次报道了*Botryosphaeria dothidea*可以引起荞麦灰霉病。病原菌毒力测定方面，苟一丹等以甘肃省荞麦的6种靶标病原菌和7种高效低毒的杀菌剂为研究对象，研究了杀菌剂对病原菌菌丝生长的抑制作用。病害识别方面，石宝等对图像预处理算法、搭建能够面向应用的荞麦叶部病害识别模型开展了研究。病原菌鉴定方面，卢文洁等从采自云南澄江的荞麦上采用植物真菌组织分离法，通过观察病原形态特征、测定致病性及分析rDNA-ITS序列系统发育树，鉴定了引起云南省荞麦茎枯病的病原种类，并研究其生物学特性。病原菌在荞麦的定殖特性方面，Zhang等研究了*I. cateniannulata*对荞麦的定殖能力及其对荞麦防御酶活性和生理指标的影响。

2022年燕麦荞麦田除草研究主要集中在绿色防控技术研究，其中包括除草剂应用技术研究、优势杂草抗药性、化感作用除草的研究等方面。郑敏等研究了不同用水量对异丙甲草胺在荞麦田除草效果的影响，结果表明，用水量对异丙甲草胺的除草效果影响显著，当用水量高于45千克/亩时，防治效果达到80%以上。全威通过燕麦—油菜间作来防治燕麦田杂草，在两个试验地点杂草株防效分别达53.27%、49.74%，杂草鲜质量防效达50.74%、48.19%。李善魁研究了圆柏浸提液对几种农田杂草及作物的化感潜力，圆柏叶片浸提液稀释1.5倍时，抑制荞麦种子萌发但不影响其株高及根生长，不影响燕麦种子萌发但降低其株高和根长生长。

研究了不同粒径燕麦粉的理化品质；亚临界乙醇水提高燕麦淀粉品质的工艺改进；阿魏酸接枝对燕麦β-葡聚糖改性的影响；并就燕麦秸秆、燕麦麸制备纳米纤维素及其多孔结构的生物活性、燕麦前处理工艺提高产品抗性淀粉含量等进行了初步研究。关于燕麦蛋白质、燕麦奶生产酸奶等进行了较多研究。

国内专家研究了不同海拔对燕麦青贮品质的影响，发现高海拔燕麦青贮效果优于低海拔燕麦；乳熟期到蜡熟期时燕麦饲草青贮具有更高生物产量和营养品质；添加蔗糖有助于降低燕麦青贮饲料粗纤维和铵态氮含量；燕麦干草在犊牛饲喂过程中可为反刍动物提供维持生长和生产的氨基酸、微量元素等，同时可提高瘤胃发酵参数，使瘤胃从反刍状态顺利过渡到成熟反刍状态；饲喂混合燕麦草青贮饲料提高了湖羊生长性能。

国内关于荞麦加工与营养方面的研究主要集中于营养成分研究和品质分析、功效研究及加工工艺改进等方面。主要的研究方向有：①苦荞源多肽、低聚肽等活性肽在抗氧化、降低糖尿病小鼠血糖血脂、改善胰岛素抵抗的作用相关研究；②苦荞芽活性成分研究、营养评价及产品开发等内容；③添加外源蛋白、酚酸、淀粉等物质对荞麦面制品理化特性、食用品质及消化性的影响；④超微粉碎、冷冻、脱支及湿热处理等多种加工方式对荞麦面制品、荞麦抗性淀粉品质特性的影响；⑤苦荞壳及花叶黄酮、花青素的提取、活性评价等相关研究。

（国家燕麦荞麦产业技术体系首席科学家　任长忠　提供）

2022年度食用豆产业技术发展报告

（国家食用豆产业技术体系）

一、国际食用豆生产与贸易情况

据FAO统计，2021年全球食用豆收获总面积为9 354.2万公顷，较2020年增加4.2%。食用豆生产大国为印度、尼日尔、中国、缅甸、加拿大、巴西、俄罗斯等。据中国海关网数据统计，2021年我国食用豆主要出口产品是绿豆、红小豆和普通菜豆，主要进口产品是豌豆。

二、国内食用豆生产与贸易情况

（一）国内食用豆生产概况

2022年食用豆播种面积较2021年增长5.01%；但受极端气候影响，产量略有下降。食用豆生产主要分布在西南区、东北区、华北区、西北区和东南沿海区。西南区食用豆生产集中度最高，近10年均值为46.3%，其次是东北区，均值为11.7%，西北区和东南沿海区均在10%左右，蒙新区和长江中游区在8%左右，黄淮海区均值在3.4%左右，青藏区食用豆生产集中度最低，均值在1.7%左右。

（二）贸易情况

2022年食用豆价格波动频繁，绿豆全年呈小幅下降趋势；红小豆、蚕豆价格整体大幅上升，最大涨幅近1倍；豌豆价格大起大落；普通菜豆价格下半年阶段性波动频繁，且涨落幅度超过20%；豇豆价格波动幅度较大，呈现小幅上升—快速下降—平稳上升的阶段性变动特征。

三、国际食用豆产业技术研发进展

（一）重要性状基因挖掘

育性研究是杂种优势利用的基础，西班牙IFAPA Centro Alameda del Obispo研究机构首次开展了蚕豆自交结实性QTL定位分析，鉴定到19个QTLs位点，解释8.9%（花柱长度）~25.7%（柱头角度）的表型变异。

在标记开发辅助育种方面，法国科研人员利用蚕豆重组自交系（RIL）群体鉴定到5个参与抗冻性调控的基因组区域，包括一个可用于开发分子标记的主效QTL。Ragul Subramaniyan、Sandeep Kaur Dhaliwal、Ariza-Suarez等通过全基因组重测序和关联分析，分别在绿豆、黑吉豆和普通菜豆上鉴定到可用于病毒病抗性育种的QTL *qMYMVD*_60和*qMYMIV*6.1.1和*Phvul*.007*G*040400基因，并开发出相应的KASP和SNP标记。Gomes-Messias等开发了高效选择普通菜豆抗炭疽病和角斑病的SNP标记snpPV0070和snpP8282v3-817，选择效率分别为99.7%和99.8%。Giordani等首次将高密度基因分型和基于图像的高通量种子分析相结合，验证了安第斯基因库比中美洲基因库产生更大、更重的种子，并开发出可用于分子辅助选择的SNP标记。国际干旱地区农业研究中心

（ICARDA）通过 GWAS 分析，得到了与嗪草酮和咪草烟除草剂抗性极显著关联的 SNP 标记。Ongom 等通过关联分析，确定了豇豆 Vu10、Vu08 和 Vu02 上的 3 个主要区域与蚜虫抗性显著相关。Escobar 等利用多亲本杂交高代群体（MAGIC）进行全基因组关联分析，在普通菜豆中发现了 4 个新的抗菌核病基因组区域。

种子休眠特性和大小影响着食用豆的商品性，泰国 Kularb Laosatit 等利用 F_2群体研究发现了两个控制种子休眠的连锁 QTL *Sdwa*5. 1. 1+和 *Sdwa*5. 1. 2+。其中，*Sdwa*5. 1. 1+仅包含一个基因 *LOC*106767068 的 3. 298 kb 区域，命名为 *VrKNAT*7-1。

遗传转化体系构建是制约基因功能研究的重要环节，国外学者建立了高效和可重复的普通菜豆体外再生体系。

（二）资源创新与品种改良

Anuragi 等利用射线及 EMS 诱变成功创造出绿豆抗花叶病毒病材料。俄罗斯的 Sinjushin 等首次育成了提高与有益土壤微生物互作有效性的品种 Triumph。美国内布拉斯加州大学发布了两个芸豆品种。白芸豆 White Pearl 直立、高产、抗锈病、叶枯病（CBB）和花叶病毒（BCMV），携带与叶枯病抗性相连的 SCAR 标记 SAP6、与抗锈病 *Ur*-3基因座相关的 SS68（KASP）和 SK14 SCAR 标记以及与花叶病毒抗性相关的 SW13 SCAR 标记。斑点芸豆 Wildcat 抗锈病、叶枯病和花叶病毒，具有 *Ur*-11 基因，除了一个已知的锈病小种外，对所有小种都具有抗性，并携带与 *Ur*-11 基因密切连锁的 InDel NDSU_IND_11_48. 459. 896 标记，具有与一个主要的 CBB 抗性相关的 SCAR 标记 SAP6，携带对 BCMV 具有抗性的单一显性 I 型基因，以及与 I 型基因连接的 SW13 SCAR 标记。

（三）病虫草害防控

1. 新的食用豆病原菌被鉴定

Abraham 等在埃塞俄比亚发现了一种新的蠕传病毒“菜豆褪绿斑块病毒”引起普通菜豆病毒病；Favoreto 等在巴西发现水稻干尖线虫（*Aphelenchoides besseyi*）侵染豇豆，导致叶扭曲、扫把状，茎秆穿孔和坏死。Vega-Gutiérrez 等在巴西首次发现 *Fusarium nygamai* 引起菜豆根腐病和枯萎病；Kashyap 等在印度首次发现 *Ectophoma multirostrata* 引起绿豆根腐病；Todai 等重新将引起小豆细菌性茎腐病病原菌鉴定为 *Pseudomonas amygdali* pv. *adzukicola*。

2. 绿色防控新技术的研发

Abdelkhalek 等发现土壤接种或叶片喷施固氮根瘤菌（*Rhizobium leguminosarum* bv. *viciae*）能够提高蚕豆对菜豆黄花叶病毒的系统抗性。Rashad 等发现泡叶藻（*Ascophyllum nodosum*）提取物和菌根定殖能够协同激发豌豆植株对丝核菌根腐病的免疫能力，促进植株生长和提高产量。Abdallah 等发现用纳米镁（MgO NPs）处理绿豆植株能够促进生长、降低镰孢菌根腐病和枯萎病的严重度。Mohamadpoor 等从普通菜豆根部分离到一株木糖氧化无色杆菌（*Achromobacter xylosoxidans*），该菌对普通菜豆镰孢菌根腐病菌具有很强的抑菌活性，处理土壤和种子能够分别减轻 83. 89%和 87. 60%的病害严重度。Pereira 等发现肉桂精油及其主要成分肉桂醛对普通菜豆炭疽病菌具有很强的抑菌作用，处理自然侵染的菜豆种子防治炭疽病效果显著。Abu-Tahon 等研究发现，种子预浸种和叶面喷施纳米氧化锌的组合可以降低普通菜豆立枯病发病率，并将种子发芽率从 62%提高到 87%。西班牙学者利用不同禾本科作物与豌豆间作，通过对主要病害发生和流行规律的研究，发现间作可显著降低豌豆白粉病的发生和流行。

3. 筛选出多份抗除草剂新种质

黎巴嫩学者通过多年多生态区除草剂耐受性试验，筛选出了 IG13945、IG13906、IG106453 等 5 份对咪唑乙腈具有较好耐受性的蚕豆种质。Balech 等通过对 221 份小扁豆苗后除草剂耐受性鉴定，筛选到 IG323、IG5722、IG4400、IG4605 4 份对异丙嗪和咪唑乙脒具有独立耐受性的小扁豆种质。

（四）栽培与土肥

1. 耐盐栽培研究

越来越多的研究表明，外源施加植物生长促进细菌和硅有利于缓解盐胁迫。Shreya Desai 等在绿豆根部接种不同种类与耐盐根瘤相关的植物生长促进细菌，发现在 2%和 10%的盐胁迫下，绿豆的生物量和生理机能增加了 2～3 倍，在盐渍化条件下氮和磷的吸收增加。Musa Al Murad 等研究发现补充 5 毫摩/升硅酸钠可以缓解盐胁迫对绿豆的生物量、根瘤形成、株高和光合速率等产生的不利影响，硅的加入增加了光合蛋白（如 PSⅠ，PSⅡ和 LHCs）在盐胁迫下的表达。Mahmood Sajid 等研究发现细菌接种和添加硅(1 千克/公顷和 2 千克/公顷）均可降低绿豆叶片盐胁迫诱导的氧化应激。

2. 抗旱节水研究

Lahuta 等通过代谢组研究发现，豌豆在干旱条件下脯氨酸、γ-氨基丁酸等均有积累，但复水处理后降低，且脯氨酸的积累是豌豆干旱记忆的重要组成部分。伊朗 Ghodsi 等评价了灌溉条件、播期和氮肥对豌豆农艺性状的交互影响，发现适当晚播可提高叶绿素含量、叶面积指数、作物产量和水分利用率；生长后期灌水提高产量且节水。印度研究了不同耕作和灌溉方式对鹰嘴豆在土壤和作物水分胁迫动态方面的影响，在营养、开花和豆荚形成阶段，免耕条件下土壤储水量平均比传统耕作高 35.0%、23.5%和 15.5%。在伊朗伊拉姆省两个地区，研究发现随着干旱胁迫的增加，超氧化物歧化酶和过氧化氢酶活性提高，脯氨酸和水分利用效率提高；而在水分胁迫条件下，添加菌根真菌以及铁、锌联合施用可提高绿豆的各项生理指标。

3. 与其他作物轮间套作模式研究

研究发现条播比混播更加提高小麦和鹰嘴豆产量，分别提高了 13.68%和 4.12%，种子总产量随间作比例的增加而增加，达到产量最大值的间作比为 50∶50。Khakbazan 研究确定了豆科（尤其是小扁豆）作物的不同轮作系统可以降低经济风险，提高农场盈利能力。

4. 其他栽培措施研究

Joshua Mott 研究发现丛枝菌根真菌（F）和慢生根瘤菌（R）双重接种可显著提高绿豆的籽粒产量（33%）。Curtright 和 Tiemann 分析了世界各地 100 项研究的 969 个观测结果，发现间作使酶活性显著增加 13%。在养分贫瘠的土壤中，间作对酶活性增加的影响更大，共同证实了土壤养分状态调节微生物获取养分策略模式的观点。Kachinsk 等研究表明，在籽粒灌浆初期单次叶面喷锌 600 克/公顷是提高籽粒锌浓度的最佳途径，而土壤施锌有利于提高籽粒中总氨基酸和贮藏蛋白（白蛋白、球蛋白和谷蛋白）的浓度。

（五）产品加工

近年来，随着国际碳排放的压力、消费者对健康的追求，植物蛋白成为关注焦点，由食用豆类蛋白质制成的乳品和肉类替代品等也相继面世。据统计，全球豌豆蛋白市场预计将以每年 13.5%的速度增长，2027 年全球豌豆蛋白市场预计将达到 29 亿美元，需求将超过供应。并且，国际市场上普遍出现了植物基素汉堡肉、植物基乳品、植物奶酪等一系列传统动物源食品的替代产品。

2022 年植物基代乳成为热点，其特点是丰富的蛋白质、纤维和特定的健康活性成分，且本身不含面筋，可被麸质过敏的消费者食用。如韩国 Vegemil 以黑吉豆为原料开发的 Black Bean Sovmilk 的营养早餐植物奶、泰国 Mogart 黑豆豆奶等。

此外，植物蛋和植物基素面也同样受到关注。2022 年，Puris Holdings 公司推出了首款以黄豌豆为主要原料的植物鸡蛋产品，宣称无过敏源且含有更多的蛋白质。ZenB 推出了一款由黄豌豆蛋白制成的无麸质意大利面；Brave 推出了主要由豌豆蛋白和鹰嘴豆粉制成的 Super Hoops；Ripple Foods 推出了富含豌豆蛋白的 Oatmilk+protein 产品。Merit Functional Foods 公司研发了一款名为 Peazazz C 的高纯度豌豆蛋白，应用在植物蛋白饮料中可实现光滑、无砂粒的质地，还能用于高蛋白配方产品中实现低钠要求。

（六）机具研发与机械化生产

1. 播种与田间管理机械

在播种机械方面，播种机具向高速、宽幅、高效方向发展，作业速度一般在 12 千米/时以上，幅宽在 24 行以上。关键排种装置向多豆种兼用方向发展，通过更换较少的部件，即可实现不同豆种、不同大小籽粒种子的精量排种；播种过程中作业速度、播种面积、合格率等参数实时检测并显示在终端上，并通过反馈调控，使播种更加精准。

在田间管理机械方面，植保喷药机采用基于植株冠层密度的精准变量喷药技术，根据植株长势实时调控施药量，实现按需施药；中耕除草施肥机具从以前的行间除草向行间、株间同时进行，杂草除净率更高，施肥功能向按需施肥方向发展。

2. 收获机械

食用豆联合收获机械向单元化、大型化方向发展。针对不同作物，联合收割机能够连接不同类型的割台来完成作业；针对不同地形、地势，能选择不同的割台宽度、底盘和驱动系统来满足不同的作业条件，向低损、高质量方向发展。通过不断优化改进脱粒、清选系统的结构参数和作业参数，降低收获作业过程中产生的损伤和损失，向智能化、信息化方向发展，实现了农业生产过程中的数字化感知、精准化作业、智能化决策和管理。

四、国内食用豆产业技术研发进展

（一）基因组学研究与重要性状基因定位

我国食用豆基因组学研究引领了国际前沿。其中，中国农业科学院宗绪晓团队等成功绘制了豌豆基因组高质量精细物理图谱，构建了栽培和野生豌豆泛基因组，解析了豌豆基因组进化特征、群体遗传结构。相关研究成果发表在 *Nature Genetics* 上。中国农业科学院王丽侠团队等完成了直立型饭豆“FF25”高质量基因组组装，明确了饭豆地理起源和进化地位，鉴定出多个与开花期、生长习性、籽粒大小等重要性状相关的主效位点和候选基因，发掘出一批直立矮生、高产、熟期一致等优良育种材料。相关研究成果发表在 *Nature Communications* 上。河北省农林科学院田静团队等组装了一个染色体级别的高质量绿豆参考基因组，构建了首个绿豆泛基因组和全基因组变异图谱，并首次对 33 个重要农艺性状进行全基因组关联分析，发掘出一系列与产量、品质、抗性等性状相关的重要候选位点。

相关研究成果发表在 *Plant Communications* 上。

普通菜豆遗传转化体系构建有了较好进展。中国农业科学院武晶团队等以带有子叶节的胚轴作为外植体，在含有2毫克/升6-BA、0.5毫克/升TDZ、2毫克/升 $AgNO_3$ 的芽诱导培养基上诱导再生芽，发现细白羊角豆的再生芽率为94.4%，较适合用于构建遗传转化体系。江苏省农业科学院陈新团队等研究表明75%乙醇30秒+30%次氯酸钠30分钟利于愈伤组织的诱导，最适合于绿豆组织培养的种子灭菌。

在抗病虫、耐盐碱、结荚部位等重要性状基因定位方面，王述民团队将一个抗菜豆象新的QTL定位在普通菜豆6号染色体一个122.3 kb区间，并将一个双功能抑制子基因 *Phvul.006G003700* 鉴定为抗性候选基因。朱振东团队鉴定了2个豌豆抗白粉病新的等位基因 *er1-13* 和 *er1-14*，并开发了抗病基因特异性功能标记。陈红霖团队鉴定到一个抗绿豆象位点，发现一个可能的抗性特异性蛋白的基因 *Vradi05g03810* 为候选抗性基因。王丽侠团队基于前期SNP高密度遗传连锁图谱和RIL群体性状调查，在11个性状中检测到20个QTL，其中，豇豆荚宽的QTL最多。种皮光泽（LG5）和种皮色（LG4）QTL位点的表型贡献率分别是61.0%和69.7%；结合KEGG和SNP变异分析，发现18个与农艺性状有关的候选基因。刘玉皎团队利用 F_2 群体和SSR标记挖掘到5个与始荚节位相关、8个与始荚高度相关的分子标记，克隆获得了蚕豆 *VfHKT1*；1耐盐基因全长编码序列。长江大学沙爱华团队等研究了蚕豆天冬氨酸转氨酶 *ASPAT* 基因家族，结果显示，蚕豆转录参考基因组中共有8个 *ASPAT* 基因家族成员，验证了该家族成员可能参与逆境胁迫代谢过程。陈新团队通过GWAS分析、比较基因组学研究等证实了候选基因 *VrFRO8* 与绿豆盐胁迫显著相关，并构建了一个与 *VrFRO8* 相关的耐盐PPI网络。

（二）种质创新与品种改良

在种质资源研究与创新方面，郭瑞等研究获得了蛋白质含量高达41.02%的WD-024和脂肪含量低的豌豆资源WD-114。云南省农业科学院与中国农业科学院合作完成200份豌豆种质的系统性评价，获得对锈病和白粉病表现高抗和抗的材料21份。河北省农林科学院采用剪根浸根接种法，进行了215份绿豆核心种质和85份新品系的苗期枯萎病抗性鉴定，筛选出17份高抗（HR）枯萎病种质资源和6份高抗高代品系材料。江西省农业科学分析了“第三次全国农作物种质资源普查与收集行动”中收集到的57份蚕豆种质资源的遗传多样性，筛选出4份优异的蚕豆资源。云南省农业科学院综合评价了不同地理来源的874份蚕豆种质的绿豆象抗性，发现绿豆象高抗（HR）和抗（R）性材料占比极小，分别为3.1%和1.1%。青海省农林科学院从321份蚕豆种质中，发掘出7个分别对成荚节数、单荚粒数、有效荚数、有效籽粒数、株高、籽粒厚、籽粒长和籽粒周长增效潜力最大的优异等位变异，并筛选出7份优良种质。

在育种技术创新方面，中国农业科学院武晶团队报道了全基因组预测（Genomic prediction，GP）在普通菜豆育种上的应用研究。基于相关研究创建了一个基于种群结构可广泛使用的普通菜豆GP模型，为普通菜豆以及其他具有类似群体结构的作物，提供了挖掘种质资源的新思路。

在新品种选育方面，2022年共有冀绿25、苏绿19-118、冀红26号、中红22号、中芸11号、龙芸豆35、冀豇3号、辽豇豆1号等33个新品种通过了中国作物学会评价鉴定。登记豌豆新品种66个，其中，干鲜兼用类型4个，干籽粒类型21个，鲜食类型

41 个。

利用分子标记培育绿豆抗豆象品种取得较好进展，陈新团队开发出分子标记 DMB-SSR158 应用于绿豆抗豆象育种中。并将 V2802 中抗病基因位点 *VrPGIP*$_2$通过回交成功导入主栽品种 KPS1 中，获得 3 个携带 *VrPGIP*$_2$抗性基因的株系 R67-11、R67-22 和 R92-15。其中，R67-22 高抗豆象且农艺性状好，有望发展成为绿豆高抗豆象新品种。

（三）栽培与土肥

1. 食用豆和其他作物轮间套作模式研究

苏利荣等研究表明，宿根甘蔗间作绿豆和黑豆做绿肥压青还田，当量有机肥施用可以替代 25%的化肥。段玉等研究显示茶园间作不同豆科作物均能缓解土壤酸化，显著增加茶树鲜叶的氨基酸和可溶性糖含量，尤其是茶树—绿豆间作模式的增氮效果更显著。杨学乐等研究发现，玉米和绿豆 2：4、3：3、4：2 的间作模式，较玉米单作分别增效 2. 85%、18. 13%和 14. 26%，较绿豆单作分别增效 52. 06%、74. 66%和 68. 93%，综合来看，玉米与绿豆 3：3 的间作模式最优。余玉梅等研究发现小麦和蚕豆间作有利于提高小麦籽粒蛋白质和淀粉含量，提高了小麦麦穗氮含量，促进了氮素由茎叶向麦穗中转移，揭示了边行优势和内行效应共同作用是间作促进小麦氮素高效利用的原因。

2. 水肥调控研究

龚万灼等研究发现，施用豆粕型菌肥 R5 最有利于蚕豆根系结瘤和地下部生长，施用复合微生物菌肥 R3 的蚕豆总生物量、株高和鲜荚产量的表现最优。田巧凤等研究表明，在相同施氮量条件下，有机无机肥配施可提高设施蚕豆青荚籽粒产量，提高氮肥偏生产力和氮收获指数。

项洪涛等研究发现，幼苗淹水胁迫 3 天即显著降低小豆产量，喷施烯效唑能缓解淹水胁迫引起的产量损失；外源脱落酸也可缓解小豆幼苗期的水分胁迫，提高淹水胁迫下小豆的产量。刘祥等研究发现，20%蚯蚓粪与 80%化肥配施对小豆具有较好的增产和提质作用。陈文晋等揭示了氨基寡糖素 4 克/升浸种、1. 8 克/升盛花期喷施 2 次，小豆产量最高。王桂君等研究发现生物炭和有机肥两种改良剂对绿豆生长、生物量以及产量均产生显著促进作用，而且联合施加效应高于单独施加。纪祥龙等研究认为，适量的氮肥施入（盆栽为 0. 29 克/株，大田为 38 千克/公顷）可通过促进籽粒氮磷钾的吸收转移来提高绿豆产量。

黄凯等研究表明，陇中半干旱区配施有机肥可以显著提高冬小麦、豌豆以及复合群体氮素利用率和产量，在间作体系中，常规化肥减量 15%并配施有机肥有利于提高豌豆产量。

（四）病虫草害防控

1. 发掘出新的食用豆抗性资源

朱振东团队完成 655 个（份）蚕豆、豌豆、绿豆、小豆和普通菜豆品种（系）或资源对锈病、白粉病、根腐病、枯萎病、疫霉病等 10 种主要病害的抗性评价，鉴定和筛选出豌豆品种 20012 抗白粉病纯系和抗豌豆象纯系、5 个豌豆品种抗白粉病和枯萎病突变体纯系。杨晓明团队对 1 094 份豌豆资源进行咪唑乙烟酸抗性鉴定和评价，获得 8 份不同类型变异材料。陈新团队筛选获得抗黄花叶病毒病、抗叶斑病、抗豆象、耐钙质土等 16 份绿豆新种质。

2. 解析了蚕豆—小麦间作控制蚕豆病害发生及机制

Lou 等研究发现蚕豆—小麦间作和施用适量氮肥（45 千克/公顷）是通过利用间作管理蚕豆锈病而获得最高产量的最佳处理。Zheng 等解析了蚕豆—小麦间作控制枯萎病及香草酸促进枯萎病发生的潜在机制，发现蚕豆—小麦间作通过提高蚕豆生理生化抗性和土壤酶活性有效缓解了香草酸的自毒作用，从而控制枯萎病的发生。Yang 等解析了肉桂酸促进蚕豆枯萎病发生及蚕豆—小麦间作缓解病害的机制，发现肉桂酸通过降低蚕豆组织结构抗性导致病害发生，而间作提高了蚕豆组织结构抗性。

3. 鉴定了多个食用豆新病害

2022 年在我国首次鉴定了由 *Erysiphe vignae* 引起的普通菜豆白粉病、由 *Alternaria alternata*引起的普通菜豆叶斑病、由 *Nigrospora oryzae* 引起的普通菜豆叶斑病、由 *Berkeleyomyces rouxiae* 引起的蚕豆黑根病、*Botrytis cinerea* 引起的豌豆茎腐病等。Zhang 等发现豌豆是番茄斑驳花叶病毒（Tomato mottle mosaic virus）的自然寄主。

4. 草害防控研究获新进展

研究表明，90%乙草胺 120 毫升/亩+48%异噁草松 60 毫升/亩的混剂对蚕豆田稗草、野燕麦、刺儿菜防效好；增配 24%乳氟禾草灵 50 毫升/亩，可减少阔叶杂草的危害。北方春播豌豆区在豌豆播前 5~7 天，选用二甲戊乐灵+燕麦灵进行浅层土壤处理；豌豆出苗前 7~10 天，进行精异丙甲草胺+噻吩磺隆复配制剂进行土壤封闭处理；在豌豆出苗至分枝期和始花前期，田间大部分杂草 3~4 叶期，选用高效氟吡甲禾灵+苯达松禾阔双除复配除草剂，可基本解决田间草害危害。在北方玉米豌豆带状复合种植中，以“土壤封闭为主、茎叶处理为辅”的施用策略，土壤处理除草剂优选乙草胺、精异丙甲草胺、二甲戊灵等；茎叶处理除草剂优选精喹禾灵、高效氟吡甲禾灵、精吡氟禾草灵。

（五）功能研究和产品加工

江苏省农业科学院建立了近红外无损快速检测籽粒淀粉和蛋白质含量模型。西北农林科技大学探究了绿豆籽粒灌浆过程中淀粉积累的特性，表明 AGPase 是绿豆淀粉合成的关键酶。福建省农业科学院研究发现蚕豆发芽第 9 天时蛋白质含量、氨基酸含量均达到最大值，蚕豆蛋白的自由基清除能力达到最强。此外，蚕豆花水提取物的主要成分以黄酮类和生物碱类为主，是蚕豆花发挥功效的主要物质基础。另外，南京中医药大学药学院研究提示蚕豆苗提取物 BSE 可能对帕金森病具有潜在的治疗意义。

在植物基食品开发方面，新思界产业研究中心发布的《2021—2026 年豌豆蛋白行业市场深度调研及投资前景预测分析报告》显示，我国是全球最主要的豌豆蛋白生产国和出口国，国内生产的 80%~90%豌豆蛋白出口美国、欧洲、日本等对食品保健要求较高的国家，还有 10%左右的豌豆蛋白在国内销售，应用于营养类、保健类药物的添加剂生产。

针对绿豆清热解毒、降血脂、抗肿瘤等功能，国内市场已推出绿豆粳米粥、绿豆金银花汤、绿豆面条、绿豆饼等产品。另外，国内研究发现绿豆皮中含有丰富的膳食纤维和类黄酮化合物，它们对高脂诱导的肝脂肪变性和肠道微生物群紊乱的调节起到关键作用。

白芸豆因其良好的降血糖、减脂等功能受到研究人员的青睐，国内研发出多种具有降血糖功能的产品，如白芸豆果冻、白芸豆方便粥、白芸豆 α-淀粉酶抑制剂等。白芸豆提取物与左旋肉碱联合使用对治疗肥胖、降低血脂效果更好。通过对比不同品种中 α-淀粉酶抑制活性，筛选出抑制活性较好的芸豆品种，并优化了 α-淀粉酶抑制剂的提取工艺参数。针对健康活性成分开发出豆沙馅料和月饼皮料，以及多款豆类糕点，口感更加细腻。在优化最大限度保留红小豆、绿豆活性成分的工艺前提下，陆续开发了台式原味绿豆糕、低甜绿豆冰糕以及加入不同果粒、芝士的多种类型以红小豆为主要基料的新中式糕点。

（六）农业机具及机械化研究

1. 播种机械

研发出防振减漏精量排种器，进行了豌豆、普通菜豆、小粒蚕豆等豆种的台架和田间试验，结果表明，作业速度 5~8 千米/时，排种合格率>95%，漏播率<1%，满足丘陵地区起伏地表作业条件下食用豆精量播种需求；研发了模块化轻简型播种单体，为适宜丘陵山区的轻简型食用豆播种机的开发提供核心装置支撑；研发了自走式蚕豆播种机，解决了大粒扁平蚕豆种子无法采用常用机械播种及南方黏重土壤入土性能不好的问题，在重庆、南通、合肥等地进行了示范应用，效果良好；开发出坡地/小地块的手推/电动/汽油式播种机，已小批量生产，为丘陵山区食用豆生产提供了装备支撑。

2. 田间管理机械

改进优化了适用于豆类作物的中耕除草施肥机，在完善除草、施肥等功能的基础上，增设了变量施肥功能，实现了排肥量随速度自适应调整；采用基于 GPS 测速的药液流量精准控制方法，实现了喷药量与作业速度的实时精确匹配，提高了喷药精度和药液利用效率；将优化的药液精量喷施控制系统与喷杆式喷雾机集成，用于北京平谷豌豆机械化试验示范基地的田间植保作业，取得了良好的效果。

3. 收获机械

联合收获技术取得较大突破，针对传统联合收割机收获作业时割台损失大，脱粒和输送过程破碎率高等难题，创新研制仿形挠动割台，极大降低了切割过程中籽粒损失；创新研制柔性脱粒装置，优化其结构参数和作业参数，实现低损脱粒；创新研制低损风力输送装置，利用风力进行籽粒输送，替代传统的绞龙输送装置。该机型尤其适用于籽粒较大易碎、秸秆含水率较高、田间杂草较多的作业场景，目前已小批量生产，分别在云南、安徽、江苏、甘肃、山西、吉林、新疆等地进行了大面积推广应用，经鉴定评价，节约劳动力 85%以上，亩增加收益 100 元左右。

分段收获技术方面，攻克了喂入防缠绕、柔性脱粒、高效清选等关键技术，研制出 5T-DJ-220 型食用豆脱粒机，可实现籽粒和荚壳、茎秆分离并将粉碎杂质排出。对不同食用豆品种适应性更强，操作简便，目前已对蚕豆、豌豆、普通菜豆进行了试验，含杂率和破碎率均较低。

（国家食用豆产业技术体系首席科学家　陈新　提供）

2022年度马铃薯产业技术发展报告

（国家马铃薯产业技术体系）

一、国际马铃薯生产与贸易概况

（一）生产概况

据FAO统计数据①，2021年全球158个国家和地区有马铃薯生产统计，总收获面积2.72亿亩、总产量3.76亿吨，亩产1 380千克，较2020年降低5.61%。亚洲种植面积持续增长（增幅15.31%），占全球马铃薯总面积的56.88%；欧洲种植面积继续下降（降幅3.51%），占全球马铃薯总面积的23.93%；其他大洲变化不大。总产量前10名的国家分别是中国、印度、乌克兰、美国、俄罗斯、德国、孟加拉国、法国、波兰和埃及，荷兰排名掉出前十；科威特单产跃居第一（3.46吨/亩），美国为第三（3.27吨/亩）。

（二）贸易概况

根据联合国商贸数据统计②，2021年全球马铃薯及其制品进出口总额为351.63亿美元（增幅15.8%），其中出口额168.25亿美元、进口额183.38亿美元，分别比2020年增加了14.46%和17.06%。冷冻薯条仍是第一大贸易品，出口额和进口额分别为80.40亿美元和84.66亿美元，分别占世界出口额和进口额的47.79%和46.17%；其次是鲜薯，出口额和进口额分别为35.99亿美元和38.56亿美元，占比分别为21.39%和21.03%；第三是鲜切脱水薯片薯条等未冷冻马铃薯，出口额和进口额分别为28.11亿美元和26.96亿美元，占比分别为16.71%和14.70%；其他产品所占份额较小，种薯为5.25%，全粉、淀粉和冷冻薯均在5%以下。出口额排名前5位的国家依然是荷兰、比利时、美国、加拿大和德国，分别占世界出口总额的18.95%、15.76%、11.39%、10.46%和8.03%，合计占64.6%。进口额排名前5位的国家是美国、法国、德国、比利时和荷兰，分别占世界进口总额的11.51%、5.39%、5.00%、4.88%和4.85%，合计占31.6%，集中度低于进口国家。

二、国内马铃薯生产与贸易概况

（一）生产概况

据国家马铃薯产业技术体系专家调查和估计，2022年马铃薯种植面积近7 700万亩、总产量11 600万吨，分别较2021年减少5.20%和3.78%；亩产1 510千克，较2021年增加1.50%。面积超过1 000万亩的地区有贵州省、四川省和甘肃省，北方一作区面积持续减少，其中内蒙古、陕西、黑龙江分别减少141万亩、51万亩和40万亩；西南地区在连续多年增长之后也出现下降，贵州和云南分别减少116.31万亩和60万亩，而重庆增加

---

① 数据来源：FAO统计数据库，http：//faostat. fao. org，2022年12月20日。

② 数据来源：联合国商贸数据库，http：//comtrade. un. org，2023年1月15日。

28 万亩；中原二作区面积有所增加，南方冬作区总体减少。总产超过 1 000 万吨的省份有四川、甘肃、贵州和云南；总产减少明显的省份有贵州（-210.25 万吨）、河北（-95.79 万吨）、黑龙江（-85.42 万吨）、甘肃（-73.32 万吨）和吉林（-53.13 万吨），增加明显的有陕西（73.1 万吨）和重庆（43.65 万吨）。2022 年，我国马铃薯生产遭遇灾害比较频繁。河北坝上地区和内蒙古马铃薯遭受严重霜冻灾害，受灾区域减产 20%以上；生长后期，东北产区和西北产区降雨增加、晚疫病发生加重，受灾区域减产 10%以上；此外，生长前期北方多地遭遇高温干旱灾害。但是，在以产业体系专家和站长为主的科研推广人员的努力下，各地积极采取防灾减灾措施，单产得以持续增加。

（二）贸易概况

1. 市场价格

2022 年我国马铃薯价格行情总体较好，为近 5 年最好行情。全年平均产地价格走势维持了“前高后低”的规律，整体比 2021 年上涨 18%左右，基本符合正常年份的变化规律。1 月广东等冬作马铃薯少量上市，价格高企，随着上市量不断增加价格逐渐下落；4 月山东设施马铃薯上市，月度平均价格冲高，然后随着设施、地膜和露地等早熟马铃薯上市量的不断增加，产地田间价格呈现逐步回落的走势；5 月、6 月价格快速下降后，即逐步企稳，8 月开始价格为近 5 年最高，更是远远高于 2021 年同期；9 月随着北方一季作马铃薯集中收获上市，产地田间价格下降幅度非常缓和，10 月后逐渐升高。批发市场价格突破了往年“前高后低”的季节性变化规律，总体呈现“前低后高，阶梯攀升”的走势，上半年走势基本符合往年的季节性波动规律，但 7 月开始不降反升，而且这种价格上涨趋势一直得以延续，且 4 月以后多数月份价格比 2021 年同期上涨幅度都在 20%左右。

2. 国内贸易

全国马铃薯供求关系趋紧，田间地头销售价格明显好于往年，很多马铃薯生产者选择田间地头直接销售，收获后鲜薯异地销售量为 4 272.64 万吨，占总产量的 35.5%。收获后贮藏量 2 158.35 万吨，占总产量的 17.93%，入库贮藏量较前几年明显降低，从各种信息渠道综合判断，估计北方一季区 2022 年入库量较 2021 年减少 1/3 左右。

3. 国际贸易

2022 年，我国马铃薯及其制品进出口总额 5.41 亿美元，比 2021 年同期减少 25.96%。其中，出口额 4.24 亿美元，同比减少 2.27%；进口额 1.16 亿美元，同比降幅高达 60.73%。出口产品中，马铃薯淀粉、冷冻薯条等制品和脱水休闲食品三类产品出口同比增幅分别为 146.1%、30.97%和 24.23%，其中冷冻薯条等制品出口额连续几年快速增长，占比不断提升，目前已达 28.21%；鲜薯出口额同比下降 14.26%，在出口中占比也下降到 58.31%，历史性地跌破了 60%的份额。说明我国马铃薯加工制品的国际竞争力进一步提升。各种产品的进口额全面下降，第一大品类冷冻薯条等制品减少 0.766 亿美元、降幅 61.19%，第二大品类马铃薯淀粉减少 0.733 亿美元，降幅 72%。除了新冠疫情影响进口外，欧美国家通胀严重和马铃薯减产，导致马铃薯制品生产成本大幅提升。

三、国际马铃薯产业技术研发进展

（一）遗传育种

德国 Schneeberger 等在《自然—遗传学》发表了利用对大量单个花粉细胞 DNA 测序的技术破译高度复杂的四倍体马铃薯基因组的研究成果，为加速培育更强健的品种奠定了生物技术基础。Selga等通过对北欧133个马铃薯品种（系）基因分型和品质评价，发现农民育种家品种与其他品种（系）存在明显差异；Bonthala等发现马铃薯基因组上1/4左右的串联重复基因簇具有谱系特异性，这可能强化了对环境变化的适应性；Achakkagari等组装了9个非近交的二倍体马铃薯基因组，发现块茎发育关键基因*StCDF*1新的等位变异。Caraza-Harter等在9号染色体上定位到块茎表皮成熟度QTL，Kiełbowicz-Matuk等揭示了生物钟基因*StBBX*24参与调控马铃薯开花和盐胁迫响应，García等揭示了*StPP2Ac2b*通过调控源库平衡增加块茎源容量和芽的库强度。Dwivedi等发现过表达*StTPS*18基因增强马铃薯对丁香假单胞菌和青枯菌的耐受性。Moon等建立了高效RNA介导的CRISPR/Cas9基因编辑体系并创制了疫霉菌抗性突变体，Razzaq等利用CRISPR/Cas9技术靶向抑制*StERF*3基因表达增强了马铃薯晚疫病抗性，Lukan等建立了CRISPR/Cas9介导的马铃薯miRNA表达调控系统，Noureen等通过CRISPR/Cas9敲除PVY互作因子eIF4E增强了对PVY^{O}抗性。美国对32个马铃薯新品种进行了植物新品种权授权。

（二）栽培与作物生产

水肥高效利用机制、土壤—植物互作机制、气候智慧型农业和精准农作技术是耕作与栽培的研究热点。加拿大Goyer等报道了堆肥施用是快速增加土壤有机质、土壤质量和土壤微生物群落多样性的有效手段。阿根廷Giletto等报道了钙对马铃薯产量和品质的影响。干旱响应机制、氮素高效利用和磷钾高效利用研究较多，日本的Yan Yi等报道了马铃薯品种Cobbler对N、P、K响应过程中的生理特征，荷兰Getahun等报道了不同环境下马铃薯氮素利用效率（NUE）的基因型与环境互作和稳定性。精准农业研究中，突出多源大数据融合趋势、遥感数据与农学机理的融合，利用深度学习、全植物氧化还原成像、遥感等方法，优化了水分、叶绿素、氮素和生物量等无损快速监测的方法，显著提升生产管理的精准性。加拿大Abukmeil、Matteau等分别报道了基于叶片光谱反射率估算植物宏微量营养素的新方法以及灌溉阈值和时间分布对沙土马铃薯产量和水分生产力的影响。在逆境胁迫响应机制方面，印度Angmo等报道冷胁迫对马铃薯田间生长叶绿素荧光、电解质渗漏和叶片气体交换参数的影响。利用宏基因组学/代谢组学研究土壤—植物—微生物相互作用增多，但多围绕解释不同种植模式下根际土壤菌群结构变化，缺乏围绕连作障碍消除和养分高效利用等机制的系统深入研究。

（三）病虫害防控

以晚疫病为研究热点，主要集中在致病机理、寄主抗性、综合防控与群体遗传等方面。Matson等首次报道了晚疫病菌染色体级别的基因组。Kato等报道了致病疫霉神经酰胺Pi-Cer D能够诱导植物防御响应。McLellan等提出破坏晚疫病菌效应因子与靶标蛋白互作可增强寄主抗性。Hermann等、Troussieux等、Alfiky等研究表明甘草叶提取物、异种变形嗜血杆菌溶菌产物、枯草芽孢杆菌均可防控晚疫病。Balotf等发现氧化还原酶活性、电子转移和光合作用与马铃薯根系粉痂病初期感染密切相关，Yu等发现外施果胶酶可以减少根部粉痂病孢子附着；Parthasarathy等发现球毛壳菌可有效抑制黑痣病发生。细菌研究主要集中在新菌株发现、早期检测方法、致病机制以及生物防治等方面。例如，通过检测块茎挥发性物质早期识别软腐病、黑胫病菌检测新方法、引起软腐病的*D. solani*为活体营养型；假单胞菌EnPb、土曲霉ANU-301可抑制软腐病发生等。建立了马铃薯Y病毒、S病毒和帚顶病毒的检测新技术。马铃薯A病毒和Y病毒通过HCPro与CP在宿主中发挥毒力作用。Zarzecka 等报道了同时施用生物刺激素与除草剂可降低马铃薯叶片和块茎中糖苷生物碱的浓度。苏云金芽孢杆菌、金龟子绿僵菌和斯氏线虫以及新型 dsRNA 杀虫剂 ledprona 对马铃薯甲虫杀虫效果良好。马铃薯甲虫快速和重复进化可形成多基因抗药性表型。

（四）田间机械

2022 年马铃薯田间机械领域的研究重点依然是智能化的仿生精量播种、种薯切块分级精选、田间管理植保和防损伤收获等技术和装备。欧美主要聚焦在大型机械的智慧化和高度自动化精准化技术研发上。而韩国在小型机械的研发独树一帜。韩国通过农食品部的 R&D 事业立项支持，研发了“自走式集包多功能马铃薯联合收获机”，采用 75 千瓦的发动机作为动力，具有仿形、深度调节装置和人工除杂平台及分选等多项装置与技术，可自动调整工作深度和仿垄形，人工挑选出马铃薯中混入的土块、石子及坏薯，可将收获后的马铃薯装吨包，具有高度自动调节技术及装置防止机械损伤功能，将监测吨包装满后的信息回传驾驶室，自动卸载装满吨包并更换空吨包。整机通过 4 个万向转轮来实现四轮驱动、原地旋转调头和减小转弯对田块的破坏和损伤。在爬坡和智能化调控技术方面，具有预防机械损伤碰撞和爬坡感应传感器，可在 10°以上的斜坡上正常收获，具有机组自动水平调节功能，提高了机组作业时的安全性和通用性。

（五）贮藏与加工

法国 Cui 等探索了应用酵母的产物作为饲料或单细胞蛋白质利用马铃薯加工废物的技术。美国 Keyvan 等报道了块茎伤害反应产生的抗氧化代谢物的特性和清除能力。挪威 Larsen 等报道了不同品种马铃薯储存后的块茎颜色和茄碱变化及关联性。丹麦 Bøjer 等报道了鉴定和量化马铃薯块茎中所有多酚氧化酶（PPO），并对其进行纯化和表征。瑞士 Margot 等报道了 MH、1,4-DMN 和 3-癸烯-2-酮是控制加工马铃薯发芽的有效替代物。印度 Tiwari 等报道了南方镰刀菌（FS）和尖孢镰刀菌（FO）在贮藏期间对马铃薯块茎的致病性。日本比留间等报道了一种马铃薯发芽生长抑制装置及方法。英国 Barrera 等报道了马铃薯块茎中的衰老糖化与质体葡萄糖-6-磷酸/磷酸转运蛋白的减少有关。

四、国内马铃薯产业技术研发进展

（一）遗传育种

主要在种质资源、基因组学、重要性状遗传调控机理和新品种选育方面取得了重要进展。李丰先、肖春芳、刘磊等筛选鉴定出一批抗旱、抗晚疫病种质资源，胡军、刘毅强等对我国主栽马铃薯品种进行了表型评价和 SSR 分子鉴定并建立了部分品种指纹图谱。唐蝶等构建了二倍体马铃薯泛基因组图谱并发现了与块茎发育和类胡萝卜素积累紧密关联的结构变异，杨晓慧等组装了 gap-free 的 DM8. 1 基因组并发现块茎储藏蛋白 *patatin* 基因在块茎特异性高表达，Wang 等组装了青薯 9 号的基因组并揭示了类黄酮合成酶、查尔酮合成酶等是调控薯肉颜色的候选基因，鲍志贵等组装了合作 88 的单体型基因组并揭示了同源染色体存在两两差异不均衡现象。Zhang 等克隆了马铃薯单倍体诱导基因 *StDMP*，Yuan 等建立了 JA 处理下块茎发育的蛋白质表达谱，Jing 等发现 *StABL*1 通过分别与 *StSP3D* 和 *StSP6A* 相互作用调控地上开花和地下结薯，Fan、Huang 等分别在 10 号和 6 号染色体上定位到薯型 QTL 并开发了分子标记，Hui 等开发了熟性连锁的分子标记；Jian 等构建了马铃薯干旱胁迫的调控网络，Zhu 等发现 *StCDPK*28 可以提高马铃薯耐旱性和耐盐性，He 等发

现 *ScGolS* 基因可以提高四倍体马铃薯的耐寒性；Li 等揭示了 StMPK7 可以增强植物对致病疫霉菌的响应，Chen 等发现 *StEXA*1 与 *StnCBP* 相互作用促进 PVY 积累，Li 等克隆了 *Rychc* 并在四倍体转化材料中表现出强 PVY 抗性，Chen 等发现 *StnCBP* 与 PVS 外壳蛋白的相互作用对 *StnCBP* 介导的 PVS 隐性抗性发挥重要作用。2022 年国内登记了 110 个马铃薯品种，其中企业登记品种占比上升明显。

（二）栽培与作物生产

研究重点包括水分高效利用机制、氮磷钾及中微量元素的养分需求规律、水肥耦合机制、高产优质调控机理、逆境胁迫响应机制、连作土壤微生态响应机制和精准栽培技术等，特别是土壤—植物互作机制研究增多，绿色高效智能化栽培技术进展迅速。Zhang 等在不同生态区解析了马铃薯生长发育、产量和品质形成规律及其气候、土壤和生物因素及农艺措施的调控作用；杨焕波等报道了基于 RGB 图像和 SPAD 值的马铃薯植株氮素状态监测新方法。Li 等利用水分生产函数模型解析了马铃薯各生育期耗水量与产量的关系，Zou 等构建了基于高光谱和机器学习算法的水分诊断模型，吴雁斌、张小红、熊湖和石艳艳等研究了种植密度、种植模式、覆盖方式和栽培模式等因子对马铃薯生长发育、产量及资源利用效率的影响效应，优化了不同生态区马铃薯轻简化或全程机械化栽培模式。亟须深入探讨作物—土壤—肥料匹配原理与作物养分资源高效利用机理，以及土壤水肥耦合机制及其对马铃薯绿色优质高产高效的影响，在全国不同生态区构建一批可复制、可推广的绿色高产高效技术模式。

（三）病虫害防控

晚疫病也是国内研究热点。研究人员利用代谢组和转录组方法分析探索了寄主晚疫病抗病机制，*StPTP*1*a*、*RTP*7、*StBI*-1、*StERF*3 和 *StLecRK-VI*.1 等基因参与调控植物对晚疫病菌的抗性。吲哚修饰的烯酰吗啉、次生代谢物萜类化合物、内生真菌代谢物和常山酮可防治晚疫病。Shen 和 Wu 等提出温度引起的自然选择是晚疫病原菌适应性改变的主要因素，温度升高加速病菌的遗传变异。分析了宁夏、福建和甘肃等地晚疫病原菌群体的遗传多样性。Zheng 等发现马铃薯通过精准调控茉莉酸和脱落酸含量获得对早疫病的最佳免疫活性，Wang 等发现种系特异性基因 *AsCEP*19 和 *AsCEP*20 是早疫病菌发挥毒力作用所必需的。枯草芽孢杆菌挥发性次级代谢产物 6-甲基-2-庚酮可抑制早疫病发生。Yang 等在黑龙江首次报道 *Rhizoctonia solani* AG 2-2IV 引起的黑痣病；Handique 等分别在河北和福建、内蒙古和四川首次报道 *P. punjabense* 和 *P. polaris* 引起的黑胫病。研究表明，贝莱斯芽孢杆菌 K-9 和 HN-Q-8、生防链霉菌 PBSH9、枯草芽孢杆菌 YPS-32、解淀粉芽孢杆菌 3-5和 HZ11-4 能有效抑制疮痂病发生。*StEXA1* 与 *StnCBP* 互作促进 Y 病毒在马铃薯中积累，*StLTP*6 抑制 RNA 沉默以促进 PVY 感染。发现二硫缩醛基喹啉衍生物、粘质沙雷氏菌 S3 可抑制 PVY 活性。破译了马铃薯块茎蛾染色体水平的基因组数据；在马铃薯质体中表达 dsRNA 可提高其对茄二十八星瓢虫的抗性；RNAi 沉默马铃薯甲虫 Ras-GTP 酶对其幼虫和成虫防效良好。

（四）田间机械

据不完全统计资料分析，2022 年国内马铃薯耕种收综合机械化率达 53%以上，较 2021 年提高了 2.3 个百分点，机耕率约 84%、机播率约 31%、机收率约 34%。国内生产机具的企业数量无明显增加，但产品系列化、专业化程度持续升高；大型、小型机械有所发展，技术装备配套水平和产品质量性能有所提升，国产小型机械的机型及应用数量增多，机械质量和作业效率有了突破性提高。具有高速多功能的气吸式马铃薯播种机产品逐渐定型，作业速度达到 10 千米/时，作业效率提高了 1 倍。研制了大型马铃薯联合收获机具有电、液驱动及中文操作系统的智能化电脑调控系统，简化了收获机的整机的传动系统，降低了机具的故障率和整机重量，增加了智能化调控技术，降低了升运装车等易造成机械损伤环节的概率。丘陵山地及小区播种技术及装备有所突破，创新研究了自走播种施肥一体的丘陵山地小型自走式播种机，该播种机具有多适应性，适应丘陵山地小地块，兼适用于小区育种繁种。

（五）贮藏与加工

彭雪等报道了高能电子束辐照使块茎在（8±1）℃冷藏 7 个月不发芽，且对块茎营养品质无不利影响。Ge 等以 s-（+）-香芹酮为新型马铃薯抑芽剂，制备的羟丙基-β-环糊精主客体包合体系增加了抑芽效果。张凡等报道了不同腐败程度的马铃薯，共检测出 43 种挥发性成分，利用 HS-GC-IMS 技术可有效辨识干腐病马铃薯特异性挥发性成分。张志鹏等报道了采后 15℃预贮可加速雾培微型马铃薯的愈伤。车妍等报道了外源 6-BA 处理可提前 1 周打破马铃薯块茎休眠。

Zhao 等报道了高强度超声诱导不可溶性马铃薯蛋白质分子聚集体展开，疏水基团、游离巯基暴露，蛋白质粒径减小，提高了蛋白质溶解性、乳化性、持水性和持油性。Li 等报道了利用热变形菌属 4-α-葡聚糖转移酶（Tu alpha GT）对马铃薯、玉米等 5 种不同来源的淀粉进行改性的成果。Ye 等利用表面增强拉曼散射（SERS）技术开发了一种简单、快速、稳定检测丙烯酰胺的方法。李守强等报道了马铃薯块茎不同部位的矿质元素分布规律，提出薯皮和芽眼周围比薯肉部位含有更丰富的矿质元素。郭鑫等报道了红外法烘焙马铃薯食用品质和加热均匀性最好（λ=0.052），挥发性风味物质种类（24 种）最多，薯香味最浓郁。王志煌等报道了马铃薯全粉饼干的加工工艺，熊添等报道了马铃薯热干面最佳制作工艺，高婧妍等研究了马铃薯鲜薯制备烘焙型千层饼工艺，张雁等发明了一种高花色苷保留率的紫马铃薯饼。

（国家马铃薯产业技术体系首席科学家　金黎平　提供）

2022年度甘薯产业技术发展报告

（国家甘薯产业技术体系）

一、国际甘薯生产与贸易情况

（一）国际甘薯生产情况

全球甘薯产业发展趋势平稳。联合国粮食及农业组织（FAO）最新统计数据显示，2021年全球甘薯［*Ipomoea batatas*（L.）Lam］种植总面积741万公顷，比2020年增加0.50%。总产量8 886.8万吨，增长0.14%。亚洲和非洲是主要种植大洲。2021年全球111个国家和地区种植甘薯，主要分布在亚洲和非洲。亚洲种植面积占36.79%，总产量占61.46%；非洲占比高达57.79%，但总产量仅占33.73%。美洲和大洋洲占比仅为4.82%。全球甘薯种植集中度较高。甘薯总产量排名前10位的国家包括中国、坦桑尼亚、尼日利亚、安哥拉、埃塞俄比亚、印度尼西亚、卢旺达、美国、乌干达、越南，2021年上述国家甘薯总产量占比高达83.82%。亚洲仍是全球高产地区。2021年，全球甘薯平均单产11.99吨/公顷，比2020年下降0.36%。其中亚洲平均单产20.04吨/公顷，是全球平均水平的1.67倍，而非洲平均单产为7.00吨/公顷，仅为全球平均水平的58.38%。

（二）国际甘薯贸易情况

全球进出口贸易总额持续上涨。2021年全球甘薯进口贸易总额8.0亿美元，比2020年增长6.72%；出口贸易总额7.01亿美元，比2020年增长1.87%。甘薯出口贸易市场集中度高。2021年美国和荷兰仍然是全球最主要的出口贸易国，分别占26.90%和22.92%，累计占比49.82%。其次是埃及、西班牙、越南、加拿大、日本、葡萄牙、中国、老挝等国家，全球出口贸易额前5位的国家出口额占比近70%，前10位的国家占比超过80%。欧洲是全球最重要的进口市场。2021年欧洲甘薯进口总额5.71亿美元，较2020年增长8.34%，占全球甘薯贸易总额的71.47%，以荷兰和英国为主，占比达37.32%。2021年全球甘薯进口额排名前5位的国家分别为荷兰、英国、加拿大、德国和法国，占全球甘薯进口贸易总额的59.72%。排名6~10位的国家和地区为比利时、泰国、美国、中国香港、日本，上述10个国家和地区进口额占全球比重达76.60%。进口贸易价格持续上涨。2021年全球进口贸易平均单价880.28美元/吨（计算值），较2020年增长11.15%。其中荷兰和英国的年均进口单价分别为938美元/吨和784美元/吨，分别较2020年增加36美元/吨和30美元/吨，涨幅分别为3.99%和3.98%。

二、国内甘薯生产与贸易情况

（一）国内甘薯生产情况

中国整体种植规模缓慢下降，但不含港澳台地区的中国种植规模有所上升。FAO数据显示，2021年中国甘薯种植面积、总产和单产分别为220.61万公顷、4 783.49万吨和21.68吨/公顷，分别较2020年下降1.89%、2.45%和0.57%。根据国家统计局发布的数据，不含港澳台地区的中国甘薯种植面积、总产量和单产分别为 270.09 万公顷、6 266.1 万吨和 23.20 吨/公顷，分别较 2020 年上升 5.31%、5.39%和 0.07%。中国仍然是全球最大的甘薯生产国，产业规模小幅下降。2021 年中国甘薯种植面积和总产量占全球比重分别为 29.77%和 53.83%，分别较 2020 年下降 0.67%和 1.14%。西南薯区种植规模占比小幅下降，北方薯区种植规模占比小幅上升。2021 年北方薯区、长江中下游薯区、西南薯区以及南方薯区甘薯产量占比分别为 25.01%、17.91%、40.99%和 16.09%。单产小幅波动，中低产区小幅上升，中高产区小幅下降。2021 年北方薯区、长江中下游薯区甘薯单产分别为 30.68 吨/公顷、23.69 吨/公顷，较 2020 年下降 2.79%和 1.73%，西南薯区和南方薯区单产分别为 21.54 吨/公顷和 19.25 吨/公顷，分别较 2020 年增长 0.62%和 2.35%。

（二）国内甘薯贸易情况

中国甘薯出口贸易规模持续下降。2021 年中国甘薯出口贸易总额 1 407.7 万美元，较 2020 年下降 9.68%，仅为 2018 年的 21.54%。2021 年中国甘薯出口贸易总额占全球比重仅为 2.01%，较 2018 年低 8.29 个百分点。鲜甘薯仍为主要出口产品。2021 年中国甘薯出口产品仍然以鲜食为主，出口额 1 157.1 万美元，占出口总额的 82.20%，占比较 2020 年下降 5.90 个百分点；冷冻甘薯出口额 234.4 万美元，占比 16.65%，较 2020 年高 5.97 个百分点。出口平均单价三连降。2021 年中国甘薯出口平均单价 589 美元/吨，仅为 2018 年的 44.76%，与高价出口国家或地区差价进一步扩大，出口单位价值和利润水平亟待提高。进入不同市场价格差距显著。2021 年中国鲜食甘薯出口平均单价最高值和最低值分别为菲律宾市场的 1.68 美元/千克和中国澳门地区的 0.20 美元/千克，二者相差近 8.4 倍。主要出口流通省份格局基本不变。2021 年，我国共有 15 个省（区、市）有甘薯出口，前 4 位的省份为云南、湖南、山东和广东，2021 年 4 省份出口总额 1 348.89 万美元，占全国甘薯出口总额的 95.58%。我国甘薯进口贸易额持续走低。2021 年，我国甘薯进口贸易总额仅为 1.41 万美元，较 2020 年下降 73.42%，占同年甘薯出口贸易额的比重仅为 0.1%。

三、国际甘薯产业技术研发进展

（一）生物技术研究取得一定进展

研究发现，农杆菌来源的 *IbACS* 基因具有调控甘薯品种间微生物群落的潜在作用。从甘薯根中分离的 MADS-box 家族的 6 个新成员影响甘薯根系的形成。淀粉和类胡萝卜素通过三羧酸（Tricarboxylic acid cycle，TCA）循环和磷酸戊糖途径间接相关，β-胡萝卜素含量高的甘薯根系细胞超微结构发生改变、代谢紊乱。

（二）资源创新与品种改良

鉴定一个与甘薯亲缘关系最近的四倍体近缘种 *Ipomoea aequatoriensis*。开发甘薯后代块根产量、商品薯产量、地上生物量等遗传参数估计和高效选择的贝叶斯方法。钾含量与基因型阈值相关，是块根形成前甘薯耐盐性的主要驱动因素。茎线虫抗性 GWAS 分析抗茎线虫品种 J-Red 与感茎线虫品种 Choshu 的 107 个 F_1 单株，开发出效率约为 70%的辅助选择 DNA 标记。利用内含子长度多态性（ILP-CG）报道了甘薯中花色素苷基因的多态性功能标记，并证明了它们在 6 种野生 *Ipomoea* 物种中的可转移性。

（三）甘薯耕作栽培和营养施肥

合理的施肥措施促进甘薯产量形成。单独施用生物炭和家禽粪便以及联合施用，均可改善土壤物理性质，提高土壤化学性质，促进甘薯的生长。施用硫酸钾使甘薯叶片 K^+浓度保持在标准水平内，并且施用时间为移栽 60 天对甘薯的产量提升最大。重金属与除草剂残留阻碍甘薯生产。矿区生产的甘薯铬（Cr）、锰（Mn）和铅（Pb）等重金属元素含量均显著高于世界卫生组织设定的最大值。以低浓度的污水污泥为原料制备有机肥可以提高甘薯产量，使土壤 pH 值、阳离子交换量（CEC）和硝态氮（NO_3^--N）情况改善，但 Pb 含量仍超过最高标准。固氮菌（*Azotobacter uskl*）对较低浓度的 Pb 具有抗性，可以提高 Pb 污染土壤中甘薯的产量。施钾有助于减少甘薯中 Cr 的积累。施用除草剂对后茬甘薯的生长存在明显抑制，其中麦草畏二甘醇胺盐使甘薯产量最高可降低 59%。地膜覆盖栽培技术提升了甘薯产量和抗虫性。黑色地膜覆盖栽培对甘薯抗虫、增产具有潜在效果。聚乙烯膜（PE）和降解膜（BDM）也有利于提高抗虫性，且 PE 和 BDM 覆盖下土壤温度提高，有效促进了甘薯生长。

（四）甘薯机械化

发达国家甘薯机械技术成熟，稳中缓进。美国、欧洲、日本等发达国家甘薯机械化生产技术较为成熟稳定，同时，作业质量监控、智能传感、智能导航、自动辅助驾驶等智能化技术不断应用于甘薯收获机械上。意大利 CARLOTTI 公司中大型机具稳中求进，研发了 GREEN 650/5 SP 牵引式甘薯联合收获机，可供 6~8 人辅助分拣作业。德国 Schmiede 公司研发的 Harvey. one 鲜食甘薯全自动导航收获机，逐步实现全自动无人驾驶，提高自动对行、自动限深等智能化可靠性，实现一机多用，但仍需要人工辅助分拣作业。

（五）甘薯病虫害防控

甘薯病害病原多样。尼日利亚西南部奥约州甘薯软腐病的根霉菌主要为米根霉（*Rhizopus oryzae*）。首次报道南方根结线虫（*Meloidogyne incognita*）和爪哇根结线虫（*M. javanica*）在葡萄牙侵染甘薯。首次在坦桑尼亚、印度尼西亚和匈牙利报道甘薯感染甘薯卷叶病毒（Sweetpotato leaf curl virus，SPLCV）。首次在西班牙发现了甘薯无症病毒 1（Sweetpotato symptomless virus 1，SPSMV-1），并构建了 SPSMV-1 首个侵染性克隆。甘薯抗病虫评价技术继续创新。通过温室环境人工接种并基于发病指数（DSI）评价创建了一种能快速鉴定甘薯抗镰刀菌枯萎病的方法。通过全基因组关联分析开发了用于甘薯抗根结线虫的 SNP 标记。甘薯肉桂醇脱氢酶（CAD）可保护甘薯根部免受根结线虫感染。病虫害防治更注重生态环保，生防菌株不断发现。在日本利用昆虫不育技术（SIT）和灭雄技术（MAT）防治甘薯蚁象。从古巴分离获得金龟子绿僵菌 LBM-26 菌株对甘薯蚁象的毒力最强。野外采集的多种虫生真菌均可有效寄生烟粉虱。几内亚格木（*Erythropleum suaveolens*）粗提物对 3 种甘薯叶斑病病原真菌具有较好的抑制作用。西唐链霉菌（*Streptomyces setonii*）WY228 挥发性有机化合物对甘薯黑斑病菌具有显著的抑制作用。联合施用 25%的杏树叶和柚木叶提取物可显著降低甘薯跳甲和甘薯象甲的数量。

（六）甘薯贮藏与产后加工利用

开发隔绝微生物的贮藏技术，阐明温度调控对甘薯抵抗病害的影响。采收之前对土壤中的镰刀菌进行调控可以有效减少甘薯染病。在甘薯上包裹以壳聚糖、海藻酸钠、氯化钙形成的包衣，可减少微生物增殖 50%以上，护色和降低失重率效果显著，有效提高鲜切紫肉甘薯的贮藏品质和货架期。10℃贮存 7 天之后再在 6℃下第二次贮藏，可以提高甘薯块根的抗冷性。甘薯功能成分研究取得新进展。红皮白肉甘薯的水溶性及醇溶性提取物对阿司匹林诱导的胃溃疡具有抗氧化和抗溃疡作用。紫甘薯茎叶的苯酚和黄酮类化合物对抗氧化活性有贡献。不同加工方式对甘薯绿原酸和总多酚的含量按蒸煮>烘烤>微波>煮沸>生薯的顺序逐步降低。冷冻干燥的样品中总酚、总黄酮的抗氧化活性较高，而对流干燥处理能保持较高的花青素含量。热处理增强了甘薯总蛋白质、Zn、总酚、表儿茶素、原儿茶酸和 2-咖啡酰基-L-酒石酸的含量。甘薯淀粉均被作为加工原料或复配原料成分。研制了基于甘薯淀粉的食物包装膜。在改性甘薯淀粉食用包衣中掺入 0.2%~0.4%（体积比）孜然精油，显著延缓果实颜色、硬度、叶绿素、重量的变化。普鲁兰酶脱枝和高压灭菌能提高甘薯淀粉中的抗性淀粉含量。68.7%小麦、22.7%苋菜和 8.6%甘薯的面包配方在体积和质地特征上与全麦制成的面包相当，蛋白质量更好，可发酵纤维和维生素 A 含量更高，抗氧化能力良好，血糖指数更低。以发酵甘薯粉和鲭鱼粉为原料开发出膳食饼干。甘薯叶的益生菌发酵在营养品质方面优于自然发酵，益生菌发酵能够维持多酚浓度。以紫薯为天然着色剂，通过观察从紫色变为绿蓝色可判断虾的新鲜度。拓宽了加工副产物利用新领域。优化甘薯渣生产沼气的最佳条件使沼气产量达 37.8 毫升/克，沼气中的甲烷含量达 64%。从甘薯叶中合成了一种绿色非均相催化剂，并将其用于使用斜生景天霉油和废大豆食用油生产生物柴油。甘薯烧酒副产品——甘薯烧酒油可以改善注射 β25-35 淀粉样蛋白后小鼠短期记忆受损的情况。

四、国内甘薯产业技术研发进展

（一）生物技术研究进展明显

IbMPK3、IbHLH 转录因子可能参与了甘薯对冷害的胁迫响应。*IbmiR319a*、*IbRAP2.4*、*IbLEA*、*ItfWRKY70* 参与调控甘薯对干旱胁迫的响应。IbPYL8-IbbHLH66-IbbHLH118 复合体能够降低 IbbHLH118 对脱落酸（ABA）响应相关基因的抑制，激活 ABA 信号转导途径，增强了转基因甘薯植株的耐旱性。IbGATA24 与 IbCOP9-5a 互作正向调控植物的抗旱性和耐盐性。*IbHKT*、*KIbB1*、*IbIPUT1* 参与了调节细胞的 K^+/Na^+ 稳态，对植株的耐盐生理胁迫起一定作用。*IbChi*、*IbCAR1*、*IbCCD4*、*IbMYB308*、*IbMYB48* 和 *IbNAC3* 调控了植株的耐盐性。miR397 通过抑制漆酶（IbLACs）的表达，调控对甘薯病毒病的抗性。*IbCYP82D47* 提高甘薯块根中类胡萝卜素、叶黄素、玉米黄质和紫黄质的含量。*IbGST*（*itb01g35330*）、*IbbHLH2*、*IbGGPS*、*IbBBX29* 和 *IbpPGM* 提高了转基因植株单咖酰奎宁酸、花青素、类胡萝卜素、类黄酮和糖类的含量。

（二）资源创新与品种改良

开发了寡核苷酸为基础的探针，揭示了甘薯及其两个可能的多倍体祖先种，四倍体 *I. tabascana*（$2n=4x=60$）和六倍体 *I. trifida* 的同源染色体配对行为。通过对 314 份甘薯种质资源全基因组重测序，挖掘了覆盖全基因组的 4 599 509 个 SNP 和 846 654 个 InDel。利用徐紫薯 8 号和美国红杂交获得的 274 个 F_1后代及其亲本定位群体进行遗传分析，鉴定出 10 个与皮色、肉色和花青素含量相关的 QTL。干旱条件下，紫肉甘薯产量和花青素含量显著高于其在湿润条件下，淀粉和支链淀粉含量分别提高了 15.39%和 4.71%，直链淀粉含量降低了 15.54%。登记甘薯品种 72 个，获甘薯新品种权 35 个。

（三）甘薯耕作栽培和营养施肥

合理施肥显著提升甘薯产量和营养品质。秸秆还田、化肥与生物有机肥配施能够显著改善土壤质量和微生物群落构成，有利于甘薯根系的生长膨大。活性腐植酸—氮磷钾混合肥能显著提高土壤速效磷、钾和有机质的含量，增强土壤脲酶、转化酶、碱性磷酸酶和过氧化氢酶的活性，从而提高甘薯生物量和储藏根产量。适宜的氮肥可以提高甘薯单株结薯数、平均单薯重和产量，提高鲜食甘薯的食用品质和淀粉型甘薯的淀粉含量。施磷显著提高鲜薯产量和商品薯产量。施钾的效果则与土壤有机质、全氮、有效磷和速效钾的含量密切相关。

适宜的土壤水分有利于甘薯块根膨大。甘薯发根分枝期适宜的土壤水分促进块根形成，增加单株结薯数。薯蔓并长期进行补充性灌溉显著提高甘薯的叶面积指数和叶片相对含水率，提高叶片光合生理活性，改善甘薯源库关系，从而提高甘薯产量。砂壤土甘薯根系活力高，有利于储藏根的发育。

多种种植模式有助于甘薯可持续性发展。北方薯区平原地区冬小麦—夏甘薯轮作模式、丘陵山区绿豆—甘薯一年两作模式、果园套种甘薯模式、豌豆—甘薯轻简高效栽培模式显著增产增效。另外，甘薯—小麦—花生—小麦—甘薯的轮作模式土壤碱解氮、速效磷、全氮、有机质含量显著提高，脲酶、碱性磷酸酶、过氧化氢酶活性提高。南方薯区甘薯—鲜食玉米套作比甘薯单作显著提高了经济效益。香蕉园行间间作甘薯提高土壤孔隙度，降低土壤容重，促进微团聚体向较大团聚体转变，具有显著提高土壤团聚体的稳定性以及改善土壤物理性状的重要作用。

产地污染影响甘薯生长发育与食用安全。甘薯可食用部位对 Cd 的富集能力表现为块根>叶>茎；土壤重金属 Cd 对甘薯茎、块根、叶的安全临界值分别为 0.602 毫克/千克、0.342 毫克/千克和 0.522 毫克/千克。Cr 毒性主要通过增加脂质过氧化、活性氧含量，降低叶绿素含量和气孔性状引起细胞氧化损伤。较高水平的镍（Ni）显著阻碍甘薯生长，降低生物量，改变根系形态性状。5 微米原始聚乙烯微塑料（PE-MPs）显著降低了土壤 pH 值（5.6%~7.9%）和电导率（EC）值（6.0%~12.1%）。

（四）甘薯机械化

甘薯体系研发的甘薯苗床整备机可一次性完成旋耕、碎土、整平、培土、成型等作业，有利于提高种薯出苗率、出苗均匀性及薯苗产出率。甘薯苗带式自动移栽机采用苗带整卷喂苗替代人工单株喂苗，将薯苗状态从单株无序变为整卷有序，以苗圃规格化装带作业替代田间手工单株喂苗作业；创制轻简型电驱链夹式甘薯移栽机，整机结构简洁轻巧、动力消耗小、株距稳定、适应性广。创制了一种机械臂式薯苗移栽装机，可控制薯苗移栽轨迹、实现薯苗多种移栽方式。成功创制出自走式鲜食型多功能甘薯联合收获机，可一次完成鲜食型甘薯的挖掘、输送、分离、清杂、装送筐、集薯（筐或袋）等收获作业。创制出第一轮丘陵山地用轻简型甘薯联合收获机，可一次完成单垄甘薯挖掘、输送、薯土分离、清选、集薯等作业工序，具有破损率低、操作方便、整机重量轻、转弯半径小、通过性强等优点。

（五）甘薯病虫害防控

甘薯病害病原和虫害种类更加多样。首次报道了象耳豆根结线虫在中国广西侵染甘薯。旋花白锈菌（*Albugo ipomoeae-panduratae*）和植物弯孢菌（*Curvularia plantarum*）在甘薯上可分别引起白锈病和叶斑病。从浙江宁海分离了甘薯基腐病的病原并测定了其生长特性。甘薯卷叶病毒（SPLCV）在湖北侵染牵牛花，甘薯潜隐病毒（Sweetpotato latent virus，SPLV）侵染打碗花。巴西果胶杆菌（*Pectobacterium brasiliense*）能引起甘薯茎腐病。枣疯病病原植原体（*Candidatus Phytoplasma* ziziphi）能为害甘薯并引起甘薯小叶症状。在广东省发现了入侵害虫甘薯凹胫跳甲（*Chaetocnema confinis*）对甘薯的为害。报道了甘薯根茎腐烂病病原镰刀菌 CRI 24-3、甘薯干腐病病原甘薯间座壳菌（*Diaporthe Batatatis*）和甘薯茎叶疮痂病病原甘薯痂圆孢菌（*Elsinoë batatas*）的基因组序列。测定了甘薯肖叶甲丽鞘亚种（*Colasposoma dauricum auripenne* Motschulsky）的完整线粒体基因组，发现其与似角胸叶甲属亲缘关系较近。

高效的病原检测技术持续革新。建立了甘薯羽状斑驳病毒（SPFMV）、甘薯褪绿矮化病毒（Sweetpotato chlorotic stunt virus，SPCSV）、甘薯病毒 G（Sweetpotato viurs G，SPVG）和甘薯病毒 C（Sweetpotato viurs C，SPVC）多重 RT-PCR 检测方法。建立了单头烟粉虱中甘薯双生病毒的半巢式 PCR 快速检测方法。建立并优化了双重逆转录重组酶聚合酶扩增（RT-RPA）技术，用于快速准确地检测 SPFMV 和 SPCSV。胶体金基免疫层析试纸对青枯菌检测灵敏度达 10^5 CFU/mL，而时间分辨荧光免疫层析（TRFIC）试纸的灵敏度较胶体金试纸提高 1 000 倍。

病虫害防治技术有了新突破，生防菌株有了新发现。成功建立了基于 CRISPR-Cas13 体系的 SPVD 抗性遗传改良技术。解淀粉芽孢杆菌（*Bacillus amyloliquefaciens*）JK 和克雷伯氏杆菌（*Klebsiella pneumoniae*）GK 两个菌株可显著抑制甘薯黑斑病（*Ceratocystis fimbriata*）病斑的扩展。分离筛选出对甘薯蔓割病（*Fusarium oxysporum*）病原菌具有拮抗作用的特基拉芽孢杆菌（*Bacillus tequilensis*）KC2-8 和多黏类芽孢杆菌（*Paenibacillus polymyxa*）HAAS05。

研发出化学防治新技术。熏蒸杀线虫剂 1,3-二氯丙烯对为害甘薯的南方根结线虫病具有较好防效。高硫苷油菜晋黄芥和 10%噻唑膦颗粒剂与木醋液组合对甘薯茎线虫（*Ditylenchus destrutor*）具有较好防效。咯菌腈在甘薯苗期和储藏期对甘薯黑斑病具有较好防治效果。30%辛硫磷微囊悬浮剂+10%噻虫嗪微囊悬浮剂，3%氯虫苯甲酰胺・噻虫胺颗粒剂可有效防治甘薯地下害虫，1%联苯・噻虫胺颗粒剂可有效防治甘薯小象甲（*Cylas formicarius*）为害；60 克/升乙基多杀菌素悬浮剂和 50 克/升虱螨脲乳油喷雾可有效防治甘薯麦蛾的发生。

病原菌致病机制研究取得新进展。通过对贮藏期感染 *F. solani* 的薯块进行转录组和代谢物分析，建立了 *F. solani* 导致薯块质量退化的生理分子机制概念模型。*IbWRKY*7 基因受蔓割病病原菌侵染诱导表达，而 *IbERF*1 基因受蔓割病病原菌、茉莉酸甲酯以及乙烯利诱导表达。

（六）甘薯贮藏与产后加工利用

适宜施钾有效降低了贮藏过程中甘薯腐烂率及碳水化合物变化，150 千克/公顷钾肥（K_2O）处理最佳。镰刀菌侵染块根后，会影响块根异绿原酸和 L-酪氨酸生物合成途径，继而导致块根品质降低。薯肉损伤会增加黑斑病的发生率，降低其贮藏品质。塞托尼链霉菌 WY228 可以产生挥发性 2-乙基-5-甲基吡嗪，可有效预防因长喙壳菌引起的甘薯黑斑病。40 毫克/毫升碳酸钠对甘薯软腐病病菌孢子的致死作用最大，可以有效抑制匍枝根霉对甘薯的侵染，且低温仍是主要的物理保鲜法。黄体酮处理结合冷藏的策略可用于冷诱导的快速甜化和增强新鲜收获块根的抗氧化能力，提升甘薯块根品质。5℃下贮藏甘薯 14 天后，其甜度指数、抗氧化活性、氨基酸含量和感官特性显著改善，但持续延长冷藏时间会导致冷害。甘薯绿原酸合成途径中关键酶基因 *IbPAL1* 的过表达促进了绿原酸的积累和生物合成途径基因的表达，加快甘薯愈伤组织形成，提高其耐贮性。含有纳他霉素的海藻酸钠/阿拉伯树胶/甘油多组分食用薄膜可有效减缓甘薯在贮藏过程中的生理代谢，保持较好品质。外源褪黑激素通过增强甘薯薯肉的抗氧化能力减少褐变。高浓度 1-甲基环丙烯显著抑制甘薯发芽率、发芽指数和丙二醛（MDA）含量的增加，抗氧化酶活性随着处理浓度的增加呈降低趋势。

建立了基于高光谱成像技术的甘薯硬度、还原糖、维生素 C 等品质参数的快速检测方法。建立基于近红外光谱技术快速测定甘薯多糖的方法。白薯的硒含量显著高于其他品种。蒸、煮加工能有效地将紫甘薯、胡萝卜中结合状态的植物化学物转化为游离状态，供人体吸收利用，且蒸、煮加工条件所导致的植物化学物降解程度，相对于油炸与微波更低。

湿热处理后的粉条提升了口感，其断条率、快消化淀粉和慢消化淀粉分别降低了 33. 33%、29. 94%和 31. 78%，最大拉伸阻力和抗性淀粉分别提高了 60. 27%和 108. 84%。用海藻酸钠固定 0. 2%~1. 0%紫甘薯皮提取物开发了一种 pH 值敏感的智能指示膜，可以监视鸡肉新鲜度的动态变化。利用高速逆流色谱分离纯化得到分子质量 29. 1 kDa 的紫甘薯多糖，代谢组学分析结果提示其可通过促进相关氨基酸代谢和三羧酸循环减轻细胞的氧化损伤。

乳酸菌发酵后，甘薯淀粉加工浆液中蛋白质、糖类、可溶性膳食纤维、不溶性膳食纤维及总膳食纤维含量显著下降；总酸浓度、乳酸及短链脂肪酸含量显著上升；保加利亚乳杆菌和干酪乳杆菌发酵显著提高了浆液中总酚含量。甘薯叶多酚改善紫外线辐射损伤的机制，甘薯叶多酚（100 毫克/千克）能够最显著地抑制皮肤增厚，增加超氧化物歧化酶、过氧化氢酶和谷胱甘肽过氧化物酶的活性，并显著降低血清丙二醛和蛋白质羰基的含量，咖啡酸对皮肤水分、羟脯氨酸含量和表皮增厚的抑制作用最强。

（七）国内外甘薯领域存在的问题

1. 生物技术

甘薯重要性状基因的挖掘还很有限，仍然缺乏更高密度分子连锁图谱和 SNP 图谱，影响了重要性状 QTL 的精细定位以及实用分子标记的开发。

2. 资源创新与品种改良

需要进一步拓宽甘薯遗传背景；需加强种质资源的互换和引种。高抗、优质特异甘薯种质较少，优质、高抗、适合机械化种植的甘薯品种缺乏。

3. 耕作栽培和营养施肥

甘薯栽培技术研究较粗放、分散，缺乏系统和深入的技术研究；土壤种类、微量元素对甘薯产量、品质影响及其潜在机制研究薄弱；基于植物—根系—根际—菌丝际—土体及微生物整个生命共同体层面甘薯养分高效利用的机制缺乏系统研究；土壤地膜覆盖技术对土壤和环境的长期效应研究缺乏；甘薯栽培过程中的农田污染物研究不足，污染物的管控和修复研究亟待加强。

4. 机械化

我国甘薯生产机械化区域发展不平衡、市场购买不旺、高效栽植收获机具供给不足等问题仍非常突出；专用收获机具还不足；机具智能化水平较低，距推广应用还有距离。

5. 病虫害防控

病原菌及害虫生物学性质、病虫害发生发展规律以及配套防治技术研究欠缺；病原菌致病机制不够深入，创新性不强，数量偏少。

6. 贮藏与产后加工利用

产前栽培与耕作技术影响甘薯贮藏研究关注较少；缺少有效防治甘薯贮藏病害的绿色环保技术和生防菌剂；缺少根据使用场景确定贮藏保鲜策略的方法；如何减少或去除污染物鲜见研究报道；甘薯营养体内功能评价的研究较少。

（国家甘薯产业技术体系首席科学家　李强　提供）

2022年度木薯产业技术发展报告

（国家木薯产业技术体系）

一、国际木薯、辣木、咖啡、胡椒、菠萝蜜生产与贸易概况

（一）国际木薯生产情况

在市场需求大幅扩张的推动下，世界木薯生产规模持续扩大。据FAO统计，2021年世界木薯收获面积为2 965.21万公顷，产量为3.15亿吨，同比分别增长7.79%和3.64%。除巴西和印度尼西亚外，世界前十大木薯主产国的木薯产量都实现了增长，其中尼日利亚、刚果（金）、泰国和加纳等世界前四大木薯主产国的木薯产量增幅较大，同比分别增长6.72%、6.79%、3.83%和4.18%。受俄乌冲突的影响，2022年世界粮食安全形势更为严峻，尼日利亚、加纳、喀麦隆等木薯主产国都实施了木薯粉替代小麦粉的计划，以降低对进口小麦的依赖；在中国木薯市场需求不断扩大的情况下，泰国、越南、印度尼西亚、老挝和柬埔寨等东南亚国家实施了一系列扩大木薯种植的政策。因此，预计2022年世界木薯收获面积为2 980万公顷，产量将达到3.24亿吨。

（二）国际辣木生产情况

2022年，世界辣木生产规模在扩大；在新冠疫情影响下欧洲市场对辣木产品的需求不断增长，为发展中国家的辣木生产商提供了良好的机会；印度、加纳、印度尼西亚、尼日利亚、马达加斯加、菲律宾等国家都给予辣木产业不同程度的政策支持；作为辣木第一生产国的印度，泰米尔纳德邦一个州的辣木种植面积就达到2.17万公顷；预计到2025年，全球辣木产品市场销售额将增长28.5亿美元。

（三）国际咖啡、胡椒、菠萝蜜生产情况

2022年，世界咖啡种植面积1 100多万公顷，产量1 002.80万吨，其中巴西和越南咖啡产量分别为348.60万吨和189.60万吨。世界胡椒种植面积约60万公顷，总产量为70万吨，主产国分别为越南、巴西、印度尼西亚、印度、斯里兰卡、中国、马来西亚等。世界菠萝蜜种植面积约26.67万公顷，印度为世界最大的菠萝蜜生产国，其次是孟加拉国，世界年产菠萝蜜鲜果400多万吨。

（四）国际木薯贸易概况

2020年以来，世界木薯贸易规模逐年扩大。2021年世界木薯干片和木薯淀粉出口量分别为828.00万吨、615.59万吨，同比分别增长20.01%和48.47%；受出口价格大幅上涨的影响，2021年世界木薯干片和木薯淀粉出口额分别为19.32亿美元、28.44亿美元，同比分别增长64.64%和32.82%。2022年世界木薯贸易规模持续扩大，其中泰国和越南作为世界前两大木薯出口国，木薯贸易规模同比大幅增长。2022年，泰国木薯干片出口量为585.30万吨，出口额为14.62亿美元，同比分别增长10.33%和23.99%；木薯淀粉出口量为363.07万吨，出口额为17.54亿美元，同比分别增长0.63%和17.76%。同期，越南木薯出口规模也呈扩大趋势，出口木薯和木薯产品数量为325.03万吨，出口额为

14.06 亿美元，同比分别增长 13.32%和 19.66%。

（五）国际辣木贸易概况

近年世界辣木贸易迅速发展。据统计，每年出口到欧洲的辣木叶粉量为 130~160 吨，其中出口德国、英国、法国的数量分别为 50~60 吨、20~30 吨、15~20 吨；据印度尼西亚证券交易所统计，印度尼西亚主导产业中的辣木茶叶日产量已达 200 吨且逐年增加，已出口到欧美等地的 13 个国家；其中，CV Tri Utama Jaya 是印度尼西亚努沙登加拉省（NTB）唯一的一家国际辣木叶生产商，目前产能约为 200 吨/天，销量增长 20%~30%，辣木产品已出口至美国等 13 个国家。

（六）国际咖啡、胡椒、菠萝蜜贸易概况

2022 年世界咖啡出口量为 849 万吨，进口量为 814 万吨，其中巴西是第一咖啡出口国，2022 年的出口量为 236.1 万吨，出口额为 92.3 亿美元；越南为第二大咖啡出口国，全年出口量约为 172 万吨，价值 39.4 亿美元。国际胡椒进出口整体呈下降趋势，目前全球胡椒出口量在 55 万吨左右，进口总量约为 42 万吨，美国、越南和德国位居全球胡椒进口量前 3 位。越南是菠萝蜜加工产品的最大出口国，主要销往美国、中国香港、日本和韩国，中国是越南、泰国菠萝蜜的主要出口国，其中越南对华出口菠萝蜜超过 10 万吨，泰国对华出口约 1.8 万吨。

二、国内木薯、辣木、咖啡、胡椒、菠萝蜜生产与贸易概况

（一）国内木薯生产情况

在下游产品需求增加和价格上涨的带动下，2022 年我国木薯产业发展态势持续向好。根据 FAO 数据，2021 年我国木薯收获面积为 30.31 万公顷，同比增加 0.31%；木薯产量为 495.98 万吨，与 2020 年基本持平。预计 2022 年的收获面积为 30.40 万公顷，产量为 498 万吨，同比分别增长 0.30%和 0.41%。从木薯收购价格来看，随着木薯加工企业产能的扩大和木薯收购意愿的增强，2022 年木薯收购价格大幅上涨，根据木薯淀粉含量的高低，木薯主产区均价上涨 50~80 元/吨。截至 2022 年 12 月底，国内共有超过 35 家木薯淀粉和酒精厂开工，鲜薯平均收购价格为 700~800 元/吨。绿色高效生产技术的不断推广应用和鲜薯价格的上涨，带动农户种植木薯的效益得到明显提高，广西部分木薯主产县的木薯单产从 2021 年的 2.2 吨/亩增加到 2022 年的 2.5 吨/亩，亩均收益从 1 650 元增加到 1 750 元，同比分别增长 13.64%和 6.06%。

（二）国内辣木生产情况

2022 年我国辣木种植面积约 12 万亩，与 2021 年相比，有小幅度上升。云南仍然是我国辣木种植面积最大的省份，为 3 万~4 万亩，主要分布在红河、西双版纳、楚雄、德宏、普洱、临沧、保山、丽江等州（市）的 30 余个县（市），目前，云南从事辣木种植和开发的企业与合作社有 30 余个。河北、福建、广东、广西、海南、贵州、湖南、陕西等省（区）有种植和经营辣木的个体户和企业。

（三）国内咖啡、胡椒、菠萝蜜生产情况

我国咖啡、胡椒和菠萝蜜主要分布在海南、云南、广东、广西等热区，2021/2022 年度中国咖啡种植面积 9.33 余万公顷，产量 11 万余吨，世界排名第十三位；全国胡椒种植面积 2.60 万公顷，总产量 4.2 万吨。截至 2022 年年底，我国菠萝蜜种植面积约 3.33 万公顷，主要分布在海南、广东、广西和云南等省（区），年产量 30 万吨以上，年产值 30

多亿元。

(四) 国内木薯贸易概况

2022年，随着我国木薯淀粉、酒精等下游产品需求的增加，我国木薯进口贸易规模大幅增长。根据中国海关总署数据，2022年我国木薯干片进口数量为710.91万吨，进口额为20.36亿美元，同比分别增长28.81%和32.65%。其中，从泰国进口的木薯干片数量和金额分别为649.25万吨和18.56亿美元，同比分别增长32.82%和36.54%；从越南进口的木薯干片数量、金额分别为57.04万吨和1.67亿美元，同比分别增长3.52%和8.92%。从木薯淀粉进口情况来看，2022年我国木薯淀粉进口的数量、金额分别为431.00万吨和22.07亿美元，同比分别增长23.66%和31.78%。进口来源地呈现出多元化特征，其中，从泰国进口的木薯淀粉数量为243.64万吨，同比下降4.14%，进口额为12.78亿美元，同比增长3.49%；从越南进口的木薯淀粉数量、金额分别为161.59万吨和8.05亿美元，同比分别增加1.6倍和1.8倍。在中老铁路开通的推动下，2022年我国从老挝进口木薯淀粉的进口量和进口额同比分别增加2.6倍和2.7倍。

(五) 国内辣木贸易概况

国内经营辣木的企业多为中小型企业，规模不大，原料基本上是自产自用或订单式生产，很少流入市场；相较辣木叶、辣木粉等原料及辣木茶、辣木面等初加工产品，辣木籽仍占据较大的市场占比，以中草药形式流入市场；云南昆明螺蛳湾药材市场是辣木籽最大的交易市场，占我国市场交易量的60%左右，交易的辣木籽基本靠印度进口，进口价格约120元/千克。

(六) 国内咖啡、胡椒、菠萝蜜贸易概况

2022年，中国咖啡及其制品进口量为17.53万吨，进口额为11.04亿美元，出口量为5.60万吨，出口额为2.96亿美元；胡椒进口量为0.88万吨，进口额为4 233.58万美元，出口量为0.37万吨，出口额为2 064.54万美元；菠萝蜜产量仍供不应求，每年从越南、泰国等国家进口20万吨左右，浙江嘉兴、北京新发地水果市场都是进口菠萝蜜重要的分销市场。

三、国际木薯、辣木、咖啡、胡椒、菠萝蜜产业技术研发进展

(一) 遗传育种研究进展

1. 国际木薯遗传育种研究进展

利用GWAS强化在生境适应性、抗病虫、产量、淀粉特性及特殊营养的木薯种质资源评价与利用，利用进化树分析木薯起源及参与的主要基因库，报道了木薯基因组存在野生近缘种 *Manihot glaziovii* 的渗入，不断完善木薯基因组重测序和高质量拼接（如TME204），发现DNA聚合酶δ亚基1（MePOLD1）的单核苷酸多态性与 *CMD*2-type 的抗性关系，对新型木薯双生 Secovirid 病毒基因组完成测序。开展木薯开花调控研究，包括田间木薯转录组分析、光周期、温度和激素处理对开花的影响。分析木薯源库碳分配及基因如 shrunken-2 homolog MeAPL3 对产量的影响，并实现 KU50 的遗传转化。利用非破坏性计算机断层扫描研究储藏根起始，结合三维多视图立体重建实现木薯根冠构型重构。

2. 国际辣木遗传育种研究进展

目前国外辣木遗传育种研究进展主要围绕高产高品质辣木新品种的选育，以及利用基因组和转录组数据分析不同辣木种质资源在不同引种地区的适应性和遗传进化等。印度培

育出高产高品质的辣木新品种 Thar Harsha，属晚熟果用型品种，果荚成熟期晚于 PKM-1，豆荚产量和品质方面均优于 PKM-1，产量潜力为 5 354.7 吨/公顷，各种营养成分含量较高。

3. 国际咖啡、胡椒、菠萝蜜遗传育种研究进展

完成了咖啡的全基因组重测序（*Coffea arabica*）、完整叶绿体基因组组装（*C. liberica*）及菠萝蜜的基因组组装以及从头转录组组装；分析咖啡果实颜色形成机理，揭示咖啡开花、咖啡因积累以及抗旱过程的转录调控机制，分析了体细胞胚胎发生过程中的 miRNA 表达情况。实现了咖啡 *CcPDS* 的基因编辑，解析 CaFT1 能够持续进行花芽诱导的机制；国际咖啡研究（WCR）筛选出 14 个产量较高的品种、21 个抗锈性较强品种和 10 个杯品质量好的品种。菲律宾选育出含糖量高的菠萝蜜品种 EVIARC Sweet。

（二）栽培技术研究进展

1. 国际木薯栽培技术研究进展

据报道，多次施钾肥可提高甜木薯产量及烹饪品质，提高苦木薯的鲜薯和淀粉产量；加纳研发 N：P：K=11：22：21 木薯专用肥，施用 400 千克/公顷具有最佳产量回报和利润率；印度木薯地接种微生物菌剂可提高土壤 pH 值、有机碳、微生物数量及酶活性；亚马孙地区采用一种当地作物覆盖木薯地，可减少杂草、提高木薯产量、改善土壤农化性质；尼日利亚南部在较贫瘠土壤间作并施肥，可分别提高玉米和木薯产量；越南缓坡或陡坡地木薯间作豇豆能减少土壤侵蚀及养分损失，提高木薯产量和收获指数。

2. 国际辣木栽培技术研究进展

国际上，辣木栽培研究的热点体现在抗逆性研究方面，抗盐、抗干旱等均有报道；巴基斯坦学者研究表明，土壤盐分高对辣木生长不利，低土壤盐分适宜辣木幼苗生长；里约热内卢 Grande do north 联邦大学研究者从种植、采收季节和提取工艺等方面进行标准化，以获得富含黄酮类化合物的辣木提取物；墨西哥学者对蚯蚓粪其他肥料施用的辣木叶或籽代谢组进行研究，发现蚯蚓粪更能促进生物碱的代谢。

3. 国际咖啡、胡椒、菠萝蜜栽培技术研究进展

国外咖啡、胡椒种植多以复合栽培为主，咖啡/澳洲坚果间作与非灌溉、非套种系统相比，灌溉条件下咖啡和澳洲坚果产量分别提高了 60%和 251%；巴西开展了不同咖啡生产系统对碳固存和随后缓解气候变化的贡献方面的研究。中国、马来西亚、越南和泰国等部分地区菠萝蜜开始规模化种植，分别制定了菠萝蜜的施肥量、轻简化的管理技术。

（三）病虫草害防控技术研究进展

1. 国际木薯病虫草害防控技术研究进展

病害防控方面，主要针对叶部及采后病害等开展研究，包括病毒病的疫情监测，木薯抗病毒病、细菌性萎蔫病、炭疽病分子机理，花叶病毒和褐条病毒致病机制，叶部病害智能监测技术，灼烧类病毒等新病原鉴定和病原学研究，花叶病毒检测技术，采后/根腐和白点病防控技术等。

在虫害防控方面，国际上主要聚焦于抗虫种质鉴定评价与烟粉虱传毒机制、木薯绵粉蚧生物防治与示范应用、木薯单爪螨监测预警与风险定性评估，以及木薯绵粉蚧、烟粉虱等灾变规律和综合防控技术研发与示范应用。

木薯园草害相关研究主要集中在化学防治如苗前除草剂筛选，农业防治如不同覆盖作物对木薯园杂草防控效果、对木薯生长和产量的影响等，比较不同防治措施（化学、物理、农业等措施）对木薯园杂草发生抑制及对木薯生长和块根产量的影响，以及木薯园除草剂残留的经济评价等。

2. 国际辣木病虫害防控技术研究进展

据中国海关官网信息显示，各地海关经常从辣木籽货物中截获检疫性有害生物；多项研究表明，辣木提取物抗菌效果明显，可作为生物抑菌剂在农产品采后保鲜中推广使用。

3. 国际咖啡、胡椒、菠萝蜜病虫害防控技术研究进展

巴西 Embrapa 对潜叶虫基因进行测序并建立了数据库；抗潜叶虫的遗传咖啡材料斯里玛（Siriema）第一代黄色鲜果品种表现出 82%的抗性，第二代红色鲜果品种的抗性为 74%。世界胡椒产区胡椒瘟病防治技术以化学防治和农业防治为主，生物防治技术仍处于研发起步阶段。

（四）加工与综合技术研究进展

1. 国际木薯加工与综合技术研究进展

在深加工方面，国外持续加强对木薯变性淀粉可降解生物膜和功能食品的研发，研发出营养饮料、抗性麦芽糖糊精、天竺葵精油和热塑性可降解生物膜、可食用薄膜和保鲜膜等产品，还利用两性纳米木薯淀粉粒制备具有 pH 值响应性的抗肿瘤药物靶向控释载体。在利用脂肪酸络合木薯淀粉，木薯淀粉中添加适量酪蛋白用于提高凝胶 3D 打印精度，添加醋酸缩短木薯酒精发酵时间，利用白链霉菌发酵木薯淀粉和鱼粉混合料等方面也开展了研究。在副产物方面，巴西研发利用木薯淀粉生产废水生产生物表面活性剂，利用木薯废水培养微型小球藻和热羧链霉菌，可用于废水处理和生物柴油生产，利用木薯蒸馏废水进行厌氧消化生产甲烷；木薯茎秆活性炭、饲料和降解等也有大量研究，其吸附能力强，有望成为制药工业废水处理的材料。

2. 国际辣木加工与综合技术研究进展

根据世界辣木研究、开发的趋势，集中在研发功能食品、饮水或废水处理剂以及日用、化妆品原料等多种类型的产品。其中，中国主要研究辣木中活性成分健康功效，并基于健康功效开发出辣木发酵物、辣木能量棒、辣木活性肽、辣木果胚油等健康产品和辣木饲料；美国和英国主要开发饮水、净水或废水处理剂；非洲和印度主要开发食品和饲料添加剂。

3. 国际咖啡、胡椒、菠萝蜜加工与综合技术研究进展

皮亚兰斯（Pinhalense）公司研制可干燥微小批次咖啡的小型和分隔式滚筒干燥机，发明了“机械虹吸 LSC”，将过熟果和部分已干燥鲜果与未熟果和成熟果分开，生产的咖啡生豆质量更好，缺陷更少。通过诱导发酵生产精品咖啡，会得到优质的风味和香气。胡椒清洁节能连续机械化加工是重点开展的工作，胡椒精油和胡椒碱的功能性研究也越来越得到重视，精油和油树脂等深加工产品也在不断研发和推向市场。

四、国内木薯、辣木、咖啡、胡椒、菠萝蜜产业技术研发进展

（一）遗传育种研究进展

1. 国内木薯遗传育种研究进展

利用 GWAS 分析木薯离子组变异，整合转录组和代谢组分析木薯花青素形成的调控网络，获得四倍体木薯糖代谢的变化。对木薯参与逆境响应的重要基因进行功能验证。分

析了低温贮藏条件下木薯种茎可溶性糖与干旱胁迫耐受性的相关性及越冬贮藏期间适宜温湿度，获得不同海拔梯度对云南木薯生长及块根品质的影响。对参与采后生理性变质（PPD）的分子调控进行了分析，包括 ABA 信号、bHLH72 和 bHLH114 等；验证 MeC3′H 及抑制多酚氧化酶对木薯 PPD 症状的影响。揭示木薯 HAM1 与 DNAJA2-水杨酸合成模块、褪黑素与乙烯通路对木薯细菌性枯萎病的免疫反应和抗性调控的作用；验证 NPF4.5 对氮素动员和逆境的影响及丹宁含量对木薯二爪叶螨的抗性。此外，基因编辑木薯 SBE2 获得高直链淀粉木薯新种质。

2. 国内辣木遗传育种研究进展

目前国内辣木遗传育种研究进展主要是对引种收集到国内的不同辣木种质资源进行植物学性状评价，并通过全基因组从测序技术分析不同辣木群体杂合度、群体结构、遗传多样性、群体分化，揭示了辣木亲本与子代间的遗传关系等。

3. 国内咖啡、胡椒、菠萝蜜遗传育种研究进展

开展作物驯化和基因组进化前沿研究，构建了高质量咖啡泛基因组图谱。组装了 8 个胡椒属植物叶绿体基因组，筛选对辣椒疫霉菌高度响应的胡椒 Dof 基因 9 个，揭示抗瘟病机制。发布胡椒属新种“普洱胡椒”，筛选出德热 390、397、399、401、402、云咖 1 号、云咖 2 号等可生产推广的优良咖啡品种（系）。

（二）栽培技术研究进展

1. 国内木薯栽培技术研究进展

宽窄行木薯间作玉米模式在根（薯）构型、产量和土壤理化性质等方面均具有互利优势，间作早熟玉米对木薯竞争影响弱于间作花生，木薯间作花生模式能提高木薯地土壤肥力。双吉尔和国光生根粉可显著增加木薯根系数量并增产，钙可提高食用木薯产量及耐贮藏能力，推荐施用量为 33 千克/公顷。中国热带农业科学院农业机械研究所研究设计出木薯种植机漏播监测标记系统、木薯收获机挖掘深度自动控制系统、4UML-130 型振动链式木薯收获机、4UMZ-140 型后收集式木薯联合收获机、木薯茎叶青贮饲料收获机等。海南大学设计单行直插式木薯种植机，广西师范大学设计出木薯播种器阶梯式振动播种机构。

2. 国内辣木栽培技术研究进展

国内研究表明，种植密度为 40 厘米×40 厘米、留茬高度 60 厘米的饲料辣木产量高于留茬高度 40 厘米和 80 厘米；株行距为 50 厘米×50 厘米的辣木截杆高度应保持在 50 厘米左右最为适宜；坚果青皮+红土复配基质生产的辣木老叶产量高、品质优。

3. 国内咖啡、胡椒、菠萝蜜栽培技术研究进展

围绕胡椒、咖啡机械化施肥、减肥增效等方向开展技术研发与机理研究，中国热带农业科学院香料饮料研究所揭示有机肥部分替代化肥提升菠萝蜜产量的调控机制，明确菠萝蜜周年养分吸收规律。

（三）病虫草害防控技术研究进展

1. 国内木薯病虫草害防控技术研究进展

病害研究主要集中在花叶病、细菌性萎蔫病和采后病害方面，包括智能化监测技术研发、贵州地区花叶病调查、木薯抗细菌性萎蔫病相关基因/防御酶鉴定、细菌性萎蔫病生防菌株筛选、采后病害防控技术研发、普通花叶病毒株系侵染性克隆构建等。在抗细菌性萎蔫病分子机理方面，国内取得了国际领先的研究进展，构建了多个抗病调控网络，为抗细菌性病害育种提供了候选基因。

虫害防控主要聚焦于二斑叶螨、木薯单爪螨、木瓜秀粉蚧、木薯绵粉蚧等快速分子检测技术、监测预警与风险定量评估、抗虫（螨）兼具高产种质鉴定评价与创新利用、定制阻断、免疫诱抗、微生态调控、RNAi 农药研发与绿色综合防控等技术研发与示范应用，以及二斑叶螨、木瓜秀粉蚧等灾变规律与生态适应性机制、寄主—害虫（螨）互作机制、抗虫（螨）防御响应调控网络与分子机制等研究。

草害防控主要集中在木薯草害普查与外来入侵杂草监测、木薯园杂草化学防治、抗除草剂木薯种质筛选及创制，以及潜在生物源除草剂的筛选等方面，包括不同地区木薯园杂草种类、杂草发生情况及为害程度调查，木薯园常见杂草苗后除草剂的筛选、有针对性开展抗除草剂种质筛选及利用转基因技术创制抗除草剂种质等。

2. 国内辣木病虫害防控技术研究进展

2022 年度国内未见辣木病虫害相关报道，病虫害监测过程中，未发现新的病虫为害，果腐病、瑙螟、天牛、蚜虫、螨类等仍是为害辣木的常见病虫害。体系科研人员对赤斑白条天牛触角形态及感器超微结构进行了描述，初步探明触角感器分布情况。

3. 国内咖啡、胡椒、菠萝蜜病虫害防控技术研究进展

开展了 60 余份炭疽病原菌样品的关键基因扩增及测序，初步明确了咖啡果小蠹对红果取食的绝对偏好；针对胡椒瘟病菌遗传特异性，设计特异性引物 2 套，以测试试纸的形式，在 4 小时之内实现田间瘟病的快速检测，初步应用验证准确率达 100%。正在利用黄翅绢野螟的性信息素，研发应用于田间诱杀绿色防控技术。

（四）加工与综合技术研究进展

1. 国内木薯加工与综合技术研究进展

2022 年，国内针对木薯淀粉的食品化和饲料化加工利用技术持续深化，系统比较分析了薯类淀粉加工特性及其适合加工利用领域，阐述木薯淀粉特性，分离获得黏细菌菌株（*Myxococcus* sp. V11），其胞外酶 MfGBEΔ（N1′）专一性配解木薯淀粉效果显著；利用木薯淀粉和变性淀粉的加工特性，研发了多种木薯变性淀粉和玉米肽木薯粉面包、3D 打印食品、即食冷面、冷冻水煮罗非鱼片、鲢鱼糜、黄冈鱼面、南美白对虾即食虾滑片、鲜湿鱼面和木薯粉制品彩虹千层糕加工工艺及其加工技术；还研发了木薯粗多糖超声提取、木薯叶多肽和木薯粉发酵制备工艺及其设备，进一步促进我国木薯产业价值链延伸。

2. 国内辣木加工与综合技术研究进展

研究了通过超声辅助水酶法提取辣木籽油，确定了提取辣木籽油的最佳工艺条件。筛选酶解辣木粕清蛋白的最佳蛋白酶，采用微波辅助酶解制备辣木粕抗氧化肽，低功率微波能够提高辣木粕清蛋白酶解效率和抗氧化活性，辣木粕具有制备天然抗氧化肽的潜力。以核桃、辣木粉等为原料，开发辣木核桃蛋白能量棒配方，是一款极具风味的特色新产品。研究了多菌联合发酵对辣木发酵品质和活性物质的影响，获得含高活性成分、高粗蛋白质和低抗营养因子的发酵辣木饲料。

3. 国内咖啡、胡椒、菠萝蜜加工与综合技术研究进展

明确了 SPIGA-GCO 微胶囊性能明显优于 SCGA-GCO、WPIGA-GCO 两种壁材制备的微胶囊产品。继续改进“咖啡微水加工技术”，发明“表干控制技术”，有效降低蜜法和干法加工由于气候变化带来的发霉风险。优化了青胡椒真空冷冻干燥工艺和黑胡椒制备技术及配套工艺，明确超声微波辅助提取法是青胡椒油树脂提取的最佳技术。在菠萝蜜果肉多糖、种子淀粉的结构、加工特性与功能活性评价等方面开展研究并取得重要进展，填补了国内外菠萝蜜多糖和淀粉研究领域多项空白。

（国家木薯产业技术体系首席科学家　李开绵　提供）

2022年度油菜产业技术发展报告

（国家油菜产业技术体系）

一、国际油菜生产与贸易概况

（一）全球油菜种植面积、产量和单产均稳中有升

据USDA①最新数据统计，2022年世界油菜总种植面积为4 195.9万公顷，较2021年的3 839.2万公顷增加了356.7万公顷。印度、加拿大、中国和欧盟收获面积仍排在前四位，其中，中国占比为17.32%。2022年世界油菜籽总产量为8 833.5万吨，较2021年的7 508.8万吨增加1 324.7万吨，其中，欧盟排名第一，加拿大排名第二，中国排第三位，印度降低一个位次，居第四，中国占比为17.58%。世界油菜籽平均单产为2 110千克/公顷，比2021年的1 960千克/公顷增加了150千克/公顷。其中，智利仍是单产最高的国家，为3 790千克/公顷。

（二）世界油菜籽、菜籽油贸易总量的上升态势明显

据USDA最新数据统计，2022年世界油菜籽出口总量为2 082.6万吨，较2021年的1 512.4万吨增加570.2万吨；加拿大、澳大利亚和乌克兰仍排在出口国的前三位，其中加拿大占比为41.29%。世界油菜籽进口总量为1 988万吨，较2021年的1 389.9万吨增加598.1万吨；欧盟、中国和日本仍排在世界油菜籽进口国的前三位，其中中国进口量为470.0万吨，占世界油菜籽进口总量的23.64%。

2022年世界菜籽油出口总量为636.0万吨，较2021年的524.9万吨增加111.1万吨；其中，加拿大占世界菜籽油出口总量比重最大，为50.31%。世界菜籽油进口总量为632.5万吨，较2021年的513.3万吨增加119.2万吨；美国、中国和挪威仍然排在菜籽油进口国的前三位，其中，美国进口份额占比为41.85%，中国为25.3%，挪威为9.49%。

二、国内油菜生产与贸易概况

（一）国内油菜生产概况

据USDA最新数据统计，2022年中国油菜收获面积为726.7万公顷，较2021年的699.2万公顷增加27.5万公顷，同比上升3.93%；全国油菜籽产量达1 553万吨，较2021年的1 471.4万吨增加81.6万吨，同比上升5.55%。2022年我国油菜平均单产为2 140千克/公顷，比2021年的2 100千克/公顷提升了1.9%。

（二）国内贸易概况

2022年度油菜籽价格总体呈现波动上涨趋势。第一季度，油菜籽价格呈现上涨的趋势，由1月的6 365.45元/吨上涨至3月的6 439.9元/吨。第二季度延续第一季度的上涨趋势，6月涨至6 906.63元/吨，较5月上涨292.51元/吨，2021年同期油菜籽价格为5 917.06元/

① 美国农业部，https：//apps. fas. usda. gov/psdonline/app/index. html#/app/advQuery。

吨，同比增长16.72%。7月的油菜籽价格有所下降，为6 819.8元/吨。7月之后，油菜籽价格又呈现出上涨趋势，在12月末达到年度最高价7 468.64元/吨，呈现出良好的发展态势，预计未来一段时间国内油菜籽价格不会大幅下降。各月具体价格见图1。

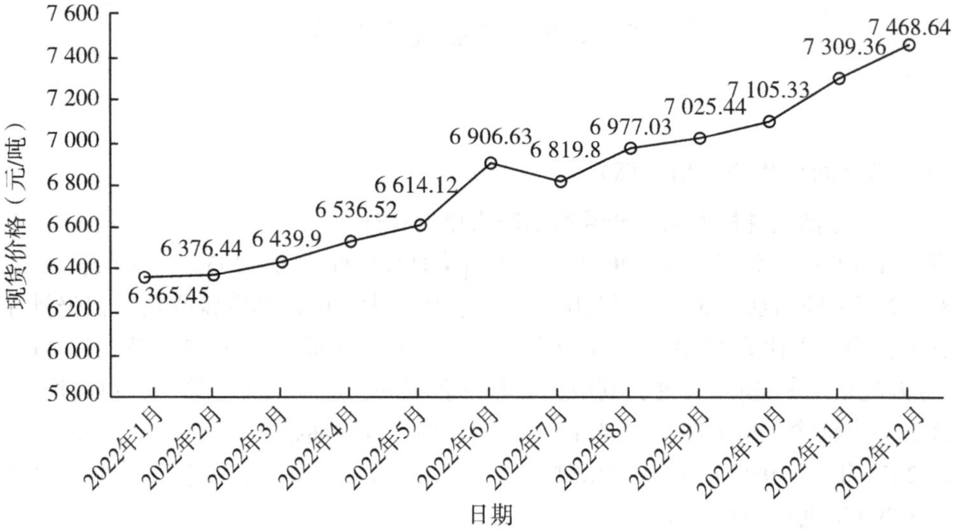

图1　2022年油菜籽现货价格（月平均值）

注：油菜籽月度价格根据布瑞克农业数据终端相关数据整理得出。

2022年度我国菜籽油价格总体呈现出震荡下行的态势，上半年菜籽油价格较为平稳，6月菜籽油价格为14 259.32元/吨，较1月平均上涨21.35元/吨。7月菜籽油价格大幅下降至12 213.65元/吨，为年度最低价。8月菜籽油价格为12 986.81元/吨，较7月有所回升。9月菜籽油价格又出现小幅度下降，为12 787.27元/吨。随后，菜籽油价格持续快速上涨，在11月上涨至13 805.98元/吨，环比增长0.58%。12月菜籽油价格下跌明显，跌至12 871.59元/吨。各月份具体价格见图2。

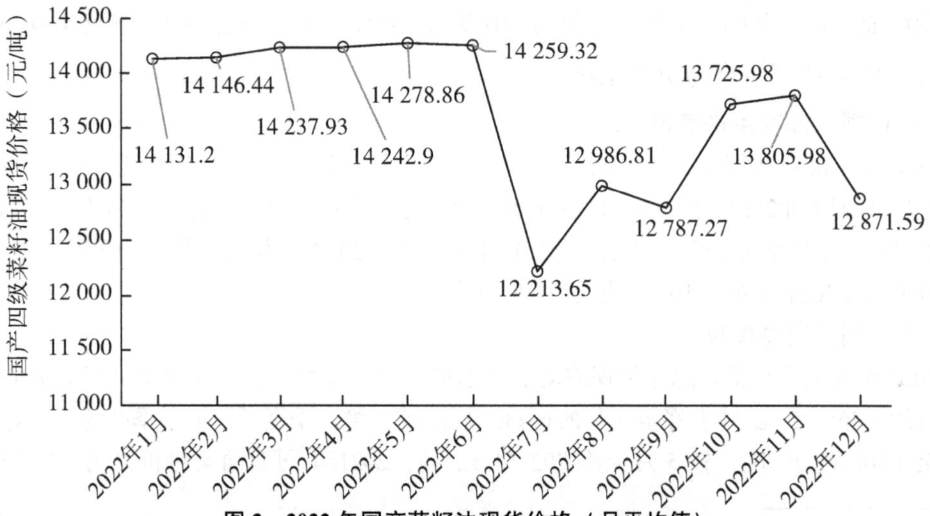

图2　2022年国产菜籽油现货价格（月平均值）

注：菜籽油月度价格根据布瑞克农业数据终端相关数据整理得出。

三、国际油菜产业技术研发进展

（一）遗传改良与品种改良

加拿大、澳大利亚以及欧洲油菜的效益高主要依靠规模化、机械化与优质高产稳产品种相结合。加拿大油菜产业的主要目标是不断提高油菜单产水平；高油酸新品种的选育和推广应用是加拿大等国发展的重点之一，目前加拿大高油酸油菜种植面积比较稳定，由于所生产高油酸菜籽油直接供应美国麦当劳，因此效益明显好于普通双低油菜；高维生素 E 菜籽油也较常见，销售价值略高于普通菜籽油；加拿大油菜产业近年来饱受根肿病的困扰，政府部门和企业都加强了科研力度，目前已鉴定出一批抗根肿病位点，培育出多个抗根肿病油菜新品种，但研究的难点是如何培育具有持久抗性的油菜新品种；加拿大、澳大利亚等国通过基因工程培育出特殊多不饱和脂肪酸含量高的油菜，但目前还无大面积推广应用的报道；加拿大和欧洲开始启动饼粕蛋白质量相关性状的育种工作；他们还通过转基因或基因编辑技术培育了抗除草剂油菜新品种，创建了矮秆多分枝油菜新种质。

（二）栽培与生产技术

逆境胁迫尤其是干旱胁迫对作物生长的影响是国际上共性问题之一。最新研究表明，干旱导致油菜许多矿质元素吸收受阻；如 Fe、Zn、Mn 和 Mo 受影响最早，同时控制 Cl 和 Co 运输的基因表达量持续上调，而控制 N、P、B、Mo 和 Ni 运输的基因表达量持续下调，并提出 Fe 积累量降低导致了 Zn 和 Mn 积累量间接降低，从而导致油菜减产的假说。为了应对干旱胁迫对油菜生长发育的影响，研究者作了各种尝试。利用薄膜型抗蒸腾剂在作物组织形成防水层，阻止气孔机械张开，减少水分损失的原理，加大喷施浓度，油菜叶片气孔导度的降低速率比光合速率快 1.4 倍，提高了抗旱能力，但角果数和每角粒数之间的增减互补效应，导致了油菜增产不显著，因此，该技术还有优化空间。在角果期采用喷施外源硅酸钾方法，提高了油菜组织相对含水量、叶绿素含量，降低了气孔抗性以及冠层温度，最终油菜增产 11%，含油量增加 3%，水分利用率提高 12%，还能提高油酸和亚油酸含量，同时降低芥酸和硫甙含量，从而提高油品。也有研究者通过油菜品种和喷施外源硅的组合，发现在正常条件下，喷施硅后油菜产量最高的基因型亩产可达到 373.3 千克。因此，硅和硅酸钾是较好的作物抗旱生长调节剂。研发油菜耐盐碱种植技术，提高盐碱地利用率是油菜产业的发展方向之一。研究者通过喷施外源多胺类物质（亚精胺），提高了光合系统 PSⅡ活力，卡尔文循环中的各种酶活性以及抗氧化能力，从而提高了油菜的耐盐碱能力。油菜高产离不开合理适宜的播期、合理的施肥技术等。研究表明，在迟播条件下，通过液面喷施胡敏酸，油菜产量提高了 47%，且油酸和亚油酸含量也显著增加。采用不同肥料种类施肥处理，发现无论在干旱或正常条件下，施用蚯蚓粪后油菜具有最高的产量、产油量和氮肥利用率，同时施用尿素后硝酸盐的渗漏量最大。与施用尿素相比，在免耕、少耕和常规翻耕处理下硝酸盐的渗漏量大幅度减少。以上研究表明国际上对油菜耐逆境包括干旱、盐碱、迟播等生产技术以及油菜高产和生态环境十分注重。

（三）植保技术

2022 年度国际上所研究的油菜病害重点仍然是菌核病、根肿病和黑胫病（茎基溃疡病），在 *Annual Rewiew of Phytopathology*、*Molecular Plant Pathology*、*Microorganisms* 等期刊上发表了相关的综述论文。有多篇研究论文涉及通过与拟南芥抗病基因进行比较，从油菜全基因组层面挖掘油菜的抗病基因资源，研究十字花科植物 R 基因的进化以及非专化型脂质转移蛋白（nsLIT）在抗逆和抗病中的功能。围绕油菜健康，国际上开展了油菜微生物组研究，发现油菜种子中微生物群组成与油菜品种有关并可通过亲本传播，表型依赖型根细菌提高了甘蓝型油菜产量，微生物群可以促进油菜在正常环境及盐碱地中生长等。在菌核病方面，继续深入研究了核盘菌的致病机制，例如发现可以分泌效应蛋白抑制寄主（油菜）半乳糖苷水解酶抑制蛋白的功能；通过激光显微切割技术精细分析了寄主细胞的转录组，挖掘到新的免疫调控因子；开始利用机器学习算法（MLA）预测菌核病的风险。在根肿病方面，国际上研究的热点仍然集中在抗病基因的定位以及利用多组学技术探究寄主抗病机理等方面，我国科学家完成了根肿病重要芜菁抗源材料 ECD04 的基因组组装并提出抗病基因的进化理论；Jiang 等利用油菜抗病突变体材料 Kc84R 在 A03 染色体定位了一个新的抗根肿病位点，开发了两个紧密连锁的 SNP 标记，并推测 ERF 家族转录因子 *BnERF034* 为关键候选基因；Rahaman 等利用芜菁抗源 ECD02 定位了位于 A08 染色体的显性抗病位点 Rcr9；Adhikary 等利用蛋白质组学技术在抗感油菜材料间鉴定了 937 个差异蛋白，主要包括钙离子信号途径，活性氧，木质素，脱水蛋白及植物激素等通路蛋白。在茎基溃疡病方面，德国学者评估了油菜抗茎基溃疡病主要基因的防病效益，提出了通过油菜品种轮作的方式保持油菜抗病基因的功能；鉴定出新的抗病基因，通过杂交获得抗茎基溃疡病的新型材料；比较了易感和部分抗性油菜中茎基溃疡病菌的生长情况及油菜与亲和病原菌及与不亲和病原菌之间的转录组差异；阐述了甘蓝型油菜 Rlm7 抗性基因丧失机制；克隆出新的茎基溃疡病菌无毒效应基因 *AvrLmS-Lep2* 以及“后期”效应子并利用其作为鉴定甘蓝型油菜新抗性来源的工具；发现油菜黑胫病菌（Lb）可以提高油菜抵抗茎基溃疡病（Lm）的能力，有效控制 Lm 增大了 Lb 流行；发现在油菜中聚合 Rlm3 和 Rlm7 的抗性管理策略存在风险。

（四）机械化装备

欧美发达国家已基本实现油菜耕种管收全程机械化，农机装备持续向着大型化、智能化、精量化和模块化方向发展，集成大数据、人工智能、无人驾驶等先进技术在农机装备上的应用也日趋成熟，农机装备逐步形成了“人—机—技”紧密结合的多元产品。耕整地方面，可根据土壤类型、前茬作物、秸秆量、经济和生态可行性等选择适宜的耕作方案，并兼顾产量和可持续性。机械化播种方面，加拿大 SEED MASTER 生产的 Ultrapro Ⅱ 排种系统播种精度高，每一行配有单独的计量和分配装置，采用柔性的供种材料，种子破损率低，节约种子，降低生产成本；Kverneland 生产的 U-drill 系列大型精量联合条播机可一次性完成种床制备和播种作业，排种单元可实现自动启停，避免在田间地头和不规则地块中重播或漏播，高速播种速率变异系数小于 4%；奥地博田生产的 MULCH 宽幅高速条播机作业幅宽可在 3~9 米调整，最高可一次性播种 32 行，配备液压折叠系统，提高了机具的通过性。田间管理机械方面，欧美发达国家装备智能化趋势尤为明显，以病虫草害管理环节为例，各种各样的田间管理机器人逐渐走出实验室开始在大田测试与应用，如德国博世的 Deepfield Bonirob V3、美国约翰·迪尔的 BRT、法国卡特公司的 Anatis、法国奈奥科技 Z440 等型号的机器人，普遍采用了基于人工智能的病虫草害识别、自主定位与建图、自动对行行驶等技术，集成对靶喷施、自动除草、表型探测等多种功能于一体。收获技术装备方面，国外著名生产厂家的油菜联合收割机的脱粒清选系统已具备较高水平，向着系列化、大型化、通用化、低损失、高效率方向发展；大部分机型发动机功率在 200 千瓦以上，轴流脱粒滚筒的直径达到600毫米以上，并通过脱分系统结构和工作参数的优化来实现低损的收获；同时，广泛采用新型的加速滚筒、角度可调的导向叶片和流量加速分离式的辅助分离机构，来实现高效率的作物收获。智能化管理与精准作业方面，德国LEMKEN公司研发的IQblue Clara可以收集空中、展台和地面数据并实时更新，从而给农民提供可靠的预报，使其在正确的时间播种、施肥或收割。

（五）加工和检测技术

菜籽加工技术研发方面，国际上主要集中在菜籽油的改性和菜籽饼粕的高效利用。菜籽油的改性主要涉及菜籽油凝胶的制备和菜籽油的酶法改性，菜籽饼粕的高效利用主要涉及其在动物饲料中的作用和作为潜在食品组分的应用。菜粕主要用作饲料，很少用作食品配料，因此菜粕作为潜在食品组分的应用是研究的热点之一。Jia等利用剪切细胞技术研究了菜籽蛋白浓缩物（RPC）作为肉类类似物的新蛋白质来源的潜力。纯RPC和RPC-小麦面筋（WG）混合物在140℃和150℃条件下，干物质含量为40%时，均能转化为纤维制品；在140℃的温度下，在RPC中加入WG可以改善纤维结构，加入更多的WG可以使RPC-WG产品的颜色变浅；激光共聚焦显微镜图像显示，蛋白质形成一个连续相，而RPC固有多糖作为一个分散相。总的来说，RPC被认为是继大豆浓缩蛋白之后用于肉类类似物应用的一种有前途的替代蛋白质来源。这项研究的结果证明了菜籽蛋白浓缩物在结构方面的潜力，这是其作为一种环境可持续的肉类模拟成分向商业用途迈出的一步。

四、国内油菜产业技术研发进展

（一）遗传改良与品种改良

2022年度完成登记了一批油菜新品种，且尚有一大批新组合在各级区试之中。其中，适合机械化生产、综合抗性好（抗倒、抗根肿病和抗菌核病）、含油量高的新品种所占的比重越来越高，中油杂501在旱地、稻茬和轻度盐碱地屡创单产纪录；株型改良也取得阶段性进展，为油菜机械化生产水平的不断提高奠定了重要基础；高油酸品种全价值链、全产业链开发应用率先在湖北荆门破局、年种植面积超45万亩，建立了全国最大的高油酸油菜生产基地，树立了高附加值油菜产业发展的典型；北方强冬性甘蓝型油菜完成登记，将油菜种植向北移4~6个纬度，其生态保护意义重大；新杂交组合在2022年度湖北省高密组（4万株/亩）区试中，平均亩产油量比低密（2.5万株/亩）对照增产15%以上；利用自然鉴定与接种鉴定相结合，经多年连续筛选鉴定，育成了抗菌核病优异新种质JD093等；筛选出的华油杂158R等耐盐碱油菜品种，最高可耐1.5% NaCl胁迫。此外，还筛选和创制出一大批高油酸、高亚麻酸、抗根肿病、高抗裂角、有限花序、强抗低温、早熟、黄籽、苗期生物量高、高叶绿素、强耐寒、高氮吸收和耐渍等类型丰富的油菜新种质，为后续油菜生物育种提供了急需资源。总之，油菜新种质创新与新品种培育的目标，完全符合当前我国油菜产业发展高单产、耐盐碱、短生育期的实际需求，高效育种理论的不断丰富，育种技术的快速发展及其整合度的不断提高，对我国油菜产业发展的支撑力度体现得越来越明显，使我国已逐步成为国际油菜科学研究的中心。

（二）栽培与生产技术

在抗逆高产栽培方面，研发了以微垄调墒技术为核心的抗旱耐渍土壤耕作技术，明确了最佳微垄规格为垄距25厘米、垄高15厘米、垄宽10厘米，与平作相比，在干旱条件下平均可使油菜出苗率提高31.9%，水分利用率提高21.7%，产量增加9.1%；进一步优化了免耕抢墒飞播技术，在免耕条件下，利用水稻田余墒，采用无人机高效直播，7 天后油菜出苗率达 83.5%；明确了耕作深度与油菜产量的关系，深耕（0~22 厘米）较旋耕（0~15 厘米）可显著提高油菜产量。因此，在南方稻油轮作系统，建议每 3~5 年深耕 1 次，以获得较好的耕层结构；研究了迟播与油菜产量的关系，在武汉和荆州地区，10 月 21 日以后，迟播油菜播期每推迟 3 天，产量平均降幅约为 10%，最迟播期不应迟于 10 月 30 日之后，大田产量可保持在亩产 150 千克左右；研发和集成了迟密播/机械移栽全苗、专用配方肥精量施用提弱苗、多效唑壮苗、渍害防治、病虫害绿色防控、机械分段收获控损失等“三促三控”高效生产技术，初步构建了南方三熟制冬闲田利用高效栽培技术模式。在养分高效利用方面，明确了氮素与油菜产量的关系，当施氮量从 8 千克/亩提高至 16 千克/亩时，油菜花芽分化提前了 7 天，提前进入花芽分化后，高效利用这段时间的温光资源，多积累有效花芽数目达 53 个，为后期增加有效角果数，从而油菜获得高产奠定了基础；开发和升级了 3 套针对红黄壤地区镁缺乏（在原配方肥基础上添加 6%的 MgO）、长江上游地区磷素含量低和钾素流失严重（N-P-K 为 25-7-8+硼调整至 20-10-12+硼）以及有机无机配比（N-P-K 为 15-6-9+硼+15%有机质）的新型油菜专用缓释肥，经试验示范，增产效果达 1.36%~17.29%；此外，长江中下游和黄淮区多地不同油菜种植模式长期定位试验表明，油菜茬口后续水稻产量比小麦茬口平均提高 8.2%，其主要是因为油—稻轮作土壤有机氮库和固氮量比麦—稻轮作分别提高了 3.4%~10.1%和 12.6%~82.7%，为作物生产提供了更多的氮。

（三）植保技术

在菌核病方面，选育出抗病优良品种 7 份；通过基因编辑技术创制了叶片高硫苷、种子低硫苷的油菜新种质；明确了油菜 *BnCDPs*、*BnLegLu*、*BnPP2s* 类基因参与了油菜菌核病抗性调控，定位到 1 个负调控菌核病抗性、正调控开花时的基因 *BnCLV2.A02*；解析了植物反式高尔基体组分蛋白 ECH 调控植物抗病性、细胞死亡和内质网胁迫的作用机制；系统揭示了核盘菌在全基因组水平存在 mRNA 剪切水平促进病原菌侵染的现象以及剪切可能的发生机制；明确了不同种植密度对油菜菌核病发生流行的影响；进一步完善了利用盾壳霉和植物疫苗防治油菜菌核病的技术体系并进行了示范。在根肿病方面，建立了基于 PMAxx-qPCR 的芸薹根肿菌活细胞定量检测技术，该技术具有快速、准确、灵敏的特点，解决了 qPCR 不能仅对活体病原菌进行准确鉴别和定量分析的问题；收集扩繁了全国 55 个不同地区的根肿菌菌株，利用 ECD 和 WCD 两个系统对根肿菌生理小种进行了鉴定，发现生理小种 ECD-16、ECD-15、ECD-31（WCD-2）分布最广；从芜菁上定位到一个新的根肿病显性抗病基因 *CRA3.7*；发现葫芦巴碱、磷酸吡哆醛、香豆素、D-来苏糖和穗花杉双黄酮等根系分泌物对休眠孢子萌发具有显著促进作用，继而影响根肿病的发生；发现固氮根瘤菌可随根肿菌进入油菜抗病品种的根部，在根部固氮并促进油菜生长，该发现可望促进抗病品种的高效利用。在黑胫病方面，发现我国新疆昭苏县流行的茎基溃疡病菌群体交配型 MAT1-1 和 MAT1-2 的比例为 19∶1，严重偏离 1∶1，这将影响这种病菌进行有性繁殖产生子囊孢子（初侵染源）；通过对 2017—2022 年油菜黑胫病调查数据的分析，明确了不同油菜产区黑胫病流行与温度和降水量、耕作方式、油菜类型以及茎象甲发生等因子之间的关系；明确了芽孢杆菌 CanL-30 可湿性粉剂对油菜黑胫病和菌核病具有防治效果，还能增加油菜籽产量，是油菜黑胫病综合防控技术体系中的重要组件。

（四）机械化装备

2021年全国油菜耕种收综合机械化水平达61.92%，油菜生产用工数量约5.85日/亩，生产总成本约926.90元/亩，平均产量135.15千克/亩，油菜籽生产成本约6.85元/千克；其中人工成本543.27元/亩，折合4.02元/千克（占生产成本的58.61%）。耕种机械方面，结合国外油菜种植的先进经验和国内的实际情况，因地制宜研发出能够实现播量与行距可控可调、作业模块灵活配置、品种兼用的精量联合播种机；同时，通过应用北斗导航、播种监测与智能决策等新技术，大大提升了播种环节的智能化水平，以满足油菜高产、高质、高效的种植需求。田间管理机械方面，完成了植保无人飞机的升级，有效载荷由40升提升至50升，作业效率提高15%以上；优化了植保无人飞机油菜菌核病防治作业参数，雾滴均匀变异系数降低到45%以下，完成了飞行参数对颗粒肥、油菜籽飞播均匀性的影响研究，为无人机飞播作业提供指导；设计了田间苗期油菜检测和识别系统，开发了杂株拔除系统、表型重构系统，为创制油菜制种无人驾驶田间管理装备奠定了基础。收获机械方面，建立了油菜脱粒分离过程离散元仿真分析模型以及清选系统CFD-DEM耦合仿真分析模型，通过仿真分析得出最优参数组合，基于仿真分析，设计了转速可调的360°回转凹板筛和大半径轴流脱粒滚筒，脱粒系统损失率≤0.51%；优化配置了筛面匀散导流装置，清选损失率为3.97%，含杂率3.71%，对比原有清选系统损失率降低了49.8%，含杂率降低了34.7%；开展了油菜角果炸荚因素与柔性拨禾机理研究，研制了柔性低损双曲柄五杆拨禾技术与装置，比传统偏心轮拨禾轮损失率降低13.86%。智能化管理与精准作业方面，建立了履带式联合收获机虚拟转向模型，并结合模糊PID设计了联合收获机自动驾驶控制器，其横向偏差平均值为1.577厘米，初始偏差小于2米时的上线时间不高于8秒；研发了基于双目视觉的联合收获机自主避障系统，制作了800张的语义分割数据集，完成了Unet语义分割网络模型训练。

（五）加工和检测技术

初步探明了富硒油菜薹中硒的分布形态，硒总量为0.186毫克/千克，其中有机硒主要以硒代半光氨酸、甲基硒代半光氨酸和硒代蛋氨酸的形式存在，硒代蛋氨酸含量最高，占有机硒含量的52.5%；无机硒主要以亚硒酸根和硒酸根的形式存在。富硒油菜薹经体外模拟消化（口腔、胃、肠）后，硒生物利用度为81.5%。菜籽油中含硫化合物新物质鉴定及形成机制研究取得突破，采用硫化学发光检测器在不同品种菜籽油中鉴定出4种新的硫醇类化合物，并通过香气感知相互作用的研究方法证明与菜籽油其他重要成分呈协同生香作用；进一步采用高分辨液相色谱和稳定同位素定量技术在菜籽原料中首次鉴定出重要的风味前体物S-甲基蛋氨酸。油菜籽同步压榨和固相精炼制油技术也取得初步进展，固体精吸附剂与油菜籽进行预混合，经低温压榨制备后，油中磷脂和酸价均有降低，色泽也有改善。其中，1%蔗糖脂肪酸酯、3%二氧化硅和3%抗坏血酸棕榈酸酯处理，油中磷脂含量分别降低71.4%、96.8%和65.6%；3%蔗糖脂肪酸酯、3%碱式碳酸镁和3%二氧化硅处理后的酸价分别降低41.0%、35.6%和42.3%；蔗糖脂肪酸酯和抗坏血酸棕榈酸酯的脱磷率分别为40.5%和73.5%；此工艺可以实现同步压榨和精炼，具有工序短、能耗炼耗低和环境友好等优点。

（国家油菜产业技术体系首席科学家　王汉中　提供）

2022 年度花生产业技术发展报告

（国家花生产业技术体系）

一、国际花生生产与贸易概况

（一）国际花生生产概况

1. 全球花生生产规模持续扩大

过去 10 年，全球花生产业发展呈快速增长趋势。一方面，全球花生播种面积不断扩大，总体上呈现波动上升趋势。2021 年全球花生播种面积为 49 081. 44 万亩，相较于 2010 年的 39 216. 92 万亩增长约 25. 15%。另一方面，伴随着花生播种面积的扩大，全球花生总产量也呈逐年递增的态势。据联合国粮食及农业组织（FAO）统计，2021 年全球花生总产量为 5 392. 69 万吨，相较于 2010 年的 4 354. 99 万吨增长约 23. 83%。

2. 我国花生总产量稳居世界第一，单产稳中有升

据 2010—2021 年全球七大花生主要生产国花生播种面积数据，2021 年印度花生播种面积为全球第一，占比达到 18. 24%。中国花生播种面积稳居世界第二，但占比有所下滑，从 2010 年占全球花生播种面积的 17. 32%下降至 2021 年的 14. 51%，近 10 年累计下滑 2. 81 个百分点。

据 2010—2021 年全球七大花生主要生产国花生单产数据，国别间花生单产水平存在显著差异。花生单产超过世界平均水平的国家只有美国、中国和阿根廷，我国花生单产水平排名世界第二，稳中有升，逐步逼近美国花生单产水平。

过去 10 年，中国花生总产量稳居世界第一，产量占比始终超过 30%。具体来看，中国花生产量占世界总产量之比从 2010 年的 35. 92%，到 2021 年的 34. 04%，略有下滑（-1. 88个百分点）。印度花生播种面积虽然高居世界第一，但是因花生单产水平较低，产量占比约为 19%。

（二）国际花生贸易概况

全球花生进出口规模呈周期性波动，总体有所增长。2014 年以来，全球花生进口波动明显（图 1）。自 2016 年达到峰值 56. 77 万吨之后，连续 3 年进口下挫，2020 年进口总量有所反弹，2021 年又相对减少，整体上呈现周期性特征。但从总体来看，全球花生进口规模仍然表现出扩大的趋势。2014 年全球花生进口总量为 36. 58 万吨，2021 年达 46. 2 万吨，增长率为 26. 29%。

2014 年以来，全球花生出口波动明显（图 1）。2014—2016 年出口规模经历连年增长后，2017 年有所下滑，2018 年全球花生出口跌至近 8 年以来的最低值，为 24. 66 万吨，随后花生出口形势逐步回暖，至 2020 年达到这一时期内的峰值 57. 65 万吨，但 2021 年出口量又有所滑落。整体看，8 年间全球花生出口增幅为 38. 62%。

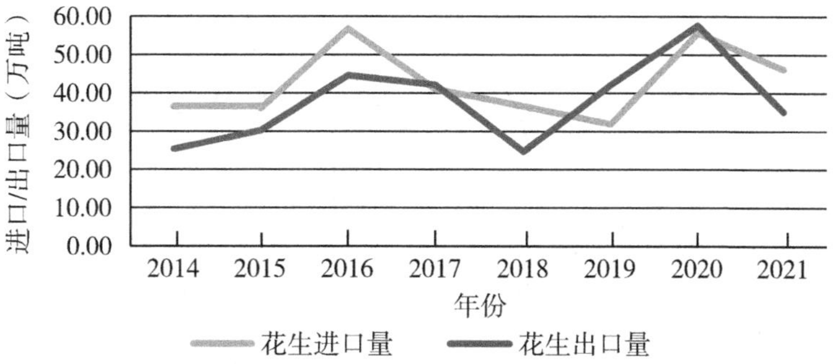

图 1　近 10 年全球花生进出口情况

资料来源：联合国粮食及农业组织数据库，经过整理计算得到。

二、国内花生生产与贸易概况

（一）国内花生生产概况

花生播种面积回调，单产增长，总产量略有减少。由于受到多种不利因素的影响，全国花生播种面积在高位的基础上有所回落。各省花生试验站的调研资料显示，2022 年我国花生播种总面积为 7 035 万亩，相比 2021 年减少约 5. 3%。河南 2022 年花生播种面积降幅最高，较 2021 年减少 12. 7%。而山西和新疆花生播种面积增长明显，分别达到 64. 4%和 30%。

国家粮油信息中心的预估数据和花生产业体系各试验站的调研数据汇总显示，预计 2022 年我国花生单产约为 245. 7 千克/亩，较 2021 年增长 1. 6%。分省份来看，河南、河北、吉林、安徽四地花生单产水平增长明显，增幅分别为 13. 3%、10. 2%、7. 3%和 3. 4%。

2022 年，全国花生总产量为 1 728. 5 万吨，较 2021 年降幅为 3. 8%。山西花生总产量增长突出，较 2021 年增幅达 211. 4%；作为传统花生生产大省，河北和山东总产量分别为 100. 2 万吨和 300. 6 万吨，增幅分别为 7. 5%和 5. 8%。

（二）国内花生贸易概况

1. 当前我国花生进口依存度较低

近 5 年以来，花生进口依存度呈现上升趋势，但仍处于较低水平，花生仍以自给自足为主。基于联合国商品贸易统计数据库，整理计算了 3 种主要油料作物大豆、油菜、花生的进口依存度。2021 年，相较于大豆（82. 49%）、油菜（14. 12%）等其他油料作物，我国花生（5. 33%）的进口依存度并不高，且历年均在 6. 5%以下。

2. 我国花生进口规模呈指数型增长，出口规模呈波动减少

过去近 20 年，我国花生进口经历了一个指数型增长的快速发展时期。如图 2 所示，2014 年前后我国花生进口规模开始快速扩张，无论是进口量还是进口额，都经历了指数型的增长。从具体的数字来看，2004 年我国花生进口量仅为 0. 13 万吨，到 2021 年，花生进口量为 100. 26 万吨。

对比花生进口量和进口额，同时期花生出口规模经历了一个波动减少的趋势。如图 2 所示，自 2004 年以来，我国花生出口量和出口额总体上呈下降趋势。尽管自 2015 年以来出口规模下降的势头有所延缓，但在 2018 年以后我国花生出口规模的进一步缩小态势重

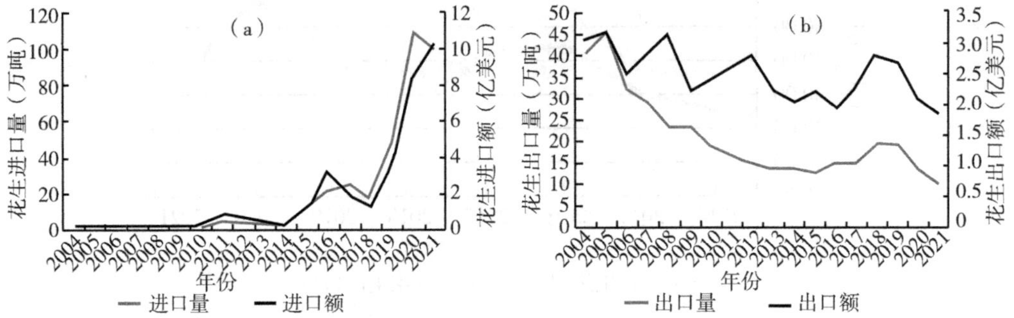

图 2　2004—2021 年中国花生进出口情况

资料来源：中国海关数据库数据经过整理，由花生产业经济研究室绘制得到。

现。从具体数字来看，2004 年我国花生出口总量为 40.29 万吨，但到 2021 年，花生出口总量为 10.43 万吨，仅为 2004 年的约 1/4。

三、国际花生产业技术研发进展

(一) 遗传改良

2022 年，国内外学者围绕着花生抗旱、耐盐碱，抗土传病害、高油、高油酸等种质筛选与新品种培育开展研究，并取得较大进展。建立了高油、高油酸、青枯病、网斑病、白绢病等高效鉴定及分子标记辅助选择技术体系，极大提升了抗病优质花生品种选育效率。

高油酸花生及其制品营养价值高、化学稳定性好，高油酸花生油更有望成为低廉的“橄榄油”，具有广阔的市场前景。美国是世界上最早开展花生高油酸育种的国家，高油酸花生面积约占美国花生总面积的 40%；阿根廷是世界上花生的主要出口国，高油酸品种已超出该国花生面积的 80%；澳大利亚已经全面推广种植高油酸花生。我国高油酸花生育种研究取得了突破性的进展，产业化势头迅猛。

(二) 栽培与土肥

花生作为半干旱豆科固氮作物，配合不同的施肥、耕作方式，不仅可以减少化肥的使用，还起到改善土壤环境、提升土壤肥力的作用。施氮对不结瘤花生土壤固氮菌多样性先抑制后促进，可能是由于减量和常量施氮短期内降低 pH 值或提高矿质氮有效性抑制了固氮微生物的多样性，施氮量越多越利于干物质积累和产量形成，提供更多的根系分泌物和有效碳氮底物，转而促进固氮菌多样性。不同氮肥水平下引起花生根部差异表达的基因主要集中在氮代谢、碳水化合物代谢、脂质代谢和 MAPK 信号转导等过程，KEGG 分析表明，次生代谢物生物合成、运输和分解代谢与碳水化合物代谢等过程与干旱胁迫密切相关。盆栽结果表明，苗期喷施 0.35%磷酸二氢钾可显著提高花生茎、叶中氮和磷的积累量，但根系生长受阻，尤其是细根根长及根表面积降低明显。外源钙提高了花生的净光合速率，增加了花生植株对同化物的需求，缓解了花生光抑制；特别是亚低磷胁迫下，外源钙可激发花生叶片环式电子传递，提高花生叶片光保护能力，缓解光损伤。当土壤缺钙时，花生叶片衰老加速，光合生产能力下降或转运失调，使籽仁正常生理代谢及胚细胞形态发育受影响。

长期的连作和滥用化肥、农药，最终导致土壤理化性质恶化，营养失衡，而不同的耕作方式可以缓解连作障碍。目前生产中为保证花生出苗率，常采用栽培模式为多粒或双粒穴播，但一穴多株造成个体间竞争加剧，出现大小苗现象，个体发育受到限制，影响群体质量。而单粒播种将每穴中 2 株变 1 株，通过适当减少穴距，缓解了群体与个体的矛盾，有效提高了资源利用率。在干旱地区花生—玉米间作种植 3 年以上可以显著减轻花生的连作障碍，有效降低 N_2O 的排放量，提高氮肥利用率、水分利用率和土地使用率；在沿海地区的盐碱条件下，花生—棉花间作可以调节土壤中的细菌生物多样性；花生与小麦轮作条件下，旋耕与秸秆还田相结合，可有效增加土壤孔隙度来改善土壤理化性质，进而提高植株对养分的吸收和籽仁产量。

（三）病虫草害防控

1. 全球花生病虫害发生与为害概况

全球范围内常年为害花生的病虫害达百余种，其中主要病虫害有 10 余种。世界主要产区，花生病害主要包括叶部病害（晚斑病、早斑病、锈病等）和土传真菌病害（白绢病、果腐病、根腐病和茎腐病）；在中国和东南亚及非洲局部地区存在细菌性青枯病；非洲少数产区存在花生丛簇病毒病；美国存在番茄斑萎病毒病和线虫病；阿根廷存在花生黑粉病。花生上主要虫害有蛴螬、金针虫、地老虎、棉铃虫、蚜虫、叶螨、蓟马、甜菜夜蛾、斜纹夜蛾等。此外，黄曲霉毒素污染仍然是广大发展中国家花生食品的安全风险因子。农田杂草防除一直是农业生产的重要环节。据测算，全球花生病虫害所导致的产量损失占总产的 15%左右，年减产近 810 万吨（荚果），并不同程度地影响了花生的质量安全，中国病虫草害导致的产量损失占总产的 20%左右。

2. 国外花生抗病性研究进展

（1）新发病害与病原菌研究。国外发现了一些引起花生新病害的病原菌，如美国发现 2 种新的细菌病原雷尔氏菌和泛菌引起花生苗期枯萎病；印度发现棕榈小披伞菌引起的花生白根腐病；土耳其首次报道芜菁黄化病毒侵染花生。

（2）病害发生规律与防治研究。伊朗科学家研究了白绢病发病的严重度与土壤菌核的密度存在显著的正相关；内源真菌能有效降低白绢病发生和为害；印度科学家发现白绢病发生与最高温和降雨都有关系；发现杀菌剂喷施花生后药效主要在上部叶片和上部茎秆，冠层的效果差。印度科学家发现玉米、花生和水稻样品和不同地域来源的样品曲霉带菌率不同，黄曲霉更容易从花生样品中分离到。

（3）病害监测技术研究。乌干达科学家发现热成像高通量表型采集调查对晚斑病和丛簇病毒病的预测准确率达 80%以上；发现 365 纳米的紫外光谱下，毒素污染和未污染的花生的红色荧光光谱峰值存在差异。

（4）抗病性鉴定、分子标记技术开发和抗病材料筛选研究。美国科学家发现来自野生花生的杂交后代材料对早斑病和晚斑病具有较好的抗性；印度科学家筛选获得 3 个品种对黑曲霉引起的冠腐病具有抗性；加纳科学家筛选获得 4 份抗叶斑病材料；加纳科学家筛选获得 1 份兼抗黄曲霉侵染和产毒材料；印度科学家克隆了花生抗锈主效基因 *VG 9514-Rgen*，并开发出分子标记。

（5）组学研究揭示病原菌致病和花生抗病机理。利用转录组分析，发现花生斑萎病毒的介体蓟马内的主要差异表达基因；发现黑粉病菌潜在的效应子、致病和毒力因子；

早期识别和防御相关基因在抗白绢病材料中差异表达的数量高于感病材料。

3. 存在问题与发展趋势

病虫害对全球花生生产的影响总体呈稳定态势，局部地区随着气候条件和生产方式的改变，主要病虫害种类会有所变化，并发现了新的病害，如中国首次报道黑孢属（*Nigrospora aurantiaca*）引起花生叶腐病，首次报道极细枝孢菌（*Cladosporium tenuissimum*）引起花生叶片上不规则和褐色坏死症状的叶部伤害；印度发现由被棕榈小披伞菌（*Marasmius palmivorus*）引起叶片坏死和根腐烂的花生白根腐病；土耳其发现芜菁黄花病毒侵染花生等；中国不同地区果腐病的病原菌存在差异。存在问题与发展趋势：一是花生病虫害防控成本升高，需要研究与集成高效、环保、低成本的综合防控技术；二是目前还缺乏兼抗多重病害的优良品种；三是花生绿色防控技术的研发和应用在主产国之间不平衡，对于一些新病害需要加强病理基础研究和国际合作。

（四）机械化

美国花生机械化技术较为成熟，且相对稳定，年度推出的新技术、新装备较少。机械化技术研发以企业为主，美国农业部花生研究所、奥本大学、得克萨斯州农工大学等从品种选育、栽培、干燥、贮藏等角度开展农机农艺融合研究。

美国花生耕整地多采用传统通用设备，主要有犁、圆盘耙、缺口耙等。播种多采用专用型设备，技术研发代表企业有 JOHN DEERE、GREAT PLAINS 公司，产品多为大型设备，作业幅宽达 8 米以上，核心部件排种器为气力式专用型排种器，播种质量好，效率高，作业速度可达 13 千米/时。收获采用两段式收获模式，技术研发代表企业有 KMC、AMADAS、COLOMBO 等公司，产品主要包括具有挖掘、翻秧晾晒功能的挖掘收获机（Digger）、具有清土功能的秧蔓梳理机（Vine Conditioner）、具有捡拾、摘果、集果、秧蔓粉碎抛洒等功能的自走式和牵引式捡拾联合收获机（Combine）；收获机亦为大型设备，其中捡拾联合收获机割台宽度可达 9.6 米以上；静液压驱动、作业质量监测等先进技术应用普遍。花生收后干燥、脱壳等技术也较为成熟，就车低温通风干燥、脱壳加工广泛应用。美国花生生产已实现全程机械化，而且农机农艺深度融合，耕、种、管、收、加无缝对接。

近年来，GPS 定位、自动导航等技术已逐渐在美国花生耕、种、收作业环节上得到应用；同时美国、西班牙、巴西等国学者还开展了利用无人机、卫星遥感技术以及人工智能算法识别预测花生成熟度及病害检测技术研究，但相关技术尚未在生产上得到应用。

美国花生机械化技术已较为成熟，对我国有一定借鉴意义，但难以照抄照搬，因为我国花生的产业布局、种植农艺，特别是规模化、标准化等均与美国有很大不同。

值得一提的是，近年来国产花生播种机、挖掘收获机、半喂入联合收获机、捡拾联合收获机等产品，在印度、越南及非洲等国已有出口销售。

（五）产后加工

1. 高水分挤压组织化对花生蛋白品质的影响机制研究

近年来，肉类模拟物的产业规模不断增加，研究人员对市售肉类模拟物产品营养组成进行了评价，建立了适用于肉类模拟物产品的营养评价方法，并说明了营养标签在产品营养品质评价方面的作用。相关研究人员还利用米糠、果渣等植物性原料开发了高营养价值的肉类模拟物，可根据消费者需求选择不同的蛋白原料（藻类蛋白、昆虫蛋白、菌类蛋白等）开发适宜不同人群的食用产品。

2. 风味花生蛋白粉的制备及呈香机理研究

目前花生蛋白粉常用的制备方法有冷榨法、浸出法、水剂法、膜分离技术、水酶法等。冷榨法虽然可较好保持花生蛋白营养，降低蛋白变性，但其出油率较低，饼中含油量较大，因此常与浸出法同时使用。Sugarman 首次使用水剂法成功从花生饼粕中分离了花生蛋白与油脂。Bei 对水剂法制取花生蛋白粉工艺进行改进，使花生蛋白粉的蛋白质分散度指数（PDI）达 98%以上。Liu 采用 ZX10 和 95B 型榨油机进行花生低温榨油连续生产花生蛋白粉的实验，可使干粕残油降至 7%左右，蛋白氮溶指数为 80%左右。

3. 花生黄曲霉毒素安全控制技术

高灵敏检测技术是及时发现花生黄曲霉毒素污染，早防早控的关键。美国佐治亚大学选择流动相可消除淬灭效应增强荧光信号，无须柱前衍生的情况下实现黄曲霉毒素的精准检测。日本北陆先端科学技术大学院大学研制出微流体纸质分析设备，实现小体积样品中黄曲霉毒素 B1 的竞争性酶联免疫吸附法测定。西澳大利亚大学建立了单粒杏仁中黄曲霉毒素高光谱无损快速检测方法，其 R^2 和预测均方根偏差分别为 0. 948 微克/克和 0. 090 微克/克，以上研究进展为花生黄曲霉毒素快速检测提供了重要参考。

四、国内花生产业技术研发进展

（一）遗传改良

创制高糖、高油、高油酸+（早熟、耐低温、耐盐碱、高油）、高糖高蛋白；抗青枯病、抗黄曲霉、抗除草剂、耐低温、耐旱等新种质 130 份。其中，利用 CRISPR/Cas9 基因编辑技术创制了 5 份高油酸突变体，变异位点与之前的变异位点不同，为新的突变类型；对花生 *AhALS2* 基因进行单碱基突变，创制出 19 份抗除草剂花生新种质。

培育高油酸花生品种 40 个；筛选出氮高效高油酸品种 6 个、耐旱高油酸品种 2 个、加工专用型高油酸品种 10 个（适宜制油的品种 5 个、适宜制酱的品种 3 个、适宜加工烘烤的品种 2 个）；明确了干旱胁迫对高油酸花生品种生长发育、产量构成及籽仁品质的影响；实收 3 亩高油酸攻关田花生，单产 648. 56 千克/亩，创高油酸花生实打验收最高产量纪录。

（二）栽培与土肥

随着对粮食需求的增加及农业生产技术的进步，不断优化施肥结构、耕作模式等，提高农业生态系统稳定性和作物的抗病性。其中玉米花生宽幅间作技术是 2017 年至今农业农村部主推的农业技术，较好地解决小麦、玉米单一种植模式造成的土壤板结、地力下降、过量用肥用药等问题。2019 年以来在山东潍坊、济宁、日照和德州 4 个市推广此项技术，玉米//花生 1∶2 模式、2∶4 模式、2∶6 模式、3∶4 模式、3∶8 模式均被不同地点指出为当地最佳间作模式。宽幅间作显著降低了花生生育中后期单株叶面积、单株干物质积累及群体干物质积累，施钙可有效缓解其降低幅度。间作条件下，花生单株结果枝数、单株饱果数和单株生产力皆随间作花生行数的增加而增加。单粒精播能够有效协调根冠比，缓解双粒播种问题，并节约种子投入量，显著提高花生的产投比。尤其在中产旱地，单粒精播促进个体健壮和形成高密度的群体优势是实现增产的关键，增幅 8. 4%~27. 8%，适宜密度为 27. 8 万株/公顷。与传统双粒穴播相比，垄距由 90 厘米减小到 80~85 厘米，穴距由 16~18 厘米减小到 10~12 厘米，每穴由 2 粒减为 1 粒，每公顷由 12 万~

15 万穴增加到 19.5 万~24 万穴，节种 20%左右。

通过减少化肥、秸秆还田、耕作方式的结合来实现绿色、循环、低碳发展的大趋势，固碳于植物、藏碳于土壤，对增加农作物产量，实现我国农业持续发展具有重要意义。徐国祇等研究发现把肥料集中深施在 20~25 厘米范围内，适量增加有机肥、微生物肥料，可以减少 20%的化肥用量，实现减肥增效的同时肥料中氮、磷、钾的利用率也大幅提高。李峰等认为化肥减量 10%配施黑曲霉菌生物肥可显著提高花生功能叶片抗衰老相关酶，并增加中后期干物质积累、保障荚果产量。李敏等认为花生缓释专用肥配施根瘤菌菌剂可以增加花生产量和土壤有效养分含量。孙志宇等认为施用外源钙能有效缓解亚低磷胁迫诱导的花生植株干物质积累、叶面积和相对叶绿素含量下降，并缓解亚低磷胁迫对光系统Ⅰ和光系统Ⅱ的抑制，提高花生的光合能力，优化生物固碳。刘欣悦等探究发现施用外源钙可以通过有效激发花生生长发育和光化学活性，维持叶片中非结构型碳水化合物有效外运，降低非结构型碳水化合物和活性氧（ROS）过度积累，全面缓解低温对花生产生的光抑制。张志华等对红壤旱地上的花生研究表明，有机无机肥配施和氮肥减施 15%可以提升花生产量、农艺性状、养分吸收和品质，以基肥减施效果最好。杨铭发现秸秆还田降低了土壤 pH 值，提高了土壤养分含量及微生物多样性，起到土壤固碳的作用。柳开楼等连续两年研究表明香根草秸秆覆盖还田可以提高花生产量，且在化肥减施 10%~50%条件下，花生产量与农民习惯处理无显著降低，保障花生高产的同时土壤有机碳也得到显著提升。毕晨研究发现秸秆压青还田可以有效缓解花生连作障碍，并优化土壤理化性质、微生物群落结构、根系的形态，进而提高荚果产量。邱文静等研究也表明秸秆还田显著提升了土壤肥力，并发现土壤中有效磷是根际固氮菌多样性、群落组成改变及花生产量提高的重要驱动因素。

（三）病虫草害防控

1. 病害研究相关进展

（1）病原菌生物学、致病力和遗传特性研究。不同省份来源的白绢病菌在菌核大小、菌核数量多少上存在差异，不同省份都存在强、中和弱致病型菌株。广东的青枯菌为演化型 1，致病力存在差异。根腐病菌中尖孢镰刀菌产生纤维素酶和木聚糖酶的活性最高，茄腐镰刀菌产生的纤维素酶和木聚糖酶活性最高。网斑病菌不同菌株致病力存在差异。克隆和分析了疮痂病菌痂囊腔菌素（ESC）毒素生物合成 *EaOmFm1* 基因的特征。

（2）病原菌分子生物学和抗病相关研究。对部分病原菌（疮痂病菌—福建株系、焦斑病菌、新孢镰刀菌、青枯菌-PeaFJ）开展了基因组测序。对侵染花生的青枯病、根结线虫进行了转录组分析，差异表达分析表明植物与病原互作、植物激素信号传导、MAPK 信号传导三条通路是青枯菌侵染花生的主要通路。宏基因组分析表明染病花生根际细菌的丰度高于健康花生，白绢病的侵染使花生根际土中细菌的硫化物暗氧化、蓝藻和含氧光能自养等功能的丰度提高。绿针假单胞菌 zm-1 产生的 1-羟基吩嗪、吩嗪-1-羧酸、核心吩嗪和超氧化物歧化酶参与抑制白绢病菌和生防过程。花生果腐病发病区与健康区根际相比，土壤速效钾含量高、pH 值高、水溶性钙含量低，酸杆菌门、β-变形菌纲、亚硝化单胞菌科和罗库菌目相对丰度高，鞘氨醇单胞菌属和伯克氏菌属相对丰度低。

（3）病害防控研究。筛选获得较好的抗病品种、高效低毒的杀菌剂和拌种剂、抑菌效果较好的生防菌。抗病品种：筛选了抗网斑病、抗褐斑病、抗青枯病新品种 12 个。杀菌剂和拌种剂：花生褐斑病发病初期，吡唑醚菌酯与氟硅唑混用，防效可达80%以上；40%福美双对广东花生果腐病抑菌效果最好，其次为噁霉灵；4%精甲·咯·嘧菌酯FS等5种种衣剂包衣对花生根腐病有很好的防治效果。1∶3∶8复配后的24%噻虫嗪·种菌唑·精甲双灵对花生根腐病和立枯病的防控效果好；室内和田间试验筛选到11%氟环·咯·精甲悬浮种衣剂拌种+240克/升噻呋酰胺悬浮剂喷雾组合对花生白绢病的防效最高达93.27%。四环素对白绢病具有预防和治疗作用。生防菌：筛选出防治白绢病菌的萎缩芽孢杆菌和铜绿假单胞菌，防效高于25%；贝莱斯芽孢杆菌DPT-03在盆栽和田间防效都达到60%以上。生防菌能有效降低黄曲霉毒素污染。

2. 虫害研究相关进展

（1）药剂筛选与研发。新烟碱类杀虫剂如噻虫嗪、噻虫胺等表现出较好优势，防治效果更好，杀虫谱更宽；防治咀嚼式口器害虫可优选甲氨基阿维菌素苯甲酸盐、氯虫苯甲酰胺等，避免使用已产生抗性的菊酯类药剂。研究发现40%噻虫胺·氯虫苯甲酰胺悬浮种衣剂对蛴螬和沟金针虫的防虫效果可达85.66%～87.67%和82.45%～85.75%；新烟碱类杀虫剂噻虫胺等新型杀虫剂对叶蝉和蓟马等刺吸类害虫的田间防效非常好；24%噻虫嗪·种菌唑·精甲霜灵FSC复配制剂可用于防治花生苗期根腐病、立枯病及地下害虫；22.2%噻虫·咯·霜灵和60%吡虫啉+40%萎锈·福美双对地下害虫防治效果最高为74.49%和60.20%。昆虫病原真菌与化学杀虫剂结合用于治理甜菜夜蛾作为一种潜在的IPM的有效方法。

（2）生物防控研究。球孢白僵菌对棉铃虫、甜菜夜蛾具有较好的防治效果，并且对天敌昆虫风险较低。球孢白僵菌和食诱剂联合应用对西花蓟马的防控效果好，建立了“诱集—侵染—传播”系统；建立了乙基多杀菌素与球孢白僵菌联合应用的防控烟粉虱的最佳模式；甜菜夜蛾核多角体病毒SeMNPV-US1对甜菜夜蛾7天的校正防效可达79.04%。

（3）理化诱控研究。杀虫灯、食诱剂、性诱剂防治害虫得到广泛应用，杀虫灯与性信息素组合诱捕雄蛾效果好，但雌蛾诱捕数量显著降低，因此，建议将杀虫灯和性诱捕器单独使用。确定诱捕铜绿丽金龟和暗黑鳃金龟的最优波长是385纳米，最佳时段为20：00—24：00。分离鉴定了无患子皂苷中10种可抑制甜菜夜蛾生长发育的皂苷类化合物；0.1%槲皮素和0.1%香豆素等影响甜菜夜蛾幼虫生长和解毒酶活性；宽缨酮对棉铃虫具有明显拒食和抑制生长发育活性，这些物质均具有开发成为新型植物源杀虫剂的潜力。

（4）防控技术及基础研究。对重要地下害虫蛴螬筛选获得10个RNAi靶标基因；利用CRISPR/Cas9基因编辑，敲除了甜菜夜蛾*Se Met1*基因，导致大部分蛹表皮蛋白和几丁质酶合成受阻，4龄和5龄幼虫突变体因未能脱落角质层而死亡；棉铃虫正性调节区锌指类似蛋白*10 PRDM10l*基因可能调控*CYP6B6*的表达以应对2-十三烷酮的胁迫；EβF合成酶可以通过上调甜菜夜蛾关键基因干扰保幼激素的正常功能，抑制*SeVg/SeVgR*基因和蛋白的表达，从而通过增加幼虫死亡率和抑制单雌产卵量来降低甜菜夜蛾的种群数量；利用RNAi沉默甜菜夜蛾几丁质合成相关基因和LUF联合应用为甜菜夜蛾新型防控方法提供理论基础；分离鉴定了暗黑鳃金龟*HpALP*基因，可以与*Cry8Ea3*特异结合；暗黑鳃金龟HpUAP RNAi导致2龄幼虫生长与行动缓慢，体表颜色加深并皱缩，在暗黑鳃金龟幼虫的生长发育过程中起关键作用，是重要的 RNAi 防控靶标。

3. 草害研究相关进展

近几年，开发成功的除草剂多为直接或间接干扰光合作用，使杂草白化死亡。例如，羟基苯基丙酸双氧化酶（HPPD）抑制剂类除草剂三唑磺草酮、苯唑氟草酮、环比氟草酮；八氢番茄红素脱氢酶（PDS）Beflubutamid-M；原卟啉原氧化酶（PPO）抑制剂类除草剂三氟草嗪、Cyclopyrani；脱氧-D-木酮糖磷酸合酶抑制剂二氯异恶草酮等。上述新型化合物仅有三氟草嗪可用于花生田除草，但该药尚未在国内登记。国内花生田除草剂相关研究多集中在花生田杂草群落调查、高效除草剂筛选及除草剂混配施用技术研究，新型植保器械（农用无人机）施药技术研究等方面。

（四）机械化

2022 年，我国花生耕、种、收机械化率有望超过 83%、58%和 53%，无机可用问题得到有效破解，技术研发持续展开，设备性能不断提升，且呈多元化、高效化发展态势。

筛选出适合于西北产区、长江流域、南方和山东产区全程机械化生产的花生品种 3 个、2 个、2 个、4 个，适宜西北产区和吉林产区机械化收获的品种 3 个，适宜河北产区机械化收获、脱壳的品种 3 个；筛选出适合机械化播种的拌种剂 2 种；研发出花生播种机 2 种、田间管理机械 2 种，研发、筛选出花生收获机 5 种，优化脱壳、烘干、种子包衣机各 1 种，优化提升花生表型信息获取与管控系统 1 套、智能化与信息化技术装备 1 种；提出了适用于长江流域、西北花生产区的花生全程机械化生产技术模式各 1 套、适合长江流域和西北花生产区全程机械化生产的花生标准化栽培模式各 1 种。

攻克了花生—玉米复合种植宽幅间作多功能组配一体化智能播种、按带分施同步喷药及有效分幅与花生联合收获高效底盘割台适配技术、变幅对垄自动限深起秧、多链夹持有序合并输送、切横串联多旋线轴流摘果等关键技术，开发与筛选优化出一批适用先进的玉米—花生复合种植全程机械化生产技术装备，不仅解决了人工成本问题，而且能够兼顾玉米、花生的产量，有效缓解了我国粮油争地矛盾。

（五）产后加工

研发花生堆垛抑霉通风干燥应用技术 1 项、氮气气调贮藏技术 1 项；建立鲜食花生品质评价标准 1 项，筛选鲜食花生品种 3 个；明确了微波、烘烤加工条件对花生蛋白风味物质组成的影响，研发风味花生蛋白粉产品 1 个；建立花生黄曲霉毒素污染早期分子预警技术 1 项；明确臭氧与等离子体脱毒机制和臭氧与等离子体脱毒技术核心参数，研发脱毒技术 1 项。

建立了花生黄曲霉毒素污染预警技术。早期分子预警：实现了黄曲霉毒素生物合成通路上主要前体化合物的精确定量分析。方法学考察表明，检测方法的定量限达 0. 20 微克/千克，日内精密度与日间精度分别低于 5%和 10%，低中高剂量加标回收率为 89. 97%~102. 80%，满足多目标物准确定量分析要求。大尺度预警：建立了“规则分类—平衡取样—随机森林”为核心的花生黄曲霉毒素污染风险预警模型。以筛选得到的 4 个主要气候因子为模型输入参数，预测我国 153 个花生主产县黄曲霉毒素污染水平，成功预报出 15 个花生黄曲霉毒素污染区域，为在收获前锁定我国花生黄曲霉毒素污染区域，科学指导产后花生收储，减少黄曲霉毒素污染损失和保障花生质量安全提供技术支撑。

首创了 ARC-BBBE 生物菌剂，并在全国花生主产区高、中、低产田及盐碱地等 49 个试验示范点应用，普遍出现超级结瘤固氮现象。根据全国农业技术推广服务中心等组织的现场观摩与测产，单株根瘤数成倍增加，固氮酶活性增加10倍以上，单产增加近20%，花生果表面黄曲霉毒素产毒菌丰度降低了近70%。实现了在不使用根瘤菌肥条件下，黄曲霉毒素源头绿色阻控与诱导花生超级结瘤固氮耦合的重大原创性突破。

（国家花生产业技术体系首席科学家　张新友　提供）

2022 年度特色油料产业技术发展报告

（国家特色油料产业技术体系）

一、国际特色油料生产与贸易概况

1. 国际特色油料生产概况

2022 年世界芝麻种植面积 1 311. 8 万公顷，总产量 639. 1 万吨，分别较 2021 年增加 1. 35%和 3. 08%。前三大主产国缅甸、印度和苏丹种植面积分别为 152 万公顷、152 万公顷、118 万公顷，较 2021 年分别增加 1. 33%、2. 01%和 2. 61%；产量分别为 77 万吨、73 万吨和 48 万吨，较 2021 年分别增加 0%、4. 29%和 11. 63%。年度世界胡麻种植面积 374 万公顷，比 2021 年减少 6. 27%；总产量 333 万吨，比 2021 年增加 9. 18%。其中，哈萨克斯坦、俄罗斯和加拿大三大主产国种植面积分别较 2021 年减少 5. 11%、4. 65% 和 23. 27%；但哈萨克斯坦和俄罗斯胡麻产量较 2021 年小幅增加，合计总产量 190 万吨；北美（加拿大和美国）总产量 58 万吨，比 2021 年增加 38. 10%。年度世界向日葵种植面积 2 871 万公顷，总产量 5 286 万吨，分别比 2021 年减少 4. 78%和 8. 77%。主产国俄罗斯和乌克兰的葵花籽产量占世界总产量的 50. 32%；欧盟位于第三位，年度总产量 953 万吨；中国向日葵年度总产量达 268 万吨。

2. 国际特色油料贸易概况

2022 年世界芝麻贸易量 457 万吨，比 2021 年下降 7. 01%，国际市场价格呈稳中上涨趋势。世界芝麻主要出口国仍为尼日利亚、苏丹、印度等亚非国家；尼日利亚为年度最大出口国，出口量 35 万吨，占世界贸易量的 7. 66%。主要进口国为中国、土耳其、日本等国家。中国为第一进口大国，年度进口芝麻 107. 11 万吨，占世界总贸易量的 23. 44%，但比 2021 年下降 8. 8%；进口主要来自尼日尔、苏丹、多哥、莫桑比克等非洲国家。世界胡麻籽年度贸易量 323 万吨，较 2021 年略增 0. 93%。主要出口国为俄罗斯、哈萨克斯坦、加拿大等国家，俄罗斯为年度最大出口国，出口量 72 万吨；主要进口国为中国、美国等国家。中国为年度最大进口国，进口量 61. 6 万吨。世界葵花籽年度贸易总量 857 万吨。其中，年度进口量 424 万吨，主要进口国家和地区有欧盟、土耳其等，其中欧盟年度进口量 215 万吨；年度出口量 433 万吨，主要出口国包括乌克兰、摩尔多瓦、中国等国家，其中乌克兰年度出口量 270 万吨。近年来，世界葵花籽需求稳步增加，国际贸易市场较为活跃。

二、国内特色油料生产与贸易概况

1. 国内特色油料生产概况

2022 年全国芝麻种植面积 50 万公顷，其中黄淮、江淮主产区占 70%。全国芝麻平均单产 1 530 千克/公顷，总产量约 76. 5 万吨。抗落粒、宜机收芝麻新品种在黄淮、江淮、西北等产区得到了大面积示范推广，全国芝麻生产迈向全程机械化新阶段。全国胡麻年度种植面积 28.4 万公顷，同比增加 1.48%；平均单产 1 468 千克/公顷，比 2021 年下降 0.47%；总产 41.7 万吨，同比增加 1.02%。全国向日葵年度种植面积 91 万公顷，总产量 268 万吨，分别比 2021 年提高 1.11%和 1.13%。

2. 国内特色油料贸易概况

2022 年我国芝麻年度需求量 160 万吨，比 2021 年增加 1.91%，由于供给相对宽松，进口明显下降；年度进口芝麻 107.11 万吨，比 2021 年减少 8.8%；进口主要来自尼日尔、苏丹、多哥等非洲国家。我国年度出口芝麻 4.5 万吨，较 2021 年减少 3.9%，主要出口到韩国、日本、德国等国家。我国胡麻年度需求量 89 万吨，贸易规模同比扩大；年度进口胡麻 61.6 万吨，同比增加 52.7%；进口主要来自俄罗斯、哈萨克斯坦和加拿大，分别占进口总量的 69.57%、24.86%和 5.49%；其中从俄罗斯进口胡麻数量连续两年显著增长。我国年度出口胡麻 731 吨，同比增加 26.7%；主要出口至韩国和英国，出口量分别占 23.60%和 15.11%。我国葵花籽年度贸易总量约 64.1 万吨，同比增加 19.32%。其中，进口葵花籽 19.6 万吨，同比增加 78.2%；从哈萨克斯坦进口量占 84.39%。年度出口葵花籽 44.48 万吨，同比增加 4.2%；主要出口到伊朗、阿联酋、俄罗斯等国家，分别占出口总量的 13.48%、12.52%和 12.13%。

三、国际特色油料产业技术研发进展

1. 特色油料种质资源研究进展

国外研究主要集中在种质资源鉴定与评价、基因定位与克隆等方面。在芝麻资源研究方面，印度学者 Durge 等评估了 71 份印度芝麻资源的籽粒产量相关性状的遗传关系和变异性；印度学者 Gopika 等以 25 个芝麻品种为材料，开展了水分胁迫下芝麻耐旱性参数评价，筛选出 2 份耐旱材料；南非学者 Teklu 等利用近红外分析仪对埃塞的 100 份芝麻材料进行了含油量、脂肪酸含量检测并进行了 SSR 标记遗传多样性分析，筛选出优良品系 4 份。在胡麻资源研究方面，印度学者 Sraoha 等对 220 份亚麻种质开展了 2 年环境下 25 个农艺性状的变异分析；采用 SSR 标记对 34 份亚麻种质进行了遗传多样性分析。智利学者 Soto-Cerda 等选用 120 份胡麻种质开展了干旱胁迫对根形态等 5 个相关性状的鉴定，通过多位点基因组关联分析定位到干旱胁迫相关 QTLs 112 个，表型变异解释率为 0.45%~24.28%。同时通过转录组分析，确定了干旱胁迫响应差异表达基因 766 个，参与根系发育、气孔关闭和激素调控等通路。

2. 特色油料遗传育种研究进展

特色油料遗传育种研究主要集中在重要农艺性状遗传解析方面。在芝麻遗传育种研究方面，伊朗学者 Baghery 等通过耐旱芝麻材料和旱敏感材料的转录组比较分析，鉴定出差异表达基因；韩国学者 Zoclanclounon 等通过泛基因组和转录组分析，鉴定出 83 个和 48 个过氧化物酶和漆酶基因，其中有 4 个基因在泛基因组和不同品种表达谱中是保守的，与松脂醇合成相关；印度学者 Chellamuthu 等发现在酵母突变体中重组体表达导致脂质合成中 α-亚麻酸（ALA）含量提高 10%。在胡麻遗传育种研究方面，伊朗科学家 Ghobadi-Namin 等对 105 份胡麻种质进行了产量相关性状相关分析，确定胡麻单株产量与分枝数、蒴果数和单株粒数呈显著正相关；波兰学者 Walkowiak 等选用不同脂肪酸含量水平的 6 份胡麻种质配置了双列杂交组合，分析了一般配合力（GCA）和特殊配合力（SCA）变异对油酸、亚油酸和亚麻酸含量等性状的影响；加拿大学者 House 等通过胡麻转录组分析，发掘出开花相关候选基因；捷克学者 Troshchynska 等开展了黄、褐胡麻种质的籽粒胶的组成成分和流变特性分析，确定基因型和籽粒贮藏时间对其组成和流变特征有重要影响。在向日葵遗传育种研究方面，印度学者 Umarani 等开展了 32 份向日葵种质产量、株高、千粒重等 8 个重要性状的变异、遗传及进化特征分析，发现测试性状主要受基因型（GCV）影响；新加坡、美国、中国等多位学者联合开展了 *WRINKLED*1 基因在转录调控向日葵油脂合成中的作用分析，发现 *HaWRI1* 直接与生物素羟基载体蛋白异构体 2（BCCP2）启动子区的顺式作用因子 AW-box 结合，明确了该基因 C 端的 80 个氨基酸对该蛋白反式激活特性是必需的，*HaWRI*1 基因过表达可以提高拟南芥籽粒的含油量。

3. 特色油料病虫草渍害防控研究进展

在芝麻病虫草害发生与防控研究方面，伊朗学者 Salehi 等调查了伊朗法尔斯和布什尔省芝麻田，首次报道了植原体亚群 16SrII-C 在伊朗发生；印度学者 Kumar 等研究了芝麻主要害虫的季节性发生规律，为中央联邦地区的芝麻虫害综合防控提供了指导；津巴布韦学者 Zimbere 等调查了 4 种除草剂的不同处理方式对 3 个芝麻基因型的种子萌发、生长及产量的影响，发现按常规剂量施用甲草胺和异丙甲草胺对供试芝麻品种生长发育及产量均有显著影响。在胡麻研究方面，埃及科学家 Hussein 等研究发现叶片施用 0. 8 毫摩/升和 1. 6 毫摩/升半胱氨酸可以减轻胡麻盐胁迫，通过降低磷脂过氧化反应保持细胞膜的稳定性。在向日葵研究方面，国外主要集中在对黄萎病、菌核病、列当防控方面。法国学者 Neila 等研究了休耕期单种作物、两种作物混合以及三种作物混合种植对下一季向日葵黄萎病发生程度的影响，发现休耕期种植萝卜或紫薇可以降低向日葵黄萎病的发生；Valkova 等对野生向日葵种质及其部分杂交后代进行抗菌核病水平研究，发现野生种质 E-129、E-115、E-110 和 E-154 对两种核盘菌均表现出中等抗性；Faraghati 等对伊朗西阿扎尔巴约省的 136 株核盘菌的遗传多样性进行了研究，发现该省核盘菌可能为同一菌株的后代；世界范围内对向日葵列当生理小种及遗传变异、互作机制、诱导萌发及化感作用等进行了研究。

4. 特色油料耕作栽培技术研究进展

国外芝麻耕作栽培研究主要集中在肥水高效利用等方面。Pandey 等在灌溉和间歇性干旱胁迫条件下对 71 份芝麻种质资源进行研究，发现叶片钾含量与叶面积、相对含水量、种子重等性状呈显著正相关，与总干物质呈显著负相关；Khuong 等发现芝麻田叶面喷施 150 毫克/升的硼肥能提高芝麻的生长、坐果率、种子产量和含油量。国外胡麻栽培研究主要集中在水肥对胡麻生长发育和产量、品质的影响方面。Pouyanfar 等通过胡麻田喷施叶面肥，评估了叶面营养对亚麻籽生长、产量和脂肪酸组成的作用；埃塞俄比亚学者 Lemessa 等研究了产量和含油量对胡麻氮肥应用的响应；捷克学者 Berková 等开展了胡麻对重金属镉胁迫的耐受分子机理研究，对 2 份纤维用亚麻、1 份油用亚麻及 1 份耐镉转基因亚麻种质蛋白组和代谢组数据进行比较分析，发现哌啶酸（Pipecolinic acid）可能是引起亚麻发生镉积累的部分原因。世界向日葵栽培研究主要涉及水肥管理、盐胁迫及改良盐碱地等方面。Markulj 等研究者通过光温条件，种植方式对向日葵生长发育影响的观察，发现向日葵花序朝东有利于生长发育，种植密度影响小花分化；阐明了轮作间作效应；明确了水分胁迫对产量的影响，明确了氮磷钾养分利用效率；发现 H_2O_2 可缓解盐胁迫。

5. 特色油料加工技术研究进展

国际特色油料加工研究主要集中在功能物质和加工技术方面，重点研究了温度、水分等参数对特色油脂的氧化稳定性、微量营养物质含量的影响；黄酮类、多酚类等功能物质在作为药物载体方面的功效；芝麻油中芝麻素异构化的机理与功效，拉曼光谱在特色油料掺假辨别中的应用。伊朗学者开展了特色油料中多糖在心血管、血糖等疾病中人体生理代谢过程的影响规律与机理研究；此外，国外还开展了特色油料甾醇类物质在脂溶性凝胶中的应用研究，发现特色油料蛋白质酶解后可用于功能性食品开发。将全亚麻籽粉添加到传统食品中，能提供更全面的营养。

四、国内特色油料产业技术研发进展

1. 特色油料种质资源研究进展

国内特油作物种质资源研究主要涉及芝麻、胡麻、向日葵等特油作物种质资源鉴定与评价、遗传多样性分析、优异种质创制等方面。年度共收集芝麻、胡麻、向日葵种质资源 3 286 份，鉴定筛选出优质、高产、抗病、抗逆等优异特油作物种质 92 份，创制出高油酸、抗列当、矮秆、新型不育系等突破性新种质 15 份。

2. 特色油料遗传育种研究进展

国内特色油料遗传育种研究主要集中在重要性状 QTL 定位、基因功能分析、转基因、基因编辑等育种技术以及新品种选育等方面。构建了 6 个芝麻野生种、胡麻栽培种陇亚 10 号的基因组精细图谱。基于群体定位和全基因组关联分析克隆出与芝麻产量、品质、抗病等相关的基因 18 个。芝麻节间长度基因及标记授权国际发明专利（美国）。对 200 份不同亚麻种质材料种子萌发阶段的耐盐性进行评价和全基因组关联分析，定位相关 QTLs 64 个，对表型解释率 14. 48%~29. 38%。通过对油用向日葵种子发育中环状 RNA 鉴定和功能预测，揭示了向日葵中环状 RNA 在种子发育和油脂生物合成过程中的调控作用。创建了芝麻、胡麻、油棕 CRISPR/Cas9 基因编辑技术体系，通过基因编辑获得首棵芝麻短节矮化、油棕白化基因编辑植株，并对胡麻生氰糖苷合成关键基因 *CYP*79 和除草剂靶标基因 *AccA* 进行了编辑。建立了椰子、油棕组培苗再生技术体系。培育出优质高产多抗芝麻新品种 26 个、胡麻新品种 5 个、向日葵新品种 11 个，其中培育出世界首批短节耐密植抗落粒芝麻新品种豫芝 619 和豫芝 620，首个高油酸芝麻新品种豫芝 HO995；高抗枯萎病胡麻新品种陇亚杂 5 号和陇亚 19 号；优质抗列当向日葵新品种 3 个（赤 K602、赤 K616、LJ368）。此外，选育出适于苏丹种植的芝麻新品种 CS1 和 CS2 被苏丹农业部批准推广应用，较当地对照品种分别增产 109. 5%和 68. 4%，在实施“一带一路”农业发展中发挥了积极作用。

3. 特色油料病虫草渍害防控研究进展

在病虫害防控方面，明确了我国芝麻茎点枯病、胡麻黄萎病、向日葵菌核病等主要病害发生规律以及病原菌致病机理。明确了向日葵列当的分布和生理小种构成，列当与向日葵互作机制。首次发现并阐明了超低剂量咪唑啉酮除草剂诱导向日葵防御反应抑制列当寄生的机制。明确向日葵籽粒锈斑发生与向日葵蓟马危害相关。明确了核盘菌侵染向日葵管状花的湿度条件，子囊孢子侵染管状花需要较高湿度条件，建立了核盘菌 LAMP 分子检测技术体系。筛选出向日葵菌核病高效低毒防治杀菌剂 8 个、复配试剂 2 个，向日葵杀虫剂 4 个、除草剂 4 个。建立了菌核病、向日葵螟、列当绿色防控技术体系，防控效率提高

30%以上。研制出有效防控向日葵列当的诱抗剂，建立了国际领先的诱抗剂防控向日葵列当技术体系。研制出高效向日葵新型除草剂，兼防阔叶杂草与禾本科杂草，且具土壤封闭除草活性，总体防效可达97%以上。筛选出芝麻高效低毒杀菌剂5个、杀虫剂3个、复配除草剂1个，研制出“一施一拌三喷”病虫草害高效安全防控技术，建立了黄淮、江淮、华南主产区的芝麻病虫害综合防控技术体系3套，防控效率提高25%。筛选出胡麻高效低毒杀菌剂1个、除草剂3个，建立胡麻病虫草害综合防控技术体系，防控效率提高20%以上。明确了通过向日葵种植修复农田重金属污染的机理，建立了油葵冬种技术模式、稻—葵轮作种植技术模式，为农田重金属污染修复奠定了基础。

4. 特色油料耕作栽培技术研究进展

国内特色油料耕作栽培研究主要集中在养分管理、高效种植模式、机械化收获等方面，优化完善了向日葵养分专家推荐施肥系统，建立了向日葵高产高效机械化种植模式；研制出适于机收的芝麻带状种植模式，制订了抗落粒宜机收芝麻新品种机收标准，建立了机械化种植模式及其配套高产高效栽培技术体系，示范区平均亩产提高15.0%~23.5%，每亩节约用工成本400元以上，生产成本降低30%；研制出胡麻宽幅匀播机械播种技术，建立了胡麻丰产抗倒伏水肥运筹栽培技术体系，示范区钾肥利用率提高45.6%~67.9%，水分利用率提高28.6%~52.3%，田间植株倒伏率降低17.6%，平均增产24.1%~37.6%；发明了向日葵滚筒式排种器，研制出自走式膜侧播种机，实现了膜侧播种，田间出苗率高达97.1%。研制出插盘晾晒联合收获机，收获效率提高了25%，减少了籽粒机械损伤；发明了新型芝麻排种器，解决了拨禾轮卡籽问题，研制出芝麻多功能宽幅精量播种机，播种效率提高20%。改进了芝麻收割机筛分系统，研制出4ZM-2750型自走式芝麻联合收割机，田间籽粒损失率3.6%，破损率0.20%。基于杂粮割台改进了引导凹板等部分，研制出适于抗落粒芝麻的割台，并配装在约翰迪尔、雷沃、沃德、久保田等联合收割机上，实现了抗落粒宜机收品种的高效收获，田间籽粒损失率低于5%；研制出集施肥、覆膜、穴播为一体的胡麻全膜覆盖行间覆土精量穴播机。发明了割台防缠绕装置、低损脱粒装置和混杂籽粒清选装置，研制出4LZ-4.0丘陵山地胡麻联合收获机，收获的胡麻籽粒破损率低、清选含杂率小，解决了胡麻机械化收获易缠绕、含杂高的作业难题。

5. 特色油料加工技术研究进展

国内特色油料加工研究主要集中在功能物质、质量安全、加工技术、产品开发等方面，研制出芝麻渣油脱色精炼偶合细辛素高效转化提取技术，使细辛素转化率达50%以上，建立了高细辛素含量化妆品基油生产工艺。研制出芝麻磨浆新技术，建立了水代法芝麻香油连续高效生产新工艺，新工艺出油率提高4.5%，生产效率提高67%。首次研制出多点雾化耦合冷凝促渗螺旋精准调水技术，集成亚麻籽干法脱胶、微波脱毒生香和酶解技术，研制出功能型亚麻籽全籽植物乳加工技术。

（国家特色油料产业技术体系首席科学家　张海洋　提供）

2022年度棉花产业技术发展报告

（国家棉花产业技术体系）

一、国际棉花生产与贸易概况

（一）2022年全球棉花生产情况

美国农业部（USDA）2022年12月预测2022/2023年度全球棉花产量2 519.7万吨，同比无变化。其中，中国609.6万吨，同比增加26.1万吨；印度598.7万吨，同比增加67.4万吨；美国310.1万吨，同比减少71.4万吨；巴西283万吨，同比增加27.8万吨；澳大利亚108.9万吨，同比减少16.3万吨。土耳其106.7万吨，同比增加24万吨；巴基斯坦80.6万吨，同比减少50万吨。

（二）2022年全球棉花消费情况

全球棉花消费量2 432万吨，同比减少124.2万吨，降幅4.9%。其中，中国消费772.9万吨，同比增加10.9万吨；印度消费500.8万吨，同比减少43.5万吨；巴基斯坦消费196万吨，同比减少37万吨；孟加拉国消费178.5万吨，同比减少6.6万吨；土耳其消费174.2万吨，同比减少15.2万吨；越南消费141.5万吨，同比减少4.4万吨；巴西消费69.7万吨，同比无变化。

（三）2022年全球棉花进出口情况

全球棉花出口量919.9万吨，同比减少13.3万吨，降幅1.4%。其中美国266.7万吨，同比减少51.7万吨；巴西180.7万吨，同比增加12.5万吨；澳大利亚128.5万吨，同比增加50.6万吨；印度72.9万吨，同比减少8.6万吨；贝宁30.5万吨，同比无变化；希腊27.8万吨，同比减少3.3万吨；马里21.8万吨，同比减少6.5万吨。

全球棉花进口量920.4万吨，同比减少13.4万吨，降幅1.4%。其中孟加拉国174.2万吨，同比减少4.3万吨；中国174.2万吨，同比增加3.5万吨；越南143.7万吨，同比减少0.7万吨；巴基斯坦108.9万吨，同比增加10.9万吨；土耳其93.6万吨，同比减少26.7万吨；印度尼西亚53.3万吨，同比减少2.8万吨；印度35.9万吨，同比增加14.1万吨。

全球棉花期末库存1 950万吨，同比增加89.7万吨，增幅4.8%；全球棉花产量大于需求，继续扩大2021/2022年度产大于需局面；全球棉花期末库存消费比为80.2%，较2021/2022年度上升7.6个百分点。

（四）棉价变动：国际棉价先涨后跌，高位运行

受全球经济复苏、原油价格上涨、美棉签约出口数据超预期等多重因素影响，1—5月国际棉价持续上涨，Cotlook A指数（相当于国内3128B级棉花）月均价从每磅（1磅≈453.6克，下同）132.33美分涨至5月的163.75美分，创近年新高，涨幅23.7%。6月以后，受美联储大幅加息的影响，全球大宗商品和能源价格明显回落，拖累国际棉价高位回落。10月Cotlook A指数月均价每磅99.68美分，较5月下降39.1%。11—12月，受棉花主

产国印度新棉上市偏慢、巴基斯坦棉花减产以及美棉出口签约数据较好等因素影响，棉花价格有所回升。2022 年，Cotlook A 指数年均价每磅为 129.97 美分，同比上涨 28.4%。

二、国内棉花生产与贸易概况

（一）2022 年国内棉花生产与供需平衡情况

2022 年全国棉花产量 597.7 万吨，比 2021 年增加 24.6 万吨，增长 4.3%。其中，新疆棉花产量 539.1 万吨，与 2021 年相比增长 5.1%，占全国产量的 90.2%，比 2021 年提高 0.7 个百分点；其他地区棉花产量 58.6 万吨，与 2021 年相比下降 2.7%。2022 年中国棉花种植面积 4 500.4 万亩（300 万公顷），比 2021 年减少 41.8 万亩（2.8 万公顷），同比下降 0.9%。其中新疆棉花种植面积为 3 745.3 万亩（249.7 万公顷），比 2021 年减少 13.8 万亩（0.9 万公顷），增幅 0.4%，占全国棉花种植面积的 83.2%，比 2021 年提高 0.4 个百分点；新疆以外棉区植棉面积 755.1 万亩（50.3 万公顷），比 2021 年减少 28.5 万亩（1.9 万公顷），同比下降 3.6%。2022 年中国棉花单产为 132.8 千克/亩（1 992.2千克/公顷），与 2021 年相比增长 5.3%，创历史最高水平。

棉花产量和进口量合计 790.6 万吨；棉花消费量为 753 万吨，同比下降 2.1%，供需形势略宽松。

（二）2022 年中国棉花进口概况

据中国海关数据，2022 年中国棉花进口量 192.9 万吨，较 2021 年减少 10.0%。

（三）市场份额

从进口来源看，棉花进口主要来自美国、巴西和澳大利亚，进口量分别为 113.2 万吨、57.5 万吨和 3.3 万吨，占我国棉花进口总量的比重分别为 58.7%、29.9%和 1.7%。棉花进口方式以一般贸易为主，进口量为 123.1 万吨，占比 63.8%，较 2021 年上升 25.5 个百分点。

三、国际棉花产业技术研发进展

（一）遗传改良研究

美国、澳大利亚在抗虫棉的研发和生产标准化技术上有所升级，同时在抗虫和抗除草剂的叠加及基因组指导的棉花育种方面依然处于领先地位。印度、巴基斯坦为代表的发展中棉花生产大国十分重视抗虫棉的引进、改进、选育和生产推广，在棉花材料创制、基因克隆及生物技术创新方面也有所发展。例如，巴基斯坦将抗虫基因和抗除草剂基因叠加转化到棉花中获得了兼具抗虫和抗除草剂的转基因棉花新材料。此外，国际上对棉花抗旱、节水、耐盐性鉴定及其调控机制的研究也有所增加。

（二）耕作栽培研究

在盐碱地植棉方面，探究了盐碱旱地沟播覆膜下土壤保水、抑盐、增产的机理，优化了沟播覆膜技术；基于长期微咸水灌溉对土壤盐分动态和棉花产量影响的研究，评估了长期咸水灌溉的风险；研究了盐碱干旱影响棉花种子活力、立苗的负效应，建立了基于根区盐分差异分布水分调控的滴水出苗促早发调控技术。

在化学调控方面，研究明确了缩节胺调控棉花株型、冠层、棉铃形成与分布的机理，优化筛选出基于各棉区生产特点的化学打顶药剂和脱叶催熟剂配置。

针对地膜残留污染问题，分析了 5 000 万亩覆膜耕地的地膜污染残留量，搭建了全国面源污染监测评价（新疆）土壤样本库和数据信息库，并在新疆建立了 130 多万个耕地图斑的土壤成果数据库。

针对膜下滴灌节水问题，探究了膜下节水控盐滴灌系统影响水盐分布的机理，确定了适宜冬春灌模式及水盐阈值；筛选出滴灌定额与种植密度的节水高产最佳组合，优化建立了基于水肥一体化和化肥减量增效技术的养分管理系统。

针对养分管理与土壤培育，研究创新了基于棉田土壤养分、微生物数量与活性提升的耕层重构技术，研究明确了麦（油）棉周年秸秆还田影响土壤质量的正负效应、两熟模式下养分在土壤—植株系统中的转化与运移机制及增密减肥增效机理，优化了麦（油）棉两熟适宜的调亏灌溉模式、有机物料替代化肥的化肥减施技术。在棉花轻简绿色高效栽培技术研发方面取得重大突破，在三大棉区集成建立多项技术体系，大面积应用效果显著。如棉花优质高产协同栽培理论与关键技术在麦棉两熟种植模式下籽棉亩产达 356 千克、在南疆达 708 千克；短季棉轻简高效栽培技术实现籽棉亩产 335 千克。另外，“棉花防早衰丰产集中成熟高效栽培关键技术创建与应用”“中国棉花系统调控轻简化栽培技术体系的创建与应用”“棉花生产智能精准管理技术与装备研发应用”等获省部级奖励；“盐碱地棉花量质协同高效栽培技术”等技术入选 2021 年“科创中国”技术应用案例。

（三）棉花植保研究

在病害防控方面，棉花枯萎菌 4 号小种在美国广泛蔓延，取食枯萎病株的绿盲蝽和褐蝽可将病原菌传播到健康植株是枯萎病传播的因素之一；4 号小种存在 T 型和 N 型，T 型的致病力强于 N 型，该小种在抗病品种根表的分生孢子数量和孢子萌发数量均显著低于感病品种，枯萎菌在抗病棉株中生长较慢；藤仓镰刀菌可导致美国新墨西哥州长绒棉叶片枯萎，该菌还能引起大豆根腐病和枯萎病；大丽轮枝菌 Velvet 结构域蛋白 Vel1、Vel2 和 Vel3 在调控微菌核形成和黑色素产生中发挥重要作用。

在虫害防控方面，综述了扶桑绵粉蚧的生物学和生态学特性、综合治理，澳大利亚棉铃虫对 Bt 棉花的抗性治理对策，分析明确了印度北部 Bt 棉花大面积种植后刺吸式害虫发生加重趋势、集约化种植景观格局下棉花害虫发生程度和杀虫剂使用增加规律，结合利用 Bt 棉花和辐射不育技术使红铃虫在入侵美国一个世纪后被成功绝灭，证实了食虫蝙蝠对澳大利亚棉花害虫防控的生态功能。

在草害防控方面，种植双价或三价转基因抗除草剂棉花品种，减缓或避免杂草除草剂抗药性发展；通过抗性及敏感杂草的多组学联合分析，解析抗性杂草演化过程及对土壤生理生化和共生微生物的变化，研究制定抗性治理对策。

（四）棉副产品加工

近年来，棉油脱酚精炼、棉籽蛋白提取等方面已取得重要进展，美国、澳大利亚、印度、埃及等国家已将棉籽油进行精细脱酚脱色，棉籽油用于制作高档植物黄油，脱酚棉籽蛋白作为食品或食品添加剂已进入商业化应用。另外，棉籽油除食用外，还作为生物柴油、维生素 E 及其他营养成分提取等研究也已取得较大的进展。此外，在美国和澳大利亚等国，清花废料的加工利用也取得显著进展。关于提高棉籽品质为目的的育种研究也有显著进展，采用基因工程手段降低棉籽中的棉酚含量，培育成的仅种子低酚的棉花品种已通过商业许可，正在得克萨斯州棉区商业应用。

（五）棉花机械研究

目前国际上棉花全程机械化技术已经很成熟，就播种环节来说，无论美国还是澳大利亚大多采用气吸式或者机械式精量播种机，播种效率很高，作业速度可以达到9千米/时，作业面积400~500亩/天。植保环节来说，无论是化控还是病虫害防治，都用的是自走式高地隙智能化施药装备，幅宽20米左右，作业效率800~1 000亩/天。目前在向变量施药技术方向发展，根据病虫害发生实际情况实现按需施药。在棉花采收方面，已认识到棉花采收打包的高效和方便性，都开始使用迪尔公司制造的打圆包采棉机械，凯斯带打方包的采棉机也慢慢被市场所淘汰。

（六）棉花产业经济研究

在棉花产业经济方面，2021年全球棉花经济信息研究咨询机构主要有：国际棉花咨询委员会（ICAC）、美国农业部（USDA）的世界棉花展望、英国利物浦棉花展望公司（Cotlook），以及一些国际著名跨国集团和贸易公司如路易达孚、嘉吉等。这些组织、机构与企业均建有自己的棉花经济信息数据信息库，并对全球和主要国家的棉花生产、消费、进出口贸易、库存以及棉花大国的政策调整等密切关注，侧重于分析其对全球棉花市场的影响。2021年由于中美贸易摩擦和新冠疫情对全球棉花产业影响较大，国际棉花咨询委员会（ICAC）、美国农业部（USDA）都开展了大量关于中美贸易摩擦对棉花产业的影响，新冠疫情对全球棉花供应链、产业链的影响及未来全球棉花产业布局的走向研究。同时加强了全球棉花市场平衡预警报告的发布和对全球棉花市场的预警作用。上述研究分析咨询报告对世界主要棉花生产国、消费国和贸易国的棉花产业发展以及棉花经营企业的经营决策具有重要的参考作用。此外，2021年美国出台了“涉疆法案”引起了全球棉花供应链的震荡。2021年国际主要机构关注于“涉疆法案”对国际棉花供应链的影响以及全球纺织产业格局的变动，同时对于《区域全面经济伙伴关系协定》（RCEP）建立后对全球纺织业的布局、贸易等影响进行了分析。

四、国内棉花产业技术研发进展

（一）遗传改良研究

在品种审定方面，棉花新品种审定朝着早熟、高产、优质、多抗等方面稳步发展。2021年国家审定棉花品种39个，地方审定棉花品种99个。在遗传改良研究方面，基因组测序、基因编辑、转基因技术等在棉花中深度应用初见成效，一些功能基因被发掘并在向育种材料转育，一大批转基因材料获批转基因安全评价证书，为我国棉花遗传改良研究提供了强有力的理论依据及物质基础。在转基因研究方面，2022年度农业农村部科技教育司批准了126个新申请的棉花转基因生物安全证书（生产应用）。

（二）耕作栽培研究

在栽培理论研究方面，研究揭示了干旱、高温、盐分、养分亏缺等非生物胁迫影响棉花生长发育的生理机制，探讨了外源调节物质如ABA、油菜素内酯、茉莉酸、褪黑素等抗逆调节机理及作为抗逆调节剂的可行性。

在栽培技术研究方面，主要围绕棉花水肥高效利用开展工作。①评价了非常规水（生活污水、再生水、微咸水等）安全利用性及其对肥料吸收利用的影响。②研究明确了灌水方式（地下或地表滴灌、喷灌、沟灌等）及亏缺灌溉影响棉花产量、品质的生态与经济效应，探讨了灌溉频次、灌溉量等对土壤养分矿化及棉花养分利用的影响，提出了确保灌溉收益的适宜灌水方式、灌溉量。③研究揭示了农艺措施（秸秆覆盖、生物炭等）调控棉花高效用水的生理生态机制，并明晰了其提高水氮利用效率的综合效应。④深入研究了棉花响应肥料（氮、磷、钾、硼等）施用的生理生态机制，优化建立了基于适宜氮、钾施肥量与种植密度组合的精准施肥技术。另外，研究探索了新型调节剂如高剂量甲哌鎓、2,4-D 激素除草剂、金属纳米材料提高棉花产量、品质的施用技术；基于保护性耕作（免耕、轮作、覆盖耕作与有机肥施用等）影响棉田土壤质量、微生物活性和群落结构的生态效应研究，提出了相应的适宜耕作措施；评价了有机肥料施用、覆盖耕作对温室气体 N_2O 的排放作用，筛选了最适的有机肥料种类及使用方式、适宜的覆盖耕作措施。

（三）棉花植保研究

在病害防控方面，木质素生物合成基因 *Gh4CL30* 通过调控木质化和酚酸的含量，从而提高棉花对黄萎病的抗性，*GhMYB36* 可同时调控棉花对黄萎病的抗性和耐旱性；新疆棉花黄萎菌为 2 号生理小种，分为 1A 和 2B 两个谱系，2B 谱系的菌株多为非落叶型菌株，1A 谱系的菌株多为落叶型菌株；大丽轮枝菌通过分泌木聚糖酶 VdXyn4 破坏植物导管，引起棉花黄化萎蔫；球毛壳菌产生的 chaetoviridin A 可抑制大丽轮枝菌生长和微菌核萌发，并增加棉花抗黄萎病能力。青花菜残体还田通过调节根际微生物组构成而有效防治棉花黄萎病。

在虫害防控方面，对我国棉花害虫测报技术体系的发展历程和前景进行了综述，对当前及今后一段时间我国棉花害虫绿色防控研究重点进行了阐释，明确了黄河流域棉区 Bt 棉花种植规模压缩导致棉铃虫区域种群数量及在玉米等非 Bt 作物上的发生为害不断加重趋势，以及由昆虫食物网结构介导的寄生蜂对棉蚜的生物控害功能，研发了牧草盲蝽性诱剂、选择性 LED 诱虫灯等防控新技术。

在草害防控方面，研究筛选植保无人机等新型植保器械施用除草剂作业规程和关键技术参数，将恶性杂草与棉花竞争除草纳入杂草综合防护技术，研发新基因新性状及双价转基因抗除草剂棉花品种。

（四）棉副产品加工

我国在副棉产品的综合利用方面走在世界的前列。棉籽油（清油）一直是我国棉区的主要食用油，目前我国的食用油中棉籽油占 20%左右，对于保障我国的食用油供应起到重要的作用。榨油后的棉籽饼粕则作为重要的蛋白资源被用于反刍动物及其他畜禽饲料，棉籽蛋白又是我国饲料业中的重要蛋白质来源。棉籽壳则是食用菌培养的重要培养基，培养食用菌后的棉籽壳菌渣返田，并开始用于制作再生炭。棉秆用于冬季豆类作物的支架，或用于食用功培养，但大多被用于返田。近年来，有关棉籽品质改良，特别是油分、蛋品质和棉酚等性状的改良已取得较大的进展，棉籽油及脂肪酸含量、蛋白质及氨基酸含量的快速分析方法已取得较大突破；降低棉籽棉酚含量的专用棉育种也已取得显著进展，育成的低酚棉品种已在生产上大面积应用，年推广面积近 100 万亩，推广面积居世界领先水平。同时，还开展了棉籽油制作生物柴油和棉籽维生素等的营养成分提取，棉籽壳培养高档食用菌等研究与产业应用。然而，我国对于棉副产品的利用还处于较初级阶段，特别是棉副产品的精深加工研究进展滞后，除食用油外，棉籽蛋白质及其他产品还未用于食品业。

（五）棉花机械研究

国内棉花生产全程机械化设备主要集中在施药、采收、残膜回收方面。植保机械机型单一，无法满足不同病虫害和不同生长期的防治需要，大多数机具只能随作业速度变化实现单位面积定量施药，无法根据棉花长势、病虫害危害程度实现精准、智能作业；现有大中型植保机具行走系统、控制系统结构简单，喷杆自平衡性能差，作业稳定性低，农药漂失严重，大面积推广使用还需要进行优化改进。国内数家企业实现了采棉机的产业化，以6行或者3行带打包的采棉机为主。国产品牌采棉机销量已远超外资品牌，但高速采摘头、自动打包及控制系统、动力分配及控制系统等方面还跟美国迪尔公司存在很大差距，影响到采棉机整体的性能和可靠性。基于北斗导航的信息化技术应用水平还不高，尽管北斗卫星定位辅助驾驶技术在棉花播种应用广泛，但各环节作业间数据难以共享，提高作业效率和质量尚有潜力可挖。棉花植保、施肥、灌溉变量精准管理水平低，机械作业质量、工况参数实时监测应用较少。

（六）棉花产业经济研究

2022 年棉花产业的研究重点集中在三个方面。一是俄乌冲突对我国棉花产业和供应链安全的影响研究。2022 年俄乌冲突爆发后，国际棉花价格大幅上涨，且国际棉花供应链受到一定影响，国际棉花价格大幅上涨且供应链危机对我国棉花产业的影响成为国内相关研究机构关注的重点内容之一。二是美国“涉疆法案”对棉花及棉纺织业的影响。由于我国棉花 90%以上都集中在新疆，该法案对我国棉花产业安全造成较大不利影响。法案的具体内容、限制方式、后续发展状况、对我国棉花产业的影响成为国内研究机构主要研究内容。三是内地棉机械化的发展状况。近些年我国内地棉花生产大幅萎缩，其主要原因在于内地机采棉发展滞后，人工成本偏高。基于此，很多研究机构都将大力发展内地机采棉，提高内地棉花竞争力，内地发展机采棉的障碍因素等成为主要的研究内容。

（国家棉花产业技术体系首席科学家　李付广　提供）

2022年度麻类产业技术发展报告

（国家麻类产业技术体系）

一、国际麻类生产与贸易概况

受干旱等自然灾害、病虫害频发、割麻劳动力短缺等因素影响，世界剑麻产量与种植面积总体呈下降趋势。FAO统计数据显示：2000—2020年，全球剑麻总产量从40.75万吨下降至20.99万吨，年均下降2.3%；全球剑麻总种植面积从37.31万公顷下降至23.39万公顷，年均下降1.8%。

全球黄红麻贸易波动比较明显。2000—2021年，全球黄红麻进口总量从29.16万吨下降至17.82万吨，出口总量从35.87万吨下降至17.55万吨。由于价格上涨，全球黄红麻进出口金额从9.09亿美元增长至16.86亿美元。

二、国内麻类生产与贸易概况

我国麻类产量总体上呈现出稳定增长的趋势，麻类作物播种总面积为5.669万公顷，总产量21.14万吨。国家统计局数据显示，2022年1—11月，麻纺行业营业收入增长16.7%，规上企业利润总额同比增幅54%。受新冠疫情影响，亚麻进口数量和金额都有所下降，2021年和2022年亚麻进口金额开始回升，分别为4.97亿美元和4.93亿美元。

三、国际麻类产业技术研发进展

（一）育种与资源挖掘

亚麻主要在基因挖掘、抗逆、药理等方面开展研究。确定了722个假定的亚麻开花基因。使用内生细菌分离物可促进盐渍化土壤中亚麻的生长，其生物量及营养成分显著增加。亚麻籽提取物可减少或防止低雌激素作用引起的负面影响，在降低食欲和饥饿感方面发挥潜在作用。亚麻籽在治疗血脂异常中发挥潜在作用，但对内皮细胞的影响很小。亚麻的乙酸乙酯提取物可通过细胞周期停滞和诱导细胞凋亡发挥抗癌活性，被认为是治疗癌症的有效成分来源。

工业大麻主要在大麻素合成机理方面开展研究。鉴定了控制大麻素通路表达的转录因子以及合成途径关键酶。发现CBC、Δ9-THC和CBD等大麻素的大量积累主要受*CsCBGAS*和*CsCBDAS*的转录调控。茉莉酸甲酯对大麻素产生具有明显促进作用。THC和CBD等次级代谢物在应用抗坏血酸后增加。蓝光波长对THC和CBG含量提升作用明显，对CBD含量影响较小。红光与远红光比例对CBD积累影响更为显著。光量子密度增加对大麻花叶产量具有提升效果，但对大麻素含量并没有影响。

红麻主要在吸附剂、营养药理等方面开展研究。以红麻为原料制备生物炭可有效去除水中的苯酚。红麻籽粕在公羊日粮中的添加量提升到了35%。红麻籽肽混合物作为天然防腐剂在食品工业中具有潜在应用价值。基于红麻叶茶的物理性质、抗氧化活性和感官，确定最佳制作时间和温度。优化了防晒霜中红麻籽油的比例，评估紫外线过滤效果，以改良防晒配方。

黄麻主要在新材料研发、生物固碳等方面开展研究。研究者聚焦于利用黄麻制作石墨烯、亚微米碳颗粒的喷墨、黄麻/玻璃纤维增强聚合材料、黄麻和聚乳酸生物复合材料、天然黄麻纤维增强复合材料等。印度开展了“基于遥感的黄麻作物保险”研究和实践，以及开展了印度恒河平原黄麻生态固碳方面的研究。

剑麻主要在遗传多样性评价、组织培养、转录组等方面开展研究。研究者对墨西哥 3 个地区的蓝剑麻幼苗和成龄麻进行遗传多样性评价。用 11 000 个 SNP 探讨迁移、遗传漂变、自然选择以及人工选择对剑麻自然群体和人工群体基因库的影响。利用薄层细胞技术诱导出剑麻胚状体，建立了以茎尖为外植体的组织培养体系。从剑麻白化苗中鉴定出了 282 个叶绿体 PPR 转录本。Maceda 等利用转录组挖掘了剑麻纤维素和木质素合成基因。基因组点突变以及基因正向选择与剑麻茎腐病致病机理关系密切。参与果聚糖代谢的植物糖苷水解酶 32 家族基因表达受光调控。

（二）病虫草害防控

评估了 297 份俄罗斯亚麻对枯萎病的抗性。桃蚜和棉虱在美国路易斯安那州的大麻上难以定殖，但可作为病毒传播介体对工业大麻构成危害。研究发现病虫害等条件胁迫可使药用大麻中大麻素和大麻酚等产量显著提高。发现大麻作为植物源农药，对害虫尤其是对蛛形纲和昆虫纲害虫有效，其功效来自其所含的多种化合物及其协同作用。

在加拿大西部进行了为期 5 年的作物轮作研究，亚麻—苜蓿轮作比传统轮作具有更好的杂草控制效果（野燕麦防效达 80%，猪殃殃防效为 75%）。

（三）机械设备

比利时 Union 公司生产的自走式亚麻收获机，机具技术水平高，结构复杂。日本学者研制了红麻茎秆分段收获机，以利用短纤维为主。马来西亚普特拉大学研制了一种悬挂式红麻收割机割台，割台由液压系统、往复式切割系统和拨秆系统组成，由拖拉机液压系统提供动力，可实现红麻的割铺拾作业。该割台结构简单，但效率低，麻秆铺放杂乱，不利于后续的捡拾作业。苎麻主要产自我国，我国苎麻种植面积和产量占世界的 90% 以上。关于 2022 年度国外苎麻机械化收割方面的研究，未发现相关文献报道及新的研究进展。

（四）加工技术

麻类生物脱胶领域，酶法纤维脱胶工艺及黄麻干法脱胶取得了进展，采用微波和深共熔溶剂联合处理制备了大麻纤维，利用嗜碱果胶酶产生菌生产高质量的红麻纤维，来自果胶降解菌的 16S rRNA 基因，提供了大麻脱胶的直接证据。研究表明，脱胶工艺对亚麻纤维品质有影响。

麻类纤维制备方面，英国曼彻斯特大学制得了石墨烯增强天然黄麻纤维复合材料。在麻纤维膜领域，制备了红麻生物复合膜，将黄麻制备成纳米纤维素，与银纳米颗粒复合制备了纤维素薄膜，亚麻纤维与淀粉等共同制备生物复合包装材料，将大麻纤维素添加到 PLA 中，制备了生物复合薄膜。

麻类多用途开发方面，大麻种子在抗高胆固醇血症、糖尿病、癌症和氧化应激方面有重要作用。以大麻饼和大麻籽壳制备鱼类饲料，以大麻籽油饼为原料，制备了用于保护食品免受物理污染的包装系统的生物基材料。

四、国内麻类产业技术研发进展

（一）育种与资源挖掘

我国麻类作物育种目标继续以高纤维品质为重点，向专用、兼用、多用深层次拓展，分子育种技术水平提升。国家麻类产业技术体系全年育成麻类新品种 22 个。

率先完成苎麻第三代全基因组，解析了韧皮纤维产量与品质形成的分子机理，推动麻类作物全面进入功能基因挖掘与应用阶段。揭示了 12 个对淹水反应积极的关键 *BnAP2/ERF* 基因。鉴定了 60 个响应苎麻镉胁迫的 WRKY 家族，两个基因在次生壁增厚和镉胁迫响应的交互作用中起关键作用。

工业大麻主要在抗逆育种等方面开展研究。确定了工业大麻萌发过程中对耐盐性调节起关键作用的 5 个基因。喷施 400~600 毫克/升的赤霉素能显著提升大麻幼苗抗旱性。优化建立稳定的原生质体瞬态转化体系，评估了 *CsMYC2* 的转录活性。

亚麻主要在耐逆育种、基因挖掘等方面开展研究。评价了 200 份亚麻种质发芽期耐盐性，确定了与耐盐性相关的数量性状 QTL。综合评价亚麻资源苗期耐盐性，亚麻萌发期与苗期的耐盐性具有不完全的一致性。*LuNAC10* 基因可能在亚麻次生壁纤维素合成中发挥重要调控作用。通过全基因组关联分析能检测到花和叶片关联的关键候选基因。

红麻主要在抗性鉴定、基因发掘、抗逆育种等方面开展研究。对国内外 220 份红麻种质的抗根结线虫程度进行鉴定与评价。发现 P37698、P52040 和 P54937 在红麻脱胶过程中起着重要的介导作用。发现植物激素在红麻遭遇盐胁迫时发挥了复杂的作用。利用转录组与蛋白组联合分析技术研究红麻叶蛋白质合成的调控机制，转录因子 *HcWRKY50* 提高了干旱胁迫耐受性。较高的抗氧化活性和增加的胞嘧啶甲基化水平影响参与铬胁迫应答的特定基因的表达。

黄麻主要在基因关联分析等方面开展研究。利用基因组、转录组、表观修饰组联合分析的手段揭示了黄麻的耐盐适应机制和驯化历史，并通过全基因组关联分析发现黄麻 11 个重要性状的候选位点。

剑麻在基因功能等方面开展研究。从 H・11648 转录组中鉴定出 19 个氮运输基因家族成员。研究了喷施氨基寡糖素、油菜素内酯和脱落酸对剑麻应答低温胁迫的影响。

（二）栽培与土肥

在苎麻抗逆栽培方面，研究了苎麻新品种累积镉的季节差异，揭示其抗氧化酶系统对镉胁迫的应答机制；提出了农业抗旱策略及苎麻相关研究建议；通过全基因组鉴定对中苎 1 号驱动蛋白基因家族进行了表达分析；构建了苎麻 *ACC* 氧化酶基因原核表达载体，为进一步研究 *BnACO2* 基因的功能提供了科学依据。

在亚麻逆境胁迫方面，对亚麻种质进行了耐盐性评价，筛选出 3 份高耐盐亚麻种质并确定了两个室内快速鉴定的关键指标。建立了亚麻干旱胁迫模型，筛选出 5 份高度抗旱品种，探究了干旱胁迫对亚麻生理生化指标及产量的影响。在陇亚 10 号中克隆到了 *LuDMP-1*基因，确定了其启动子区域含有激素响应及逆境胁迫相关作用元件。探究了亚麻—水稻轮作对镉污染土壤修复的影响，亚麻连作、轮作对土壤特征的影响，以及覆膜方式对亚麻水分利用的影响。

在工业大麻种质资源筛选方面，筛选出了 4 个适宜在吉林种植的品种，在分子水平上对 30 份工业大麻种质进行了分析，为品种选育提供参考。开发了大麻盐胁迫转录组 EST-

SSR 标记，探究了螯合剂增强工业大麻对土壤中铅的转运作用机理。研究了施肥密度、施肥配比对火麻一号、汉麻 5 号农艺性状及产量的影响。

在红麻遗传分析方面，对红麻表型性状的遗传进行了多样性分析，探究了 8 个红麻品种苗期对重金属镉耐性及富集特征。发现红麻亚硝酸还原酶基因 *HcNiR* 在初级氮的同化过程中有重要调控作用。通过对盐胁迫下红麻 *WRKY* 基因家族的鉴定，建立了红麻子叶外植体高效再生体系，适宜浓度的 SA 引发可以显著缓解红麻盐胁迫下的生长。

在黄麻土壤修复方面，总结了纤维类作物对农田土壤镉污染修复的影响，测定了不同品种黄麻铅含量积累特征，得出渝麻 2 号对铅的富集能力更强，探究了不同生育期黄麻对污染土壤中砷的吸收与累积规律的差异。以黄麻茎段为外植体构建了黄麻再生体系，并对黄麻叶水解液中总黄酮、黄酮醇类组分含量及酪氨酸酶活性抑制进行了分析。分析了黄麻与水稻、拟南芥和大豆的 HD-ZIP Ⅰ 和 LEA14 蛋白序列同源性，探究得出其同源关系。以黄麻 179 为材料进行了内参基因筛选及次生细胞壁合成相关基因的表达分析，为不同植物选择内参基因提供参考。

在剑麻高产栽培方面，从农艺性状、产业发展方面，对我国剑麻种质资源进行了分析，提出了一种合理的剑麻农艺栽培措施。

（三）病虫草害防控

首次组装杂草千金子染色体级别参考基因组，为高品质麻类生产提供绿色植保技术奠定重要基础；分析了侵染番茄的苎麻花叶病毒分子特征及其基因序列；对黄麻双生病毒越南黄麻黄脉病毒进行了分子鉴定及其黄麻抗性种质筛选，分离鉴定了 7 个黄麻生产区黄麻炭疽病病原菌样；对剑麻可可毛色二孢叶斑病菌进行了鉴定并筛选了室内药剂；调查了剑麻感染烟草疫霉菌后几种重要防御酶活性的变化；发明了一种剑麻病虫害绿色防控方法，改良了剑麻紫色卷叶病的检测方法；探究了 4 种诱抗剂在适宜浓度下能显著诱导苎麻对苎麻夜蛾的抗性；研究表明 5 种新烟碱类杀虫剂对新菠萝灰粉蚧有显著触杀作用。

（四）机械设备

开展了轻型环保包装用苎麻机械化收获技术的调研及 4MZK-200 型苎麻联合收割机机具改进工作，重点改进地面仿形、切割输送、直立打捆技术，在湖北省黄石市阳新县苎麻地开展了田间试验，流畅地实现了苎麻切割、打捆联合作业，打捆工效达 3~4 亩/时。中国农业科学院麻类研究所研制成功第三代直喂式苎麻剥麻机，干纤维制取功效达到 25 千克/时，与益阳创辉农业机械装备有限公司联合研发了第一代高秆作物联合收获机，并完成了样机田间试验。

部分学者针对工业大麻种植现状，设计研制出了适用于丘陵山区的工业大麻割晒机，这些割晒机具备转向灵活、爬坡和通过性能强等作业特点，填补了丘陵山区工业大麻收割机械的空白。浙江双子智能装备有限公司开发出工业大麻 CBD 智能提取生产线。

针对红麻机械化收获需求，农业农村部南京农业机械化研究所开展红麻收获技术与装备研究，与企业联合研制了履带式 4HB-480B 红麻收获机，在江苏省南通市进行了现场试验示范，该机型割幅为 100 厘米，工效达 3 亩/时。

哈尔滨东宇农业工程机械有限公司生产了 4FM1.5 型翻麻机，用于拔后放铺的亚麻在雨露沤制过程中的翻铺作业。湛江市伟达机械实业有限公司生产的剑麻纤维提取机，为新型纤维提取成套设备。

（五）加工技术

麻纤维脱胶方面，构建了活性较高的工程菌用于苎麻脱胶；初步建立了利用大麻有机溶剂循环脱胶提取纤维素的技术体系；将低共熔溶剂（DES+氯化胆碱-尿素）预处理与微生物处理相结合，开发了一种环保有效的亚麻粗纱脱胶方法。

麻纤维膜的生产工艺方面，2022 年度与麻纤维膜相关授权专利 9 项，主要包括水果套袋、地膜、包装袋、保鲜袋、面膜等领域。揭示了残留果胶对苎麻纳米纤维素成膜的影响机制，并利用苎麻纤维与其他可生物降解物质成功制备出食品级包装膜；低成本黄麻地膜工艺配方实现成本 300 元/亩以下，亚麻纤维素的溶解及成膜工艺取得新进展；聚己二酸/对苯二甲酸丁二醇酯微孔膜，与工业大麻联合制作水刺非织造布复合膜；以苎麻、蚕丝、棉纤维的纺织下脚料为原料，制备了新型可降解农用非织造地膜。

在多用途利用方面，国内研究了麻类副产物在饲料、抗生素、功能食品、造纸、材料等方面的应用。研究发现苎麻叶片干粉绿原酸提取液具有替代抗生素的潜力。功能食品方面，罗布麻功能茶饮料和火麻籽油乳剂研究取得了进展。大麻素的降脂降血糖效果得到验证。工业大麻芯秆浆可作为生产箱纸板面层纸或牛皮纸等的替代原料。

（国家麻类产业技术体系首席科学家　朱爱国　提供）

2022年度糖料产业技术发展报告

（国家糖料产业技术体系）

一、国际糖料生产与贸易概况

（一）世界食糖生产与消费情况

2021/2022年度全球食糖产量为1.847 6亿吨，比2020/2021年度增长1.50%，甘蔗糖和甜菜糖产量分别占81%和19%；全球食糖消费量达1.857 3亿吨，较2020/2021年度增加3.28%；库存消费比为36.28%，较2020/2021年度减少2.51个百分点。

印度、巴西、欧盟、泰国、中国、巴基斯坦、美国、墨西哥、俄罗斯、澳大利亚仍为前十主产糖国（地区），占全球食糖产量的77.5%，排名前五的国家（地区）占全球食糖产量的59.2%。其中，巴西和泰国增产超过干旱对欧盟食糖减产的影响，预计2022/2023年度全球食糖将增产3.9%至19 196万吨。

（二）世界食糖贸易概况

2021/2022年榨季，全球食糖出口贸易增长2.5%，达到6 587万吨。全球食糖出口高度集中于巴西、印度、泰国和澳大利亚，四国食糖出口量占全球出口贸易的73.4%，同比提升了0.9个百分点。其中，巴西出口2 570万吨，占全球食糖出口量的39%；印度出口1 200万吨，占全球食糖出口量的18.2%，创历史新高；泰国食糖出口增长了近一番，出口量占全球食糖出口的12.1%。

全球食糖进口国相对分散，中国、印度尼西亚、美国、孟加拉国、马来西亚、韩国、阿尔及利亚、尼日利亚、阿联酋、欧盟、沙特阿拉伯是主要进口国（地区），这些国家食糖进口占全球进口量的45.4%。2022年中国和印度尼西亚是全球最主要的两大食糖进口国。

二、国内糖料生产与贸易概况

（一）我国食糖生产与消费情况

2021/2022榨季全国食糖产量为956万吨，较上年度1 066.66万吨减产10.37%。其中，产甘蔗糖870万吨，较上年度减少4.57%；产甜菜糖86万吨，较上年度减少43.87%。由于播种面积下滑，内蒙古、新疆食糖产量分别较上年度下降45%和41.4%。

全国食糖消费需求同比下滑2%，为1 540万吨，人均消费和国际差距较大，我国人均消费11千克是全球人均消费的46%。

（二）我国食糖进口情况

2022年我国食糖进口量为527.6万吨，仅次于2021年（567万吨），同比减少6.9%。2022年我国进口糖浆108.04万吨（折糖72.4万吨），创历史新高，同比增加63%。2022年我国进口糖和进口糖浆折糖合计进口糖639.4万吨，处于高位水平。进口糖和糖浆大增使得国内食糖库存累积，国内食糖市场压力增大。

（三）我国糖料生产情况

国家统计局数据显示，2021 年我国糖料播种面积同比下降 7%，其中甜菜播种面积下降 33.7%、甘蔗播种面积下滑 2.8%；甘蔗单产提高 1.5%，达到 81 吨/公顷，甜菜单产下降 1.2%，为 55.6 吨/公顷；受糖料面积下滑影响，我国糖料产量同比下降 4.66%，为 11 454.5 万吨，其中甘蔗产量 10 666.4 万吨，同比下降 1.35%，甜菜产量 785 万吨，同比下降 34.49%。

根据各主产省糖料播种面积的数据估计，预计 2022/2023 榨季，我国糖料播种面积同比增 3.5%左右，其中甜菜播种面积增长 34%，甘蔗播种面积增长 0.8%所致。广西播种面积从 2021 年的 1 106 万亩增至 1 125 万亩，广东增长 3 万亩到 140 万亩。云南、海南播种面积基本稳定。受甜菜播种面积回升，广西桂中、桂北严重旱情，内蒙古不利气候，新疆疫情持续时间较长影响，预计 2022/2023 年度产糖量与上年度大体持平。

三、国际糖料产业技术研发进展

（一）国外甘蔗产业技术发展动态

1. 甘蔗遗传改良创新

2022 年，国际甘蔗遗传育种技术研究的重点仍是培育高产高糖且抗当地主要病虫害的新品种。同时在创制新种质、现代育种技术、评估基因型与环境互作效应等方面加强研究等。在 2022 年甘蔗种质创新与遗传改良、甘蔗分子生物学研讨会上，美国、巴西、印度、澳大利亚等国科学家重点介绍了甘蔗基因组编辑、新种质和新亲本创制等方面取得的重要进展，特别在利用 CRISPR/Cas9 编辑甘蔗技术方面取得重要突破，巴西、印度尼西亚等国转基因甘蔗进入商业化应用；各国同时有一批新的常规品种释放推广，其中 2022 年中国登记的甘蔗新品种 20 个。

2. 甘蔗病虫防控技术

虫害防控技术方面，重点围绕甘蔗螟虫、金龟子、蚜虫、线虫等害虫开展研究，初步从基因组学揭示螟虫种群遗传特性，筛选获得对螟虫和金龟子有较高毒性的 Bt 转基因甘蔗品系，明确不同钾肥施用水平对减轻甘蔗虫害的效果，构建了北美大平原高粱甘蔗蚜虫的分布模型等。但总体来看，目前化学防治仍是控制甘蔗害虫的主要防控手段。

病害研究方面，主要针对甘蔗花叶病、赤腐病、梢腐病等开展研究，利用基因组学方法初步揭示甘蔗主要病害的遗传多样性和致病性，筛选获得一些抗病种质资源，明确生长调节剂和壳聚糖对减轻甘蔗病害有一定效果，构建甘蔗黑穗病抗性相关的基因共表达网络等，这些研究结果为病害治理的深入和有效防控奠定基础。

3. 栽培耕作技术

主要针对在全程机械化和长期连作栽培条件下，蔗田土壤理化性状、微生物种群结构和土壤养分变化等进行研究。针对甘蔗土壤肥力消耗大，且无条件进行轮作的情况，深入研究甘蔗保肥、培肥技术。改变传统的蔗叶燃烧，收获后进行不同方式、不同量的蔗叶覆盖，促使蔗叶腐化成有机肥，促进根系微生物多样性，形成环境友好型甘蔗生产体系。

4. 设施与设备

国际上，基于自动导航的固定轨迹作业技术应用于甘蔗生产全程机械化各个环节。智能化和全程机械化技术深度融合，以提升机械作业效率、降低作业成本。在种植环节，主流技术是切段式甘蔗收割机、田间转运车和蔗段种植机等组成机械化种植系统。在田间管理环节，采用大型高效机具完成中耕培土、施肥、除草集成作业。甘蔗封行后的无人机喷药得到广泛应用。收获环节，以切段式收获技术为主流。田间收获、运输、糖厂卸料、后勤保障、安全生产等环节的系统管理和物流调度技术，在澳大利亚和美国普遍应用。

5. 产后加工

国际上，甘蔗主要用于生产食糖、燃料乙醇和生物基产品的可再生绿色原料。澳大利亚发布甘蔗糖料产业发展路线图——食糖+，即以甘蔗为原料生产食糖（食品原料）、热电联产或燃烧乙醇等能源及未来制造业可再生原料（替代如塑料等不可再生原料）；印度甘蔗既用于食糖生产，也被广泛用来作生物燃料、生物电力和一些生物基产品（以生物质为原料生产的产品，如化工产品、塑料等）的可再生绿色原料。巴西甘蔗主要生产糖、燃料乙醇和发电。目前正在1G（蔗汁发酵生产酒精）技术基础上，致力于2G（蔗渣酸水解耦合发酵生产酒精）和3G（蔗渣酶解耦合发酵生产酒精）生产技术研发，以实现低成本可持续发展，甘蔗产业通过生化产品生产增值的同时减少三废排放和循环生物经济发展。

（二）国外甜菜产业技术发展动态

1. 甜菜遗传育种

甜菜育种研究，主要集中于甜菜遗传资源的评价和分子育种方面。显著特点是多组学技术的应用，如利用转录组和蛋白质组的整合揭示甜菜直根生长的多水平遗传调控、甜菜EL10的连续从头基因组组装、甜菜纯系IMA1农艺性状的基因组和转录组分析、转录组和代谢组分析揭示甜菜对不同时期盐胁迫的反应机制、多组学数据整合揭示甜菜对寒冷反应的表观遗传修饰和基因表达之间的联系等，这些研究对于结合基因功能鉴定发掘更多甜菜优质基因资源、培育优良甜菜品种具有重要理论价值。

2. 栽培技术

如何通过科学水肥管理来提高甜菜产量和品质，以及提高抗逆性仍然是甜菜栽培研究热点。伊朗科学家Hamid Reza Kamali建立了水氮亏缺条件下甜菜生长模拟模型，证明了在灌溉水和氮缺乏的情况下管理甜菜的可能性。巴西科学家Luísvg发现缺水时早熟品种产量。埃及科学家Mohamed发现铁、镁、硅、锌、铜和硼的纳米微量营养素的应用促进甜菜生长、发育、产量和质量。同时，甜菜栽培技术方面也有新技术的应用研究，如使用无人机（UAV）以高时间分辨率采集太阳诱导的叶绿素荧光（SIF）数据，结果显示SIF指标可以在现场水平上指示水压力，可以用于检测甜菜水分胁迫。

3. 病虫草害

甜菜病虫草害研究方面，主要关注常见病害的致病菌或病毒检测方法改进或新技术的应用。德国科学家通过建立模型证实可利用近红外光谱（NIRS）在田间直接检测丝核菌，从而鉴定根腐病；美国首次报告甜菜叶片中出现番茄矮丛病毒（TBSV）的感染，在根组织中鉴定出几种代表甜菜坏死黄脉病毒的病毒群，表明现场存在混合感染。摩洛哥科学家Abdelaaziz Farhaoui研究指出，促进植物生长的根际细菌（PGPR）对甜菜菌核病具有一定防治能力，这些结果表明，土壤中含有拮抗细菌，能提供多种植物生长促进特性，可作为生物促进剂或生物控制药剂加以开发利用。

4. 其他研究

主要关注甜菜产品加工工艺和副产品开发应用以及甜菜经济效益最大化的实现。如从新鲜和储存的甜菜根中提取各种单糖和寡聚糖、从甜菜叶中提取多酚等。西班牙学者指出，甜菜根的植物化学多样性使其成为营养化学物质的潜在来源，可用于制造功能性食品，且药理学上，甜菜根具有抗氧化的潜力，可用于开发抗菌、抗癌、降胆固醇和抗炎剂。

四、国内糖料产业技术研发进展

（一）2022 年度我国糖料生产发展趋势

1. 甘蔗生产发展趋势

一是甘蔗自育优新品种取代新台糖系列，成为生产中的主导品种。2022 年甘蔗自育优新品种播种面积继续扩大，占比达到 90%以上，新台糖系列品种降到 5.5%。二是广西、云南、广东正因地制宜集中示范推进甘蔗生产全程机械化，2022 年全国甘蔗机收率微降的同时云南丘陵山地边境州市（德宏、临沧、西双版纳）机收有明显推进。2021/2022 年度，云南省陇川糖厂，以收获面积衡量的甘蔗机收率达到 64.9%。三是种植模式逐渐向高产高糖良种、减施化肥农药和病虫害绿色精准防控的轻简高效绿色技术集成模式转变，形成了节水抗旱轻简生产栽培技术、脱毒种苗+滴灌+水肥药一体化+蔗叶还田增肥技术、延长宿根年限丰产管理技术、全膜覆盖一次性施肥施药、蔗叶还田等甘蔗绿色丰产集成技术。

2. 甜菜生产发展趋势

2022 年甜菜产业呈现几个发展趋势：一是甜菜生产成本、收购价显著增长，甜菜播种面积由 2021 年大降到 2022 年恢复增长超过 1/3，但仍未恢复到 2020 年的水平。二是多种模式种植均转向机械化作业模式，甜菜生产全程机械化占比已达 95%以上。三是甜菜规模经营明显提升，内蒙古百亩连片种植面积占播种面积的 80%以上，甜菜种植日益朝 100 亩以上大户集中。四是轻简高效栽培技术进一步得到应用，甜菜专用肥使用面积渐增，栽培过程中节水节肥特征明显，转向滴灌和机械化作业结合的滴灌甜菜节本增效综合栽培技术模式。

（二）2022 年度我国糖料产业技术研究进展

1. 现代育种技术创新

甘蔗育种技术方法创新方面，一是突出进展有中国完成了甘蔗四倍体野生割手密的全基因组测序，是目前报道的染色体最少的割手密基因组。二是利用 GWAS 技术获得一批抗病、抗逆、高糖的分子标记，应用于甘蔗基因组选择，有望实现甘蔗育种从传统育种向现代基因组选择育种的突破。三是在糖分高通量检测方面，我国建立了全球最好的甘蔗品质性状模型，为我国甘蔗高品质育种和糖业企业的按质论价提供技术保障。

甜菜育种技术创新方面，一是基因工程研究领域完成了甜菜全基因组测序，鉴定出 8 个与甜菜花粉育性相关的高表达基因，为甜菜基因组选择育种奠定了基础。二是在甜菜单倍体诱导系研究方面，利用 CRISPR/Cas9 基因组编辑技术，获得编辑 *CENH3* 基因的甜菜单株母根 105 个。三是在分子辅助选择育种方面，利用已完善的甜菜细胞质、细胞核分子鉴定技术，完成 1 120 株甜菜育性分析，鉴定出 S 型细胞质材料 260 个，N1 型细胞质材料 310 个，N2 型细胞质材料 550 个。四是在抗除草剂研究方面，获得抗草甘膦甜菜遗传转化苗 420 株；收获 T_0 代种子 17 份；新构建抗虫、抗草甘膦植物高效表达载体 4 个。

2. 种质资源创新和新品种选育推广

甘蔗着重加速自育新品种产业化应用，甜菜着重推进品种筛选和自育品种选育。

甘蔗种质创新有新进展，甘蔗品种选育与新品种大面积推广应用效果显著。一是收集甘蔗野生种质资源 344 份；收集入库保存杂交品种资源 61 份、甘蔗种质资源 30 份。二是检测鉴定筛选出含抗褐锈病基因新品种（系）28 个、双抗花叶病新品种（系）8 个。三是甘蔗品种选育与新品种大面积推广应用。选育的桂柳 05-136、桂糖 42、粤糖 93-159、云蔗 05-49、福农 41 等甘蔗良种在我国蔗区大面积推广，占全国种植面积的 90%以上，我国甘蔗品种单一化问题基本得到解决；桂糖 44、桂柳 15-41、中蔗福农 48、中蔗 9 号、中糖 4 号、粤糖 58 和云蔗 08-1609 等新一代良种在蔗区迅速推广，有效支撑了糖料产业高质量发展。2022 年体系推荐筛选出宜机收的高产、优质、抗病品种 12 个，建立新品种示范田 1 760 亩。

甜菜自育品种选育取得新进展，品种筛选已见成效。一是新育成适宜机械化作业甜菜单胚雄性不育系及保持系 3 对，选育出优异多胚授粉系育种材料 47 份。二是 2022 年国内选育出产量、质量优良的适宜机械化作业单胚雄性不育杂交组合 13 份，正在登记甜菜品种 10 个，筛选出适合推广种植的国内外高产、优质、抗病品种 15 个，示范自育新品种 2 000 亩。目前甜菜生产中种植面积 10 万亩以上的 13 个产量、质量及抗病性优良的主栽品种中，有 11 个品种为国家糖料产业技术体系筛选推荐的，占比已达 84. 62%。

3. 综合栽培技术研发

一是针对南方蔗区红壤酸化问题，开展土壤调理研究，研发了多功能矿物土壤调理剂的生产工艺，研制成不同类型的土壤调理剂，减少化肥农药投入并改良土壤，在广西、云南进行试验示范。二是开展基于机械化的甘蔗节本增效施肥关键技术研究与示范，完成了 10 个“2+X”示范试验的全部工作，优化甘蔗专用套餐肥方案（产品养分配方为 24-9-17），在主产蔗区布局了甘蔗绿色生产的化肥减施示范。三是研究形成了丘陵山地甘蔗机械化生产技术，甘蔗全膜覆盖轻简技术和甘蔗延长宿根年限丰产管理技术，丘陵山地甘蔗机械化生产技术，3 项技术入选 2022 年农业农村部主推甘蔗生产技术。2022 年丘陵山地机械化耕作和栽培面积已达 600 余万亩，全膜覆盖轻简技术推广应用 137. 5 万亩，甘蔗低铲蔸延长宿根年限技术推广应用面积达 56. 1 万亩，实现亩增产 1. 7 吨。

2022 年着重推进了甜菜全程机械化绿色高效栽培技术模式集成与推广应用。一是我国科学家提出基于 3D 点云的甜菜单株叶片分割，基于多尺度张量投票法（MSTVM）的区域生长算法与表面边界滤波（SBF）相结合可以有效地分割田间种植甜菜植物单个叶片的 3D 点云。二是生产全程机械化绿色高效栽培技术模式集成推广方面，2022 年在不同生态区推广甜菜机械化节本增效综合栽培模式 12 套，核心示范面积 3. 61 万亩，辐射 141. 75 万亩。三是利用“甜菜营养诊断与施肥技术平台”对我国新疆南疆产区和内蒙古呼伦贝尔等地区进行了测土配方施肥推荐。在新疆南疆伽师县示范 4 万亩，内蒙古呼伦贝尔农垦系统的 2 000 亩示范田，均实现增产增糖，持续推动甜菜产业稳步、绿色高质量发展。

4. 病虫草害防治技术研究

甘蔗虫害防控研究方面，开展了螟虫发生期精准监测和预警、赤眼蜂无人机高效投放、性诱剂诱杀防控、高效肥药配方等防控技术的研究与试验示范工作。一是利用植保无人机喷雾农药防控甘蔗中后期病虫害在广西、广东、云南蔗区得到大面积推广应用，害虫精准测报技术获得制糖企业的普遍认可和应用，并在害虫统防统治和联防联控工作中发挥指导作用。二是针对甘蔗真菌、细菌、病毒等主要病害，开展了病原遗传多样性、病害田间监测、甘蔗品种抗性评价、病害为害损失等研究与示范工作，优化建立了基于温水脱毒和组织培养脱毒的甘蔗健康种苗病菌检测技术体系。

甜菜病虫草害防控方面，一是建立了甜菜褐斑病菌不同地区菌株分离与抗药性快速监测与防控体系，分离褐斑病菌菌株 2 088 株，明确部分菌株对苯醚甲环唑和吡唑醚菌酯的抗药性，二是建立了简单快速检测田间抗药性菌株的方法。建立了甜菜主要鳞翅目害虫（甜菜夜蛾、甘蓝夜蛾、黄地老虎等）室内种群和抗药性检测方法。完善了甜菜夜蛾有效防控技术，结合筛选出的 4 种对甘蓝夜蛾幼虫、1 种对甜菜夜蛾幼虫有较好防效的药剂，制定了适宜的防控技术措施。建立从病根和土壤样品中直接检测甜菜胞囊线虫特异性 SCAR–PCR 检测方法。

5. 机械化生产技术推进

甘蔗设施与设备方面，2022 年度甘蔗种植机仍以人工喂种的切种式种植机为主，双芽蔗段自动充排种技术取得突破，并进入样机试验阶段。宽窄行中耕培土机关键技术已取得突破，并进入技术熟化阶段。一是开展了宿根蔗补种关键技术研究与试验。分段收获机具研发在广西得到重视并涌现一批机具。甘蔗种植、中耕管理和收获机具智能化技术研究逐步深入。二是甘蔗田间生长状态远程监测系统和大数据服务平台进入试点示范。

甜菜生产全程机械化方面，依据甜菜各产区不同生态条件，进一步优化了耕、种、管、收各环节的机械化配置参数，开展了不同生态区适宜模式的集成示范推广工作。全国甜菜全程机械化生产占比已达 95%以上，有效推动了我国甜菜产业规模化、集约化、机械化快速稳步发展。

6. 产后加工技术研发及其质量安全检测

甘蔗资源多元利用理念和技术均有显著进展。以广西大学绿色制糖团队为核心力量的国家糖料产业技术体系加工研究室提出我国甘蔗糖业发展新概念——“食糖+”甘蔗产品，即以甘蔗含水、纤维、蔗糖为目标物质，开发系列技术，实现甘蔗含水、纤维及蔗糖等“物尽其用”，突破仅以蔗糖为目标产品的传统，为甘蔗产业可持续发展提出创新思路。目前，甘蔗加工绿色发展与多元高值化发展技术已取得明显成效。纳米级无机膜过滤的甘蔗混合汁绿色澄清技术已进入推广应用阶段，以甘蔗汁为原料生产朗姆酒、甘蔗果啤及精酿啤酒，以滤泥与蔗渣为原料生产高腐质化肥料、甘蔗梢/蔗渣生产反刍动物饲料、富含甘蔗功能性物质的日化产品等技术均已实现产业化应用；以甘蔗渣或蔗梢叶为原料生产低聚木糖及高端材料、生物燃料等化学品技术或药食同源产品开发已取得一定进展。另外，以甘蔗含水为目标物质的甘蔗植物水提取技术取得重大突破，工业化生产线已在广西开始投入建设。糖蜜研究仍主要集中在发酵制备生物燃料、有机酸、稀有糖及其衍生物等，但通过细胞工厂技术生产原人参二醇、原人参三醇等高值化产品的研究也引起了关注。

甜菜加工进展方面，甜菜根的植物化学多样性使其成为营养化学物质的潜在来源，在药理学上，甜菜根具有抗氧化潜力。甜菜提取物有降血糖和降血脂作用，我国学者报道甜菜提取物对 C57BL/KsJ db/db 小鼠表现降血糖和降血脂作用，表明其有助于治疗Ⅱ型糖尿病。

（三）我国糖料产业重要研究方向

1. 加快适宜机械化作业的甘蔗优新品种选育和推广，加强甜菜种业自主创新研究

开展针对高产高糖、抗病、抗除草剂、耐寒、耐旱、适宜机械化作业和氮磷高效等特定目标的甘蔗、甜菜优良新品系选育；加快培育绿色优质甘蔗、甜菜新品种。根据甘蔗产业发展趋势，甘蔗品种选育重点实现两个转变。一是甘蔗品种选育应从适应人工收获的大茎种向适宜生产全程机械化、强宿根的高产高糖中茎种转变，甘蔗育种方式从完全杂交育种向"杂交育种为主、探索基因工程育种方式"转变。二是加强甜菜种子自主创新研究，从基本依靠进口向部分自主品种转变，加快高产高糖抗病品种选育及种子产业化。重点是加快甜菜种子加工分级与丸粒化包衣加工技术的研发速度，完善种子丸粒化加工设施设备，优化包衣材料配方、醒芽技术，促进自育品种丸粒化加工后的甜菜种子尽快大面积用于生产。

2. 构建"糖企—机企—农企"协调运行系统，加快甘蔗机收进程

糖料产业是一二三产高度融合的产业，"糖企—机企—农企"之间内耗大、运行成本高，构建协调运行的"糖企—机企—农企"系统，是降低甘蔗糖业总成本的有效途径。从"糖企—机企—农企或农户"利益协调关系出发，制定促进甘蔗生产机械化的有效措施，实现"蔗农得到合理价格、机收企业有合理作业量、糖厂有符合要求的机收蔗"。通过除杂预处理系统等减少糖企损失，鼓励糖企成为发展机收蔗的主体，提高糖企接受切段式机收蔗的积极性，同时想方设法减少糖农损失。鼓励多种机收技术和模式的探索和实践。重点研发适应我国丘陵山地、作业质量高效的中小型切段式甘蔗收获机，加强自主研发适应中小地块的以高效、低茎秆破损率为核心技术的甘蔗整秆式收获机。

3. 创新产业理念，促进糖料全产业链资源多元高值利用

破解高昂土地价格与低值综合效益的根本矛盾，是创新产业理念，将单一产品结构的糖业定义为多元结构的糖料资源利用产业，形成"食糖+"甘蔗水、纤维、日化产品等甘蔗产品发展格局，即以甘蔗含水、纤维、蔗糖、蔗渣、糖蜜、滤泥为目标物质，开发多元产品，实现甘蔗含水、纤维及蔗糖副产物等糖料资源要素"物尽其用"，突破仅以蔗糖为目标产品的传统，为糖业可持续发展提出创新思路。目前甘蔗产业已通过膜物理澄清技术，形成了绿色制糖生产技术，开发了甘蔗植物水、甘蔗原汁、食用糖浆、朗姆酒、啤酒及高品质红（黑）糖、黄金砂糖、化妆品、稀有糖等系列产品，其中朗姆酒、甘蔗果啤和精酿啤酒、动物饲料、肥料、日化产品等已实现产业化，还有大量多元高值产品有待产业化。围绕"一根甘蔗和甜菜吃干用尽"的思路延伸产业链，形成高值糖品、水、酒、纸、饲、肥、化妆品、高端材料等糖料资源多元发展。

（国家糖料产业技术体系首席科学家　白晨　提供）

2022年度蚕桑产业技术发展报告

（国家蚕桑产业技术体系）

一、国际蚕桑生产与贸易概况

（一）国际茧丝生产情况

2022年，受俄乌冲突及新冠疫情影响，全球蚕丝行业受到一定冲击，生产及经营成本上涨。国际蚕桑生产继续保持以中国为主，包括印度、乌兹别克斯坦、越南、泰国及巴西等其他国家在内的格局。据联合国粮食及农业组织数据统计，印度缫丝用茧总产量达22.52万吨，较2021年减少5.69%；乌兹别克斯坦缫丝用茧总产量2.27万吨，较2021年增加8.73%；越南缫丝用茧总产量1.64万吨，较2021年增加10.17%；泰国缫丝用茧总产量为0.37万吨，与2021年基本持平；巴西缫丝用茧总产量为0.22万吨，较2021年下降19.38%。

（二）国际茧丝贸易情况

2022年随着国内外疫情进入常态化，丝绸消费加快恢复，行业营收和利润指标已现回升态势。据中国海关统计，2022年1—11月，真丝绸商品进出口总额为19.02亿美元，同比增长22.76%，占我国纺织品服装进出口总额的0.58%。真丝绸商品出口额为15.65亿美元，同比增长32.41%，占我国纺织品服装出口总额的0.51%。同期纺织品服装出口额同比增长4.93%。

真丝绸商品出口保持增长趋势，对欧盟出口增幅继续收窄，排名前五位的市场依次为：欧盟（同比增长36.20%，占比27.92%），美国（同比增长18.40%，占比16.82%），印度（同比增长193.48%，占比11.32%），日本（同比增长15.69%，占比6.58%），中国香港（同比下降11.93%，占比5.96%）。

据欧盟统计局统计，2022年1—9月，欧盟27国丝绸贸易额为89.07亿美元，同比增长14.24%。其中，进口额为49.41亿美元，同比增长23.87%；出口额为39.65亿美元，同比增长4.15%。进口主要来源地为中国（金额17.78亿美元，同比增长39.21%，占比35.98%）。

据印度商工部统计，2022年1—10月，印度丝绸贸易额为29.9亿美元，同比下降0.8%。其中，进口额为5.06亿美元，同比增长75.54%；出口额为24.84亿美元，同比下降8.87%。进口主要来源地为中国（金额2.59亿美元，同比增长96.11%，占比51.09%）。

据美国商务部统计，2022年1—10月美国自中国进口丝绸商品15.30亿美元，同比增长34.0%，占自全球进口总额的31.99%，列美国丝绸商品进口来源首位。丝类自中国进口74.31万美元，同比增长100.56%，环比下降42.88%，市场份额为54.76%。

据日本财务省统计，2022年1—11月，日本丝绸贸易额为15.12亿美元，同比增长3.09%。其中，进口额为13.49亿美元，同比增长3%；出口额为1.63亿美元，同比增长 3.85%。

据澳大利亚统计局统计，2022 年 1—10 月，澳大利亚丝绸贸易额为 7.05 亿美元，同比增长 20.67%。其中，进口额为 6.45 亿美元，同比增长 17.59%；出口额为 6 024.43 万美元，同比增长 67.57%。进口主要来源地为中国（金额 4.35 亿美元，同比增长 16.46%，占比 67.57%）。

二、国内蚕桑生产与贸易概况

（一）国内茧丝生产情况

全国蚕桑生产稳中有升。据蚕桑主产省（区、市）生产主管部门的初步调查统计，2022 年受各地“非粮化”政策落实等因素的影响，全国桑园面积 1 171 万亩，比 2021 年减少 26 万亩，减幅 2.2%；但农民种桑养蚕的积极性不减，全年发种量 1 751 万张，比 2021 年增加 28 万张，增幅 1.6%；桑蚕茧产量 73.9 万吨，比 2021 年增加 2.2 万吨，增幅 3.1%；柞蚕放养面积 1 007 万亩，同比减少 3.2%；柞蚕茧产量 9.8 万吨，同比增加 3.9%，其中辽宁省 5.7 万吨，占比 58%。

蚕桑生产继续向西部地区转移和集中。2022 年我国蚕桑生产继续向西部地区转移和集中，转移速度延续 2021 年的加速之势。东部（江苏、浙江、广东、山东、海南 5 省）的蚕茧产量占比由 2020 年的 14.43%下降至 2021 年的 12.65%，2022 年继续下降至 10.67%；而西部（广西、四川、重庆、云南、陕西、贵州、甘肃、新疆 8 省区市）的蚕茧产量占比由 2020 年的 79.14%上升至 2021 年的 80.89%，2022 年继续上升至 82.79%。2022 年东部 5 省全部减产；而西部的广西、云南、陕西、新疆及中部的安徽、河南、湖北、湖南、山西 9 省（区）增产。2021 年浙江省依靠全龄人工饲料工厂化养蚕增产 10.16%，一举扭转了连续 13 年的衰退局面，然而 2022 年全龄人工饲料工厂化蚕茧产量 6 300 吨的前提下，无法延续 2021 年的增长趋势，全省蚕茧产量同比减少了 9.8%。排名前三的广西、四川、云南蚕茧产量分别为 43.71 万吨、8.35 万吨和 6.3 万吨，分别占比 59.2%、11.3%和 8.5%。

蚕种生产进一步向优势区域、企业集中。2022 年全国发种量 1 751 万张，同比增加 1.6%，其中春季 665 万张，同比增加 1.7%；夏秋季 1 086 万张，同比增加 1.5%；全国小蚕共育率逐年上升，2022 年达 86.3%。2022 年全国蚕种产量 1 292 万张，同比增加 0.83%，其中春季蚕种生产量同比增加 2.7%，夏秋季减少 0.8%。广西蚕种产销缺口 501 万张，超过全国蚕种产销缺口 459 万张，可能的原因是一些蚕种场生产和销售的蚕种没有纳入统计；考虑我国蚕种出口增加，也可能一些省份的发种量数据存在高报问题。2022 年，广西、山东、四川、云南 4 省（区）的蚕种产量均超过 150 万张，合计占全国蚕种总产量的 81%。

桑苗价格经过 3 年的下跌，2021 年年初跌至成本价附近，之后受茧价涨幅影响，呈现反弹，桑苗价格在 0.6~0.9 元/株，2022 年由于受到土地“非粮化”等政策影响，传统桑苗产地浙江海宁、桐乡等地桑苗价格较 2021 年相比有所下降，一般为 0.5~0.7 元/株，主要销往广西、四川、贵州、安徽、新疆、云南等蚕桑产地。

（二）国内茧丝贸易情况

2022 年 4A 级生丝价格呈现先跌后涨的“V”形走势，从年初的 44.94 万元/吨，跌至 4 月底最低 35.73 万元/吨，后逐渐回升至 9 月最高 45.96 万元/吨，之后略有下跌，但至 12 月底一直保持在 43 万元/吨以上。2022 年桑蚕春茧价格 44.4 元/千克，同比下跌 16.3%，夏秋茧价格 51 元/千克，同比上涨 1.4%，全年加权平均茧价达 48.2 元/千克，同比下跌 6.3%。2022 年全国柞蚕茧、蛹价格分别同比上涨 19.1%和 20.2%，柞蚕茧价达到 45.5 元/千克，柞蚕蛹价达到 68.5 元/千克。

据国家统计局统计，2022 年 1—11 月，全国规模以上丝绸企业丝产量 45 558 吨，同比增长 3.33%；其中，绢丝产量 3 485 吨，同比增长 19.07%。绸缎产量 27 002 万米，同比下降 16.53%。蚕丝被产量 1 492 万条，同比下降 7.69%。全国 559 家规模以上丝绸企业，营业收入 581.25 亿元，同比下降 3.09%。其中，缫丝加工营业收入 235.41 亿元，同比下降 2.74%；丝织加工营业收入 285.3 亿元，同比下降 3.77%；丝印染营业收入 60.54 亿元，同比下降 1.25%。全行业实现利润 19.94 亿元，同比下降 24.42%。其中，缫丝加工实现利润 7 亿元，同比下降 34.65%；丝织加工实现利润 9.56 亿元，同比下降 15.82%；丝印染加工实现利润 3.37 亿元，同比下降 21.66%。

三、国际蚕桑产业技术研发进展

2022 年，来自日本、韩国、印度等国家的蚕桑学者主要聚焦蚕桑全基因组测序及分析、基于家蚕表达系统的疫苗研发、重要基因的功能解析、蚕桑资源综合利用等领域开展基础理论研究和应用研究。

韩国科学家报道了从 20 世纪 60 年代开始收集建立的 37 个家蚕品系的全基因组序列；印度科学家获得印度桑树品种 cv K2 的高质量基因组序列，基因完整性达 96.5%，鉴定出 49.2%的重复 DNA 和 27 435 个蛋白编码基因，包括 4.8%的种特异性基因；日本科学家利用家蚕核型多角体病毒表达系统在蚕蛹中成功表达并纯化出了一种具有稳定的酪氨酸激酶活性的 ITD 突变 FLT3 蛋白，并将其应用于酪氨酸激酶抑制剂的快速筛选系统。日本学者研究发现生物钟关键基因 *per*、*tim*、*Clk*、*cyc* 和 *cry2* 通过调控作用于大脑的 γ-氨基丁酸（GABA）及滞育激素信号通路来调控温度诱导的滞育，为调控蚕温度依赖性滞育诱导提供了靶标基因；俄罗斯科学家发现，家蚕类胡萝卜素结合蛋白（BmCBP）可作为一种有效的类胡萝卜素的提取剂、增溶剂与转运工具。

蚕粉、桑树中的活性物质在食品、医药及饲料领域的应用价值得到进一步阐明。泰国学者研究表明蚕蛹作为一种脂肪和蛋白质的来源，应用于生产面包和椰子油时，可强化产品特性，提升营养价值，具有较好的感观接受度。意大利科学家研究发现，蚕蛹粉可以强化意大利面的质地，以简单实用的方式增加人们蛋白质的日摄入量。意大利和匈牙利科学家发现在育肥兔饲粮中用蚕油替代葵花籽油可以改善兔肉、肝和肾周脂肪的脂肪酸组成。泰国学者发现，饲粮中添加 10%桑叶提取物可降低高饲养密度环境下肉仔鸡氧化应激，激活抗氧化酶活性，提高肉仔鸡生长性能和血液生化指标。

丝素蛋白因其优良的特性，在生物医药中的应用越来越广泛，包括组织工程（3D 支架、伤口敷料），癌症治疗，控制药物输送，以及骨骼、眼睛和皮肤再生等。泰国研究者构建了一个 3D 丝素—明胶/透明质酸/硫酸肝素支架，可增强胆管癌和 EMT 标记物的表达，为胆管癌的癌症干细胞和新靶向药物研究提供了支持。印度学者制备了家蚕丝素蛋白（BMSF）和柞蚕丝素蛋白（AASF）共混水凝胶，有利于微创应用。

四、国内蚕桑产业技术研发进展

我国蚕桑产业以推动高质量发展为目标，坚持“立桑为业，多元发展”和“大蚕桑”

发展思路，贯彻“生态优先，绿色发展”的理念，聚焦产业重大关键技术问题，通过开展跨学科、跨领域的产业重大技术攻关，为产业持续稳定发展提供技术支撑。

（一）蚕桑基础研究

启动“数字家蚕”计划，产业基础研究继续保持国际领先水平，为推动蚕桑产业重回经济发展“主赛道”提供重要科技支撑。国家蚕桑产业技术体系首席科学家代方银教授团队完成1 078份蚕种质资源深度测序，率先创建“数字家蚕”基因库，成功绘制高精度家蚕泛基因组图谱（该超级泛基因组是迄今全球动植物领域最大长读长泛基因组，囊括目前最全面的家蚕和野桑蚕基因组信息），并在家蚕遗传变异、群体结构、人工选择和生态适应性及经济性状等研究方面取得丰硕创新结果，将我国蚕学研究推进到分子设计育种阶段。家蚕超级泛基因组项目入选2022年度国内十大科技新闻。

完成“家蚕产丝器官的单细胞转录组图谱”，从单细胞维度首次对家蚕产丝器官及其基因表达动态进行超高分辨率解析，实现了家蚕丝腺研究从组织水平到单细胞水平的跨越。

（二）蚕桑遗传育种

农业农村部完成第二批国家级畜禽遗传资源保护单位确定工作，其中确定国家蚕遗传资源基因库2个（重庆、镇江），标志着适用《中华人民共和国畜牧法》管理的蚕种资源也有了明确的蚕种国家级保护主体。

多元化桑树品种选育工作稳步推进，适合草本化栽培、畜禽饲用、果用、菜用、茶用、生态用桑品种选育取得较大进展。强桑3号、强桑5号获得国家植物新品种保护权，强桑1号获重庆市林木良种证；果桑林木良种桑梓2号、桑梓3号通过国家审定；果桑新品种粤椹大10、粤椹74通过国家林木品种审定。云蚕11号、锦绣3号、明湖春江、皖蚕6号、楚风汉韵5个蚕新品种，通过国家畜禽遗传资源委员会蚕专业委员会初审。

蚕桑良种化水平进一步提升。全年示范推广强桑系列、桂桑系列、粤桑系列等桑树新品种300余万亩，新发展果桑4.39万亩、饲料桑4.65万亩、菜用桑0.67万亩、生态桑1.44万亩。示范推广华康系列品种、桂蚕系列品种等家蚕330余万张种，其中出口至乌兹别克斯坦超过30万张；推广雄蚕品种秋·华×平30、华·湖×平30、浙凤3号，斑纹限性抗病品种农科5号、明·湖×春·江等累计16.82万张，吨干茧比普通增收1.5万元。蚕桑新品种及配套生产技术在基地覆盖面达95%以上。

针对人工饲料育，建立了1套周年连续供种技术体系，蚕种孵化率达到97%以上，完全满足工厂化生产要求，推广专用蚕品种中2016×日2016约18万张。高孵化率雌蚕无性克隆种质创制、免雌雄鉴别单交蚕品种培育、智能化蚕种生产设备研发方面取得关键技术突破，创建了免雌雄鉴别全新单交制种模式，突破沿用近百年的中日系原种正反杂交制种模式，显著提升蚕种生产效率，开辟家蚕育种与良种繁育新途径。

（三）栽桑养蚕（柞）技术

桑园高效管理与立体种养技术得到广泛推广。桑树苗木繁育技术体系健全，广泛开展标准化蚕桑体系建设，因地制宜集成示范桑树省力化高效生态绿色栽培收获技术，逐步完善饲料桑、菜用桑、茶用桑的栽培模式，建立桑果菌核病绿色防控等技术。宜机化高密度丰产栽培模式技术、桑园立体种养技术、桑园水肥一体化技术、桑园合理剪伐周年优质丰产栽培技术等得到广泛应用。国家蚕桑产业技术体系调研数据显示，2022年桑园立体种养技术促进亩桑平均增收 1 009 元，累计带动 61 个基地县增收 4.8 亿元；标准化技术促进亩桑综合效益比对照区高 3 544~4 238 元，累计带动 88 个基地县增收 30 亿元。全国果桑栽培面积已经近 4 万公顷，四川南充建设茶桑示范基地 5 000 亩。

蚕桑产业技术数字化建设应用水平提升。构建桑树数字化资源圃，通过赋予桑树品种"电子身份证"（二维码），实现实时扫码查看不同桑树品种的性状信息；完成 352 个家蚕品种资源表型鉴定、性能测试以及 4 个变态期图片资料的采集；开展机械化、智能化家蚕饲养技术研发，初步实现 AGV 小车运动与路径以及机械臂的智能操控；建立智慧蚕室管理系统，实现对蚕室温度、湿度、光照度、CO_2、O_2 等环境因素的实时采集、控制及监控；建立云端数据库和网站［网址：智慧蚕室（insri.cn）］，实现数据本地采集和处理，云端存储和可视化浏览。

养蚕设施化省力化（装备）技术已成趋势。省力化杂交桑栽植机、悬挂式桑枝条收割平茬机、桑园植保机、割桑机、链条式折蔟打捆机、除草机等正在逐步替代传统的人工桑园管理。小蚕共育环境智能自动化控制系统、小蚕机器人、升降伸缩式蚕台撒粉消毒机等先进设备在小蚕饲养阶段广泛应用，2022 年小蚕共育率达 86.3%。大蚕轨道喂蚕车、大蚕多层循环式饲育机、方格蔟及自动上蔟升降机、自动采茧机等技术集成，栽桑养蚕生产工效提高 18%以上，综合效益提高 17%以上，促进蚕桑行业向机械化、自动化、智能化方向发展。

小蚕人工饲料育宜机化规模化饲养技术成效显现。开展了人工饲料高适应性蚕品种素材培育及筛选、全龄低桑叶粉饲料配方优化、相关饲育技术标准制定等；研制出了小蚕人工饲料育智能环境控制系统、家蚕蒸煮饲料切料机、家蚕人工饲料给料机等配套装备。浙江巴贝集团进一步优化高密度全龄人工饲料工厂化养蚕关键核心技术和工艺，2022 年全龄人工饲料饲养规模达到 18 万张种以上，实现年生产鲜茧 6 300 吨。

柞蚕轻简高效放养及一化性柞蚕生态高效技术成效显著。创新室内床上散养法、布袋套把育等春柞蚕小蚕室内、室外保护育技术，建立了综合配套技术体系，比野外自然收蚁平均增产 45.7%；创建了秋柞蚕省力化放养新方法"一移四龄窝茧放养法"，建立了配套应用技术体系，比传统二移五龄窝茧放养法省工 40.56%；完成了柞蚕茧与包叶物理参数及力学特性研究，研发出柞蚕茧剥叶机、柞园轮伐枝条粉碎机、柞蚕割茧机、摘茧器、种卵净选机等柞蚕生产机械及无人机移蚕系统，平均省工 50%以上。

（四）病虫害防控技术

桑树病虫害减药增效绿色防控技术取得新进展。构建了桑树病原微生物专业数据库，建立了桑青枯病、细菌性枯萎病及桑褐斑病、轮纹病、桑疫病等病原分子检测新技术，以及病虫害预测预报系统。建立了稳定高产的桑螟寄生蜂扩繁技术体系，利用桑叶挥发物 PTOP 改造传统诱芯，显著提升了桑螟田间诱蛾量与寄生蜂的寄生率，构建"桑螟天敌寄生蜂+食（性）诱捕杀器"等创新模式，太阳能杀虫灯、诱虫板等诱杀桑园主要害虫桑螟、桑蓟马、桑粉虱以及低毒、高效农药等在养蚕大户的桑园中大量应用，使桑叶片为害率控制在 0.5%以内。桑保无人机、自走式治虫机械、烟雾治虫机械等设备在主产区开始规模化应用，助力桑树病虫害防治减药增效。

蚕病诊断与绿色防控技术系统化水平提升。研发了家蚕重要病虫害快速诊断与智能识别以及蚕病远程专家诊断系统，建立了家蚕血液型脓病、微粒子病等快速可视化检测方法和技术，研制出了人工饲料育细菌病、家蚕微粒子病防治新药剂。高效二氧化氯蚕用消毒剂以及阿苯达唑制剂克微灵 1 号等新型绿色消毒药剂在基地示范推广。

柞蚕绿色防控技术研发示范稳步推进。集成柞蚕寄生线虫致病机理及防控技术体系、黑广肩步甲绿色安全防控与生物防治利用技术体系，采用诱捕器与化学防治相结合的立体防控生产试验，实现降低黑广肩步甲为害 95%，成功研制柞蚕柞树害虫新优势种及柞蚕饰腹寄蝇防控新药剂，制备了柞蚕害虫蚂蚁高效环境友好型防治饵剂。

（五）资源利用技术

桑树新功能挖掘和高效提取利用技术研发、蚕蛹生物转化高效利用技术研发、蚕桑绿色高效生态技术模式开发和产业化等方面取得了较突出的成效。建立了桑葚花青素高效包埋及花色苷稳态化加工技术、桑葚酒中生物胺控制技术以及桑果酒混酿加工技术；研发了蚕蛹油脂改性、桑叶功能因子高效提取、蚕桑生物饲料健康养殖水产等新技术；建立了蚕蛹蛋白低温美拉德反应、蚕蛹抗菌肽制备、桑叶脱腥臭等新工艺；桑叶茶、桑芽菜、桑果酒、桑枝食用菌等技术在生产中得到大面积推广应用；研发桑果辣椒酱、蚕蛹味肽复合调味汁、花色苷蚕丝冻干面膜、桑果桑叶合生元、桑黄咀嚼片、蚕桑养生酒、蚕蛹虫草汤包等新产品。

完善饲料桑全产业链生产技术体系。研究饲料桑品种、农艺配套丰产技术，建立饲料桑苗木繁育基地；完成桑饲料发酵菌筛选、饲料用酶催化性能改良和桑枝酶解产糖工艺优化；研究桑叶 DNJ 等对肉兔和鸡生产性能、抗氧化性能等功能作用。开发桑叶饲料产品在肉牛、奶牛、肉猪、鸡、兔、鸭、罗非鱼、草食性鱼类等的应用，饲料桑在江苏、湖北、内蒙古、陕西、新疆等省（区）生产上开始大面积示范推广应用，目前全国饲料桑面积约 55 万亩。

针对工厂化医用蚕丝材料所面临的关键技术问题，建立了工厂化医用蚕丝材料的标准与主要技术指标，开发新型超声波辅助低温索绪技术，进一步研发绿色低共熔溶剂溶解提取丝素蛋白及剥离制备其纳米纤维的新方法等。选用传统中药黄连素与青蒿素作为目标药物，采用丝素蛋白作为载体材料，设计开发了一种具有天然长效抗菌及抗炎功能的载药蚕丝缝合线，该缝合线的制备过程简单高效、绿色环保和稳定持久，能够实现规模化开发多功能缝合线的转化潜能。

丝素蛋白研究方面，利用丝素纳米纤维规模化制备技术进一步改良，实现了对直径 20~40 纳米，长度 500~1 500 纳米的超细丝素纳米纤维的 5 千克级规模化制备。利用丝素蛋白优异的生物相容性，使用乳液法和冷冻真空干燥法制备了一种 200 微米左右的可注射多孔微球，利用该微球搭载神经干细胞（NSCs），为 NSCs 在脑内的生长、增殖和分化提供物理支撑，可实现对脑梗死的有效治疗。

（国家蚕桑产业技术体系首席科学家　代方银　提供）

2022年度茶叶产业技术发展报告

（国家茶叶产业技术体系）

一、国际茶叶生产与贸易概况

（一）国际茶叶生产

预计2022年全球茶叶产量较2021年下滑2%，达到642万吨。其中，中国茶叶产量预计为315万吨，约占全球茶叶总产量的49%。据国际茶叶委员会统计，2022年，斯里兰卡茶叶产量25.15万吨，同比减少19.98%；印度茶叶产量134.05万吨，同比下滑0.19%；孟加拉国茶叶产量9.38万吨，同比减少2.77%；马拉维茶叶产量4.78万吨，同比减少5.56%；乌干达茶叶产量6.87万吨，同比减少16.64%；坦桑尼亚茶叶产量2.53万吨，同比减少3.34%；肯尼亚茶叶产量53.50万吨，同比减少0.52%。

（二）国际茶叶贸易

2022年全球茶叶贸易预计有所下滑。据国际茶叶委员会统计，2022年，肯尼亚茶叶出口45.03万吨，同比下滑19.43%；印度茶叶出口22.7万吨，同比上涨15.50%；斯里兰卡茶叶出口24.16万吨，同比减少12.45%；印度尼西亚茶叶出口4.50万吨，同比增加5.55%；乌干达茶叶出口7.38万吨，同比增长2.48%。在进口贸易中，国际茶叶委员会统计数据显示，2022年，美国进口茶叶11.96万吨，同比增长4.27%，其中美国绿茶进口1.66万吨，同比下滑0.60%；英国进口茶叶11.65万吨，同比增加7.67%；日本茶叶进口量继续缩减，进口茶叶2.58万吨，同比减少8.09%；巴基斯坦进口茶叶23.65万吨，同比减少4.43%，其中红茶进口量为23.46万吨，同比减少4.05%。

（三）国际茶叶消费与价格

全球茶叶消费规模预计进一步扩大。2022年FAO全球茶叶市场研究报告显示，世界人均茶叶消费量在过去十年中增加了2.5%，茶叶生产国消费量显著增加，发展中国家和新兴经济体一直在推动需求增长，而欧美地区发达国家茶的摄入量出现了下降。

据国际茶业委员会统计，2022年，斯里兰卡科伦坡茶叶拍卖均价为1 250.24卢比/千克，同比上涨102.36%，斯里兰卡国家7月宣布破产，国内通胀率达到66.7%，故而茶叶拍卖均价较2021年同期翻番；印度北部加尔各答拍卖市场叶茶拍卖均价为237.49卢比/千克，末茶为216.56卢比/千克，同比分别上涨11.58%和6.62%；印度东北部高华哈第拍卖市场叶茶均价为191.07卢比/千克，末茶均价为190.86卢比/千克，同比涨幅分别为3.82%和6.92%；孟加拉国吉大港拍卖市场叶茶和末茶拍卖价格分别为189.89塔卡/千克和216.83塔卡/千克，同比分别变化-1.84%和2.23%；肯尼亚蒙巴萨茶叶拍卖价233.00美分/千克，同比上涨18.27%。

二、国内茶叶生产与贸易概况

（一）国内茶叶生产

根据国家茶叶产业技术体系调研数据，结合国家统计局2021年数据推算，2022年，全国茶园面积为5 017.83万亩，同比增长1.13%，无性系良种比例为66.49%；全国茶园开采面积4 061.61万亩，增加97.52万亩，同比增加2.46%，增幅略低于2021年；茶叶产量约为315万吨，同比减少0.44%；茶叶农业产值超过2 256亿元，同比增长4.35%。体系调研数据显示，2022年绿茶产量为211.75万吨，同比下滑0.72%；乌龙茶产量32.14万吨，同比减少4.77%；红茶、黑茶、白茶、黄茶有不同程度的增产，产量预计分别为31.87万吨、21.20万吨、8.25万吨、1.47万吨。绿茶、红茶、乌龙茶、黑茶、白茶、黄茶产量占比分别为67.22%、10.12%、10.20%、6.73%、2.62%和0.47%。

（二）国内茶叶销售与价格

体系调研数据显示，受疫情影响，2022年71%的产区产业景气度下滑，下滑程度5%~20%不等。体系监测的18个产地批发市场92个经营户的交易数据分析发现，1—11月产地干毛茶交易量同比下滑10.8%，价格与2021年基本持平；分月度看，2022年1—3月各月干毛茶产地批发价格均同比上涨，且2月涨幅最大为39.4%；4—10月，干毛茶产地批发价格均同比下降，且6月降幅最大为10.8%，11月干毛茶产地批发价格同比上涨3.8%，干毛茶价格行情略有恢复。

（三）国内茶叶出口贸易

据中国海关统计，2022年，我国茶叶累计出口量为37.52万吨，同比增长1.59%，出口额为20.83亿美元，同比减少9.42%，出口均价为5.55美元/千克，同比下降10.84%。分茶类看，2022年，我国绿茶出口量为31.39万吨，占总出口量比重为83.6%，比2021年同期增加0.16万吨，增幅0.5%；红茶出口量为3.32万吨，同比增长3 648吨，增幅为12.3%；乌龙茶出口量为1.92万吨，同比增加1.1%；花茶出口量6 507吨，比2021年同期增加672吨，增幅为11.5%；黑茶出口总量2 267吨，其中普洱茶1 916吨，同比下滑11.9%。

三、国际茶叶产业技术研发进展

（一）遗传育种

印度学者Parmar等从20个熟知的茶树品种特异性状转录组中鉴定了403个与香气、品质和胁迫耐受性相关的核心TF- SSR标记，Rohilla等首次发现全基因组标记，Singh等生成了第一代茶叶单倍型图（Tea HapMap-1），确定的多态位点将有助于绘制茶叶重要性状的基因组区域，Borchetia等发现*C. assamica*中组蛋白修饰（HM）基因（77个）约为中国茶*C. sinensis*（151个）的一半。*HM*基因参与了不同的植物发育过程、种子休眠、激素信号转导以及生物和非生物胁迫。此外，Singh等还揭示了8 Gy、10 Gy和15 Gy γ辐射利于茶树种质变异。

英国Lubanga等提出在苗期引入基因组选择（GS），提高育种早期的选择精度，并将世代间隔缩短至2年。

俄罗斯Samarina等认为SSR标记的效率高于SCoT标记，基因组大小与叶面积大小之间存在显著的中等相关性。

（二）病虫害防治技术

日本利用专一性等位基因恒温扩增法建立了一套简单、快速、准确测定茶小卷叶蛾*Adoxophyes honmai*对虫酰肼类化学农药抗性水平的方法。印度研究显示，绿僵菌、长孢蜡蚧菌对茶角盲蝽*Helopeltis theivora*具优良防治效果，其中TMBMA1绿僵菌对茶角盲蝽的防治效果好于所有已商品化的生物农药，且与推荐用化学农药氯氟氰菊酯相当。

（三）加工技术

印度学者研究了不同煎炒和揉捻时间条件下，阿萨姆绿茶的感官品质、化学物质组成及其抗氧化活性的关系；比较了绿茶、乌龙茶、白茶、传统红茶和 CTC 红碎茶及未加工的茶叶（GTL）的代谢物指纹图谱差异，揭示了不同加工工艺制作的茶叶脂多糖刺激的 RAW 264.7 巨噬细胞中一氧化氮的抑制和对 A-549 和 CT26. CL25 癌细胞的细胞毒性等生物活性具有明显差异。日本学者研究认为，绿茶加工中叶绿素 a 和叶绿素 b 的比率可作为衡量抹茶质量的指标，抹茶中叶绿素 a 和叶绿素 b 的比例较高，则该品种的质量和价格可能较高，还揭示了红茶加工中儿茶素含量在发酵期间降低，茶黄素含量的变化与儿茶素含量呈负相关。土耳其学者揭示了红茶加工阶段对红茶的水分含量、颜色参数（L^*、a^* 和 b^*）和 pH 值、总酚类物质、抗氧化活性等指标的影响；开展了基于无损近红外光谱传感器评价红茶的感官品质特征。埃及学者使用基于 UPLC-MS/MS 的代谢组学结合化学计量学鉴定了斯里兰卡白茶、绿茶和红茶不同等级的鉴别化学标记物。

四、国内茶叶产业技术研发进展

（一）遗传育种

众多学者分别评估、鉴定了广东梅州、湖南永州、贵州、云南等多地（野生）茶树资源或种质的亲缘关系，儿茶素、嘌呤碱等成分的多样性以及农艺性状、成熟叶表型等，筛选出一批有育种潜力的优特异资源；开发出一款 200K 茶树 SNP 芯片，获得了植物新品种权 5 个，49 个品种通过登记。

从全基因组或特异材料中鉴定出苦茶碱合成、咖啡碱代谢、分枝、甲基化儿茶素形成、育性、抗性相关等一大批基因，建立了整合这些数据的第一个茶树（*C. sinensis*）基因组变异综合数据库 TeaPVs，构建了 CSA miRNA 与靶标的异构网络，为精确育种作出贡献。

茶树再生体系建立有所进展，成功诱导体细胞胚，但尚未完善。建立了一种 asODN 瞬时转化系统，可用于基因功能验证和蛋白质定位。根癌农杆菌原位转化法虽然一定程度上可以避开再生体系进行转化，但不同农杆菌菌株对茶多酚的耐性不同，LBA4404>K599>EHA105>ATCC15834，γ-氨基丁酸以及外植体褐化等可能也阻碍茶树遗传转化效率，转录因子 p450、AP2 等表达上调，有助于解决褐变。

（二）栽培技术

在茶园土壤和养分利用方面，研究发现茶园土壤质量空间异质性较大，不同产地的茶叶和土壤具有独特的矿质元素指纹，部分茶园土壤速效磷含量亏缺较严重；茶树与豆科作物间作能显著缓解土壤酸化，增加土壤养分有效性；有机肥和化肥合理配施能显著改善土壤性状，增加土壤微生物活性，提高养分利用效率，动物源有机肥能提升土壤肥力指数；施氮能显著改变茶园土壤反硝化群落组成并增加反硝化基因的丰度，低氮、高磷钾比例促进碳水化合物和儿茶素的积累；高酸性土壤可能对 AMF 群落产生生态选择。在栽培管理方面，研究发现光照强度和磷营养水平有效协同显著影响茶树苯丙氨酸、酪氨酸和色氨酸生物合成，提高茶树抗逆性；基于压缩深度学习模型的高效茶芽检测方法，建立嫩叶识别技术，提高了采摘的精确度。

（三）病虫害防治技术

云贵茶区新发现一种暴发性害虫贡山喙蓟马 *Mycterothrips gongshanensis*，存活率高，繁殖力强，世代周期较短。获得染色体级别的茶小绿叶蝉参考基因组，Contig N50 达到了 2.2 Mb、Scaffold N50 达到了 68 Mb，是目前半翅目昆虫基因组组装连续性、完整性最好的基因组。分析发现，茶小绿叶蝉嗅觉受体 CSP 基因家族产生了明显的扩增且在染色体上出现成簇排列的现象，P450 基因家族中的 CYP3 和 CYP4 亚家族出现显著特异性扩增。对茶黑毒蛾、茶毛虫、茶蚕、湘黄卷蛾等 5 种茶树主要鳞翅目害虫性信息素进行了鉴定或再鉴定，为高效性诱剂开发提供理论基础。明确了茶树体内抗虫信号途径茉莉酸途径的一个新型抑制剂 lyn3；非同时施用两途径外源激发子是茶树体内水杨酸、茉莉酸途径协同增效的重要条件；两途径协同增效，可提高茶树抗性水平、丰富茶树抗虫手段。

（四）加工技术

在茶叶智能化加工技术基础研究领域，构建了绿茶杀青和干燥过程中含水量变化的预测模型、红茶揉捻程度精准预测模型，开发了生产型萎凋含水率在线检测装置，揭示了茉莉花茶智能窨制中香气物质变化动态以及不同摊叶厚度对武夷岩茶晾青过程中微环境及茶叶品质的影响。

在茶叶加工品质形成与定向调控研究方面，揭示了相同鲜叶原料分别加工成四类绿茶的关键呈香成分及其感官品质差异的关键呈香成分基础；揭示了“清香”绿茶的关键呈香成分以及漳平水仙特有的花果香特征性成分。发现微波足火有利于保留绿茶中的叶绿素；绿茶加工的鲜叶摊放阶段采用红光辐照，可显著提高夏秋绿茶中花果香属性的关键物质含量；红茶加工中，日光萎凋可增加芳樟醇和香叶醇等花果香成分，热风萎凋会使具有强烈烘烤香的 3-甲硫基丙醛积累。研究发现，曲霉属如黑曲霉、冠突曲霉等真菌是导致黑茶品质发生变化的核心功能微生物，把特定的菌液制备发酵剂应用于黑茶渥堆中，可改善黑茶品质风味。

茶叶深加工中，筛选获得了具有优异 PPO 酶催化性能的巨大芽孢杆菌突变体，发明了 PPP 酶固定化新技术，为茶黄素酶促氧化制备提供了新路径；构建了正渗透膜浓缩、静电喷雾干燥组合的优质低耗速溶茶（茶浓缩汁）加工新技术，显著提高了速溶茶和浓缩汁的香气水平与综合品质。

（五）机械

以鼹鼠前足最大脚趾为仿生对象的仿生深松机模型，有效降低了高黏度土壤的耕作阻力。提出了一种自动调深双螺旋开沟施肥设备，可实现开沟、施肥、覆土一体化作业。攻克了电液并联控制技术、“1+N”复式作业技术和 WMCM 无线高清图传遥控技术，创制了高/低地隙区域遥控多功能管理机，实现了远程可视化无人驾驶作业，成功打破日本垄断。提出了一种 CNN 和 Transformer 结合的端到端检测方法，引入了关键点检测和 Few-Shot 学习，解决了智能化采摘过程中检测场景复杂、数据采集缺失等问题。提出了圆柱包络算法进行嫩梢定位，采用带负压的剪切装置进行嫩梢收割，采用 Delta 机械臂进行运动采摘，识别准确率达 82%以上。将多光谱、热红外、RGB、激光雷达和倾斜摄影传感器与无人机技术融合实现了茶树冠层表型数据遥感获取。使用支持向量机（SVM）方法结合无人机光谱系统获得的作物光谱信息建立的模型，实现了地上生物量（AGB）和叶面积指数（LAI）等作物生长参数的快速准确估计。

（国家茶叶产业技术体系首席科学家　杨亚军　提供）

2022 年度食用菌产业技术发展报告

（国家食用菌产业技术体系）

一、国际食用菌生产与贸易概况

（一）生产

自 1961 年以来，全球食用菌的生产量总体呈现不断扩大的趋势，尤其是进入 21 世纪以来，生产量增长态势明显。据 FAO 统计，食用菌产量从 1961 年的 49.51 万吨上涨到 2021 年的4 420.71 万吨，增加了 88.29 倍。与 2020 年相比，2021 年的生产量略有增加，增幅为 2.99%。就不同国别而言，食用菌产量超过 20 万吨的国家依次是中国、日本、波兰、美国、荷兰和印度。

（二）贸易

近年来，世界食用菌贸易规模总体呈现扩大趋势，实现平稳增长。根据 FAO 统计数据，2021 年世界食用菌进出口数量、进出口金额呈现如下特点。

在出口数量方面，2021 年出口食用菌 78.45 万吨，同比增长 5.84%；出口蘑菇罐头 68.49 万吨，同比增长 4.10%；出口干蘑菇 10.44 万吨，同比下降 15.84%。在进口数量方面，2021 年进口食用菌 72.20 万吨，同比增长 1.94%；进口蘑菇罐头 58.42 万吨，同比增长 6.59%；进口干蘑菇 10.34 万吨，同比增长 17.42%。

在出口金额方面，2021 年食用菌出口金额 24.27 亿美元，同比增长 15.50%；蘑菇罐头出口金额 19.29 亿美元，同比增长 14.88%；干蘑菇出口金额 15.21 亿美元，同比下降 6.16%。在进口金额方面，2021 年食用菌进口金额 22.83 亿美元，同比增长 11.95%；蘑菇罐头进口金额 12.34 亿美元，同比增长 30.28%；干蘑菇进口金额 9.78 亿美元，同比增长 30.13%。

（三）市场

在价格方面，不同国家和地区的食用菌生产者价格区别明显，且高低不同、波动有异。据 FAO 统计，2020 年①有 4 个国家的食用菌生产者价格在 5 000 美元/吨以上，从高到低依次是文莱（8 697.5美元/吨）、新加坡（8 697.3美元/吨）、以色列（6 826.6美元/吨）和冰岛（5 537.5 美元/吨），而土耳其（998 美元/吨）和匈牙利（857.2 美元/吨）的食用菌生产者价格则在 1 000 美元/吨以下；就增长率而言，2020 年有 4 个国家的食用菌生产者价格同比增长率在 10%以上，从高到低依次是文莱（26.32%）、阿塞拜疆（19.05%）、保加利亚（12.23%）和比利时（11.49%），而南非食用菌生产者价格下降幅度最大，由 2020 年的 1 691 美元/吨下降至 2019 年的 1 179.1 美元/吨，同比下降 30.27%，其次是匈牙利，由 2020 年的 954.7 美元/吨下降至 2019 年的 857.2 美元/吨，同

① 该部分最新数据为 2020 年，FAO 尚未更新至 2021 年数据。

比下降 10.21%。

二、国内食用菌生产与贸易概况

（一）产量

近年来，我国食用菌产业蓬勃发展，食用菌生产供给不断呈现扩大趋势，实现了产量和产值的平稳增长。根据中国食用菌协会统计，2021 年我国食用菌产量达到 4 133.94 万吨，比 2020 年增长了 1.79%。其中，食用菌产量排名前五的省份依次是河南省（576.13 万吨）、福建省（478.02 万吨）、河北省（331.35 万吨）、黑龙江省（320.95 万吨）和山东省（303.65 万吨），分品种而言，香菇产量依然最大，达到 1 295.72 万吨，占总产量的 31.34%，比 2020 年增长 9.05%；黑木耳次之，达到 703.44 万吨，占总产量的 17.01%，但较 2020 年减少 2.99 万吨；平菇排名第三，达到 611.34 万吨，占总产量的 14.78%，但较 2020 年减少 71.63 万吨。2021 年我国食用菌总产值 3 475.63 亿元，比 2020 年增长 0.29%。其中，食用菌产值排名前五的省份依次是河南省（410.38 亿元）、云南省（324.93 亿元）、福建省（248.11 亿元）、四川省（241.78 亿元）和河北省（228.71 亿元）。

（二）贸易

2022 年 1—11 月，我国食用菌出口贸易整体形势较好，实现贸易顺差。在出口数量方面，据中国海关统计，2022 年 1—11 月，出口鲜或冷藏的金针菇 40 081.35 吨，同比增长 24.83%；出口鲜或冷藏的香菇 17 325.37 吨，同比增长 6.83%；出口鲜或冷藏的口蘑 739.15 吨，同比增长 2.20%；出口鲜或冷藏的伞菌属蘑菇 16 417.21 吨，同比减少 3.64%；出口鲜或冷藏的草菇 90.56 吨，同比减少 2.92%。出口干木耳 19 069.14 吨，同比增长 11.07%；出口干银耳 4 144.47 吨，同比增长 19.68%；出口干牛肝菌 1 122.71 吨，同比增长 12.29%；出口干羊肚菌 195.15 吨，同比增长 43.40%；出口干香菇 29 032.09 吨，同比减少 38.76%；出口干伞菌属蘑菇 112.49 吨，同比减少 15.72%；出口干金针菇 7.02 吨，同比减少 20.23%。就罐头制品而言，出口小白蘑菇（洋蘑菇）罐头 151 060.23 吨，同比增长 17.13%；出口其他伞菌属蘑菇罐头 28 821.20 吨，同比增长 29.33%；出口其他蘑菇罐头 109 567.05 吨，同比增长 83.19%。

在进口数量方面，据中国海关统计，2022 年 1—11 月，进口干银耳 3.21 吨，同比减少 25.08%；进口小白蘑菇（洋蘑菇）罐头 42.04 吨，同比增长 20.24 倍；进口其他伞菌属蘑菇罐头 61.29 吨，同比增长 20.00 倍；进口其他蘑菇罐头 68.03 吨，同比增长 63.19%；进口其他制作或保藏的伞菌属蘑菇 45.69 吨，同比减少 28.44%；进口其他制作或保藏的蘑菇及块菌 21.31 吨，同比减少 64.13%。

（三）市场

2022 年的国内食用菌价格开始有所上升，整体处于平稳运行状态。据农村农业部数据统计，2022 年全国香菇平均批发价最高达到 12.98 元/千克，批发价最低 10.66 元/千克。其中，2022 年第 37 周（2022 年 9 月 5 日至 9 月 11 日）全国香菇平均批发价增长最快，同比增加 15.10%，2022 年第 1 周（2021 年 12 月 27 日至 2022 年 1 月 2 日）全国香菇平均批发价下跌最快，同比下跌 7.94%；2022 年全国平菇平均批发价最高达到 11.22 元/千克，批发价最低 5.85 元/千克。其中，2022 年第 14 周（2022 年 3 月 28 日至 4 月 3 日）全国平菇平均批发价增长最快，同比增加 49.33%，2022 年第 46 周（11 月 7 日至

11 月 13 日）全国平菇平均批发价下跌最快，同比下跌 20.83%。

三、国际食用菌产业技术研发进展

（一）国际食用菌产业技术研发的主要特点

中国、日本、韩国、欧美是食用菌专利研发重点来源区域，日本、韩国与欧美食用菌发明专利申请数整体呈现“缓增—平稳”趋势，而中国则呈现急剧增长的特征。就食用菌发明专利占比而言，美国、法国、韩国、日本和德国的专利研发以技术性为导向，食用菌发明专利占比较高，其中，美国食用菌专利拥有量最多，食用菌发明授权被引频次高；就食用菌专利价值而言，美国、法国、德国、日本专利价值较高，而中国与韩国则主要集中在低价值区间；就食用菌技术领域分布而言，食品、医药与梳妆品的制备是全球食用菌技术创新的关键领域，其中，基因或遗传工程技术、食品贮存与保鲜技术、化妆品与医药品配制技术是日韩、欧美地区的优势领域，而培养基配制技术和蘑菇栽培技术是中国食用菌技术创新的优势领域；就研发主体而言，国外多以企业为重心，而中国则以高校和科研院所为主体。

（二）食用菌育种未见突破性进展

欧美国家栽培的主要食用菌种类是双孢蘑菇。长期以来，以企业主导开展品种选育工作。近年来，国外双孢蘑菇生产使用的品种仍为美国老牌品种 SYLVAN 公司的 A15、AMYCEL 公司的 3X、LAMBERT 公司的 901 等。SYLVAN 公司新育成的品种 Peral 尚未在国内推广，但已在国内申报新品种权，取名为“珀尔幻玉”。日本白色金针菇品种主要为千曲化成公司的 T0 系列，过去使用的品种主要为 T011、T022，近几年升级品种是 T055、T066 和 T077。在珍稀食用菌育种方面，SYLVAN 公司在紫丁香蘑、滑菇、杏鲍菇、榆黄蘑等种类有所涉及，未见突破性品种的公开报道。在遗传改良方面，科研机构的研究人员主要致力于探索基因编辑体系的构建工作，未见突破性进展。

（三）食用菌栽培稳步发展

国际上对食用菌的研究主要集中在中国、日本、韩国、美国、荷兰等国家。在全球食用菌学科和产业发展历程中，像美国的宾夕法尼亚州立大学、荷兰的瓦赫宁根大学、日本的鸟取大学等科研机构的食用菌相关科学研究，曾经都是食用菌学科和产业研发创新的主力，但是近年来随着产业规模的稳定和扩张的停滞，这些科研力量已经呈现出萎缩的局面，研发团队和人数已经大幅度减少，同时这些研发团队的研究方向都转向基础理论研究。非洲国家比较重视食用菌栽培，特别是菌草利用方面。

国际上食用菌栽培种类仍以双孢蘑菇、平菇、香菇、黑木耳、金针菇、杏鲍菇、真姬菇等为主。欧美以栽培双孢蘑菇为主，实现了菌种、培养料、栽培的高度专业化分工，食用菌企业向着规模增大、数量减少的方向发展。日韩等国家栽培的食用菌种类较多，包括金针菇、杏鲍菇、灰树花、真姬菇、香菇、平菇等，以工厂化栽培为主。

（四）食用菌病虫害防控技术逐步系统化

国外学者对食用菌常见病害鉴定、致病机制及防控技术等方面研究较多，特别是对杀菌剂应用筛选、食用菌品种抗病性鉴定及防控技术，而从分子生物学角度对病害致病机制、致病基因、抗病性品种选育、生物防治等方面研究关注较少。研究最多的还是平菇、香菇、金针菇的蛛网病及双孢蘑菇疣孢霉病等，国外对珍稀食用菌病害研究较少。

在羊肚菌子实体分离出假单孢菌属菌株 YDJ-1 对羊肚菌子实体的生长存在威胁，造成菌柄发红、变软等病症，子实体基本不生长。在细菌性病害防治方面研究发现，浓度为10%的大蒜山杏壳木醋液浸出液对平菇褐斑病具有较好的抑菌效果。通过 RNA-seq 技术和细胞超微结构观察，揭示了软腐菌侵染杏鲍菇的潜在致病机制模型。在平菇中发现 OMSV-CH 感染可以显著抑制菌丝体生长速度，诱发子实体畸形，并降低平菇子实体的产量。在平菇中应用多重 RT-PCR 方法可以同时检测平菇菌株中的 4 种病毒：OMSV、OMIV、PoV1 和 POSV。

食用菌虫害研究主要集中在螨害和眼蕈蚊上。平菇抗螨机理研究发现，在分子层面上将抗螨性候选基因定位到一条染色体上，26 个候选基因参与了信号传导、防御过程和次级代谢相关通路，推测这些候选基因可能与抗螨性相关；在化学防御机制方面，螨虫取食和外源茉莉酸甲酯与茉莉酸均可诱导产生化学防御性半萜类物质。以此为基础开展抗虫、抗螨品种选育也可达到虫害防控的目的。捕食性螨虫、昆虫病原线虫、昆虫病原真菌等生物防控方法可用于对眼蕈蚊的防控。

（五）食用菌生产装备与智慧管控不断进步

全球食用菌智能化技术研究热点主要集中于深度学习、区块链和物联网等共性技术在食用菌中的应用研究。

1. 食用菌生产基本实现了全程工厂化

食用菌装备与管控设施设备的研发主要集中在企业进行，大多数装备企业能够根据生产需要研发新装备，努力向自动化、智能化生产方向发展。融合物联网技术，根据预设数据和电脑控制，结合外界的温度、湿度、二氧化碳含量及光照等环境因子，模拟食用菌最佳的生长环境，为产品的产量和质量保障提供技术支撑。此外，工厂化和专业化生产的机械化、自动化发展较快，新型装备已经覆盖制种、栽培、采收、包装、加工等各个环节，包括液体菌种生产、空气净化、培养料制作、菌棒（包）生产、环境控制、产品干制、保鲜、食品加工和深加工等。从原料生产到菌种菌棒（包）制作，从菇房设计建造到温湿光气自动控制，从采收到各类加工品，产业链的各环节都具备了与其综合条件相适应的较为完整的“设施—装备—工程”一体化的生产技术装备体系。

2. 机器视觉和图像处理技术在食用菌中的应用

由于机器视觉技术可以实现连续、快速的无损监测，不仅可以检测食用菌外部的生长参数，还可以根据菇盖表面颜色判断其生长状态，从而确定要实施响应的控制策略。国内外学者目前多集中个体菌菇特征信息的提取，如子实体的大部分形态结构表型（菌盖长宽、颜色和附属物、菌柄长度和菌褶间距）。食用菌群体长势基本上都是依靠肉眼观察和经验判断，尚缺乏群体长势技术和应用的报道，但是作物群体长势研究可以为食用菌的群体长势信息获取和分析提供参考。

（六）食用菌加工技术研发进展取得新成果

世界卫生组织和联合国粮食及农业组织把食用菌产品确定为“天然、营养、保健”三种机能为一体的绿色食品。纵观国际食用菌产业的发展，食用菌加工技术较新，不停滞于初级加工阶段，且食用菌技术创新成果转化率较高，同时也开发了高功效的食用菌保健加工产品。

2022 年，国际上对食用菌质量分析及营养评价的工作主要聚焦于食用菌的重金属及农残检测分析方法的创新上。其中，食用菌重金属分析采用了磁分散固相萃取—碳粉法、基于碳纳米材料的电化学传感器、短端注射毛细管电泳等新的高精确度检测技术，开发了一系列的检测方法。而在农残上，则将便携式智能手机集成纸片传感器、基于萃取集成等离激元平台的灵敏SERS检测技术、Au@ AgNPs修饰的2D Ni-MOF纳米片、气相色谱—质谱法、QuEChERS结合GC-MS/MS等新技术应用于多种类型农药残留的快速、无酶、可视化、定量检测。

四、国内食用菌产业技术研发进展

（一）食用菌遗传育种创新能力持续增强

在国家食用菌产业技术体系的稳定支持下，全国食用菌育种队伍得到长足发展。在定向育种理论与技术创新方面，一是在种质资源采集、评价和创新利用的基础上，选育出的"申香"系列香菇、"吉黑"系列黑木耳在全国主产区得到产业化推广。二是在解析重要农艺性状遗传规律研究的基础上，搭建平菇、香菇等大宗食用菌定向育种模型，获得一批新种质。三是初步研发出基于全基因组序列的菌株鉴别技术，为品种权保护提供技术支撑。四是明确培养基成分以及乙酸对菌棒质量的影响，为专业化制棒和食用菌稳产提供科学支撑。五是发现羊肚菌子囊孢子普遍存在异核现象，证实梯棱羊肚菌是假同宗结合，为单个子囊孢子育种提供了科学支撑。

（二）食用菌生产栽培稳定发展

食用菌产业步入良性循环、稳步发展的轨道，为乡村振兴和农业农村现代化提供有力支撑，产业发展从追求产量增长向产量、质量和效益并重转变，食用菌全产业链建设得到加强，进一步推动了食用菌产业高质量发展。

香菇、黑木耳和平菇的总产量占我国食用菌总产量的63.15%，这3种食用菌还将在相当长的时间内以传统农业式生产模式为主，专业化分工是3种食用菌生产的升级方式，"设施化制棒（包），生态化出菇"生产模式的技术水平和推广应用规模进一步提高，全产业链标准综合体的建设取得显著进展，但仍需优化完善。工厂化食用菌品种方面，仍然以金针菇、杏鲍菇、双孢蘑菇和真姬菇为主，因受疫情影响，金针菇、杏鲍菇和双孢蘑菇产量下降，从栽培技术水平看，金针菇、杏鲍菇、真姬菇生产水平已经达到较高程度，双孢蘑菇工厂化栽培工艺与国外相比还相对落后，国内工厂化栽培模式一般为多功能温控菇房加钢架菇床生产，培养料隧道式二次发酵，少数企业采用三次发酵料，全工厂化生产还在探索中。地方特色品种及珍稀种类的栽培技术不断改进，比如大球盖菇林下和工厂化生产技术、北方日光温室和仿野生树下羊肚菌栽培技术、鹿茸菇工厂化栽培技术、控温菇棚长根菇标准化生产技术等取得显著提升，成为产业发展的新增长点，另外毛木耳、灵芝、秀珍菇、金福菇、松茸、姬松茸、天麻、牛肝菌、茯苓/猪苓的产量也显著提高，配套的轻简化、多元化、标准化绿色生态栽培技术的研发工作还有待加强。

在食用菌栽培基质方面，由于传统原料的使用无法满足生产需要，原料价格升高，导致生产效益下降，成为制约产业发展的关键因素，新型栽培基质不断开发利用。豆秸、竹屑、板栗木屑、果树木屑、食用菌菌渣、茶树枝条、桑枝、核桃壳、核桃木屑、棉渣、木糖醇渣等原料在生产中得到推广应用，金银花枝条、中药渣、皇竹草、汉麻秸秆、葡萄枝条、油茶壳、油茶木屑、留兰香废弃茎叶、南荻、花椒籽油渣、猕猴桃枝条、槟榔加工副产物、牡丹籽壳、黄芪茎叶、党参茎叶、脱油油樟叶渣、松塔渣、红麻秆、茱萸枝屑、螺蛳粉原料、枇杷枝屑、芦苇秸秆等原料被开发，可用于食用菌栽培。

（三）食用菌病虫害防控体系日益成熟

针对极易暴发的香菇菌棒腐烂病、平菇黄斑病、黑木耳绿色木霉病等大规模发生的病害，从病原物监测、环境微生物多样性及环境条件智能控制 3 个方面进行监测成为主要研究内容，为通过农艺措施预防病害、抗病品种选育和栽培环境自动控制奠定基础。在双孢蘑菇、金针菇、杏鲍菇、蟹味菇等工厂化栽培食用菌中，环境消毒、品种抗性和环境因子智能控制成为重点。随着珍稀菌栽培规模扩大，竹荪、羊肚菌、长根菇等珍稀食用菌病害也开始受到关注，如羊肚菌白霉病，菌盖干腐病等。国内高度重视羊肚菌主要病虫害及连作障碍防控，系统监测羊肚菌菌种萌发、菌丝生长、原基发育和子实体生长等不同阶段的环境参数，检测了土壤微生物及有害生物种群变化规律，调查了病害发生情况，构建羊肚菌子实体与环境参数之间的数学模型，为羊肚菌设施化栽培奠定基础。从土壤处理丰富、菌种质量控制、营养袋撤袋、大棚设施建设和环境管理等方面，研究集成包括农业措施、物理方法及化学方法在内的羊肚菌病虫害及连作障碍综合防控技术。

国内在食用菌虫害防控技术研究方面，重点研发双翅目、螨虫等主要虫害在物理、生物、化学等多个方面的防控技术。通过分析发现异迟眼蕈蚊成虫在平菇种植场的飞行高度主要集中在菌包上方 10 厘米处，可指导黏虫板、诱虫灯等物理诱杀设备的放置更加精准。

在害虫生物防治方面，发现昆虫病原线虫可用于眼蕈蚊的生物防控。针对温度不同，选择适宜的线虫种类和密度才能达到最佳效果，其中芜菁夜蛾斯氏线虫与杀虫剂混用可明显提高对眼蕈蚊的侵染率，杀虫剂应选择对线虫毒性较小的种类；14%阿维・虫螨腈悬浮剂用于平菇菌中黑粪蚊防治效果最好，松脂精油助剂与噻虫嗪和噻虫胺制剂混配能较显著提升其对眼蕈蚊幼虫的毒杀效果，能够对眼蕈蚊幼虫解毒代谢酶产生抑制作用。

（四）食用菌生产调控装备不断进步

在政府持续发布利好政策加快农业数字化进程的大背景下，食用菌生产特别是农业式生产中广泛使用数字化调控设备，其中南方地区关注于通风设备，北方地区则侧重于保温调控设备。以卷膜为对象的自然通风调控设备和以保温被为对象的保温调控设备以手动和定时控制为主，面向卷轴精准定位在线识别技术已经得到突破，面向塑料大棚和日光温室等简易设施结构的全自动化调控设备应用也提上日程。除控制设备外，基于枪机或球机摄像头等图像设备在食用菌农业式生产中的使用率也进一步提高，在产业上多用于防偷盗、用人管理、温室撂荒监测等方面，相关技术成熟；但在菌菇表型、病虫害预测、产量估计等方面还局限于科研研究。食用菌机械设备继续致力于食用菌机械加工设备的自动化、智能化产品的研发，基于工业互联网建立数字工厂，融合 5G 通信、物联网和云计算等前沿技术，具有智能感应、防盗、故障报警、设备状态参数监控、自动远程抄表、电子地图定位等功能。

在工厂化养菌和出菇环境调控设备主要由国产 PLC 开发，开发技术门槛低，逐步从单机运行过渡至设备联网阶段，部分头部企业完成设备联网，实现了集中式管理，但行业内仍然以技术人员在现场操作为主。相关设备的环境调控策略以上下限阈值控制为主，面向节能目标的先进调控算法停留在仿真阶段，基于调控方法的节能潜力尚待继续挖掘。智能化产品已被广泛应用，涵盖了食用菌的栽培、加工、拌料、装袋、扎口、灭菌、接种、烘干等成套自动化生产设备，具有生产效率高、能耗小、低碳环保等特点，许多设备还加入了 AI 人工智能等最新的智能化技术，以满足食用菌工厂化栽培、加工和生产的要求，例如形成基于机器视觉的菇体定位，在此基础上研发试制采收机器人，在金针菇、双孢蘑菇等方面成功应用。

（五）食用菌加工产业技术不断突破

由于人们对食品养生保健功能的重视，我国食用菌保健功能加工产品也开始逐渐发展，例如将具有不同药理活性的食用菌，通过提取其多糖等生物活性成分，将其制作为保健品或药品。陈溢等研究发现，香菇多糖可明显改善脂肪组织的炎症以及糖脂代谢紊乱，主要通过调控 PK 和 PEK 通路，促进脂肪细胞内脂肪酸氧化分解，减少体内脂肪蓄积，改善小鼠肥胖。吴梦娜等研究表明，灵芝多糖能够有效缓解 D-gal 诱导的衰老小鼠海马神经元损伤并提高小鼠的学习记忆能力，其主要通过 Nrf2/HO-1 通路提高海马抗氧化能力并维持神经元线粒体正常结构功能来发挥神经保护作用。因此，食用菌在药物加工方面具有潜在的开发价值。

2022 年我国在食用菌质量安全检测方面采用气相色谱—串联质谱法检测 10 种常见食用菌中 20 种有机磷农药的基质效应，探索利用替代基质配制标准溶液进行定量分析的可行性。为在食用菌菌渣资源可循环利用过程中有效检测及监测菌渣中的农药残留，优化食用菌菌渣前处理的超声时间、静置时间及氮吹时间，建立菌渣中乙烯菌核利、三唑酮、腐霉利、异菌脲、甲氰菊酯、高效氯氟氰菊酯、氟氯氰菊酯、氟氰戊菊酯、氟氨氰菊酯 9 种农药多残留量测定方法。

（国家食用菌产业技术体系首席科学家　谭琦　提供）

2022年度中药材产业技术发展报告

（国家中药材产业技术体系）

一、国际中药材生产与贸易概况

（一）国际中药材生产

2022年，全球草药市场估计为1 350亿美元，预计到2026年将达到1 784亿美元，在2022—2026年分析期间复合年增长率为8.1%。据估计，2022年美国草药市场达到245亿美元，其他值得注意的地理市场如日本和加拿大，分析期内分别预测增长7.4%和7.1%。日本医药领域对汉方制剂的需求不断增加，但由于气候、土壤、成分含量、质量和价格等因素的影响，用作原料的药材约82.7%在中国生产，10%在日本生产，原材料严重依赖中国。由于价格上涨等因素导致中国产药材难以确保稳定供应，日本正采取双轨采购，对国产药材的需求不断增加，并不断推进国内产地的培育。

（二）国际中药材贸易

2022年前三季度，我国出口中药材及饮片18.65万吨，出口额10.36亿美元，同比增长7.87%。中药材前五大出口市场为日本、越南、中国香港、韩国、中国台湾，占中药材及饮片出口总额的64.08%。中药材出口前十大品种为肉桂、枸杞、红枣、人参、茯苓、当归、罂粟籽、黄芪、半夏、冬虫夏草，占我国中药材出口总额的47.48%。其中罂粟籽出口金额同比增幅最大，达910.65%，主要出口方向为印度。2022年前三季度，我国进口中药材16.53万吨，进口额4.48亿元，同比增加52.09%，前五大进口国为印度尼西亚、缅甸、新西兰、加拿大、韩国，占中药材进口总额的68.03%。进口前十大品种为豆蔻，鹿茸，西洋参，槟榔，肉豆蔻，人参，药用动物腺体，乳香、没药及血竭（海关并入一个品种统计），姜黄，龟壳、鲸须、兽角（海关并入一个品种统计），占进口药材总额的69.68%。槟榔进口额同比增幅最大，达484.85%，几乎全部从印度尼西亚和缅甸进口。

二、国内中药材生产与贸易概况

（一）国内中药材生产

2022年全国中药材生产处于增长状态，种植面积和产值继续增长。全国中药材种植面积约596.73万公顷，较2021年增长3.59%。其中，种植面积排前10位的省份依次是云南、贵州、河南、湖北、山西、甘肃、四川、湖南、陕西和黑龙江。中药材总产量保持增长。预计全国中药材总产量2 400万吨，同比增长7.76%。其中，枸杞产量38.28万吨，同比减少12.55%；黄芪产量41.36万吨，同比增长7.38%；石斛5.45万吨，同比增长6.24%；天麻248.64万吨，同比增长9.77%；人参10.53万吨，同比增长16.81%；三七3.29万吨，同比减少3.64%。

（二）国内中药材贸易

2022年中药材市场成交额接近2 000亿元。截至2022年11月，虽有部分抗疫品种销售好转、价格上升，但中药材市场整体小幅下滑。对外贸易方面，2022 年 1—10 月我国中药材及中式成药一般贸易出口数量为 11.41 万吨，同比增长 6.6%，出口金额为66.62 亿元，同比增长 9.7%；加工贸易出口数量为 901 吨，同比增长 47.6%，出口金额为 1.81 亿元，同比下降 0.2%。1—10 月中药材累计进口数量为 10.33 万吨，同比增长 80.2%，进口金额为 20.43 亿元，同比增长 24.4%。

三、国际中药材产业技术研发进展

（一）中药材资源、育种和种子生产

塞尔维亚等国家愿同中方合作，通过建立功能性国家植物园来收集保存中药材资源，特别是濒危野生药用资源。伊朗等国家对黄花芍药等资源的保护提上日程，愿意与中方合作加强优异资源的繁育。

在育种技术方面，目前最前沿的分子育种技术在中药材领域不断应用，如遗传图谱构建、性状分子标记、药效成分合成分子通路解析等多有开展，并通过国内外专家合作完成了三七、人参、甘草（日本）等药材全基因组图谱的绘制；但利用分子育种方法选育出优良中药材品种，并在生产上推广应用的案例还没有。

（二）中药材栽培及田间管理

美国、加拿大以栽培西洋参为主，并出口到亚洲地区。南美洲传统草药如玛咖、阿萨伊等越来越受到重视，已经进入我国市场。欧洲国家在药材的离体培养、栽培设施、养分调控等方面具有显著优势。日本、韩国药材种植技术比较先进，但种植品种较少。韩国的高丽参栽培为农田栽培，以水旱轮作解决连作障碍问题，但韩国由于森林资源较少，我国林下人参仿野生栽培和野生抚育技术具有绝对优势。日本生产大量的汉方药，其药材主要来源于我国，自主生产的药材品种很少。近年来，日本汉方药企业药材种植有明显向老挝、缅甸等东南亚国家进军的趋势。非洲的尼日利亚、加纳、科特迪瓦等国主要生产山药，种植面积接近全球的 70%，年产量为 5 000 万吨。国际上 AI 技术等已经应用于药材的组织培养研究中，如对基因型、培养基、灭菌条件、不同类型和浓度的生长调节剂等的建模、预测和优化，大大提高了诱导和培养效率。

（三）病虫草害防控技术

生物防治、物理防治和化学防治虽能达到较好的病虫害防治效果，但是化学农药的使用会导致环境污染、破坏植物生理特性，因此需要研发新的病虫害防治方法和技术。首先，通过种植模式的创新来减少病虫害的发生，典型案例有三七林下生态种植技术。其次，“纳米技术”成为国内外中药材病虫草害防治的新方向，目前已研制出多种用于控制中药材病害的纳米材料、用于诊断中药材病害种类的纳米材料以及可激发中药材植株抗性的纳米材料。除此之外，太阳能病虫害防治技术、超声波和通电除虫技术、辐射昆虫不育防治害虫技术和人工诱发作物自身抗虫害能力技术等多种技术的出现也为中药材病虫害防治提供了新方向。目前对于草害的防治依旧是使用除草剂，在这一方面还需建立新的防治技术。在坚决维护生态安全的前提下，绿色无污染的病虫害防治更适合中药材的可持续发展。

（四）中药材机械研发

国外大部分药材种植集中在日本、韩国、朝鲜、印度等亚洲国家，少部分在美国、加拿大、德国等欧美国家，其关注的重点主要包括药材的半野生栽培、机械采收、干燥和深

加工。欧美、日韩等发达国家在一些根茎类药材和少部分花类药材上实现了全程机械化发展，如美国西洋参、韩国高丽参、德国洋甘菊等；以日本为代表的中药材设施栽培与智能化管控技术研发有长足发展，随着信息化和数字化技术发展，国际上的药材种植生产逐步向无人化、精细化、智能化方向发展。在干燥机械化方面，主要以智能化烘干为目标，烘干方式主要包括热泵干燥、过热蒸汽干燥、红外干燥技术等，在注重产业应用的同时，也注重基础理论的研究，如干燥过程药材品质变化机理、药材特性与干燥机性能之间的匹配性。在深加工方面，主要以功能性成分提取为主，具备较完备的中药提取物全流程自动化生产线，侧重于药材产品在其他领域的开发应用，如化妆品、食品饮料、功能食品等。

（五）中药材加工利用技术

法国 Microphyt 生物公司通过一种以水生仿生原理为基础的可持续生产技术，模仿微藻自然生长条件获得金色微藻提取物，该提取物含有 omega-3 脂肪酸、甾醇和叶黄素等。瑞士化妆品原料供应商 Mibelle 开发了一种可持续且大规模生产的苔藓细胞培养技术，从苔藓中生产纯植物细胞，充分利用苔藓的同时避免污染。美国路博润公司通过亚临界水技术制备得到新的植物成分密罗木叶（茎）提取物，提取时控制水温和水压，用水代替化学溶剂，比传统提取方法更快、更环保，并有助于回收包括水溶性差的活性物在内的植物有效成分。美国国际香精香料公司采用无须溶剂的超临界 CO_2 提取方式，使微藻中的有效成分尽可能保持最大的生物利用度，有效提升功效。

目前国际中药产品仍主要集中于提取物的开发利用，通过复配组合开发具有多重功效的功能产品及日化产品，如德国拜耳公司用黑夏至草、缬草、单子山楂提取物开发复合植物舒压深眠片；日本城野医生护肤品牌用积雪草提取物、梅果提取物、白藜芦醇等开发美白淡斑精华液。

四、国内中药材产业技术研发进展

（一）中药材资源、育种和种子生产

根据最新数据，农业农村部已颁布 11 批农业植物新品种保护名录，共计 191 个种（属），其中直接涉及中药材的有人参、三七、石斛属、天麻、红花、淫羊藿属等 20 个种（属）。国家林业和草原局目前共颁布 8 批林业植物新品种保护名录，共计 293 个种（属），其中仅有枸杞属、杜仲、沙棘属、黄芩属等 12 个种（属）属于中药材。截至 2022 年 12 月 30 日，农业农村部共受理国内外新品种权申请9 169件，授权4 094件。其中，中药材植物 2022 年新增申请 115 件，授权 69 件。

国家中药材产业技术体系在 2022 年收集中药材种质资源 4 300 余份，获得育种材料 900 余份，制定获发布甘草、麦冬等的 DUS 测试指南 4 份，形成艾、苍术、连翘、黄芩属、白芍、金荞麦、浙贝母、白芷等 DUS 测试指南草案 8 份，形成丹参、半夏、菊花、黄精等选育或脱毒技术 9 套，艾草、天麻等 31 个品种通过省级认定（登记、鉴定），“苏蓣 8 号”山药获得农业农村部新品种权。

（二）中药材栽培及田间管理

国家中药材产业技术体系提出了药材微生物组研究在中药生态农业土壤改良和品质提升方面的策略，从供给服务、生态服务和文化服务等方面制定了中药材生态产品价值评估体系，制定了 60 项中药材生态种植技术规范团体标准（征求意见稿）。精准调控技术及机制有了深入研究，当归养分吸收规律、人参干旱胁迫下的生理和转录响应机制被揭示，为药材养分和水分管理提供了技术参考。在中药材连作障碍机理解析方面，研究了人参、天麻连作障碍的微生态机制以及连作丹参根际土壤化感效应的机理，揭示了天麻种植使土壤中的土赤壳属真菌成为优势菌群。目前山药种植发展趋势是起垄搭高架覆膜墟沟种植和浅生定向槽栽培，收获机械在向小型智能化方向发展。

（三）病虫草害防控技术

主要包括利用生物多样性“相生相克”和“生境耦合”原理来减少病虫害的发生、筛选生物农药进行中药材的病虫草害防控两大方面。林下中药材有机种植技术针对常规中药材大田生产过程中，由于单一品种的大面积种植及大肥大水的管理措施常导致病、虫、草、鼠害暴发流行的问题，利用生物间相生相克的原理，将中药材的生物学特性与森林物种和生境相耦合，创造适宜中药材生长的环境条件，创建中药材林下有机种植技术体系，从源头解决中药材质量下滑难题，也极大缓解了中药材与粮食和经济作物争地的问题，缓解了土地资源匮乏的矛盾，为克服现行中药材农田种植模式的弊端提供了关键技术支撑，主要案例如林下三七有机种植技术。

根据《中药材有害生物绿色防控产品核定办法》，国家中药材标准化与质量评估创新联盟植保专委会与生物农药与生物防治产业技术创新战略联盟联合组织召开“2023年度中药材有害生物绿色防控产品核定”会议，最终决定将浙江龙湾化工有限公司等15家企业的44个产品列入2023年度《中药材有害生物绿色防控产品目录》。如浙江龙湾化工有限公司生产的龙克均（20%噻菌铜SC），对铁皮石斛软腐病和人参（西洋参）根腐病具有比较良好的预防效果和一定的治疗效果。

（四）中药材机械研发

随着中药材种植规模的不断增大和种植标准化发展态势的演进，中药材生产全程机械化发展愈加得到重视，国家、地方政府和企业都在中药材生产机械研发与技术攻关方面给予了更多关注和支持，中药材生产机械发展迎来了新的机遇，主要集中在根茎类中药材播种/移栽和收获、花果类药材收获机械以及产地初加工机械的研发。根茎类药材栽种机械主要以钳夹式、吊杯式、导苗管式等类型的移栽机为主；根茎类药材收获主要通过悬挂式犁具以及振动铲等完成挖掘翻土、根土分离作业，后由人工进行收集，与此同时，无人驾驶、深度学习、机器视觉等智能技术开始在浅根茎类收获机械上初步应用，取得了突破性进展。花果类收获机的研发仍处于攻关阶段，花类药材（红花、金银花、菊花等）收获主要以气吸式手持采摘机为主，而自走式花类药材采摘机目前多以论文或专利的形式呈现，仍处于试验试制阶段。果类药材（红枣、枸杞等）采用机械振动的方式进行采收。对于产地加工机械方面，市面上较为成熟的机械装备主要为各类干燥机和烘房，包括真空脉动干燥机、热泵干燥、热风干燥等，此外，用于中药材产地初加工的小型加工装备如清洗机械、筛选机、去核机、撞皮机、揉搓机等也逐渐发展起来，科研机构和企业也更加关注此类加工机械的研发与创制，未来产地加工机械将逐渐向规范化、专用型和智能化发展。

（五）中药材加工利用技术

在质量研究和加工技术方面，国内科研团队研究了不同加工工艺对山药质量的影响，创建了靶向改善质构的益生菌发酵山药关键技术；在初加工工艺优选方面，建立了黄精等中药多成分、多指标数据模型综合评价方法；针对黄精传统炮制方法“九蒸九晒”工艺效率低、活性物质损失等问题，创制了“酶解+益生菌发酵”炮制新技术，保留了活性成分，提高了黄精加工效率及加工技术水平，有效保障黄精品质。广州泽力医药科技有限公司研制的智能低温高效提取体系技术，由2~5辆多功能模块车载平台组成，利用瞬间高压差变化形成的高速流击破细胞壁，使细胞内的有效成分与溶剂充分接触、直接溶解，在全封闭管道内连续进行提取、分离、浓缩，全成分提取转移率高达95%以上，以物理方式去除绝大部分农残、重金属和微生物，并实现无排放清洁生产。

（国家中药材产业技术体系首席科学家　黄璐琦　提供）

2022年度绿肥产业技术发展报告

（国家绿肥产业技术体系）

一、国际绿肥生产与贸易概况

全球很多国家认可并积极推广应用绿肥。美国农业部经济服务局经济信息显示，2012—2017年，美国绿肥种植面积从417万公顷增加到623万公顷。美国保护性耕作组织和专家提出了到2025年增长至4 000万公顷的目标。绿肥生产和利用方式及激励机制持续创新，包括品种选择、种植模式、管理措施、利用方式、经济和环境效益、政府发展规划和项目资助等。

发达国家农业生产多为规模化经营并常采用种养一体化方式，较为重视生态农业的研究和应用。普遍利用绿肥对轮休或季节性闲置土地进行地表覆盖，改善土壤和农田环境健康水平，减少水土流失，抑制病虫草害，是支撑和维护农场保护性耕作系统的重要手段。

在美国，越来越多的农户种植绿肥作物。联邦、州政府和私人组织提供的财政激励措施是绿肥作物种植增加的驱动因素之一。从2018年开始，美国农业部的环境质量激励计划每年向约80万公顷的绿肥作物支付1.55亿美元的计划援助金额，大约1/3种植绿肥的土地能够从联邦、州政府或其他支持性项目中获得财政补贴。2022年美国农业部风险管理署推出绿肥推广计划，种植绿肥多的农业生产者有资格获得额外补贴。

在欧洲，种植绿肥是有机农产品生产的主要技术，也是有机果园认证的重要环节。欧盟出台农业政策鼓励农户种植绿肥，2010—2016年绿肥面积占耕地面积的8.9%。2023年的“欧洲地平线”计划明确指出，在食物、生物能源、自然资源和农业环境板块，通过间套轮作等方式发挥豆科绿肥的多种生态服务功能。在法国和荷兰等欧盟国家，种植填闲覆盖作物是执行硝酸盐管控政策的重要措施。英国从2015年开始，通过基本支付计划鼓励在生态重点区域利用覆盖作物。在日本，生态农业实施过程中，采用种植绿肥，配合秸秆还田、施用传统有机肥等措施培肥土壤，强化养分循环。韩国运用单季稻—绿肥轮作方式保持地力。日本、韩国发展冬绿肥也是观光和蜜源的重要措施。

绿肥产业国际贸易方面，2022年度种子贸易总量相比往年稍有提升，主要是以我国出口绿肥种子为主，重点是向日本和韩国出口紫云英、苕子、田菁等种子。据不完全统计，2022年累计出口绿肥种子2 243吨，出口额5 800多万元。2022年从俄罗斯、美国、荷兰等地进口黑麦草、豌豆等绿肥种子约100吨。发达国家较为认可绿肥打底的农产品，“绿肥+”农产品的国际贸易开始崭露头角，福建的“绿肥+”茶叶出口额34.4亿元，包括出口日本、韩国等的岩茶和出口英国、德国等的红茶。

二、国内绿肥生产与贸易概况

2022年度，绿肥产业紧盯国家需求，深度实践生态价值向经济价值转化，强力支撑耕地质量提升、高标准农田建设、化肥减量等国家战略，全面助力新时代乡村振兴。

绿肥种业稳步发展。出台《国家绿肥产业技术体系绿肥品种区试网建设方案》等，统筹资源保障种业发展。部分省份将绿肥纳入非主要农作物审定（登记）和林草品种审定，驱动了绿肥新品种选育。据不完全统计，2022 年度国内绿肥种子交易量 3.28 万吨、交易额 8.55 亿元，其中，主栽绿肥种类紫云英 1.70 万吨、苕子 1.06 万吨、箭筈豌豆 0.43 万吨，肥用油菜、田菁、肥田萝卜等绿肥 900 多吨。

绿肥生产技术持续完善。稻区“绿肥+”清洁稻米、优质稻米技术模式不断完善，形成基于绿肥的水稻稳产丰产高产系列节氮减钾施肥技术。果茶园配置苕子、紫云英、穗序木兰、高羊茅、山黧豆等绿肥资源，完善果园绿肥周年覆盖轻简化栽培技术。旱地“绿肥+”有机马铃薯、红薯、高端烤烟、面粉等多样化产业技术模式全面发展。绿肥技术对国家战略支撑作用明显，是农业农村部《关于做好 2022 年化肥减量增效工作的通知》《到 2025 年化肥减量化行动方案》《全国高标准农田建设规划（2021—2030 年）》的重要内容；全国农业技术推广服务中心印发《2022 年南方绿肥种植技术指导意见》。入选农业农村部主推技术 1 项、省农业主推技术 13 项，累计应用 121 万公顷。据 24 个省（区、市）的调查结果，2022 年绿肥种植面积 413 万公顷，较 2021 年增加 30 万公顷，其中农田 317 万公顷（稻田绿肥 172 万公顷）、果茶园 96 万公顷。

“绿肥+”产业路径系统进步。“绿肥+”产业初具规模，培育“绿肥+”产品 103 种。推进“绿肥+”优质产品“线下+电商”同步推广模式。支持设立“绿肥生活馆”，已上线 40 家企业的上百款“绿肥+”产品。打通商业流通节点，多种绿肥果品首次以绿肥为特色元素亮相高端商超。“绿肥+”大米、果品及其他特色农产品全面发展，2022 年度“绿肥+”产品交易量 193.7 万吨、贸易额 219.8 亿元。其中，“绿肥+”大米和果品产值分别为 48.1 亿元和 31.1 亿元；“绿肥+”茶叶、面粉、牛羊肉等产值 140.6 亿元。在福建，绿肥是支撑“三茶”生态茶园建设的重要技术，“绿肥+”茶叶贸易额达 137.6 亿元，占福建茶叶贸易总额约 10%。

绿肥产业服务县域经济和乡村振兴。以“绿肥+”优质农产品为抓手，将绿色理念融入区域经济发展。在 83 个重点县域，“绿肥+”产业应用 1.53 万公顷、辐射 17.95 万公顷、产值 93.05 亿元、增效 12.32 亿元。在安徽南陵，绿肥体系与县政府签署战略合作协议，全面支持建立长三角紫云英产业研究院、紫云英产业园等产业研发、转化平台，支持安徽南陵打造成技术研发、种子加工贮运乃至交易中心。在四川西充，通过应用“绿肥果园”新理念和创新技术，助力“绿肥+”果品产业提质增效，并辐射带动周边县市。河南罗山、湖南赫山、甘肃凉州、广西灵川等县的“绿肥+”优质稻米、绿肥果园、绿肥种业、生态旅游等产业全面发展。在云南会泽，针对县域重点产业，实施玉米及水稻化肥减施增效、优质水果、优质烟叶、魔芋等产业技术，整县推进绿肥产业。

三、国际绿肥产业技术研发进展

绿肥资源评价与利用方法创新。希腊学者评价了 6 个环境的 7 份箭筈豌豆，发现基因型、环境及其互作对性状均有显著影响。澳大利亚学者构建了箭筈豌豆发根农杆菌的转化方法体系，为转基因育种奠定基础。美国马萨诸塞州的农业公司正在为太平洋西北部的种植者开发一种基因编辑的亚麻荠（*Camelina sativa*）作为冬季覆盖作物来替代小麦。加拿大农业技术公司 Agrisoma Biosciences 正在开发可以提炼飞行燃料的十字花科覆盖作物埃塞俄比亚芥（*Brassica carinata*）。

利用绿肥提供高值生态服务路径。绿肥可以提供多种生态系统服务，其减排、降损、固碳功能一直是研究热点。据美国农业部可持续农业研究和教育计划（SARE）估算，覆盖作物在全美 800 万公顷土地上种植时，每年可能吸收 6 000 万吨二氧化碳当量。在美国佛罗里达州，柑橘间作豆科/非豆科绿肥混播全年 N_2O 排放量降低 12.6%，种植毛叶苕子降低 2%～14%单位产量的碳足迹。加拿大魁北克省不同轮作系统中，减少耕作及与绿肥相结合能高效减少 N_2O 总排放量 40%～70%，全球增温潜势降低 200%～400%。日本学者报道了满江红可以降低双季水稻种植过程中甲烷排放量的 24.6%～140.6%。在北欧国家以及新西兰等地，覆盖作物被认为是抑制硝酸盐淋失的重要措施，种植三叶草、肥田萝卜、燕麦等覆盖作物能减少 38%～64%的氮淋失。覆盖作物平均可提高土壤有机碳含量 15.5%，碳平均年固存量为 0.56 毫克/公顷，混播尤其是采用豆科作物混播能更大程度增加土壤有机碳含量；在葡萄园套种绿肥能够增加土壤有机碳储量 22.7%，固存碳的稳定性提高 1 倍。

利用绿肥生态防控作物病虫草害。马铃薯轮作芥菜型油菜（*Brassica juncea*）和甘蓝型油菜（*Brassica napus*），能够提高马铃薯产量，减少土传病害黑痣病和赤霉病 10%～30%。玉米轮作豌豆通过调控穗腐病病原真菌 *Fusarium verticillioides* 抑制后茬玉米穗腐病。冬季果园套作绿肥后，春季扁桃仁果园中脐橙螟蛾（*Amyelois transitella*）成虫和卵的数量均显著减少。在美国大平原地区，多种绿肥作物混作在增温、干燥的条件下可使杂草的丰度及多样性降低；黑麦与大豆间作时，黑麦可有效减少杂草数量；燕麦作覆盖作物可通过化感作用抑制杂草并促进轮作大豆的早期发育。

绿肥生产装备普遍大型化、智能化和多功能化。德国 AMAZON 公司研制高速精量播种机，具有单体电驱排种、智能刮种、液压调节播深、气力排肥等功能，可实现多品种作物高速精量播种。法国 KUHN 公司发明三联式割草压扁机，可实现横向 20 厘米和纵向 50 厘米行程的仿地形刈割，保证留茬高度一致，满足用户快速、高质刈割青饲作业需求。德国 Class 公司 Lexion 系列种子联合收获机增加预加速脱粒和自动补偿侧风装置可适用于收获白三叶等绿肥种子。奥地利 WINTERSTEIGER 公司发明采用 OptiFlow^w 技术的割台，具有分流喂入、气动清选和脱前压实等功能，适用于易落荚作物种子收获。

针对绿肥作物的高值化产品开发。马来西亚、印度、巴基斯坦和伊朗等国家，尝试开发绿肥作物作为人类蛋白、饲料蛋白的来源。印度学者利用田菁水提取物的抗氧化和抗菌性能，开发含有明胶的草药水凝胶，以改善其药理性能，并将其作为治疗感染伤口的主要填充物。马来西亚学者评价了红萍作为食物蛋白质来源的潜力。土耳其和巴基斯坦学者利用超声提取条件和微波干燥提取葫芦巴叶中有益物质，评价了提取物中总酚、总黄酮、总皂苷和抗氧化活性。伊朗学者采用葫芦巴豆粉（1%～2%）添加技术，提升了面制品的抗氧化性，据此开发的蛋糕等产品具有潜在的降血糖能力。

四、国内绿肥产业技术研发进展

绿肥资源遗传特性解析。箭筈豌豆通过上调叶片中叶绿素 a-b 结合蛋白和水分响应基因，根系中 d 响应蛋白及两个组织中多功能酶来提高对寒旱复合胁迫的耐受力；通过上调转录调控因子 Aux/IAA 和下调 GH_3 来提高吲哚乙酸水平，使其具有更强的耐寒性。鉴定毛叶苕子植株体内 18 个氰化氢合成的关键基因，为培育低氰化氢含量的绿肥新品种提供参考。解析了油菜中硫苷的重要转运子 BnaA06. GTR2，并利用 CRISPR/Cas9 创制了种子低硫苷、营养组织高硫苷的种质资源。

绿肥资源创新与种子高产方法。保有种质资源23 163份次，新增482 份次；开展评价观察2 858份次、提纯复壮1 240份次；收集野生、逸生绿肥资源 380 份次，认定/登记绿肥新品种 7 个。评价了 50 份毛叶苕子在青海地区秋播的养分截获特性，筛选出毛叶苕子品系 78-14、苕藤选、毛荚野苕子，具有较强的养分截获能力。选育出在低氮肥投入下鲜草产量增产 10%以上绿肥油菜新品种中绿油 1 号和中绿油 2 号，鲜草产量和种子产量分别增加 14. 9%～16. 8%和 6. 8%～10. 0%的紫云英新品种信紫 2 号和信紫 3 号。优化箭筈豌豆条播繁种技术，确立行距密度配比，结合花末促荚调控，种子产量 3 753 千克/公顷，增产 42%。确立了支架作物—苕子混种繁种“一季两收”技术模式，与小麦和燕麦条播，苕子产量 825 千克/公顷、增产 15%～35%，小麦和燕麦产量分别为 1 500 千克/公顷和 2 250 千克/公顷；与胡麻混播，苕子和胡麻产量分别为 614 千克/公顷和 750 千克/公顷。设计苕子种子联合收获机防缠绕割台，解决收获时茎秆缠绕的问题。

绿肥—主作物一体化绿色生产技术。建立“绿肥+”高原夏菜配套绿肥组合“箭筈豌豆混作大麦”模式，绿肥生物量增加 13. 1%，蔬菜减施氮肥 15%，增产 21. 1%～40. 7%，品质显著改善。完善果园绿肥周年覆盖轻简化栽培技术，绿肥全年平均覆盖度超 80%，鲜草产量比一季覆盖提升 1 倍，柑橘类果品可溶性固形物和维生素 C 含量分别提高 7%和 17%。建立了基于绿肥的水稻稳产丰产高产系列节氮减钾施肥技术，水稻稳产条件下可节氮、减钾各 40%，不减氮钾和减氮钾 20%时可分别增产 7. 0%和 4. 0%。

基于绿肥的病虫草害生态防控措施。紫云英—水稻轮作降低黏虫种群数量 12. 6%，降低农药使用量 10%～20%。箭筈豌豆混播燕麦，燕麦红叶病、叶斑病、白粉病和冠锈病的病情指数降低 40. 6%～67. 9%。桃园间作青蒿和艾菊叶法色草，桃小食心虫、蚜虫自然防治率达 95. 2%。苹果园套种春油菜可高效激发“春油菜桃蚜—异色瓢虫—苹果重大害虫绣线菊蚜”三维生态防治系统功能。

绿肥生产装备进步。研发紫云英种子和秸秆“双收”装置，实现了稻田紫云英生产效益升级。研制中置固定开沟式绿肥开沟播种一体机，完善绿肥高效播种装备体系。优化微型绿肥段切翻压机，为小地块绿肥翻压作业提供专用装备。创新设计绿肥种子联合收获机的输送绞龙轴向和切向割刀，解决毛叶苕子等长茎秆绿肥种子收获时绞龙缠绕输送失效问题。利用柔性可控自摩擦技术，研制紫云英等绿肥种子播种前擦种装备，可均匀打破种子表皮蜡质层。

高值化绿肥产品开发与创制。实现箭筈豌豆淀粉、凉粉和粉丝每批次 200 千克以上的量产，完成了工艺和技术规程，采用乳酸菌纯种发酵的方式，酸浆沉淀时间减少 1/3以上。经过感官品评，箭筈豌豆凉粉韧性强、口感好。开发高酚酸含量的芽苗菜、葫芦巴生物碱、葫芦巴茎叶粉、紫云英干花、鲜花果冻、肥田萝卜蔬菜、苕子巢蜜、鹰嘴豆纤维、鹰嘴豆淀粉、鹰嘴豆蛋白等 10 种新产品。完善绿肥巢蜜生产技术，苕子巢蜜中葡萄糖+果糖含量 75. 2%、淀粉酶活性 20. 8%，均高于传统蜂蜜，品质和耐贮藏性进一步提高。

绿肥产业经济。建立区域性绿肥生态价值算法模型，明确紫云英—水稻轮作、西北春玉米间作毛叶苕子、针叶豌豆、苹果园套作毛叶苕子系统的绿肥生态价值分别为 1.13 万元/公顷、4.22 万元/公顷、5.08 万元/公顷、0.65 万元/公顷。研究绿肥稻米价值实现的干预机制，通过向消费者提供与绿肥生态效益和健康效益相关的信息，消费者认同绿肥稻米的溢价增加 4.2 元/千克。

（国家绿肥产业技术体系首席科学家　曹卫东　提供）

2022年度大宗蔬菜产业技术发展报告

（国家大宗蔬菜产业技术体系）

一、国际大宗蔬菜生产与贸易概况

（一）国际蔬菜生产

据FAO数据，2021年世界蔬菜收获面积约为5 803万公顷，总产量约为11.55亿吨。蔬菜产量排名前五的国家为中国、印度、美国、土耳其和越南，分别占全球总产量的51.97%、11.95%、2.42%、2.31%、1.49%；蔬菜收获面积排名前五的国家为中国、印度、尼日利亚、印度尼西亚和越南，分别占全球收获总面积的40.09%、15.33%、7.14%、2.06%、1.73%。

（二）国际蔬菜贸易

据FAO数据，2021年世界蔬菜进出口贸易总额约为1 878亿美元。其中，出口额为940.83亿美元，出口总量为7368.96万吨；进口额为936.97亿美元；进口总量为7 063.44万吨。蔬菜进出口贸易总额占全球农产品出口总额的份额为5.36%；占全球农产品进口总额的份额为5.15%。世界蔬菜出口额排名前五的国家依次为中国、墨西哥、西班牙、荷兰和意大利，分别占全球蔬菜出口总额的15.31%、12.60%、11.72%、11.04%、5.50%；世界蔬菜进口额排名前五的国家为美国、德国、英国、法国和荷兰，分别占全球蔬菜进口总额的20.28%、10.44%、5.76%、5.76%、5.02%。

二、国内大宗蔬菜生产与贸易概况

（一）国内蔬菜生产

产业规模稳定。根据2022年蔬菜产业运行实际情况，预计2022年全国蔬菜播种面积和产量与2021年相比略有增加。

蔬菜价格略高于2021年。据商务部市场运行监测数据，2022年全国30种主要蔬菜批发均价为5.07元/千克，比2021年略增0.09元/千克，增长1.9%。分品种看，与2021年相比番茄、山药、韭菜、马铃薯、黄瓜增幅较大，分别为31.2%、25.3%、15.5%、11.7%和11.2%；大白菜、南瓜、苦瓜、西葫芦、胡萝卜、冬瓜基本持平；生姜、结球甘蓝、花椰菜有较大跌幅，分别为30.3%、13.6%和13.3%。

（二）国内蔬菜贸易

蔬菜出口稳步增长。2022年1—12月我国蔬菜出口额为172.2亿美元，同比增长9.2%；进口额9.6亿美元，同比下降19.0%。蔬菜贸易顺差162.6亿美元，增11.5%。其中，鲜冷冻蔬菜出口额为77.0亿美元，同比下降3.2%，约占同期我国蔬菜出口总额的45.0%；加工保藏蔬菜出口额65.9亿美元，同比增长22.5%，约占同期我国蔬菜出口总额的38.5%；干蔬菜出口额为26.8亿美元，同比下降4.8%，约占同期我国蔬菜出口总额的15.7%；蔬菜种子出口额为1.3亿美元，同比增长16.6%，约占同期我国蔬菜出口总额的 0.8%。预计全年蔬菜出口总额将保持小幅增长。

三、国际大宗蔬菜产业技术研发进展

（一）遗传改良与品种选育

1. 重要性状基因/QTL 定位

瓦格宁根大学研究人员通过全基因组关联分析，挖掘到 50 个与甘蓝莲座叶或叶球形态相关的 QTL 位点。美国阿肯色大学施爱农团队基于 GWAS 对菠菜抗霜霉病基因 *RPF*3 进行定位，成功鉴定出一个编码 NBS-LRR 结构的候选基因 *SOV*3*g*001250。Rahaman 等以鉴别寄主 ECD02 为抗原材料，在白菜 A08 染色体上定位了一个抗根肿病 4 种生理小种的抗病基因。沈阳农业大学精细定位了大白菜抗根肿病基因 *CRA*3.7，并开发了紧密连锁分子标记 syau-InDel3008。Chad 等通过数量性状位点（QTL）分析，确定在辣椒植株抗青枯病中起关键作用的基因组位点和等位基因。

2. 重要性状基因克隆与功能分析

法国图卢兹大学 Mondher Bouzayen 团队发现 SlDOF9 是番茄花序分化的新调节剂，其自身的表达受到 *SlARF*5 的调控。Arias 等研究发现，相比光照处理下的胡萝卜肉质根，*DcPAR*1 基因在地下黑暗条件下生长的胡萝卜肉质根中具有更高的表达量，且够显著增加胡萝卜肉质根的胡萝卜素含量和 *DcPSY*1 基因的表达。

3. 优异新种质创制

韩国研究人员 Kim 等开发了青花菜 DNA-free 的 CRISPR/Cas9 基因编辑技术，并利用此技术对 *BolMYB*28 基因进行敲除，获得了高萝卜硫苷青花菜新材料。韩国 Muto 等科学家在萝卜中建立了萝卜基因编辑技术体系，并利用该技术创制了叶片无刺的萝卜种质资源。日本公司 Sanatech Seed 推出世界上首款经过 CRISPR/Cas9 基因编辑的番茄 Sicilian Rouge。Nat Biotechnol 发现这种番茄 γ-氨基丁酸（γ-aminobutyric acid，GABA）含量是普通番茄的 4~5 倍。

4. 品质调控分子机制

英国约翰英纳斯中心（JIC）Cathie Martin 团队通过对 7-DHC 还原酶基因的敲除，成功构建了可积累维生素 D 前体（7-脱氢胆固醇）的番茄株，并证实该突变体可在紫外线的照射下生成维生素 D_3。智利大学 Claudia Stange 团队发现在胡萝卜中过度表达 *AtPAR*1 基因能够增加地下主根中类胡萝卜素的产生以及 *DcPSY*1 的表达；转 *DcPAR*1 反义的胡萝卜株系表现出类胡萝卜素含量和关键胡萝卜素生成基因表达量的显著降低。说明 *DcPAR*1 是胡萝卜地下主根的次生根发育和类胡萝卜素合成的关键调控因子。

（二）栽培与生产技术

1. 土壤养分智能检测

Madhumathi 等研发了一种基于比色法原理的支持物联网的模糊专家系统，可将检索到的土壤 N、P、K 数据上报并在移动端显示。Senevirathne 等设计了一种基于物联网的土壤养分分析仪，预测土壤养分浓度水平（低、中、高）达到 93%的准确率。Silva 等研制出一种基于比色纸传感器的移动化学分析系统，可正确分类 97%土壤样本 pH 值，并将分析周期缩短至几分钟。

2. 水肥盐综合调控技术

Bonachela 发现降低中等盐水灌溉的地中海温室番茄的肥料施用量，不会影响生产力或果实质量。Fernandes 等发现每种生物刺激剂水分处理组合对确定的特性有不同的影响。Arshad 发现添加生物炭后番茄整体生长得到促进，土壤环境得到改善。Naseri 提出改善植物生长因子，改善土壤生物指标，可提高作物对盐分的抵御能力并提高水分利用率。Eman 发现嫁接并配以外源的纳米硅肥叶面喷施，可以提高盐胁迫下番茄接穗中的抗氧化物质以及番茄的产量和品质。Ekinzog 发现 3 种 CWSI 模型中 $CWSI_h$ 可以替代传统的 CWSI。

3. 重金属对蔬菜生长的影响

Rashid 等发现 ZnO NPs 和 Cd 对光合色素、抗氧化酶活性、干物质产量和组织中金属浓度均有显著影响；Zn（16 微摩/升）处理对根系、茎和叶中金属含量的积累均有促进作用；与 Cd 相互作用时，其积累速度较慢；在 Cd 污染条件下，添加 4 微摩/升的 ZnO NPs 可以提高叶片的 Cd 含量，但受高剂量的限制；茎和根中 Cd 的积累量呈上升趋势，显示出协同效应。

4. 活性物质和功能性成分挖掘

Witta 等利用紫外线 B（UV-B）短期照射增强三色苋菜幼叶生物活性化合物，研究了短期 UV-B 处理对紫菜幼叶生长和品质的影响，包括辐照后 24 小时恢复期的条件，以及不同的辐照强度、照射时间和累积能量。

（三）设施及机械化技术

1. 设施结构与环境调控

Dai 提出了一种基于小波神经网络和遗传算法的温室温度预测模型。Anwar 优化了蒸发冷却系统。Lyu 等发现 1.0 米和 1.8 米两种作物高度下，侧通风开口 2.2 米、风速 1 米/秒时降温效果最佳；侧通风口开度越大，通风降温效果越好。艾则麦提·图尔洪等设计了一种由屋架管网—后墙水管联合运行的集放热系统。Abderrahim Bazgaou 等以埋藏于温室地下的石英砂为储热材料，试验温室的夜间气温比对照温室提高了 3℃左右。Sun 等设计了一种基于热泵的温室间能量交换供暖系统。

2. 设施土壤重金属污染修复

Renu 等在城市污水中分离出一株中间苍白杆菌 BB12，能够通过生物吸附减少土壤中的 Cd，降低菠菜植株对 Cd 的生物累积。Alsamhary 发现生物炭（2%）+蚯蚓+藻类联用是 Cd 污染土壤的合适修复策略。Feng 等发现铁基脱硫材料可以使土壤中有效态 Cd 降低了 88.0%~89.6%，As 降低了 37.9%~69.9%；稻谷中 Cd 降低了 26.4%~51.6%，而无机 As 降低了 33.3%~42.7%。

3. 蔬菜收获机械研发

Park 等提出了一种基于反演控制的切割装置姿态控制系统。Dixit 等开发了一种由发动机、机架、剪切单元和动力传动单元等组成的自走式甘蓝（花椰菜）高效收获机械。Baek 等开发了一种基于 ROS 的可用于温室的移动机器人平台的设计和操作方法。

4. 堆肥处理蔬菜尾菜废弃物研究

Ajmal 发现在温度为 65℃和时间为 18 小时的条件下，堆肥进行得最好。Awasthi 等发现接种外源微生物以调整微生物的数量和结构是优化堆肥过程的可行方法。Webb 等将畜禽粪便经过覆盖和压实进行堆肥研究，发现可以减少 90% NH_2 损失。Patnaik 等通过对蔬菜废弃物进行定值处理，得到的生物柴油性能与标准相当。

（四）病虫害防治

1. 病害防控

瑞典农业科学大学 Magnus Karlsson 团队报道粉红螺旋聚孢霉在寄生植物病原真菌灰霉菌和禾谷镰刀菌过程中有 282 个小 RNA 差异表达。Maria Rosaria Tassone 等评估了 RIL 群体对枯萎病菌（*Fusarium oxysporum* f. sp. *Melongenae*）的反应，在染色体 CH02 和 CH11 上鉴定出两个主要的 QTL，分别与枯萎病菌的完全抗性和部分抗性性状相关。Tejpal 等为培育辣椒卷叶病毒病的抗性，研究了 4 种亲本系进行杂交获得感病和抗病材料，测定抗病植株叶片中防御物质含量均高于感病植株。

2. 虫害防控

Mohamed 等综述了在非洲利用寄生蜂对蔬菜害虫进行生物防治的相关成果以及成功案例，分析了利用寄生蜂防治蔬菜害虫存在的主要障碍和发展机遇。Gupta 等发现了昆虫病原真菌通过激活植物宿主防御机制诱导植物系统免疫和抗病，增加活性氧产生和防御基因表达，促进植物生长。Devebdran 等评述了茄科辣椒属蔬菜感染双生病毒的发生，流行、传播机制及保护策略。Gaku 发现茄蓝作为砧木可以显著抑制南方根结线虫，并降低了试验田中的根结线虫种群密度，同时对产量没有影响。

3. 生物防治新产品与新技术开发

瑞士农业科学院的研究团队利用转基因种子表达（Z）-11-十六烯酸，用以合成蛾类性信息素，评估了含有这种信息素的诱捕诱饵在田间对小菜蛾和棉铃虫的防治能力。Wang 等研究了利用油料作物代谢工程在植物工厂生产信息素的生物学效益和经济可行性。

（五）采后处理与加工技术

1. 采后营养

El-Beltagi 等发现单独使用 2 毫摩/升 SA 或与 2% $CaCl_2$组合处理的样品均可减缓叶绿素含量、维生素 C、酚类化合物、类胡萝卜素、类黄酮和芥子油苷的损失；SA 或 SA+$CaCl_2$处理可维持抗氧化活性，同时过氧化物酶活性降低。Cano 等发现用 100 微摩/升褪黑激素处理 15 分钟或 30 分钟的青花菜保质期可延长至近 42 天。

2. 采后品质加工及分拣

Bunmee 等发现在牛肉饼中添加紫茄子粉会显著增加水分、灰分和总膳食纤维，同时降低蛋白质和脂肪含量。Bascón-Villegas 等研究表明含有 7%茄子木质纤维素纳米纤维的膜在杨氏模量、断裂伸长率、热稳定性和紫外线阻隔性方面表现出更高的性能。韩国嘉泉大学、日本住宅食品公司、波兰等机构利用图像识别技术实现了蔬菜新鲜度的检测与分级。

四、国内大宗蔬菜产业技术研发进展

（一）遗传改良与品种选育

1. 基因组学研究

中国农业科学院蔬菜花卉研究所进一步提升了大白菜基因组注释的质量，完善了 BRAD 基因组数据库；揭示了转座子插入是白菜表型变异的一个“隐藏”的重要来源。华南农业大学报道了辣椒高质量染色体级别的三代拼接参考基因组，并探索了其三维基因组结构的基本特征以及与基因组功能和进化的关系。张忠华团队首次构建了高质量的黄瓜图形结构泛基因组，阐明了黄瓜驯化过程中基因组染色体核型的演化规律，鉴定了多个与黄瓜农艺性状和驯化相关的重要结构变异。

2. 重要性状基因/QTL 定位

钱伟团队将菠菜抗霜霉病位点 RPF2 精细定位至 0.61 Mb 区域内，在该区域内筛选出一个编码 NBS-LRR 的抗病基因 *Spo*12821 作为 RPF2 的候选基因，并开发与之紧密连锁的分子标记。Meng 等将菠菜耐抽薹 QTL qBT1.1 精细定位于 0.56 Mb 区域内，确定 SpCOL14 为菠菜耐抽薹 qBT1.1 的候选基因。Han 等使用抗性系 LM116 和易感系 LM34 构建的 F_2群体，将黄瓜抗蔓枯病位点 gsb-s6.2 精细定位到 34 kb 区间内，包含 6 个基因。Liu 等通过对 220 份黄瓜核心种质进行全基因组关联分析，确定了 5 个与耐盐相关的候选基因。

3. 重要性状基因克隆与功能分析

张小兰团队利用 CRISPR/Cas9 敲除 *CsOVATE*，解析了 CsHEC1-CsOVATE 模块通过介导生长素生物合成调控黄瓜瓜把长度的分子机制。中国农业科学院蔬菜花卉研究所甘蓝育种团队克隆了一个在花粉中高表达的甘蓝基因 *BoC03.DMP9*，证实了其单倍体诱导功能，且没有基因型依赖性。中国农业科学院蔬菜花卉研究所蔬菜功能基因组团队提出 *YABBY*1 基因上 B-region 的不同缺失是优化葫芦科瓜类作物主茎长度的有效策略。宋洪元团队在极端早开花/晚开花结球甘蓝中克隆了 *BoFLC2E*（早花）和 *BoFLC2L*（晚花）基因。张俊红课题组鉴定了番茄果实（果尖）发育基因 *POINTED TIP*（PT）。

4. 细胞工程技术研究

李英等发现 10~30 毫克/升硼能够促进不结球白菜小孢子细胞壁和细胞膜的形成，从而促进胚状体的形成。谭舒心等将小孢子收集提取并分装到冻存管中，以改良 B5 培养基为冷冻保护剂进行超低温保存（-80℃），复苏条件为 35~38℃恒温水浴加热 38~42 秒，复苏后优化的小孢子培养体系培养可获得胚状体及再生植株。汪承刚等在采摘花蕾 24 小时前，花蕾上喷施 0.05~0.2 毫克/升芸薹素内酯 BR、0~15 毫克/升的褪黑素、6-BA，喷施处理 24 小时后采摘相应的花蕾，并置于 4℃条件冷激，用于后续乌菜小孢子的游离和培养。

5. 优异新种质创制

中国农业科学院蔬菜花卉研究所采用易被诱导启动胚胎发育的玉田包尖大白菜和晚抽薹大白菜进行杂交，对 F_1代进行游离小孢子培养，通过田间鉴定筛选获得兼具耐抽薹特性和玉田包尖结球类型的大白菜 DH 系，可使玉田包尖类型大白菜实现春季种植。Wang 等、杨迎霞成功构建了 CRISPR/Cas9 花椰菜基因编辑技术体系，并获得了无标记和无转基因残留的抗除草剂新种质和低温花球不变紫色新种质。

（二）栽培与生产技术

1. 无土栽培技术

宋杰等根据腐植酸（HA）多官能团的结构特征，以腐植酸钾、丙烯酸、羧甲基纤维素钠和膨润土为原料，通过水溶液聚合制备了 HA 保水剂（HAA），以聚氨酯（PU）海绵为载体，在 PU 海绵的发泡过程中混合 HAA，得到水分和营养物质能够缓慢进入或储存的 HAA 修饰的 PU（HAA-PU）海绵基体。杨茜雯等通过对营养液进行雾化处理，获得了不同时间段内超声波雾培装置上、中、下层生菜根区的温度；当生菜根系生长的最适温度为

15～20℃，风速为 1.0～2.5 米/秒时，营养液连续雾化时间为 66～184 分钟。

2. 水肥智能化管控

朱德兰等通过模糊 PID 控制算法调控本地端变频注肥泵的频率进而精准控制 EC 值。刘战东发明了一种水肥一体化智能补给灌溉系统及方法，保证在灌溉作业中混合液体能够均匀地给料至终端灌溉系统，保证液体浓度不会降低，减少输出液体浓度存在差异现象的发生。李扬等通过图像处理的方式分析出各农田的特征颜色，并根据特征颜色判定水肥的组分浓度和施放持续时间。

3. 土壤养分智能检测

胡国田等研究了不同土壤类型的有机质含量的可见—近红外光谱检测模型传递方法。于景鑫根据所述土壤全氮数据集，基于 GIS 空间统计分析的异常检测方法，确定每个土壤全氮数据为合理或异常的检测结果。朱文静等研制了一种基于法布里—玻罗干涉近红外传感器的非接触式土壤墒情在线检测系统，水含量预测值相对误差范围 0.18%～14.46%，平均相对误差 7.77%，所测水分值结合北斗 RTK 系统的定位坐标生成土壤表层含水率分布图。

4. 高效栽培技术

刘海妮提出了番茄—蒜苗轮茬栽培技术，该套种栽培技术有利于降低番茄病虫害发生，充分利用土壤养分，避免连作障碍发生。何孟霞等摸索出了结球芥菜—春播花生—白菜一年三熟的绿色高效栽培技术。彭淑艳从品种选择、培育壮苗、无公害管理、病虫防治等方面集成了结球甘蓝的春季露地无公害栽培技术。徐蕊等摸索了深水水芹药肥双减绿色高效栽培技术。

（三）设施及机械化技术

1. 设施物联网系统

李辉等提出了“产—用—储”的供能模式，设计出了以物联网为基础的平台框架和基本功能。梁毅基于物联网技术设计了一种温室智能喷灌系统。卞东超将无线传感器物联网监控技术和自动化控制技术相结合，设计了一套可以及时按需求量实现对蓝莓的灌溉施肥与生长发育智能化控制的蓝莓温室智能水肥一体化系统。

2. 设施结构与环境调控

李天来设计了一种新型日光温室支臂卷帘装置。刘安华构建了包含 3D 番茄冠层结构的 3D 日光温室结构模型，模拟反光膜对改善日光温室冠层微光气候的影响。高振军采用 CFD 方法构建了日光温室热风管道根区加温系统模型，探究不同进风口温度、进风口风速及送风管开孔数量下根区温度分布规律。涂泓滨等根据热量平衡方程，建立调控设备控制时间与温室环境参数间的数学关系。朱德兰等构建了无设备运行状态下温度和相对湿度变化的数学模型，设计了一种基于物联网的温室智能监控系统。党建英通过综合运用计算机网络通信和模糊控制技术，集传感器、自动化控制、通信、计算等技术于一体，提高设备利用率、改善温室大棚气候环境。袁洪波通过聚类分析优化了温室内传感器部署数量及位置。胡晓辉等发明了一种基于累积空气温度亏缺量的植物低温伤害评价预警系统。

3. 温室大棚能源利用

司长青等设计了一种由后墙水循环储放热系统和土壤空气循环储放热系统组成的主动储放热系统，能够对温室内的太阳辐射能及空气热能进行联合集热。山强等基于瞬时系统模拟程序（TRNSYS）对太阳能跨季节蓄热增强土壤源热泵供暖系统进行了模拟研究。卢晓军设计了一种集成光伏、热泵、太阳能集热器、储能的多能互补分布式能源系统，模拟了在模糊控制下太阳能供热系统的运行状况，具有较好的经济性。

4. 收获移栽机械

张静等设计了一种适合我国南方地区田间作业的履带自走式单行大白菜收获机。夏建林等公开了多种甘蓝收获机械。马义东等利用图像处理检测水培生菜轮廓外切矩形、株高及菜叶展开尺寸，通过柔性手指对菜叶的低损抓取和切割器对生菜茎的一次切除。王磊等提出了三臂轮系式栽植机构，并基于遗传算法对其进行了近似多位姿运动综合设计。马锃宏等设计了一种温室叶菜双排移植手变间距稀植移栽部件，可实现穴盘内双排自动取苗和栽培槽变间距植苗作业。胡建平等提出了一种顶夹拔组合取苗技术，确定了先顶后取的取苗模式。

（四）病虫害防治

1. 病害防控机理

段成国团队发现大丽轮枝菌效应因子 VdSSR1 通过与植物 RNA 转运复合体 TREX 的关键组分 ALY 家族蛋白互作，阻止其与 UAP56 等 TREX 组分的组装，抑制植物小 RNA 的核质转运，从而使其无法操纵跨界小 RNA 对真菌相关致病基因进行沉默，进而促进病原菌对寄主的侵染。吴凤芝和韦中团队合作报道生物炭能够增强番茄根系分泌物对有益微生物的吸引和促进生物膜产生，形成抑病型根际微生物组，从而降低番茄枯萎病害。

2. 虫害防控机理

张友军研究员领衔的蔬菜虫害防控创新团队报道了小菜蛾转录因子 FTZ-F1 同时调控多个小菜蛾中肠 Bt 杀虫蛋白受体基因及其非受体同源基因差异表达，从而使小菜蛾在对 Bt 杀虫蛋白产生高抗性的同时还能维持正常生长发育而无任何适合度代价，最终通过这种精妙调控模式对 Bt 杀虫蛋白进化产生完美的高抗性表型；该团队成员还揭示了小菜蛾中肠 APN 受体在 Bt 杀虫蛋白中发挥的重要作用，同时也揭示了 Bt 分子毒理作用模型中昆虫不同中肠 Bt 受体间分子互作模式。

3. 防控产品与技术

宋宝安院士团队开发的抗病毒剂 vanisulfane 可增强防御酶的活性，提高叶绿素、黄酮类化合物和总酚的含量，清除植物体内有害的自由基。中国农业科学院植物保护研究所使用海藻酸钠和羧甲基壳聚糖复合水溶液形成噁霉灵超分子水凝胶，适用于多种施药场景，并能保持农药的活性和提高药剂的安全性。刘万才等系统总结了求偶与交配之间的关系、性信息素引诱力和专一性，以及生物和非生物因子对群集诱杀和交配干扰效果的影响，并针对蔬菜重要害虫，介绍了斜纹夜蛾、小菜蛾等蔬菜害虫性诱防控技术。刘珍报道了智能识别虫情测报灯在蔬菜害虫测报上的应用效果。

（五）采后处理与加工技术

1. 采后营养研究

罗淑芬等发现 6-BA 处理通过延缓青花菜花球叶绿素含量下降从而延迟其黄化进程，显著提高了脂肪族硫苷合成相关基因 *MYB28*、*CYP79F1*、*CYP83A1*、*ST5b*、*FMOGS-OX1*，和吲哚族硫苷合成关键基因 *MYB51*、*CYP79B2* 及 *CYP83B1* 的表达水平。曾媛等报道青花菜采后立即用 1-甲基环丙烯（1-MCP）处理能够取得良好的保鲜效果。闫琰等发现短距离运输青花菜且时间小于100小时，常温物流处理可代替冷链物流处理，且常温物流处理中泡沫箱+蓄冷剂+1-MCP处理方式最好。Zhong等基于叶绿素荧光技术检测菊花中抗生素和微塑料污染物，所建立的动力学模型可以描述ChlF的变化，平均相对误差为0.6%。

2. 质量安全与营养评价

Xu等建立了一种可靠的同时测定4种蔬菜中虫螨腈及其代谢物曲吡嗪残留量的方法。中国农业科学院蔬菜花卉研究所蔬菜质量安全控制重点实验室研发了蔬菜农业化学污染物高效前处理与AuPt复合纳米酶免疫传感技术，构建了吡虫啉和多菌灵的精准检测方法，成功解析了韭菜中农药残留的时空分布和消解动态；制备了仿植物叶片或花瓣结构的荧光金属有机框架纳米片，揭示了离子交换和配位作用介导污染物识别吸附的作用规律，构建了果蔬中三价铁离子的精准快速检测方法。胡子逸发现大白菜外层的形态指标、矿物质含量和抗氧化性能综合表现较好，且大白菜外层叶具有较高的营养价值。

（六）花卉种植资源与新种质创制

1. 种质资源鉴定技术

贾斐斐利用核心SNPs标记建立了不同系列花色菊花新品种的分子身份证。王子康等建立了部分百合品种资源的分子身份证。吴静等利用SSR标记建立了牡丹种质资源的分子身份证。高燕会等利用EST-SSR标记构建了鉴定石蒜属杂交种以及换锦花和中国石蒜杂交种的方法。邱显钦等建立了一种快速筛选抗蔷薇长管蚜月季种质资源的方法。王丽花等建立了月季霜霉病抗性评价体系。

2. 常规育种

王晓辉等建立了有点牡丹 $2n$ 花粉培育三倍体牡丹的方法。何燕红等建立了万寿菊瓣型、舌状花裂片性状、育性相关的CAPS等分子标记。祝朋芳等开发了菊花白锈病抗性相关CAPS分子标记。金万梅等建立了鉴定月季红色花瓣的InDel标记方法。

（国家大宗蔬菜产业技术体系首席科学家　张友军　提供）

2022年度特色蔬菜产业技术发展报告

（国家特色蔬菜产业技术体系）

一、国际特色蔬菜生产与贸易概况

（一）国际特色蔬菜生产

根据FAO统计，2021年世界特色蔬菜生产中，芋头种植面积179.37万公顷，产量1 239.62万吨，尼日利亚、埃塞俄比亚、中国、喀麦隆、加纳居产量前5位，中国占比15.42%；鲜大蒜165.92万公顷、2 820.49万吨，中国、印度、孟加拉国、埃及、西班牙居产量前5位，中国占比72.73%；鲜辣椒205.53万公顷、3 628.66万吨，中国、土耳其、印度尼西亚、墨西哥、西班牙居产量前5位，中国占比46.16%；洋葱577.88万公顷、10 659.21万吨，印度、中国、埃及、美国、土耳其居产量前5位，中国占比22.72%；生姜44.99万公顷、489.60万吨，印度、尼日利亚、中国、印度尼西亚、尼泊尔居产量前5位，中国占比13.50%；干辣椒161.99万公顷、483.93万吨，印度、孟加拉国、泰国、中国、埃塞俄比亚居产量前5位，中国占比6.44%。

（二）国际特色蔬菜贸易

根据FAO统计，2021年世界特色蔬菜出口贸易中，芋头、干辣椒和鲜辣椒呈现“量额双增”，芋头出口量12.85万吨，同比增长10.26%，出口额1.48亿美元，同比增长8.27%；干辣椒出口量114.06万吨，同比增长10.87%，出口额27.86亿美元，同比增长13.81%；鲜辣椒出口量411.73万吨，同比增长2.86%，出口额65.55亿美元，同比增长5.20%。生姜呈现“量增额减”，出口量99.86万吨，同比增长0.36%，出口额13.14亿美元，同比减少10.20%。鲜大蒜和洋葱呈现“量额双减”，鲜大蒜出口量243.99万吨，同比减少13.57%，出口额31.13亿美元，同比减少2.45%；洋葱出口量855.15万吨，同比减少4.16%，出口额37.31亿美元，同比减少1.85%。中国在鲜大蒜、芋头和生姜出口中位居第一，出口额世界占比分别为65.32%、50.56%和43.93%。

二、国内特色蔬菜生产与贸易概况

（一）国内特色蔬菜生产

2022年特色蔬菜种植面积约670万公顷，与2021年基本持平，区域自然灾害对产量影响加剧。其中辣椒种植面积约223万公顷；传统主产区重庆、四川、贵州、云南、陕西生产规模下降较大，较2021年下降5%～10%；内蒙古、新疆增长4.6%；山东、河南、河北等地生产规模与2021年持平；受气候和病害影响，总产量较2021年下降10%以上。大蒜种植面积总体增加，以山东、河南、江苏、河北为代表的北方产区种植面积44.5万公顷，产量802万吨；山东种植面积约18.8万公顷，同比增长8%；南方产区面积较为稳定，其中云南作为我国独头蒜的主产区，种植面积稳定在4.07万公顷，产量100万吨，总产值53.50亿元。生姜种植面积约30万公顷，较2021年下降30%左右，其中山东8万公顷，下降 28.57%。芥菜种植面积约 90 万公顷，受秋季高温干旱影响，比 2021 年下降 10%左右。莲藕种植面积约 50 万公顷，良好的光热条件促使大部分莲藕产区较 2021 年增产 10%以上。茭白种植规模稳定在 6.67 万公顷，浙江、贵州面积有所下降，云南、广东、江苏有所增加。草莓种植面积约 18 万公顷，国产品种种植比例和销售价格略有上升。

（二）国内特色蔬菜贸易

2022 年，特色蔬菜在出口创汇中继续发挥重要作用，全国鲜、冷、冻、干及暂时保藏类蔬菜出口总额 112.21 亿美元，特菜占比 40.68%，其中大蒜、辣椒、洋葱、生姜位居前列，分别占比 20.92%、7.57%、5.41%、3.12%。2022 年特菜出口总体呈现"量增额减"，出口量 429.84 万吨，同比增加 6.71%，出口额 45.65 亿美元，同比减少 3.61%，平均出口价格 1 062.02 美元/吨，同比减少 9.68%。其中，辣椒、洋葱、莲藕"量额双增"，大蒜"量增额减"，芋头、芥菜"量减额增"，大葱、生姜、荸荠"量额双减"。受国际上新冠疫情影响，塞港问题、海运费问题和船期问题凸显，生姜前期出口几乎停滞，后期订单虽有所增加，但价格低、运费高导致利润缩减，出口量增幅不明显；大蒜价位下行，印度尼西亚等东南亚国家需求猛增，出口规模利好，但价格下跌抵消了出口量增长的利好局面；辣椒和洋葱受低价位影响拉动了出口贸易。总体上，预期我国特菜出口利润仍为有限，价格整体下行将带动国际需求，对我国去库存形成利好支撑。

三、国际特色蔬菜产业技术研发进展

1. 育种技术与新品种选育

基于表型组学追踪了伊比利亚半岛辣椒种质资源起源和驯化史，并利用全基因组关联分析（GWAS）在 6 条染色体上鉴定出与多个辣椒性状相关的单核苷酸多态性标记，明确了起源地环境影响辣椒对干旱胁迫的响应。筛选出与子莲品种纯度鉴定相关的多核苷酸多态性（MNP）标记。采用秋水仙素处理生姜茎尖，获得了姜油树脂含量较高的四倍体品种。开展了对土耳其和埃塞俄比亚地区的大蒜形态特征及基因型研究。建立了洋葱全基因组分子标记技术体系，并应用于基因分型。基于转录组测序挖掘出与沙葱抗旱相关的关键基因 2 211 个，主要与质膜、光合作用和次生碳水化合物代谢密切相关。利用单细胞转录组测序构建了森林草莓灰霉病感染期间的单细胞图谱；基于 PacBio、Illumina 与 Hi-C 测序技术从头组装出高质量的五叶草莓染色体水平的基因组。

2. 栽培调控技术与品质提升

发现蓝光具有提高辣椒果实花青素水平的作用，但较高的蓝光比例会导致果实成熟延迟；水产养殖水和家禽粪便单独使用或与生物炭结合可改善红辣椒的生长。芥菜田土壤中分离出的硫氧化细菌（SOB）能提高芥菜对硫和氮的吸收。鉴定了参与莲藕热胁迫响应的长链非编码 RNA，揭示了圣莲萜类化合物生物合成的关键代谢基因和转录因子，鉴定了 NAC 转录因子家族成员在莲藕盐胁迫栽培中的作用。发现绿光可加速生姜光系统Ⅱ电子转移，缓解强光胁迫，优化光合特性，促进植株地上部分的生长；根际土壤中施用 H_2S 可缓解镉对生姜的胁迫作用。采用 N 60%、K 40%的施肥比例较适宜大葱养分吸收和生长。施用硅肥可提高盐胁迫下洋葱鳞茎的鲜重和产量。芋头试管苗接种丛枝菌根真菌可显著提高幼苗生长和耐盐性。淹水栽培可提高芋头多酚水平和抗氧化活性，降低草酸、硝酸盐含量。

3. 病虫害防治技术与绿色植保

首次发现番茄黄化曲叶病毒（PepYLCV）侵染辣椒；采用叶面喷施蓝藻细菌能降低尖孢镰刀菌引起的辣椒枯萎病；印度开发出 TiO_2 纳米肥料可提高辣椒产量和病害抗性；生物炭结合粉煤灰能防治辣椒细菌性叶斑病，粉煤灰和哈慈木霉菌同时使用对辣椒根结线虫具有防治效果。明确了生姜的根和芽点是病菌侵染的主要位点；姜田遮阳网覆盖会促进茎基腐病的发展，而间作豌豆和玉米则能降低病害发生，提高生姜长势和产量。首次发现新西兰匍柄霉引起的大蒜叶斑病；开发出利用电子鼻检测储存大蒜的真菌病害技术；利用甲壳胺处理可激发大蒜抗性进而抑制镰刀菌引起的真菌病害。首次发现了 *Pythium* cluster B2a sp 引起的大葱根腐病；发现引起大葱枯萎病的病原尖孢镰刀菌通常携带 *SIX*2 和 *SIX*9 基因。发现隆德假单胞菌引起的洋葱茎腐病和囊状匍柄霉引起的洋葱叶枯病；开发出利用电子鼻检测洋葱干腐病技术，开发出利用 DNA 指纹图谱筛选叶枯病抗性的芋头种质资源。明确了引起日本韭菜锈病病原菌为柄锈菌。将菌核病菌致病基因 *SsPG*1、*SsCBH* 和 *SsOAH*1 沉默载体转入芥菜，可有效提高芥菜菌核病抗性；氟啶胺防治芥菜根肿病效果良好，且能增加土壤细菌多样性；发现草莓冠腐病由恶疫霉引起；钙和铁纳米颗粒通过增强草莓免疫能力防治白粉病。

4. 产后处理和加工保鲜

辣椒最佳干燥工艺条件为空气温度 61.59℃、空气流速 0.70 米/秒、相对湿度 68.39%、干燥时间 729.63 分钟；植物乳杆菌 PC8 发酵干辣椒酱具有含量更高的氨基酸态氮、苹果酸、琥珀酸和类胡萝卜素；超高压和添加焦亚硫酸钠处理后的酸化辣椒贮藏期间具有更好的风味特性。大蒜最佳贮藏条件为含水量 60%～63%；臭氧浓度 5 微升/升、贮藏温度 4℃是新鲜去皮大蒜的最优保鲜条件。红外干燥结合热风干燥可显著缩短韭菜干燥时间，保留营养物质。1-甲基环丙烯处理可减少莲藕片的褐变并延缓质量劣化。高压 CO_2 和褪黑素处理均可延缓茭白的木质化进程。低温贮藏茭白多聚半乳糖醛酸酶、纤维素酶和β-半乳糖苷酶等细胞壁降解酶的活性较低、纤维化程度轻、硬度较高。阿魏酸处理可延缓鲜切芋头褐变，延长货架期。丁香酚、高压二氧化碳和外源富氢水处理均可抑制鲜切荸荠褐变。

5. 生产设备研发与智能装备

荷兰 Holland Transplanter 公司研制的辣椒全自动移栽机可实现取苗、栽植、镇压和收盘一体化高效作业；美国 Boese 公司研制的辣椒收获机采用双级强力抽吸清理，收获杂质少，效率高。法国 ERME 公司研制的大蒜播种机技术成熟、效率高，但无鳞芽朝向调正功能，研制的切秧式大蒜联合收获机可实现聚拢、挖掘、夹持、切茎、收集一体化收获作业。荷兰 Keulmac 公司研制的大葱收获机利用液压驱动实现挖掘深度调节和双重振动去土，可一次完成韭葱挖掘、抖土、输送、收集等作业。美国 Top Air 公司研制的洋葱收获机可同时实现挖掘、拾取，装载 4 个 1.0～1.2 米的栽培床，作业效率高。意大利 HORTECH 公司研制的韭菜收割机可一次性实现切割、夹持输送及铺放作业。日本松山株式会社研制了一种 GRA650 芋头联合收获机，可一次性完成挖掘、输送、分芋、去土、分级和收集等工序。

四、国内特色蔬菜产业技术研发进展

1. 种质资源、育种技术与新品种选育

创制子莲高代自交系 20 个，筛选出抗疫病芋种质 1 份；选育了首个可以用种子繁殖的莲藕高代自交系品种五月早。茭白高海拔种苗繁育技术取得成功。开展了辣椒基因组重测序和变异组分析，明确了辣椒驯化和育种过程中出现的主要类群、相互关系、时间演替和分子事件；鉴定了控制辣椒果实朝向的 *up* 基因和控制细胞质雄性育性恢复基因 *Rf*2。发现 *CaEXP*4 在辣椒果实开裂过程中起作用，*bHLH*1 通过 DTX35/DF 促进辣椒类黄酮生物合成来调控花粉育性；*CaCIPK*13 通过 CBL-CIPK 信号通路正调控辣椒抗寒性；MYB 转录因子 CaMYB306 能加速辣椒果实着色并负调控抗寒性。挖掘出莲藕熟性、三分枝等性状候选位点；首次从头组装了葱染色体水平的基因组，确定了中国是分葱、大葱起源和驯化中心，揭示了葱属植物基因组进化、关键基因家族扩张和特殊辛辣风味形成的基础。开展了大蒜种质资源重测序及群体分析，系统揭示了大蒜种群进化历史，发现中国主栽的四六瓣蒜和多瓣蒜是独立驯化的两个大蒜组群。利用体细胞染色体加倍技术对凤头姜进行诱变获得四倍体生姜新品种金凤 1 号。利用白菜作为供体基因组，结球和半结球芥菜作为受体，构建了 BC_1S_1 群体，新形成的芥菜种质的遗传多样性得到了显著提高。开展了茎瘤芥（榨菜）主要品种的 SSR 分子标记差异性研究。

2. 栽培调控技术与品质提升

丛枝菌根真菌可提高辣椒抗病性；辣椒玉米套作后，土壤细菌丰富度和多样性显著增加。示范推广了榨菜—辣椒—包心芥菜、叶用芥菜—毛节瓜等高效栽培模式。纳米水溶硅肥可促进大蒜生长发育，提高大蒜的产量；氮、硫配施对蒜苗生长及大蒜素、蒜氨酸、硫含量等有显著影响。增施磷、钾肥有利于提高脱毒生姜的根状茎质量；外源壳聚糖可促进生姜幼苗的光合作用和水分代谢，从而增强抗干旱胁迫能力；玉米/生姜套作改善生姜光合性能，提高产量；外源壳聚糖、生物纳米硒可提高生姜的抗旱性和产量。叶面喷施壳寡糖可提高大葱的产量和品质。适量施用氮肥可显著提高莲藕产量和品质，提出了莲藕氮肥优化施用技术；鉴定到莲藕根状茎淀粉合成调控关键基因 *NnGBSS*、*NnSS*1、*NABI*4 等，明确了 miRNA-mRNA 在淀粉积累过程中的调控网络。完成了芡实的基因组分析，解析了古三倍化的“两步法”演化历史，揭示了芡实巨大叶片快速扩张占领水面空间的适应性进化机制；鉴定出芡实淀粉合成的关键基因 *APS*、*APL*、*SBE*、*SSs* 和 *GBSS*，明确 ABA 通过 *EfABI*4 转录调控 *EfSS*1 基因表达，促进芡实种子淀粉的合成。鉴定到水芹特征风味物质 β-石竹烯合成相关的基因 *OjTPS1*，明确了其调控 β-石竹烯合成的功能；培土软化栽培通过降低萜类物质含量使水芹更加清香，并提高了维生素 A、B_1、B_2、C 含量。

3. 病虫害防治技术与绿色植保

云南辣椒病毒病主要为番茄斑萎病毒属病毒；首次发现烟粉虱 MED 成虫在辣椒植株上获取、传播 ToCV 的能力均高于烟粉虱 MEAM1 成虫，揭示了 ToCV 在我国大面积发生原因；明确红辣螺丝椒和辣研 12 号为高抗炭疽病辣椒品种；生防菌贝莱斯芽孢杆菌 Y4-39、淡紫褐链霉菌 NBF715、寡雄腐霉菌株 GAQ1 对辣椒疫霉病有防效；吡唑醚菌酯、苯醚甲环唑、咪鲜胺和戊唑醇对辣椒炭疽病防效好。山东莱芜首次发现由稻根霉菌引起的生姜根腐病；广西南宁首次发现稻黑孢霉引起的生姜叶斑病；建立了姜瘟病病原活菌快速检测技术；开发了硅纳米农药防治腐皮镰孢菌引起的收获后生姜软腐病技术。河南首次发现

阴沟肠杆菌引起的蒜腐病，湖北报道由尖孢镰孢引起的大蒜根腐病。大蒜资源中主要有青葱 X 病毒属病毒、洋葱黄矮病毒、大蒜螨传丝状病毒等 7 种病毒；四霉素拌种可用于大蒜心腐病防控，施用 75%肟菌戊唑醇 5 000 倍液、植物微生态制剂能有效防治大蒜根腐病。陕西省大葱叶部镰刀菌枯萎病病原菌为木贼镰刀菌和层出镰刀菌；甲维盐、高效氯氟氰菊酯和呋虫胺适用于葱蓟马的防治。甘肃报道成团泛菌导致洋葱茎腐病，吉林发现层出镰刀菌引起根茎腐病。辽宁省设施韭菜根腐病主要为尖孢镰孢菌、层出镰孢菌和腐皮镰孢菌，其中尖孢镰孢菌分布最广，致病力最强；咯菌腈和啶酰菌胺烟剂用于韭菜灰霉病的防治效果良好。江西发生层出镰刀菌引起的莲子新皮白化；莲藕采后主要致腐真菌为可可毛色二孢菌。浙江首次报道菠萝泛菌和雪腐微座孢引起茭白鞘腐病；金华市首次发现瘿螨为害茭白幼嫩组织；杭州茭白品种八月茭、大洋茭、余茭 1 号 B 和金茭 1 号对胡麻叶斑病表现出较高抗性；己唑醇、吡唑醚菌酯、咪鲜胺、氟环唑和咯菌腈等药剂对茭白胡麻叶斑病和弯孢叶斑病防治效果较好。江西首次发现 *Fusarium oxysporum* 和 *F. proliferatum* 引起的芋头采后茎腐病；31%噁唑菌酮 · 氟噻唑吡乙酮悬浮剂、25%甲霜灵 · 霜脲氰可湿性粉剂对芋头疫病防效良好。丙环唑、氟硅唑、戊唑醇、咪鲜胺等可用于防治荸荠秆枯病。新疆首次发现 *Ilyonectria novozelandica* 引起草莓根腐病；江苏首次发生由 *Neopestalotiopsis roase* 引起的草莓红叶根腐病；RNA 测序揭示我国草莓病毒病病原主要为 SMoV、SVBV 和 SMYEV；75%戊唑醇肟菌酯、32.5%嘧菌酯 · 苯醚甲环唑可用于防治草莓灰霉病；枯草芽孢杆菌 SA-1 和解淀粉芽孢杆菌 SV-2 可用于防控草莓枯萎病。

4. 产后处理和加工保鲜

丁香—肉桂提取液复合涂膜剂能有效延长辣椒果实的贮藏期；20℃常温贮藏能提升辣椒总氨基酸含量；435 nm/9.4 mW/cm^2 光动力学非热杀菌技术可杀灭 99.7%鲜椒表面金黄色葡萄球菌；亚临界丙烷提取率高、提取时间短，有利于保留辣椒籽油中的生育酚、植物甾醇和挥发性黄酮等活性物质；微生物源吩嗪-1-羧酸对辣椒疫病有良好的防治效果。低温等离子体处理是一种有效便捷的鲜姜切片杀菌方法。10%二氧化碳+80%氧气+10%氮气处理对大蒜的贮藏效果较好。(-0.5±0.3)℃冰温可延缓鲜切莲藕还原糖的升高和维生素 C 含量的下降；超声—热技术联用可延缓莲藕品质劣变；超声辅助微热益生菌发酵悬浮液可抑制鲜切藕片酶促褐变。超高压处理可增加茭白汁中的果香和草香，提升风味。1-甲基环丙烯结合杀菌袋处理可保持贮藏过程中的韭菜品质。肉桂酸处理可降低芋头褐变。70℃条件下用 0.3%柠檬酸溶液烫漂荸荠 90 秒后，用 1.0%氯化钙、0.15%亚硫酸氢钠和 0.3%植酸复合保鲜护色液浸泡 20 分钟能显著提升鲜切荸荠的护色效果，延长保鲜时间。

5. 生产机械研发与智能装备

研发的“牵引式全自动辣椒移栽机”在移栽效率和取苗合格率方面得到大幅提高，2022 年得到大规模推广；研发的 4JZ-3600 型自走式辣椒收获机已实现辣椒采摘、清选及收集一体化作业。研制的基于变限位与多重扰动配合技术的大蒜单粒取种装置，单粒取种合格率达到 96%以上；采用按压式切根及浮动式夹持技术研发的大蒜联合收获机，在作业质量和效率方面均有显著提升。研发的基于机器视觉的大葱穴盘育苗智能补种系统，实现了一穴三粒精准播种，显著提高了育苗合格率；研发的履带自走式大葱联合收获机实现了挖掘、抖土、夹持输送、打捆及卸料一体化联合收获作业。研制的链勺式大姜联合播种机，实现了开沟、起垄、施肥、播种、覆土镇压一体化要求；研发的生姜联合收获机已实现挖掘、抖土、铺放一体化作业。研制的洋葱机可一次完成洋葱挖掘、碎土分离、输送、铺条等作业。研制的韭菜收割机可实现收割和打捆作业。研发的 4U-900 型牵引式荸荠收获机采用柔性齿击打和弹簧辊振动两种方式实现土块的破碎和荠土分离；研发的振动筛式荸荠分级机，实现了自动上料、分级及定量装箱。研发的柔性夹持式芋头收获机实现了挖掘、茎秆切除及芋土分离一体化作业。

（国家特色蔬菜产业技术体系首席科学家　邹学校　提供）

2022年度西甜瓜产业技术发展报告

（国家西甜瓜产业技术体系）

一、国际西甜瓜生产与贸易概况

（一）国际西甜瓜生产基本情况

1. 国际西瓜生产情况

从整体发展情况来看，2011—2020年世界西瓜生产总体呈现出相对平稳的发展态势。虽然近年来世界西瓜种植面积在一定程度上有所缩减，但由于种植生产条件等相关领域技术水平的不断提升，世界西瓜生产单产水平表现出大幅提高，由2011年的29 505.3千克/公顷逐步增加到2020年的33 282.6千克/公顷，单产水平提高幅度达到了12.80%。

从生产区域分布情况来看，亚洲一直是世界西瓜的最重要生产地，其西瓜产量占世界西瓜总产量的80%左右，位居首位。近年来，非洲西瓜生产发展迅速，美洲西瓜生产则位居第三位。按照西瓜产量情况来划分，2020年世界五大西瓜主产国依次是中国、土耳其、伊朗、阿尔及利亚和巴西。按照西瓜单产情况来划分，2020年世界五大西瓜主产国单产水平从高到低依次是土耳其、中国、阿尔及利亚、伊朗和巴西。

2. 国际甜瓜生产情况

2011—2020年世界甜瓜生产总体呈现出相对平稳的发展态势。虽然近年来世界甜瓜种植面积在一定程度上有所缩减，由2011年的110.91万公顷缩减到2020年的106.82万公顷，减少了4.09万公顷，减少幅度为3.68%。但同样由于相关领域技术水平的不断提升，世界甜瓜生产单产水平表现出大幅提高的发展态势，由2011年的23 436.0千克/公顷稳步增加到2020年的26 649.4千克/公顷，单产水平提高幅度达到了13.71%。

从世界甜瓜生产区域分布情况来看，近年来除亚洲外，其余四大洲的甜瓜产量和种植面积均呈现出不同程度的缩减态势。亚洲甜瓜产量约占世界甜瓜总产量的70%；美洲甜瓜产量则位居第二位；欧洲居第三位。甜瓜主产国也主要集中在亚洲地区。按照甜瓜产量情况来划分，世界五大甜瓜主产国依次是中国、土耳其、印度、伊朗和美国，产量合计占世界甜瓜总产量的66.39%，面积合计占世界甜瓜种植面积的56.26%。中国既是世界最大的甜瓜生产国，同样也是世界甜瓜生产效率水平最高的国家。

（二）国际西甜瓜贸易状况

全球西甜瓜贸易量不断增加，2001—2021年全球西瓜进口数量和出口数量年均增速均保持在5%以上，甜瓜年均增速保持在1%左右。2021年全球西瓜进出口贸易量较2020年均有所增加。联合国粮食及农业组织数据显示，2021年全球西瓜出口总量为452.94万吨，主要出口国家为西班牙、墨西哥和伊朗。进口总量为446.91万吨，主要进口国家为美国、伊拉克和德国。2021年全球甜瓜出口量较2020年有所下降，进口量略有增加。2021年全球甜瓜出口总量为204.57万吨，主要出口国家为西班牙、危地马拉和巴西；进口总量为214.24万吨，主要进口国家为美国、荷兰和法国。

中国是世界西甜瓜最大生产国，但西甜瓜进出口贸易量在世界的比重较小，国际市场变动对国内市场的影响不大。中国西瓜主要以进口为主，2021 年中国西瓜进出口贸易量有所下降，进口量为 6.69 万吨，仅为 2020 年进口量的一半，仅占全球进口总量的 1.50%；2021 年中国西瓜出口量为 4.37 万吨，较 2020 年下降 5.71%，仅占全球出口总量的 0.96%。中国甜瓜进出口贸易一直为净出口，2021 年中国甜瓜出口量下降，进口量增加。2021 年中国甜瓜出口量为 6.93 万吨，较 2020 年下降 18.31%，占全球出口总量的 3.39%；进口量为 3.63 万吨，是 2020 年的 2.73 倍，占全球进口总量的 1.77%。

二、国内西甜瓜生产与市场概况

（一）国内甜瓜生产基本情况

1. 全国西甜瓜生产情况总体平稳

在农业供给侧结构性调整下，全国西甜瓜总体生产情况趋于稳定。2021 年全国西瓜种植面积整体维持在 150 万公顷左右，总产量约为 6 200 万吨，单产为 41.33 吨/公顷。2021 年全国甜瓜种植面积为 39.4 万公顷，总产量为 1 355.7 万吨，单产达到 34.41 吨/公顷。2022 年受新冠疫情以及天气影响，全国部分产区西甜瓜种植面积和产量略有下降。

2. 优势产区进一步集中，生产区域性特征明显

西瓜产区布局依然是华东、中南两大地区主导，华东六省一市、中南六省的西瓜产量分别占全国的 32.19%和 38.84%，西北五省的产量约占全国的 12.78%。西瓜产量前五位的省份是河南、山东、江苏、湖南、安徽。甜瓜以华东、中南、西北三大产区为主，华东六省一市、中南六省、西北地区的甜瓜产量分别占到全国的 28.30%、23.02%、26.74%，甜瓜产量前五位的省区是山东、新疆、河南、河北、江苏。

3. 西瓜育种国际领跑，品种结构不断升级

国内育种单位研发的优质抗病品种成为生产的主导品种，逐步构建起涵盖大中小、早中晚熟、有籽无籽，尤其是京美系列小果型、大果型西瓜和众天系列、纳斯密等优质甜瓜品种的推广，基本满足了市场多样化需求，实现了周年供应。

4. 西甜瓜生产标准化水平提升，栽培及病虫草害防治技术模式优化创新

西甜瓜栽培技术的标准化与规范化水平不断提升，保温技术、高效栽培技术、嫁接技术、有机肥替代技术等得到广泛应用。根据各地区特色和优势，多元化种植并合理安排茬口、轮作套种等西甜瓜高效栽培模式进一步优化和推广。病害防治见成效，积极开展种传病害处理方法推广及应用。通过嫁接栽培、土壤消毒防治土传病害等防控技术在各产区推广应用，取得较好防控效果。虫害及草害防控需要进一步开展区域性高效防控技术研发和优化。

5. 装备加快研发应用，西甜瓜机械化生产得到示范推广

据西甜瓜主产区及示范县调研，2022 年我国露地栽培西甜瓜耕种收综合机械化率为 35%~40%，设施栽培西甜瓜耕种收综合机械化率不足 30%。研发的有机肥深施机、双（单）行复式移栽机、小拱棚覆膜机与施肥喷药开沟覆膜覆土复式作业机等大面积的示范推广，有效提升了示范区西甜瓜生产机械化水平、规模效益与劳动生产率。

6. 加工有待提升，线上线下流通形成“双引擎”

西甜瓜加工仍然是产业的薄弱环节，国内西瓜加工技术主要围绕西瓜汁、西瓜酱、西瓜酒以及西瓜皮综合利用等方面。甜瓜主要围绕甜瓜片干燥技术、甜瓜保鲜和风味等方

面，干燥技术在哈密瓜加工中被广泛应用。随着互联网、电子商务等新业态及冷链物流的发展，进一步推动了西甜瓜流通模式变革，形成了分级包装、直营直销、线上线下并行的多元化销售渠道。

7. 品牌建设能力持续增强，产品质量安全水平不断提高

根据农业农村部农产品质量安全中心公告，2022 年入选全国名特优新农产品的水果产品共计 40 种 232 项，其中西瓜甜瓜产品 21 项，含西瓜产品 13 项，甜瓜产品 8 项，入选数量分列水果类产品中的第六位和第九位。全国命名的西甜瓜之乡、地理标志产品以及名优产区超过 30 个，主营西甜瓜合作社和品牌企业在整个瓜菜产业中居首。

（二）国内西甜瓜市场发展情况

1. 西瓜市场价格较 2021 年同期有较大幅度上涨，甜瓜市场价格略有下跌

农业农村部信息中心监测数据显示，由于受到国内疫情以及宏观经济因素的影响，2022 年全国西瓜批发市场价格与 2021 年同期相比表现出较大幅度上涨的态势，1—10 月西瓜大宗市场平均价格为 5. 32 元/千克，较 2021 年上涨幅度达到 20. 05%。2022 年全国甜瓜批发市场价格与 2021 年同期相比表现出一定的不稳定性，1—10 月甜瓜大宗市场平均价格为 6. 37 元/千克。

2. 西瓜甜瓜市场交易量较 2021 年同期有所下降，进出口贸易量有所回升

西甜瓜全年交易量变化表现出明显的季节性和非均衡性特征。农业农村部信息中心监测数据显示，2022 年 1—10 月西瓜交易量为 98. 43 万吨，较 2021 年同期有所下降，交易量变动与市场价格波动大体呈相反趋势。2022 年 1—10 月甜瓜市场交易量为 3. 45 万吨，较 2021 年同期有所下降。2022 年中国西甜瓜进出口数量与 2021 年同期相比有所增加。

三、国际西甜瓜产业技术研发进展

2022 年度国际西甜瓜种质资源研究鉴定特别是抗性资源挖掘及关键基因研究成果丰硕，在果实成熟调控及组学研究上也有突破，在西甜瓜栽培及贮藏和加工技术领域也有新方法的报道。从国家分布来看，除了中国、西班牙、法国、以色列、土耳其、韩国等传统西甜瓜研究强国在技术研发领域发表的论文之外，印度、巴西等新兴国家科研团队能够充分利用自身种质资源丰富的优势，进行研究并发表了相关论文。

1. 西甜瓜种质资源研究鉴定及育种技术研发

西瓜种质资源主要针对抗病资源筛选研究，包括西瓜芽坏死病、枯萎病、疫病以及根结线虫等的抗性鉴定，筛选出一批抗病种质资源。针对甜瓜种质资源鉴定研究，筛选出厚果肉、高维生素 A 和维生素 C、高糖资源和黑腐病抗性资源。另外，还有甜瓜地方种质资源的遗传多样性研究。

国外学者开展科学试验，获得了有前途的种间南瓜杂交砧木、适宜甜瓜 Majestic 和 Honeyval 嫁接的南瓜砧木杂交种 Carnivor、抗根结线虫的甜瓜本砧 AC-09、PI157082 和 Ouro、耐旱性较强的野生西瓜砧木等。孟加拉国 Md. Noor-E-Azam Khan 等研究发现 0. 5% 秋水仙素处理西瓜种子 72 小时，四倍体诱导频率和效果最佳。Hatipoglu 等报道了甜瓜的分子辅助选择系统，利用田间双列杂交试验，Ashari 等筛选出配合力强、杂种优势明显的不同基因型甜瓜材料。

2. 西甜瓜重要性状遗传分析

Hong 等研究表明西瓜蔓枯病抗性可能由多个基因控制，CGMMV 抗性相关的位点可能由两个基因共同控制。西班牙研究者 López-Martín 等在甜瓜 5 号和 12 号染色体上定位了主效抗白粉病基因。西班牙的 Jordi Garcia-Mas 团队将 *CmNAC-NOR* 基因进行基因编辑敲除，发现可以导致甜瓜晚熟或成熟抑制。除了单基因控制的甜瓜果实品质性状，2022 年也有一些果实品质 QTL 的报道，例如，Santo Domingo 等定位了一系列果实形态和成熟相关 QTL，Amanullah 等定位了一系列甜瓜果实形态相关 QTL。

3. 西甜瓜基因组和转录组等组学研究

Mashilo 等利用代谢组学手段，比较分析了栽培西瓜和药西瓜果实之间的代谢差异。Tristan 等利用 ORAC、IR 和 NMR 等多种代谢组学方法比较了两个西班牙地方甜瓜品种成熟过程中的代谢差异，Cheng 等利用代谢组和转录组联合分析策略，发掘了甜瓜果实发育过程中可溶性糖和有机酸的关键基因调控网络。

4. 西甜瓜贮藏和加工技术领域研发进展

Lee 等报道了西瓜汁加工中不发生浑浊状态的方法；Kumar 等发现进行巴氏杀菌的西瓜汁整体可接受度较高，Mohamad Salin 等发现冷冻干燥可以保留其大量的功能性成分。Du 等利用 SPME-GC-MS 技术共鉴定出西瓜皮中含有 132 种挥发性成分。Tepe 等研究表明甜瓜切片在干燥之前经 100% 乙醇浸泡后，可以显著缩短干燥时间，并发现颜色变化最小。

四、国内西甜瓜产业技术研发进展

我国西甜瓜育种技术与方法领域科研产出持续提升，已处于国际领跑地位，我国学者为第一或通信作者的有 62 篇，超过 2021 年度（50 篇），数量已超过其他所有国家之和。西甜瓜优质抗病抗逆基础研究取得突破。西甜瓜简约化、机械化生产与工厂化嫁接技术等栽培技术更加完善。西甜瓜绿色防控及采后加工技术不断提升。

1. 西甜瓜优质抗病抗逆基础研究

中国农业科学院郑州果树研究所公布了首个完整的西瓜果实代谢组数据库。北京市农林科学院许勇团队利用转录组与蛋白质组对西瓜果实发育及成熟过程进行了解析。研究者发现了西瓜少分枝候选基因，光敏黄瓤新基因，同时明确网状条纹、psf 黄瓤突变体、果实非苦味均由单隐性基因控制，种子大小受数量性状位点控制。在甜瓜的研究中，许勇团队研究表明对甜瓜 *CmNAC-NOR* 基因进行基因敲除可以抑制甜瓜成熟。相关甜瓜果实重金属积累、甜瓜果实硬度、甜瓜的心室数、甜瓜白粉病和枯萎病抗性等重要基因也相继被定位。

2. 西甜瓜育种技术研发

西北农林科技大学 Cao 等发现 REC8 作为减数分裂中聚合蛋白复合物的关键成分，该基因中断可以导致西瓜无籽化。中国农业科学院杨学勇团队通过改良的农杆菌介导的遗传转化法构建了高效的甜瓜遗传转化系统。甜瓜双单倍体育种方法取得突破，孙博文等利用野生种远源杂交和胚培养方法获得厚皮甜瓜双单倍体，双单倍体诱导频率达 1. 11%。

3. 西甜瓜简约化、机械化生产与工厂化嫁接技术等栽培技术

高产高效栽培技术在培育壮苗、定植前准备、适期定植、定植后管理上都有相关文章报道。自动化移栽技术方面，宋文彬等设计了一种穴盘苗移栽试验台漏苗检测及补苗系统，张惠莹等设计了智能移苗移栽机器人。田志伟等设计了卧式轻便型蔬菜苗半自动嫁接机。

4. 西甜瓜绿色防控技术及采后加工技术

在西甜瓜绿色防控病原生物学与发生规律、抗病遗传规律与抗性机制、病害防控技术上均有较多的研究报道，2022 年度在西甜瓜贮藏、加工和质量安全技术领域发表中文论文 31 篇。研究内容主要集中在精品甜瓜贮藏技术、甜瓜片加工技术和果实品质提升领域。

5. 常规育种及新品种选育

2022 年文献报道选育的普通西瓜新品种共 16 个，其中小果型 4 个、中果型 5 个、中晚熟品种 7 个。早熟西瓜品种 9 个。2022 年度公开发表的三倍体无籽西瓜品种有 2 个。文献报道了 9 个薄皮甜瓜品种及其选育方法，除丰脆 1 号为地方品种黑皮梢瓜经定向系统选育获得外，其他 8 个品种均为常规杂交获得，厚皮甜瓜新品种仍以橘红肉哈密瓜类型为主。

（国家西甜瓜产业技术体系首席科学家　许勇　提供）

2022年度柑橘产业技术发展报告

(国家柑橘产业技术体系)

一、国际柑橘、猕猴桃生产与贸易概况

(一)国际柑橘生产和消费概况

根据FAO数据,2021年世界柑橘种植面积1 022.22万公顷(约1.53亿亩),产量为1.62亿吨。世界柑橘类水果总产量位列前五位的国家依次为:中国、巴西、印度、墨西哥和西班牙。世界甜橙的主产地是巴西、印度和中国;世界宽皮柑橘的主产地是中国、西班牙和土耳其;世界葡萄柚及柚的主产地是中国、越南和墨西哥;世界柠檬和莱檬的主产地是印度、墨西哥和中国。

根据2022年12月USDA数据统计,2021年世界甜橙的主要消费地区分别为中国、欧盟和巴西,上述地区的消费量分别占世界甜橙总消费量的24.45%、18.90%和15.26%;世界宽皮柑橘的主要消费地区分别为中国、欧盟和美国,上述地区的消费量分别占世界宽皮柑橘总消费量的72.41%、8.43%和2.91%;世界葡萄柚及柚的主要消费地区分别为中国、墨西哥和欧盟,上述地区的消费量分别占世界葡萄柚及柚总消费量的80.01%、6.29%和5.16%;世界柠檬和莱檬的主要消费地区分别为墨西哥、欧盟和美国,上述地区的消费量分别占世界柠檬和莱檬总消费量的30.03%、24.51%和21.21%。欧盟、美国和英国是橙汁的最主要消费地区。

(二)国际柑橘贸易概况

根据UN COMTRADE数据,2021年世界柑橘类产品出口额与出口量分别为165.93亿美元和1 587.70万吨。其中,甜橙的出口量最大,宽皮柑橘的出口额最大;柠檬和酸橙、葡萄柚及柚以及其他柑橘属水果的出口比例相对较少。

(三)国际猕猴桃生产概况

据FAO最新数据,2021年世界猕猴桃收获面积为28.69万公顷,产量为446.71万吨。在世界23个猕猴桃生产国中,总产量位列前六的国家依次为:中国、新西兰、意大利、希腊、伊朗和智利,上述国家的总产量占全球总产量的93.41%。其中中国年产量达238.08万吨,占全球总产量的53.3%;新西兰年产量达62.85万吨,占全球总产量的14.07%。除中国、新西兰、意大利、智利等国家具有绿肉、黄肉和红肉类型果品外,其他生产国基本上是以海沃德为主的绿肉果品。

(四)国际猕猴桃贸易概况

据FAO最新数据,2021年世界猕猴桃出口额和出口量分别为44.52亿美元和182.09万吨。其中,出口量位列前四的国家是新西兰、意大利、希腊和智利,上述国家的出口量占全球总出口量的79.08%;出口额位列前五的国家是新西兰、意大利、比利时、智利和希腊。

2021年世界猕猴桃进口额和进口量分别为41.07亿美元和168.10万吨。其中,进口量位列前四的国家是比利时、中国、西班牙和日本;进口额位列前四的国家是中国、日

本、比利时和西班牙。

二、国内柑橘、猕猴桃生产与贸易概况

（一）国内柑橘生产概况

根据国家统计局数据库数据以及国家柑橘产业技术体系调研数据估算，2022 年我国柑橘总产量预计为5 518万吨，较 2021 年的5 595.61 万吨下降 1.38%；从种植面积上看，2022 年我国柑橘的种植面积达到 281.96 万公顷（4 229.4万亩），较 2021 年的 282.53 万公顷（4 237.95万亩）减少了 0.20%；另外，平均单产从 1978 年的 2.10 吨/公顷增加到 2022 年的 21.50 吨/公顷，年均增长率达 5.20%。

（二）国内柑橘贸易概况

根据中国海关总署统计，2022 年我国柑橘鲜果进口额为 4.56 亿美元，同比降低 14.29%；柑橘鲜果出口额为 10.35 亿美元，同比降低 22.53%。在柑橘类加工品进出口上，2022 年我国冷冻橙汁进口量为 10.92 万吨，进口额为 1.42 亿美元，出口量为 0.15 万吨，出口额为 0.04 亿美元；柑橘罐头进口量为 0.44 万吨，进口额为 0.11 亿美元，出口量为 27.54 万吨，出口额为 3.77 亿美元。

（三）国内猕猴桃生产概况

根据中国园艺学会猕猴桃分会 2022 年对各产区调研的结果估计，至 2022 年 9 月，我国猕猴桃种植面积 29.88 万公顷，其中结果面积约 19 万公顷，2021 年产量超 348.6 万吨，与 2020 年相比，种植面积增加 1.23 万公顷，增幅为 4.29%，年产量增加 26.33 万吨，增幅为 8.17%。

2022 年全国范围的持续高温干旱对猕猴桃产业带来较大的影响，9—10 月统计受灾面积近 40%，特别是无水利灌溉设施的果园受害重。预计我国猕猴桃 2022 年产量约 300 万吨，减产可能达 14%。

2022 年 11 月调查发现新增加河北省种植中华猕猴桃，至此，我国猕猴桃产业已扩大到 22 个省（区、市），其中中华/美味猕猴桃种植面积超过6 667万公顷的省（市）有 11 个，种植面积排在前五的省份依次是陕西、四川、贵州、湖南、江西；2021 年猕猴桃产量位列前五的省份依次是陕西、四川、贵州、湖南、江西。

（四）国内猕猴桃贸易概况

据 FAO 数据统计，中国已成为猕猴桃重要的生产和消费大国。2021 年中国猕猴桃总进口量为 17.57 万吨，中国（不含香港、澳门、台湾数据）占中国总进口量的 72.93%；进口额累计 7.165 亿美元。从 2021 年进口价格来看，中国、中国台湾、中国香港和中国澳门的价格分别是4 295美元/吨、3 529美元/吨、3 339美元/吨和4 077美元/吨。2021 年中国猕猴桃出口量为 1.67 万吨，中国（不含香港、澳门、台湾数据）占中国总出口量的 71.73%。

据中国果品流通协会提供数据显示，近两年猕猴桃进口量持续下降，中国（不含香港、澳门、台湾数据）2022 年进口量为 11.8 万吨，同比下降 7.98%；进口额 4.92 亿美元，同比下降 10.56%。近两年我国猕猴桃出口量也在下降，2022 年出口量为 1.007 万吨，同比下降 10.55%；出口额为1 626万美元，同比下降 15.05%。

三、国际柑橘、猕猴桃产业技术研发进展

（一）遗传育种

1. 柑橘砧穗互作影响抗逆性和果实品质已成为研究热点

西班牙 Balfagón 等研究发现在干旱和高热逆境下，砧木既可以重新配置接穗中代谢物

质如碳水化合物变化和氨基酸的流动来调节对逆境的抗性，也可以通过向接穗传递逆境信号，并通过激活抗氧化系统来提高抗性。巴西筛选了不同气候区具有发展潜力的砧木品种。

2. 分子标记等辅助手段广泛应用于柑橘育种

日本发表了适合加工柑橘品种的重要果实性状和育种选择标准，并提出基于全基因组辅助育种的“柑橘育种 2.0”计划，快速开发新的优质杂交品种。SNP 标记、InDel 标记、SSR 和细胞器 DNA 标记等广泛应用于柑橘品种（系）鉴定、系统发育和遗传多样性分析。基因编辑技术的应用研究得到加强，例如 Dutt 等通过 CRISPR/Cas9 技术敲除分枝角度控制基因 *TAC1*，可使柑橘芽垂直生长，以适应机械化。

3. 柑橘育种创新取得新进展

美国科学家 Huang 等利用优化后的 CRISPR/Cas9 技术获得了抗溃疡病的哈姆林甜橙。佛罗里达 CREC 推出了 LB8-9 Sugar Belle®，UF 950 等新穗木品种和 UFR 系列砧木品种；伊朗 Jokari 等利用茎段离体培养结合秋水仙素处理，成功培育出了墨西哥莱檬和酸橙的同源四倍体；法国 Dambier 等利用细胞融合技术获得了酸橘+枳柚、酸橘+枳橙和甜橙+枳柚的四倍体体细胞杂种，用于砧木遗传改良；巴基斯坦学者 Khalid 等发现用四倍体柠檬作砧木嫁接金诺橘，可以显著提高接穗品种的抗性。

4. 注重猕猴桃重要农艺性状关键调控基因的挖掘

挖掘猕猴桃重要农艺性状的关键调控基因，重点是耐寒性、果实细胞壁代谢和果胶降解等的相关途径。

（二）栽培与土肥

1. 不同种植模式依然是柑橘栽培领域研究的焦点

在 5~7 米宽行种植模式下，通过种植覆盖植物或者行间生草，能活化土壤养分、增加有机质和土壤碳、调节小气候、增产提质，减少温室气体排放。Hervalejo 等利用矮化砧木 FA517 进行超高密度种植甜橙，开展了机械修剪配合机械收获的研究。

2. 重视柑橘生态环境与黄龙病发生的关系研究

开展柑橘微生物群落和功能与植物物候、土壤环境因子以及覆盖植物与黄龙病发生的相关性研究。

3. 节水灌溉成为柑橘果园灌溉技术的发展方向

随着全球极端高温干旱频发，主要采用非充分（部分根区）灌溉，地下滴灌，通过开发相应的模块精确灌溉或用不同水源如废水再生水进行柑橘园灌溉。

4. 关注柑橘果园土壤有机碳的周转特征

因碳中和开始关注柑橘园中土壤有机碳的周转特征，利用多准则决策分析评估柑橘微量元素缺乏症以及叶面喷施钾肥的最佳种类。

5. 优化猕猴桃果园土壤改良技术

新西兰猕猴桃果园土壤以火山灰为主，疏松透气，有机质含量可达 10%以上，且施入大量有机肥，并将修剪枝条粉碎还田。

（三）病虫草害防控

1. 柑橘病虫害研究聚焦黄龙病及木虱

研究表明，西柚汁可提速黄龙病菌增殖，该菌 BC 蛋白可抑制免疫反应，清除活性氧、提升韧皮部再生力，施用尿酸、赤霉素等可缓解该病症状。发现紫外线可极强吸引柑橘木虱，Bt 毒蛋白可杀木虱，蔗糖脂肪酸酯和 2-甲氧基-4-丙基苯酚对木虱有强毒性，澳沙檬和澳指檬抗木虱，OmpA 多肽可降低木虱获菌率。

2. 柑橘衰退病、绿霉病等病害研究取得进展

柑橘衰退病毒侵入柑橘次生木质部阻止导管分化。胶孢炭疽菌（*Colletotrichum gloeosporioides*）和喀斯特炭疽菌（*C. karstii*）是美国加利福尼亚州柑橘顶梢枯死的重要病原。低气压阻止绿霉病发生，壳聚糖和核黄素偶联物显著抑制指状青霉。

3. 重视橘全爪螨、橘小实蝇等虫害研究

研究表明，橘全爪螨几丁质合成酶 1 的 I1017F 是高耐乙螨唑的突变靶点。橘小实蝇羽化率和发育时间与土壤深度呈显著负相关，用线虫和真菌协同进行生物防治。

4. 溃疡病和果实真菌病害研究是猕猴桃病害领域关注的重点

发现溃疡病菌的 LuxR 单编码基因 *PsaR*2 在宿主特异性识别和诱导毒力反应中发挥着主要作用。证实韩国的猕猴桃软腐病菌含多种间座壳菌，并分析了多菌灵对相关致病菌的抑菌效果；发现（E）-2-己烯醛熏蒸，可促进从病原体识别到防御基因表达的信号网络，并积累类黄酮等次级代谢物，从而增强猕猴桃果实对灰霉病菌的抗性。

（四）采后处理与加工

1. 柑橘保鲜机理研究更聚焦于果实失水和对贮运环境的响应

Zou 等发现柑橘果实表面蜡质中 C24 和 C26 的醛类影响果实水分散失。Carmona 等发现采后低温贮藏不仅增强了花青素及其他黄酮类物质积累，而且影响果实挥发性成分物质变化。Manzi 等用 500 毫克/升的 ABA 采前处理可减轻甜橙冷藏过程中的低温损伤。

2. 围绕绿色生产，新型保鲜投入品研究成为柑橘采后研究的重点

植物源投入品研发十分活跃，发现肉桂酸、肉桂醛和柠檬醛的结合等均具有一定的防腐保鲜效果。纳他霉素、硫酸抑霉唑（Imazalil Sulphate）以及两性霉素 B（Amphotericin B）和 5-氟胞嘧啶（5-flucytosine）能有效控制柑橘采后腐烂。Alhassan 等研究发现 1 毫摩/升的史它隆浸果处理最有效，认为其是替代 2,4-D 的最佳候选物。

3. 结合数字化发展需要，采后生产技术手段创新备受关注

建立了夏橙贮藏寿命及货架期预测的模型，通过数字化孪生技术量化研究采前和采后柑橘果实品质的变化。利用双光谱分类与图像处理相结合检测柑橘果实的早期腐烂，提出的多光谱图像检测算法能区分完好果实和腐烂果实，准确率可达 98.6%。采用电生物阻抗谱（Electric Bioimpedance Spectroscopy）和电等效模型（Electric Equivalent Models）监测冷藏葡萄柚果实的低温伤害程度。

4. 持续提升柑橘汁加工品质新技术研究

研究了高强度超声波技术在降低柑橘汁中的苦味物质，减少功能成分损失等方面的作用；膜工艺浓缩甜橙汁对生物活性化合物和功能性成分的影响；结合过滤和标准均质化技术提高柑橘汁的质量；采用响应面方法优化的超声辅助提取法以提升柑橘皮中柠檬酸的回收。

5. 猕猴桃采后保鲜技术研发进展较好

发现机械损伤可以诱导猕猴桃果实成熟，并影响糖、酸、氨基酸和醇类物质的含量；利用传统 VIS-NIR 光谱技术成功建立了金桃成熟度指标的无损检测模型。

（五）机械化

1. 柑橘果园运输系统更加优化

Bao 等设计了一款适用于山地果园运送的轻量型电动履带式通用动力平台，构建了底盘的运动学和动力学模型，并实现了多传感器信息融合的导航控制系统，平台的最小转弯半径 1.9 米，最大姿态偏转角 36.9°。

2. 柑橘果园植保机械研究集中于喷雾系统

Sun 等设计了基于果树冠层叶墙面积的实时变量喷雾控制系统，施药量较传统喷雾降低了 55.64%；采用 CFD 正交试验方法分析了管道喷雾混药器的关键结构参数变化对吸药性能和混药性能的影响，获得了混药器的最优结构参数组合。

3. 信息化技术有望应用于柑橘果实成熟度、病害等方面的监测

分别采用改进 YOLOv5 和 Mask-RCNN 模型，提出基于边缘计算的柑橘青果检测与计数算法；采用改进 YOLOv4 模型，提出了不同生育期的柑橘果实识别和果实成熟等级监测算法，精度分别达到 96.15%和 95.07%；提出了基于 ResNet50 学习增强的柑橘黑斑病监测模型，精度达到 99.5%；结合 Google 地球卫星图像，构建了基于常绿指数和无植被指数时间序列的柑橘种植面积监测算法。

四、国内柑橘、猕猴桃产业技术研发进展

（一）遗传育种

1. 柑橘品种重要性状的形成机制研究进展良好

筛选出砧穗互作影响枳砧和红橘砧果实差异的重要小 RNA；揭示了柠檬酸、PA 和花青素积累的分子机制；发现了砧穗之间嫁接不亲和是由于激素的不均衡和 ABA 信号途径中的两个关键基因参与调控砧穗之间的不亲和性；发掘了甜橙的转录因子 CBF1 以提高甜橙耐寒性；明晰了柑橘果实中柠檬酸含量显著降低的主要因素。

2. 基因编辑等技术应用于柑橘育种日趋成熟

华中农业大学开发了一种可同时编辑山金柑中两个目标位点的高效 CRISPR/Cas9 系统，以及基于改进的 CRISPR/Cas9 系统，获得抗溃疡病甜橙。利用泛基因组学揭示了柑橘杂交、驯化和多样化中细胞核冲突的遗传基础。顺式元件扩增多态性（CEAP）是一种新型的植物启动子和基因靶向分子标记，可以普遍地应用于不同物种的遗传多样性分析、亲缘关系分析以及标记辅助选择育种。开发了一个用于柑橘育种的综合性基因组数据库（CPBD）。

3. 猕猴桃重要农艺性状关键基因不断得到挖掘

采用分子生物学、转基因及基因编辑方法鉴定出 ABA 介导的 AceGBF3-AceMYBS1-*AceGGP3* 分子模块调控猕猴桃维生素 C 合成。发现了对萼猕猴桃根系通过调节碳水化合物和游离氨基酸代谢、激活乙醇发酵途径和 ROS 清除响应水淹胁迫，将一些参与糖酵解和发酵（*ADH*、*PDC* 和 *SUS*），丙氨酸代谢（*AlaAT*），ROS 清除（*POD*）和编码 TFs 的基因（*ERF*、*bHLH* 和 *LOB*）确定为响应水淹胁迫的关键因子。

4. 选育多个柑橘和猕猴桃新品种

2022 年，我国柑橘登记了 10 个品种（农业农村部官网）；各育种单位特别是省级柑橘研究单位均在开展杂交育种与芽变育种，并获得了一批杂交植株。授权猕猴桃新品种 6 个；通过贵州省省级良种审定猕猴桃新品种 3 个。

（二）栽培与土肥

1. 研发柑橘设施栽培技术，以应对异常气候或病虫害

针对多发的异常气候或病虫害，进行不同设施栽培对防虫或防冻，以及果实品质的影响研究。

2. 生物材料或绿肥应用于柑橘果园越来越普遍

开展了不同覆盖物对柑橘根际微生物群落和土壤理化性质的影响研究，白三叶草根系分泌物对柑橘的化感效应及丛枝菌根真菌的调控效应研究；翻压绿肥促进果园土壤磷素活化研究、柑橘套种绿肥的轻简化栽培以及生草栽培等。

3. 柑橘不同栽培模式及优质高产栽培技术研究持续推进

研究了不同栽培模式或肥料对柑橘果实品质的影响。开展了有关盐和水分胁迫、高温干旱防日灼、光合生理，以及柑橘优质高产栽培技术的研究。

4. 猕猴桃冬季修剪枝条循环利用引起重视

分析了红阳、金艳、金魁、金果 4 个猕猴桃品种的修剪枝条的分解速率、养分释放（C、N、P、K）以及木质素、纤维素、半纤维素的降解过程，为猕猴桃果园科学施肥提供指导建议。

（三）病虫草害防控

1. 黄龙病仍然是柑橘病害研究的热点

建立柑橘黄龙病菌半立体培养系统，该菌分泌蛋白 AGH17470 提升柑橘对溃疡菌抗性，发现自噬侵染机制。研究表明，抑制柑橘木虱几丁质合成途径 *DcCHS* 可阻碍其生长发育甚至致死，干扰木虱 *V-ATPase-E* 后致死，并影响获菌能力。

2. 柑橘溃疡病、酸腐病和绿霉病等病害研究进展较好

开发了基于 GFP 信号的溃疡病菌筛药法。发现柑橘果面存在拮抗采后病害病原的有益细菌。肉桂醛、柠檬醛和 α-松油醇可防治酸腐病和绿霉病。赣州脐橙严重茎陷点与衰退病毒株重组相关。鉴定出多个导致果实采后病害的新病原。

3. 探寻橘小实蝇、橘全爪螨等虫害抗药性的机理与特点

研究表明，UDP 葡萄糖基转移酶基因参与了橘小实蝇对多种药剂的抗性，敲除气味共受体 *Orco* 基因破坏其嗅觉介导行为。多地橘全爪螨对达螨灵产生上千倍的高抗。

4. 关注柑橘果园杂草与害虫的关系

橘园中种植紫花苜蓿和白三叶时，花期蓟马数量显著高于对照。

5. 通过各种方式提高猕猴桃对溃疡病的抗性

发现来自非寄主植物本氏烟和拟南芥的 ZAR1 可识别溃疡病菌效应蛋白 HopZ5，转入猕猴桃中可增强植株对溃疡病的抗病性；证实了适当的硫元素处理有助于改变猕猴桃根际土壤的微生物群落结构，增强树体的溃疡病抗性。

6. 猕猴桃果实真菌病害研究取得新进展

筛选并验证季也蒙毕赤酵母 *Meyerozyma guilliermondii* 能降低葡萄座腔菌和间座壳菌引起的软腐病发病率，卡利比克迈耶氏酵母 *Meyerozyma caribbica* 能显著降低猕猴桃青霉病的发病率，抑菌机理均为营养空间竞争和诱导抗性。

（四）采后处理与加工

1. 柑橘保鲜机理解析、实用配套技术研发，以及管理技术深度融合

建立了“控制果肉有机酸—减缓水分转运—改善果面蜡质—阻止水分散失”的保鲜

策略，建立了冬季冷凉环境常温贮藏，夏秋高温季节全程冷链的分季节贮藏方案。柑橘保鲜投入品、保鲜装备和管理技术呈现深度融合，示范带动全国柑橘采后生产能力和水平显著提升。

2. 柑橘采后绿色生产理念深入人心

逐步改变了主产区“柑橘保鲜靠药”的单一化学防控思维，建立了无损伤采收、科学防腐保鲜、生产流程优化、环境卫生整治并重的绿色保鲜套餐，实现化学防护保鲜剂用量下降的同时，果实腐烂损耗显著下降的“双减”目标。

3. 柑橘罐头加工自动化水平提升，新型柑橘饮料市场需求旺盛

柑橘自动剥皮设备已在全国进行推广，大型工厂基本实现剥皮自动化；柑橘分瓣设备采用机器视觉算法检测分瓣线，并采用切割刀代替钢丝切割，设备稳定性和可靠性有很大提升。持续加大青果茶饮料研究，关注非热杀菌技术及超高压果汁产品；柑橘汁产品呈现多元化趋势，如青橘茶、气泡柠檬汁等。

4. 猕猴桃果实软化技术、无损检测技术等研究取得新进展

阐明了猕猴桃果实软化的调控网络；发现 2℃比 0℃更适于翠香猕猴桃果实低温贮藏，2% O_2+5% CO_2气调贮藏徐香的效果更好；相比气调库高建设成本，自发气调包装简单、便宜，特别适宜软枣猕猴桃贮藏；华中农业大学开发的基于视触觉的猕猴桃无损硬度检测与分选线，具有很大潜力应用于猕猴桃分选线（国家发明专利，CN202210678530. 6）。

5. 猕猴桃加工工艺和产品研发取得进展，猕猴桃深加工以果皮的综合利用与回收为主

研发配有其他水果的复合类猕猴桃加工产品，如杧果猕猴桃复合果酱等；优化热辅助超声波处理、低温等离子体处理、超高压微射流均质等技术；研发一些新颖的休闲零食加工产品和保健功能产品，如猕猴桃酵素饮料。

（五）机械化

1. 柑橘果园运输机械安全性得到提升

针对基于齿轮传动的轨道运输机在满载上下坡时易出现飞车的问题，创制了基于机械离心开关和继电器的限速保护装置，实现运输机安全稳速运行。

2. 探索植保无人机施药技术应用于山地果园

针对植保无人机作业难以兼顾低飘移和高沉积的问题，提出了基于雾化网格的植保作业方法，无人机喷洒的大粒径雾滴在接近靶标处撞击网格后二次雾化，该施药技术适用于矮植化、篱壁型、常规密植型等多种山地果园种植模式。

3. 柑橘果园信息化技术研发集中在果实识别、营养诊断与施肥等方面

提出了基于改进 YOLOv5 模型的柑橘果实识别方法，通过引入 CBAM 注意力机制来解决遮挡目标与小目标的漏检问题，检测精度达到 91. 3%；设计了基于 CNN-LSTM 算法的病损柑橘跟踪与分选方法，检测精度达到 94. 1%；提出了适于嵌入式移植的改进 YOLOv4 模型，融合目标质心点的深度数据实现对果实的三维定位；构建了基于新生器官发育动态监测的橘园营养诊断与施肥推荐专家智能决策模型，果实综合品质显著改善。

（国家柑橘产业技术体系首席科学家　邓秀新　提供）

2022 年度苹果产业技术发展报告

（国家苹果产业技术体系）

一、国际苹果生产与贸易概况

（一）国际苹果生产概况

根据美国农业部（USDA）2022 年 12 月发布的数据，受天气原因影响，预计 2022/2023 年度全球苹果产量将减少 390 万吨，至 7 880 万吨，中国、欧盟和土耳其均大幅减产。由于中国和南非供应减少，预计出口量将减少 30 万吨，至 630 万吨。中国的产量预计将下降 500 万吨，至 4 100 万吨。随着法国和意大利从 2021 年的霜冻灾害中复苏，以及主要生产国波兰继续提高产量，欧盟产量预计增加 50 万吨，至 1 280 万吨。美国产量预计增加 15. 8 万吨，达到 450 万吨，在连续两年减产后略有逆转。智利产量预计持平于 100 万吨。墨西哥的产量预计达到 64 万吨。新西兰的产量预计增加 6 万吨达到 57. 3 万吨，有助于恢复至疫情前的水平。在连续两年创纪录的收成后，南非的产量预计减少 7 万吨，至 110 万吨。土耳其的产量预计增加 27. 7 万吨，达到 480 万吨。印度产量预计小幅上升至 240 万吨。

（二）国际苹果贸易概况

2022/2023 年度，世界苹果进口总量达到 615 万吨，出口总量达到 630 万吨。主要苹果进口国家和地区有巴西、俄罗斯、欧盟等，主要出口国有中国、美国、智利、南非、新西兰等。由于对印度尼西亚和孟加拉国等国家的苹果出口量减少，中国预计出口量将下降 20%，至 80 万吨。同时对新西兰的货运量增加，预计进口量将增加 2. 5 万吨达到 10 万吨。欧盟预计更多的供应将使出口量增加 10 万吨达到 130 万吨，消费量增加近 40 万吨达到 1 180 万吨。由于欧盟各国供应增加抑制了进口需求，预计进口量将减少 1. 1 万吨达到 32 万吨。美国华盛顿产区苹果产量减少，预计出口量将连续第三年下降，2022 年将下降 5. 3 万吨达到 67 万吨，美国从新西兰进口苹果量增加 1 万吨达到 11. 5 万吨。智利苹果出口量将保持在 60. 5 万吨的稳定水平，主要出口国家和地区为欧盟、哥伦比亚和美国的顶级市场。由于通货膨胀加剧和消费者购买力下降，需求停滞，墨西哥苹果进口量预计不变，稳定在 26. 5 万吨。新西兰苹果产量提高推动出口量增加 4. 5 万吨达到 38. 5 万吨，并将苹果消费量提升至 18. 8 万吨。由于国内苹果产量减少，加上英国市场需求由于通货膨胀抑制，南非苹果出口量预计将减少 6. 5 万吨，至 56 万吨。供应量加上质量的提高，土耳其的出口量预计较 2021 年增加 2. 2 万吨，达到创纪录的 42 万吨，预计将使土耳其成为 2022/2023 年出口增长的前十大出口国之一。由于印度国内供应继续与进口竞争，预计苹果供应增加将使进口量降至 43 万吨，略低于 2021 年的进口量。

二、国内苹果生产与贸易概况

（一）国内苹果生产概况

2022 年全国苹果种植面积预计为 3 000 万亩，比 2021 年的 3 132. 12 万亩减少 4. 22%。

黄土高原优势区种植面积预计为 1 750. 19 万亩，比 2021 年减少 4. 38%；环渤海湾优势区种植面积预计为 728. 97 万亩，比 2021 年减少 8. 34%；其他产区种植面积预计为 520. 87 万亩，比 2021 年增长 2. 85%。西南冷凉高地及新疆等特色产区种植面积持续增长，黄土高原与环渤海湾两大优势产区种植面积稳中有降，产业结构进一步优化。2022 年度，苹果大部分产区频发干旱、低温阴雨、冰雹、持续降雨等自然灾害，果园病虫害有所增加，部分产区树势衰弱，普遍存在花期授粉不足、果园撂荒、坐果率低等问题，生产区果品滞销风险加大。2022 年全国苹果总产量预计为 3 500 万吨，比 2021 年减产 11. 03%；其中黄土高原优势区产量为 1 862 万吨，较 2021 年减产 13. 8%；环渤海湾产区产量为 1 254 万吨，较 2021 年减产 8. 8%；其他地区苹果产量为 384 万吨，较 2021 年增长 3. 76%。

（二）国内苹果贸易概况

在出口方面，2022 年中国鲜苹果出口量预计为 81. 2 万吨，比 2021 年下降 24. 7%。2022 年浓缩苹果汁出口量预计为 43. 69 万吨，出口量及出口额均表现出上升趋势。从鲜苹果出口单价的变化趋势看，中国鲜苹果出口均价总体呈波动上升趋势。从出口结构的变动趋势看，出口量排名前三的是越南、印度尼西亚和孟加拉国。在进口方面，2022 年全年鲜苹果进口量预测为 9. 62 万吨，较 2021 年提高 41. 55%。2022 年浓缩苹果汁进口量预计为 7 085. 61 吨，较 2021 年下降 33. 42%。2022 年 1—10 月中国浓缩苹果汁进口量、进口额与 2021 年同期相比均呈下降趋势。中国鲜苹果进口量较大的国家与 2021 年相同，依然是新西兰和南非。

三、国际苹果产业技术研发进展

（一）国际苹果遗传育种研发进展

瑞士是当前世界上保存苹果资源最多的国家，保存总数为 8 878 份；美国保存资源 7 064 份；俄罗斯 3 397 份；德国 3 213 份；英国 3 055 份；乌克兰 2 762 份；波兰 2 573 份；奥地利 1 874 份；意大利 1 831 份；西班牙 1 741 份。保存方式主要采取田间保存和休眠枝芽超低温保存。开展的资源研究主要集中于种质资源遗传多态性分析、抗性和品质分析与鉴定、亲缘关系、重要性状遗传解析等方面。

目前，对于世界苹果品种选育影响较大的国家仍然是美国、日本和新西兰，法国、德国、荷兰等国家的育种工作也卓有成效。2022 年美国释放了 MD-TAPI、D27-16、Starlord 和 SF1 等 4 个新品种。法国释放了 Canopy 和 R204 2 个新品种。德国释放了 SunSpark。荷兰释放了 Pinot Prince 及 Wurtwinning 2 个新品种。巴西、加拿大和印度分别释放了 Isadora、8S5505 和 MAIA-SM。

育种目标与战略方面，优质、高抗和易栽培仍是现代苹果育种的总体目标。不同地区育种目标侧重点不同，美国以高品质、高抗病为目标，此外，功能性品种培育逐渐被重视。美国利用野生苹果培育了酿酒苹果。抗欧洲溃疡病是法国果树育种的主要目标。印度育种目标是抗苹果黑星病。德国将表观遗传变异作为新的育种目标。育种战略方面，各国将现代分子育种技术和传统杂交育种相结合，更加重视苹果基础性研究工作，同时重视开发利用种质资源，以增加遗传多样性。

育种方法和技术方面，杂交育种、芽变选种、实生选种等常规育种方式是苹果新品种选育的主要手段，自苹果基因组发布以来，分子标记技术以其快速、高效的特点，为实现目标性状早期选择提供了有效途径。新西兰植物与食品研究所持续利用分子标记进行红肉、抗黑星病、火疫病和抗棉蚜等性状的苗期筛选。美国的华盛顿州立大学、康奈尔大学和明尼苏达大学等均开展了分子标记和基因育种工作。在转基因育种方面，新西兰已经培育了具有早花、耐贮、无核等优良品质的苹果种质材料。德国通过对早花基因进行转基因技术，已实现将传统完成1代育种周期的8~10年缩短为1年，极大地加快了育种进程。基因编辑技术开发方面，意大利、新西兰和德国对 *MdPGT1* 的沉默株系和基因编辑敲除株系进行分析，发现两种株系叶片根皮苷含量均显著降低，但沉默株系植株形态发生显著改变，而基因组编辑株系表现正常。

国外苗木繁育几乎全部采用矮化自根砧。美国多采用 M9、M26 和 B9 等矮化砧木，具备抗病、抗重茬、抗寒、耐盐碱优良特性的矮砧 G 系得到推广，尤其以 G41、G935 和 G11 表现突出。欧美苗圃具备比较完善的育种、引种、脱毒、检测、苗木繁育、管理、认证、利润分配和监控体系。栽培无病毒种苗是目前生产上防治苹果病毒病害最有效的方法。建立了茎尖培养、茎尖嫁接、化学疗法、热疗法、热处理结合化学疗法以及超低温疗法等多种脱毒技术。病毒检测是苹果树病毒病防控的关键环节，可及时有效地从源头对病毒进行诊断，病毒基因组高通量测序手段为苹果未知病毒的鉴定带来了新的突破。

（二）国际苹果栽培技术研发进展

世界苹果生产发达国家普遍采用矮砧密植栽培模式，果园生草、灌溉施肥、专用授粉树+昆虫（蜜蜂、壁蜂）授粉、化学疏花疏果技术成熟且应用普遍，大规模商业化果园开始推广机械疏花技术。欧美国家比较重视果实内在品质，包括果实的耐贮性与货架期、有机酸含量等，而果实外观品质如光泽度、果形、单果重等不是栽培管理的研究重点。而亚洲国家，包括中国、韩国、日本等国苹果栽培区，对色泽、果形等外观品质比较重视，同时注重果实硬度和糖度的研究。重视省力化和机械化操作，无论是采前生长发育各个阶段或是成熟过程的判定。欧美国家将遥感监测系统和数字化处理系统等现代信息技术应用到施肥、灌溉和品质形成与调控管理过程中，实现了种植各个阶段的精确控制。重视生态管理和有机果品生产，欧美国家更注重果园的可持续发展，许多地区制定了相应的法规来控制肥料用量，通过增施有机肥和果园生草等措施提高土壤肥力，减少化肥的施用。化学消毒仍是最有效地克服苹果重茬障碍的方法之一，选育抗重茬品种和应用微生物菌剂等生物手段越来越引起重视，而且开始规模化应用。

（三）国际苹果病虫害防控技术研发进展

苹果树腐烂病菌中的 *VmMon1* 和 *VmCcz1* 是调节液泡融合和自噬的关键组分，从而影响苹果树腐烂病菌的发育、产孢和致病性。milRNA Vm-milR1 可以通过沉默两个宿主受体样激酶基因 *MdRLKT1* 和 *MdRLKT2* 来抑制宿主的免疫，促进病原体感染。分泌蛋白编码基因 *VmNIS1* 和 *VmNIS2* 在腐烂病菌侵染后期显著上调，且 VmNIS2 是该病菌毒力和对氧化应激的耐受性所必需的。BdATG8 和 BdATG1 介导的细胞自噬在轮纹病菌生长、繁殖、致病及压力胁迫响应等多项重要生命活动中发挥重要作用。与鲜果相比，采后果实微生物组和抗性组均发生明显变化，肠杆菌目 Enterobacteriales 数量增加，耐药相关基因多样性也增加。分析苹果黑星病菌转录组学发现了与 MAX、LARS、ToxA、FOLD、AvrLm6 等已知效应蛋白类似的候选效应蛋白成员。对内生根系微生物群分析发现，再植病土壤和非再植病对照土壤中不同生长时间点假单胞菌属成员呈现高度多样性，而链霉菌在延缓苹果再植病的病因学中起着关键作用。开发了多重 RT-PCR 技术能同时检测 4 种苹果病毒

ApNMV、ApMV、ASPV 和 ASGV。建立了 ASGV 反转录液滴数字聚合酶链反应（RT-ddPCR）技术。通过对 Neuropeptide corazonin（Crz）及其受体的研究发现，敲除 Crz 或者其受体能显著延长交配时间并降低雄虫的生殖能力。羧酸酯酶（CXE）被认为是蛾类 ODE 的主要组别，通过使用来自桃小食心虫雄成虫和雌成虫的头部转录组数据鉴定了 4 个候选 CXE，并检测其表达谱。气味结合蛋白（OBP）参与将疏水性气味分子从外部环境传输到受体神经元，通过基因组和转录组学分析鉴定了苹果蠹蛾 *Cydia pomonella* 中的 40 个 OBP。

（四）国际苹果贮藏加工技术研发技术

国外对苹果贮藏及加工研究主要集中在贮藏调控机理、苹果加工技术和苹果副产物的利用。乙烯合成酶基因的调控表达、乙烯对苹果品质的影响及贮藏过程中的生理病害依然是苹果贮藏的研究热点。褪黑素可以通过上调乙烯合成酶基因表达来促进苹果采后成熟；柠檬和肉桂油熏蒸可以抑制乙烯的产生；收获前应用氨基乙氧基乙烯基甘氨酸可以影响苹果的品质。苹果汁和苹果酒是国外主要的苹果加工产品，利用五倍子水提取物和四氮杂羟基吡啶酮衍生物来抑制苹果汁酶促褐变和氧化取得一定效果。采用紫外辐照、等离子体和高频超声结合没食子酸丙酯的方法可以有效对大肠杆菌、沙门氏菌和单增李斯特菌灭活。此外，建立的 UHPLC-HRMS、HPLC-MS 及 NMR 等技术可以有效研究苹果加工产品中酚类物质、棒曲霉素及农药残留。苹果多酚和果胶是苹果加工重要的副产物，具有抗氧化、抗炎等功能，可以作为天然抗氧化防腐剂及功能产品。采用连续超声辅助提取技术可以提高苹果皮中的果胶和多酚提取率；常压冷等离子体处理、阿拉伯糖苷酶和甘露聚糖酶处理可以改变苹果果胶的功能、流变和胶凝特性；苹果多酚根皮素能够通过调节 PI3K/Akt/mTOR/VEGF 途径重新编程乳腺癌微环境；同时研究发现苹果多酚对滑膜软骨具有保护作用，可预防膝关节骨性关节炎。

（五）国际苹果机械化技术研发进展

美国、欧洲等苹果种植模式多为矮密集约化栽培，大部分果园已经实现机械化管理，并逐步向专业化和智能化发展。果园动力更适合果树种植农艺，多采用专用拖拉机，如意大利 CARRARO 系列。种苗培育标准化、机械化程度高，苗圃起垄、栽植、打药、起苗、淋洗、储藏等均有机械装备。苹果园普遍采用生草制，行间株间割草机技术成熟。美国、意大利等采用超低量喷雾、静电喷雾、精确对靶喷雾技术等。美国采用果园专用作业平台辅助苹果采收，法国的加工果品采用振摇树体方式集中收集。苹果采摘机器人在美国、新西兰、日本等有研究。国外的“3S”技术已应用到苹果园管理中，如美国天宝 Autopilot 自动导航驾驶系统，偏差可控制在 2.5 厘米以内，利用 Landsat 遥感图像获得苹果树品种、面积等相关信息。国外苹果采后商品化处理率达 90% 以上，保鲜剂与动态气调贮藏相结合是目前国际苹果贮藏技术的研究方向，基于人工智能和图像处理的苹果外观品质及内部品质无损检测是研究热点。

四、国内苹果产业技术研发进展

（一）国内苹果遗传育种技术研发进展

截至目前，我国 5 个国家级资源圃共计保存苹果资源 3 470 份次，其中国家果树种质兴城苹果圃 2 252 份，国家果树种质公主岭寒地果树圃 497 份，国家果树种质云南特有果树及砧木圃 147 份，国家作物种质资源新疆特有果树及砧木圃（轮台）218 份，国家果树种质新疆伊犁野苹果圃 356 份。材料保存主要采取田间保存。除 5 个国家级资源圃，其他资源育种相关单位共计保存各类苹果资源 4 106 份次。

2022 年苹果登记品种 27 个，申请品种保护 53 个，其中授权数量 14 个。

新的育种和研究技术方面，中国农业大学鉴定了与苹果酸度相关的 4 种主要的全基因组 QTL，研究了独脚金内酯抑制苹果不定根形成的机理，探究了 *bHLH130* 调控苹果砧木响应低氮胁迫的调控网络，成功利用基因编辑技术突变苹果 *MdSPL6* 基因，显著提高不定芽的再生效率，为利用基因编辑技术创制高再生苹果种质探索出一条有效途径。西北农林科技大学解析了楸子的遗传起源，研究了东亚地区山荆子和湖北海棠对欧洲和中国栽培苹果的遗传贡献，此外，研究并发现了 *MdMYB10* 启动子区域的超甲基化是不红芽变产生的重要因素。利用 CRISPR/Cas9 系统构建了 *MdMKK9* 的基因编辑载体，发现 *MdMKK9* 通过调节氮状态和花青素积累，在红肉苹果对低氮水平的适应中发挥作用。山东农业大学通过比较基因组分析了 8 种苹果属的遗传变异关系。中国农业科学院果树研究所发现新疆野苹果与土库曼苹果及栽培苹果的驯化起源有关。中国农业科学院郑州果树研究所解析了苹果果皮颜色差异的分子机制。沈阳农业大学揭示了低温胁迫下抗寒性不同的苹果品种代谢途径的差异，揭示了钙处理对贮藏期苹果果实软化的影响。山东果树研究所探究了苹果果皮光照诱导着色的机制，以及山梨醇调控苹果抗轮纹病的分子机理。青岛农业大学发现 *MdWRKY13* 可能在果锈形成过程中发挥重要调控作用。中国科学院开发的能够由转基因根系直接诱导产生转基因植株，有望解决果树转基因效率低下的问题，助推苹果分子育种工作。

我国苹果苗木繁育基地分布与苹果主产区布局具有一致性，主要集中在环渤海湾优势区和黄土高原优势区，其中陕西、山东、甘肃和河北 4 省 2022 年苗木产量均超过 1 000 万株；苗木类型方面矮化苗木占比为 86%，我国苹果苗木繁育正在经历由实生乔化苗木向无性系矮化苗木繁育的转变，已形成年产 7 000 万株矮化自根砧和约 1 亿株矮化中间砧的产量。矮化自根砧繁育以无性繁殖为主，压条和组培占比近 92%。矮化砧木类型主要包括 M9-T337、M26，抗重茬砧木，青砧系砧木。M 系约占矮化自根砧总产量的 88%，抗重茬砧木约占 6%，青砧约占 4.1%。因“非粮化”政策的出台，抗重茬砧木市场份额呈现大幅度上升趋势。我国新建果园 70%采用矮砧集约高效栽培模式。我国形成了 3 种苹果矮化密植栽培模式，包括自根砧模式（自根砧+普通型或短枝型品种）、双矮模式（矮化中间砧+短枝型品种）以及乔化短枝型模式（乔化砧+短枝型品种）。

（二）国内苹果栽培技术研发进展

国内苹果栽培技术的研发主要集中在提升品质、提高资源利用效率和省力化方面，矮砧密植模式树形构建、老果园改造、省力化疏花疏果、养分高效利用和老果园重茬再植技术等取得了较大进展。研发了一年生枝条免刻芽和当年生新梢促发枝技术，加速了幼树整形进度且减少了用工。苹果专用授粉海棠在现代矮砧栽培模式园得到广泛应用，开始了无人机液体授粉技术的研发。化学疏花疏果技术开始逐渐在规模化果园应用，所用制剂有山东省果树研究所研制的智舒优花、智舒优果，石硫合剂、NAA、6-BA 等。评价了免套袋对果实品质、病虫害发生的影响，免套袋技术得到了市场认可，取得了一定的效果。成龄郁闭果园改造技术使优质果率提高 15%~25%，推动了成龄果园的提质增效和优化升级。科学施肥技术进一步完善，综合考虑了农学、生态和经济效益，提出了不同生态敏感区的化学肥料控制用量，并制订了机械化开沟施肥等省力化施肥方案。旱地节水栽培技术在陕北山地果园取得了较好的应用效果。果实品质依然是研究热点，气候条件、新型肥料、套袋、采收期、间伐、果园生草和白色地膜等对品质影响的认识得到了进一步研究，基于研究结果也提出了相应的技术措施和产品。轮作、生物菌肥和蚯蚓发酵物等生物防控措施在苹果连作障碍防控方面得到了越来越多的关注，微生物制剂防控苹果连作障碍技术、短期轮作防控苹果重茬障碍技术在生产上应用广泛。

（三）国内苹果病虫害防控技术研发进展

筛选出对枝叶病害具有生防潜能的多种生防细菌和真菌，测定了甜菜碱等对叶部病害的诱导抗性，评价了氟唑菌酰羟胺等药剂对叶部病害的田间防效。曹克强教授研究团队发现，低温诱导能够促进苹果树腐烂病菌生长，显著增加病菌致病力，低温诱导激发了病菌中 pectinase、hemi - cellulase、cellulase 和 VmFAEC1 4 种细胞壁降解酶相关基因（CWDEs）的表达。通过形态特征和多基因序列系统发育分析，将中国苹果果实炭疽病菌鉴定为 6 个种：*Colletotrichum alienum*、*C. fructicola*、*C. gloeosporioides sensu stricto*、*C. nymphaeae*、*C. siamense* 和 1 个新种 *C. orientalis*。拟盘多毛孢菌可以侵染花器组织，落花后受侵染花器残体被萼片包裹于萼筒内，后从离生花柱合并处的孔口部位入侵进入合生花柱，沿花柱内的多细胞毛状体间扩展；花后 30 天左右侵入萼窦；花后 60 天左右进入心室腔，从心室上的裂缝进入果肉组织，引起果实霉心。带基质的容器苗均不同程度地改善了连作土壤环境和提高了生长量，并且容器越大效果越显著。ASSVd BD-1 可侵染油菜、黄瓜、扁豆角、蚕豆、长豆角、昆诺藜和苋色藜共 7 种草本植物，获得了该病毒的侵染性 cDNA 克隆。基于梨小食心虫 4 龄幼虫中肠转录组高通量测序，挖掘梨小食心虫 *Grapholita molesta* 幼虫中肠高表达消化酶和解毒酶基因。克隆了梨小食心虫气味受体基因 *GmolOR10*，通过分析其表达谱，推测 *GmolOR10* 可能与梨小食心虫觅食、感受及识别性信息素的过程有关。5 个 *CsasOBP* 基因在成虫交配高峰期雄虫触角中高表达，表明这些 *CsasOBP*基因可能在雄虫寻找雌虫过程中发挥着重要作用。克隆了苹果蠹蛾瞬时感受器离子通道基因 *CpPainless* 和 *CpWaterwitch* 及分析靶基因在高低温胁迫后的表达，为研究瞬时感受器离子通道在苹果蠹蛾温度感知中的作用奠定了基础。

（四）国内苹果贮藏加工技术研发技术

国内对苹果贮藏及加工研究主要集中在苹果质量安全检测、贮藏调控机理、多元化加工及副产物综合利用等领域。国内的质量安全检测技术发展与国际趋势类似，以多残留检测技术不断完善和创新为主，不断扩大农药筛查范围，定量和提高检测效率。苹果智能分选、快速预冷、1-MCP 处理、临界冰点贮藏及专用保鲜袋等技术提高了苹果的商品率，同时降低了苹果采后损失率。此外，臭氧处理、涂膜、生防菌及天然提取物等采后处理技术已被发现均可不同程度地提升苹果采后贮藏品质。形成了浓缩汁为主，NFC、脆片、苹果酒、果醋饮料等为辅的多元化产品体系。各类先进技术和分析检测技术已应用于苹果加工领域，如冷破碎榨前分离技术、充氮破碎榨汁技术、超滤技术、多酶复合技术、无菌灌装技术、非热杀菌技术及深层发酵技术等。组学分析、GC-MS、LC-MS、电子舌、电子鼻等检测技术也广泛应用于加工产品风味品质的分析和研究中。果渣通过烘干或生物发酵后作为动物饲料，还可以提取果胶。我国已经形成了果胶的规模化生产，年生产能力 5 000 吨，除苹果渣外还从国外进口大量柑橘渣用于果胶生产，经济效益显著。同时，苹果浓缩汁生产过程中，200 倍苹果天然香精也已经规模化生产，更高倍浓缩产品也量产化，产品基本稳定。直通法生产果胶、苹果多酚的绿色提取及超临界萃取苹果籽油等多项新技术极大提高苹果副产物的利用度和产品质量。

（五）国内苹果机械化研发技术

2022 年，根据国内 25 家矮砧密植苹果园调研显示机械化率达到 72%，但因果树更新换代慢，我国占比 80%的乔砧果园仍无合适机具使用，苹果综合机械化率不足 30%。国内高校院所、农机企业对果园机械研发投入加大。有多家果园装备企业参加了 2022 年度“农机地头展”，其中山东、河北、江苏三省的果园机械制造企业占 60%以上，国产机具占到 90%以上，部分果园机械产品质量正在缩小与国际水平的差距。潍坊拓普、新元果业、中颐装备、河北保东、常州桑普等继续研发和改进果园作业平台，均可实现升降和伸展。智能化技术装备开始系统研究与应用，开发了便携式苹果多品质一体化无损检测仪，突破了基于数字图像处理的苹果叶片营养诊断、基于云平台的水肥精准管理、施肥机自动驾驶与深度自动调节等关键技术。针对不同产区和种类苹果需求的低损国产分选线装备仍缺乏。疏花疏果、修剪、采收等环节仍需要大量人工，现有机械与果树园艺融合度低、可靠性差。种苗培育，剪砧、嫁接、除萌等管理全靠人工，机具存在短板，大苗繁育机械化配套技术仍需完善。

（国家苹果产业技术体系首席科学家　马锋旺　提供）

2022年度梨产业技术发展报告

（国家梨产业技术体系）

一、国际梨生产与贸易概况

（一）国际梨生产概况

2022年全球梨产量预计为2 390万吨。世界梨产量最多的十个国家（地区）为中国、欧盟、阿根廷、美国、土耳其、南非、印度、俄罗斯、韩国、智利（表1）。其中，中国梨产量预计为1 785万吨，约占世界梨总产量的75%。

表1　世界主要梨种植国家产量（2017—2022年）　　（单位：万吨）

国家和地区	2017/2018年	2018/2019年	2019/2020年	2020/2021年	2021/2022年	2022/2023年*
中国	1 641.0	1 400.0	1 731.4	1 781.5	1 887.6	1 785.0
欧盟	236.1	256.8	205.9	237.3	184.3	208.3
阿根廷	58.0	60.0	64.0	61.5	55.7	70.0
美国	66.3	72.6	64.5	59.3	63.3	61.3
土耳其	50.3	52.0	53.0	55.0	53.0	56.0
南非	40.8	41.3	43.8	46.1	49.5	45.0
印度	28.0	30.0	31.0	30.8	31.0	31.2
俄罗斯	21.8	24.2	29.0	24.7	24.7	24.7
韩国	26.6	20.3	20.1	13.3	21.0	24.4
智利	26.2	25.2	22.2	23.3	22.2	21.7
其他	68.0	58.5	57.7	57.9	58.1	58.1
总量	2 263.1	2 041.0	2 322.6	2 390.7	2 450.4	2 385.7

注：*为预计值。数据来自美国农业部。

（二）国际梨贸易概况

在进口国（地区）中，进口量由高到低分别是俄罗斯、印度尼西亚、欧盟、巴西、白俄罗斯、英国、越南、中国香港、美国和墨西哥（表2）。

表2　世界主要梨进口国家进口量（2017—2022年）　　（单位：万吨）

国家和地区	2017/2018年	2018/2019年	2019/2020年	2020/2021年	2021/2022年	2022/2023年*
俄罗斯	28.5	26.1	19.4	24.1	18.6	19.5
印度尼西亚	18.0	14.5	23.6	19.6	21.5	18.0

（续表）

国家和地区	2017/2018年	2018/2019年	2019/2020年	2020/2021年	2021/2022年	2022/2023年*
欧盟	18.6	15.7	17.2	17.5	18.6	16.5
巴西	15.8	15.4	13.8	12.1	12.8	13.5
白俄罗斯	13.3	11.8	11.9	11.2	7.8	11.5
英国	12.4	11.8	10.0	10.5	10.3	11.0
越南	8.7	6.3	13.3	9.7	10.1	9.5
中国香港	7.3	8.5	7.6	8.1	7.7	8.0
美国	7.9	7.3	7.2	7.5	6.9	8.0
墨西哥	7.2	9.2	8.4	7.3	7.2	7.0
其他	47.2	42.6	49.5	45.4	48.6	48.4
总量	185.1	169.1	181.8	172.9	170.0	170.9

注：＊为预计值。数据来自美国农业部。

从梨出口国（地区）来看，中国以42万吨的总出口量稳居世界第一，但由于主产区河北省劳动力老龄化、种梨利润低等多种原因，部分梨农改种谷物，梨产量减少，梨出口量预计减少6.2万吨，同比下降12.9%（表3）。

表3　世界主要梨出口国家出口量（2017—2022年）　（单位：万吨）

国家和地区	2017/2018年	2018/2019年	2019/2020年	2020/2021年	2021/2022年	2022/2023年*
中国	54.3	36.6	61.9	48.0	48.2	42.0
欧盟	45.2	42.0	40.7	37.5	34.7	36.0
阿根廷	32.0	31.0	34.0	31.5	27.0	32.5
南非	22.2	22.6	22.7	24.7	28.0	25.0
智利	12.9	13.2	11.4	12.7	11.5	11.0
美国	12.2	14.4	13.0	10.9	11.1	10.0
土耳其	4.4	4.2	5.1	7.3	9.4	9.7
白俄罗斯	8.3	7.0	1.6	5.4	2.7	5.5
韩国	3.2	2.7	3.1	1.9	2.4	3.0
澳大利亚	1.2	0.9	0.9	0.9	0.7	0.7
其他	1.3	1.4	1.5	1.1	1.0	1.2
总量	197.1	176.0	195.9	181.9	176.7	176.6

注：＊为预计值。数据来自美国农业部。

二、国内梨生产与贸易概况

（一）国内梨生产概况

2022年，全国梨栽培面积基本平稳，梨总产量预计为1 785万吨。2022年全国梨产区受灾范围较广，其中影响面积较广的是春季花期冻害以及夏季高温，其中福建、云南、四川、贵州、湖北、甘肃均减产 15%及以上，河南、辽宁减产较少。部分产区天气状况良好，自然灾害与病虫害影响较少，例如，山西和北京增产 15%及以上，吉林、广西、山东、黑龙江也有所增产。

（二）国内梨贸易概况

2022 年前 10 个月，中国梨进口量为 9 882 吨，同比增长 20.1%，进口额为 2 222 万美元，同比增长 48.5%，从价格看，2022 年的进口梨价格比 2021 年增长了 2.41%。从进口梨的情况看，主要以西洋梨为代表的鲜梨为主。

中国是世界上梨出口量最大的国家。根据中国海关统计数据，2022 年前 10 个月，我国梨产品（含梨加工品）出口总量为 43.9 万吨，同比减少 10.2%，梨产品出口额为 4.8 亿美元，比 2021 年同期下降 16.1%。其中，鲜梨出口量下降 12.2%，出口额下降 19.9%；加工梨出口量下降 2.9%，出口额下降 15%。

三、国际梨产业技术研发进展

（一）国际梨栽培技术研发进展

1. 栽培模式

德国创造了梨树架线式大苗栽培法，梨树苗主枝直立后，能快速生长，比传统栽培法提前两年结果，且产量高，适于大面积推广。美国采用早果丰产的矮化砧木进行高密度栽植，可显著提高梨产量和品质，大多数情况下在定植后 3~5 年开花结果。在印度，梨栽培是以自由直立或在柱子的帮助下站立，前三四年发展出 5 个左右的分支结构，然后让主枝升起，其余枝条保持在主枝下方，形成圆锥形。修剪方面，需要精细间疏，以及去除死枝和折断的树枝。

2. 土肥水管理

（1）养分管理。生长期间日本梨园施肥通常采用土施法，肥料种类为有机堆肥、商品有机肥（有机肥与无机肥混合物）、氮磷钾复合肥、钙镁肥等，一般一年施 3 次肥。在美国北卡罗来纳州，所有的梨园土壤管理和施肥都以控制火疫病为中心。在第一个季节，当花蕾在春天开始膨胀时，在距离树干 1 英尺（1 英尺≈0.304 8 米）的范围内，每棵树施用 1 磅（1 磅≈453.6 克）N-P-K 为 10-10-10 的肥料。第二年用 2 磅 N-P-K 为 10-10-10 的肥料，第三年则用 3 磅。第三年后，只施用足够的氮肥，每年生长 2~3 英寸（1 英寸≈2.54 厘米）。如果顶芽生长少于 2 英寸，当芽膨胀时，每 6 棵树施用 1 磅 16%的氮肥。

（2）重金属及其调控的相关研究。微生物生物修复是去除重金属污染的有效方法。豆梨（*Pyrus calleryana* Dcne.）的 *PcPCS*1 基因的表达在镉和铜处理后被诱导，研究发现大肠杆菌过表达的 *PcPCS*1 对镉、铜、钠和汞的耐受性增强，*PcPCS*1 基因可能是通过重组细菌进行重金属生物修复的候选基因。

3. 花果管理

用带有苹果模拟物（AM，apple mimics）或梨模拟物（PM，pear mimics）气味的蔗糖溶液喂养蜂群，可以建立嗅觉记忆，使蜜蜂偏向采食这些树木的花朵，可提高水果产量。德国研究发现，用梅奇酵母菌（*Metschnikowia*）和不动杆菌（*Acinetobacter*）接种梨花可增强蜜蜂和食蚜蝇的吸引力。昆虫授粉对梨和苹果的果实数量和质量都有积极影响。授粉与植物营养之间没有相互作用（即加性效应）。

4. 果园机械化

发达国家在信息感知、作物表型、云计算、云管理、农业机器人方面持续研发，一些信息技术公司陆续推出了一系列智慧管控系统，例如 Jirapond Muangprathub 设计并开发了一个使用节点传感器优化农作物浇水的控制系统。系统中使用的传感器网络可以采集梨树的实时数据并将其存储在数据库中。

（二）国际梨遗传育种技术研发进展

2022 年度国内外学者和育种家研究重心从以往重点关注色泽、糖、酸、石细胞等果实品质特征逐渐转移到生物胁迫和非生物胁迫研究上，研究方法主要是转录组测序、基因功能研究、基因家族的鉴定分析等。

1. 挖掘梨果实品质、果实发育等功能基因

确定了果实外观品质色泽、果锈等性状形成的关键基因 *PpBBX*18、*PbHY*5. 2、*PbCRY*2、*PbPHY*1、*PpPIF*8 以及 *PbFAD*3*a* 等基因功能。明确了 *ASM* 可诱导 Ca^{2+}受体蛋白的基因表达，促进 Ca^{2+}介导的梨苯丙烷代谢；过表达 *PuDof*2. 5 可抑制梨果实中石细胞的产生；*PpybZIP*43 能促进梨果实中的蔗糖合成，参与果实糖分积累；*PuWRKY*31 促进乙烯积累，参与果实成熟。研究鉴定到 *PpyWDR*5*a* 参与花芽休眠；*PcAGP*7-1 参与梨的矮化；叶片中 *PbrSnRK*2. 3 以及 *PbrSLAC*1 调节阴离子通道和硝酸根外排，参与气孔关闭过程；此外，*PbrCrRLK*1*L*13 调节梨花粉管生长，而 *PbrMADS*52-*PbrCSLD*5 信号通路抑制花粉管生长。

2. 探索梨生物胁迫与非生物胁迫分子机制

明确腐烂病与真菌群落多样性有关；沉默 *MAPKKK* 后可增强黑斑病抗性；糖代谢紊乱、硼元素及过表达 *PpSOT*3 对水心病具有调节作用；低温等非生物胁迫会导致褐变、木质化、香气物质下降等现象；冻结—融化处理可降低南果梨果实的硬度与果胶含量；果实表面蜡质对非生物胁迫和果实品质有显著影响。

3. 高效育种技术研究

建立了基于 *CRISPR* 的基因编辑和基因激活系统，为梨的功能基因组学研究和分子遗传育种提供了更高效的途径，但后续的梨再生技术体系等研究显得尤为薄弱，限制了该技术的快速生产应用。此外，利用全基因组序列信息，鉴定到 *PYL*、*SAUR*、*CGS*、*SAHH*、*SAMS*、*Rho*、*COBRA*、*GST*、*MAPKK*、*MAPKKK*、*KNOX*、*CCT*、*Galpha*、*BGLU*1、*S6PDH*、*SDH*、*SOT*、*CalS* 以及 GA 等基因家族成员，为后续基因功能的研究奠定基础。

（三）国际梨病虫害防控技术研发进展

1. 梨火疫病防控

不同梨品种对梨火疫病表现出不同抗性的机制，超敏反应（HR）可能有助于梨对韩国梨火疫病菌（*E. amylovora*）的高抗性。韩国梨火疫病菌在菌落数、生长速度、毒力、运动性、过敏反应等方面均强于亚洲梨火疫病菌（*E. pyrifoliae*）。采用常规 PCR 方法建立了一套引物用于区别韩国梨火疫病菌和亚洲梨火疫病菌，扩增浓度分别为 10^4 CFU/mL 和 10^7 CFU/mL，具有足够的检测灵敏度。火枯病抗性、灌溉和潮湿天气有利于梨火疫病菌在溃疡斑中的越冬生存。对修剪刀和农场设备进行消毒在减少韩国梨火疫病菌传播中至关重要。

从意大利废水中分离的噬菌体 EP-IT22 在 20 小时内可裂解 94%的梨火疫病菌，在植株中，EP-IT22 的抑菌活性与硫酸链霉素相似，显示较好的生防潜力。从韩国 7 个发生火疫病的果园中分离出 9 种噬菌体，发现 Phi Fili044 和 Phi Fili451 能裂解韩国梨火疫病菌，其余 7 种噬菌体能裂解韩国梨火疫病菌和亚洲梨火疫病菌。从土耳其的苹果、梨和榅桲花中分离获得 564 株菌株，其中 7 株酵母菌株和 92 株细菌菌株对梨火疫病菌的抑菌直径为 1.33~19.7 毫米，拮抗分离物使未成熟梨果实切片的病害严重度降低了 11%~78%，使花的病害严重度降低了 8%~58%。从伊朗克尔曼省苹果、梨和榅桲树的健康叶片中分离获得生防菌株，在实验室条件下评估发现，枯草芽孢杆菌（*Bacillus subtilis*）菌株 BsVRU1 对火疫病的抑制率为 73.5%，高于其他拮抗菌株。贝莱斯芽孢杆菌（*B. velezensis*）OEE1 对梨火疫病菌的抑菌活性达 80%，可显著降低温室和田间梨火疫病严重程度和植株死亡率。

2. 梨病害防控

基于 RT-qPCR 建立了梨疱状溃疡类病毒等 3 种病毒的特异性检测方法，其灵敏度比终点 RT-PCR 方法更高。研究发现微黄汉纳酵母菌（*Hannaella luteola*）和美极梅奇酵母菌（*Metschnikowia pulcherrima*）对威廉姆斯梨叶层相关的病原真菌表现了广泛的拮抗活性，能显著影响许多真菌的生长，范围为 53%~70%。

3. 梨虫害防控

高岭土和反光地膜可以有效地抑制梨木虱在早期季节的数量和危害。叶面喷施激发子可诱导梨树对梨木虱产生抗性，壳聚糖在梨树上可以有效地减少梨木虱的数量。螺螨酯（84.9%~92.0%）、螺虫乙酯（81.2%~91.7%）、螺螨酯+CMC-B（88.9%~97.5%）和螺虫乙酯+CMC-B（82.3%~92.5%）在塞尔维亚地区梨木虱防治中疗效较好。

（四）国际梨贮藏加工技术研发进展

1. 梨果贮藏

可食性涂膜对梨果实采后保鲜效果是国外梨贮藏保鲜研究的一大热点，其中壳聚糖和水杨酸是其中研究和应用较多的两种物质，此外，1-MCP 和某些植物精油也被用于涂膜中。梨采后衰老和品质劣变的机理仍然是重点的研究方向，除了保鲜剂和不同气体成分（动态气调 DCA）对梨采后各代谢途径影响的研究外，有部分研究已经细化到了转录因子和 lncRNAs 等分子层面。另外，新方法新技术引入梨采后领域的研究，如机器视觉、近红外光谱和 X 射线在无损检测上的应用、通过模型模拟贮藏过程中果实的变化等，学科交叉的重要性愈发凸显。

2. 梨果加工

国外梨加工产品以梨罐头、梨浓缩汁、鲜榨汁、鲜切梨、梨泥、梨酱、梨丁和梨酒等为主。欧美等国家生产的西洋梨罐头产品依然畅销。鲜有梨泥、梨酱加工产品。鲜切梨作为配菜，如沙拉之类使用。梨丁作为酸奶添加原料，有少量生产。日本、韩国生产的梨果酒（含多种水果混合果酒）、富含益生菌的梨（一般为混合果蔬）酵素产品深受消费者喜欢，并且以小规模加工为主。未来功能性果汁饮料、梨膏、酵素，以及休闲食品如梨膏棒棒糖、梨饼干和梨粉等，将具有良好的发展前景。

四、国内梨产业技术研发进展

（一）国内梨栽培技术研发进展

1. 栽培模式

国家梨产业技术体系的研发成果“双臂顺行式”新型棚架梨树栽培模式在我国20个省（区、市）示范推广。该模式树形简单、操作容易，果实产量高、品质好，是我国棚架梨栽培的一项重要省力化创新。高密度梨园栽培模式是目前国内苏北黄河故道区域的主流模式，主要采用小株距、大行距栽植技术，通过配套紧凑型、早果性梨树品种进行乔化密植栽培，具有冠幅小、光能利用率高、省力、丰产和利于机械化作业的优点，可有效降低劳动力和资金的投入，提高梨果产量和品质。

2. 土肥水管理

（1）土肥管理。河北省耕地质量监测保护中心、河北省农林科学院农业资源环境研究所推荐了肥料用量、底肥及每次追肥养分比例、施用方法和先进的灌溉方法。以目标产量为每亩3 500~4 000千克，土壤肥力中等，土壤质地为壤质，树势旺盛的结果树为例，一般推荐每亩施氮肥（N）25~35千克、磷肥（P_2O_5）15~20千克、钾肥（K_2O）30~35千克，配合农家肥1 200~1 500千克，喷施钙、镁、锌、硼等中微量元素，全年可分为5~6次施肥，结合开沟灌溉、根系分区灌溉、管道灌溉等方法，以水带肥，水肥耦合。不同梨园施肥时间和用量可以根据梨树长势和土壤肥力进行微调。

（2）水分管理。梨树在采前进行土壤水分调控，是一项有效的果实增糖技术措施。梨园采用滴灌方式，供水量少且均匀，能把水分和养分较集中地输送到植株的根部，使梨树均衡、持续、协调地生长，不仅可以减少灌水总量，并且产量比浇灌处理增加15%。

（3）重金属调控技术。合理施用氮、磷、钾肥料，增施有机肥提高土壤肥力，对梨园养分管理及防治重金属污染具有一定的效果，目前成功使用的原位钝化修复技术也有一定的防控效果，钝化与活化是土壤重金属的主要化学修复途径，活化作用是通过物理化学方法提高重金属的可浸提性，通过植物吸收来降解果园土壤的重金属含量。

3. 花果管理

定向点授的方式在部分产区已推广应用，该技术可减少无用果，降低了工作量。不同品种梨树的疏花标准不同，对于秋月、华山等大果型品种，通常每28厘米保留一个花序；对于中果型品种，通常每23厘米保留一个花序，剩下的花序会全部疏除。

4. 果园机械化

国家梨产业技术体系围绕果园全程机械化进行关键技术与装备研发，创制了疏花机、有机肥深层混施机、电动/全液压多功能平台、果园风送喷雾机、避障割草机等多种关键装备，基本构建了果园机械化管理技术体系，并在典型区域打造了样板示范工程，除套袋、采摘环节，实现了机械装备集成与农艺规范融合应用，实现示范园区果园节约劳动力60%以上。

（二）国内梨遗传育种技术研究进展

1. 育种目标与成绩

我国梨育种目标主要为优质、抗病、丰产等性状改良。主要育种单位以培育具有区域特色的新品种为重点，红皮梨品种选育仍然是目前的热点之一。2022年育种成绩显著，当年文献报道的梨新品种有15个，均为常规育种方法育成，杂交育成14个，实生选育1

个，均为脆肉型鲜食品种，其中红皮梨 2 个，占比 13.3%。早中熟类型比例高，早熟、中熟、晚熟的比例为 4∶6∶5。品种登记工作逐渐受到梨育种工作者的重视，截至 2022 年年底，已申请国家品种登记的品种数量达到 150 个，2022 年有 39 个品种进行了非主要农作物品种登记。2022 年授权国家植物新品种 2 个，申请国家植物新品种权 5 个。

2. 育种方法与效率

以新梨 7 号花药为试材，建立了梨悬浮细胞培养体系，获得的高质量悬浮细胞，可直接用于遗传转化和原生质体的分离。CRISPR/Cas 系统已广泛应用于植物的基因组编辑，但由于果树基因组高度杂合、组织培养和稳定遗传转化困难，其潜力在果树上特别是梨上，尚未得到充分的开发和应用，且编辑效率较低。建立了用于梨愈伤组织中多基因转录激活的 CRISPR 激活（CRISPRa）系统，可用于基因功能获得研究，此外，利用 CRISPR/Cas9 和 CRISPRa 系统成功地对梨愈伤组织中花青素和木质素的生物合成途径相关基因进行了敲除或激活。

3. 梨种质资源评价与利用

建立了京白梨优质果品的评价体系和梨种质资源抗寒性的评价方法。不同生态型的杜梨对缺铁胁迫生理响应敏感性不同，河南杜梨和山东杜梨的耐缺铁性优于甘肃杜梨。

开展了新疆梨种质资源和梨砧木火疫病抗性评价，鉴定出高抗的新疆梨地方品种和砧木资源。开展了 30 个砂梨品种对梨瘿蚊的抗虫性研究以及 110 份梨种质资源对主要叶部病害的田间抗病性评价，筛选出的抗梨瘿蚊品种、抗早期落叶病的梨种质资源，可应用于梨抗病品种选育。对国家梨种质资源圃保存的 290 份梨种质进行需冷量、需热量评价，筛选出低需冷量梨种质 29 份、低需热量 65 份、高需热量 27 份以及需冷量、需热量均低的种质 12 份。

（三）国内梨病虫害防控技术研发进展

1. 梨火疫病防控

海棠为梨火疫病高抗树种；秋子梨是对火疫病抗性较强的砧木类型，杜梨最弱。对新疆梨种质资源的火疫病抗性研究发现，在叶片抗性鉴定中，也历克阿木特、棉梨等 16 个品种表现为高抗，库尔勒香梨等 5 个品种表现为高感；枝条抗性鉴定中，棉梨、也历克阿木特和绿梨表现为中抗，句句梨表现为高感，其他品种均表现为中感。玉露香对梨火疫病菌表现出明显的早期抗性，采用高通量蛋白组学分析技术，鉴定获得玉露香和感病品种库尔勒香梨的差异表达蛋白 192 个。将不对称 RPA 扩增技术与 CRISPR-LbCas12a 荧光检测技术相结合，构建了梨火疫病菌的田间可视化检测体系，与 qPCR 技术检测灵敏度一致，比常规 PCR 的灵敏度提高了 10 倍。电加热自动消毒修枝剪在工作状态下可在 1 秒之内完全杀死沾染在刀片上的梨火疫病菌，可显著降低由修剪工具带菌造成的田间传播扩散。

2%春雷霉素水剂和 3%噻霉酮水分散粒剂对梨火疫病的田间防治效果较好，防效分别为 81.56%和 78.63%。在盆栽杜梨苗梨火疫病防治药剂筛选中发现，防治效果最好的是 40%春雷·噻唑锌悬浮剂，预防效果和治疗效果分别达到 95.63%和 80.55%。不同杀菌剂对梨火疫病菌的室内毒力测定显示，毒力最强的是丙硫唑；增效作用最强的是春雷霉素∶喹啉铜为 1∶9；在盆栽苗上防效最好的是 40%春雷·噻唑锌悬浮剂。荣华等发现抑制梨火疫病菌活性上绿茶提取物茶多酚>壳寡糖，茶皂素没有抑菌活性。研究发现，来自新疆不同地区、不同寄主和不同年份的梨火疫菌株对噻唑锌的抗性水平为 0.13~2.05，对噻霉酮的抗性水平为 0. 04~2. 67，均为敏感菌株，未发现抗性菌株。堆囊黏菌素（Myxin）和吩嗪-1-羧酸（PCA）抗梨火疫病菌活性较好。吩嗪-1-羧酸：中生菌素为 9：1 复配组合增效系数为 1. 28，表现了一定的相加作用。贝莱斯芽孢杆菌 FX1 对梨火疫病菌具有较强的拮抗作用，其菌体发酵液、无菌发酵滤液和脂肽类物质粗提取液，能显著降低花腐率（$P<0.05$），对梨火疫病的保护性防效分别为 68. 53%、71. 47%和 76. 30%。

2. 梨病害防控

苹果梨为梨白粉病高感亲本，红香酥较抗病，八月红居中。完成了梨 MAPKKK 激酶的全基因组鉴定，对黑斑病的响应功能进行分析，发现了多个与梨黑斑病抗性相关的基因。100 微摩/升的褪黑素增强了梨对轮纹病菌（*B. dothidea*）的抗性，并初步明确了其机理。

建立梨褪绿叶斑伴随病毒（PCLSaV）的 RT-PCR、巢式 RT-PCR、RT-RPA 和 RT-qPCR 检测技术，采用茎尖培养、电疗处理与化学处理结合的方法，建立了实用的脱毒技术体系。结合高光谱成像和卷积神经网络（CNN），实现了库尔勒香梨黑斑病潜育期的识别，对样品的总体识别准确率为 99. 70%。

莫海威芽孢杆菌对梨腐烂病的保护性防效为 41. 7%，治疗性防效为 44. 6%。筛选出对香梨树腐烂病有较好防效的药剂噻霉酮、戊唑醇和吡唑醚菌酯等。11 种杀菌剂对梨炭疽病的防治试验显示，戊唑醇、苯醚甲环唑等药剂毒力大，田间防效均在 90%以上。筛选得到 2 株对梨黑斑病菌有较强抑制活性的菌株 JE53 和 JE56，鉴定为多黏类芽孢杆菌（*Paenibacillus polymyxa*）和枯草芽孢杆菌，其发酵上清液对病原菌孢子萌发抑制率分别为 70. 30%和 88. 87%。梨枝条内生细菌多黏类芽孢杆菌 Nl4 可有效抑制梨腐烂病菌的生长，是一种有发展潜力的生防菌株。

3. 梨虫害防控

筛选出金黛梨、早生黄金梨和华山梨 3 个梨瘿蚊抗性较强的砂梨品种，还发现了龟纹瓢虫成虫能够对梨瘿蚊幼虫发挥较好的控害作用。迷向丝结合化学防控对“双臂顺行式”棚架梨园梨小食心虫防治效果较好，各个世代迷向率均达到 97%~100%，蛀果率均在 0. 73%以下，防治效果均达到 93. 13%以上。构建了 42 种桃、梨等寄主挥发物及苹果蠹蛾等昆虫性腺提取物组成的气味分子库，发现十二碳二烯醇（Cod）对梨小食心虫性信息素有良好的增效活性，以 Cod 为增效剂对市售梨小食心虫性诱剂进行改良，田间诱集效率提高了 5~6 倍。低温来临时可通过喷水防治冬型梨木虱。梨园生草可增加梨园生境的多样性和物种丰富度，改善梨园群落结构的稳定性。筛选出防治库尔勒香梨梨木虱的安全高效药剂 0. 5%苦参碱。明确了梨茎蜂成虫在山西隰县玉露香梨上的发生动态，提出最佳防控期为成虫初发期至高峰期，并建立了防控模型。

（四）国内梨贮藏加工技术研发进展

1. 梨果贮藏

我国梨贮藏保鲜的重点研究方向首先是保鲜剂对梨果实的影响，其中研究较多的是 1-甲基环丙烯（1-MCP）和褪黑素，此外还有磷酸钠、苯并噻重氮等，重点是其对梨果实贮藏品质的影响及作用机理。梨果实采后贮藏过程中生理病害如冷害、二氧化碳伤害、虎皮病等病害的发生和综合防控研究较多。梨采后真菌病害，尤其是黑斑病的关注度较高。梨贮藏过程中香气及挥发物质变化和调控的研究也有部分报道。另外，还有少量关于冰温贮藏的研究。

2. 梨果加工

我国梨加工产品以梨罐头、梨汁/梨汤、梨膏、梨干/梨茶为主。梨罐头是我国主要梨出口加工产品。冰糖雪梨席卷大江南北的各级城镇和乡村，其他梨汁产品有赵州雪梨汁、汇源非浓缩还原汁（NFC）梨汁、莱阳梨汁和安梨汁饮料等饮品，以及多种梨复合果汁。现代化的梨汁加工企业拥有榨汁、浓缩、无菌灌装等生产线。NFC 梨汁受到高度关注，物理杀菌（超高压和静电场预处理）技术在 NFC 梨汁生产中前景看好。梨汤饮品开始商品化，主要产品有老京城小吊梨汤饮料、煮派有机梨汤、冰糖炖梨饮品等复合饮料产品，还有同仁堂、忆江南、宝元堂、龙润堂记等众多品牌的小吊梨汤袋泡茶产品。受新冠疫情影响，梨膏成为市场热销产品。梨发酵产品梨果酒、蒸馏酒和酵素显示出发展势头，梨果酒主要有南果梨发酵酒、雪花梨发酵酒和蒸馏白酒。梨脯、冻梨产品（含冻梨干）、梨干也广受关注。

（国家梨产业技术体系首席科学家　张绍铃　提供）

2022年度葡萄产业技术发展报告

（国家葡萄产业技术体系）

一、国际葡萄、蓝莓生产与贸易概况

（一）国际葡萄、蓝莓生产概况

据FAO数据库，2021年世界葡萄园收获面积为6 729 198公顷，总产量为7 352.42万吨，单产为10 926.1千克/公顷。葡萄收获面积、总产量和单产分别比2020年降低了3.19%、5.78%和2.68%。

从葡萄种植的区域性分布来看，欧洲是面积最大的地区。2021年欧洲的葡萄产量占世界的36.62%，收获面积占世界的51.0%；亚洲葡萄产量居世界第二，约占世界总量的35.32%，收获面积占世界的27.18%；种植面积和产量居第三至第五位的依次为美洲、非洲和大洋洲；产量最大的前五国依次为中国、意大利、西班牙、美国和法国；收获面积最大的前五国依次为西班牙、法国、意大利、中国和土耳其。

2021年，全球蓝莓总产量为178.96万吨，同比增长21%；蓝莓种植面积已达235 408公顷，中国以69 000公顷位居首位，处于第二至第五位的依次为美国、智利、秘鲁和加拿大，种植面积分别为48 100公顷、18 800公顷、16 900公顷和12 200公顷。

（二）国际葡萄、蓝莓及加工品贸易概况

据联合国贸易统计数据库，2021年全球鲜食葡萄进出口贸易均有所增加。2021年世界鲜食葡萄贸易进口量、进口额分别为459.94万吨和102.48亿美元，与2020年相比分别增加了3.82%和4.92%；出口量和出口额分别为465.22万吨和93.61亿美元，分别增加了0.69%和1.07%。按贸易额算，鲜食葡萄主要进口国家有美国、荷兰、德国、英国和中国等；主要出口国有秘鲁、荷兰、智利、意大利、美国和中国等。

2021年全球葡萄酒（含散装葡萄酒、瓶装葡萄酒、起泡酒）进出口贸易额和出口量有所上升，进口量下降。2021年葡萄酒进口量、出口量分别为860 174.65万升、1 068 759.99万升，与2020年相比，进口量降低7.45%，出口量增加16.49%；进口额、出口额分别为407.27亿美元、413.09亿美元，分别增加了17.59%和21.64%。美国、英国、德国、加拿大和日本处于葡萄酒进口国前五位，而法国、意大利、西班牙、新西兰和智利是较大的出口国。

2021年葡萄干进口、出口总量分别为81.39万吨、68.68万吨，与2020年相比，分别增加了4.74%、4.22%；葡萄干进口额、出口额分别为15.95亿美元和14.22亿美元，分别降低了1.49%和0.72%。英国、德国、印度、荷兰和日本是主要的葡萄干进口国，土耳其、美国、智利、南非和希腊是主要的葡萄干出口国。

2021年世界葡萄汁的贸易量和贸易额均有所上升。葡萄汁进口量、出口量分别为78.63万吨和71.58万吨，分别比2020年增加了9.01%和11.56%；进口额、出口额分别为8.0亿美元和7.72亿美元，增加了10.72%和11.08%。主要葡萄汁的进口国为美

国、日本、意大利、加拿大和德国，而西班牙、意大利、阿根廷和智利是较大的出口国。

秘鲁的蓝莓鲜果出口居世界第一位，智利、西班牙分居第二和第三位。2021/2022 产季，秘鲁蓝莓的出口量为 22.75 万吨，比上一产季增长 35%，出口额超过 12 亿美元，同比增长 23%。美国是全球最大的蓝莓进口国，其次是荷兰、德国、英国、中国和法国。

二、国内葡萄、蓝莓、蓝靛果生产与贸易概况

（一）国内葡萄、蓝莓、蓝靛果生产概况

据中国农业统计资料，截至 2021 年年底，中国葡萄栽培总面积为 78.3 万公顷，居世界第四位，位于西班牙、法国、意大利之后；产量达 1 499.8 万吨，比 2020 年增加 4.78%，单产平均 19 154.53 千克/公顷，自 2010 年后一直位居世界葡萄产量的第一位。

据 IBO 统计，2021 年中国蓝莓种植面积为 6.90 万公顷，同比增长 14.77%，产量 47.71 万吨，同比增长 61.51%；蓝莓鲜果的总量和品质都有所上升，鲜果零售价格保持稳定。全国蓝莓栽培品种呈现出南方产区的多品种化，北方产区优化稳定的状态。

据东北农业大学的调查，中国蓝靛果总栽培面积约 6 000 公顷，居世界第一位，产量约 1 500 吨。蓝靛果种植主要集中在黑龙江省和吉林省，黑龙江省的面积和产量约占中国的 90%，约 5 500 公顷，产量 1 200 吨左右。蓝靛果在中国呈现出快速发展的态势，黑龙江和吉林已有十多家企业进行加工，产品主要有花青素、果酒、口服液、原浆、果酱、罐头、果干等。

（二）国内葡萄、蓝莓及加工产品贸易概况

据中国海关统计，2021 年中国鲜食葡萄进出口贸易出现下滑趋势。出口量为 35.06 万吨，出口额为 7.57 亿美元，与 2020 年相比，出口量同比减少 17.49%，出口额同比减少 37.57%。出口单价为 2.16 美元/千克，比 2020 年下降了 24.34%。鲜食葡萄的主要出口市场有越南、泰国、印度尼西亚、菲律宾和孟加拉国。2021 年中国鲜食葡萄进口量为 19.46 万吨，进口额为 5.35 亿美元，进口葡萄单价为 2.75 美元/千克，比 2020 年增加 7.21%，进口市场有智利、澳大利亚、秘鲁、南非、印度等。

中国葡萄酒（含散装葡萄酒、瓶装葡萄酒、起泡酒）贸易以进口为主，仍为世界前五大主要葡萄酒进口国；葡萄酒出口量和出口额均有显著上升。2021 年葡萄酒的进口量为 4.24 亿升，比 2020 年下降了 1.36%；进口额为 16.9 亿美元，比 2020 年下降了 7.39%；2021 年出口量为 420.58 万升，出口额为 0.82 亿美元，分别比 2020 年上升了 168.98%和 215.29%；进口葡萄酒单价下降而出口单价有所上升。中国进口葡萄酒主要来自法国、智利、意大利、西班牙、澳大利亚和美国。

2021 年葡萄干出口量为 2.02 万吨，比 2020 年同期降低了 35.54%；出口额 4 107.5 万美元，比 2020 年同期降低了 24.77%。而进口量为 2.53 万吨，比 2020 年同期上升了 13.72%；进口额为 4 459.5 万美元，比 2020 年同期上升了 33.20%。葡萄干进口价格、出口价格都有所增加。乌兹别克斯坦、智利、美国、土耳其为主要进口国，日本、德国、阿联酋和英国为主要出口国。

中国的葡萄汁贸易量和贸易额都比较少。2021 年中国葡萄汁的进口量为 3.78 万吨，进口额为 6 231.53 万美元，比 2020 年分别增加了 69.74%和 75.49%；葡萄汁出口量 669 吨，出口额 138.83 万美元，比 2020 年分别增加了 66.56%和 3.41%；存在较为明显的贸易逆差。西班牙、智利、以色列、阿根廷、美国是中国葡萄汁的主要进口国。

据 IBO 统计，中国蓝莓的贸易以进口贸易为主，2021 年，蓝莓进口总量为 3.46 万吨、进口额为 13.78 亿元；出口量为 0.04 万吨、出口额为 325.48 万元。蓝莓进口来源国主要有秘鲁、智利和美国，其中从秘鲁进口量为 2.74 万吨，从智利进口量为 0.65 万吨。

三、国际葡萄、蓝莓、蓝靛果产业技术研发进展

（一）育种技术

在转基因和基因编辑辅助葡萄育种方面，霜霉菌效应因子 RxLR50253 瞬时转化叶片促进霜霉菌侵染；过表达 *VpBPA1* 对霜霉菌感病性增强；过表达 *VqWRKY31*、*VqAL4* 提高白粉病抗性；过表达 *VqWRKY56* 花青素含量增加；过表达 *VyUSPA3* 提高耐旱性；过表达 *VviERF105* 增加对甘露醇和 NaCl 的耐受性。低温胁迫诱导 *VaMYC2* 表达，增强耐寒性；*VvibHLH93* 调控 *VviLAR1* 表达，从而调控果实 PA 合成；*VvEIL4* 瞬时过表达，诱导无核白 *VvACS5*、*VvACO2*、*VvERF95* 表达和乙烯产生。利用 CRISPR/Cas9 靶向 Gret1 ltr 和 VvMybA1 间的两个连接序列，成功去除 10 kb 的 Gret1 转座子，恢复 VvMybA1 等位基因的功能；利用 CRISPR/Cas9 对 VvEPFL9-1 进行灭活，提高了葡萄水分利用率。

葡萄重要性状 QTL 定位和基因挖掘方面，利用高通量测序技术，定位了 3 个苹果酸相关 QTL，1 个抗叶片根瘤蚜相关的 QTL，1 个控制节间长度的 QTL，1 个调控新梢长度的 QTL，1 个调控叶片直径的 QTL。

蓝莓育种仍以杂交育种为主，分子技术应用稳步提升。品质、产量仍是主要育种目标。育种相关软件 TetraploidMap、TetraploidSNPMap 及 PolymapR 等的应用，使 SNP 数据和多剂量标记构建高密度连锁图研究效率得到提升。

国外利用 RAPD 和 ISSR 分子标记技术对蓝靛果的指纹图谱、结构和群体的遗传及亲缘关系进行了研究；利用简单重复序列和叶绿体 DNA 标记对欧亚大陆西部和东部蓝靛果群体的遗传多样性进行了评估。

（二）栽培技术

美国、法国、意大利等国家建立了宜机化栽培模式及整形修剪技术体系。日本等国家建立了精细化花果管理技术和严格的果品质量追溯体系。意大利、法国、美国和日本等国家推行果园生草、树盘覆盖、枝叶还田和微生物肥等生态化土壤改良技术培育健康土壤；广泛采用叶与土壤分析平衡施肥、测土配方施肥、水肥一体化等养分高效利用技术和分区灌溉、调亏灌溉和滴灌等节水灌溉技术；有机无机微生物肥配施、精准施肥和灌溉等肥水管理先进技术开始应用。以日本为代表的国家开始应用智慧果园技术。机械化生产、生态化土壤管理、精准施肥、智能灌溉、品质调控和智慧果园等是 2022 年的研究热点。

国外蓝莓生产主要采用机械化、智能化管理为主，以便节省人力成本。普遍采用适地适栽原则，品种区域化特点突出。行内土壤多采用有机物覆盖，增加有机质含量、保持水分等，行间多采用生草制。

国外主要研究了水肥耦合对蓝靛果生长发育的影响；加拿大评价了新斯科舍种植的蓝靛果土壤和叶片养分浓度之间的关系，还对蓝靛果设施栽培技术及授粉媒介开展了初步研究。

（三）病虫害防控技术

在病害方面，国际上主要关注的病害种类包括葡萄霜霉病、灰霉病、白粉病、炭疽病、枝干病等病害，研究内容主要集中在病原鉴定与检测、致病和抗病机制、化学及生防

制剂的筛选及综合防控等方面，为葡萄病害的防治提供了新的基础理论和生防产品。在虫害方面，国际上关注的虫害种类包括黑腹果蝇、斑翅果蝇、葡萄花翅小卷蛾、葡萄根瘤蚜、葡萄蚧壳虫等，研究内容主要集中在灾变规律、生物防治、化学防治、综合防控等领域，灾变规律的明确、新型药剂、病原线虫及天敌的利用、新的防控技术的研发为葡萄害虫的防治提供了支撑。在病毒病方面，研究主要集中在新病毒的种类鉴定、传毒介体和传播特点方面。

（四）生产机械化技术

国外主要研究了无人机在葡萄园中不同飞行模式和喷雾系统配置对冠层沉积、药液覆盖和脱靶损失的影响；分析了 4 种不同喷雾器在果园中的沉积质量、漂移风险和病虫害防控效率；研究不同工作压力和盘芯组合对脉宽调制（PWM）空心锥喷嘴喷雾特性的影响；采用传感器实时检测土壤参数，实现变量施肥；研制了自走式自动修剪机器人，试验了枝条识别速度和修剪成功率；研究了真空式果实采摘末端执行器，设计试验了 3 种不同几何形状（直线、波纹管和弯曲）的末端执行器。

（五）国外商品化处理和加工技术

葡萄酒酿造工艺技术方面，持续关注酿酒微生物、浸渍工艺、闪蒸工艺、整串发酵、新型辅料添加等。其中，葡萄酒微生物仍是 2022 年度葡萄加工领域的主要研究方向，研究内容包括本土酵母的选育、混菌酿造、微生物多样性/菌群结构与葡萄酒品质关系等；葡萄酒浸渍工艺研究重点包括新兴浸渍技术的应用、外源添加物（包括酶）的使用、传统工艺应用于本土葡萄品种；新型辅料更多的集中于多糖组成及其对葡萄酒品质的影响。葡萄酒风味化学方面，集中于辅色和衍生机制研究，葡萄酒基质组分感官贡献研究，风味物质感官互作机制研究等。

国外研究集中在优化蓝靛果的加工工艺，关注微波膨化、超声波辅助、微波真空浓缩、创新冷冻干燥技术的应用。蓝靛果酚类物质仍然是 2022 年度蓝靛果加工领域的主要研究方向，主要研究加工对蓝靛果活性成分和品质特性的影响。

四、国内葡萄、蓝莓、蓝靛果产业技术研发进展

（一）育种技术

在转基因和辅助育种方面，过表达 *VaMYC2*，提高转基因无核白的抗寒性；过表达 *VaMYB44*，降低转基因无核白植株的抗寒性；过表达 *VyP5CR*，能够提高转基因无核白的耐旱性；过表达 *VyUSPA3*，正向调控无核白葡萄的耐旱性。利用 CRISPR/Cas9 去除 *VvbZIP36*的一个等位基因，提高无核白叶片花青素含量；利用 CRISPR/Cas9 在葡萄中转录激活 VP64 和 TV，高效激活 UFGT，此外，dCas9-TV 系统高效激活了冷响应转录因子基因 CBF4；利用 CRISPR/FnCas9 和 LshCas13a 抑制赤霞珠果实中 GLRaV-3。

在重要性状 QTL 定位和基因挖掘方面，利用高通量测序技术，定位了 1 个与灰霉病抗性相关的 QTL，3 个果形相关的 QTL，4 个抗寒性相关的 QTL，47 个与单萜合成相关的 eQTL。筛选出 53 个与抗病性相关的候选基因，11 个与多个单萜基因表达高度相关的候选基因，4 个果形相关候选基因，5 个抗寒性相关结构基因。

蓝莓育种短期目标仍以品质育种为主，抗性育种也在陆续开展，以解决限制中国蓝莓生产的品种适应性问题。常规杂种育种是目前应用最广泛的方法；同时远缘杂交、单倍体育种、多倍体育种、分子辅助育种等方法、技术的应用也在加强。

国内主要利用杂交育种技术选育蓝靛果新品种，选育出新品种乌蓝和蓝精灵；还开展了蓝靛果花青素生物合成上游关键酶 *LcC4H* 基因的克隆及表达的相关研究。

（二）栽培技术

国内研发出“巨菌草种植+葡萄枝叶腐熟覆盖”沃土改良技术，筛选出显著缓解盐碱胁迫的解盐碱菌并研发出相应产品。构建了葡萄主产区的土壤养分数据库，研发出葡萄精准施肥技术与设备，为个性化和定制化施肥提供了重要支撑。明确了葡萄主产区土壤的重金属污染情况，研发出酸化土壤调理及重金属钝化技术。研发出酿酒葡萄水分亏缺诊断以及喷施腐胺抗旱技术。研发出液体果膜和抑制阳光玫瑰葡萄花后生理落果、延长保花保果处理时间的植调剂配方。筛选出有效延缓葡萄萌芽的丙烯颜料等无毒萌芽抑制剂，研发出以二次结果技术为核心的酿酒葡萄熟期调控技术。初步创新集成了鲜食、酿酒和设施葡萄的绿色优质高效栽培技术，为葡萄产业的高质量发展提供了技术支撑。

国内蓝莓生产的精耕细作特点突出。不同产区根据自身现状，在品种筛选、种植模式、环境调控、水肥菌一体化、整形修剪、花期授粉、果实采摘、休眠与破眠、病虫害防控、越冬防寒等技术上各具特点，自成技术体系。

国内研究了水肥对蓝靛果生长及根系抗氧化酶的影响，通过定量分析方法分析了蓝靛果幼苗水肥需求；研发了蓝靛果间作赤芍的高效栽培技术模式。

（三）病虫害防控技术

在病害方面，国内主要关注的病害种类包括葡萄霜霉病、灰霉病、白粉病、枝干病害、根系病害等，研究内容主要集中在病原菌种类鉴定、致病机理、抗性基因挖掘与利用、杀菌剂的抗药性监测及抗性风险评估和高效药剂及生防菌的筛选与评价等方面，开发出了适合国内多个产区的高精准度的葡萄霜霉病流行预警模型——霜霉眼。在虫害方面，国内主要关注的虫害种类包括葡萄斑叶蝉、绿盲蝽、二斑叶螨、透翅蛾、瘿螨等，研究内容主要集中在药剂筛选和抗药性评价、性诱剂的利用、天敌昆虫利用和综合防控方面。在病毒病方面，主要关注新病毒的发现、传毒机制、致病机制和病毒对葡萄的影响。

（四）生产机械化技术

国内开展了多种类型葡萄生产机械装备研发，包括刮刷组合式葡萄藤清土和防寒布平整卷收技术；喷药机的风场与葡萄叶片姿态变化的规律；有机肥开沟、深施、切根一体化技术；有机肥撒施、旋耕一体化技术；多气流协同式果园“V”形防飘喷雾装置；塔式果园风送喷雾机集成了激光对靶变量喷雾控制系统，实现了基于果树位置和冠层体积的对靶变量喷药；研制了偏置式果园施肥机，实现了开沟施肥、搅拌回填的联合作业；研制了自走式果园条铺机，能够进行有机肥对沟施肥和行间双侧条铺作业；研究了葡萄双臂采摘机器人，采用葡萄簇深度信息的“顺序镜像法”，确定了采摘顺序；研究改进了 YOLOv4 算法，检测识别葡萄串信息、成熟度和定位。

（五）国内商品化处理和加工技术

葡萄酒方面的研究中，葡萄酒微生物主要开展了本土酵母特别是非酿酒酵母的选育、多菌种混合时序发酵工艺研究，以及不同产区酿酒葡萄微生物多样性调查等。酿造工艺技术主要聚焦增强干红葡萄酒香气和酚类物质及其他基质组分的工艺方法研发；以及强化霞多丽、雷司令、贵人香等白葡萄酒香气馥郁度的发酵前浸渍整套工艺技术研发。此外，葡萄酒产地及品种鉴别，对包括农药残留、重金属、氨基甲酸乙酯、生物胺等葡萄酒不良/

风险因子以及橡木塞污染防控的关注度持续增加。葡萄酒废弃物利用相关发明专利申报量显著增加，智能化/自动化酿造技术相关专利仍持续增长。

国内蓝靛果商品化处理和加工技术研究集中于简易加工品制备；加工过程中，针对生物活性成分花色苷的提取、纯化、微胶囊、化学改性、精准检测等方面的高新技术研究较突出。

（国家葡萄产业技术体系首席科学家　段长青　提供）

2022 年度桃产业技术发展报告

（国家桃产业技术体系）

一、国际桃、樱桃、枣生产与贸易概况

（一）国际桃生产与贸易概况

2022 年全球桃产量增加到 2 370 万吨。由于乌兹别克斯坦和中国出货量增长，抵消了欧盟和美国贸易量下降。

欧盟：产量提高到 310 万吨；美国：产量降至 60. 5 万吨；土耳其：产量增长 4. 8 万吨，达到 94 万吨，但是由于减少了对俄罗斯的货运，出口将降至 16. 5 万吨。

（二）国际樱桃生产与贸易概况

据 USDA 统计，2022 年全球樱桃（酸樱桃和甜樱桃）产量达 466 万吨。土耳其产量居全球第一，为 98 万吨，欧盟出现恢复性增长，产量达 72. 7 万吨。智利较 2021 年增产约 20%，达 46. 7 万吨。因恶劣气候因素，美国产量下降约 16. 35%，仅有 34. 7 万吨，其中甜樱桃 27. 5 万吨，酸樱桃产量有所上升。

全球樱桃进出口贸易总量持续增加，进口量为 63 万吨。主要进口国家和地区为中国、俄罗斯、欧盟、加拿大、美国、韩国等，其中中国进口量 33 万吨，占 52. 4%。俄罗斯和欧盟分别占 14. 3%和 9. 5%，其他占比均在 5%以下。智利樱桃出口量最大，为 41 万吨，全球占比 63. 9%，其中 88. 1%出口至中国。

（三）国际枣生产与贸易概况

枣原产我国，世界上先后有约 50 个国家从我国引种了枣树，但除韩国、伊朗等之外，大多数国家都没有规模化栽培。目前，FAO 等国际组织均没有枣生产情况的统计资料。

中国是世界枣产品最大贸易国，占世界 98%以上。据中国海关资料显示，中国红枣主要出口美国、德国、加拿大、荷兰、日本、韩国、马来西亚、越南、阿联酋和也门，其中东南亚及东亚占比近 50%。2022 年出口量有望超过 3 万吨、出口额达到 8 000 万美元，进口数量不足 300 吨。

我国出口枣产品类型主要有鲜枣、干枣、枣夹核桃、枣酱、蜜枣等；出口枣品种主要有冬枣、骏枣、灰枣等。随着我国农产品跨境电商贸易规模持续扩大以及全球一体化进程的推进，我国红枣特别是鲜枣的国际贸易也在快速发展。

二、国内桃、樱桃、枣生产与贸易概况

（一）国内桃生产与贸易概况

2022 年全国各主产区桃总栽培面积 1 500 万亩左右，除山东省在春季遭遇干旱天气外，其余省份的鲜桃种植长势良好，果实质量相比 2021 年有明显提升。

中国 80%以上的桃在国内鲜销，18%左右用于加工，鲜食桃的出口比例很小，主要出口到哈萨克斯坦、俄罗斯等国。鲜食桃进口方面，我国从智利、澳大利亚、西班牙进口少

量鲜桃，主要用于弥补季节供应和品种差异。美国和日本是中国桃加工品最主要的市场。

（二）国内樱桃生产与贸易概况

据产区统计，全国樱桃总面积约 445 万亩，甜樱桃和中国樱桃分别为 325 万亩和 120 万亩。我国樱桃分为露地和设施栽培，其中露地栽培占比 73%。甜樱桃主要分布在环渤海湾、陇海铁路沿线和西南及西北四大产区，分布在山东、陕西、辽宁、河南、四川、山西、河北等省份。山东栽培面积第一，为 134 万亩，占全国栽培面积的 42.8%，2022 年因灾害性天气出现显著减产。陕西省面积增加较快，约为 65.5 万亩，新疆南部栽培面积开始增加。中国樱桃主要分布在贵州等西南地区，贵州占全国面积的 50%。我国是樱桃消费大国，尤其在东部和南部城市，消费量持续上升，约为 95 万吨。

樱桃已成为第二大进口水果，仅次于榴莲。据中国海关总署统计，1—10 月进口量约 30.89 万吨，金额约 143 亿元，1 月是进口量最多的月份。进口酸樱桃 6 吨，樱桃罐头 129.38 吨。国产樱桃多为内销，仅少量出口到澳门、菲律宾、新加坡和泰国，共计 8.9 吨，出口樱桃罐头 1 897.8 吨。

（三）国内枣生产与贸易概况

我国有 20 多个省份有枣树栽培，现有枣面积 2 000 多万亩，产量近 800 万吨（折合鲜枣）。其中新疆、河北、山东、山西、陕西五大产枣省区的枣树面积约为 1 500 万亩，产量约 670 万吨。新疆枣面积占全国不到 30%，产量占全国 50%左右。

全国现有枣品种 1 000 个左右，但 10 万亩以上的主栽品种仅 10 个左右。据不完全调查，灰枣 305 万亩，木枣 188 万亩，骏枣（壶瓶枣）130 万亩，冬枣 136 万亩，金丝枣 60 万亩，赞皇枣 45 万亩，婆枣 27 万亩，扁核酸 20 万亩，平顶枣 10 万亩。

我国枣产品消费以干枣和鲜枣为主，加工品主要有紫晶枣、枣酒、红枣浓缩汁、膨化脆片、枣醋、蜜枣等。当前，鲜枣销售仍以经销商到产地直接收购为主，小规模的电商销售数量逐年大幅增加，枣园采摘在增加但所占比例很小。干枣销售仍以传统的大型批发市场销售为主导但占比有所下降，不同层次和规模的电商、微商、直播平台等新型销售方式所占份额快速增加。枣加工品销售仍以企业自产自销为主。

三、国际桃、樱桃、枣产业技术研发进展

（一）国际桃产业技术研发进展

1. 育种技术研发进展

（1）种质资源鉴定评价。营养健康组分与香气组分的鉴定评价方面，Geduk 发现乙醇提取物富含酚类物质，且在酶抑制、抗菌和抗氧化活性测定中活性表现最活跃。Mihaylova 鉴定了 8 个桃品种的 65 种挥发性物质，主要为醛、酯和脂肪酸物质，且发现不同品种间的较大差异。需冷量与需热量的鉴定评价方面，Atagul 发现需热量高度变异；花期与需冷量呈正相关，需热量与需冷量呈负相关，花期与需热量之间相关性年度差异较大。

（2）生物技术及分子生物学研究。西班牙学者使用 18K SNP v2 芯片对 287 份材料进行基因型分析，GWAS 检测到 34 个 SNP 与叶腺类型、果实茸毛和果肉质地显著关联。

（3）品种选育。在桃新品种选育方面，2022 年新增加 45 个。按照国家分，美国 30 个，西班牙 9 个，法国 5 个，智利 1 个；按果实类型分，普通桃 15 个，油桃 15 个，蟠桃 11 个，油蟠桃 3 个，观赏桃 1 个；按照选育方式分，杂交育种 38 个，实生选育 6 个，芽

变选育 1 个；按果肉颜色分，白肉 29 个，黄肉 26 个；按可溶性固形物含量分，可溶性固形物超过 16%的高糖品种有 12 个；按需冷量类型分，需冷量在 400 小时以下的品种有 2 个；按肉质分，不溶质品种 3 个，其余均为肉质比较硬的溶质类型。

2. 病虫害防控技术研究进展

（1）虫害防控技术进展。桃实蝇：Murtaza 等发现可以将昆虫病原真菌黑僵菌和球孢白僵菌作为一种经济有效的生物杀虫剂，用于防治桃实蝇等害虫。Khan 等发现桃实蝇对敌百虫有一定耐受性，应与多杀菌素和毒杀灵轮流使用，减少其耐药性发展。桃蛀螟：Tian 等发现同一配体可能与多种 CpuOBPs 结合。桃蚜：Isasmendi 等研究表明液化淀粉杆菌 CBMDLO3 对桃蚜有很好的杀灭效果。Dardouri 发现迷迭香挥发物对桃蚜有显著的排斥作用。

（2）病害防控技术进展。桃褐腐病：Segarra 等提出模拟西班牙埃布罗谷桃园褐腐病流行的新模型，并证实了将僵果从田间及时清除、选用抗性品种及使用杀菌剂均能降低其发生率。Marta 等发现部分 VOCs 具有抗真菌作用，对后续褐腐病抗性的研究有重要意义。桃采后腐烂病：Li 等发现 *Trichothecium* spp. 能引起桃在内的多种果树果实田间及采后腐烂。桃细菌性穿孔病：Jin 等通过对所采病叶的 16S rRNA 进行系统发育分析，其中 5 株均为 *Bacilllus cereus*，其对桃、李等均有致病性。Herbert 发现了 7 个抗 OTC 的菌株对链霉素具有耐药性。

3. 桃现代栽培技术研究

（1）土肥水管理技术。Barreto 等评估了不同施钾剂量下栽培品种 Sensacao 的桃树生产参数，并确定土壤和桃树叶中这种养分的临界水平。Mustafa 等研究了硼和钙协同施肥和分别叶面施肥对桃品种 Florida 的理化性质的影响。

（2）树体管理技术。西班牙评估了“加泰罗尼亚开心形”的 2 种整形模式和 3 种负载量组合发现，高负载导致果实质量下降，但产量提高。

4. 采后生物学研究

印度报道了阿拉伯木聚糖和 β-d-葡聚糖硬脂酸酯复合膜在延长桃采后贮藏中的应用及毒性研究。美国加利福尼亚州桃果收获后立即在冷库中利用 0℃的水冲洗预冷，然后进行低温条件下的分级包装，果实的运输、销售过程一直处于 4℃低温中。

5. 桃加工技术进展

Manganaris 等发现加工品种 Andross 有最高的分值。Seyed 评价了发酵桃汁中乳酸菌菌株在桃汁发酵过程中有效地抑制了福氏链球菌的生长，可能有助于乳酸菌对食源性致病菌的抑制。

（二）国际樱桃产业技术研发进展

1. 育种技术研发

（1）种质资源鉴定评价。土耳其学者发现甜樱桃品种的花瓣和雄蕊均表现出较强的抗冻性，且存在品种间差异。波兰学者评估了 12 个甜樱桃品种的生长势和产量，以及气候条件对物候期的影响。巴基斯坦学者发现博莱特等 10 个甜樱桃品种在海拔 1 900 米亚热带山区均能正常结实。俄罗斯学者等调查了 Oryol 地区甜樱桃和酸樱桃花芽对冬季极端低温的耐受程度。

（2）生物技术及分子生物学研究。土耳其学者研究了 22 个群体的 440 份野生樱桃的遗传结构，群体内和群体间遗传多样性分别为 88.5%和 9.8%。美国学者鉴定到与裂果和硬度相关的数量性状位点。法国学者等从甜樱桃雷吉纳和加纳杂交后代中鉴定出多个与开花时间相关的 QTLs。

2. 病虫害防控技术研究

（1）虫害防控技术。斑翅果蝇：美国学者发现与对照相比，部分印楝油产品可使斑翅果蝇的产卵量降低一半。意大利学者发现采收后用 50% CO_2处理、4 ℃冷处理或两者结合均可有效降低早期斑翅果蝇的发生。

（2）病害防控技术。叶斑病：土耳其学者对甜樱桃叶斑病病原交链孢菌进行了鉴定，发现分离株与参比分离株聚集在同一分支。

3. 樱桃现代栽培技术研究

（1）花果管埋技术。Rutkowski 等综述了樱桃疏花疏果技术；Mateos-Fierro 等发现独居蜜蜂和野生大黄蜂比蜜蜂更频繁地接触花柱头，在行间移动更频繁，授粉效率高。

（2）土肥水管理技术。土耳其学者发现，开花前在树冠下施用钾肥可提高果实品质。Rutkowski 等研究发现，过量施用氮肥会使土壤中的蛋白酶和脱氢酶活性降低，从而影响产量和品质。

4. 樱桃采后生物学研究

Serradilla 等发现气调技术贮藏 15 天后能有效抑制霉菌、嗜冷菌等的生长，延长货架期。Tokatly 等发现壳聚糖涂膜可以激活抗氧化酶系统，减缓甜樱桃的软化。Gu 等发现茉莉酸甲酯和水杨酸采后处理可有效减轻果实机械伤，抑制失水和硬度下降。Zhi 等发现水冷过程中采用超声波+$CaCl_2$处理可延缓果面凹陷的出现和果梗失绿。

5. 樱桃加工技术

国际上主要以酸樱桃加工为主，甜樱桃仍是以鲜食为主。Kazazic 等发现酸樱桃加工后花青素含量降低，但抗氧化活性无显著变化。Gao 等采用乳酸菌对酸樱桃汁进行发酵，并对挥发性成分进行了鉴定。Yildiz 等发现与传统热处理相比，微波加热可显著保留酸樱桃汁中的活性成分。

（三）国际枣产业技术研发进展

1. 栽培技术

Tang 等比较了清耕法、枣枝覆盖和白三叶种植对枣园土壤含水量的影响，发现枣枝覆盖效果最好。Ma 等研究表明，酸枣幼苗接种异型根孢囊霉，可提高光合能力、抗盐胁迫能力及幼苗生长。Ye 等田间试验表明，增施大豆饼肥显著提高了梨枣的净光合速率和水分利用效率，提高了果实营养品质，且增产 138.5%。

2. 病虫害防控

（1）病害。Chen 等从枣疯病植原体的基因组中筛选出 8 个效应蛋白基因，并确定了 zaofeng6 是一个可以诱导宿主产生丛枝表型的毒性效应因子。Wang 等建立了抗病种质 T13 抵抗植原体侵染的机制模型，发现 T13 被植原体侵染后可快速产生 H_2O_2，促进 JA 积累，进而调控下游抗病基因的表达。Xu 等研究明确了冬枣枣果腐烂相关真菌的多样性和致病性，首次报道了 *D. eres*、*F. graminearum*、*F. reducium* 和一种未分类的镰刀菌是该病的致病因子。

（2）虫害。Choi 等研究发现，贝莱斯芽孢杆菌对枣瘿蚊幼虫有显著杀虫作用，并可提高枣果实品质和产量。Eunsun Keum 等在韩国发现了一种以酸枣为食的新型卷叶瘿蠓，已成为一种严重的外来害虫。

3. 采后技术

Lv 等研究表明，硫化氢（H_2S）可提高灵武长枣鲜果贮藏期间的抗氧化能力，并揭示了 H_2S 对枣果采后衰老和抗氧化代谢的影响。Hong 等发现 H_2S 可通过调节 ROS 积累和抗氧化酶，有效缓解枣果实采后衰老和腐烂，延长灵武长枣果实的贮藏期。

伊斯拉姆等研究发现，芦荟凝胶结合气调包装可以有效减缓枣果实硬度、可滴定酸含量的下降，保持较高的可溶性固形物含量，且二者结合使用效果更好。拉克斯曼·贾等研究表明，1.0 kGy γ 射线可以延缓果实着色、可滴定酸及可溶性固形物含量的下降，维持较好的果实品质。

四、国内桃、樱桃、枣产业技术研发进展

（一）国内桃产业技术研发进展

1. 育种技术研究

（1）种质资源鉴定评价。基本表型评价：张斌斌发现直观表现特征最明显的树形、花瓣类型、叶色、生长势等是区分不同类群的主要表型性状。王志强团队认为是 35 bp 的缺失导致了垂枝性状的发生。俞明亮团队认为 *YUCCA* 基因参与了垂枝桃的发生。需冷量和需热量的评价：张明昊等对 103 份桃种质在南京地区的需冷量和需热量进行了研究，认为 0~7.2℃模型和有效积温模型为南京气候区域桃需冷量和需热量估算的最优模型。

（2）生物技术及分子生物学研究。王璐伟筛选出 26 对引物，用于全基因组范围内连锁性状的鉴定、桃种质资源和新品种鉴定及保护、分子标记辅助育种体系构建。韩月彭团队发现 DNA 去甲基化和组蛋白去甲基化能显著促进桃叶片愈伤组织形成。

（3）品种选育。2022 年国内育成食用桃品种 25 个。其中普通桃 13 个，油桃 6 个，蟠桃 5 个，油蟠桃 1 个；白肉、黄肉各 12 个，红肉 1 个；极早熟 2 个，早熟 7 个，早中熟 2 个，中熟 9 个，晚熟 2 个，极晚熟 3 个，果实发育期介于 55~120 天；软溶质 1 个，不溶质 1 个，硬质 1 个，其余均为硬溶质；半离核 3 个，粘核 22 个；所有品种均有花粉。

2. 病虫害防控技术研究

（1）虫害防控技术。橘小实蝇：朱振华等发现 mtDNA *Cytb* 基因可用作这 6 种实蝇种类鉴别的分子标记。任荔荔等认为寄主果实散发出的气味，及其颜色和形状对橘小实蝇的产卵选择均有一定的影响。桃蚜：徐佳发现新蚜虫疠霉的侵染比烟蚜茧蜂的寄生更具竞争优势，但它们之间的互作关系是迭代关系。闫乐乐等发现抗蚜品种在桃蚜为害后显著上调的次生代谢产物可能参与桃树对桃蚜的抗性反应过程。桃蛀螟：汤金荣研究发现桃蛀螟偏好在棉花、玉米和大豆上产卵，其中玉米对桃蛀螟的适合度相对较高，棉花对桃蛀螟的适合度相对较低。

（2）病害防控技术。桃褐腐病：Wang 等发现 1-辛烯-3-醇能显著降低菌丝麦角甾醇的含量，有效降低了桃褐腐病的发生率。沈志军等建立了褐腐病抗性 9 级评价体系，筛选出抗侵染能力较强的种质资源 10 份，抗扩展能力较强的种质资源 11 份。桃流胶病：吕孟辕研究发现葡萄座腔菌类菌株是肥城桃流胶病的主要病原菌，镰孢菌类菌株是伴生病原菌。桃细菌性穿孔病：纪兆林团队初筛发现 12 株菌株对细菌性穿孔病有拮抗作用，结合

形态学、生理生化性状和16S rDNA分子方法将拮抗性最强的拮抗菌株鉴定为粪产碱杆菌。

3. 桃现代栽培技术研究

（1）花果管理技术。尚霄丽认为盛花期喷施NAA和6-BA对秋甜桃有较好的疏花效果。曲雪松证实阳面的光照强度能够显著改善桃果实的品质。

（2）肥水管理技术。孙希武等认为硅钙钾镁肥可有效提高土壤酶活性，促进植株生长。周平发现喷施山梨醇及其类似物会促使果实积累钠、钾、钙，并促进玉米素的合成，对桃果实品质以及养分吸收均有提升效果。

（3）树体管理技术。徐功勋认为，压力束缚处理和环割可降低叶片的氮、磷、钾元素含量，且压力越大，叶片中的氮、磷、钾含量越低。

4. 桃采后生物学研究

周慧娟等以湖景蜜露为试材，研究不同浓度1-甲基环丙烯（1-MCP）处理对水蜜桃质地和风味的影响。Xu等通过茶树油脂质体处理降低了20℃贮藏桃果实的褐腐病，是一种防治桃采后褐腐病的潜在生物方法，且没有合成杀菌剂的不利影响。

5. 桃加工技术研究

张群等研究了热风、热泵和真空冷冻3种干燥方式对黄桃果干结构特性和营养品质的影响。牟建楼团队以桃为原料优化了果胶酶酶解桃浆的工艺条件。余向阳等发现清洗和去皮可大量减少桃中农药残留，果汁和罐头加工使3种农药残留水平降低，果渣加工使3种农药残留水平升高。

（二）国内樱桃产业技术研发进展

1. 育种技术研究

（1）种质资源鉴定评价。栽培适应性评价：在甘肃研究发现樱桃品种艳阳和萨米脱等在河西地区表现最佳。赵永强等发现含香和布鲁克斯等可在甘肃天水市栽培。木永青等发现桑提娜和布鲁克斯等在云南丽江表现较优。抗病性评价：鲁译心等比较了甜樱桃对褐斑病的抗性，发现美早和桑提娜等属于高抗品种，艳阳和萨米脱为抗病品种。王磊等发现青海引进的多迪、兰伯特等品种对叶斑病菌刺盘孢属真菌的抗性较强。生态适应性评价：张才喜等对中国主要甜樱桃种植区的历史和未来的气候变化进行了分析与预测。发现6—9月花芽分化期，各观测点超过35℃的每月高温天数、持续时间和强度显著增加，烟台、上海等地区更明显，未来高温风险将增加，“双子果”现象会更加严重。

（2）生物技术及分子生物学研究。王继源等发现甜樱桃*PavMYC2*基因在夏秋季高温时期在花芽中高表达，随后逐渐降低，其与PavJAZ1/2/3互作，协同响应温度胁迫。刘勋菊等发现*PavGA2ox-2L*基因通过与赤霉素的关键负调控因子PavDWARF的相互作用参与甜樱桃生长发育调控。Jiu等发现独脚金内酯与诱导侧根的发生密切相关。李丽仙等发现PavMYB10.1可能通过促进PavRiant的表达促进花青苷的积累。Wang等研究表明PavFUL能与PavLFY等蛋白互作，共同调控开花和畸形果的形成。

（3）品种选育。育种方法：河北省农林科学院昌黎果树研究所建立了甜樱桃“三早二选一促”的高效育种方法，育种周期可缩减3~5年。“三早”即利用胚挽救等技术尽早获得杂交苗；“二选”即利用自交亲和性状分子标记等尽快筛选杂交后代；“一促”即利用砧木、整形、促控等缩短实生苗童期技术。种质创新和新品种选育：发布的甜樱桃品种有山东省果树研究所的鲁樱 5 号、鲁樱 6 号，上海交通大学的锦晶、丽晶，浙江省农业科学院的江南锦等。四川农业大学等选育的中国樱桃蜀美人、紫美人、粉美人等系列新品种已申报植物新品种权。

2. 病虫害防控技术研究进展

（1）虫害防控技术。黑腹果蝇：安广池等研究了黑腹果蝇对重庆高山区甜樱桃的为害及防治。

（2）病害防控技术。叶斑病菌：冀树娴等发现苯醚甲环唑 WG 对链格孢菌丝生长活性抑制作用最强，枯草芽孢杆菌 WP 可有效抑制胶孢炭疽菌菌丝生长。叶枯病：戴启东等将引起辽宁省甜樱桃叶枯病的致病菌鉴定为层出镰刀菌。软腐病：张倩等发现贝莱斯芽孢杆菌可抑制匍枝根霉，对由其引起的软腐病有良好的控制作用。

3. 樱桃现代栽培技术研究

（1）花果管理技术。张才喜等发现 LED 处理可显著提高甜樱桃果实着色和品质。吴雅琴等发现樱桃防裂果膜可将美早裂果率从 43. 75%降到 17. 24%。马建芳等发现果实套袋可提高果实品质。玄志友发现透湿性反光膜和银黑反光膜覆盖显著提高了设施甜樱桃品质。

（2）树体管理技术。张才喜等研发出可有效提高樱桃发枝效率和代替传统刻芽的新技术。廖孝忠等发现陕西汉中北亚热带甜樱桃通过综合修剪管理+PBO 可提高产量和品质。

（3）土肥水管理技术。吴雅琴等发现有机水溶肥可增加 80%试验品种的樱桃单果重，43. 7%品种的果实硬度，以及 56. 25%品种的糖度。

4. 樱桃采后生物学研究

国内主要集中在采后处理对品质和病害的影响。采后处理手段有 1-MCP 结合壳聚糖涂膜、ε-聚赖氨酸、保鲜剂复合热水、草酸等处理。少量研究涉及预冷方式和保温运输。Hu 等采用 0. 5%壳聚糖涂膜处理可延长果实贮藏期 24 天。张琦等发现臭氧可以明显延缓果实糖度下降。杨娟侠等发现二氧化氯处理可降低冷藏果实呼吸强度，保持果肉硬度，降低腐烂。

5. 樱桃加工技术研究

樱桃加工主要涉及樱桃白兰地酒香气分析，甜樱桃酒加工工艺建立，酸樱桃发酵汁挥发性风味物质分析，以及樱桃与其他水果复合果醋、果酒和果汁饮料研发。山东农业大学发现樱桃中的多酚物质具有抗氧化、抗癌抑菌、预防心血管疾病等活性。Blando 等发现食用樱桃后有利于消炎，花青素与消炎、抗风湿有一定联系。

（三）国内枣产业技术研发进展

1. 栽培技术研究

（1）露地栽培。芦玲等筛选出适合甘肃地区栽种的枣树品种，并研究了配套的苗木繁育、高产栽培技术体系。马洪艳、周丽娜等从园地选择、整地、品种选择及苗木栽植、栽后管理等方面总结了北方枣绿色栽培技术。周洪岩、杨勇刚等分别提出了郎家园枣和中秋酥脆枣的优质丰产栽培技术要点。赵鹏华从砧木培育、嫁接育苗、栽培管理、病虫防治等方面阐述了蟠枣的优质丰产栽培技术。侯旭晖介绍了阎良相枣定植、肥水管理等绿色栽培技术。吴桂玲集成了鲜食枣伏脆蜜平茬覆土防寒优质丰产栽培技术。田春娇研究了树形对生长结果的影响，表明月光采用开心形效果较好，疏散分层形更适于冬枣。

（2）设施栽培。张芬从园地选择、大棚设计、栽培技术和管理措施等多角度阐述了沾冬2号的塑料大棚栽培管理技术体系。施庆华提出了南方设施栽培冬枣避开自然雨水、灵活调节灌溉时期和灌溉量的技术措施，降低了裂果率和病虫害传播，提高了果品质量和商品率。吴玉蓉从栽培模式、扣棚时间确定、树形培养、水肥管理、花果管理、病虫害防治等方面介绍了南疆设施冬枣简约化高效栽培管理技术。陈红玉选择地坑棚、防雨棚、露地冬枣各8个枣园进行比较，发现地坑棚果实品质最佳。

许晓玲研究表明中秋酥脆枣大棚栽培比露地栽培提前20天左右成熟，并可减少裂果的发生。陈改莲以设施大棚内2年生灵武长枣为试材，研究了不同浓度γ-PGA叶面喷施和灌根处理对新梢长、叶面积、叶绿素含量的影响。张道玲研究发现避雨栽培条件下李府贡枣光照强度和净光合速率有所下降，但显著提升了枣果内在和外观品质，降低裂果率。孙洪强指出辽宁朝阳地区采用冷棚栽培，枣果可提前20天左右成熟，裂果率小于5%。张磊以盆栽灵武长枣为试材，经7—9月2℃条件下强制其休眠和升温处理，实现2月上旬陆续成熟。

2. 病虫害防控研究

（1）病害防控。李晓军等研究出一种利用抗枣疯病砧木早期防治枣疯病的方法。王建新等发明了一种枣疯病初期精确快速识别网络技术。Li等研究表明ZjTCP16作为植原体效应因子的靶标，在抵抗枣疯病植原体中发挥重要作用。杨琦琪发现，植原体的侵染改变了ZjTCP16的表达模式。

刘振亚研究明确了南疆骏枣缩果病的病原为链格孢菌。宋璐瑶报道伏脆蜜枣喷施50毫克/升ABA后果皮POD活性和细胞壁物质含量增加，裂果率降低18%。木合塔尔·扎热报道，骏枣裂果率与可溶性固形物、P、K和Fe含量呈现正相关性，保持果实营养平衡是减轻裂果的主要措施之一。陈玉鑫调查发现陕北红枣种植区裂果率与纬度呈负相关，骏枣和团枣的裂果率显著高于木枣。

（2）虫害防控。朱琴等研究表明，绿盲蝽越冬卵在枣树各部位带卵率依次为树体中部>树体内膛>树体下部>树体上部，田间布设紧实度为0.58克/厘米^{3}和直径6.4毫米的诱集管，可有效收集绿盲蝽越冬代卵。王家哲报道，大荔冬枣产区喷施50%氟啶虫胺腈、30%噻虫嗪、20%呋虫胺、10%高效氯氰菊酯和40%毒死蜱对绿盲蝽的防效均在80%以上。阎雄飞报道了枣瘿蚊幼虫在设施枣树上呈聚集分布，并提出了枣瘿蚊幼虫的防治阈值。闫振鹏研究表明，45%毒死蜱和4.5%高效氯氰菊酯乳油对枣瘿蚊成虫的控制作用较好，二者交替使用效果更佳。

3. 采后商品化处理技术研究

（1）物理保鲜技术。胡慧慧等研究发现，冰温贮藏较0℃冷藏更能抑制酶活性，降低枣果实腐烂变质和衰老软化进程，有效延长若羌冬枣的贮藏期。李君兰等研究表明，热水处理可抑制临泽小枣脂氧合酶活性，增强鲜枣在冰温贮藏中的耐冷性。常雪花等报道，BioS-3保鲜膜显著抑制冬枣果实转红指数、腐烂率、失重率的增长，延缓果实硬度、可溶性固形物含量和维生素C含量的下降。

（2）化学保鲜技术。温晓丽等发现，用0.5毫克/毫升磷酸钠溶液浸泡半红期的三星枣，可激活枣果实活性氧清除酶的活性，提高果实的抗病能力。桑月英等研究表明，2毫摩/升水杨酸浸泡冬枣 5 分钟延缓了冬枣失重率和腐烂率的升高。贾丽丽等用 60 毫克/升，pH 值为 2. 2 的酸性电解水来浸泡灵武长枣 150 秒，抑制了细胞壁组分降解，延缓了果实软化。

姚入玉等研究表明，0. 25%壳聚糖+0. 1%山梨酸处理可以延缓枣果实失重率和腐烂率上升，延长货架期。易宇等研究发现，0 ℃下用 1-MCP、壳聚糖和纳他霉素复合涂膜处理，可增强抗氧化防御酶活性，延长贮藏时间。寇晓红等研究表明，ABA 加速了冬枣的成熟和着色，但复合膜处理可抑制衰老。刘慧等研究发现，将 1. 0 微升/升 1-MCP 处理过的枣置于 0℃环境下，可有效抑制灵武长枣糖代谢，维持较好的果实品质。

（国家桃产业技术体系首席科学家　姜全　提供）

2022年度香蕉产业技术发展报告

（国家香蕉产业技术体系）

一、国际香蕉生产与贸易概况

（一）生产

香（大）蕉是重要的果粮兼用作物，2021年水果产量位居世界第一，是鲜果贸易量最大的水果，也是近5亿人的主食。据联合国粮食及农业组织（FAO）数据显示，2021年世界香（大）蕉收获面积为1 212.92万公顷，其中香蕉占比44.00%，约为533.69万公顷；大蕉及煮食蕉类种植面积为679.23万公顷，占比56.00%。香（大）蕉总产量为17 030.02万吨，其中香蕉为12 497.86万吨，占比73.39%；大蕉为4 532.16万吨，占比26.61%。

1. 收获面积

（1）香蕉。FAO数据统计，近20年来，世界香蕉收获面积从2002年的462.08万公顷增长到2021年的533.69万公顷，增长了71.61万公顷，涨幅为13.42%，年均增长0.76%（图1）。2021年，亚洲、非洲、美洲、大洋洲和欧洲的香蕉收获面积分别为207.93万公顷、180.31万公顷、133.55万公顷、9.71万公顷和2.18万公顷，各占世界总收获面积比例的38.96%、33.79%、25.02%、1.82%和0.41%。2021年，世界香蕉收获面积前10位国家分别为印度（92.40万公顷）、巴西（45.33万公顷）、中国（36.01万公顷，含台湾省1.50万公顷）、坦桑尼亚（35.41万公顷）、刚果（22.87万公顷）、卢旺达（18.76万公顷）、菲律宾（18.65万公顷）、秘鲁（17.41万公顷）、安哥拉（17.00万公顷）和厄瓜多尔（16.41万公顷），占世界香蕉收获总面积的60.00%。

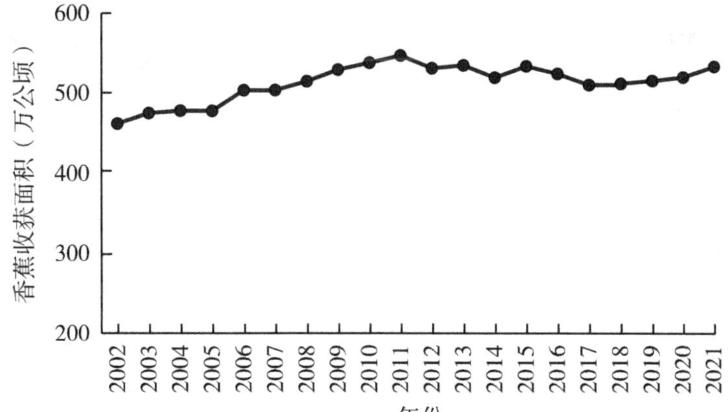

图1　2002—2021年世界香蕉收获面积变化趋势

（2）大蕉。大蕉收获面积从 2002 年的 489.60 万公顷增长到 2021 年的 679.23 万公顷，增长了 189.63 万公顷，涨幅为 38.73%，年均增长 1.74%，具体变化趋势如图 2 所示。2021 年，非洲、美洲和亚洲的大蕉收获面积分别为 565.30 万公顷、70.64 万公顷和 43.17 万公顷，分别占世界总收获面积的 83.23%、10.40%和 6.36%。2021 年度，世界大蕉收获面积前 10 位的国家分别为乌干达（206.00 万公顷）、刚果（110.67 万公顷）、科特迪瓦（55.46 万公顷）、尼日利亚（49.43 万公顷）、加纳（42.07 万公顷）、喀麦隆（31.44 万公顷）、坦桑尼亚（31.06 万公顷）、哥伦比亚（26.97 万公顷）、菲律宾（26.40 万公顷）和厄瓜多尔（11.20 万公顷），占世界大蕉收获总面积的 86.97%。

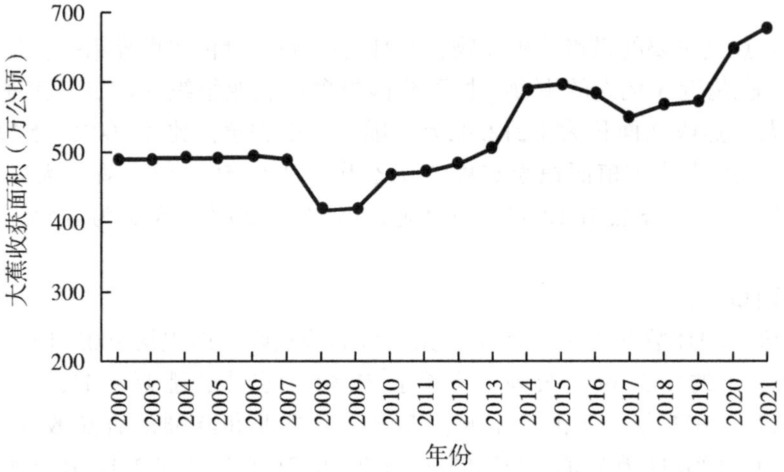

图 2　2002—2021 年世界大蕉收获面积变化趋势

2. 总产量

（1）香蕉。据 FAO 数据统计，世界香蕉产量从 2002 年的 7 291.23万吨增长到 2021 年的 12 497.86万吨，增长了 71.41%，年均增长达 2.88%（图 3）。2021 年，亚洲、美洲、非洲、大洋洲和欧洲的香蕉总产量分别为 6 804.12万吨、3 163.11万吨、2 294.20万

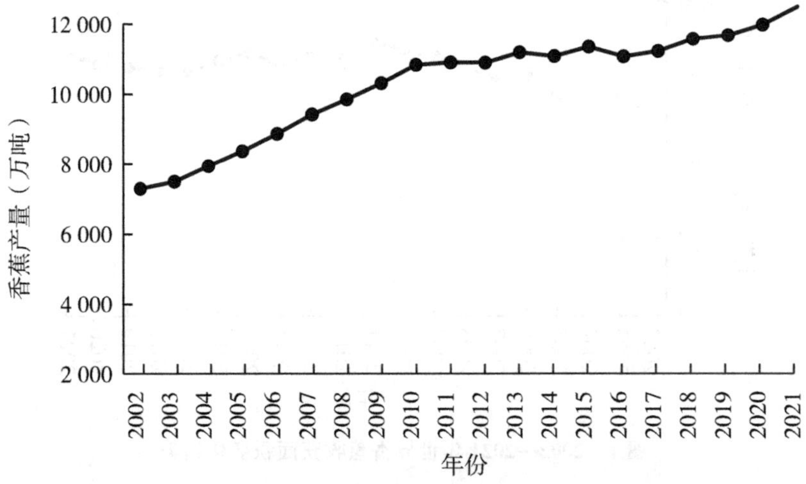

图 3　2002—2021 年世界香蕉产量变化趋势

吨、169.62 万吨和 66.82 万吨，分别占世界香蕉总产量的 54.44%、25.31%、18.37%、1.36%和 0.53%。世界前 10 位的香蕉生产国分别为印度（3 306.20 万吨）、中国（1 206.13万吨，含台湾省 33.71 万吨）、印度尼西亚（874.11 万吨）、巴西（681.14 万吨）、厄瓜多尔（668.49 万吨）、菲律宾（594.22 万吨）、安哥拉（434.58 万吨）、危地马拉（427.26 万吨）、坦桑尼亚（358.85 万吨）和哥斯达黎加（255.68 万吨），占世界香蕉总产量的 70.47%。

（2）大蕉。世界大蕉产量从 2002 年的 2 951.24万吨增长到 2021 年的 4 532.16万吨，增长了 53.57%，年均增长达 2.28%（图 4）。2021 年，非洲、美洲和亚洲的大蕉总产量分别为 3 242.19万吨、729.24 万吨和 559.56 万吨，分别占世界大蕉总产量的 71.54%、16.09%和 12.35%。2021 年，世界前 10 位的大蕉生产国分别为乌干达（920.00 万吨）、喀麦隆（497.37 万吨）、刚果（488.42 万吨）、加纳（472.28 万吨）、菲律宾（314.91 万吨）、尼日利亚（312.39 万吨）、哥伦比亚（233.30 万吨）、科特迪瓦（212.63 万吨）、缅甸（145.38 万吨）和多米尼加（107.55 万吨），占世界大蕉总产量的 81.73%。

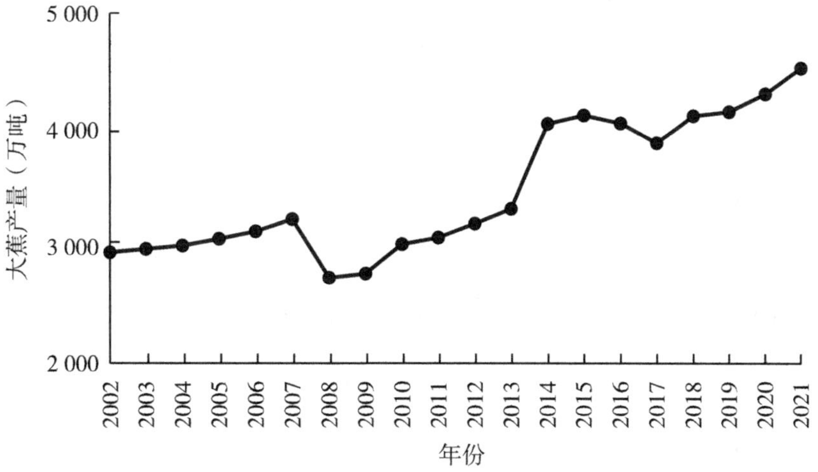

图 4　2002—2021 年世界大蕉产量变化趋势

（二）贸易

FAO 统计数据显示，2021 年世界香（大）蕉总贸易量达 5 127.89万吨，其中香蕉 4 792.08万吨，占比 93.5%；大蕉及煮食蕉类 335.81 万吨，占比 6.5%；进出口贸易额达 301.78 亿美元，其中香蕉 283.65 亿美元，占比 94.0%；大蕉及煮食蕉类 18.13 亿美元，占比 6.0%。

1. 出口

世界香（大）蕉出口量从 2012 年的 1 898.37万吨增长到 2021 年的 2 648.71万吨（其中香蕉 2 458.43万吨、大蕉 190.28 万吨），10 年中世界香（大）蕉出口量增加了 750.34 万吨，年平均增长率为 3.77%，总体保持上升趋势。世界香（大）蕉出口额从 2012 年的 86.39 亿美元增加到 2021 的 136.30 亿美元（其中香蕉 127.55 亿美元，大蕉 8.75 亿美元），出口额增加了 49.91 亿美元，年均增长率为 5.20%（图 5 和图 6）。2021 年，出口前 10 位国家总量占世界的 79.54%（图 7）。尤其是厄瓜多尔 2021 年香蕉出口量为 681. 37 万吨，占世界香蕉总出口量的 27. 72%。

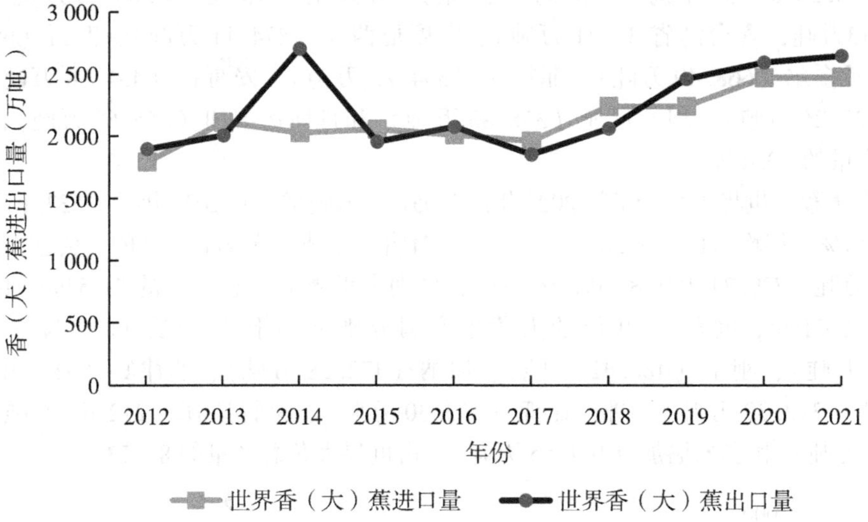

图 5　2012—2021 年世界香（大）蕉进出口量变化趋势

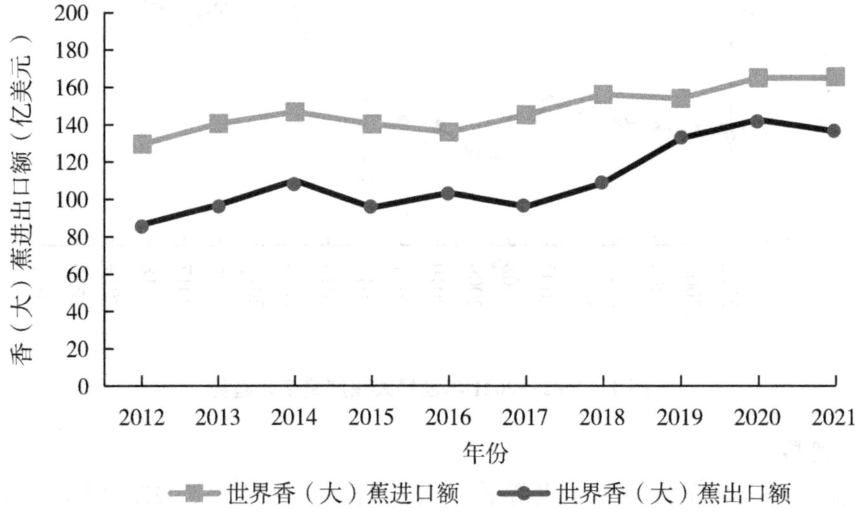

图 6　2012—2021 年世界香（大）蕉进出口额变化趋势

2. 进口

世界香（大）蕉进口量从 2012 年的 1 796. 32万吨增长到 2021 年的 2 479. 18万吨（其中香蕉 23 337. 65万吨、大蕉 145. 53 万吨），进口量增加了 682. 86 万吨，年平均增长率为 3. 64%。进口额从 2012 年的 129. 46 亿美元增加到 2021 年的 165. 48 亿美元（其中香蕉 156. 10 亿美元、大蕉 9. 38 亿美元），增加了 36. 02 亿美元，年平均增长率为 2. 77%。2021 年，位居前 10 国家香蕉进口量占世界的 66. 43%，前 10 位香蕉进口国（其中中国含台湾进口量 7. 23 万吨）的进口量如图 8 所示。

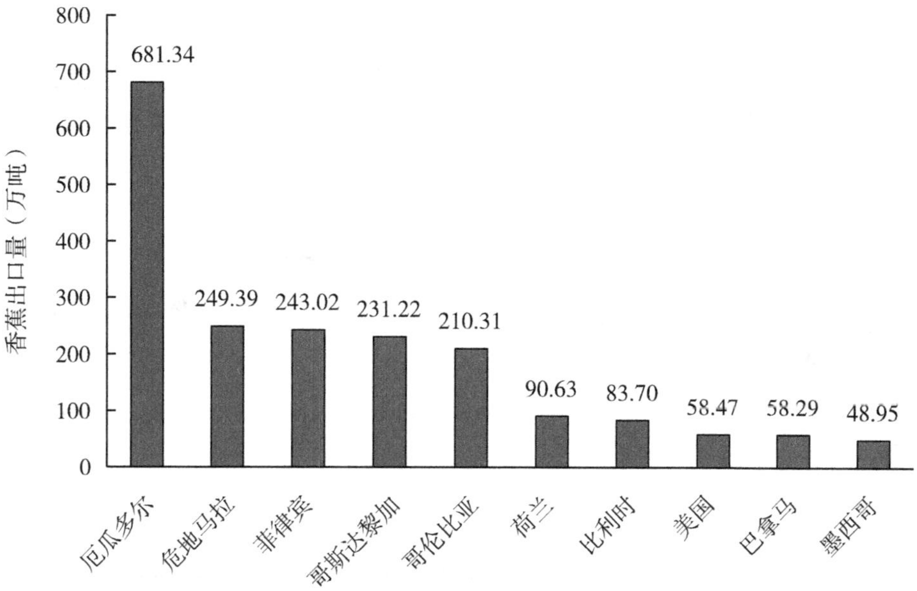

图 7　2021 年世界香蕉出口量前 10 位国家

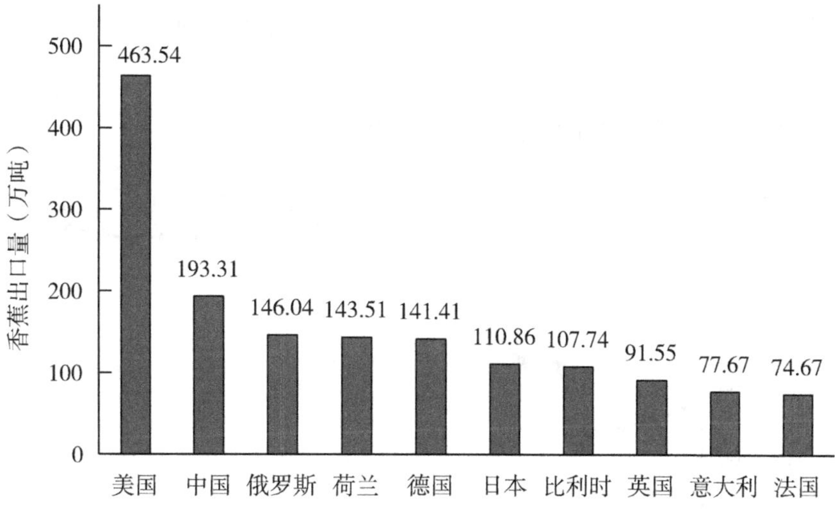

图 8　2021 年世界香蕉进口量前 10 位国家

二、国内香蕉生产与贸易概况

（一）生产

2018—2021 年市场行情总体处于稳定，2022 年香蕉面积和产量有所增长。因受病虫害及其他作物竞争等因素影响，产业规模的增长有限。根据国家香蕉产业技术体系经济岗位和综合试验站抽样调查，2022 年香蕉种植面积、收获面积和产量预计达 505 万亩、467 万亩和 1 186 万吨，相比上年分别增长 1.5%、1.1%和 1.2%。

1. 种植面积

我国香蕉种植主要分布在广东、广西、海南、云南、台湾、福建和贵州，重庆、四川和西藏也有少量种植，优势带分为海南—雷州半岛优势区、珠三角—粤东—闽南优势区、桂南—桂西南—粤西优势区和滇南—滇西南优势区。据《中国农业统计资料》、农业农村部南亚办、《中国统计年鉴》和国家香蕉产业技术体系监测数据显示，除台湾以外，2003年我国香蕉种植面积为 27.63 万公顷，随着农业产业结构不断调整，香蕉种植面积不断扩大，2022 年达到 33.67 万公顷，年均增长率为 1.05%，具体变化趋势如图 9 所示。

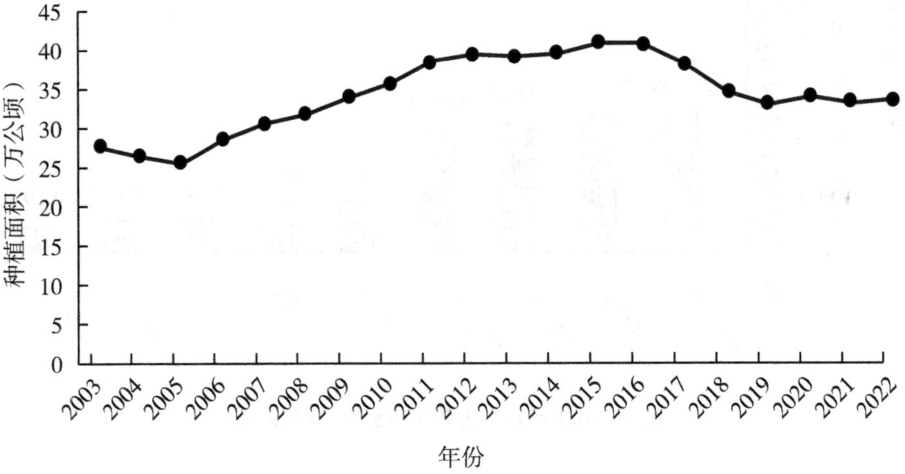

图 9　2003—2022 年中国香蕉种植面积变化趋势

2. 产量

2003—2022 年中国香蕉产量变化趋势如图 10 所示。

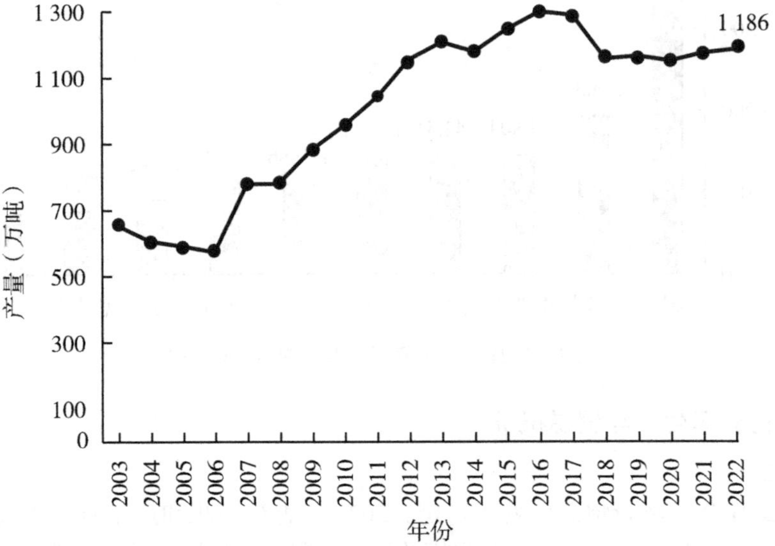

图 10　2003—2022 年中国香蕉产量变化趋势

（二）贸易

中国香蕉进口主要有一般贸易和边境贸易。一般贸易进口量从 2012 年的 62.67 万吨上升到 2021 年 186.3 万吨，年平均增长率为 12.87%；进口额从 3.66 亿美元上升到 10.40 亿美元，年平均增长率 12.3%，进口量和进口额增速较快。2022 年 1—10 月，一般贸易累计进口 157.56 万吨（同比增加 1.1%），进口额 10.15 亿美元。主要从菲律宾、越南、柬埔寨、厄瓜多尔和老挝进口，分别为 62.43 万吨、40.31 万吨、30.06 万吨、17.73 万吨和 5.01 万吨。近几年，中国从越南、柬埔寨进口的一般贸易量增速较快。2020 年以来从柬埔寨进口的香蕉量增长迅速，2019 年进口 1.75 万吨，2022 年 1—10 月增加到 30.06 万吨。2021 年中国从越南进口香蕉 35.4 万吨，占中国香蕉一般贸易进口比例的 19.0%，2022 年 1—10 月上升至 25.6%。

边境贸易主要从老挝、缅甸、泰国和越南进口。2020 年以来，疫情对边境贸易进口影响较大，受到口岸关闭和防疫政策影响，供应链中断，严重影响境外香蕉返销国内；老挝香蕉虽然能返销国内，但通关效率低，且成本显著增加，仅是正常情况下的 40%~50%。2022 年，缅甸香蕉约有 20%（20 万吨）的产量无法返销国内。综合估算，2022 年我国边境贸易进口香蕉约为 165 万吨。2020—2022 年，受疫情影响，通过边境贸易进口的香蕉量有所减少，3 年平均为 155 万吨。2014—2019 年平均为 180.0 万吨。2022 年 6 月 14 日中国与缅甸签署《关于缅甸香蕉输华植物检疫要求的议定书》，将会有所改善。

中国香蕉出口从 2012 年的 0.79 万吨上升到 2021 年的 2.03 万吨（同比上涨 2.53%），总体呈上升趋势，上升幅度为 156.97%，但总量较小；贸易值从 581.9 万美元上升到 1 843.9万美元。2022 年 1—10 月，共出口 1.68 万吨，主要出口国或地区为蒙古、中国香港和中国澳门。

三、国际香蕉产业技术研发进展

（一）育种与种苗

1. 香蕉种质资源评价

印度乌特卡尔大学基于 12 份真蕉组三倍体香蕉种质资源开发了 Simple Sequence Repeats（SSR）分子标记；巴西费拉德桑塔纳州立大学发现与 Cavendish 亚组雌性育性相关的蜜腺形态结构；法国农业国际合作研究发展中心详细介绍了香蕉基因组数据库的功能；印度尼西亚国家研究和创新局利用 20 份香蕉栽培种质资源开发了 200 个分子标记，并评价了果实的挥发物质。国际热带农业研究所评价了 44 种不同基因型香蕉资源对香蕉蚜虫的抗性；国际生物多样性组织利用 222 份香蕉资源的基因组单核苷酸多态性位点分析了二倍体栽培种质的驯化历程。

2. 杧果资源收集及保存

印度是杧果品种资源保存最多的国家，收集保存达到 1 000个以上，是世界栽培杧果起源和传播中心。美国为次生杧果传播中心，保存近 20 个种，700 多份种质资源。泰国、印度尼西亚、巴基斯坦和澳大利亚等国家保存了 200~400 份种质资源。尤其是泰国、印度尼西亚和马来西亚保存了较多的原始野生种，是杧果种的多样性中心。

3. 育种技术

Sardos 等利用 154 个二倍体香蕉品种和 68 个野生香蕉的全基因组单核苷酸多态性位点，证实了未知野生种对栽培二倍体的不同贡献。杧果种质创制主要途径仍然主要为杂交育种。Schnell 等对 64 个佛罗里达品种的亲缘关系进行分析，发现 4 个印度品种和多胚品种；印度采用人工控制授粉方法，在每个圆锥花序上授有限数量的花粉，使结实率提高至

3.85%。我国通过选择适合授粉时间、花粉成熟度及套袋的种类等因素开展杧果人工杂交授粉，结实率仅为2.18%，虽然比世界平均水平高0.48%，但与印度还有一定差距。Šimoníková使用荧光原位杂交技术，形成了新的染色体特异性细胞遗传学探针，并应用到基因组结构和比较核型分析中。

4. 品种改良

在国际上，2022年共发表香蕉品种改良相关的SCI论文48篇，其中一半高水平论文为体系内专家及其团队所发表。内容涉及香蕉果实淀粉降解及类胡萝卜素代谢，抗真菌化合物抑制香蕉枯萎病菌的作用机制，代谢组技术揭示物质积累空间分布和生物胁迫等。

（二）栽培与土肥

近年来，微生物结合香蕉枯萎病研究（如微生物对香蕉苗生长影响、香蕉土壤微生物、香蕉土壤与枯萎病、生防菌与枯萎病、微量营养元素与枯萎病研究等）仍是香蕉栽培的研究热点，经检索，2022年度发表与香蕉栽培和香蕉枯萎病相关的文献有77篇，其中有50%以上的高水平论文为体系专家及团队所发表。在施肥研究方面，主要集中于不同类型的肥料对香蕉枯萎病、香蕉生长和土壤质量的影响。采用不同的养分模块对香蕉生长和土壤质量也进行了部分研究。此外，评估了不同农业基质的混合物对香蕉生长和养分含量的影响、植物残渣对香蕉土壤微生物的影响、氮肥施用量对香蕉枯萎病的影响、氮肥与有机肥配施对香蕉幼苗生长、生理抗性和肥料利用率的影响以及碱性肥料和生物防治真菌对香蕉枯萎病的防治机理。对于香蕉水分管理的研究，2022年增加了对香蕉灌溉调度模型的研究，讨论了水分管理技术对香蕉产量和土壤养分的影响，从而提高香蕉产量和肥料利用率。

（三）病虫害防控

国外香蕉病害防控研究主要涉及香蕉新病原如假短孢弯孢 *Curvularia pseudo-brachyspora*、炭疽菌 *Colletotrichum citricola*、镰刀菌 *Fusarium kalimantanense* 等；病害发生流行如香蕉黑条叶斑病、黑星病田间发生消长动态分析、香蕉束顶病为害损失监测、香蕉血液病传播途径及媒介；遗传变异如香蕉枯萎病菌的地理分布和遗传多样性、互作机理如不同毒力水平香蕉枯萎病菌胁迫下，香蕉栽培种的分子、组织和组织化学防卫反应；病害检测技术如基于傅里叶变换红外光谱技术的香蕉枯萎病快速鉴定法、基于无人机的多光谱图像的香蕉枯萎病诊断法、LAMP（Loop-Mediated Isothermal Amplification）结合碳颗粒絮凝的香蕉血液病细菌（Banana blood disease，BBD）现场快速诊断法；防控技术如基于CRISPR/Cas（Clustered Regularly Interspaced Short Palindromic Repeats）的基因编辑技术的香蕉黄单胞菌萎蔫病（Banana xanthomonas wilt，BXW）防治。

（四）果园机械化

1. 施药机械方面

2022年，Biglia评估了6旋翼无人机喷洒系统在全生长阶段，对垂直方向的棚架式葡萄园雾滴沉积、地面流失和雾滴漂移的影响并与地面风送式喷雾机的作业效果进行比较。Thomas Severin等提出了各种优化估计葡萄园中无人机喷洒高度的措施，以提高相对高度估计的可靠性。Sergio Vélez等使用无人机多光谱图像作为输入，开发一种方法来创建葡萄园中易受灰霉病影响的区域的热图，可接受精度（$R^2>0.7$）。Jaehwi Seol等提出了一种基于三维深度学习的喷雾漂移分析方法，经过训练的深度学习模型准确率达到96.23%。

2. 施肥机械方面

国外主要集中在施肥决策系统及肥料撒布规律和机理研究领域。2022年，Neissian等利用高斯模型和地理信息系统（GIS系统）模拟柑橘叶片和土壤中微量元素空间分布模型，模型良好的准确性能够为研究区域指定精准的施肥方案。Valero等利用多光谱相机和激光雷达多传感器融合技术获取植株健康状况和三维特征信息，可以准确地识别出植株施肥需求的变化。Singh等自主开发了一种离心式撒布机，并利用离散元法对撒肥时空分布状态进行模拟。

3. 采收运输机械方面

国外研究主要集中在运输机械的智能化方面。在采摘草莓和鲜食葡萄等新鲜市场作物时，部署收获辅助协作机器人，这些机器人可以运输空托盘和满托盘，协作机器人将平均收割效率提高约10%，平均非生产时间减少了60%。

（五）贮运保鲜

2022年有关香蕉采后品质生物学研究和保鲜技术的研究成果发表英文论文38篇，中文论文16篇。主要包括：香蕉品质生物学方面，印度学者系统解析了MYB转录激活子和抑制子协同调控香蕉果实原花青素等次生物质合成的机制。在保鲜技术方面，以色列学者研发了一种环境友好型的微穿孔可降解包装，该包装可以维持香蕉果实品质，延长货架期。泰国学者研发了一种壳聚糖—蒙脱土复合材料，发现其对Hom Thong香蕉果实具有较好的保鲜效果。

四、国内香蕉产业技术研发进展

（一）育种与种苗

1. 种质资源与育种技术

国内在香蕉种质资源收集、评价与利用方面的研究进展，主要各岗位或试验站团队完成。例如，广东省农业科学院果树研究所分析了不同基因型香蕉果实类胡萝卜素积累的变化规律，并对37份AAB基因型资源进行了抗枯萎病评价；体系冯斗团队挖掘了调控香蕉矮化的关键基因；郑泗军团队评价了10个不同生态型香蕉品种在云南主产区的田间表现；体系李敬阳团队评价了粉杂1号在贵州省南亚热区的适应性表现，体系胡会刚团队进行了野生近缘种与不同栽培蕉的杂交亲和性评价；体系邹瑜团队利用野生近缘种与粉蕉进行杂交育种。我国从20世纪50年代开始进行杧果种质资源的收集保存工作，目前收集保存有国内外杧果种质资源1 200份左右，居世界第二位，常年栽培的品种达到40多个。

2. 品种改良

体系刘菊华团队通过正反遗传学证明，过表达香蕉MaBAM9b促进了淀粉降解和提高了种子萌发，而干扰其表达显著阻碍了这些生物学过程。陆旺金团队证明转录因子bZIP21受MAP（Mitogen Activited Protein Kinase）激酶MPK6-3磷酸化激活，从而促进香蕉果实成熟。胡会刚团队构建了香粉1号果实发育过程中类胡萝卜素代谢相关基因的共表达调控网络。Bendana综述了应用基因工程育种技术创制高维生素A含量、抗线虫感染等香蕉新品种的历程和研究进展。

（二）栽培与土肥

国内研究主要集中在施用功能性肥料、硅肥、微生物提取物和植物激素对土壤酶活、根系微生物群落、香蕉生长及香蕉枯萎病进行了评估。在滴灌和减量施肥条件下，研究了配施保水剂对香蕉植株生长、养分利用和产量的影响，为香蕉水肥高效管理与绿色生产提供参考。同时，研究了有机无机肥配施对香蕉生长、产量和主要品质的影响，为香蕉化肥减施增效技术提供参考。

（三）病虫害防控

目前国内研究仍主要集中在香蕉枯萎病菌拮抗物质制备与应用、生防菌的筛选及其应用、病原与寄主互作、综合防控等方面。2022 年《香蕉枯萎病防控技术规范》行业标准颁布。2022 年度与枯萎病相关的授权发明专利为 39 件，主要涉及防控香蕉枯萎病的生防菌（细菌、链霉菌和真菌）及其应用、防控香蕉枯萎病的化合物及其应用和防控方法、香蕉枯萎病菌致病相关基因及其应用、香蕉枯萎病菌采集和富集装置、香蕉枯萎病菌分生孢子的干式移植方法和单孢分离方法，以及一种用于香蕉枯萎病菌 milRNA 检测的内参基因及其应用等。

（四）果园机械化

1. 施药机械方面

Lu 等开发了一种有效的无监督图像分割方法，用于在自然光照条件下从无人机图像中快速获取果树冠层。Li 等针对单个二维激光雷达传感器在推扫模式下的移动激光扫描（MLS）系统，提出了一种基于网格索引和局部特征的 MLS 点云检测方法。窦汉杰等研发了果园激光对靶变量喷药控制系统，并将该系统搭载到果园喷药机上集成研制果园对靶变量喷药机样机。该系统可根据果树冠层位置和冠层体积变化实现对靶变量喷药。刘理民等研制出一种果园自主导航兼自动对靶喷雾机器人，先采用三维激光雷达采集果树信息 ROI 区域，通过降维后进行机器路径规划与冠层对靶喷雾。

2. 施肥机械方面

国内主要集中在施肥决策系统、精准施肥控制策略以及高效施肥机械的开发等领域。Peng 等利用无人机多光谱遥感技术对不同生长阶段的葡萄叶片进行无损监测，可为精确施肥方案提供技术支持。Wan 等研制了果园可变速率施肥控制系统，施肥精度提高 1.3~8.0 个百分点。沈从举等针对履带自走式果园气爆深松施肥机研制并优化了一种双油缸同步驱动液压打穴机构，优选参数下的田间试验表明机构运行平稳，作业效果良好。

3. 水果采收运输环节

国内研究主要集中在运输机械的智能控制方面。Li 等设计并制造了一种用于山区果园的液压遥控轨道输送机。开发了输送机的关键部件，通过对关键部件的理论计算，设计了一种柴油和液压驱动的果园输送机。

（五）贮运保鲜

中国学者发现抗枯萎病品种南天黄果实的成熟进程比巴西蕉慢，但是两者的成熟特性无显著差异。体系贮运保鲜岗位相继在高水平期刊发表研究论文，解析了 MaMYB4 的泛素化修饰和 MaEIL9 的氧化还原修饰参与果实成熟的生物学机制，彰显体系在香蕉采后生物学研究位居国际领先水平。在保鲜技术研发方面，中国学者研发了一种基于海藻酸钠/茶树精油纳米乳液（TEON）包埋 TiO_2 纳米颗粒的双层薄膜，发现该薄膜处理香蕉后，具有较好的维持果实贮藏品质和抑制炭疽病的效果。中国科学院华南植物园报道了电解水处理香蕉，可以很好地延缓果实成熟进程，维持果实可溶性糖等贮藏品质。

（六）副产物利用与质量安全

2022 年副产物利用领域前沿论文主要集中在以下 3 个方面。香蕉精深加工方面，研究涉及香蕉加工技术及高品质产品开发、功能评价和香蕉副产物功能成分提取技术及相关功能性产品开发；香蕉副产物饲料化方面，涉及香蕉茎叶青贮饲料配方研制与改良、在肉牛等草地动物中的应用效果；香蕉秸秆肥料化方面，涉及为香蕉秸秆还田加工技术和机械设备开发与改良。在农产品质量安全方面，涉及农药残留分析、膳食摄入风险评估、香蕉园生活人群的健康暴露风险评估、农药在香蕉体内的传导等；体系质量安全岗位制定并发布了《香蕉良好农业规范》（NY/T 4239—2022），该标准涵盖了香蕉生产管理和组织、质量安全管理、种植技术规范、采后技术规范等。

（国家香蕉产业体系首席科学家　谢江辉　提供）

2022年度荔枝龙眼产业技术发展报告

（国家荔枝龙眼产业技术体系）

一、国际荔枝龙眼生产与贸易概况

因世界相关国家荔枝统计数据存在滞后性，主产国官方统计数据和相关文献最新数据估算至2021年，2021年世界荔枝种植总面积约1 270.8万亩，同比增长5.9%。其中中国占63.78%，印度占11.57%，越南占8.83%，泰国占1.92%，马达加斯加占1.53%，其他国家占12.67%。2021年世界荔枝总产量约453.7万吨，同比增长15.22%。其中，中国产量281.4万吨，印度72.4万吨，越南34.0万吨，泰国3.6万吨，其他国家合计约53.1万吨，占比情况为：中国62.02%，印度15.96%，越南7.49%，泰国0.79%，其他国家11.75%。世界荔枝主要以鲜果进入销售市场，加工比例较小。荔枝作为热带亚热带水果受上市期集中、保鲜难度大、货架期短以及消费偏好等影响，消费以本地为主，国际贸易量很小。根据现有收集数据估计，2021年世界鲜荔枝出口贸易量约4.5万吨，出口贸易额约13 690万美元，同比分别增长9.72%、11.49%。

龙眼主要在中国、泰国、越南种植。2021年世界龙眼种植面积789.2万亩，同比减少3.4%。其中，中国种植面积419.3万亩，泰国247.5万亩，越南122.4万亩。世界龙眼总产量378.33万吨，同比增长2.81%。其中，中国龙眼产量160.93万吨，泰国156.7万吨，越南60.7万吨。根据主产国统计数据测算，2021年世界龙眼出口贸易量约为70万吨，占总产量的比例约20%，以鲜果出口为主，龙眼干、肉次之，罐头最少。泰国是世界龙眼第一出口大国，据泰国海关统计，2021年泰国龙眼出口量约57.3万吨，出口总额为9.8亿美元，出口额同比增加22.5%。

二、国内荔枝龙眼生产与贸易概况

（一）产业概况

2022年属于荔枝龙眼“中大年”。根据国家荔枝龙眼产业技术体系调研估算，全国荔枝面积789.26万亩，生产面积保持基本稳定，总产量225.70万吨，比2021年的281.41万吨降低19.72%。因花果期连续阴雨天气，两个荔枝大省（区）广东、广西分别减产22.53%、34.00%。福建、海南、云南、四川分别增产18.50%、11.22%、43.23%、146.19%，其中四川和云南产量创历史新高。荔枝上市期自3月下旬至8月下旬，共约163天。按地头价计算荔枝总产值为383.97亿元，同比上升了23.15%；按收购价计算荔枝总产值为333.89亿元，同比上升71.45%。按照4∶6比例综合计算2022年荔枝产值，测算金额为353.92亿元，较2021年上升46.52%。中国海关信息网数据显示，1—12月，中国进口荔枝及制品2 863.41吨，进口贸易额为140.85万美元，出口荔枝及制品47 612.77吨，出口贸易额为9 294.98万美元。

2022年全国龙眼面积459.46万亩，产量约122.72万吨，比2021年减产27.26%。广东、广西分别减产 44.42%、31.32%，福建、四川、云南分别增产 40.00%、36.14%、8.11%。龙眼上市期自 6 月下旬至 11 月下旬，共约 155 天。按地头价计算龙眼总产值为 94.13 亿元，同比下降 7.74%；按收购价计算龙眼总产值为 124.56 亿元，同比上升 35.55%。按照 4∶6 比例综合计算 2022 年龙眼产值，测算金额为 112.39 亿元，较 2021 年上升 17.14%。中国海关信息网数据显示，1—12 月，我国进口龙眼及制品 520 743.15吨，进口贸易额为 72 076.52万美元，出口龙眼及制品 5 095.67吨，出口贸易额为 1 482.5万美元。

（二）产业发展趋势

荔枝龙眼主产区（海南，粤西、粤中和粤东，桂南和桂东南）地位仍然巩固，逐步形成云南高原地带荔枝立体生产区和四川合江特晚熟荔枝特色产区。

1. 政府对荔枝龙眼产业发展的重视程度持续增强，为产业发展构建良好的制度环境

农业农村部南亚热带作物中心牵头成立“全国荔枝产业联盟”，参与举办“中国荔枝开采节”“中国荔枝产业大会”“全国优质荔枝擂台赛”等活动，带动了荔枝果品品质提升、品牌打造和效益提升，取得良好成效。2022 年全国优质荔枝擂台赛评选出金奖 3 个、银奖 5 个和铜奖 7 个，覆盖广东、广西、四川三省（区）。

作为荔枝第一大产区的广东省，继 2017 年颁布广东省第一个产业保护法律条例《广东省荔枝产业保护条例》后，2020 年推出《广东荔枝产业高质量发展三年行动计划（2021—2023 年）》。广东省委省政府提出打好产业、科技、文化和市场四张牌，推动由荔枝林变荔枝园，推动建设荔枝特色小镇。目前，全省建设有 1 个国家级现代农业产业园、4 个省级现代农业产业园、19 个荔枝专业镇。2022 年广东省继续组织实施“荔枝 12221 市场营销活动”，发布“荔十条”明确广东荔枝“12221”市场体系建设十项重点工作。举办中国荔枝产业大会，各地市县区也纷纷举办本地荔枝文化节活动。

其他主产省区通过组织荔枝产销对接会以及荔枝文化节等活动宣传推广本地荔枝。例如海南产区举办 2022 年陵水荔枝文化节，广西产区举办 2022 年中国（广西）荔枝产销对接活动，四川产区举办“2022 年合江荔枝节”等活动。

2. 荔枝龙眼产业将保持稳定发展势头，产业素质不断提升

农业科技政策和支持政策力度加大，农民收入倍增计划使市场消费能力趋升。荔枝龙眼农业部园艺作物标准园、热作示范园和产业技术体系试验示范基地的建设，在单产、品质等方面树立起产业标杆。产业经营中人工费用的持续提升，倒逼果农改变劳动密集型生产方式，荔枝龙眼果园管理机械化与精细化相结合，推动产业更加可持续发展。近年来，一大批“新农人”加入荔枝产业经营中来。其中，有来自其他产业的具有经营意识和经营资本、经验、能力的人才转战荔枝产业，也有受了良好教育具备系统专业知识的“农二代”大学生返乡就业等。这些人才的加入为荔枝产业发展注入了活力，推动着产业经营理念和产业整体素质提升，将成为产业升级的生力军。

3. 消费升级大环境下优质产品的市场需求扩大

消费升级大环境下消费者对于优质产品的需求增加，对产品优质优价的内心认同感增强。荔枝主产区政府及荔枝从业人员近年来努力营销驱动荔枝销地市场渗透，消费者对于荔枝以及荔枝价值的认知水平逐渐提升。而抖音、快手等视频媒体平台在消费端的广泛普及让荔枝宣传推广获得了便捷的通路。采后处理及物流环节的技术进步，一方面提升了销地市场上的荔枝品相，增强了对消费者的消费吸引；另一方面扩展深耕了荔枝销售区域，在大的省区市场（如西藏市场上的扩展）和既有省区市场的下潜深耕，不仅在销地的城镇市场销售，更铺货到了乡村集镇。随着以中荔集团为代表的荔枝出口企业多年在海外市场的宣传影响日益累积，荔枝海外市场空间日益扩大，且优质品种需求量占比提升。

三、国际荔枝龙眼产业技术研发进展

主要检索到在成花坐果生理、病虫害研究、采后保鲜方面的研究进展。

Cronje 等用 1 000毫克/升的乙烯利喷施具有休眠顶芽且末次梢老熟的 Mauritius 荔枝树，表明乙烯利在荔枝芽休眠调控中起着重要作用。Abbas 等首次使用荔枝基因组和转录组数据库鉴定并全面研究了萜烯合成酶基因（TPS），发现其可能参与荔枝香气物质的生物合成。Lal 等评估了 30 个不同基因型荔枝果实的耐裂果性，发现裂果与果实表面温度、小叶叶距和轴长呈正相关，与果皮厚度、海绵层、果实压力强度和小叶数量呈负相关。Lal 和 Sahu 评价了 30 个不同基因型荔枝果实晒伤和裂果的发生率，表明晒伤程度与角质层厚度密切相关。Pathak 等发现在小籽荔枝种子中，水杨酸、茉莉酸和油菜素内酯途径的基因、种子成熟相关基因下调表达。

Ahmed 等研究表明，氧化锌纳米颗粒可以显著抑制荔枝果实病害的发展，且具有可生物降解、生态友好、成本低的优点。孟加拉国 Asha 等发现用昆虫生长调节剂噻嗪酮处理荔枝后，未受损果实率和平均果实长度最高，还可改善品质。尼泊尔 Regmi 等综述了荔枝蒂蛀虫不同的管理方法，比较了各项措施的利弊及可应用价值，集成一套适用于尼泊尔荔枝蒂蛀虫综合防治的技术体系。

Deshi 等发现外源 2 毫摩/升茉莉酸甲酯渗透处理可显著保持荔枝果实常温储存的品质属性。Mahajan 等研究发现，强制风冷可以延缓荔枝果皮褐变并有利于保持冷藏过程中的果实品质。Nanglia 等研究发现，适当浓度的酸—虫胶涂膜能有效保持荔枝果实品质和延长货架期。

四、国内荔枝龙眼产业技术研发进展

（一）技术应用

体系凝练形成的间伐、回缩、高接换种技术得到进一步推广，水肥一体化以及农机具也被更多的果园接受应用。

2022 年新增荔枝园间伐面积 40.74 万亩，累计 271.80 万亩；新增回缩改造荔枝园 134.58 万亩，累计 615.67 万亩；新增高接换种 9.72 万亩，累计 132.27 万亩；新增灌溉设施 3.43 万亩，累计 78.81 万亩；新增水肥一体化技术应用面积 7.07 万亩，累计 45.16 万亩；新增购置各类农机具 21.92 万台，累计 62.87 万台，包括无人机、喷药机、杀虫灯、疏花机、修剪机、开沟机、碎枝机、割草机、施肥机、果园综合作业机、山地轨道、物候监控系统、物联网系统等。

2022 年新增龙眼园间伐改造面积 20.44 万亩，累计 134.19 万亩；新增回缩改造 78.41 万亩，累计 200.70 万亩；新增高接换种 0.99 万亩，累计 12.78 万亩；2022 年新增安装灌溉设施 3.97 万亩，累计 55.96 万亩；新增水肥一体化技术应用面积 3.50 万亩，累计 28.35 万亩；新增龙眼园农机具 1.08 万台，累计 11.05 万台，包括喷药机、割草机和旋耕机等。

（二）研发进展

针对产业发展关键问题，以国家荔枝龙眼产业技术体系专家为主的研发团队开展了种质资源评价与品种引种选育、优质安全省力栽培、采后品质维持等相关的应用基础研究和技术研发工作。

1. 种质资源评价与品种引种选育

Hu 等以妃子笑荔枝为材料，对其进行基因组测序，共获得包括 Ilumina、PacBio、HiC 和 10X 在内的 362Gb 的测序数据，提出荔枝“一个起源中心、两个独立驯化事件”假说，为云南是世界荔枝起源中心提供了基因组学证据，发现荔枝中 *COL307* 基因下游含有 3.7 kb 的缺失，可能是导致荔枝不同花期形成的重要因素。黄小凤等分析发现早熟品种（品系）群体的遗传多样性最高，晚熟品种（品系）群体的遗传多样性最低，群体间的遗传分化系数和遗传距离均与果实成熟期相关。马锞总结了目前广东东莞市荔枝种质资源收集、保护、利用的情况，提出荔枝种质资源发展建议。严倩介绍了广东省农业科学院果树研究所荔枝种质资源与育种团队人员组成、研究方向、产出及国家级荔枝种质圃保存荔枝资源情况等。蒋依辉等对 10 个荔枝品种的果肉中 539 种代谢物进行鉴定，揭示了各类代谢物对荔枝果肉营养的贡献。王思威等对 2020—2021 年度来自广东茂名 28 份白糖罂样品的 20 项品质性状指标进行综合评价，建立了茂名白糖罂荔枝果实品质评价预测模型。郭栋梁等根据 99 份龙眼种质资源的果实表型性状指标数据，开展了果实数量性状分类研究。罗刚军等对重庆市丰都县 23 份龙眼古树资源的 13 个果实品质性状进行了遗传多样性、相关性、聚类和主成分分析。

柯月华等报道了晚熟大果荔枝紫娘喜在福建省漳州市芗城区引种 8 年情况，发现其表现出适应性强、丰产稳产、抗逆性强、品质优等特性，并总结了相关配套栽培技术。林炳俊等结合近年来福建省漳浦县荔枝高接换种实践经验，以乌叶荔枝嫁接无核荔 A4 号为例总结高接换种技术要点，为果农提供技术支持。董晨等以广东湛江主栽荔枝品种妃子笑为砧木高接观音绿优质新品种，连续 5 年的调查分析表明其适应粤西地区气候，引种成功。董晨等以黑叶荔枝作基砧，17 年生树妃子笑为中间砧，通过低位大枝嫁接技术引种井岗红糯，连续 5 年的调查结果表明其适应粤西地区气候，引种成功。马志航等针对广西玉林市在推进荔枝品种改良时存在的问题，从园地选择与果园密度改造、品种选择、高接换种、高接换种后的管理等方面提出相关建议。邱宏业等发现越南引进的黄皮龙眼种质资源 YN-1 在广西南宁表现良好，易成花，无冲梢，属于晚熟、香气浓、留树保鲜期长的特异龙眼种质资源。何嘉楠等报道了龙眼新品种宝石 1 号、晚香和福晚 8 号树体生长发育情况、产量、物候期、开花和落花落果规律及雌花开放数与温湿度的关系。

朱建华等通过实生选种选育了章逻荔，品质极佳，极具商品性但大小年结果现象较严重，并总结了相关栽培技术要点。侯延杰等研究表明桂味可作为仙进奉较佳的授粉品种。Fan 等以 13 个荔枝品种的一年生实生苗为砧木进行嫁接，表明岭丰糯与怀枝、井岗红糯、白糖罂亲和，而与黑叶、水东、双肩玉荷包不亲和。刘成明团队以石硖龙眼为母本，以紫娘喜荔枝为父本，育出世界上第一个龙眼与荔枝杂交的属间杂交新品种脆蜜。邓朝军等报道了特长适采期优质龙眼新品种玖龙（福晚 13 号），该品种品质优，丰产性好，果实成熟期为 10 月上旬至翌年 1 月上旬（福州）。罗舒文等以龙眼早熟品种华农早为母本，荔枝优质大果品种“紫娘喜”为父本进行远缘杂交，分析发现杂交后代果实品质性状变异类型丰富，果实多样性程度较高。张晨晨等以凤梨朵×大乌圆的杂交后代作为作图群体，该图谱是目前龙眼上所建立的标记数量最多，密度最高的遗传图谱。

2. 成花与坐果

吕润等利用 38 个气象站点气候资料和 DEM 数据及 GIS 技术分析确定了海南妃子笑荔枝精细化农业气候区划指标，并制作妃子笑荔枝种植气候区划专题图。谢仁忠等针对 2022 年年初广西钦州异常天气，对荔枝开花结果的影响提出了促花保花保果应对技术措施。Liu 等探究了低温诱导成花过程中环剥处理对根系生长的影响，表明荔枝根系的生长对碳水化合物的储备比花诱导期间的低温更敏感。黄建军等研究表明荔枝低位和高位修剪均可促进荔枝新梢的萌发和成熟，但早期会抑制根系的生长速率。王静等模拟机械修剪方式对桂味荔枝树体生长及坐果的影响，认为花期采取单边篱壁形修剪方式最佳，采果后可采取平头形修剪方式，实现荔枝的机械化修剪。陈艳艳等研究表明喷施乙烯利 106 毫克/升和荔枝丰产素能对桂味荔枝进行花穗疏剪，对叶片全氮含量没有显著影响。Liu 等探讨了荔枝采前喷施 CPPU 可一定程度上延缓果实成熟，并有效保持了成熟果实留树保鲜的品质。岳晓琦等研究发现转录因子 *LcRAV1*、*LcRAV2* 和 *LcRAV3* 在乙烯利和环剥去叶处理诱导荔枝果实脱落、烯效唑控花、百草枯促花等过程中显著上调以及在矮化品种紫娘喜顶芽中表达较高，表明 *LcRAV* 在荔枝生长发育过程中起重要作用。Zhao 等从荔枝中分离到花青素合成抑制因子 LcMYBx，发现其与 LcMYB1 竞争 LcbHLHs，从而阻止 LcMYB1-LcbHLHs 复合物对 LcDFR 的激活，并负向控制花青素的生物合成。Ma 等发现 *LcKNAT1* 可以直接抑制荔枝中 *LcEIL2* 和 *LcEIL3* 的转录，进而在乙烯激活的果实脱落中起正调节作用。Yi 等分离出 5 个荔枝己糖激酶基因（*LcHXKs*），发现 *LcHXK1* 可负向调节荔枝果实脱落。Wang 等筛选出 NAC 转录因子 *LcNAC13*，发现可延缓 ROS 处理的荔枝叶片衰老。黄少鹏等报道了荔枝 PG 基因家族中的 *LcPG3*、*LcPG12*、*LcPG15*、*LcPG21* 正向调控果实的衰老。

3. 养分管理

丁希月等报道了施用煅烧牡蛎壳粉能显著改善荔枝园土壤酸性，降低土壤容重，促进植株对土壤养分的吸收利用，进而显著提升果实品质。苏雪霞等研究发现 Ca、Mn、Mg、Mo、Zn 营养元素从果皮或种柄到果肉的移动性低，尤其是 Ca 和 Mn 极难从果皮和种柄移动到果肉，可能成为荔枝果实发育的营养限制因子。Luo 等在华南荔枝主产区 22 个妃子笑果园通过果实膨大期和末次梢老熟期叶片样本，获得了妃子笑果实膨大期叶片养分适宜范围和末次梢老熟期叶片养分适宜水平。朱永聪等建立了荔枝龙眼不同生育期的钾、钙、镁交互作用［K/Ca、K/Mg、K/（Ca+Mg）、Ca/Mg］指标的诊断标准值。Su 等研究证实黑皮病是由锰胁迫引起的生理性病害，撒施白云石粉可显著降低发病率。梁宇锋等利用搭载在无人机上的多光谱相机拍摄荔枝树冠层叶片结合实际测定含量，实现对荔枝叶片氮、磷、钾元素含量的快速检测。Su 等研究证实，喷施合适的营养盐可以调节果皮色素组成，改善荔枝果色。吴泽平研究表明每亩施氯化钾 45 千克处理的妃子笑荔枝平均单果质量最大、产量最高、品质最好，但施钾量超过一定水平后，荔枝的增产效果不明显。喻文涛等报道了在荔枝采前 10 天喷施 5 毫摩/升蔗糖溶液，可延缓荔枝的褐变和腐烂。廖海枝等研究表明，叶面喷施钙、钙+镁处理可能调节荔枝果肉总酸含量和风味营养品质，缓解果肉成熟期“退糖”现象。Shui 等报道了妃子笑谢花后 35 天、43 天和 50 天过量喷钙抑制可溶糖的累积。韩冬梅等通过田间试验证实，全果期病害防治+大中微量元素施肥，可以显著提高龙眼果实品质和耐贮性。

安祥瑞等报道，在荔枝上用有机肥替代部分化肥可有效提高土壤 pH 值和养分有效性，形成更有利于产量提高和品质提升的微生物区系。李宝成等研究表明施用微生物菌剂（主要成分为解淀粉芽孢杆菌）处理的土壤养分含量有所提高，荔枝果树叶片平均质量、平均单果质量、平均产量、果实品质均有提高。朱陆伟等研究建议在龙眼秋梢生长期以施用铵态氮为主、硝态氮为辅，在花前至小果期以 1∶1 的比例施用硝态氮和铵态氮，在果实膨大期，可全部施用铵态氮或以 3∶1 的比例施入铵态氮和硝态氮。

4. 病虫安全防控及机理

陈晓琴等调查发现，深圳市宝安区龙眼鬼帚病的发生高峰期分别在 3 月、5 月和 7—10 月，其发生与龙眼角颊木虱和荔枝蝽的发生密切相关。刘芝妤等研究发现，引起广西彬桥乡龙眼茎腐病的病原菌为南方灵芝［*Ganoderma australe*（Fr.）Pat.］，表现为树冠稀疏，叶片失绿发黄，出现枯枝，后期整株叶片变褐后枯死。连帅利等报道了吡唑醚菌酯在荔枝霜疫霉生长发育各阶段均具有较强的抑制作用；烯酰吗啉和甲霜灵更适合罹病后作为治疗剂使用；代森锰锌对荔枝霜疫霉休止孢萌发的抑制作用较强；霜霉威盐酸盐对荔枝霜疫霉抑制作用相对较弱。Li 等鉴定了一株半球木霉（*Trichoderma semiorbis*）FJ059 作为荔枝霜疫病的生防菌株，并对该菌株的第一个基因组进行了测序。Xu 等研究发现在荔枝种植园中进行有机覆盖可抑制荔枝霜疫霉，发病率下降达到 37.74%~85.66%。Li 等基于光谱数据分析荔枝霜疫病无损识别技术，发现该技术具有在不同发病阶段鉴定病害的潜力。Yin 等研究了小 RNA（miRNAs）在调节荔枝果实对荔枝霜疫霉菌侵染应答中的作用，为利用 miRNAs 提高荔枝果实对真菌病害的抗性提供了新的认识。Wang 等研究发现缺失 *PlATG6a* 基因会导致荔枝霜疫霉孢子囊分支的减少，使孢子囊产生和游动孢子的释放受到损害，从而降低侵染性。Zhu 等研究发现荔枝霜疫霉中的 *PlCZF1* 基因是病原菌生长发育和致病的关键基因。李芳等分析了 55 份荔枝资源接种炭疽菌后的叶片病斑面积，建立了利用荔枝离体叶片评价炭疽病抗性的技术方法。

董易之等通过荔枝蝽卵巢情况准确预测雌虫的产卵盛期，在产卵盛期前 7 天或产卵盛期当日喷施氯氰·毒死蜱乳油或高效氯氟氰菊酯水乳剂，对荔枝蝽有较好防效。此外，噻虫嗪、啶虫脒和呋虫胺 3 种药剂对荔枝蝽和荔枝蒂蛀虫成虫均有明显的致死作用。池艳艳等基于 2010—2019 年从化气象站地面观测数据和同期荔枝蝽、霜疫霉病致灾面积资料，建立了荔枝蝽和霜疫霉病预测模型。付晨妃等测定了 16 种常用杀虫剂对荔枝蝽成虫的活性，发现辛硫磷、丁醚脲和氟啶虫胺腈对荔枝蝽有较高的杀虫活性。黎柳锋等研究发现光驱避对荔枝蛀蒂虫的防治效果为 95.57%~100.00%，比药剂防治高 5.26%（绝对值），且果园平均产量更高。王思威等报道了一种 QuEChERS 前处理方法的建立，可应用于荔枝龙眼样品中苯醚甲环唑、氯虫苯甲酰胺、溴氰虫酰胺及代谢物 J9Z38 残留的同时检测分析。王思威等对 268 个荔枝样品中的 37 种农药残留进行了监测并对消费者的慢性饮食暴露进行评估。刘辉等报道了出口备案果园的荔枝中农药残留分布、迁移和降解规律的研究，结果表明荔枝中农药残留主要分布在果皮中（占 90%），且在 4℃、1℃、−18℃ 3 个温度下保存，农药不会由果皮向果肉中迁移，在自然条件下，10 天后荔枝中农药残留可降解至安全值以下，该研究成果可为海关执法部门应对国外贸易技术壁垒提供重要技术支撑。

5. 采后保鲜

Lin 等研究了纳米银（Ag-NP）溶液处理对荔枝果实货架期的影响和对荔枝霜疫霉菌

的抑制，并对其潜在机制进行了探讨。Qu 等研究发现脱落酸和赤霉素处理都能缓解荔枝褐变，可以通过激活 *LcNAC90* 转录因子来促进贮藏过程中果皮花青素的生物合成。Xiang 等发现 5 克/升的苹果多酚可严重破坏荔枝霜疫霉病的质膜完整性，诱导活性氧的积累，诱导果实产生抗性。Luo 等研究了荔枝涂膜保鲜材料，以壳聚糖（CS）和羟乙基纤维素（HEC）为内底物，桑葚花青素（MA）为天然示踪剂，外层以二氧化钛纳米颗粒（纳米 TiO_2）/CS：HEC 为抑菌剂，制备了双层抗菌显色材料，可以在一定程度上延长荔枝果实的货架期。He 等研究了氟吡菌酰胺（Flu）对荔枝果皮褐变的影响，发现在 25℃ 贮藏期间施用 0.2%（体积比）Flu 可延缓荔枝果皮褐变。He 等研究发现类黄酮含量的显著降低可能是荔枝褐变形成的主要原因。Huang 等研究了荔枝果皮角质层蜡质的变化在褐变中的作用，并分析了蜡质的成分和结构及其变化的机制。Xie 等发现一定浓度的褪黑素处理有助于延缓妃子笑荔枝褐变，提高抗氧化水平，延缓衰老。Tang 等研究发现防菌汉森脱重霉菌（Y-1）和萎缩芽孢杆菌（TE-7）联合使用对抑制荔枝果实的褐变和病害指数有效果。Huang 等研究发现苹果酸和番茄红素联合使用可维持荔枝果实酚类含量、抗氧化活性和膜完整性，延缓荔枝果皮的褐变。Yu 等发现拟茎点霉导致龙眼采后腐烂是通过改变活性氧代谢来诱导果肉自溶和膜脂过氧化。Lin 等研究发现 DNP 和 ATP 调控龙眼果肉自溶与其改变了拟茎点霉侵染龙眼的活性氧代谢水平有关，也可通过调控龙眼细胞壁多糖代谢水平来调节果肉软化和自溶进程。Liu 等研究发现龙眼采后使用酸性电解水处理 10 分钟，可调节膜脂代谢，降低细胞膜通透性和果肉自溶发生率。Sun 等研究发现聚赖氨酸处理龙眼可提高其采后抗病性。Long 等利用多种技术手段研究了石硖和罗伞木两个品种龙眼贮藏性差异的机制，发现两个品种活性氧代谢水平、细胞壁降解相关酶活性以及不同激素含量水平等的差异与其贮藏性有密切关系。

6. 果园生产机械化

Li 等提出一种基于 K-means 三维聚类分区的梳刷式荔枝采收方法，利用深度相机获取荔枝果实三维坐标，对荔枝收获区进行划分，荔枝收获机的平均采收率为 91.15%，识别率为 88.39%，满足作业要求。纪华等结合田间轨道运输机的特点、技术标准等文件，对各项指标进行细化，验证了模型的可行性，降低了判定中的人为主观干扰，对机型的技术改进、性能提升和服务管理升级提供了可量化的决策依据。程方平等针对汽油机为动力的单轨运输机及时停止控制和执行结构复杂，需要额外增加电控系统的问题，设计了一种适合在山地运行的单轨电动遥控运输机。周红宇等针对现有割草机设备操作复杂，具有一定的安全隐患且智能化程度较低的问题进行功能创新，获得较为科学的智能割草机设计方案。韩冷等开发的多功能农情信息采集无人系统搭载 16 线激光雷达，可实现树行识别进而实现自主导航，并可计算出树体体积、冠层密度等信息和病虫害远程诊断，为植保喷雾、树体修剪等果园作业提供信息支撑。郑春雨等以农作物为研究对象，基于安卓平台和 GIS 技术，设计并实现了智慧农业管理系统，实现了农作物生长监测、产品溯源、农情采集、在线作物诊疗等功能。Xie 等开发了一套基于自适应混合模拟退火 PSO 算法的智能灌溉模糊控制系统，可将荔枝园土壤平均湿度控制在 16.43%，更接近荔枝园预设的最佳土壤湿度 16%。

（国家荔枝龙眼产业技术体系首席科学家　陈厚彬　提供）

2022年度天然橡胶产业技术发展报告

（国家天然橡胶产业技术体系）

一、国际天然橡胶生产与贸易概况

据天然橡胶生产国协会（ANRPC）统计，2022年全球天然橡胶产量1 453.0万吨，比2021年增3.1%，泰国、印度尼西亚、越南前三大生产国产量合计918万吨，共占全球的63.2%。国际橡胶研究组织（IRSG）橡胶统计公报显示，2022年全球天然橡胶出口量1 283.3万吨，较2021年增长2.3%，进口量1 398.1万吨，较2021年增长7.5%。国际天然橡胶价格总体呈现高开低走态势，年底有所回升，但总体仍处在持续低迷状态。

二、国内天然橡胶生产与贸易概况

2022年，我国橡胶树种植面积1 693.4万亩，较2021年略有增加。全年预计产量86.2万吨，较2021年减少1.1%。云南、海南两大主产区物候条件呈两极分化，云南产区物候条件相对良好，提前开割约20天；海南产区因物候不整齐，白粉病为特重流行年，开割延迟60~90天，明显差于2021年。2022年，受新冠疫情影响，国内轮胎产量下降，天然橡胶市场整体表现为供过于求的局面；全年进口量606.0万吨，较2021年增长12.8%，出口量与2021年的2.68万吨基本持平。天然橡胶国内销区全年平均价格12 648元/吨，较2021年下跌6.2%。

三、国际天然橡胶产业技术研发进展

（一）遗传改良技术研究

巴西学者比较分析了巴西圣保罗州24个品种的生长特性，认为在胶木兼优品种选育和推荐过程中应充分考虑对照品种的选择。印度尼西亚Pasaribu等比较分析了7个品种的抗旱性，认为IRR 434在干旱胁迫下植株高度和茎围增长最快。Lehman等分析了4个品种的生胶性能，表明RRIM600橡胶粒子粒径大且分布均匀，表现出较好的物理机械性能。巴西Firmino等比较分析了3个抗炭疽病品种IAC502、IAC507和RRIM937与易感病品种RRIM600在叶片接种病原体后的菌株生长情况，表明抗病品种通过抑制菌株生长表现出抗病性。Aono等开发了一套分子标记，可作为预测橡胶树茎围的统计模型，并用于基因组设计育种。

（二）栽培技术研究

在栽培生理方面，国际主要聚焦抗旱生理研究。Pasaribu等差异分析了干旱胁迫下的植株高度、茎围、叶片角质层厚度等参数，对7个品系的抗旱性进行了评价。Pezzopane等基于不同水分亏缺周期下幼苗生理参数的变化，评估了幼苗对水分亏缺的适应性。Ogbebor等测定分析了GT1幼苗与泡状丛枝真菌共生模式下应对干旱胁迫的生理参数变化，发现共生模式可提升橡胶树的抗旱性。Tisarumet也取得相同的观测结果。

在土壤肥料研究方面，Auwalu等研究表明马厩废料、牛粪、稻壳木炭和菌剂、糖蜜混合发酵制成的生物有机肥显著提高了橡胶树幼苗生长和生物量积累。柬埔寨 Sopheaveasna 等研究了矿质肥料对橡胶树中小苗生长的影响，结果表明施用矿质肥料对生长促进作用明显，但增加施用量对生长参数没有显著改善。泰国 Panklang 等研究表明，胶园 75 年连续 3 次轮作对表层土壤质量影响是负面的，树木砍伐和土地平整是表层土壤质量下降的主要原因。非洲 Perron 等研究表明，胶园砍伐后保留伐木残留物并在更新时种植豆科植物，可加速砍伐和整地造成重大干扰后的土壤功能恢复。

在胶园生态方面，澜沧江—湄公河环境合作中心从环境友好型橡胶林建设背景、种植模式、综合效益等方面，发布了《环境友好型橡胶园效益研究》。橡胶林植物多样性调查发现其受不同国家农业强度影响有所不同，老挝最高，其次是中国、缅甸和柬埔寨；除了外来物种影响外，纬度和温度是胶园组成和多样性的两个最重要驱动因素。Ashehad 等在东南亚利用社区土地模型模拟橡胶树功能类型方法，估算胶园碳和水通过循环反馈给气候的数量。印度 Phebe 等对农林复合系统下胶园土壤中碳积累和碳变化影响进行了研究，表明橡胶—菠萝、橡胶—香蕉农林复合系统具有较高的固碳潜力。

割制和胶乳生理一直是采胶研究的热点。Moro 等开展阴阳刀转换采胶技术研究，发现先进行 5~6 年阳刀采胶后转换为阴刀采胶，产量潜力表现理想。印度尼西亚 Aji 等开展了 d5 割制和刺激采胶技术研究，表明减少割胶频率并结合使用刺激剂可以获得理想的产量。Herlinawati 等利用割胶强度诱导早期死皮研究，发现仅胶乳蔗糖含量与死皮显著相关，其他胶乳生理参数受环境影响较大。而 Junaidi 等的研究发现不同割胶强度的胶乳中谷胱甘肽是预防死皮的重要生理参数。

（三）病虫防控技术研究

东南亚国家针对橡胶树多种病害开展了分子生物学研究。马来西亚科学家发现了橡胶树白根病相关蛋白和代谢物质，为白根病致病机理研究奠定基础。马来西亚 Kamerkar 等解析了白粉菌侵染差异表达基因。日本和越南科学家合作解析了多主棒孢寄主选择性毒素 cassiicolin 在特定的脂质膜上形成类似生物膜的结构，从而对脂质膜造成破坏。

Sterling 等将可见光和近红外传感器与机器学习算法相结合，研发了监控南美疫霉落叶病的系统，有助于南美疫霉落叶病的早期检测和准确诊断。

（四）机械技术研究

橡胶树种植及割胶智能化研究在美国、日本等自动化较发达的国家有较大进展。美国爱科等企业设计了防治橡胶白粉病、炭疽病等药剂喷洒植保无人机和林间智能除草机器人。但针对割胶环节的自动割胶机器人，未有一款可投入产业化应用的产品。

（五）加工技术研究

国际持续关注天然橡胶分子结构模型、非胶组分、结晶等对综合性能的影响研究。Nadras Othman 发现自然凝固橡胶的微观结构取决于微生物活性的优先性。Abbas Ghanbari 等发现天然橡胶通过长分子链的断裂来降低黏度，改善流变性能。Xiang 研究了未填充和炭黑填充天然橡胶在静态变形下裂纹尖端的空洞和结晶分布，发现炭黑的加入不仅增强了应变诱导结晶，而且防止了空洞的形成，从微观角度解释填充天然橡胶中出现横向裂纹的原因。Kousuke 研究了天然橡胶硫化胶的交联结构，首次提出了环状硫化物是硫化天然橡胶中主要硫化物的证据。

Katkeaw 等使用微泡技术在胶乳中通入氩气，得到了具有细孔直径和均匀孔尺寸分布的乳胶泡沫，增强了乳胶泡沫的弹性和物理性能。Innes等把天然橡胶和交联聚乙烯通过固态剪切研磨脱硫得到可回收的热塑性硫化胶（TPV），具有较高的断裂伸长率。

（六）产业经济研究

Olaniyi等研究预计，马来西亚胶园会因被改种油棕而减少40%；未改种的胶园也因每年需支付根除真菌感染费用而受到影响。Cho等跟踪从斯里兰卡到美国的天然橡胶供应链，分析表明橡胶贸易商和跨国轮胎制造商是阻碍橡胶溯源的主要行为者。Huang等研究表明，橡胶农林复合系统可减少胶农在市场波动时的脆弱性，特别是间种可以带来更多的收益。

四、国内天然橡胶产业技术研发进展

（一）育种领域技术研究

通过我国植胶区新品种区域试种网，对各参试品种的生长、产量、抗性等性状持续跟踪表明，热研879在海南和云南Ⅰ类植胶区产量性状突出；热垦628综合性状突出，速生单干窄幅高产的特性有望改变胶园传统种植密度和种植模式。覃怀德等对热垦525全年不同月份间生胶质量特征进行了分析，为精准评价该品种生胶质量和后期加工利用提供了理论依据和实践指导。刘忠亮等开展了大丰95的生产适应性评价，发现在云南垦区大丰95较RRIM600抗死皮。

橡胶树种质资源评价主要集中在遗传多样性、乳管分化能力等方面。胡彦师等系统阐述了国家橡胶树种质资源圃资源安全保存的主要技术与方法。史敏晶等分析比较了橡胶树1981’IRRDB野生种质预割诱导次生乳管分化能力的差异。李文秀等从表型性状和分子标记两个方面对35份杂交子代群体进行遗传特性和遗传多样性分析，为亲本组合的甄选和杂交子代差异分析等工作提供参考依据。位明明等使用SSR荧光标记技术建立了37个橡胶树栽培品种的指纹图谱。

（二）栽培技术研究

在栽培生理方面，国内主要聚焦于抗寒生理和抗旱生理研究。抗寒生理研究方面，程琳琳等对4个品系橡胶树的耐寒性进行了评价，并评估分析了一种复配涂封剂。张永磊等研究了热研73397、热研917在低温胁迫下的生理参数变化和ICE、CBF基因的响应表达差异。郭靖等对橡胶树低温应答基因蛋白激酶BIN2进行克隆表达和酶活研究。毛常丽等发现橡胶树主要通过糖类物质代谢及合成氨基酸类物质来减少低温伤害。抗旱生理研究方面，童俊儒等测算了橡胶树需水量。Cui等评估了短期干旱对海南岛胶园生态系统稳定性和总初级生产力的影响。

在土壤肥料研究方面，樊向荣等提出了一种化肥减施增效技术模式。李彭怡等研究表明有机肥替代化肥和绿肥（葛藤）覆盖在提高土壤有机质含量、改善理化性状和提高株产等方面效果显著。冀春花等发现影响橡胶苗生长的第一限制因素是氮，可适当增施氮肥、减施磷和钾肥，同时加强有机肥施用。王文斌等研究表明不同时期施入的氮肥在胶园土壤中淋溶迁移特点明显，生产中可通过施肥时期选择、肥料营养元素比例调配及缓控释施用等避免氮肥的损失。任常琦等研究表明胶园氮肥穴施后氨挥发和氮淋洗损失并不高，施氮量不宜超过230千克/公顷。

在胶园生态方面，杨思琪等研究了橡胶林净生态系统交换量、生态系统呼吸和总生态系统光合生产力的物候变化特征，表明橡胶林碳汇有明显日变化特征，呈现“U”形，季节变化有明显的趋同物候变化；雨热同期导致橡胶树在第一、第二蓬叶抽发时期净生态系统碳交换增加迅速。

在采胶技术研发方面，魏芳等连续 3 年对热研 917 开展气刺短线采胶试验，认为该技术既省工又高效，配合动态调控技术可实现增产效果。李杨等对 6 个品种开展日间割胶研究，认为热垦 524 和热垦 525 可在广东茂名垦区产胶高峰期早晨 6 点进行日间割胶。仇键等组织制定了海南垦区、广东垦区橡胶树省工高效采胶技术细则，为超低频采胶和气刺短线采胶 2 项技术的区域大规模推广应用提供支撑。

在橡胶树死皮研究方面，胡义钰等开展了橡胶树死皮现状调查及分析，认为过量刺激是造成橡胶树死皮高发的主要原因。Liu 等对热研 73397 健康与死皮植株树皮进行全转录组和小 RNA 测序，鉴定了与死皮发生相关的 263 个 lncRNAs、174 个 miRNAs 和 1 574个 mRNAs。王帅等克隆了硫氧还蛋白基因 *HbCXXS1*，发现 *HbCXXS1* 在胶乳中表达显著高于其他组织，且在死皮植株胶乳中的表达显著低于健康植株，推测该基因可能通过调节氧化还原参与调控死皮发生。

（三）病虫防控技术研究

国内 2022 年度报道的橡胶树上发生新记录病害有 2 种。张宇团队建立的橡胶树暹罗炭疽菌荧光定量 PCR 体系和胶孢炭疽病环介导等温扩增（LAMP）检测方法、中国热带农业科学院橡胶研究所建立的白粉病 PMA-qPCR 检测体系等，为病害预测预报及防治效果提供理论依据和技术手段。张宇团队应用智能孢子捕捉系统对橡胶树白粉病菌孢子进行监测，弥补了人工识别耗时耗力的不足，提高了橡胶树白粉病监测的自动化和智能化水平。中国热带农业科学院环境与植物保护研究所符悦冠团队研发的捕食螨天敌防控橡胶树害螨的生物防治技术，在海南、云南利用无人机进行示范应用，有望实现橡胶树叶螨的可持续绿色控制。

（四）机械化技术研究

中国热带农业科学院橡胶研究所曹建华团队研发的 4GXJ 型便携式电动割胶刀，突破机械割胶毫米级精准控制、复杂树干科学仿形关键核心技术，入选 2022 年中国农业农村重大新装备。海南大学付威等研发了无人机用的天然橡胶喷粉装置，可完成橡胶树顶端喷洒硫黄粉作业。宁波中创瀚维科技有限公司生产的智能割胶机器人已在云南省勐腊农场投入使用 1 640台，通过手机 App 发送指令统一控制。智能化研发活跃度不减，高忠文设计了一种单电机割胶机器人，张喜瑞设计了一种仿形轨道式自动割胶机，裴彦明设计了一种基于太阳能供电的智能割胶机器人，蔡志刚设计了一种单轨移动式割胶机器人，但均处于研发试制阶段。张喜瑞团队搭建了一套智慧胶园监测平台，用于气象环境以及土壤墒情研究。孙泽瑾等研发了识别割线的一种算法，为研发智能割胶机器人提供技术参考。

（五）加工技术研究

中国热带农业科学院牵头研发了“生物凝固+低温晾片干燥”制备航空轮胎专用天然橡胶的工艺技术；提供的高端胶用于试制大飞机 C919 主轮胎、ARJ21 前轮胎和主轮胎，并通过动态、静态性能测试达到性能要求，标志着我国民用航空轮胎生产加工取得实质性进展。

中国热带农业科学院橡胶研究所研发出低氨、无氨新型保存体系，进一步降低了生产成本，提高了产品安全性；并完成了在发泡制品、制鞋胶粘剂中的应用试验。中国热带农业科学院橡胶研究所在云南勐腊田野橡胶销售有限责任公司开展高性能天然橡胶加工技术推广应用，生产的高性能胶产品性能达到进口 3 级烟胶片要求。北京橡胶工业研究设计院有限公司实现了压雪车履带高里程、高性能、耐低温、耐撕裂的多维突破，使我国大型压雪车整体技术达到国际先进水平，推动我国冰雪运动装备科技更进一步。我国无化学添加环保型原木色橡胶木生产技术进入产业化推广阶段，并与宜家欧洲瑞士公司签订生产技术推广战略合作框架协议，由中国热带农业科学院在海南和云南逐步推广。

（六）产业经济研究

我国学者高度关注天然橡胶生产面临的自给率严重不足、进口对国内橡胶价格冲击较大、弃割弃管凸显、高端用胶严重依赖进口等主要问题，提出相应的解决措施。李达对我国橡胶主产区目标价格补贴政策及其敏感性进行研究，表明在其他因素不变的情况下，橡胶树单产提升 10%可使目标补贴价格额度下降 25%。伍薇等发现胶农在原料市场交易中处于相对劣势地位，是被动的价格接受者；由于信息有限，胶农的行为决策在交易距离、干胶含量和价格之间进行权衡。于越研究发现我国“保险+期货”模式面临保费结构不合理、对冲策略不能完全对冲风险以及龙头企业参与度较低等问题。杨嘉辉对海南省天然橡胶价格（收入）保险政府财政资金补贴绩效进行实证研究，发现各地参保胶农对天然橡胶价格（收入）保险的满意度普遍较高，但了解程度普遍较低。

（七）国内天然橡胶产业发展的主要问题及技术建议

1. 主要问题

产业面临价格持续低迷的困境，比较效益下降，收入降低，生产要素普遍投入不足，管理水平下降，弃割弃管现象严重，自然灾害和病虫害发生频繁；目前开割胶园死皮严重，胶工缺乏、割胶技术水平下降等因素会进一步加剧死皮发生。天然橡胶生产环节多依赖于人工作业，机械化程度低，尤其是对技术要求较高的胶工大量流失，未来“谁来割胶”问题凸显。初加工技术发展滞后，产品结构比较单一，质量参差不齐，产品不能满足军工和高端需求。此外，品种选育慢、更新慢也是产业一大短板。

2. 技术建议

实施天然橡胶全链条质量提升行动，推进种质资源创新，培育抗性强、耐刺激、高产高质的新品种。研究提出适应不同自然资源和土地状况的高效轻简栽培模式。进一步优化省工高效采胶技术，同时研发减缓死皮发生和死皮康复的防控关键措施。研发胶园管理、采收和初加工机械化、智能化装备，提高产业机械化水平。研发和集成优质天然橡胶原料生产关键技术，满足高性能制品的原料要求。

（国家天然橡胶产业技术体系首席科学家　黄华孙　提供）

2022年度牧草产业技术发展报告

（国家牧草产业技术体系）

一、国际牧草生产与贸易概况

（一）国际牧草生产

美国牧草收获面积较2021年小幅上升，总产量和单位面积产量有所下降。2022年美国牧草总收获面积31 264.75万亩，较2021年上升1.51%；单位产量为359.14千克/亩，比2021年下降8.02%；牧草总产量为11 206.1万吨，较2021年下降6.77%。其中苜蓿产量为4 882万吨，其他牧草产量6 324.1万吨，分别较2021年下降0.86%和10.87%①。

2022年国际牧草价格总体保持上涨态势。美国牧草价格总体也呈快速上涨态势，2022年美国牧草平均价格为221美元/吨，同比上涨22.78%，其中苜蓿平均价格为253美元/吨，同比上涨27.78%②。

（二）国际牧草贸易

国际牧草贸易量价齐升，贸易量增长显著。2021年国际牧草贸易总量为1 124万吨，同比增长12%。其中，苜蓿粗粉及颗粒贸易量由142万吨增加到152万吨，同比增加7%，价格由246美元/吨涨至258美元/吨，同比上涨5%；燕麦草贸易量由113万吨增加到152万吨，同比增加35%，价格由340美元/吨跌至327美元/吨，同比下跌4%；苜蓿干草贸易量由749万吨增加到820万吨，同比增加9%，价格由310美元/吨涨至322美元/吨，同比上涨4%。

国际草产品出口国主要集中在北美洲和欧洲，进口国主要集中在亚洲。美国、西班牙、澳大利亚、加拿大、意大利是主要出口国，2021年五国的出口量约占世界总出口量的86%，占比分别为46%、15%、14%、6%、5%。日本、中国、阿联酋、韩国、沙特阿拉伯是主要进口国，2021年五国的进口量约占世界总进口量的75%，占比分别为22%、20%、16%、10%、8%③。

二、国内牧草生产与贸易概况

（一）国内牧草生产

一是产业规划出台，为产业发展提供了指导。2022年2月农业农村部印发了《“十四五”全国饲草产业发展规划》，该规划是针对全国饲草产业发展的第一个专项规划。饲草产业规划的出台是筑牢国家粮食安全根基、加快补齐草食畜产品供给短板、促进饲草产业高质量发展的迫切需要。该规划为“十四五”期间饲草产业发展提供了有力的政策指导，

---

① 资料来源：美国农业部。

② 资料来源：美国农业部，2022年牧草及苜蓿年平均价格为2022年1—11月平均价格。

③ 资料来源：Comtrade数据库计算。

有力促进了产业高质量发展。

二是优质饲草产业带成型，生产稳步增长。河西走廊、北方农牧交错带及黄河中下游地区大力发展苜蓿等优质饲草，培育了一批饲草产业集群；东北、西北地区积极推广短生育期饲草，种植模式实现“一季改两季”；内蒙古、甘肃、宁夏、新疆等省区的优质饲草产业带，东北、内蒙古东部的羊草生产区，以及西南、长江与淮河以南的南方饲草生产区，“一带两区”格局已成型。

三是饲草经营主体增多，生产模式多元发展。2022 年全国饲草产业快速发展，全国草产品加工企业和合作社数量达到 1 700余家，80%的全株青贮玉米由种养一体或者订单方式生产，90%的优质苜蓿基地建设由专业化的饲草规模企业承担。牧草生产经营模式呈现多元发展，各地形成了“种养加销技”一体化、“企业+合作社/农户”、草畜联合体、“草+”等多元化经营模式。

四是政策支持稳定，政策效益不断加强。2022 年，“粮改饲”、振兴奶业苜蓿发展行动、肉牛肉羊增量提质行动、草原畜牧业转型升级试点等政策继续推进，牧草生产形势总体向好。我国草原生产力进一步提升，人工种草日渐增多，对农闲田和撂荒地的利用使得饲草产业空间有效拓展。近年国家对饲草产业的年均投入约达 34 亿元，有力支撑了产业发展，巩固了脱贫攻坚成果，推进了乡村振兴。

（二）国内牧草贸易

苜蓿干草进口小幅增加，燕麦草对华出口受阻仍未恢复。2022 年我国草产品进口总量为 197.81 万吨，同比减少 3%。其中，苜蓿干草进口 178.86 万吨，与 2021 年基本持平；燕麦草进口 15.24 万吨，同比减少 28%；苜蓿粗粉及颗粒进口 3.72 万吨，同比减少 29%。

国际草产品价格大幅上扬，苜蓿干草和燕麦草价格均创历史最高。2022 年苜蓿干草平均进口价格为 518 美元/吨，同比上涨 36%；燕麦草平均进口价格为 429 美元/吨，同比上涨 25%；苜蓿颗粒平均进口价格为 304 美元/吨，同比上涨 16%。

南非及苏丹等国苜蓿准入我国市场，北美市场份额有所降低。2022 年苜蓿干草进口格局依然是美国领先，拥有 78%的市场份额；西班牙居第二位，拥有 13%左右的市场份额；其余来自南非、加拿大、苏丹、意大利及阿根廷。燕麦草的进口依然全部依赖澳大利亚，继续受中澳贸易摩擦的影响，进口出现断崖式下跌，目前仍未得到恢复。苜蓿颗粒进口 71%来自西班牙，23%来自意大利，5%来自哈萨克斯坦，少量来自美国。

三、国际牧草产业技术研发进展

（一）牧草资源、牧草育种、种子生产

截至 2022 年，美国农业部植物种质资源系统保存有苜蓿属种质资源 12 255份，三叶草属种质资源 9 408份，野豌豆属种质资源 4 192份，草木樨属种质资源 444 份，红豆草种质资源 926 份，沙打旺等黄芪属种质资源 1 846份，燕麦种质资源 13 552份，黑麦草属种质资源 1208 份，无芒雀麦种质资源 211 份，羊草种质资源 111 份，狼尾草属种质资源 16 份。2022 年，北美官方种子认证机构协会（AOSCA）共登记苜蓿品种 74 个；登记禾本科草品种 47 个，其中高羊茅 17 个，多年生黑麦草 16 个，狗牙根 7 个。在育种方法上，除杂交育种、混合选择育种手段外，综合运用基因组、转录组、蛋白组学及表观遗传学等方法开展产量、品质、抗逆等重要基因资源挖掘，利用转基因或基因编辑技术与多基因聚合

仍是国际牧草育种领域的研究热点。美国、加拿大、新西兰、意大利、丹麦等国家都形成了强大的草种产业。美国有牧草种子生产田 30 万公顷，紫花苜蓿平均种子产量为 687 千克/公顷，多花黑麦草达 2 080千克/公顷，多年生黑麦草和高羊茅达 1 600千克/公顷，草地早熟禾达 1 040千克/公顷。欧洲地区牧草种子生产田面积达到 45. 39 万公顷，其中紫花苜蓿、红三叶、埃及三叶草等豆科牧草种子生产田面积为 19. 77 万公顷，多年生黑麦草、一年生黑麦草和杂交黑麦草、高羊茅等禾草种子田面积为 22. 73 万公顷，主要产自意大利、法国、西班牙和丹麦等国家。

（二）牧草栽培及田间管理与草地稳产

发达国家十分重视土地健康维持，通常将牧草种植系统与家畜放牧系统有机融合，以强化系统生产力与生态效应。法国、英国等西欧国家重视综合性混合耕作系统的农业生态学价值，将多年生牧草引入作物轮作种植系统，建立永久性刈割草地，以减少一年生作物种植系统每年耕作对土壤的扰动。芬兰等北欧国家改良较好的天然草地温室气体排放量比栽培草地低 64%，碳储量高出 163%。如果不改良利用天然草地，芬兰需要再增加 39%的耕地才能满足其家畜养殖饲料需求。瑞士等中欧草地与农田轮作系统中，临时草地比例增加 10%，土壤有机碳可增加（0. 40±0. 13）千克/米^2。欧洲草地—作物轮作中，豆科植物比例达 33%以上，获得的作物生产性能和饲料效能均较高。新西兰白三叶黑麦草草地中添加菊苣和车前，不仅增加草地营养和牛奶产量，而且对草地固碳减排也具有重要作用。

美国奶牛养殖场在苜蓿草地上带状轮流套作全株青贮玉米日渐成熟，即在苜蓿播种后第二年开始，每年于部分苜蓿草地上带状套作一茬全株青贮玉米，苜蓿—玉米系统不仅饲草产能高，而且土壤系统健康可持续。加拿大轮作豆科牧草的马铃薯产量高于禾草，不仅增加了土壤氮素，还改善了土壤质量，而单纯施氮肥并没有显著提高马铃薯块茎产量。另外，新西兰、澳大利亚重视低耗能、低污染传统耕作的潜在农艺和环境效益与现代农业的兼顾融合，促进土壤碳储存，降低氮淋失，提高作物产量。

（三）病虫草害防控

2022 年在美国佐治亚州发现由水稻稻瘟病的病原（*Pyricularia oryzae*）侵染燕麦引致燕麦灰色叶斑病的世界新病害，且大流行造成严重损失，该病是否将传入我国值得警惕。全球 18 个国家已经批准引入 36 种植物病原真菌用于杂草，例如澳大利亚等批准引入斯氏锈菌（*Puccinia spegazzinii*）用于防治薇甘菊，欧洲引进龟头锈菌变种（*Puccinia komarovii* var. *glanduliferae*）用于防治腺凤仙花。日本探索出的外来入侵植物防治新方法为：在土表层施入有机物质并密封，促进产生沼气，杀死外来入侵植物。

（四）牧草机械

2022 年，国际牧草机械研发主要集中于割草机切割性能提升和寿命提高、打捆机低功耗高密度作业等方面。约翰迪尔（John Deere）W200 系列自走式割草机割后草垛宽度较以往机型提高了 10%，配备的钢辊添加了聚氨酯材料，可以对牧草进行压扁调制以提高割后干燥效率，并且允许在驾驶室调整割条襟翼和成形护板的宽度。库恩（KUHN）FC9330DRA 型割草机所采用的 Optidisc Elite 割台利用不均匀盘间距形成了更大刀具重叠的发散盘和较大作物通过空间的收敛盘，共同提高了切割质量。凯斯（CASE）WD5 系列自走式割草机工作速度可以达到 32 千米/时，最大爬坡坡度达到 70%。库恩（KUHN）

SB1290iD 型高密度方捆机采用 TWINPACT 双柱塞系统，每次通过上部或下部柱塞将标准方捆机的力施加到一半面积的区域，实现在不增加动力的前提下制成 500 千克高密度草捆。

（五）牧草加工利用

欧洲弗吉尼亚锦葵（*Sida hermalhrodita* R.）由于生长时间长（15~20 年）、耐贫瘠、产量高（干物质产量 9~20 吨/公顷）引起了欧洲造纸业和能源产业的兴趣。研究人员 Cezary 等发现锦葵在现蕾期收获一次，可调制成青贮饲料使用，其蛋白含量（17.6% DM）与苜蓿接近，消化率高，再生后秋季收获可造纸或生产能源。有机酸防腐剂可以防止干草在储存过程中变质，其有效性受到干草类型（豆禾干草、禾本科干草、混合干草）、含水量和用量的影响，豆类干草比其他干草对防腐剂更敏感。微生物接种剂对干草保存性能的影响较小，但较高的含水量会影响保存效果。青贮饲料在单胃动物的应用研究也较多，如发现在土耳其鹅的日粮中玉米青贮饲料占比达 40%，但并不会影响鹅肉质量和产量，且能降低养殖成本。

四、国内牧草产业技术研发进展

（一）牧草资源、牧草育种、种子生产

2022 年，我国保有牧草种质资源 62 555份，隶属于 99 科 650 属 2 021种，其中禾本科 33 231份，豆科 21 265份，其他科 8 059份；中国特有种 75 种 609 份，其中 67 种数量已跻身世界前列。国内科研人员从耐盐性、抗病性、耐低磷特性、产量、品质、适应性等方面对紫花苜蓿、红豆草、三叶草、饲用燕麦、多年生黑麦草等种质资源进行了综合评价。2022 年，我国审定通过 17 个草品种，包括育成品种 5 个，引进品种 2 个，野生栽培品种 7 个，地方品种 3 个。目前已累计国审草品种 636 个。中国农业科学院应用机器学习算法准确预测了紫花苜蓿秋眠性，为利用基因组预测方法开展紫花苜蓿分子育种提供了重要参考。南京农业大学鉴定出多年生黑麦草叶片持绿与耐热相关关键基因，为高产优质抗逆牧草培育提供了重要理论基础与基因资源。四川农业大学挖掘到与白三叶缩合单宁生物合成相关候选基因，为选育高缩合单宁白三叶新品种奠定了分子基础。2022 年，我国饲草种子扩繁的种类以苜蓿、老芒麦、羊草、冰草等多年生饲草和饲用燕麦、小黑麦、苏丹草等一年生饲草为主，并且苜蓿、老芒麦、饲用燕麦是种子扩繁的核心饲草种类。饲用燕麦的平均种子产量在 2 250~3 900千克/公顷，品种间种子产量差异明显。苜蓿种子生产主要集中在甘肃、内蒙古、宁夏、新疆等西部省（区），以甘肃地区单产水平为最高，达到 780 千克/公顷。

（二）牧草栽培及田间管理与草地稳产

在我国十分重视粮食安全的耕地政策背景下，各农业生态区积极落实“粮改饲”政策，引草入田，调整农业种植结构，构建粮草畜农业系统。将饲草资源开发与“藏粮于技”紧密结合，通过轮、间、套、混作等栽培新技术创新应用，提高土地生产力和利用效率。北方农区积极推行苜蓿间套作玉米粮草高效复合系统，南方探索“林—草—畜”一体化林草间作适宜性模式。西北丘陵冷凉山区苜蓿与鸭茅、无芒雀麦、草地雀麦混播构建豆禾草地肉牛放牧系统，肉牛 6 个月放牧期载畜量达 1 头/5 亩，家畜增重约 500 千克/公顷，利润提升 50%以上。活秆成熟型玉米品种资源开发与“种养一体化”应用，实现同期生产籽粒玉米和活秆茎叶优质饲草，茎叶青贮饲喂肉羊，草粮

畜系统效益提高55%以上。黄土高原塬区饲用大豆跨纬度引种农田与密植栽培，与高粱混合青贮饲喂肉用羔羊，10周后断奶肉用羔羊采食量提高4.98%，体重增加8.9%，牧草—土地—气候系统增效显著。同时，挖掘盐碱地、风沙地等多样化土地资源潜力，积极寻求粮草融合、生态与生产兼顾的饲草资源与生产新模式成为当前的研究和应用重点。

（三）病虫草害防控

我国继续不断发现牧草新病害，如秀竹草弯孢霉叶斑病（*Curvularia intermedia*）等20多种新病害。初步建立了农作物病虫害监测预警平台，用于监测和预报病虫害，为科学防治提供依据，但牧草病虫害的监测平台尚不健全。苜蓿与玉米间作可显著降低黏虫的危害。通过解析杂草的作用靶点实现除草剂高效定向分子设计。根据模型预测，我国外来入侵植物北美刺龙葵在我国的适生区有18个省（区），包括黄淮海平原夏播玉米区和南方丘陵玉米区，威胁玉米等粮食安全生产，值得高度关注。

（四）牧草机械

2022年，我国牧草机械研发聚焦于优质饲草高产高效关键技术与草地生态修复技术研究。为解决现有青贮机作业质量差的问题，中国农业大学和山东五征集团联合对4QZ-30型自走式青饲料收获机进行了优化设计，优化改制后的青贮机能够对纵向6°以及横向6°的斜坡做出对应的仿形动作；仿生异形高质量切碎装置可实现在喂入量35千克/秒情况下，标准草长为15毫米的均匀切段，合格率达到98%；自动装填抛送系统平均识别正确率达到97.3%，平均检测速度为12.19帧/秒。为提高苜蓿压扁调制效果，中国农业大学协同石家庄鑫农机械有限公司等农机企业创制了仿生异形压扁调制装置，该装置采用基于兔唇部运动曲线为辊纹的异形压扁辊，其在3种喂入量、4种喂入角度下的苜蓿入辊性均优于常规“人”字形压扁辊，压扁率达到98.59%±0.85%，而碎草率则降至2.79%±0.92%。中国农业机械化学科学研究院呼和浩特分院有限公司研制的9BMB-2.2型草原免耕播种机具有窄行距、低重心、对地形地貌要求低、适用范围广、作业稳定、性能可靠等特点，在内蒙古呼伦贝尔市进行了试验示范，各项指标均达到DG/T 097—2019《牧草播种机》的要求，通过了农业机械推广鉴定。北京德邦大为科技股份有限公司在免耕播种机的基础上，采用新选型的气吹式排种器及铸造单体加新的预开沟部件，研发了草原补播机，具备单体平行四连杆仿形、雷达测速与电驱气吹高速排种、倒“T”形窄开沟、独立仿形覆土镇压等功能，实现了牧草免耕精量播种及禾豆混播。

（五）牧草加工利用

建立了优质苜蓿干草调制加工技术，可使苜蓿的生产性能和营养品质显著提高，折合干草产量高达1 000千克/亩，其中特级苜蓿干草比例可达到10%~20%，一级干草达80%以上。研发了干草防霉添加剂，以1：10的2%壳聚糖和肉桂—山苍子精油均质混合冻干制作复合精油微胶囊，添加2%可有效抑制高水分苜蓿干草调制时霉菌的产生。研发了高湿玉米青贮技术，淀粉利用效率提高8%~10%，为生产压片玉米替代饲料提供技术。研制苜蓿叶粉替代豆粕配方，苜蓿叶粉替代25%育肥猪常规日粮中的豆粕可显著提高育肥猪的生长性能、抗氧化能力和肉品质，降低料重比，提高背最长肌肌内脂肪含量，同时提高了肠道中与脂质代谢相关的微生物的丰度，从而调节脂质代谢，改善肉品质。明确天然牧草发酵全混合日粮最佳使用技术，发酵 20 天后饲喂效果比补饲或直接饲喂全混合日粮更好，肉羊采食量、日增重、料肉比均有显著提升，能够使养殖效益增加 31.6%以上，出栏时间缩短 30 天以上，为牧区合理使用天然牧草提供了技术支持。

（国家牧草产业技术体系首席科学家　张英俊　提供）

2022年度生猪产业技术发展报告

（国家生猪产业技术体系）

一、国际生猪生产与贸易概况

（一）生产概况

据美国农业部数据，2022年世界猪肉总产量为10 984.6万吨，同比上升2.08%。中国、欧盟和美国三个国家（地区）的猪肉产量占全世界的比重为78.28%。中国的猪肉产量同比增幅较大，欧盟同比下滑4.01%，美国同比下滑1.90%。预计2023年全球猪肉产量增长的趋势依旧持续，产量预计增长1.0%，超1.1亿吨。

美国：受新冠疫情及猪肉出口下滑影响，2022年猪肉产量1 232.1万吨，同比下降1.90%。预计2023年的猪肉产量与2022年相比有所回升，约1 241万吨。

加拿大：加拿大猪肉产量持续下滑，2022年猪肉产量205.5万吨，同比下降2.19%。预计2023年猪肉产量保持下滑态势，约204万吨。

巴西：中国是巴西猪肉最大的出口市场，2022年中国对进口猪肉需求大幅减少，巴西猪肉出口量下滑，全年猪肉产量435万吨，同比下降0.34%。预计2023年猪肉产量将回升至442万吨。

欧盟：受到非洲猪瘟疫情、饲料成本上升以及欧盟地区猪肉需求下降等因素的影响，2022年欧盟地区猪肉产量较大幅度下滑，为2 267万吨，同比下降4.01%。2023年欧盟猪肉产量预计与2022年基本持平，为2 258万吨。

俄罗斯：由于对非洲猪瘟防控成效不断改善，以及强劲的国内需求等利好因素，2018—2022年俄罗斯猪肉产量保持持续强势增长态势，2022年猪肉产量达380万吨，同比增长2.70%。预计2023年猪肉产量与2022年基本持平。

（二）贸易概况

2022年世界猪肉贸易大幅下滑，全年总贸易量为959.8万吨，同比下降16.90%。中国猪肉进口需求减少是世界猪肉贸易下滑的主因。根据美国农业部的预计数据，中国猪肉进口量由2021年的433万吨减少至2022年的180万吨，下降幅度达58.43%。中国国内生猪产能恢复，再加上猪肉产品进口关税的提高，导致进口量的大幅减少，但仍然保持世界最大猪肉进口国的地位。日本进口量为152.5万吨，同比上升7.29%，居全球第二；墨西哥进口量125万吨，同比上升8.23%，居全球第三。此外，韩国进口量为73.5万吨，同比上升28.95%；菲律宾进口量55万吨，同比上升19.31%。

从猪肉出口情况来看，2022年世界主要猪肉出口国家（地区）欧盟和美国的出口量大幅度下滑。欧盟对外出口量390万吨，同比下降21.80%。中国仍是欧盟最大的出口国，占欧盟出口总量的33.10%，与2021年的53.31%相比大幅下滑。日本、韩国、菲律宾和越南也是欧盟猪肉出口的主要目的地，2022年欧盟对上述除中国外的亚洲主要进口国的出口保持稳定。美国全年出口289.8万吨，同比下降9.07%，其中出口至墨西哥占比为

36.73%，与 2021 年（27.80%）相比大幅度上升；出口至中国自 2020 年以来持续下降，占比为 9.55%；日本和韩国的份额分别为 17.43%和 8.53%。巴西出口量为 130 万吨，同比下降 1.59%。俄罗斯出口量为 17 万吨，同比上升 7.59%，主要出口至越南、菲律宾等南亚地区。

二、国内生猪生产与贸易概况

（一）生产概况

2022 年生猪出栏持续增长，全国生猪出栏 69 995万头，增长 4.3%；猪肉产量 5 541 万吨，同比增长 4.6%。2022 年年末全国生猪存栏 45 256万头，同比增长 0.7%，其中能繁殖母猪存栏 4 390万头，同比增长 1.4%，相当于正常保有量的 106.4%，处于黄色区域。随着出栏量增加，预计 2023 年上半年生猪价格将面临下行压力。

（二）贸易概况

2022 年 1—11 月我国猪肉及猪杂碎进口累计 256 万吨，同比下降 45.88%；其中猪肉累计进口 156 万吨，同比下降 55.93%；猪杂碎累计进口 100 万吨，同比下降 15.97%。2022 年全年预计进口量为 180 万吨，累计进口猪杂碎 115 万吨。2023 年国内猪肉供给充足，预计进口量将保持下滑趋势，预计 2023 年全年进口猪肉下滑至 120 万吨左右，进口猪杂碎预计 100 万吨左右。

三、国际生猪产业技术研发进展

（一）遗传改良

2022 年度，国际生猪产业遗传改良领域技术研发主要集中在育种目标进一步多样化、多组学遗传解析、大数据基因组育种等方面。

1. 育种目标进一步多样化

国外育种公司在长期重视影响生产效率的经济性状（如饲料转换效率、母猪繁殖力等复杂性状）基础上，逐步开始重视生猪其他类型性状的育种工作。一是肢蹄健康与否直接决定了公猪、母猪的利用效率和使用年限，通过制定规范的肢蹄评分体系，对猪只的肢蹄健康状况进行评分；二是肉品品质在一定程度上决定了猪肉产品的价格，通过对猪肉的质量进行分级评分，开发 B 超类测定仪器等设备开展活体肉品质评估测试，为肉品质的评估提供技术支撑；三是强调生猪育种数据准确性，尤其是核心群数据准确性很大程度上影响遗传改良进程。

2. 利用多组学开展重要经济性状遗传解析

随着测序技术不断成熟，转录组、代谢组等多组学数据不断累积，通过利用整合多组学数据开展遗传解析成为可能。目前，如何整合多组学数据开展遗传解析的方法和技术流程开始受到重视。如何开发有效的方法开展多组学遗传解析，是加快遗传改良的重要一环。

3. 整合育种大数据开展基因组育种研究

随着育种数据不断累积，各类经济性状的基因组育种遗传进展加快。一是通过整合育种大数据开发育种方法，开展区域性联合遗传评估，能够有效加快遗传进展；二是转录组、代谢组等多组学数据不断累积，为重要经济性状的遗传解析提供了大量的生物信息学数据，也为大数据育种的推进提供了数据支撑；三是基因组选择主要围绕如何整合新的生物学信息、选择效果评估等方面开展研究，为后续猪遗传改良提供技术基础。

（二）营养与饲料

国外生猪养殖环境好、日粮类型简单，基本停用饲用抗生素，营养相关研究工作的主要目标是发挥猪的生产潜力。

1. 种猪营养

一是营养手段对母猪繁殖性能、免疫功能和/或后代生长的影响及相关机制的探讨，为集成提高母猪生产效率的营养技术方案提供理论基础；二是健康生理状态下不同营养因子对仔猪生长性能和生理功能的影响，为进一步发挥仔猪的生产潜力奠定基础；三是营养因素对公猪精液品质的影响以及生育力预测研究仍占主要地位，营养调控措施对公猪精液品质改善作用主要集中在脂肪酸、维生素等的作用。

2. 仔猪与生长育肥猪营养

仔猪营养技术主要关注益生菌制剂、氨基酸、植物性添加剂、酶制剂等，解决仔猪腹泻，减少肠道炎症，调节仔猪肠道微生物组成，降低仔猪断奶应激，提高肠道代谢活性和增强非特异性免疫等。

生长育肥猪主要涉及猪营养需要、饲料资源开发、饲料养分高效利用、猪肉品质调控、健康营养调控等。低蛋白日粮适宜 Lys/Glu 比值、大屠宰体重（>140 千克）猪 ME 和 SID Lys 需要量；饲粮添加葡萄糖氧化酶、β-甘露聚糖酶、植酸酶、木聚糖酶能改善养分消化率、提高生长性能；植物活性物质（phytobiotics）提高育肥猪免疫功能；中药复方能提高育肥猪抗氧化水平；低蛋白日粮、饲料添加剂可提高机体对 N 的利用率、减少 NH_3等臭气和恶臭化合物的排放。

3. 非常规原料的开发利用

主要集中在新型蛋白资源、工农业副产物和大量食物垃圾的开发利用。真菌蛋白、藻类蛋白和昆虫蛋白等新型蛋白源除需要提供类似于动物蛋白的氨基酸组成和消化率外，替代蛋白还面临着诸如保持良好溶解性和乳化性等挑战；谷物、种子、真菌等是研究较集中的植物蛋白原料源。膳食纤维原料的来源以水果为主；农副产品废弃物再利用、发酵技术、生物合成等成为实现可持续发展的路径。

4. 饲料原料营养价值评定

在生猪饲料原料营养价值表上，荷兰 Wageningen Livestock Research（WLR）和 the Research Institute for Agriculture，Fisheries and Food（ILVO）于 2022 年 11 月更新了 CVB 饲料原料化学成分和营养价值表，重点介绍净能体系和 SID 氨基酸体系；在营养需要量动态模型与智能精准饲喂算法研究上，仍以跨学科领域各种新算法研究为主，涌现小样本条件下分类算法、可解释机器学习模型算法等新方法。

（三）疾病防控

1. 国际猪病流行状况

2022 年，全球范围内生猪疫病流行与发生总体平稳，无暴发性流行疫情。基于世界动物卫生组织（WOAH）的全球动物卫生信息系统（WOAH-WAHIS），报告疫情以非洲猪瘟为主，疫情涉及欧洲、亚洲和非洲。猪繁殖与呼吸综合征（PRRS）主要流行于北美、欧洲和亚洲，美国 2021 年报道的致病性强和传播速度快的 PRRSV 1-4-4 变异株毒株继续流行。猪瘟主要流行于东南亚、中南美洲和东欧，向 WOAH 报告生猪猪瘟疫情的国家仅涉及日本。

2. 猪病诊断

PCR、RT-PCR、Real-time PCR、LAMP、重组酶等温扩增技术（RPA）等分子诊断技术应用广泛，病原的宏基因组分析技术也已应用于猪病的诊断和病原学检测与分析。泛基因组学和全基因组测序、纳米孔测序等技术得到更多应用。商业化的 ELISA、胶体金试纸条、高敏荧光微球抗原检测技术等广泛用于猪病的诊断与监测。

3. 猪病免疫预防

新型疫苗（如基因缺失疫苗、活载体疫苗、亚单位疫苗、mRNA 疫苗）以及新佐剂的配套应用是猪病免疫防控技术的研究热点。非洲猪瘟疫苗的研发仍是国际关注的重点领域。

4. 猪病治疗

重视新抗生素与抗生素替代物的研发与应用，如金合欢素、乙酰吉他霉素、阿地普林治疗猪链球菌病，锰吸收系统成为抗猪链球菌药物研发的新靶标；联合应用阿地普林与磺胺甲唑治疗有耐药性的高毒力副猪格拉瑟菌；噬菌体和精油分别用于治疗和预防链球菌感染，丁子香酚对胸膜肺炎放线杆菌的抑制活性最强。基于 PK-PD 理论，研究传统药物药效的应用。

（四）生产与环境控制

1. 母猪饲养管理与动物福利

母猪饲喂控制系统配备有母猪发情、分栏等装置，旨在提高生猪养殖业的动物福利；Isabella 等证明了怀孕和哺乳期的音乐熏陶可引起仔猪神经可塑性的变化，并改善其生产性能。Heidinger 发现产后将母猪圈养 3 天可显著降低活产仔猪死亡率和压死率，建议母猪产后圈养时间不超过 3 天。与带笼子的产房相比，在松散的产房下母猪哺乳时间短，母猪终止哺乳的次数多，与半自然条件下母猪的哺乳行为相吻合，表明该环境下的母猪更能体现出自然的哺乳行为，有助于提高母猪福利。

2. 猪只行为与健康监测

猪的个体识别计数、姿势姿态无接触识别、咳嗽声音识别等技术的研发，成为养殖自动化领域的重要研究内容。通过研究分析猪只的行为、声音以及生理三方面的表现，确定出健康状态评价指标，构建出猪只健康评价指标体系，量化评价猪只健康状态，以实现猪的个体生长精准管控与健康预警。Peyre、Richard、Hong 等研制了多种动物健康监测系统评估工具。Stephan Rosengart 使用红外热成像来监测母猪体表温度，发现乳腺的红外热成像提供了与直肠温度类似信息，可帮助识别患病的母猪。

3. 猪舍环境控制

除关注控制效果外，更加重视畜禽养殖污染物产生、转化、降解机制、微生物处理机制、试验测试创新技术等的基础研究，并重点进行农牧循环应用、污染物减量化排放、沼气产品和沼渣沼液应用、污水达标处理排放、有害气体监控等实际高新技术的探索研发。将畜禽舍的环保管理与牲畜粪污管理、疾病防控紧密结合起来，建立各类畜禽养殖场废弃物管理、环境污染防控技术规程。

4. 猪场粪污处理

粪污资源化利用技术、碳排放与废水达标技术是重点。厌氧消化产沼气、好氧堆肥产有机肥等猪场粪污资源化处理利用方式仍然是主要的利用方式。沼气发酵研究重点是提高产沼气效率；堆肥主要关注发酵过程抗生素去除、重金属转化等；粪污处理利用过程中抗生素及抗性基因的迁移转化和重金属污染等潜在风险仍是研究热点。猪场污水以养分回收方面的研究较多；碳排放研究重点是优化现有处理技术或开发新技术，降低粪污处理利用过程碳排放潜能；BOD 生物传感器与 pH 计联用调节曝气量，可以达到节能的效果。

（五）肉品加工技术

1. 屠宰工艺和保鲜

主要研究领域包括福利屠宰的人性化管理设施、二氧化碳致晕、蒸汽烫毛、打毛，智能化开膛、雕肛、劈半、撕板油、切头、分割和信息化系统等。胴体减菌、智能包装、可降解包装等方面也有较多的研究。智能化屠宰技术和装备主要以企业研发为主，如 Marel 公司、Jarvis 公司等已开发出商业的智能屠宰设备。智能包装重点关注贮运过程中的温度动态变化、新鲜度动态变化指示，并与大数据等结合应用，实现远程监控和智能决策；包装材料，尤其是秸秆等农产品加工副产物经转化制作成可降解包装，成为行业研究热点。

2. 肉制品加工

关注加工过程中蛋白质氧化、脂质氧化的控制，主要措施是在肉制品加工中使用具有抗氧化作用的植物提取物。肉的冻结和解冻技术方面一直得到广泛关注。低温电场杀菌技术在肉制品保鲜和贮运环境的应用具有明显优势。美国、以色列和新加坡等国家细胞培养肉被批准上市销售。

3. 肉品安全及控制

物种掺假鉴别、微生物安全和化学安全的检测和控制备受关注。非靶向 NMR 脂质组结合多元数据分析用于物种掺假鉴别，可有效区分猪肉、牛肉、鸡肉和羊肉，准确性达到 97%~98%。脂质组学也用来评价辐照肉的安全性，氧化型的甘油磷酸乙醇胺和甘油磷脂酰丝氨酸是辐照肉的生物标志物。

4. 肉品营养与健康

研究热点包括加工过程中维生素的损失情况、蛋白质氧化及其对消化率的影响，以及膳食纤维、脂肪替代等对肉品营养的影响。从流行病角度研究吃肉与机体健康的量效关系，强调适量吃肉的必要性。

（六）产业经济技术

价格和消费偏好是 2022 年国际生猪产业经济研究的焦点。不同种类肉类食品市场价格之间存在着相互影响关系。HideoNoda 和 KokiKyo 通过日本猪肉、牛肉和鸡肉市场价格分析得出，日本猪肉价格与鸡肉、牛肉价格有着长期相互影响关系。动物疫病发生不影响牛肉、猪肉和鸡肉价格之间的相互传导关系。

因中国猪肉市场庞大，部分消费者关注我国猪肉消费变化，Liang 等发现中国消费者对动物福祉关注越来越高，通过消费者调查分析，发现消费者愿意多花 6.5~9 元/千克去购买具有动物福祉认证的猪肉，并提倡具有动物福祉生产体系生猪产业链建设。

Schilstra 等通过在线问卷调查，发现欧洲消费者在猪肉消费时最关注的是动物健康程度，其次是可追溯体系的质量、价格，然后是动物福祉。丹麦、法国、意大利和波兰消费者在猪肉消费时更关注营养成分。虽然欧洲各个国家消费者的首要关注点略有差异，但所有国家消费者对动物福祉有着较高的关注。

四、国内生猪产业技术研发进展

（一）遗传改良

2022 年度，国内生猪产业遗传改良领域技术研发主要体现在大数据育种技术攻关、整合多组学数据进行遗传解析、持续推进新品种和配套系培育等方面。

1. 大数据育种技术攻关

一是通过整合公共数据库转录组数据，通过将 ISwine 数据库升级成 IAnimal 数据库，提供了 61 191个个体的 55 万个基因的表达信息以及 87 亿个基因组突变信息，为猪重要经济性状遗传解析提供数据支撑；二是通过收集多个核心育种场育种数据，开展多群体基因组遗传评估，开发多群体基因组选择新模型，实现了基因组预测效果提升；三是研发高通量智能表型精准测定规范、猪活体 CT 扫描软件、猪繁殖性状智能化装置等，打破了国际设备公司的长期技术垄断，加快育种设备国产化、提升表型数据采集效率。

2. 整合多组学数据进行遗传解析

一是针对猪肠道菌群的组成和丰度受宿主遗传的影响，通过对两个世代 1 500多个个体的 5 100多个宏基因组开展研究，发现并验证 ABO 血型基因中 2.3 kb 缺失导致家猪肠道中 N-乙酰半乳糖胺浓度的降低，从而使其丹毒丝菌科相关细菌丰度下降。二是利用 GRID-seq 技术和自主开发的 BL-HiChIP 技术，揭示使用高分辨率染色质互作图谱探究基因表达调控机制的重要性；运用整合组学策略解析了猪 15 个产肉相关性状的 GWAS 信号，鉴定出 54 个重要候选主效基因和 223 个突变，为猪产肉性状改良和遗传机理解析奠定了重要基础。三是通过探索三维染色质结构，解析猪肝脏发育调控机制。染色质结构的多尺度重组与肝功能转变（即从胎儿的造血到出生后的代谢和免疫）密切相关，染色质结构的有限变化有助于解释所观察到的猪对过量能量摄入的代谢适应。

3. 继续开展资源普查，加快新品种和配套系培育

在全国范围内开展猪种资源普查与精准鉴评，伍隍猪、麻城黑猪、红灯笼猪等 8 个地方猪种资源申请新资源鉴定。香雪白猪配套系通过国家审定。山下长黑猪、乡下黑猪、天府黑猪、松巴民配套系等达到新品种审定条件，并向国家畜禽遗传资源委员会新品种申请审定。

（二）营养与饲料

2022 年度，我国在饲料全面禁抗和微量矿物元素用量受控情况下，且饲料原料价格上升，国内相关研发工作重点集中在不同阶段营养与健康、无抗营养技术、饲料原料评估和开发、营养精准供给等方面。

1. 种猪营养

一是研究营养手段与猪健康、生长和繁殖的关系，研发各种饲用抗生素替代制剂；二是结合饲料原料营养价值评定，开展饲喂技术特别是发酵、酶解、液态饲喂工艺与新产品研究，结合饲料加工和饲养工艺改进，推广生猪饲料玉米豆粕减量使用技术；三是集成创建“3F”营养技术；四是公猪营养主要集中在营养调控对公猪精液品质改善方面，Zhang 等发现日粮中添加海藻酸低聚糖、羧基酪醇、紫杉醇等中草药添加剂可通过改善公猪肠道微生物群提高精液质量；精液稀释液中添加 1×10^{-6}摩尔/毫升地塞米松可明显提高母猪的受孕率和产仔数。

2. 仔猪与生长育肥猪营养

仔猪营养主要聚焦在植物性饲料添加剂、益生菌制剂等代替抗生素和氧化锌的添加剂，以草本植物改善仔猪生长发育，提高免疫力；研究中草药对仔猪的药效及用量，结合其他饲料原料，在发酵技术、包被技术、中草药配方及酶制剂等技术的辅助下提高饲料利用效率。酸化剂可改善肠道健康和免疫耐受力，降低仔猪腹泻率。

生长育肥猪营养主要涉及猪营养需要、饲料营养价值评定、饲料资源开发、饲料养分高效利用、猪肉品质调控、健康营养调控、养殖污染减排等。研究不同磷源、可消化磷水平对猪生长和健康的影响；使用人工神经网络（ANN）模型基于体重、净能和 SID Lys 摄入量预测生长育肥猪的生长性能；采用计算机控制模拟消化系统（CCSDS）预测非常规植物蛋白的 DE 和 ME；中草药制剂、发酵饲料或原料、植物提取物等能提高育肥猪免疫功能。

3. 非常规原料的开发利用

蛋白替代依然以植物蛋白为主流，主要以杂粕类为主，包括棉籽蛋白、棉粕、菜粕、花生粕、葵花粕、玉米蛋白粉等高蛋白原料，小麦麸、米糠/粕、玉米副产物等副产物原料，以及蛋白含量高的原粮。昆虫是替代豆粕或鱼粉作为饲料蛋白质的重要来源。

4. 饲料原料营养价值评定

猪动态营养需要与精准营养的关注度显著提高。黄瑞林等系统综述了生猪动态营养需求研究现状及发展路径；杨雪芬等总结了商品猪精准营养技术的研究进展，系统综述近年来国内外在猪饲料营养数据库建设、猪动态营养需要模型和养分精准供给技术方面的研究进展；王继光等综述了近年来生长育肥猪精准饲养系统的技术要求、应用现状与发展趋势。

（三）疾病防控

1. 国内猪病流行状况

我国生猪疫病形势呈复杂局面。一是非洲猪瘟常态化流行和发生，田间毒株变异与多样性加剧，变异毒株致病性减弱、潜伏期延长、排毒不规律，导致早发现难度增加，且难以实施精准清除；二是猪繁殖与呼吸综合征总体平稳，以猪场内（地方性流行）和疫情散发为主，流行毒株以 PRRSV-2 谱系 1 的类 NADC30 毒株及其重组毒株为主，类 NADC34 毒株流行范围有所扩大；三是猪流行性腹泻病毒以 GII 基因型为主，不少大型养殖场仍有疫情发生；四是猪口蹄疫疫情平稳，主要流行毒株为 O 型 CATHAY 拓扑型毒株和 Mya-98 毒株；五是猪场细菌病以格拉瑟病、猪传染性胸膜肺炎为主。

2. 猪病诊断

诊断与检测制品的需求继续呈现增高趋势。一批诊断与检测制品获批农业农村部畜牧兽医局新兽药注册，主要是以 Real-time PCR、LAMP、重组酶等温扩增技术（RPA）为代表的分子诊断制品和以 ELISA、胶体金试纸条为代表的抗体检测试剂盒。非洲猪瘟、猪繁殖与呼吸综合征、猪瘟、猪伪狂病、猪口蹄疫、猪流行性腹泻等的病原学与血清学检测试剂盒应用最广。

3. 猪病免疫预防

动保企业和科研单位对猪用疫苗的研发相当重视，非洲猪瘟疫苗仍受到高度关注。猪圆环病毒 2 型-副猪格拉瑟菌二联疫苗和猪传染性胸膜肺炎基因缺失活疫苗获得新兽药注册证书和商业化生产，具有一定的创新性。非洲猪瘟等重要猪病的净化工作持续推进，国家继续推进生猪养殖场非洲猪瘟无疫小区评估，2022 年 101 个养殖场进行了非洲猪瘟无疫小区评估和认证，温氏、牧原、傲农等 61 家猪场入选 2022 年国家级动物疫病净化场。

4. 猪病治疗

抗菌药物广泛应用于猪细菌性呼吸道疾病和消化道疾病的防治；猪用中兽药的研发受到重视，共注册成功 4 个中兽药。

（四）生产与环境控制

1. 智能化技术与设备研发

一是围绕精准饲喂，研制智能化饲料生产设备以及智能精准加料、精准加药、智能饮水等设备；二是智能化环控系统的研发仍然是环控设施设备研发的核心工作，温度控制环控系统仍是目前环控系统的主流方式，一些基于计算机学习和控制的猪舍温湿度智能控制系统、猪舍有害气体监测系统与云服务不断开发；三是猪只行为与健康识别研究很多，主要涉及行为、声音、姿势等识别方法；四是研制与环保相关的自动刮粪机、自动堆肥系统、自动翻堆等设备，提升粪污处理质量和处理效率；五是猪背膘自动测定设备、种猪自动测定系统、仔猪自动注射免疫等设备都在不断研发与产品化。

2. 环境控制技术

一是湿热环境对猪只生产和健康极为不利。在温度较高时，定点送风降温、舍内通风口添加挡风板等措施可降低舍内特定区域温度，缓解动物热应激。定点送风降温对母猪周围温度和对流换热的影响亦有研究。二是研究发现光照影响保育猪的生长性能，光照强度为 75～120 勒克斯适宜保育猪生长。三是“全封闭”环境下后备母猪对猪舍光环境偏好选择性和行为模式；四是采用微生物挂膜耦合光催化的有害气体降解技术，配套研发水洗式空气净化系统，能初次降解 56% 氨气排放浓度，气体再次经聚酯纤维棉光催化滤网后，可实现氨气降解率 80% 以上，节约光催化材料用量 10% 以上。

3. 粪污资源化利用技术

一是研究猪粪堆肥过程 C/N、温度等参数控制技术和堆肥反应器的优化，堆肥过程微生物群落变化，发酵剂、生物质炭、抗生素降解菌、矿物材料等添加剂对堆肥的影响等；二是粪肥农田施用过程中养分特性、重金属污染以及温室气体及氨气减排技术方面的研究得到了国内学者的较大关注；三是在液态粪污资源化方面，主要研究以沼气技术为纽带的种养循环模式；四是离心微滤固液分离技术在猪场废水处理系统预处理单元表现出较好的悬浮固体去除效果。

（五）肉品加工技术

1. 屠宰工艺及保鲜

部分国外公司（丹斯夫等）在国内设立研发工厂和制造工厂，直接将国外技术和设备输入中国。国内研究关注智能化屠宰分割分级工艺，研发出五花肉智能分割、胴体三段分割、胴体分级等技术；新鲜度显色包装材料的研发也备受关注，如将花青素、甜菜红按照一定的比例添加到聚乙烯醇和羧甲基纤维素中，经吹塑成型后获得智能包装膜；壳聚糖涂膜、金属框架结构等涂膜技术在肉品保鲜中的应用受到一定程度的关注。

2. 肉制品加工

肉类预制菜加工得到社会的广泛关注。广东、河南、四川等地政府出面成立预制菜联盟，中国食品科学技术学会成立预制菜分会。射频解冻技术、护色技术、冰温保鲜技术、调制技术等得到广泛研究。低温慢煮、脂肪替代等也是研究热点。

3. 肉品安全及控制

光学技术被广泛用于肉品的检测，主要研究方向包括利用计算机视觉技术来识别猪肉切块，利用可见近红外光谱技术检测猪肉的蒸煮损失率等，利用紫外荧光光谱技术检测猪肉的新鲜度。微生物、重金属、农兽药的安全性评估也是食品安全研究的热点。

4. 肉品营养健康

加工过程中肉蛋白结构的变化规律及其对肉蛋白的消化特性的影响，肉类摄入模式对肠道微生物、肝脏代谢等的影响，以及真肉与植物基仿制肉的营养价值的评价等。

（六）产业经济技术

疫情对中国生猪产业及猪肉市场带来巨大负面冲击。石自忠等使用了局部均衡模型探究了我国猪肉市场供需的疫情冲击效应。马驰等从网络关注方面使用了 BEKK-GARCH 和 TVP-VAR-SV 模型探究生猪疫情网络关注对猪肉价格波动的作用机制。徐万刚等以四川省为例探讨新一轮“猪周期”背景下生猪产业高质量发展的对策，认为在新的一轮“猪周期”中，规模化是生猪产业发展的必然趋势，有助于稳定生产，但更高程度的规模化率是否更利于促进市场的稳定还有待商榷。从政策方面来看，单向的激励调节机制虽有利于推动生猪市场较快出清，但无疑会放大“猪周期”的波动幅度和频率。在新一轮“猪周期”中，我国生猪产业应以优化生猪养殖结构、完善市场调控功能、健全信息披露制度和实施本土培育行动为发展核心。

（国家生猪产业技术体系首席科学家　陈瑶生　提供）

2022 年度奶牛产业技术发展报告

（国家奶牛产业技术体系）

一、国际奶业生产与贸易概况

2021 年下半年至 2022 年 6 月，全球奶业主要生产国的原料奶总产量连续下降，自 2022 年 7 月开始，主要生产国的总产量再次回到增长轨道。截至 2022 年 10 月，主要生产国当月总产量同比增长 0.49%，但是 12 个月累计总产量同比仍减少 0.51%，其中新西兰月度总产量连续 15 个月减少。由于供需偏紧和成本上涨，2022 年主要国家原料奶价格总体都有较大幅度上涨；推动 2022 年全球乳制品价格总体趋涨，全年乳制品价格指数均值 142.46，比 2021 年全年平均价格指数高 23.35 个点。

在贸易方面，2022 年美国折原料奶后的乳制品出口量继续增长，新西兰基本与 2021 年持平，欧盟出口量（扣除欧盟成员国相互间贸易后的净出口量）明显下降，主要出口国的出口总量与 2021 年相比略有下降。

二、国内奶业生产与贸易概况

根据国家统计局数据，2022 年中国奶牛养殖业生产能力继续增长，牛奶总产量 3 932万吨，同比增幅达到 6.8%。奶牛单产 9.2 吨，比 2021 年的 8.7 吨提升 500 千克。

因为疫情反复导致乳制品需求下降，2022 年原料奶供给出现阶段性过剩并驱动原料奶价格下行。根据农业农村部数据，原料奶全年均价 4.16 元/千克，同比下降 3.1%。由于饲料粮长期供给不足，加上俄乌冲突与国际市场供给不确定性的影响，2022 年饲料投入品价格和原料奶生产成本都继续升高。根据农业农村部数据，12 月末全国玉米、豆粕均价分别为 3.05 元/千克和 5.07 元/千克，分别同比增长 1.5%和 23.6%。

中国乳制品生产以液态奶为主、奶粉为辅。根据国家统计局数据，2022 年乳制品产量 3 117.7万吨，同比增长 2.0%。乳制品贸易方面，根据中国海关数据，2022 我国共计进口各类乳制品 339.9 万吨，同比减少 16.3%，是 2015 年以来中国乳制品进口总量首次出现下降。其中，进口干乳制品 239.8 万吨，同比减少 13.3%；进口液态奶 100.1 万吨，同比减少 22.8%，也是液态奶进口量自 2003 年以来首次下降。中国乳制品出口量很小，2022 年我国共计出口各类乳制品 4.47 万吨，同比减少 1.2%。

三、国际奶牛产业技术研发进展

（一）繁殖与育种技术进展

1. 奶牛关键性状遗传机制解析和遗传标记挖掘取得重要进展

高通量测序技术加快了奶牛重要性状遗传机制研究进程。截至 2022 年年底，已报道 7 383个、9 958个、11 911个和 2 899个与奶牛产奶量、乳蛋白率、乳脂率和体型相关的数量性状基因组座位（quantitative trait locus，QTLs）。

牛性状分子调控机制的组学研究取得重要进展。英国爱丁堡大学、美国农业部农业研究局、中国农业大学等合作，构建了牛的基因型—表达量图谱（cattle genotype-tissue expression atlas，CattleGTEx），包括了牛的100多种组织和细胞类型的表达谱、21种组织的DNA甲基化图谱，定位了调控牛43种重要经济性状的候选基因，成果发表于《自然·遗传学》。

挖掘出部分新性状的遗传机制。美国、日本学者研究证明牛奶导电率（h^2=0.39~0.50）、牛奶流量（h^2=0.37）、启动泌乳时间（h^2=0.22）和挤奶时间（h^2=0.29）具有中高遗传力，可作为遗传改良目标性状。Carthy等研究发现，娟姗牛肠门闭锁与14号染色体上的基因区域有关。

2. 利用多组学信息提高遗传评估的准确性

2022年研究者将多层次的组学数据应用在遗传评估模型中，以提高评估的准确性。Legarra提出了GOBLUP（genomics omics BLUP）模型，分析中先估计多组学信息对复杂性状的影响和剩余育种值，然后再估计经多组学信息介导的基因组育种值，可以提高复杂性状基因组选择的准确性。

Arneson等通过DNA甲基化芯片位点信息，捕捉到所有环境因素引起的表观修饰表达变化，有助于进一步完善G×E模型。在哺乳动物中已开发一款36K保守CpG的芯片，涵盖200个物种的特定跨物种突变。

3. 奶牛快繁技术研究不断深入

2022年奶牛快繁技术不断深入。Zhu等应用核糖体图谱结合转录组测序首次揭示了牛卵母细胞以及植入前早期胚胎发育过程中mRNA选择性翻译的调控方式，为卵子高效利用和胚胎发育调控提供了潜在的调控靶点。外泌体可能在调控胚胎—输卵管/子宫细胞间通讯方面发挥着重要的调控作用。通过改进程序、添加辣椒精、N-氨甲酰谷氨酸、能量平衡等以可提高情期受胎率；依据母牛发情表现追加促性腺激素释放激素给药次数，提高配种后的情期受胎率达58.5%。

（二）饲料与营养技术进展

1. 蛋白质与氨基酸营养

蛋白水平和过瘤胃氨基酸的应用仍是研究重点。Doran等报道，与18%粗蛋白相比，泌乳后期放牧奶牛饲喂14%粗蛋白水平补充料，在不影响产奶量和乳成分的前提下增加了0.9千克/天的干物质采食量，但氮利用率降低了2.3%。Hisadomi等研究发现围产期奶牛饲喂过瘤胃谷氨酸可增加采食量和饲料消化率，产犊后减少体脂和蛋白质的动员，对产奶量无影响。Ding等给泌乳奶牛静脉灌注精氨酸，发现可通过提高产奶量和促进脂肪酸的从头合成增加乳脂产量。

2. 碳水化合物营养

碳水化合物的研究主要集中在提高碳水化合物的消化率以及饲料资源的开发等方面。Jenchieh等发现添加0.5毫升纤维溶酶对奶牛的采食量、泌乳性能以及消化率均有提高。Ravelo等采用体外试验，用糖蜜或浓缩乳清渗透液替代日粮中的玉米，发现浓缩乳清渗透液代替组的总挥发酸显著高于糖蜜替代组。

3. 奶牛脂肪（酸）营养

脂肪（酸）对于犊牛日增重、泌乳牛产奶量、乳脂肪率、炎症等均有影响。研究表明，饲喂含α-亚麻酸的亚麻油、日粮补充棕榈脂肪酸或大豆油可提高犊牛的日增重。奶

牛日粮组合添加 α-亚麻酸和亚麻籽油、有机硒+VE+葵花籽油均会提高产奶量。在泌乳期奶牛日粮中添加共轭亚油酸或氢化棕榈脂肪酸会增加乳脂含量。

4. 奶牛营养与环境

提高氮和碳的利用可以有效降低氮和甲烷的排放。研究表明，饲喂草地雀麦、甜叶菊干草、枯草芽孢杆菌和麦落菌提取物、低蛋白日粮中添加外源 β-甘露聚糖酶可提高 N 利用。日粮补充大豆油和葡萄籽单宁提取物、高脂肪含量的辣椒油树脂和丁香精油混合物均可降低奶牛甲烷产量。

（三）奶牛疾（疫）病防控研究进展

1. 传染性疾病

布鲁氏菌病和结核病是世界各国重点关注的人畜共患病，自然感染和疫苗免疫鉴别蛋白的筛选一直是研究热点。Novak 等研发了一种可用于鉴别诊断自然感染和疫苗免疫的布鲁氏菌血清型的免疫层板方法，敏感性和特异性分别为 96.9%和 100%。Novoa 等研发了一种检测牛奶中布鲁氏菌抗体的间接 ELISA 试剂盒，敏感性和特异性分别为 98.61%和 98.79%。Tarrahimofrad 等研制了一种多表位肽类疫苗，可预防羊布鲁氏菌、猪布鲁氏菌和牛布鲁氏菌。Subramanian 等报道了一种基于 ESAT-6、CFP-10 和 Rv3615c 多肽组成的结核皮试方法，可以鉴别自然感染和芽孢杆菌（卡介苗）疫苗免疫牛只，特异性较好。

其他传染病的研究也在有序推进。Klimowicz-Bodys 等报道，多次接种含有牛病毒性腹泻病毒 BVDV-1a（bovine viral diarrhea virus-1a）的灭活疫苗的怀孕母牛和胎牛无法完全预防其他 BVDV 亚基因型感染，甚至有导致胎儿发生 PI 感染的可能。Petrini 等报道，牛传染性鼻气管炎（infectious bovine rhinotracheitis，IBR）标记疫苗对野生型牛疱疹病毒 I 型（bovine herpesvirus-1，BHV-1）感染具有保护作用，但对野生型 BHV-1 感染潜伏期无免疫效果。伊维菌素具有抗结节性皮肤病病毒和羊痘病毒效果。

2. 常见普通病

2022 年奶牛常见普通病监测和防控取得重要进展。血液代谢组学分析可用于诊断亚临床乳房炎。FN1 和 APOC4 可能是诊断犊牛湿热泄泻的潜在临床生物标志物，免疫球蛋白 IgA 产生、咖啡因代谢、嘌呤代谢和 PI3K 信号通路的肠道免疫网络是治疗犊牛湿热泄泻的候选靶点。miR-26a 和 MAP3K8 可能是奶牛子宫内膜炎的潜在生物标志物和治疗靶点。

围产期能量负平衡是奶牛脂肪分解过程的氧化应激加剧了脂肪分解和炎症反应，进一步促进氧化应激。位于牛常染色体 BTA6 和 BTA16 上的 2 个主要区域与奶牛低钙血症相关。酮病奶牛导致该胎次患有蹄底溃疡和白线蹄病的数量是对照奶牛的 0.66 倍；泌乳第 1 周发生酮病的奶牛该胎次产奶量减少 3.7 千克/天，且与繁殖性能及淘汰率呈显著相关性，而泌乳第 2 周发生酮病的无此现象。

（四）奶牛环境控制和卫生研究进展

1. 奶及奶制品中嗜冷菌控制技术研究进展

生乳运输中的嗜冷菌显著影响乳制品质量。Longhi 等发现奶罐车生乳均含有荧光假单胞菌，60%含有恶臭假单胞菌，并且装载牧场数量最多的奶罐车中假单胞菌的蛋白水解强度较大。Ummugul 等发现运输条件对生乳中菌落总数计数有影响，微滤处理后生乳中的菌落总数明显减少，膜孔径越小，除菌效果越好。Luiz 等发现较高的嗜冷菌与蛋白分解指数有关，且酸度和游离脂肪酸指数更高。

2. 奶牛粪污处理技术研究进展

在废弃物处理利用方面，奶牛场污水中磷回收利用、混凝人工湿地和混凝间歇砂滤等奶牛场污水处理技术、基于厌氧发酵热电联产和沼肥农田利用的奶牛场废弃物管理过程温室气体减排方案，每年可减少 3 280万吨 CO_2当量，且产生 1 700万吨有机肥料。

3. 奶牛智能化养殖技术研究进展

在非接触式智能感知技术研究领域，借助计算机视觉实现对奶牛体重、体型、体况、跛行、发情以及呼吸等行为的监测一直是该领域的研究重点。利用 RGB-D 图像和奶牛全身 3D 图像，通过建模可实现奶牛体重估计。在奶牛穿戴式智能感知技术研究领域，主要通过集成了加速度、角速度、射频识别等信息的智能项圈、脚环等设备获取奶牛状态及行为信息，实现对奶牛采食、运动与发情行为的监测。

（五）乳制品加工研究进展

1. 国际液态奶产业技术研发进展

如何在乳品加工过程中保留更多的天然免疫活性成分仍然是乳制品行业亟待解决的关键问题。研究表明紫外线（Ultraviolet-C，UV-C）处理可以有效保留牛乳中关键生物活性成分，同时杀灭乳中病原体和腐败菌。相比于 UV 和超声（ultrasound，US）处理，高压加工（high pressure processing，HPP）能更好地保留牛奶的营养成分和风味，例如防止 UV 处理导致的维生素损失和来自 US 处理造成的牛乳风味劣化。冷等离子体可以通过最小的质量变化来加工牛奶和乳制品，实现牛奶和乳制品的非热巴氏杀菌或灭菌。

2. 国际干乳制品研发进展

国际奶粉产业研究聚焦于奶粉营养成分和质量安全检测技术的革新。硼酸盐亲和交联放大动态光散射（BAR-DLS）免疫分析技术能够极大地缩短奶粉中乳铁蛋白的检测时间，实现乳铁蛋白快速灵敏便捷的即时检测。婴儿配方奶粉中添加适量胆碱对于婴儿脑部发育发挥积极作用，Zhang 等建立了一种比色法，实现了婴幼儿配方乳粉中胆碱的快速检测。

国际干酪产业规模和市场需求较大，干酪的安全和保存仍然是当前的研究热点。高密度二氧化碳（DPCD）技术处理干酪对酵母菌表现出较好的抑制作用，能够减缓干酪的蛋白水解、pH 值和颜色变化，有助于挥发性特征风味的保持（Song 等）。高水分马苏里拉干酪经过羧甲基纤维素（CMC）或羧甲基纤维素—纳他霉素（CMC-N）涂层处理后具有一定的抗真菌性，可使干酪保质期延长 1 倍。

四、国内奶牛产业技术研发进展

（一）国内奶牛产业遗传育种技术研发进展

1. 解析了奶牛关键性状遗传机制、挖掘了遗传标记

对荷斯坦牛通过全基因组关联研究（GWAS）、血液转录组分析，验证了 *MET*、*GnRH1*、*SP1*、*RPL23A*、*ACACB*、*SERPINE2*、*PKLR*、*ALDH18A1* 和 *MAT2A* 基因 SNP 位点的遗传多态性及其对奶牛乳房、产奶等性状具有遗传效应。

乳肉兼用牛相关研究取得进展，柴河等发现引入德系西门塔尔牛对三河牛的体重、体尺、肉用和产奶性能均有很显著的改良效果。新疆褐牛不同冻精来源后裔生产性能对比分析表明，德系后裔的 305 天产奶量、乳蛋白率、乳脂率显著优于美系后裔及新疆褐牛。西门塔尔牛在群天数和生产寿命的遗传力范围为 0.03~0.08，均为低遗传力性状。

2. 完成了全国奶牛遗传评估和基因组评估工作

中国使用 CPI 和 GCPI 进行选择，2022 年完成了 2 次遗传评估，主要评估性状包括乳蛋白量、脂肪量、体型总分、泌乳系统、肢蹄和体细胞评分等。中国荷斯坦牛 3 个繁殖性状的基因组预测结果具有较高准确性和无偏性，研究获得最佳预测策略，为中国荷斯坦牛繁殖性状的基因组预测奠定了基础。2022 年乳肉兼用牛将采用 TPI 单独排队，评估性状包括体型、出生重、6 月龄重、18 月龄重和 4%乳脂率校正奶量（FCM）等，品种包括乳肉兼用西门塔尔牛、新疆褐牛、三河牛和蜀宣花牛等品种。

3. 高效繁殖技术取得进展

高效快繁技术是我国奶牛养殖业提升国际竞争力的关键技术。但是我国奶牛性控精液生产几乎被国际垄断，为摆脱这一困境，国内不断尝试突破奶牛性控精液的核心技术，膜联蛋白 V（Annexin V）标记的免疫磁珠分选技术展现了一定的优势。国内首次利用 100K 的高通量 SNP 芯片对牛体外早期胚胎的种用价值进行了评估，初步实现了对植入前早期胚胎染色体质量和生产性能的评估。

（二）饲料与营养技术进展

1. 蛋白质与氨基酸

国内对氨基酸利用进行了研究。刘德强研究表明，泌乳奶牛补饲过瘤胃蛋氨酸可提高日粮中粗蛋白和中性洗涤纤维的表观消化率，并增加了产奶量和乳脂率。陈娇报道，苯丙氨酸通过调控 4EBP1 和 eIF2α 的磷酸化水平促进以 mTOR 为核心的酪蛋白翻译起始复合物的形成，从而提高 α-酪蛋白的合成。

2. 碳水化合物

国内奶牛产业碳水化合物营养的研究集中在淀粉、糖蜜、青贮等方面。邓波波等将甘蔗糖蜜经酿酒酵母菌发酵后，在保证日粮能氮一致的前提下，发现 1%的添加组干物质采食量、产奶量以及 4%的标准乳产量比对照组分别提高了 6%、7.7%和 7.9%。青贮方面，李小娜等将苜蓿干草全部替换成苜蓿青贮，结果发现试验组奶牛的产奶量显著提高且不会引起酸中毒。郝智强等用黑麦草青贮替代苜蓿干草或额外添加黑麦草青贮，结果显示用黑麦草青贮代替苜蓿干草可以提高奶牛的乳蛋白含量同时降低成本。

3. 奶牛脂肪（酸）研究进展

脂肪（酸）对产奶量、改善乳品质方面有积极的作用。研究表明，奶牛饲粮中添加过瘤胃不饱和脂肪可以显著提高乳中总不饱和脂肪酸、共轭亚油酸的含量，有效改善乳品质。在围产期奶牛日粮中补充棕榈油、玉米油和杨梅素制备的混合颗粒，可提高产奶量和乳糖含量，降低乳脂率。给奶牛饲喂共轭亚油酸会抑制乳脂肪的合成，减小乳脂肪球粒径，降低乳脂率。茶树油可以降低乳腺上皮细胞促炎性因子 mRNA 的表达，提高乳腺组织中 β-casein 基因的表达水平。

4. 粗饲料资源利用与评价

由于进口饲草价格大幅上升，2022 年国内进行了大量本地粗饲料开发研究。陈东等发现用全株水稻青贮替代饲粮中 35%的全株玉米青贮，降低了奶牛干物质采食量，并且能提高泌乳后期奶牛的免疫能力。邵丽玮等用鲜蛋白桑替代部分进口苜蓿饲喂奶牛，发现用 3.5 千克鲜蛋白桑替代 1 千克进口苜蓿饲喂奶牛，可以节本增效。Jiang 等设置等氮等能日粮，用甜叶菊干草代替苜蓿干草，结果表明饲喂 6%的甜叶菊取代一部分苜蓿干草可以改善泌乳奶牛的泌乳性能和氮利用率。Wu 等在日粮中用纸桑青贮饲料代替苜蓿干草，在提高低泌乳奶牛抗氧化能力的同时不会影响其生产性能。

（三）奶牛疾（疫）病防控研究进展

1. 传染性疾病

传染病仍旧是国内的研究重点。布鲁氏菌生物型 3 和布鲁氏菌 M5-90 蛋白可被选作候选标记物，用于区分疫苗接种和野生型感染的动物。检测方面，国内建立了牛支原体、BVDV 的微滴式数字 PCR 检测方法、基于 BVDV 主要流行亚型 Erns 蛋白的抗体间接 ELISA 检测方法、基于融合表达蛋白 Rv3403c-CFP10-ESAT6 的牛分枝杆菌抗体 ELISA 检测方法、牛呼吸道疾病综合征病原的多重 PCR 检测方法。牛群的布鲁氏菌病净化，要结合牛群污染和免疫情况以及净化的不同阶段选择适用的检测方法，建议先用 iELISA 或 FPA 或 RBT 进行初筛，再用 cELISA 或 SAT 进行确诊，进而对确诊为阳性牛的阴道拭子或奶样进行分子生物学检测，以确定是否存在布鲁氏菌感染。防治方面，Liu 等构建了一种可表达双 BVDV-1E2 糖蛋白且 *gE* 基因缺失的 BoHV-1 基因工程载体疫苗，其在预防 BVDV-1 或 BoHV-1 感染方面具有巨大潜力。槲皮素、连翘苷 A、盐酸小檗胺、根皮苷具有抗 BVDV 作用。

2. 常见普通病

2022 年国内奶牛常见普通病研究主要集中在疾病发病机制及诊疗技术研发，徐闯团队创新性地提出奶牛围产期能量代谢—矿物质代谢—酸碱代谢—炎性应答“四维度”稳态调控理论，提出了“协同互补式”产品研发理论，揭示了酮病奶牛肝脏 DGAT1 高表达保护肝细胞免受氧化损伤机制；阐明了奶牛低钙血症介导中性粒细胞 SCOE 调控的细胞内钙离子水平下降、进而介导中性粒细胞 NETs 能力降低的围产期奶牛免疫机制；确定了亚急性瘤胃酸中毒相关的特定模块和枢纽基因 *DCXR*、*MMP15* 和 *MMP17*；阐明了奶牛瘤胃酸中毒情形下，病理性代谢因子组胺调控中性粒细胞粘附及乳腺上皮细胞炎症反应机制。

中药有效成分治疗奶牛常见病一直是国内研究重点，研究报道白头翁皂苷注射液、黄芪多糖、黄芩苷、槲皮素、沙棘黄酮、银杏叶提取物、当归提取物等抑菌、抗炎、抗氧化性能有利于提高奶牛抗乳房炎能力。徐闯团队研发了一种奶牛呼吸给药装置及方法，明确了杨梅素、番茄红素通过降低机体氧化应激有效降低围产期奶牛能量代谢障碍性疾病如酮病和脂肪肝的发病率；开展了辣椒素、核桃青皮、营养功能包对亚急性瘤胃酸中毒缓解效果的研究。

（四）奶牛环境控制和卫生研究进展

1. 奶及奶制品环境控制技术研究进展

国内对嗜冷菌分布规律以及生化特性进行了研究。Liang 等对北京、河北、内蒙古、上海和广东的生乳中嗜冷菌类型进行了调研，结果发现热氏假单胞菌、魏氏假单胞菌和拉恩氏菌是相对丰度最高的细菌，而运输距离和运输时间与魏氏假单胞菌的相对丰度呈正相关。Du 等从黑龙江、内蒙古、甘肃、河南、安徽、江苏、湖南和重庆等地生乳中分离出假单胞菌 116 株，60.3%的假单胞菌携带 *apr*X 基因，在 4℃条件下 68.9%的假单胞菌菌株具有蛋白水解能力，不同地区蛋白水解酶活力存在差异，产生的蛋白水解酶具有很强的耐热能力。

2. 奶牛粪污处理技术研究进展

国内粪污处理方面，杨增玲等研发了一种用于管道中粪水成分在线分析的光谱检测系统。黄光群等研发了适合规模化奶牛养殖的粪污高效固液分离系统。刘志豪等采用 Greenfeed 测定系统获取了干奶期奶牛肠道温室气体排放量为 18 419.83克/天；鞠鑫鑫等参考 IPCC 指南方法估算成年奶牛全产业链（粪污沼气工程处理且三沼利用）的温室气体净排放量仅为 3.742 吨 CO_2当量/头 · 年。

3. 奶牛智能化养殖技术研究进展

围绕奶牛个体生长和生理等养殖健康信息开展的数字化表征指标的智能化感知技术，尤其在非接触式智能感知技术研究领域取得了一定的进展，且个别方向已达到甚至赶超国外最新研究水平。张楷等实现了奶牛步态的分割，准确率达到了 91.67%。刘天舒等对奶牛爬跨行为进行识别，平均识别准确率达到了 97.5%。在牧场环境监测与控制研究方面，研究发现冷热应激均会对奶牛生产性能、产奶量、采食量等产生很大的影响。

（五）乳制品加工研究进展

1. 国内液态奶产业技术研发进展

液态奶作为国内乳品行业的主导产品得到了空前发展，其组分分析及安全检测仍是研究热点。林强等建立了超高效液相色谱—四极杆静电场轨道阱高分辨质谱法快速检测液态奶中的氯酸盐和高氯酸盐的分析方法；吕涛等采用四甲基联苯胺法检测液态奶中的乳过氧化物酶，作为优质巴氏杀菌乳筛选的一种有效手段；佘之蕴等利用近红外光谱技术对发酵乳酸度进行了快速分析检测。

液态奶产品种类和适用人群呈现多样化的趋势。赵晓研发出一款低血糖生成指数（GI）大米发酵乳，口感宜人；柴云美等以高产共轭亚油酸（CLA）的发酵乳杆菌（*Lactobacillus fermentum*）为基础，以核桃油为底物，研制出了一款色香味俱佳，活菌数达 1×10^8 CFU/mL、CLA 含量达 225.56 微克/毫升的发酵乳；邓凯等以蓝莓、紫薯和牛乳为主要原料，经过乳酸菌发酵而制成蓝莓紫薯发酵乳。

2. 国内干乳制品研究发展

国内乳粉检测技术不断提升。刘文菁等建立了气相色谱—串联质谱法测定婴幼儿配方乳粉中氯丙醇酯和缩水甘油酯的方法；杜茹芸等创建了一种体积排阻色谱法测定乳粉和乳清粉中的 α-乳白蛋白含量的方法；武伦玮等创建了 HPAEC-PAD 快速检测乳粉中的 N-乙酰神经氨酸（Neu5Ac）和 N-羟乙酰神经氨酸的方法。

在干酪制作中，添加盐可起到改善口感和质地、促进凝乳脱水和抑制腐败微生物生长的作用，而过量食用盐会对人体健康带来不良影响，2022 年我国干酪产业的研究主要集中在低盐干酪的研制。沈建洋等研究了不同乳化盐添加量（0.6%~3.0%）对再制干酪拉伸性能的影响，发现当乳化盐从 0.6%增加至 3.0%时，再制干酪的拉伸性先升高后降低。李红娟等利用热变性乳清蛋白对黄油进行预乳化处理，形成乳清蛋白—黄油乳液凝胶（WPI-EG）后将其用于干酪加工，能够有效降低再制干酪中含钠乳化盐添加量，改善了干酪品质。

（国家奶牛产业技术体系首席科学家　李胜利　提供）

2022年度肉牛牦牛产业技术发展报告

（国家肉牛牦牛产业技术体系）

一、国际牛肉生产与贸易概况

（一）国际牛肉产量

2022年全球牛肉折算胴体基础的总产量为5 937.2万吨，较2021年增加100.1万吨。产量超百万吨的国家（地区）是：美国（1 282.0万吨）、巴西（1 035.0万吨）、中国（712.5万吨）、欧盟（27国）（682.0万吨）、印度（435.0万吨）、阿根廷（308.0万吨）、墨西哥（217.5万吨）、澳大利亚（195.0万吨）、加拿大（138.5万吨）、俄罗斯（138.0万吨）。

（二）国际牛肉消费量

2022年全球牛肉消费量达5 696.1万吨，较2021年增加9.6万吨。牛肉消费量超百万吨的国家（地区）是：美国（1 271.2万吨）、中国（1 024.5万吨）、巴西（747.1万吨）、欧盟（27国）（650.5万吨）、印度（287.5万吨）、阿根廷（231.6万吨）、墨西哥（190.5万吨）、俄罗斯（153.0万吨）、日本（126.5万吨）、英国（112.9万吨）、加拿大（101.2万吨）。

（三）牛肉贸易量

2022年全球牛肉总贸易量2 219.7万吨，其中进口量991.2万吨，出口量1 228.5万吨。与2021年相比，全球牛肉总贸易量增加了81.9万吨，进口量减少了2.1万吨，出口量增加了84万吨。

2022年牛肉进口量超过10万吨的国家（地区）是：中国（314.0万吨）、美国（153.7万吨）、日本（80.0万吨）、韩国（61.0万吨）、英国（41.5万吨）、智利（41.0万吨）、欧盟（27国）（38.5万吨）、埃及（31.5万吨）、马来西亚（23.5万吨）、菲律宾（22.5万吨）、中国香港（17.5万吨）。

2022年牛肉出口量超过10万吨的国家（地区）是：巴西（295.0万吨）、美国（162.0万吨）、印度（147.5万吨）、澳大利亚（130.0万吨）、阿根廷（77.0万吨）、欧盟（27国）（70.0万吨）、新西兰（64.0万吨）、加拿大（58.5万吨）、乌拉圭（57.0万吨）、巴拉圭（43.5万吨）、墨西哥（43.0万吨）。

二、国内牛肉生产与贸易概况

（一）国内肉牛生产与牛肉产量

2022年，屠宰肉牛约3 010万头，胴体总产量约为767万吨。胴体均重约253千克/头。其中，育肥技术水平较高的育肥场，杂交牛胴体均重约370千克/头、中大体型本地黄牛胴体均重约262千克/头、南方本地小黄牛胴体均重约167千克/头。牛肉产值约6 780亿元。屠宰牦牛约380万头，胴体均重约128千克/头。胴体产量约48.6万吨，牦牛肉产值约 467 亿元。受新冠疫情和牛病防控、生产成本全面上涨以及牛肉价格基本稳定等因素连年累加的影响，2022 年度总体表现为，屠宰头数与牛肉产量微增，生产效率（进、出栏整齐度）与头均胴体重略降。育肥母牛数量有所增加是关注点。

（二）国内牛肉贸易

2022 年度牛肉进出口贸易量合计约 268.96 万吨，比 2021 年度（233.26 万吨）增加 35.70 万吨，牛肉进出口贸易额合计 177.58 亿美元，贸易赤字 177.57 亿美元。牛肉净进口量（268.95 万吨）是 2021 年度（233.25 万吨）的 1.15 倍，比 2021 年度增加了 35.70 万吨。

2022 年进口牛肉 268.95 万吨，进口额 177.58 亿美元，进口均价 6.60 美元/千克。其中，鲜或冷的带骨牛肉进口 0.06 万吨，进口额 0.15 亿美元；鲜或冷的去骨牛肉进口 5.15 万吨，进口额 6.59 亿美元；冻整头及半头牛肉 0.13 万吨，进口额 0.04 亿美元；冻带骨牛肉进口 43.25 万吨，进口额 14.87 亿美元；冻去骨牛肉进口 220.36 万吨，进口额 155.94 亿美元。

2022 年进口牛肉的省（区、市）共 30 个，分别是：山东（495 403.51 吨）、上海（459 304.46吨）、广东（326 290.63吨）、天津（285 278.60吨）、北京（162 428.13吨）、江苏（151 259.02吨）、福建（116 600.36吨）、湖北（104 973.09吨）、浙江（98 328.22吨）、安徽（92 761.90吨）、重庆（79 892.75吨）、辽宁（53 489.60吨）、湖南（46 839.34吨）、吉林（37 381.56 吨）、河南（35 914.27 吨）、黑龙江（33 100.14 吨）、贵州（31 369.69吨）、四川（24 284.29吨）、江西（18 591.27吨）、山西（10 662.50吨）、海南（6 613.54吨）、河北（4 998.70吨）、内蒙古（4 011.33吨）、青海（2 484.70吨）、新疆（2 016.81吨）、广西（1 868.33 吨）、甘肃（1 506.87 吨）、陕西（1 114.00 吨）、云南（728.01 吨）、西藏（18.74 吨）。

2022 年出口牛肉 38.61 吨，出口额 48.09 万美元，出口均价 12.46 美元/千克。其中，冻带骨牛肉出口 0.37 吨，出口额 0.46 万美元；冻去骨牛肉出口 38.24 吨，出口额 47.63 万美元。出口牛肉的省（区、市）共 4 个，为河北、上海、广东、宁夏。鲜或冷的整头及半头牛肉、鲜或冷的带骨牛肉、鲜或冷的去骨牛肉、冻整头及半头牛肉无出口贸易。

三、国际肉牛产业技术研发进展

1. 遗传育种与繁殖领域

2022 年，肉牛产业发达国家在常规育种技术之上，发力研发和应用肉牛生物育种技术。例如，在种牛选择方面，研发高通量基因检测芯片，优化基因组选择方法，扩大基因组育种值估计应用范围；结合人工授精等辅助生殖技术加速肉牛重要经济性状的遗传改良。在生物技术方面，使用育种领域较为成熟的基因编辑技术，定向改变肉牛的遗传物质，改变和影响特定性状，再结合胚胎移植等技术加快肉牛品种的遗传改良。在繁殖方面，精子和胚胎的冷冻保存、同期发情、超数排卵、胚胎移植等技术的应用范围进一步扩大，有效提高了优质遗传资源的覆盖范围，加速了肉牛的遗传改良；活体采卵和体外胚胎生产技术（OPU-IVP）的实用化，增加了母牛的选择强度，从而促进了优良品种在世界范围内的市场占有率。利用遗传和育种手段降低“碳排放”、提升品种的环境适应性等研究越发得到重视。

2. 饲料营养领域

开展小麦及其加工产物、甘蔗和甜菜糖蜜、全株青贮玉米等饲草料的营养价值评定；通过氧化钙等化学处理、微生物青贮制剂等提高干草和青贮质量；研究玉米、小麦等粉碎粒径对消化吸收率的影响；评估了 α-淀粉酶、包被葡萄糖酸钙等饲料添加剂对瘤胃健康、氮沉积和能量利用率的影响，以及葡萄籽提取物、大蒜素等在瘤胃甲烷减排的潜力，不断提高饲草料利用效率。

注重母牛和犊牛一体化培育技术，研究怀孕前期、后期、产后母牛营养供给对牛胚胎质量、黄体、胎盘的影响。探究了不同脂肪酸及比例、能量和可代谢蛋白水平对母牛产后葡萄糖—胰岛素代谢动力学、初乳成分、犊牛肝脏营养代谢以及母牛营养对犊牛发育和后期肉质的影响。

重视育肥牛的肉质改善和饲养管理。建立了育肥期杂交牛的维持营养需要，修订了放牧牛的日增重预测模型，采用消化能预测代谢能来估计甲烷排放量。研究了异地育肥模式启运前日粮营养水平以及到场后氧化镁、锌水平等对肉牛免疫力的影响；研究了复合 B 族维生素缓解肉牛热应激的效果；研究了营养供给与骨骼肌发育、甲基化与脂质代谢、提高肉品质的关系以及过瘤胃蛋白的氨基酸组成对肉牛生产性能的影响。

3. 疾病控制领域

依据世界动物卫生组织公布的监测数据，2022 年全球报告的牛疫病有牛结节性皮肤病、牛口蹄疫、牛传染性鼻气管炎、牛流行热、牛布鲁氏菌病（简称布病）及牛结核病等 12 种。牛口蹄疫发病 658 起，主要发生于南非、比利时、以色列和印度尼西亚等国家。2022 年只报告了 38 起动物结核病疫情，而 2019—2021 年的动物结核病疫情数均在 1. 3 万起以上。

在重大牛病的新型牛用疫苗研发方面，已证实牛结节性皮肤病和牛白血病基因缺失活疫苗对牛具有良好的保护力。英国动植物健康所研究人员系统评价了卡介苗接种对犊牛和泌乳牛的安全性。常发牛疫病新型疫苗研究主要涉及牛呼吸疾病综合征和犊牛腹泻相关病原，如高效展示牛病毒性腹泻病毒 E2 蛋白的疫苗可诱导较强的体液免疫反应；未吃初乳的新生犊牛经鼻腔接种表达牛呼吸道合胞体病毒 F 糖蛋白的重组载体疫苗，获得免疫保护。

牛病诊断新技术以病原学快检技术和基于全基因组测序的分析技术为主。研究人员利用新型生物医用材料制备压电气体传感器探头，有望用于牛呼吸疾病综合征病原的快速诊断；利用全基因测序技术可检测和追踪牛呼吸道合胞体病毒的传播途径；宏基因组和宏病毒组技术已用于发现未知和易忽略病原体。

为配合"同一健康"原则下的减抗行动，欧盟制定了牛呼吸疾病综合征抗生素治疗指南，并将治疗药物分为三类，一线药物（D 类，Prudence 谨慎）氟苯尼考和青霉素；二线药物（C 类，Caution 注意）四环素和阿莫西林；三线药物（B 类，Restrict 限制）大环内酯类，尤其是长效大环内酯类抗生素，上述药物通常为兽医临床常用药物。

4. 设施设备与环境控制领域

发达国家肉牛养殖设施设备与环境控制技术研发领先于国内，日粮加工与饲喂、饮水、清粪及粪污处理等实现了全面机械化作业，保健、疫病诊断、称重等自动化和智能化程度较高。繁育场更加注重产房管理和带犊母牛阶段的饲养管理，分群精细化饲养管理已经成为繁育母牛饲养工艺的核心宗旨。

环境控制方面，国外重点研究减少氨气和温室气体排放量，主要围绕营养调控技术和动物福利等研究，达到减排的目的，并采取不同类型日粮在降低温室气体排放和肉牛日常活动空间以及牛舍有害气体上限等方面优化饲养管理，提高养殖效益。

设施设备方面，以欧美 CLAAS、KRONE、John Deere 等公司生产的青饲料收获机，代表了发达国家主流技术水平。智能化、环保节能、农机农艺融合是主要新技术发展方向。运输车辆自动跟车、抛送筒自动装填、作物产量在线测定等众多智能技术得到应用，揉丝破碎技术实现玉米籽粒彻底粉碎和茎秆揉搓，在得到更高消化率的同时有助于瘤胃反刍。

牛场粪污处理与利用方面，仍以能源化、资源化利用为主。研究利用牛粪提取物合成氧化锌纳米颗粒，确定其农业新材料及生物柴油潜质；针对潜在污染风险，通过两种有机磷农药的吸附特性比较发现牛粪灰 CDA 具有杀虫剂控制递送基质的潜力。

5. 加工与品质控制领域

一些欧盟国家开始使用基于数字图像分析牛肉胴体产量无损检测系统，该系统能够实现屠宰线上牛肉产量和质量的实时评估，增强了屠宰线的自动化水平，降低了屠宰场的生产成本。

在牛肉品质方面，牛肉嫩度、颜色、货架期是较为关注的问题。目前开发了超声波、脉冲电场、超声波与真空低温蒸煮技术协同处理等方式以提高牛肉嫩度；开发了气调包装、活性包装、植物提取物、低能电子束辐照技术，能够显著改善牛肉肉色、延长牛肉货架期。

牛肉加工过程中原辅料互作规律、风味形成规律、适合牛肉原料特点的新产品开发及新工艺优化，提高牛肉制品的嫩度、色泽、风味仍是研究热点。低盐低脂、绿色加工、天然保鲜技术引领牛肉产品的未来方向。牛副产物综合利用主要体现在活性物质的提取与应用，利用牛皮提取明胶替代部分脂肪、制备薄膜用于食品的保鲜、利用牛骨酶解制备香精替代部分食盐、利用牛毛提取角蛋白等，不仅降低了牛副产物对环境的污染，并且为应对全球对高蛋白食品需求的挑战提供了一定的思路。

6. 产业经济领域

2022 年，国际肉牛产业经济研究主要集中在数字技术、区块链技术、低碳消费和 COVID-19（新型冠状病毒疾病）等对肉牛产业发展影响等方面。

在肉牛养殖数字技术方面，重点关注企业和养殖户的意愿、认识水平以及肉牛养殖场使用数字精准畜牧业（PLF）技术。

在区块链技术应用方面，将供应链策略与信息系统策略整合为多重签名方法，应用于肉牛产业区块链的供应链治理中。

在牛肉低碳消费方面，将国家尺度层面的牛肉碳足迹总体数据按比例缩放到微观个人水平上并呈现给消费者，增加了消费者对牛肉持续消费的信心。

在 COVID-19 对肉牛产业发展影响方面，评估了 COVID-19 对不同牛肉集中加工区域和加工规模的影响，还有一些研究探讨了 COVID-19 对员工福利和牛肉供应链的影响，发现年轻消费者更加关注肉牛碳排放、动物福利和食品安全问题。

四、国内肉牛牦牛产业技术研发进展

1. 遗传育种与繁殖领域

2022 年是实施《种业振兴行动方案》的攻坚之年，一系列围绕我国肉牛种业的资源利用、核心技术研发等进入具体实施阶段。

第三次全国畜禽遗传资源普查工作顺利实施，截至目前，现场普查和性能测定工作已基本完成。已完成 114 个地方品种和引入品种的采样工作，总体任务完成率达 93%；已完成 109 个品种的体型外貌和体尺体重等性能测定，任务完成率为 80%。

据《全国肉牛遗传改良计划》，肉牛种业技术支撑体系、表型数据自动化收集系统进一步完善；“牛场智能体重采集系统”以及“牛的图像识别与图像分割技术验证软件”的表型测量准确性得到进一步提升，并逐渐应用于实际肉牛表型测量。遗传评估技术体系建设趋于完善，2022 年公布了 34 个种公牛站 31 个品种的评估结果，利用全基因组选择指数对 875 头西门塔尔牛和华西牛种公牛进行了基因组评估。

2022 年正式发布针对我国肉牛品种自主研发的中高密度肉牛基因组芯片“cattle110”(110K)，大大降低肉牛基因分型的成本，对今后我国肉牛多品种基因选择体系的建立具有重要意义。

利鲁牛、无角夏南牛、延和牛、平凉红牛、肉用褐牛等新品种的系统选育工作有序推进。活体采卵、体外受精、胚胎移植等技术产业化应用得到快速发展，有效缓解了优质种源大量依赖进口的问题。在肉牛基因编辑技术方面也有大量探索积累。

2. 饲料营养领域

基于节本增效和本地化饲料利用的需求，评定了复播玉米、糟渣、菌糠等饲草料资源营养价值，研发甘蔗渣与构树叶等混贮技术。研究了 EM 菌、水分等对青贮品质的影响。

建立了育肥期华西牛、无角夏南牛、牦牛的蛋白质、能量、中性洗涤纤维等需要量；比较了日粮纤维来源、纤维/淀粉比例对肉牛瘤胃古菌区系和甲烷排放量的影响；评估了岩藻多糖、N-氨甲酰谷氨酸、过瘤胃葡萄糖对肉牛生产性能、免疫功能的影响；比较了富硒酵母、电解质离子复合制剂等对热应激牛的影响，为肉牛牦牛精准饲养奠定基础。

研发母牛异食癖防治技术，研究了围产期母牛日粮营养水平对犊牛生长的代际影响，母牛泌乳性能、断奶方式、开食料营养水平等对犊牛生长发育与健康的影响，形成了一母带多犊的高泌乳性能母牛的高效节本生产技术。

研究了精料补充料比例对育肥牛急性、亚急性酸中毒的影响，开发了包被蛋氨酸等对育肥牛肉质的调控技术。形成了地方黄牛差异化育肥生产优质牛肉技术，推动形成活体与上市肉质肉量管控一体化技术。

研究了日粮营养水平、异丁酸等对牦牛瘤胃发育、能量代谢、机体健康的调控技术。比较了放牧与舍饲对牦牛肉质的影响，因地制宜建立牧养结合错峰出栏、低海拔农区牦牛犊牛异地饲养、差异化育肥等不同养殖模式，推动了肉牛牦牛差异化养殖高效生产模式的发展。

3. 疾病控制领域

农业农村部新修订了《一、二、三类动物疫病病种名录》，与前一版相比，8 种牛病降级，删除 3 种牛病，新增 4 种牛病和 10 种多种动物共患病，2 种牛病更名。

在重大牛疫病净化方面，农业农村部继续开展牛结核病和布病净化评估工作，共 11

个单位通过了牛结核病和布鲁氏菌病的净化评估，其中种牛场 3 个，奶牛场 8 个。本年度中国动物疫病预防控制中心官网未发布《兽医公报》。据文献检索，母牛流产、牛结节性皮肤病、牛呼吸疾病综合征、犊牛腹泻、牛流行热与牛血液原虫病等是主要流行的病种，其中布鲁氏菌病是致母牛流产的主要原因，牛呼吸疾病综合征和犊牛腹泻等呈现多病原体混合感染特征。

2022 年获新兽药注册的国内兽药产品有 78 个，其中牛用产品 9 个，包括检测试剂盒 4 个，分别涉及牛结核病、布病及口蹄疫检测；5 个化学药品获新兽药注册，其中二类新兽药 3 种。2022 年进口兽药新注册产品 10 个，其中牛产品 2 个。养殖端全面禁抗政策实施后，传统中兽药方剂和微生态制剂的替抗研究受到重视。

4. 设施与环境控制领域

国内肉牛繁育场母子分开饲养、定时哺乳的带犊母牛饲养工艺技术陆续推广应用，其经济效益有待母牛产业回应。

牦牛养殖方面，健康高效养殖标准化和适度规模化程度不断提高，研发了全舍饲犊牛早期培育与健康高效养殖技术模式，牦牛平均产犊年龄从 4 岁缩短至 2.5 岁，2.5 岁的公牦牛平均体重比传统养殖提高了 83.6%。

环境控制方面，北方寒区牛舍冬季太阳能恒温饮水、空气源热泵供暖、低温热水地面供暖系统陆续推广应用；南方肉牛规模养殖场，肉牛漏缝地板养殖工艺日益成熟；明确了温度是影响牦牛生产性能变化的关键因素，重视牦牛冷应激和通风换气，严格控制有害气体浓度上限。

设施设备方面，受 2021 年度饲草短缺的影响，2022 年度青饲料收获机销售数量大增，产品性能有所提升。大型青饲料收获机多割台配置有所增加，可适应高秆作物、牧草或凋萎青贮等不同作物、不同青贮模式的需求；中小型青贮机多功能割台技术有所突破，一个割台可以适应不同作物的收获需求。从市场销售看，中小型裹包青贮机及中小型 TMR 等养殖装备市场需求旺盛。

牛场粪污处理与利用方面，重点开展了牛粪资源化利用、环境风险因子去除等相关研究。研究采用牛粪粪水厌氧消化联合超声—吸附方法削减四环素类抗性基因，去除率达 99.32%；采用碱预处理可提高牛粪厌氧消化产甲烷性能，KOH 最佳投加量为 6 mmol OH^-/g. VS。

5. 加工与品质控制领域

肉牛、牦牛屠宰加工正向着规范屠宰、精准分割、质量安全管控、绿色加工技术等方面发展，以满足新形势下饮食方式新需求与提高行业抵御风险能力的需要。

2022 年实施和 2023 年即将实施的牛屠宰加工标准有 GB/T 40464—2021《冷却肉加工技术要求》、GB/T 29392—2022《畜禽肉质量分级 牛肉》、GB/T 17238—2022《鲜、冻分割牛肉》和 GB/T 40467—2021《畜禽肉品质检测 近红外法通则》等。这些标准宣贯实施将会在国家层面有效提升我国冷却（冷鲜、冰鲜）牛肉生产与质量，进一步促进国产牛肉等级与规格化生产消费。

在牛肉品质控制方面，搭建了生鲜牛肉冷藏时间识别模型；研发了利用天然提取物制备的智能指示标签，可以指示牛肉冷藏过程中新鲜度的变化；利用氨基酸二肽谱分析技术、DNA 杂交技术、元素分析仪—稳定同位素比质谱仪（EA-IRMS）技术实现了掺假物鉴别以及牛肉的产地溯源。

在牛肉安全控制方面，进行了牛肉源主要致病菌的流行病学分析，并建立了相应的风险评估模型。针对不同来源牛肉建立了牛肉乳化技术、原辅料复配技术、固态发酵技术等差异化加工技术并研发了系列牛肉乳化产品、发酵制品和预制牛肉菜肴等新产品；并对传统牛肉制品如酱卤牛肉、牛肉干进行了减盐技术、安全提升等技术革新。开发了副产物脱腥、牛头蹄皮脱毛等技术和牛皮脱毛等装置；研发了婴幼儿辅食牛肝酱、酸辣肚丝汤、骨粉、胶原蛋白果冻及牛皮胶原肽布丁等系列休闲食品；提取的糖尿病抑制肽、牛骨明胶衍生肽和呈味肽等生物活性肽可有效促进人体代谢，并具有抗高血糖、高血压和高血脂等生理调节功能。

6. 产业经济领域

2022 年，国内肉牛产业经济研究领域主要集中在肉牛产业发展与政策、肉牛养殖碳排放、肉牛生产效率和牛肉供应链发展等方面。在肉牛产业发展与政策方面，多元进口和强化自我供给能力成为我国满足居民牛肉需求增长的重要渠道。

我国牛肉进口来源国和进口数量均有增长。国家和地方出台肉牛产业支持政策，推进肉牛产业装备升级、数字化转型和绿色生态高质量发展。在小规模大群体的背景下，通过“葡萄式”的产业结构保障我国牛肉安全供给的认识和实践正在形成，相关的支持政策正在不断探索之中。

金融支持也成为管理部门和行业推动肉牛产业发展的重要措施。在肉牛养殖业碳排放方面，将碳排放纳入效率测算框架，测算碳排放效率时空演化特征及空间分布格局，中国肉牛产业碳排放呈倒“N”形，但尚未实现碳达峰。

在肉牛生产效率测算方面，环境因素和资源禀赋影响着不同养殖户的技术效率，环境效率模型成为解决环境和资源禀赋影响肉牛养殖技术效率的重要工具。

在牛肉供应链方面，“增产、降本、提质、特色化”成为肉牛产业生产端的重要指导原则，而线上销售和预制菜销售则得到越来越多消费者的青睐，生产者也正在积极探索通过线上直接面对消费者的渠道。

（国家肉牛牦牛产业技术体系首席科学家　曹兵海　提供）

2022 年度肉羊产业技术发展报告

（国家肉羊产业技术体系）

一、国际羊肉生产与贸易概况①

（一）全球主要肉羊生产国生产概况

全球羊只存栏量、出栏量和羊肉产量均呈现不断增长的态势，各大洲以及各国家和地区的发展变动存在较大差异。

1. 主要生产国羊存出栏量情况

从存栏量看，2000—2021 年，全球山羊存栏量从 7.6 亿只增长到 11.1 亿只，绵羊存栏量从 10.7 亿只增长到 12.8 亿只，分别增长了 46.1%和 19.6%，年均增长率分别达到 1.8%和 0.9%，可见山羊存栏量的增长速度远高于绵羊。从出栏量看，2000—2021 年，山羊出栏量从 3.2 亿只增长到 5.0 亿只，绵羊出栏量从 4.9 亿只增长到 6.2 亿只，分别增长了 56.3%和 26.5%，年均增长率分别为 2.3%和 1.1%，可见全球羊的出栏量增长速度同样高于存栏量，说明全球羊的出栏率有所提升。

2. 主要生产国羊肉产量情况

2000—2021 年，全球羊肉产量持续上升。2021 年，全球羊肉产量 1 635.8 万吨，较 2000 年增长了 44.9%；其中，绵羊肉产量为 996.0 万吨，占全球羊肉产量的 60.9%，较 2000 年增长了 33.2%；山羊肉产量 639.8 万吨，较 2000 年增长了 67.9%，可见绵羊肉产量大于山羊肉产量，但山羊肉产量增长速度高于绵羊肉。

（二）全球肉羊市场概况

2021 年绵羊肉贸易额占总羊肉贸易额的 95.8%，因此对全球绵羊肉数据分析可以有效反映全球肉羊市场概况。

1. 全球绵羊肉价格情况

2021 年，绵羊肉的全球市场价格为4 808美元/吨，较 2020 年下降 1.8%。从近 20 年的全球市场价格来看，全球绵羊肉价格小幅波动上升，于 2012 年达到价格顶峰 5 161 美元/吨，后呈先降后升趋势，在 2016 年降到最低 3 564美元/吨，2018 年回升到 5 000美元/吨，后受疫情影响近 3 年绵羊肉价格有所下降。

2. 全球绵羊肉消费情况

2021 年，全球绵羊肉总消费 1 587.2万吨，较 2020 年上升 0.6%，其中亚洲消费 1 032.7万吨，消费占比 65.1%；非洲消费 331.5万吨，消费占比 20.9%；欧洲消费 130.3 万吨，消费占比 8.2%；拉丁美洲、大洋洲、北美洲则分别占比 2.8%、1.5%、1.5%，2021 年各大洲绵羊肉总消费较 2020 年普遍波动较小。

---

① 生产数据来源于 FAO 数据库；市场数据来源于 OECD 数据库、FAO 数据库；贸易数据来源于 UN Comtrade、International Trade Centre 数据库，其中，2021 年只公布了前两季度的数据。

（三）羊肉贸易概况

1. 羊肉进口情况

2021 年，羊肉进口的最大市场为中国，各月都高于位居第二的美国。2021 年，中美分别进口羊肉 23.8 亿美元和 14.4 亿美元，分别占世界羊肉进口总额的 27.2%和 16.5%，遥遥领先法国、英国及德国。2022 年中国前两季度羊肉进口额同比下降 11.1%，美国同比增长 46.5%，法国、德国和英国等国家进口额也普遍增加，可见疫情后大部分国家仍处于贸易恢复期。但中国和美国仍是世界主要羊肉进口国。

2. 羊肉出口情况

羊肉出口市场比较集中，主力仍旧是澳大利亚和新西兰。2021 年，澳大利亚和新西兰分别出口羊肉 33.9 亿美元和 29.0 亿美元，分别占世界羊肉出口总额的 36.8%和 31.5%，遥遥领先英国、爱尔兰和荷兰。从 2022 年前三季度各国羊肉出口额变化趋势来看，5 月前新西兰出口额一直高于澳大利亚，之后澳大利亚居上并始终保持较高水平。

二、国内羊肉生产与贸易概况

（一）生产概况

1. 羊存出栏量

近年来我国羊存出栏量增长趋势相同，羊出栏率整体有所提升。从存栏量看，2000—2022 年，我国羊存栏量（此处包含毛用羊）从 27 948.2万只上升到 32 627.0万只，增长了 16.7%。2000—2021 年，山羊存栏量从 14 945.6万只下降到 13 331.6万只，下降了 10.8%；绵羊存栏量从 13 002.6万只上升到 18 637.7万只，增长了 43.1%①。从出栏量来看，2000—2022 年，我国羊出栏量从 19 653.4万只上升至 33 624.0万只，增长了 71.1%。从出栏率来看，2000—2022 年，我国羊出栏率从 70.4%上升至 105.2%，增长了 49.4%。

2. 羊肉产量

2000—2022 年，我国羊肉产量从 264.1 万吨增长至 525.0 万吨，增长了 98.8%，仅 2011 年羊肉产量出现负增长（-2.0%），其他年份羊肉产量均保持连续正增长且 2003 年最高增速达到 8.9%。但近 10 年，羊肉产量增速放缓，2013—2022 年年均增速仅为 2.7%。

（二）市场概况

1. 消费情况

从人均羊肉消费量看，2000—2021 年，城镇居民人均户内羊肉消费量从 1.4 千克增长至 1.6 千克，增幅达 18.5%，而农村居民人均消费量从 0.6 千克增长至 1.2 千克，增幅达 96.7%。城镇和农村人均消费量的较大波动幅度均是从 2014 年开始，至 2016 年到达峰值后开始连续回落，目前仍未恢复到 2016 年的水平。

2. 羊肉价格

2001—2022 年，我国羊肉市场价格由 15.4 元/千克增长到 82.4 元/千克，增长了 4.4 倍。2022 年全国羊肉价格呈现出 1—2 月上升，3—7 月下降，8—12 月回升的走势，总体下降了 2.07%。与 2021 年同期相比，上半年各月同比增长率平均值为-2.62%，两年间差

① 数据来源：国家统计局。

值基本保持稳定，同比增长率最低为-3.60%，下半年差距逐渐缩小。

（三）贸易概况①

1. 羊肉进口概况

2022 年，我国羊肉进口量为 35.8 万吨，比 2021 年下降 14.8%。进口羊肉产品种类方面，冻带骨绵羊肉是我国第一大羊肉进口品类，2022 年其在羊肉进口总量中占比为 81.9%。羊肉进口国方面，我国羊肉进口集中在新西兰和澳大利亚两国，2022 年两国进口的羊肉数量分别占进口总量的 54.6%和 41.8%。

2. 羊肉出口概况

2022 年，我国羊肉出口量为1 607.6吨，比 2021 年下降 19.2%。出口羊肉产品种类方面，中国羊肉出口以山羊肉为主，近 20 年来，山羊肉出口比例均值为 46.9%，出口占比最高曾达到 79.8%。羊肉出口国（地区）方面，中国羊肉出口体量非常小，且出口市场越来越集中，目前主要出口到中国香港、中国澳门和科威特。

三、国际肉羊产业技术研发进展

（一）国际肉羊育种技术研发进展

过去 30 年，羊产品由“毛主肉从”渐变为“肉主毛从”，与之相适应的，育种目标、选种技术和扩繁技术等方面也随之演变。

（1）肉羊育种目标较为稳定。舍饲品种选育目标集中追求母羊性成熟早、全年发情、产羔率高、泌乳力强、羔羊生长发育快、饲料报酬高、肉用性能好，并注意把羊肉与产毛性状结合起来。

（2）选种技术吸收大量新技术。在选种技术上探索经典选种与分子选种技术有机结合。大量应用表型自动测定技术，数据数量和数据质量快速提升。充分利用多组学技术寻找候选基因，将基因信息纳入选种模型，开发分子标记辅助（MAS）和全基因组（GS）选种模型。

（3）应用现代繁殖技术推动育种进程。腹腔镜输精法与胚胎移植技术在国外应用广泛，加速了优良种畜基因扩散和良种家畜的繁殖、育种进程。

（二）国际肉羊营养与饲料技术研发进展

2022 年国外学者主要围绕肉羊养殖中的非常规饲料开发、豆粕替代、肉品质、添加剂等进行了研究。

（1）非常规饲料开发。在羔羊日粮中使用饼干生产过程中的副产物代替玉米能够提高羔羊营养物质消化利用，提高饲料效率。添加 3%的眼盲蝽可以提高绵羊的性能，同时也产生显著的高细胞因子，增强绵羊的免疫功能。

（2）杂粕替代豆粕。在育肥羔羊日粮中，用 50%或 100%的芝麻粉替代豆粕可能是一种可行的饲喂方式，可提高养殖利润，并且没有发现对生产性状和胴体质量的负面影响。

（3）营养与肉品质。添加脂肪（牛油钙皂）对肉羊育肥性能、胴体性状、化学、感官特性和经济效益有积极作用。用甜菜叶替代 7.5%的苜蓿干草可以提高育肥羔羊的抗氧化状态，改善肉的颜色稳定性。

① 数据来源：International Trade Centre 数据库。

(4) 饲料加工技术。与磨碎的玉米高淀粉日粮饲喂相比，全株玉米高淀粉饲料喂养可以改善动物性能，改变瘤胃细菌组成和多样性，增加育肥羔羊上皮乳头的挥发性脂肪酸(VFA) 吸收。

(5) 饲料添加剂。一是功能调节性饲料添加剂研究。苜蓿粉作为一种很有应用前景的植物补充品，对藏羊的生长、发育和身体健康有积极作用。二是降低甲烷（CH_4）排放的研究。饲料中添加蚕蛹油、富含酚类和皂苷的植物提取物、印楝籽油、油菜等可以减少 CH_4 排放。三是益生菌制剂。羔羊日粮补充方孢菌可以降低羔羊的血脂，增强免疫力和抗炎能力。四是微量元素。日粮微量矿物质添加改善了生长羊的生长性能和肠道发育，并改变了肠道细菌的结构。五是抗营养因子及有害物质。仙人掌枝部分替代 Tifton 干草会增加羔羊肝脏中铜的浓度以及山羊血清中铁和铜的水平。

(三) 国际肉羊疾病防治技术研发进展

2022 年度国际肉羊布病防控的工作主要为肉羊布病的血清学调查。在小反刍兽疫防控领域，Pandey 等揭示了小反刍兽疫病毒（Peste des petits ruminants virus，PPRV）感染条件下山羊肺和脾组织 mRNA-lncRNA 协作下的免疫反应。Eloiflin 等验证了与 IC89 株相比，MA08 株引起更强烈的组织学损伤，并在组织和血清中发现了病毒 RNA。在羊口疮防控领域，Yamada 等发现与趋化因子结合蛋白（CBP）缺失株相比，血管内皮生长因子(VEGF) 缺失株的毒力更弱。蜱传脑炎病毒（Tick-borne encephalitis virus，TBE）的相关研究在 2022 年度尤其得到关注。

(四) 国际肉羊屠宰与羊肉加工技术研发进展

2022 年国际肉羊屠宰与羊肉加工技术研发主要表现在以下几个方面。一是开展了羊肉品质调控技术研究，确证了宰前运输、禁食会显著影响羊肉的品质特性；二是开展了羊肉品质生物标志物技术研究，对不同品质、品种羊肉的蛋白质组成进行系统解析；三是开展了羊肉品质无损检测技术研究，研究建立了基于近红外光谱的羊肉掺杂掺假模型，开发了基于电子感官、高光谱的羊肉品种快速识别技术；四是开展了羊肉保质保鲜技术研究，解析了气调包装、真空包装、托盘包装等不同包装方式羊肉的腐败规律；五是开展了羊肉加工技术研究，阐明了羊肉串、羊腿烤制过程中关键挥发性风味物质演变规律。

(五) 国际肉羊生产与环境控制研发进展

2022 年国际肉羊生产与环境控制研发主要表现在以下两个方面。

一是肉羊智能化饲养管理和羊舍环境控制技术。利用多种传感器监测设备采集羊的环境参数数据，再进行云计算分析，运用物联网信息化技术，通过远程视频监控，实现自动风机换气、湿帘降温等羊舍温度、湿度和有害气体等环境参数调控。

二是肉羊粪污资源化利用技术。施加腐熟羊粪一是可使土壤黏粒含量增加 15.0%，大于 2 毫米的水稳性团聚体增加 357.45%，提高土壤孔隙度、通气度。二是可以提高土壤有机质（OM）、速效磷（AP）、速效钾（AK）、土壤总氮（TN）等含量，改善土壤化学性质。

四、国内肉羊产业技术研发进展

(一) 国内肉羊育种技术研发进展

2022 年国内肉羊遗传改良技术研发进展主要包括以下两个方面。

一是新品种不断育成。我国先后育成 43 个新品种，这些新品种特性明显、生产力水平较高、适应性强，例如鲁西黑头羊、云上黑山羊等。这些品种的推广利用对提升区域肉羊的生产性能起到良好作用。但由于新品种的竞争优势需要聚合多个品种的优良基因，这种级进杂交为主的育种模式是特殊时期的策略，不会是我国羊育种的长期路径。

二是肉羊良种繁育体系逐步完善。繁育体系与羊产业区域布局相适应。初步建立了以种羊场为核心，以繁育场为基础，以质量监督检验测试中心和性能测定中心为支撑的良种繁育体系。全国共有质量监督检验测试中心 3 个、性能测定中心（站）10 个；有绵羊种羊场 904 家，山羊种羊场 520 家，遴选国家肉羊核心育种场 28 家。

2022 年国内育种技术研发存在的不足有：①缺乏高效的舍饲品种。母本品种主要用的是放牧品种，缺少专门化舍饲品种；父本品种主要依赖反复的进口，缺乏持续选育提高和独立发展；缺乏广泛的测定数据、缺乏联盟区块链支撑的育种技术平台。②育种工作缺乏品种权的原动力。我国多数品种没有系统的记录，数据受困的现象普遍严重。

（二）国内肉羊营养与饲料技术研发进展

2022 年我国肉羊营养与饲料技术研究主要集中在功能调节性添加剂、发酵饲料、非常规饲料资源应用、瘤胃菌群、营养需要量等方面。

一是功能调节性添加剂研究。主要分析了黄芪提取物、花椒籽、小麦低聚肽、丁酸梭菌、乳酸菌、酵母硒、桑叶粉等对肉羊生长性能、消化吸收、屠宰性能及肉品质等的影响。二是发酵饲料研究。使用金牧粮草青贮饲喂育肥期盐池滩羊可显著提高其生长性能，提高增重和平均日增重；30%鲜菇菌渣发酵全混合日粮品质优良，能促进贵州黑山羊采食和反刍，降低饲养成本；添加适宜比例发酵桑叶饲粮能提高湘东黑山羊的采食量、屠宰性能和机体的抗氧化性能，改善肉品质。三是非常规饲料的开发应用。添加藜麦秸秆能够提高羊肉肌间脂肪沉积，提高羊肉多汁性和嫩度，改善羊肉品质；日粮中为精料添加 5%花椒籽能够显著提高肉羊的营养物质表观消化率。四是胃肠道发育研究。在日粮中添加沙蒿多糖组合制剂可增加滩羊羔羊肠道菌群的多样性，调节并改善断奶滩羊公羔的肠道微生物区系。五是特殊生理时期的营养调控。饲粮中添加复方中草药制剂 5 毫升/只能够改善妊娠母羊流产数、弱羊数、瘫羊数和提高产羔率及羔羊治愈率。六是舍饲智慧化养殖技术研发。有窗式羊舍风机运行可有效改善舍内的环境质量；反光膜可有效降低羊舍环境温度，缓解育肥羔羊的热应激。七是营养需要。测算了生长期云南半细毛羊维持蛋白质需要量为 14.72 g/（$W^{0.75}$ · d），日增重 100 g 需要的蛋白质为 1.33 g/（$W^{0.75}$ · d）。八是全混合日粮（TMR）及粗饲料的应用。粗料为 50%全株青贮玉米+50%燕麦干草的试验组肉羊总增重最多；日粮中添加玉米干全酒糟（DDGS）有助于提高育肥肉羊的日增重、全期增重、料重比等生长性能。九是杂粕替代豆粕。棕榈粕可替代部分玉米饲喂藏羊母羊，推荐替代比例为 15%；发酵玉米蛋白粉替代日粮中的豆粕可以提高育肥羊生长性能和屠宰性能，促进瘤胃发酵，25%替代量效果最佳。

2022 年国内肉羊营养与饲料技术研发存在的不足有：①我国营养与饲料技术的研究中，关于饲料加工、调制技术的研究，以及降低 CH_4 排放的技术研究较少；②智慧羊业技术，尤其精细化养殖技术的研发还需要加强，解决目前肉羊养殖标准化、精准化低的问题。

（三）国内肉羊疾病防治技术研发进展

2022 年，国内肉羊疾病防控技术研发的工作主要集中在羊源 A 型多杀性巴氏杆菌、羊源 D 型多杀性巴氏杆菌、羊溶血性曼氏杆菌、羊源沙门氏菌、羊肠道病毒等重要病原的分离鉴定等病原学分析，羊口疮病毒、诊断方法建立（以聚合酶链式反应、酶联免疫吸附测定为主），山羊痘病毒、羊口疮病毒感染机制的探讨等。但针对肉羊重要疾病的疫苗和药物的研发进展明显偏少。

（四）国内肉羊屠宰与羊肉加工技术研发进展

2022 年国内肉羊屠宰与羊肉加工技术研发进展表现在以下几个方面。

一是开展了中式标准化分级分割技术研究，制定了鲁西黑头羊分割技术标准，确定了莱芜黑山羊分级指标。二是开展了羊肉真实性鉴别技术研究，构建了基于电子鼻、可见/近红外光谱、聚合酶链式反应（PCR）技术的羊肉真实性鉴别模型。三是开展了羊肉新鲜度检测技术研究，确证了三甲胺和二甲胺可以表征羊肉新鲜度，解析了不同来源腺嘌呤核苷三磷酸（ATP）表征冷鲜羊肉新鲜度的内在机制，构建了基于 ATP 的羊肉新鲜度预测模型。四是开展了冷鲜羊肉加工与保鲜技术研究，解析了乳酸菌及其代谢产物对冷鲜羊肉品质特性的影响机制，明晰了香芹酚纳米乳能够提升冷鲜羊肉的贮藏时间，确证了低压静电场综合高湿解冻可以改善羊肉的保水性。五是开展了羊肉制品加工技术研究，基于宏基因组技术分析了自然发酵羊肉香肠中微生物多样性和生物胺的代谢规律，明晰了烤羊肉在贮藏过程中品质特性的变化规律。六是开展了肉羊脂肪副产物高值化加工技术研究，明确了不同生长阶段肉羊的尾部、皮下和肾围脂肪生物学结构、化学性质差异，开发了液态羊油产品。七是开展了羊肉质量监测技术研究，利用计算机断层扫描（CT）测量胴体性状，解析了不同射频干扰（RFI）的澳洲白羊和杜泊羊的采食行为和肉品质。

2022 年国内肉羊屠宰与羊肉加工技术研发的不足：一是我国羊肉的智能化、自动化生产水平较低，智能化设备缺乏；二是现有羊肉品质评价方法操作步骤复杂、耗时耗力，快速的、无损的品质识别关键技术设备缺乏；三是冷鲜羊肉在贮藏流通过程中的损耗率、劣变率依然很高，靶向性、高效性的冷鲜羊肉减损保鲜技术尚不满足产业需求；四是我国羊肉精深加工产品缺乏，羊肉预制菜肴产品种类单一，市场拓展能力不足；五是目前我国肉羊加工副产物利用率低，副产物高值化加工技术缺乏，羊肉加工附加值亟待提升。

（五）国内肉羊生产与环境控制研发进展

2022 年，肉羊生产与环境控制领域研究取得了多方面的进展，主要表现在以下几个方面。

一是智能化饲养管理及环境控制技术。目前，我国肉羊产业中智能化饲养管理还前期探索阶段，智能化设备的应用还处于刚刚起步，主要在育种生产环节中发展较快，并将发挥重要作用。

二是肉羊粪污资源化利用技术。主要围绕粪污综合利用技术、病死羊无害化处理和南方肉羊标准化生产关键技术集成与示范方面进行研发，具体内容包括：①以安徽白山羊和黄淮肉羊的新鲜羊粪为样本，完成含水量、粗灰分、钙、磷等成分的测定；②以羊粪为单一原料，重点检测不同月份羊粪的含水量、pH 值、全氮、全磷、有机质、全盐、硝态氮含量；③以羊粪为单一原料，以不添加任何菌剂为对照，添加 1%植物乳杆菌为试验组，研究采用堆体高温好氧堆肥技术对羊粪堆体在腐熟过程中的温度、pH 值、CO_2、全氮含量的影响；④优化病死羊无害化处理关键技术，形成“病死羊+羊粪—生物菌剂+菌渣+秸秆/农产品下脚料—混合堆肥—有机肥—牧草种植”模式；⑤研究不同饲养方式对黄淮肉羊羊粪微生物区系组成的影响。

2022 年，肉羊生产与环境控制领域研究不足之处主要表现在以下几个方面。一是肉羊智能化饲养管理水平低，特别是针对非规模化羊场的轻便型智能养殖机械研发投入不足，且存在着智能设备的基础数据库不完善、普及和推广率不高、具有经验和优秀多学科交叉型人才不足等问题；二是机械装备基础研究薄弱、科技创新能力差，部分机械装备存在低端产品供给充足、中高端产品供给不足等问题。

（六）我国肉羊产业发展的对策建议

1. 促进肉羊育种技术研发

选育舍饲绵羊新品种，研发舍饲品种培育的关键技术，研发多组学选种新技术；联合育种加快舍饲品种育种进度，综合现代繁殖技术推广新品系；建立品种协会或育种联盟，建立实用的大数据平台并清除毒数据，支撑联合育种。

2. 促进肉羊营养与饲料技术研发

围绕养殖关键环节的精准饲养、饲料源头减排、杂粕利用及功能性饲料添加剂研发等关键技术，开展研究与产业化示范工作，推动我国肉羊养殖向规模化、集约化、标准化、智慧化发展；建立适合不同地区、品种的高效特色养殖模式，不断创新合作机制，加强与地方产业的对接与融合，增强科技成果转化与推广力度。

3. 促进肉羊疾病防治技术研发

推动畜牧业绿色发展，引导养殖场开展疫病净化，从源头上阻断疫病传播；加强疫病检测新技术、新方法的研发，加强安全高效疫苗的研发；重视羊源病原细菌、病毒的公共卫生学研究。

4. 促进肉羊屠宰与羊肉加工技术研发

研发羊肉营养、食用、加工等品质智能化识别技术，实现中国羊肉品质智能识别；聚焦僵直前羊肉品质保持，研发超快速冷却、电场辅助冰温/超冰温保鲜技术；结合产业和不同地区对羊肉分级分割技术的需求，构建符合中式产品的分级分割指标体系。

5. 促进肉羊生产与环境控制技术研发

根据不同肉羊生产区域的气候与地理特征和经济发展水平，制定适于当地条件的羊场设计规划标准以及羊舍建设技术规范，增加智能化设施设备和智能环境控制方面的应用；系统开展羊粪改善土壤理化性质、提高农作物品质等方面的机理研究，进一步优化并推广区域性适度规模的肉羊标准化生产体系。

（国家肉羊产业技术体系首席科学家　金海　提供）

2022年度绒毛用羊产业技术发展报告

（国家绒毛用羊产业技术体系）

一、国际绒毛用羊生产与贸易概况

2022年世界羊毛产量与2021年相比预计有所增加。根据国际毛纺织组织（IWTO）和澳大利亚羊毛产业协会（AWI）等国际机构的资料显示，2022年世界羊毛产量（净毛，下同）预计为108.56万吨，较2021年增加了5.00%。2022年世界羊毛产量同比增加的主要原因是2022年澳大利亚、英国和乌拉圭羊毛产量均出现较大幅度的增加。IWTO和AWI等国际机构的研究报告显示，2022年澳大利亚、英国和乌拉圭羊毛产量预计较2021年同比分别增加10.22%、5.34%和2.84%。除此之外，在世界其他羊毛生产国中，中国、新西兰、印度、南非、阿根廷和蒙古国2022年羊毛产量较2021年预计均有不同程度的下降，而美国羊毛产量预计保持不变。各国羊毛产量变化原因有所不同。澳大利亚2022年羊毛产量增长主要是受拉尼娜现象的影响，降水丰沛，昆士兰州、新南威尔士州和西澳大利亚州等羊毛主产区的草场植被长势较好，饲草料供给充足，绵羊养殖数量和生产性能均得到提升。根据澳大利亚羊毛生产预测委员会（AWPFC）预测，2022年澳大利亚可剪毛的绵羊数量预计将增加4.7%，达到7 500万只。英国羊毛产量增长主要是受羊毛地毯需求恢复的影响，2022年各国新冠疫情防控措施均有所放松，国际市场对高品质羊毛地毯的需求恢复，2022—2023年英国国内羊毛平均价格上涨6.8%①，提高了牧民养殖可剪毛绵羊的积极性，绵羊总数同比增长0.8%②，从而带来羊毛产量的增加。乌拉圭羊毛产量增长主要得益于疫情后恢复的市场需求和其优质的羊毛品质，乌拉圭的有机羊毛以其卓越的品质而闻名于世③，从疫情影响中恢复的羊毛加工企业对具有绿色标识认证的优质羊毛需求有所增长，促进羊毛价格提升，带动了牧民的养殖积极性。在其他预计减产的国家中，中国2022年羊毛产量下降主要是因为较低的毛肉比价使得农牧户对毛用羊的养殖积极性有所下降，根据2022年国家绒毛用羊产业技术体系产业经济研究团队对养殖户细毛羊的养殖成本收益计算结果显示，内蒙古乌审旗，新疆温宿县、拜城县出栏细毛羊的养殖总收益中，羊毛产值占比依次为8.72%、7.61%、8.33%，较低的羊毛价格使得“倒改”和“转产”现象较为普遍，羊毛产量有所降低。此外，中国很多地方积极发展肉羊，但是一些地方误认为绒毛羊不产肉，扶植政策未覆盖到绒毛羊，对绒毛羊也有一定冲击。2022年新西兰羊毛产量下降主要受绵羊产能下降的影响，由于长期受干旱天气的影响，新西兰可剪毛绵羊持续减少，根据新西兰牛羊肉经济局预测，2022年绵羊数量将降

---

① 数据来源：https://www.ibisworld.com/uk/bed/domestic-price-of-wool/44197/。

② 数据来源：《中国羊毛与纱线2022》。

③ 资料来源：https://theculturetrip.com/uruguay/articles/10-unique-souvenirs-to-buy-in-montevideo/。

至2 580万头，同比下降了2.6%，绵羊数量减少带来羊毛产量下降。2022年4月南非部分地区暴发口蹄疫疫情，其最大的出口国中国对其实行为期4个月的禁令，羊毛产业受到极大打击。阿根廷羊毛产量减少主要是受持续旱灾的影响，由于连续第三年出现拉尼娜现象，阿根廷正在经历过去20年来最严重的干旱之一，在当前受旱情影响的1.63亿公顷国土面积中，有2 200万公顷土地达到严重干旱状态①，干旱的天气抑制了牧草的长势，绵羊繁育性能受到影响，可剪毛绵羊数量减少。蒙古国2022年4月暴发的羊痘和小反刍兽疫疫情导致绵羊养殖规模遭到负面冲击，羊毛产量因此下降。

2022年世界山羊绒产量与2021年相比预计有所增加。中国和蒙古国是世界最主要的山羊绒生产国，两国山羊绒产量占世界山羊绒总产量的90%以上，因此可根据中国和蒙古国的羊绒产量来预估世界的羊绒产量。2022年中国羊绒产量较2021年有所增加，蒙古国羊绒产量与2021年持平，因此2022年世界羊绒产量预计较2021年有所增加。具体来看，中国方面，受活羊价格上升导致养殖效益提升等因素影响，2022年中国绒山羊养殖规模预计增加，羊绒产量也随之增加。根据国家绒毛用羊产业技术体系产业经济研究团队2022年赴陕西、新疆羊绒主产省（区）的调研数据，2022年绒山羊调研县（市）（陕西横山区、榆阳区，新疆温宿县）羊绒总产量较2021年增加3.96%。蒙古国方面，根据羊绒产业未来发展规划，2022—2025年，蒙古国山羊保有量达到2 900万~3 000万头，因此，羊绒产量预计与2021年持平，为11 800吨。

2022年世界羊毛贸易量与2021年相比预计有所下降。根据国际贸易中心（ITC）的相关数据，2022年1—8月，世界羊毛贸易量较2021年同期减少了7.25%②。2022年1—8月，在世界羊毛主要出口国中，新西兰、土耳其和巴西出口量同比均减少，巴西出口量同比减少幅度最大，为19.66%；土耳其次之，为17.90%；新西兰出口量同比减少幅度最小，为10.36%。南非、澳大利亚、西班牙、比利时和英国的羊毛出口量同比均表现出增长态势，南非羊毛出口量同比增长幅度最大，为46.76%；英国次之，为27.50%；之后是比利时、西班牙和澳大利亚，同比分别增长了10.09%、8.52%和1.29%。在世界羊毛主要进口国中，中国、英国、土耳其、捷克、立陶宛和比利时的羊毛进口量同比均表现出减少趋势。土耳其的羊毛进口量同比减少最大，为46.21%；英国次之，为22.71%；之后依次是比利时、捷克、中国和立陶宛，分别减少了9.72%、7.92%、4.78%和3.61%。意大利和德国羊毛进口量同比均表现出增长趋势，增幅分别为22.93%和20.04%。

2022年世界羊绒贸易量较2021年预计有所增长。中国是世界最主要的原绒进口国，所以根据中国羊绒贸易量的增减可预测世界羊绒贸易量的变化。根据中国海关总署的数据显示，2022年1—10月，中国羊绒累计进口量为7 522.61吨，相比2021年同期的3 968吨，增长了89.58%；2022年1—10月，中国羊绒累计出口量为6.41吨，相比2021年同期的31.60吨，下降了79.72%；综合羊绒进口和出口贸易来看，预计2022年全年中国羊绒贸易量同比将出现增长，由此可推测，2022年世界羊绒贸易量同比也将出现增长。

① 资料来源：https://finance.sina.com.cn/money/forex/forexinfo/2022-12-03/doc-imqmmthc6927333.shtml。

② 数据来源：国际贸易中心（ITC），http://www.intracen.org/。

2022 年世界羊毛价格表现为同比上升。2022 年 1—11 月世界主要羊毛生产国中，中国的羊毛平均价格为 66.1 元/千克（64S 国毛条和 66S 国毛条平均），较 2021 年同期上升了 1.16%；澳大利亚东部、北部、南部、西部市场的羊毛年均综合价格指数同比上升了 3.12%；新西兰市场的羊毛（细度 36~39 微米粗支杂交毛）年均价格同比上升了 6.76%；南非市场的羊毛（细度 21 微米净毛）年均价格同比小幅上升了 8.42%①。

2022 年世界羊绒价格同比下降。2022 年 1—10 月世界最大的羊绒生产国中国的羊绒平均价格为 201.62 元/千克②，较 2021 年同期下降了 1.26%。预计 2022 年全年中国羊绒平均价格同比下降，进而推断 2022 年世界羊绒价格也同比下降。

二、国内绒毛用羊生产与贸易概况

2022 年我国细毛羊、半细毛羊和绒山羊的存栏量均有增加。根据国家绒毛用羊产业技术体系产业经济研究团队对四川、内蒙古、新疆和陕西 4 省（区）8 个旗县的绒毛用羊生产形势的调研结果，2022 年细毛羊调研地区（乌审旗、温宿县和拜城县）细毛羊存栏量为 214.75 万只，同比增长 11.43%；半细毛羊调研县（布拖县、昭觉县和美姑县）半细毛羊存栏量为 52.10 万只，同比增长 6.54%；绒山羊调研县（横山区、榆阳区和温宿县）绒山羊存栏量为 290.70 万只，同比增长 2.15%。

2022 年我国细羊毛、羊绒产量同比均上升，半细羊毛产量同比下降。上述调研数据显示，2022 年细毛羊调研县（乌审旗、温宿县和拜城县）细羊毛总产量为 8 765吨，较 2021 年增长了 10.20%；绒山羊调研县（横山区、榆阳区和温宿县）羊绒产量为 1 889吨，较 2021 年增长了 3.96%；半细毛羊调研地区（布拖县、昭觉县和美姑县）半细羊毛产量为 1 349.35吨，较 2021 年下降了 1.09%。

2022 年我国羊毛价格同比上升，羊绒价格同比下降。2022 年 1—11 月南京羊毛市场国产羊毛（64S 国毛条和 66S 国毛条平均）月平均价格为 66.10 元/千克，较 2021 年同期增长了 1.16%。年内国内羊毛价格整体呈现“上涨—持平—微降”的态势，其中，1 月平均价格为 66 元/千克，较 2021 年同期增长了 17.54%，之后连续上涨至 4 月的 67.00 元/千克，随后 5 个月稳定在 67.00 元/千克的水平，而后下降至 11 月的 61.50 元/千克。2022 年 1—10 月我国羊绒平均价格为 201.62 元/千克，较 2021 年同期下降了 1.26%。年内国内羊绒月平均价格整体呈现“下降—微升—下降”的态势，先由年初 1 月的 210.63 元/千克一直下降至 6 月的 198.50 元/千克，之后小幅回升至 8 月的 200.34 元/千克，然后又连续下降至 10 月的 191.60 元/千克，与 2021 年同期相比下降了 8.70%。

2022 年我国羊毛进、出口同比均下降，羊绒进口同比增长、出口同比下降。据中国海关统计数据显示，2022 年 1—10 月我国羊毛累计进口量为 23.89 万吨，较 2021 年同期下降 1.89%；累计进口额为 18.90 亿美元，较 2021 年同期下降 7.16%。2022 年 1—10 月，我国羊毛累计出口量为 0.61 万吨，较 2021 年同期下降 1.61%；累计出口额为 0.31 亿美元，较 2021 年同期下降 0.13%。2022 年 1—10 月，我国羊毛累计贸易逆差额为 18.59 亿美元，较 2021 年同期下降 7.27%。2022 年 1—10 月，我国羊绒累计进口量为

① 数据来源：《2021 年我国绒毛用羊产业发展与政策研究报告》和南京羊毛市场。

② 根据内蒙古羊绒交易中心公布的 2021 年 1 月羊绒价格和清河县羊绒小镇综合管理中心公布的羊绒价格指数计算得到，其中羊绒价格为套子绒价格。

7 522. 61吨，比 2021 年同期增长 89. 58%；累计进口额为 3. 55 亿美元，较 2021 年同期增长 104. 04%。2022 年 1—10 月，我国羊绒累计出口量为 6. 41 吨，较 2021 年同期下降 79. 71%；累计出口额为 31. 52 万美元，比 2021 年同期下降 78. 48%。2022 年 1—10 月，我国羊绒累计逆差额为 3. 54 亿美元，较 2021 年同期增长 105. 59%。

三、国际绒毛用羊产业技术研发进展

（一）遗传育种与繁殖领域

随着基因测序、表达水平的检测、基因多态性检测技术的日益成熟，基因芯片在绵羊育种中将会发挥重大作用。羊基因组选择已经在新西兰、澳大利亚、法国等实施，并且取得了显著的成效。基因编辑技术也在逐步应用于绵羊育种。采用 CRISPR/Cas9 技术高效生成肌生成抑制素敲除绵羊，为提高绵羊生产性能和遗传改良提供了新的方法。此外，育种辅助技术如胚胎移植、幼羔体外胚胎移植技术等也进一步促进了绵羊育种工作。

育种技术方面，重测序技术、多组学分析技术、表观遗传学技术、基因组关联分析等被应用于经济性状形成分子调控机理、毛囊发育调控机理、性状相关候选基因鉴别等研究领域。人工智能、贝叶斯技术、机器学习等计算技术逐渐在羊育种值预测、性状基因挖掘领域得到应用。

繁殖技术方面，为提高羊的超排反应，尝试使用抑制素免疫、褪黑素埋置以及重组 FSH 激素蛋白，对提高超排具有一定效果。对于供体羊的人工授精方式，采用腹腔镜输精可显著提高卵子受精率，受精率可达到 90%以上。采用单细胞测序技术解析了哺乳动物卵母细胞和早期胚胎的转录组、蛋白组和表观遗传组等，为了解早期胚胎发生提供了重要数据资料。

（二）营养与饲料领域

营养需要量方面研究，包括确定绒毛羊营养需要量，充分发挥其生产性能，提高饲料利用率，减少氮磷排泄对环境的影响等。研究发现不同品种、生理阶段、生活环境下绒毛羊营养需要量与已有的饲养标准存在差异，不能充分发挥最大生产潜力，有针对性地开展营养需要量研究可为饲养标准的制定更新和精准饲养提供数据支撑。Herbster 等系统评价了粗毛羊的蛋白质需要量，建立了预测净蛋白和代谢蛋白需要量的方程，比较发现粗毛羊的蛋白质需要量与 NRC 推荐的需要量存在差异。Patil 等基于山羊的体重和平均日增重，通过多元回归分析，得出了山羊干物质采食量、总可消化营养素和粗蛋白质的营养需要量方程。

（三）疫病防控领域

重视动物疫病基础研究，对重大动物疫病实施检疫淘汰制。国外畜牧业发达的国家，在重大疫病控制方面多采取检疫淘汰制，尤其对口蹄疫、小反刍兽疫、布氏杆菌病等疫病的控制方面，取得了良好效果，值得学习。新型疫苗开发方面，法国、澳大利亚、新西兰和中国等国家在传统疫苗、标记疫苗、转基因疫苗、空壳疫苗，以及疫苗佐剂方面取得了很好的进展，对欠发达地区羊病控制作出了积极的贡献。开展抗病基因在具体羊病中如何发挥作用等方面开展了一定的研究。

强化综合因素在羊病防治中的作用。羊只保健方面，在继续推进传统羊病防治的基础上，通过基因改造、抗病基因羊群育种、营养调控、环境改善等方面获得成效。针对羊肺部疾病多发的实际，采取异类动物初乳（诸如牛初乳）饲喂，以防治羊传染性胸膜肺炎、嗜血杆菌、巴氏杆菌等肺部疾病垂直传播。

致病机理研究不放松。通过分析相关羊病文献，羊病的发生与养殖环境、羊只暴露风险、营养状况等有直接的关系。总体认为羊病发生是一个复杂的系统，有很多因素在起关键性作用，具体哪种因素是权重，需要进一步研究发现。

（四）生产与环境控制领域

（1）羊养殖智能化管理系统方面。近两年，国外无人机应用在畜牧业生产的趋势向好，研发了可穿戴设备。澳大利亚研发了“天空牧羊犬”，通过用实时传感器网络补充天空牧羊犬，将无人机和牧羊犬结合的放牧方式更加精准高效，并有可能缓解澳大利亚目前存在的劳动力压力。

（2）羊养殖生产环境控制方面。碳排放测定和碳氮减排技术越来越受到重视。联盟在最新白皮书中表示，欧盟的产品环境足迹（PEF）方法共设 16 个指标，包括如温室气体排放和毒性等，进行量化评价，明确碳排放足迹，减少碳氮在环境中排放量。

（3）粪污处理与利用方面。羊粪作为热性肥料，基于羊粪堆肥的有机肥料具有改善土壤形状、提高作物产量和质量。印度戈帕尔纳拉扬辛格大学研究发现多种有机材料中，羊粪的施用可降低土壤的电导率（EC）和 pH 值，因此可作为盐碱土的有效改良剂。

（五）绒毛质量控制与检测领域

新西兰建立并发展了羊毛质量保障体系，避免了羊毛交易中的无序竞争，保证了羊毛质量。当前的质量体系包括细毛羊饲养管理、羊毛分级、羊毛质量检验、羊毛拍卖交易、羊毛加工，以及羊毛出口贸易在内的多个组成部分，覆盖了羊毛产业的全部环节。目前，新西兰已有约 80%的细羊毛生产者加入了羊毛质量保障体系。澳大利亚建立实施了完善的羊毛分级制度，所有羊毛都应经过澳大利亚羊毛交易所（Australian Wool Exchange）培训、注册的羊毛分级员，按照《羊毛分级操作准则》规定程序进行分级。澳大利亚采取分级员负责制，实现了羊毛质量问题可追溯。澳大利亚羊毛实行包包取样检测，检测普及率非常高，因为客观检验是帮助交易双方确定羊毛质量进而确定羊毛价格的最有效途径，也可避免交易风险。南非羊毛协会颁布了《剪羊毛实务守则》，帮助羊毛生产主体完成羊毛的分级整理，进而保障了羊毛的质量。

国际毛纺织组织（IWTO）制定的毛绒及其织物标准覆盖了取样标准、毛绒品质检测标准、安全标准、织物性能及其他等类别。澳大利亚阿斯特拉仪能同时测定长度强力断裂位置，使长度、强力等的遗传评估成为可能，可以应用于育种和毛的生产、加工。OFDA 视觉毛绒细度长度检测系统、近红外净毛率检测系统等仍在应用。在毛绒质量标准方面，暂无其他新的研究进展。

产地溯源技术，近几年畜产品的产地溯源主要集中在羊肉、牛肉和牛乳等方面。稳定同位素技术、近红外光谱技术、矿物元素指纹图谱技术被应用于各种动物源性农产品的产地溯源。但是针对羊毛的溯源，国际国内还缺少研究。郑文新团队正在开展动物源农产品产地溯源技术的研究。

四、国内绒毛用羊产业技术研发进展

（一）遗传育种与繁殖领域

基因编辑技术在农业动物生产应用方面，我国处于世界前列。中国农业大学制备的转 *TLR*4 基因绵羊，抗病性提高了 20%，TLR4 转基因羊布鲁氏杆菌自然相对感染率降低了

37.8%，可有效预防布鲁氏杆菌。我国创制了*MSTN*基因编辑羊，后腿肉比例比野生型绵羊高21.2%，臀中肌占胴体比例比野生型高26.3%，呈现出明显的“双肌”表型；背膘厚比野生型降低49.5%，明显降低了脂肪沉积；骨重降低了28.5%，肉骨比相对于野生型绵羊提高16.5%。利用CRISPR/Cas9系统编辑中国美利奴细毛羊和杜泊羊的*FGF5*基因，毛自然长度和拉伸长度均显著长于野生型对照。

通过分析绒山羊生长性状与基因突变位点的关联性，发现*KAP9.2*、*PRLR*、*PRDM6*、*MARCH1*、*GDF9*等基因的InDel突变对绒山羊体长、十字部高、体高、胸宽等多个生长性状有显著影响，可作为绒山羊优良性状选育的分子标记。

（二）营养与饲料领域

1. 营养需要量标准研究

2021年12月15日，农业农村部第504号公告批准发布国家农业行业标准《NY/T 4048—2021 绒山羊营养需要量》，自2022年6月1日起实施。该标准是我国第一个也是世界首个绒山羊饲养标准，填补了绒山羊营养无专用饲养标准参考的空白，对充分发挥我国绒山羊种质资源优势，指导推进绒山羊产业高质量可持续发展具有重要作用，也将为引领世界绒山羊产业发展作出贡献。

赵小琪等发现云南半细毛羊泌乳20天、50天和80天维持净蛋白质需要量（1.916、2.101、2.147 g/kg $W^{0.75}$·d）、维持蛋白质需要量（4.508、4.841、4.814 g/kg $W^{0.75}$·d）及泌乳蛋白需要量（114.03、112.49、130.83 g/kg羊奶）；梁家充等研究报道了泌乳前期（1~30天）、中期（31~60天）和后期（61~90天）云南半细毛羊的维持代谢能需要量为0.872、0.733、0.856 MJ/kg $W^{0.75}$·d，产1 kg常乳的代谢能需要量为3.822、3.375、4 624 MJ/kg，40、50、60 kg的云南半细毛羊，日泌乳量1 kg、无体重变化情况下，泌乳前期代谢能需要量分别为16.82、19.35、21.75 MJ/d；泌乳中期代谢能需要量分别为14.30、16.42、18.44 MJ/d；泌乳后期代谢能需要量分别为17.38、19.86、22.22 MJ/d。

2. 营养与饲料调控技术

羊作为反刍动物对饲粮、饲草需要量巨大，提高饲草饲料的供给数量和质量是提高羊只生产性能、产毛性能的基础。新型饲料如微生物发酵饲料是由微生物代谢作用产生的一种饲料，具有营养丰富，价格低廉，能够降低原料中抗营养因子含量，改善适口性，产生有益代谢物，提高畜禽免疫力、生产性能和肉品质等特点及功效。内蒙古农业大学以富含益生菌的微生物发酵饲料为饲料饲喂断奶羔羊，发现微生物发酵饲料能够提高羊只的免疫功能、抗氧化能力同时提高了羔羊的生长性能，是一种优质的新型饲料。

（三）疫病防控领域

重大动物疫病的防控技术进一步提高。我国羊病防控技术研究及相关科研成果的推广应用得到了显著加强，生产中重大羊病的预防和控制工作水平进一步提高。针对羊口蹄疫、小反刍兽疫、羊痘、羊布鲁氏杆菌等病进行强制免疫，取得了可喜的成绩。布鲁氏菌基因缺失标记活疫苗产品在国内首发上市，该疫苗的应用，将有效降低布鲁氏杆菌病的传染率，助力我国羊产业健康发展，为农业农村部《畜间布鲁氏菌病防控五年行动方案（2022—2026年）》提供重要支撑。

“无规定疫病示范区（场）”工作取得了重大进展。制定农业行业标准《种畜场口蹄疫免疫无疫控制技术规范》；口蹄疫免疫无疫控制技术在广西、山东、安徽、新疆等17个省（区）进行了验证，并成为农业农村部主推技术之一。各地积极申报“无规定疫病示范场”，做好示范带动效应，推动周边地区养殖企业和养殖户共同做好疫病防控工作。

羊病研究和临床实践工作方面，除了重大动物疫病危害羊产业的健康发展外，羊的肺腺瘤病、羊的传染性胸膜肺炎、溶血曼氏杆菌、放线菌肿、副结核等疫病在一定范围不时发生，给养羊业造成不小的危害，正在加快这些疫病的诊断、检测、有效疫苗防治研究；同时，在常见细菌性疾病防治中开展兽药减量化，积极寻找无抗替代品，以及低残留药物和微量法驱杀内外寄生虫方面取得了很好的进展；对酸中毒、食毛症等营养代谢类疾病的防治研究和临床实践也在积极跟进。

（四）生产与环境控制领域

1. 羊舍设计与设施设备

生产与环境控制研究团队创建了“吉羊”智慧养殖管理系统，对羊数智化养殖物联网管理系统种羊管理模块进行完善。为国家绒毛用羊产业技术体系全部综合试验站开通了使用账号，为全体系联合育种、疫病监控、饲养管理技术规划搭建平台。系统开放了养殖各环节逻辑自定义模式，最大限度满足个性化需求。

2. 饲养管理与圈舍环境

随着“互联网+”技术的融合发展，羊养殖环境控制必然向智能化、自动化方向发展。在智能环境控制系统中，环境参数主要考虑温度、湿度、有害气体、光照以及噪音等。采用模糊控制算法开发温度控制系统，达到羊舍环境中参数变量的优化控制，实现环境控制的自动化、智能化。在“互联网+”时代，研发通过诸如智能手机等设备来远程控制圈舍环境控制系统。

3. 粪污处理与利用

我国羊养殖场普遍采用原位垫料养殖方式，但原位垫料一般不满足农田施用要求。中国农业大学粪污处理与利用团队研发表明异位堆肥技术可在很大程度上解决以上问题，异位堆肥温度可达55℃以上高温，有效杀死病原菌和有害虫卵，加快堆肥进程、提高堆肥腐熟度同时降低污染气体排放。研究发现，秸秆为优选的最佳垫料，原位垫料耦合异位堆肥处理后，均可达到卫生和腐熟标准，实现 NH_3 减排35%~48%。利用羊粪堆肥产物配合无机肥料形成的有机无机复混肥，可显著提升蔬菜产量和质量，提升土壤有机质和微生物多样性。

（五）绒毛质量控制与检测领域

影响羊毛质量的因素主要有羊只品种、性别、年龄、生长部位、饲养条件、生长季节以及剪毛技术等，这些因素散布于羊毛生长的各个阶段，现在常用的各项羊毛质量控制技术便是针对性地对这些因素加以控制，以便有效提高羊毛质量。新疆畜牧科学院在绒毛品质控制领域新开发了全天候毛绒细度长度一体化检测、全自动抗压缩弹性仪、全自动有色有髓毛检测仪等3种“易”检验技术，研制了质量追溯系统1套，开展了绒毛公共品牌发展战略研究，提出相应绒毛品质控制体系和创新的检测方法，提高了绒毛检测效率和准确度。其在生产性能测定、遗传评估、毛绒公平贸易等方面大幅提升了效率，对缩短育种周期以及深度开展种质资源挖掘等方面都有重大作用。已经结合这些资源挖掘技术，及野生羊与家羊杂交等方式，创制出绒细度 10.6 微米的绒山羊种公羊和绒细度 11.4 微米的绒绵羊种公羊。此外，创立的“萨帕乐”品牌毛 2022 年获得全国最高拍卖价。国产毛绒产品也进入了北京冬奥会开幕式。

（国家绒毛用羊产业技术体系首席科学家　田可川　提供）

2022年度蛋鸡产业技术发展报告

（国家蛋鸡产业技术体系）

2022年，中央一号文件强调，“要聚焦产业促进乡村发展”“大力发展县域富民产业，推进农业农村绿色发展”。蛋鸡产业作为我国农业经济的支柱性产业，在带动农民增收致富，加快乡村振兴战略实施等方面发挥着重要作用。当前，我国蛋鸡市场供需相对平稳，产业链上下游继续优化，新零售、新消费主体不断崛起。

一、国际蛋鸡生产与贸易概况

（一）国际生产情况

美国蛋鸡存栏量、鸡蛋产量略有下降，蛋价大幅上涨。受禽流感疫情影响，2022年1—8月蛋鸡存栏量同比下降约5.2%；预计2022年鲜食鸡蛋产量为77.47亿打，同比下降2.8%。美国鸡蛋价格大幅上涨，创下历史新高。预计2022年平均价格达到每打242.0美分，同比增加104.2%。

欧盟蛋鸡存栏量小幅下降，鸡蛋产量小幅增加，蛋价大幅上涨。截至2022年10月，欧盟蛋鸡存栏量约为15.3亿只，同比下降8.38%。预计2022年欧盟鸡蛋产量为6 568万吨，同比增长1.50%。受禽流感疫情影响，2022年欧盟A级鸡蛋平均价格大幅上涨，11月鸡蛋批发价格每100千克达224.05美元，同比上涨42.65%。

日本鸡蛋产量稳定，蛋价上涨。日本鸡蛋产量稳定，预计2022年达264万吨，同比增长2.59%。蛋价上涨，处于近5年最高水平。

（二）国际贸易情况

美国蛋品出口量大幅下降，进口量大幅增加。美国因国内禽流感疫情导致鸡蛋产量下降，同时蛋价居高不下，鸡蛋多用于供给国内，出口水平持续低迷，预计2022年鸡蛋及蛋制品出口总量约为2.23亿打，同比下降43.11%。9月美国鸡蛋和蛋制品进口量达153.4万打，同比增加20.98%。

欧盟蛋品出口下降，进口总量大幅提升。由于新冠疫情得到一定控制，欧盟鸡蛋和蛋制品出口逐渐恢复。1—8月欧盟鸡蛋和蛋制品出口总量为16.3万吨，同比下降13.3%。由于欧盟地区鸡蛋价格上涨，鸡蛋和蛋制品进口总量大幅提升。1—8月欧盟鸡蛋和蛋制品进口总量为21 000吨，同比增长40.0%。

日本出口壳蛋增幅较大；蛋制品进口量小幅增长。日本主要面向中国香港、中国台湾地区和新加坡等亚洲国家和地区出口带壳鲜蛋。1—9月日本带壳鸡蛋出口量22 229吨，同比增长39%。1—9月日本鸡蛋和蛋制品进口量约87 875吨，同比增长6.6%，其中约90%为加工原料用蛋粉。

二、国内蛋鸡生产与贸易概况

（一）国内生产情况

在产祖代蛋种鸡存栏增加，在产蛋鸡存栏量缓慢增加；鸡蛋产量略微提升。2022年在产祖代种鸡存栏 59.79 万套，比 2021 年增长 2.49%，存栏量能充分满足全国供种需求。在产蛋鸡存栏量同比小幅增加，但与 2020 年相比仍存在较大差距。鸡蛋产量预计为1 884 万吨，增长约 0.86%，市场供需趋于平衡。

蛋价同比大幅上涨；雏鸡价格同比下降；淘汰鸡价格持续上涨。1—11 月鸡蛋月均零售价格为 10.80 元/千克，同比上涨 11.26%。自 7 月以来，蛋价处于连续上涨趋势，11 月达到近 5 年最高值。2022 年前三季度雏鸡价格同比下降 7.98%，价格为近 5 年平均水平；第四季度雏鸡价格上涨，主要原因是祖代种鸡进口量减少。1—11 月淘汰鸡价格水平略高于往年同期。

蛋鸡饲料成本和饲养成本继续上升；蛋鸡养殖利润波动较大，整体较前两年有所提升。2022 年 1—10 月月均蛋鸡饲养成本为 167.89 元/只，同比增长 15.82%，蛋鸡配合料价格同比增长 7.96%。1—11 月蛋鸡养殖平均利润 38.12 元/只，同比增长 39.95%，但与近 5 年最高点的 95.00 元/只（2019 年 9 月）相比仍有差距。

（二）国内贸易情况

我国鲜鸡蛋出口量与出口额大幅上涨，出口价格小幅增长。2022 年我国鲜鸡蛋出口量呈上升趋势。受美国、法国、日本等国禽流感影响，全球鸡蛋供应减少，推动国际鸡蛋价格持续上涨。1—10 月出口至中国香港77 752.09吨，出口至中国澳门9 250.02吨。1—10 月鲜鸡蛋出口平均价格为 1.79 美元/千克，同比增长 5.03%。

三、国际蛋鸡产业技术研发进展

（一）遗传改良技术

2022 年度，国际蛋鸡遗传改良相关技术研究主要围绕以下三方面。一是在鸡上引入“肠菌力”的概念，剖分腹脂沉积和饲料利用效率的遗传和各肠段微生物效应，挖掘与腹脂沉积量和饲料利用率关联的遗传位点和微生物。二是探究胚胎后期肌源性基因的表达情况，并利用肌肉切片素材，结合深度学习构建肌纤维数量统计模型，为胚胎期肌肉发育的研究提供理论素材。三是在基因表达和染色质可及性水平上绘制了雌性鸡胚胎性腺的发育图谱和建立雌雄左侧性腺中全转录组 m6A 图谱，挖掘到负责性别分化的关键调节因子，为解析鸟类性腺不对称发育和性别决定提供理论基础。

（二）营养与饲料技术

近年来，以肠道微生物介导的肠道健康调控成为蛋鸡营养领域关注的研究问题。国际上的研究焦点集中在营养干预措施如何通过调控肠道微生态影响蛋鸡肠道健康（肠道发育、生理完整性、吸收功能和免疫稳态等），进而实现蛋鸡产蛋期的延长和生产性能的提升。

超长产蛋期配套技术方面，主要进展涉及开产期营养快速增加供给、产蛋后期蛋壳质量调控、确保肝脏健康等方面。饲料营养价值评价方面，重点是新饲料资源开发利用，特别是地域性饲料原料和加工副产品等在家禽生产中的应用（如大麻籽粕、番茄渣、水葫芦、甘蔗渣、泡桐叶、石榴皮等），在营养价值评价方面重点关注其在家禽日粮中的适宜添加水平。

（三）疾病防控技术

2022 年，H5 亚型高致病性禽流感（HPAI）在亚洲、非洲和欧洲的约 60 个国家和地区广泛传播，以 H5N1 感染为主，其 HA 基因来源于 2.3.4.4b 分支 H5N8 病毒。

不同基因型的新城疫病毒（NDV）在全球家禽和野鸟中持续流行，如基因Ⅶ 1.1 亚型 NDV 在亚洲多个国家（如日本、伊朗）持续流行，基因Ⅰ和Ⅱ型弱毒株和基因Ⅶ.2 型强毒株在印度广泛存在，在非洲地区基因Ⅵ型和基因Ⅶ型 NDV 已成为主要流行毒株。

鸡传染性支气管炎（IBV）目前仍是危害世界养鸡业的最主要的传染病，其中 QX 型毒株仍是目前在亚洲和欧洲大部分国家流行的优势基因型。全球范围的 IBV 流行情况趋于复杂，新的变异株还在不断出现。

鸡白痢、禽白血病和禽支原体感染在发达国家基本已经实现种鸡群的完全净化，目前对于沙门氏菌控制的目标主要是以肠炎沙门氏菌等具有公共卫生意义的沙门菌血清型为主。

（四）生产与环境控制技术

随着全球各类养殖资源要素日益趋紧和农业劳动力比例逐渐下降，在家禽规模养殖标准化水平不断提高的同时，如何在有限的土地和资源下，通过机械化、智能化来提高生产效率，增加肉、蛋产品供应数量和提高质量，已成为家禽产业未来发展的重要方向。

在智慧养殖业发展过程中，常利用接触式（温度、加速度）传感器、非接触式计算机视觉传感器或两者相结合的技术等来监测环境质量和获取动物信息，随后用机器学习等方法构建模型，最终实现家禽行为识别的智能化。美国乔治亚理工学院研发了在禽舍地板上行走的 Gohbot 机器人，其人工智能程序可以让机器人辨别鸡只、设备以及定位地板上鸡蛋的位置。

（五）鸡蛋加工技术

国际上对鸡蛋品质的研究可分为外部（蛋壳）品质和内部（蛋清、蛋黄）品质。法国农科院的 Nys 团队和加拿大 Hincke 团队对蛋壳品质的研究水平处于国际前沿，前者在蛋壳的形成和品质调控方面深耕多年，后者在蛋壳和蛋壳膜的生物利用技术方面的研究处世界前列。

国际市场上，经过初加工或深加工的半成品、再制品和精制品以及以禽蛋为主要原料的特色产品不断涌入，当前国外蛋制品种类繁多且应用多元化。在活性物质研究方面，美国爱荷华州立大学等多个研究机构实现了溶菌酶规模化生产；美国南佛罗里达大学等研究机构建立了高密度脂蛋白、蛋黄卵磷脂的提取技术。

（六）产业经济

世界蛋鸡养殖以亚洲为主，占60%左右，其次是美洲，占20%左右，欧洲约占15%，非洲和大洋洲占比较小，在5%以下；中国、美国、印度、日本、墨西哥为世界主要鸡蛋生产国，中国蛋鸡养殖位居世界第一，约占世界蛋鸡养殖的35%；世界蛋鸡养殖仍以笼养蛋鸡为主，福利养殖约占10%，且多数在欧洲国家；全球鸡蛋贸易多以鸡蛋加工品为主，壳蛋交易比例极低。

四、国内蛋鸡产业技术研发进展

（一）遗传改良技术

2022 年，我国蛋鸡产业坚持保障种源自主可控，加快建设国家畜禽种质资源库，加强鸡种质资源挖掘与创新利用，变资源优势为市场优势。专家学者充分发挥高校和科研院所的优势，合力解决企业难题，让创新成果惠及蛋鸡产业，并通过龙头企业来实现把科研成果向全国辐射。开发了多种机器学习算法及其组合，在蛋鸡产蛋性状的基因组选择中的应用效果较好，并提出了一种能有效提高预测准确性的集成机器学习模型。围绕蛋鸡生产后期重要性状的遗传机制、育种技术创新等多方面，攻关超长产蛋期饲养模式下的后期产蛋、蛋重、蛋壳品质和蛋壳颜色等一系列问题，聚焦于提高后期蛋品质、延长蛋鸡产蛋周期，推动我国蛋鸡育种技术走在世界前列。

（二）营养与饲料技术

肠道健康和微生态也是国内蛋鸡研究领域的热点，主要可分为益生菌、益生元、植物提取物、功能性氨基酸和酶制剂等。国内相关院校 2022 年度开展了大量地域性饲料原料（蔬菜加工副产品）的常规营养价值评价、日粮适宜添加水平研究，还重点开展了非粮饲料原料的精准评价，包括净能值测定和回肠末端养分消化率等。

饲料配制是有效衔接养殖投入品绿色高效和家禽产品安全优质的关键环节。面向我国蛋鸡超长产蛋期营养需要、多元化精准日粮及玉米豆粕提效减量重大产业需求，经过持续攻关，在氨基酸平衡营养与低蛋白日粮配制、功能型添加剂对卵泡闭锁的调控作用、产蛋后期骨骼钙磷代谢及蛋壳品质变化规律与成因等方面取得了重要进展，相关研究结果将为安全高效优质饲料配制加工技术奠定重要基础。

（三）疾病防控技术

2022 年，我国 H5 亚型 HPAI 疫情的发生总体平稳，未出现大规模暴发，但在局部地区仍有少量散发疫情。自 2017 年 9 月在全国范围内对 H7N9 使用疫苗防控以来，十分有效地控制住了 H7N9 在活禽市场和养殖场的流行，也几乎完全阻断了人感染 H7N9 病毒。

目前国内新城疫防控已经取得显著的成效，已由一类动物疫病降为二类动物疫病。当前 class Ⅰ NDV 已成为感染禽群的主要流行毒株，华东和华南地区的 class Ⅰ NDV 已传播至华中地区，且存在较高的突变率，并可能导致 NDV 的宿主范围扩大和毒力增强。

传染性支气管炎在国内的流行依然普遍，2022 年国内流行的 IBV 血清型分布与 2021 年相比未发生大的变化，仍以 GI-19/QX 谱系毒株为主，但同时存在多个其他谱系和新出现的重组毒株共同流行的状况，给免疫防控带来较大压力。

（四）生产与环境控制技术

我国现代蛋鸡养殖业正朝着福利化与智能化方向快速发展，相关生产方式和设备设施也在不断转型升级。一是基于互联网鸡舍分布式环境智能化控制系统，可实现蛋鸡舍内环境参数自动采集、本地及远程监测与控制。二是新型栖架立体散养系统，与层叠笼养系统相比，新型栖架立体散养系统为蛋鸡提供了立体活动空间，在满足其行为表达需求的同时，有效降低蛋鸡（94 周龄）腹部脂肪沉积，提高蛋鸡健康水平。该设备已在四川晟兴、新疆和田和山东东营推广应用达 15 万羽。三是基于微酸性电解水消毒的二段式车辆自动洗消系统，解决了因车辆表面附着有机物导致的消毒不充分的问题，提高了对车辆底部及轮胎等消杀死角的冲洗和消毒杀菌效率。四是基于物联网技术的蛋鸡饲养环境监测系统。

（五）鸡蛋加工技术

2022 年，国内蛋品质研究关注最多的是多元化日粮、玉米豆粕替代物和抗生素替代物对蛋品质的影响，发文量占到 50%（中国知网蛋品质主题检索数据，下同）；蛋鸡肠道保健剂对蛋品质的调控作用也取得大量成果，发文量占到 20%；延长产蛋期、疾病和管理等相关内容合计占到 30%。在活性物质研究方面，国内多位学者已开展了鸡蛋中溶菌酶、蛋黄油、卵磷脂、卵黄高磷蛋白、免疫球蛋白的研究，挖掘了抑菌、抗氧化、提高免疫力、消炎、防癌等生理功能，目前一些成果已经实现了商业化应用。休闲蛋制品具有庞大的市场需求，越来越多的休闲蛋制品进入了人们的视野，如卤蛋、蛋挞、蛋肠、蛋黄酱、鸡蛋豆腐等。

（六）产业经济

国内蛋鸡产业经济研究重点主要集中在以下方面。一是研究鸡蛋价格波动和传导的规律分析。研究新冠疫情下蛋鸡养殖产业链上三种期货的联动性变化，对于养殖企业在疫情背景下利用产业链整体规避风险，有利于调整产业结构，增强蛋鸡养殖行业抵御风险冲击的能力，为从蛋鸡养殖产业链角度来研究鸡蛋期货市场运行效率提供了实证支撑。二是研究数据挖掘在数字化蛋鸡养殖中的应用。利用数据挖掘技术辅助养殖过程决策，通过家禽养殖管理信息系统获取蛋鸡的生产信息，实现产蛋性能的预测并构建鸡舍综合环境评价模型。通过环境评估及时发现鸡舍环境的变化趋势，有利于养殖者规避因管理不当而造成的鸡舍环境恶化，减小养殖效益损失。三是关于蛋鸡期货和保险的研究。通过对不同保障水平下鸡蛋“保险+期货”开展定价研究，对传统鸡蛋“保险+期货”的定价方式进行改进，为蛋鸡企业提供多重保障标准的保险合约，根据期货与现货价格充分测算基差风险，以提高对养殖者的保障水平。

（国家蛋鸡产业技术体系首席科学家　杨宁　提供）

2022 年度肉鸡产业技术发展报告

（国家肉鸡产业技术体系）

一、国际肉鸡生产与贸易概况

2022 年，受通货膨胀、发达国家货币政策转向、俄乌冲突、部分地区新冠疫情反复以及持续的全球供给侧瓶颈等因素的影响，全球经济增长显著放缓。美国等发达国家为控制通货膨胀而采取的货币紧缩政策加剧了国际市场动荡，导致全球金融市场“紧缩恐慌”，一定程度上限制了许多发展中国家复苏的步伐。随着中国新冠疫情防疫政策的调整，新冠疫情对经济和社会发展的影响进一步减弱，重新赋能的中国市场令世界期待。此外，国际禽流感疾病的大规模暴发，给全球肉鸡产业的发展带来了较大的不确定性。

（一）国际肉鸡生产

2022 年全球肉鸡产量保持了持续增长的趋势，全球鸡肉产量为10 108.6万吨，增长率由 2021 年的 1.26%下降至 0.57%。此外，相对较高的饲料和能源价格挤压了肉鸡产业盈利空间，在成本不断上涨的情况下，预计后市全球鸡肉产量增幅或出现小幅回调。据 USDA 预测，2023 年全球肉鸡产量可能达到10 294.2万吨（图 1），增长率为 1.84%。

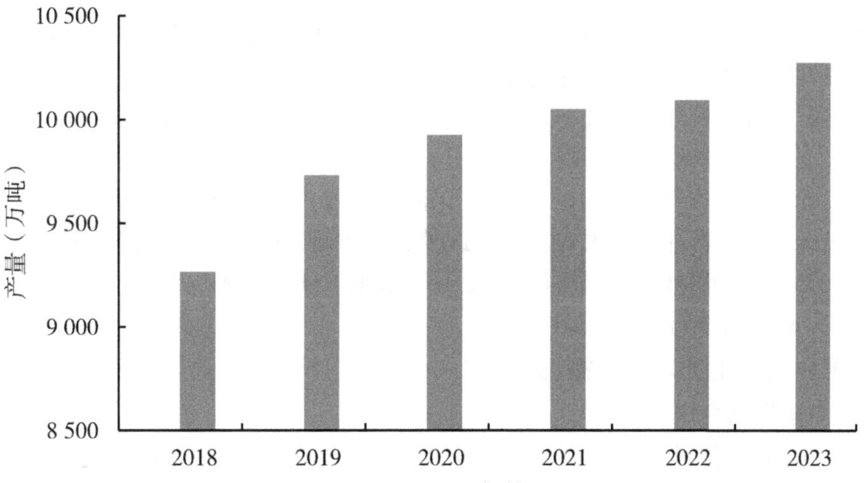

图 1　2018—2023 年世界肉鸡产量

数据来源：Livestock and Poultry，Market and Trade，Foreign Agricultural Service/USDA Jan，2023。

（二）国际肉鸡贸易

2022 年世界鸡肉出口量为1 355.4万吨，较 2021 年增长 2%。第一大出口国巴西出口量继续增长，出口量为 444.5 万吨，较 2021 年增长 5.21%，由于巴西肉鸡价格的有利竞争力与欧盟市场准入放宽，拉动了巴西肉鸡出口增长。受高致病性禽流感大范围暴发的影响以及禽流感导致的鸡肉价格大幅上涨均一定程度上抑制了美国和欧盟的鸡肉出口，虽然美国和欧盟的鸡肉出口量仍位列第二和第三位，但出口量均有所下降，分别较 2021 年下降 1.16%、3.16%。此外，受俄乌冲突影响，白俄罗斯鸡肉出口量出现大幅下滑。随着中国与沙特阿拉伯市场准入的改善，世界鸡肉出口量将稳步上升，根据 USDA 预测，2023 年世界肉鸡出口量预计达到1 399.5万吨，增长率为 3.25%（图 2）。

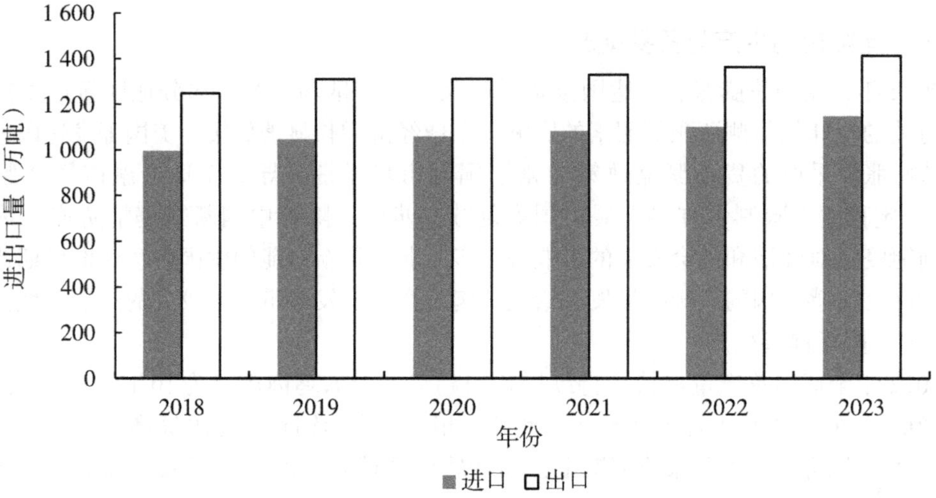

图 2　世界肉鸡进出口量

2022 年世界肉鸡进口量达到1 116.3万吨，相比 2021 年增长了 3.04%，日本仍位列世界肉鸡进口国第一名。受高致病性禽流感疫情冲击，英国、欧盟肉鸡生产受限，进口量大幅上涨，成为全球肉鸡进口增长率最高的国家，与墨西哥并列世界肉鸡进口国第二名。为减少国际禽流感扩散风险，沙特阿拉伯政府出台了进口限令政策，限制了肉鸡进口，2022 年肉鸡进口量较 2021 年下降了 18.7%。受国际国内农产品价格差的影响叠加新冠疫情对消费的影响，中国肉鸡进口量大幅减少。此外，受禽流感疫情影响，国际鸡肉进口需求激增，预计 2023 年全球肉鸡贸易量将有所上升。根据 USDA 预测，2023 年世界肉鸡进口量将达到1 139.8万吨，增长率为 2.11%。

二、国内肉鸡生产与贸易概况

（一）中国肉鸡生产

2022 年中国肉鸡产量小幅缩减，为1 430万吨，较 2021 年减少 40 万吨，下降 2.72%；鸡肉消费量为1 441.5万吨，较 2021 年减少 61.6 万吨，下降 4.1%（图 3）。生产量与消费量下降主要有两方面的原因，一方面，2022 年国内肉鸡饲养成本居高不下，叠加行业去产能化的影响，肉鸡产量下降。另一方面，新冠疫情对消费仍造成了很大的影响，再加上国内生猪产能恢复，猪肉消费回暖，代偿了一部分肉鸡需求。随着后期猪价阶段性上涨以及新冠疫情防控进入新阶段，都将重新提振国内肉鸡需求。据 USDA 预测，2023 年中国鸡肉消费量可能增加到1 436.5万吨，下降 0.35%；肉鸡生产量可达1 430万吨。

（二）中国肉鸡贸易

继 2021 年，2022 年中国肉鸡进口量持续下降至 64.5 万吨，降幅高达 18.15%。由于

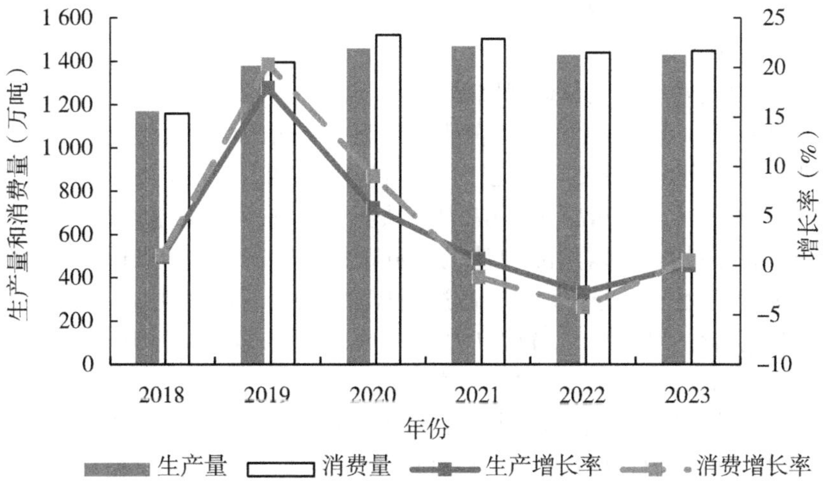

图 3　2018—2023 年中国肉鸡生产与消费量及增长率

数据来源：Livestock and Poultry，Market and Trade，Foreign Agricultural Service/USDA Jan，2023。

国内物价相对较为稳定，而国外尤其是以美国为首的一些国家通货膨胀较为严重导致农产品价格大幅上涨，肉鸡国内价格与进口价格形成了较大的价格差是导致肉鸡进口下降的主要原因。2022 年中国肉鸡出口量为 53 万吨，比 2021 年增长 15.97%（图 4）。一方面，中国没有发生大规模禽流感且新冠疫情得到有效控制，肉鸡供应较为充足，价格相对稳定，拉动了国际市场对中国肉鸡的需求；另一方面，受俄乌冲突的影响，俄罗斯、乌克兰贸易风险系数升高，中国对肉鸡出口结构进行了调整，加大了对东亚与东南亚地区的出口比例。根据 USDA 预测，2023 年中国肉鸡出口量可能达 57.5 万吨，增长 4.55%。

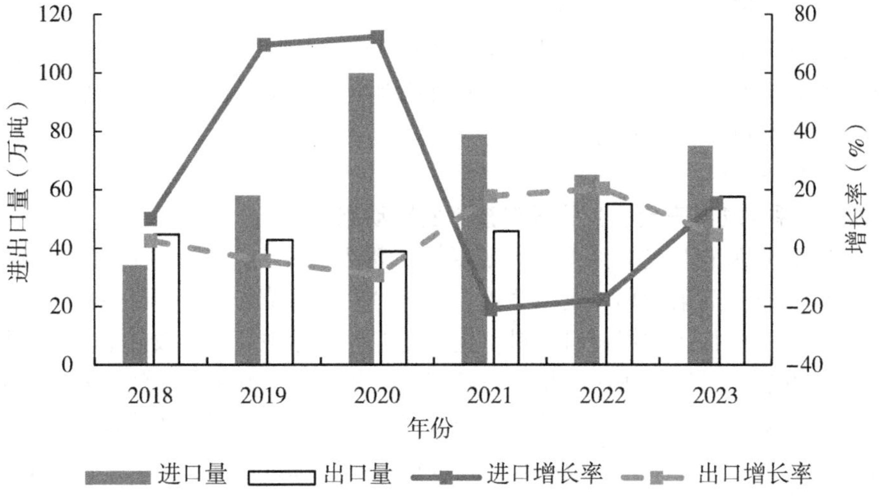

图 4　中国肉鸡进出口量及增长率

数据来源：Livestock and Poultry，Market and Trade，Foreign Agricultural Service/USDA Jan，2023。

三、国际肉鸡产业技术研发进展

（一）遗传资源与育种

1. 肉鸡重要经济性状遗传基础研究动态

发现 *GPNMB* 基因通过抑制鸡腹部前脂肪细胞中脂滴的增殖并促进脂滴的分化来调节腹部脂肪沉积，发现雌激素通过激活蛋白 1（*AP1*）上调 *GPNMB* 表达，过氧化物增殖激活受体 α（*PPARα*）通过 *PPRE* 下调 *GPNMB* 表达的动态平衡机制控制鸡腹部脂肪沉积。gga-miR-106-5p 抑制鸡腹部前脂肪细胞的增殖和成脂分化，并且抑制 *KLF15* 的转录后活性，腹部前脂肪细胞增殖和分化改变。通过全基因组分析手段发现 SNP c.482C>T 与腹脂重和腹脂率相关，该 SNP 位于 *MYBPH* 基因的第二个外显子中，其等位基因频率偏离 Hardy-Weinberg 平衡。肌内脂肪（IMF）相关研究发现，长链脂肪酸的积累以及中链脂肪酸和超长链脂肪酸的抑制将共同导致甘油三酯的增加，并影响脂肪酸的生物合成和细胞摄取途径，加速 IMF 的沉积。*LPL* 基因 C12315T 突变可作为分子标记提高三黄鸡腿肌 IMF 含量。通过 GWAS 和 XP-EHH 联合分析，鉴定到影响甘油三酯沉积的关键候选基因 *SLC16A7*，诱导鸡肌细胞中脂肪从头生成，促进 IMF 沉积。

2. 肉鸡遗传育种技术研究动态

基于 GWAS、RNA-seq 和蛋白组学等分子生物学手段筛选分子标记进行标记辅助选择仍旧是主要育种手段。采用鸡 580K SNP 阵列、GWAS 和 PCA，鉴定了 16 个与体型性状相关的基因组区域。通过 RT-qPCR 发现提高 *Mstn-B* 表达可提高肌肉生长和鸡肉产量，Mstn 亚型可作为鸡肌肉生长性状选择的潜在遗传标记。采用蛋白网络等分析发现的 40 个与饲料转化率相关的差异富集蛋白或相关基因，可作为候选分子标记。基于基因组 ROH 信息，在俄罗斯白鸡上共鉴定出 12 个鸡寒冷环境适应性的候选基因。使用 WOMBAT，采用限制性极大似然估计性状遗传参数和方差分量，发现 AIC 模型最佳。利用多性状动物模型和选择指数对泰国地方鸡的体重和产蛋性状进行遗传评价，指出 6 周龄体重、6 周龄胸围、240 日龄累积产蛋量和开产日龄应作为地方鸡种选育的标准性状。精确的基因编辑在畜牧业发展中具有巨大潜力，使用 CRISPR 的基因突变破坏或去除 MSTN，导致 MSTN 敲低鸡的肌肉质量增加。通过 CRISPR 在鸡的基因组中引入 *RIG-I* 样抗病基因，可培育禽流感病毒（AIV）更高抗性的鸡。

（二）营养与饲料

1. 饲料资源开发与安全、生物饲料技术发展动态

非常规饲料资源的开发应用受到广泛关注，涉及榄渣油、酸性油等油脂原料，角豆粕、黑水虻幼虫粉、苋菜叶粕、龙尾菜粕、水蛭粉、小球藻粉、酶解酵母粉、清酒酒糟等蛋白原料，适当比例替代常规饲料原料，生长性能等指标均获得了较好效果。系统地评价了菊花粉粕、红薯淀粉渣、龙尾菜粕等的氨基酸消化率以及红薯淀粉渣、菊花粉粕、黑兵蝇幼虫脂肪的有效能值。国外发酵技术研究涉及的原料包括红米、棕榈仁饼、橄榄磨渣、木薯茎根、香葱汁等，其中，发酵木薯根培养液的可溶性蛋白和总蛋白浓度显著增加，可作为肉鸡饲粮中玉米替代品。在饲料原料评价方法学研究方面，完善了基于多元数据分析的能量、蛋白消化率预测方法和基于机器学习的氮校正表观代谢能预测方法；利用体外模拟胃肠道消化和响应面法等手段，研究了酶制剂和益生菌等添加剂作用下饲料原料的营养价值变化。

2. 能量、蛋白质和氨基酸的营养功能与需要量发展动态

研究发现，限饲相比自由采食会降低Hubbard白羽肉种鸡能量维持需要量，但是对体组成无明显影响。低蛋白日粮饲喂Cobb 500雄性白羽肉鸡，Arg与Lys比例推荐值为124%。

3. 肠道健康与免疫营养发展动态

在益生菌方面，饲料中添加5×10^8 CFU/g枯草芽孢杆菌通过调节肠绒毛形态和盲肠菌群提高肉鸡免疫功能和生长性能，达到杆菌肽锌的效果；1×10^7 CFU/g益生菌组合（凝结芽孢杆菌、枯草芽孢杆菌、布拉式酵母菌）能够降低肠道pH值，对肠绒毛形态、转运蛋白表达、免疫功能和生长性能均有积极影响。益生菌和菊苣根粉联用能够增加回肠乳酸杆菌数量，降低致病菌数量，改善肠道绒毛形态。饲料中应用噬菌体能提高肉鸡免疫器官指数，且与甘露聚糖酶联用能够调控肠道微生物平衡，改善肠道形态。在小麦—菜籽粕基础日粮中添加500毫克/千克板栗单宁酸能够改善肉鸡肠道绒毛形态，提高日增重和采食量。

（三）生产与环境

1. 舍内环境因素与肉鸡健康养殖技术研究发展动态

通过四面体网格仿真，提出基于计算流体力学（CFD）模拟方法，可用于表征鸡舍设施内的空气温度及其分布曲线，从而预测鸡舍内的气温模式。研究光照强度对肉鸡生产和健康的影响，发现生长中的肉鸡对光照强度表现出一定的偏好。20日龄左右肉鸡对光照强度偏好最为明显，不同的光强度可以提高生产性能，但不应高于20勒克斯。这种偏好随年龄的变化而变化，至31日龄以后这种偏好不再显著。

2. 智能化技术开发应用发展动态

首次通过分析视频片段识别肉鸡的跛行，使用卷积神经网络检测和跟踪行走肉鸡身上的7个关键点，开发了基于姿态估计的模型作为一种自动、无创的跛行评估方法，可应用于家禽养殖，实现高效管理。开发深度学习模型（YOLOv5x-hens）来监测肉鸡在非笼养设施中的行为，发现在不同光照强度、角度和年龄超过8周（即鸡龄8~16周）下检测肉鸡时表现稳定。

3. 养殖减臭及废弃物处理发展动态

肉鸡养殖减臭及废弃物处理方向主要围绕：①覆膜式静态正压通风堆肥发酵生产有机肥（如德国），能耗低，并可大幅度降低臭气、粉尘和病原菌外排污染环境；②密闭罐式好氧发酵鸡粪生产有机肥（如日本），可解决传统堆肥方法使用大量辅料的问题，同时提高有机肥的养分含量及其肥效；③垫料鸡粪通过循环燃烧发电或混煤燃烧发电（如美国）；④综合利用鸡舍通风系统和传输带清粪系统，将鸡舍余热用于鸡粪烘干处理（如荷兰）；⑤通过低蛋白饲料或饮水添加微生态制剂/酸制剂、舍内外空间喷雾益生菌/酸制剂或高压电离或喷射等离子体、垫料混合或添加预处理剂、废气收集酸碱喷淋/活性炭吸附/紫外光氧催化等技术手段达到降尘除臭的效果；⑥通过堆肥及其优化技术，提高堆肥效率；污水处理循环利用技术；粪污与其他工业废弃物生产生物柴油和沼气等。

（四）疾病防控

1. 病毒性和细菌性疾病研究动态

利用Sf9昆虫细胞共表达神经氨酸酶、血凝素和基质蛋白，制备了H5N1/NA-HA-M1

流感病毒样颗粒（VLP），其可诱导广谱通用抗体，表明高致病性 H5 亚型禽流感病毒的 HA 蛋白含有广谱抗原表位。利用杆状病毒表达系统，制备了 H5N1 亚型禽流感病毒的 VLP 疫苗，保护率可达 70%~100%。

2. 坏死性肠炎控制技术

坏死性肠炎（NE）的发生与环境、日粮结构、霉菌毒素及球虫感染等多重因素有关。肉鸡日粮中鱼粉添加量由 8%降至 4%，或用植物蛋白替代，NE 发生率由 8%降为 2%。丁酸盐作为饲料添加剂，可以降低 NE 发病率及严重程度。使用益生菌，乳酸杆菌、解淀粉芽孢杆菌 TL 可以降低球虫和 NE 发病率；日粮和饮水中加入短链脂肪酸和精油可以减少小日龄家禽的肠道中产气荚膜梭菌的数量；杆菌肽锌或林可霉素、有机酸减低 pH 值可以减少病原微生物；使用噬菌体等有利于 NE 防控。

3. 新发细菌耐药性变化动态

据美国国家抗微生物药耐药监测系统（NARMS）数据，2000—2022 年鸡源大肠杆菌对四环素、链霉素和磺胺甲恶唑的耐药率分别为 32. 2%、23. 8%和 20. 2%，呈显著下降趋势，对其他抗菌药的耐药趋势则相对平稳。鸡源大肠杆菌对氯霉素和环丙沙星几乎全部敏感。对鸡源沙门菌的耐药监测结果显示对四环素、链霉素的耐药水平最高，对 β-内酰胺类的耐药趋势稳中有降，对环丙沙星和氯霉素的耐药水平则长期处于极低的水平。鸡源弯曲菌对四环素、萘啶酸和环丙沙星的耐药趋势比较平稳，其中对四环素的耐药率最高达到 37. 8%。鸡源弯曲菌对其他抗菌药的耐药率相对较低，几乎全部变得敏感。

4. 快捷高效检测技术发展

基于 CRISPR/Cas 系统、基因芯片技术、新一代测序技术、AI 人工智能等新技术成为研发热点，例如基于 CRISPR/Cas12a 系统的肉鸡球虫快速检测试剂盒，鸡肉制品中高通量 NGS 食源致病菌检测技术等。检测病原由单一向高通量、检测群体由发病群体向种源转变，并通过病原分子溯源等技术手段，完成大肠杆菌等病原菌溯源和耐药基因监测。

（五）鸡肉加工

1. 鸡肉加工基础研究进展

肉鸡的福利屠宰方面，通过对比不同大小的禽笼，发现 480 厘米^2 鸡笼中的鸡肉的持水力和 pH 值比 350 厘米^2 禽笼中的鸡肉表现更好。夏季肉鸡类 PSE 肉的发病率显著高于冬季，并且夏季运输肉鸡更加容易出现应激等现象。探究了在冷藏过程中，淀粉基复合泡沫适用于鲜肉贮藏，且加入乳链菌肽作为抗菌剂可使鸡肉保质期延长。此外，还用伏牛花提取物作为鸡胸肉中良好的抗氧化剂、抗菌剂和调味剂。发现在海藻酸盐涂层中联合使用伏牛花提取物、乳链菌肽和肉桂醛可被视为一种新的有效的鸡肉保鲜包装系统。

2. 技术发展与产品开发

在饲料中添加酵母可降低鸡腿肉中的亚油酸含量和不良的过热味。通过对比新鲜与冻融鸡腿的风味差异，发现冻融后大部分游离氨基酸和挥发性风味物质含量均增加。以紫苏籽粕替代脂肪可减少鸡肉饼中杂环胺的生成和蛋白质的氧化，为煎鸡肉饼风味改善提供了途径。用 30%的火鸡肉糜替代商品肉鸡肉糜制备重组鸡胸肉，可保持肉鸡鸡胸的风味，为肉类加工提供原料参考。

四、国内肉鸡产业技术研发进展

（一）遗传资源与育种

1. 肉鸡新品种培育进展

2022 年通过国家畜禽遗传资源委员会审定的肉鸡新品种 4 个（富凤麻鸡、光大梅岭 4 号肉鸡、裕禾 1 号黄鸡、东禽 1 号麻鸡），地方鸡种新资源 2 个（祁门豆花鸡、雁荡麻鸡）。这些培育的黄羽肉鸡新品种具有饲料报酬较高、适屠性好、风味好等优点，是决定黄羽肉鸡竞争力的主要核心性状。

2. 遗传资源保护与发掘利用研究进展

地方鸡种资源的研究、鉴定和遗传分子标记筛选工作取得较大进展。西北农林科技大学通过对世界范围内 15 个家鸡品种的 20 个个体进行基因组从头组装，构建了鸟类中的第一个基于 de novo assemblies 的高质量泛基因组，并补充了相当于目前参考基因组 15%（159 Mb）的缺失序列。基因编辑技术方面，扬州大学通过感染 CEF 细胞分离得到纯化的多潜能干细胞（iPGCs）。广西大学利用 CRISPR/Cas9 技术并结合同源重组基因整合策略，成功在鸡 PGC 细胞中进行高效率的基因定点插入和编辑，并制备获得了在输卵管高效表达外源蛋白（OVA-GFP）的基因编辑鸡。东北农业大学通过显微注射 Tol2 转座子质粒系统到发育的鸡胚中，产生 G_1 代转基因鸡。

（二）营养与饲料

1. 饲料资源开发和生物饲料技术发展动态

国内非常规饲料资源开发应用进展显著，适当比例添加可替代常规原料，如饲料桑有提高黄羽肉鸡胸肌中鲜味和甜味氨基酸以及多不饱和脂肪酸的效果；黄粉虫粉可提高营养物质的消化吸收；豆渣降低了中性洗涤纤维表观消化率及腹脂和肌肉脂肪重量。发酵技术方面，固态发酵的方法可使棉粕中游离棉酚的脱毒率达到 95%，提高棉粕利用率；5%发酵亚麻籽饼替代豆粕可提高营养物质表观消化率，增强机体抗氧化及免疫功能，改善生长性能；10%膨化发酵菜籽粕等氮替代豆粕不影响崇仁麻鸡生产性能和肉品质。

2. 能量、蛋白质和氨基酸的营养功能与需要量发展动态

依据生长性能、屠宰性能及血清生化指标等量化指标，确定了宁都黄鸡、贵州黄鸡和青脚麻等品种不同生长阶段饲粮的适宜代谢能水平，竹丝鸡和如皋黄鸡粗蛋白质的需要量，以及贵州黄鸡 0~6 周龄赖氨酸的适宜需要量。研究发现蛋氨酸水平能够影响胸肌和腿肌的蛋白质合成。外源性 L-酪氨酸水平与泰和乌骨鸡胸腺肥大细胞数量呈正相关。不同水平赖氨酸可能通过调控下丘脑神经肽，作用于神经活性配体—受体互作等通路，调控黄鸡的采食量。日粮降低 1.0%~1.5%粗蛋白水平对 AA、清远麻鸡、坝上长尾鸡的生长性能无显著影响。

3. 肠道健康与免疫营养发展动态

饲料中添加新型保加利亚乳杆菌能够缓解大肠杆菌引起的肠道损伤；枯草芽孢杆菌可改善肠黏膜炎症反应和氧化状态，减轻艾美尔球虫引起的肠道损伤；屎肠球菌则可减轻炎性细胞浸润，抑制肠道沙门氏菌定植和细胞凋亡。在植物提取物方面，黑沙蒿黄酮、五倍子单宁酸和甘草多糖在提高肠道免疫功能、促进肠道发育方面作用突出。黄芩苷能够减轻支原体感染导致的肠道菌群紊乱，缓解禽致病性大肠杆菌导致的肠道损伤。此外，饲料中添加酵母水解物能够改善肠绒毛形态，提高养分消化和吸收率，促进有益菌在后肠段定

植。在添加剂组合应用方面，葡萄糖氧化酶、嗜酸乳杆菌和姜黄素联用能够调节肠道菌群平衡，降低腹泻率，提高肉鸡生长性能。

（三）生产与环境

肉鸡养殖中开发智能环控技术方面，LED 蓝光更适用于饲养肉鸡；绿光可抑制肉鸡生长；黄光组 NH_3平均排放浓度最高，CO_2日平均排放浓度最低。智能化养殖方面，在 5G 技术的支持下，开展了大量的数字化、智能化技术开发，包括图像处理技术及深度学习技术，对肉鸡进行持续自动监测，建立肉鸡行为识别与健康体况识别模型。在肉鸡养殖减排及废弃物资源化方面，引进消化再创新罐式智能堆肥发酵一体机，大幅度降低了传统条垛式/槽式堆肥发酵辅料用量大、臭气和粉尘外排污染环境的难题；创新覆膜式堆肥工艺，自主开发了透气防水专用膜，完全替代进口产品，大幅度降低了生产成本；生产推广鸡粪干燥处理设备及相关技术，开发了降尘除臭系统及成套设备设施。

（四）疾病防控

1. 国内禽流感防控技术研究进展

目前国内 H5N6、H5N8 和 H5N1 亚型毒株共流行；Clade2. 3. 4. 4b 的 H5N6 为优势毒株，Clade 2. 3. 4. 4h 毒株逐渐消失；Clade 2. 3. 4. 4b 病毒的 HA 基因持续分化，但抗原性变化不大；H5N1 的流行风险增加。H7N9 病毒的污染面相比 2021 年有进一步扩大的趋势，持续影响鸡产业，病毒的 HA 基因分为两个分支，且抗原性变化较大。目前国内使用的重组禽流感病毒（H5+H7）三价灭活疫苗（H5N6 H5-Re13 株+H5N8 H5-Re14 株+H7N9 H7 Re4 株）和（H5N2 rHN5801 株+rGD59 株+H7N9 rHN7903 株）对国内绝大部分流行毒株具有较好的保护作用。H7N9 亚型禽流感在我国部分地区的鸡群已产生新的进化趋势，并且抗原性也已发生明显分化，很有可能造成新的散发疫情。新型禽流感疫苗研究方面，构建了由禽流感病毒 M1 蛋白和 HA 蛋白组成的嵌合病毒样颗粒（VLPs），可诱导产生禽流感病毒 H5 特异性抗体。华南农业大学将 H7 亚型 VLPs 疫苗单剂量免疫 SPF 鸡，平均 HI 抗体滴度在 7log2 以上；免疫后 3 周以 $100CLD_{50}$的剂量攻毒，H7 亚型 VLPs 疫苗可提供 100%完全保护。H5 亚型 VLPs 疫苗单剂量免疫 SPF 鸡，免疫后 3 周，疫苗组平均 HI 抗体在 7log2 左右；免疫后 3 周以 $100CLD_{50}$的剂量攻毒，攻毒后 H5 亚型 VLPs 疫苗可提供 100%完全保护。

2. 国内细菌病防控技术研究进展

鸡群禽呼肠孤病毒（ARV）感染，以纯化的 ARV 全病毒粒子作为包被抗原研制了检测 AR 抗体的检测试剂盒，可对临床血清样品进行检测。随着耐药菌的广泛出现，噬菌体治疗受到重视，国内外已发现了 31 种新型防御系统，从噬菌体和细菌互作的角度揭示了噬菌体耐受细菌 CRISPR-Cas 防御系统的机制，将有助于研发高效的噬菌体治疗制剂。在减抗限抗的大背景下，研发安全、高效的新型抗生素替代物或者寻找益生菌活性的饲料添加剂已成为大势所趋，如中草药提取物厚朴酚与厚朴醇按 1：1 的比例配伍，添加入饲料可提高产蛋率、调节肝脏代谢和改善肠道健康。

（五）鸡肉加工

鸡肉加工方面，超声波辅助在 4℃和-18℃处理鸡软骨胶原肽，鸡肉的滴水和蒸煮损失显著降低。鸡肉加工的微生物控制相关研究方面，发现小肠结肠炎杆菌和其他耶尔森菌属普遍存在于当地的零售和加工肉类中。鸡肉风味方面，产自四川省喜德县境内的喜德阉鸡，具有肉质鲜嫩、香味浓郁、口感良好、营养价值高的特点，喜德阉鸡的氨基酸、醛、醇和挥发性烷烃的含量最高，优势显著。改性核桃壳固定化猪肉内源性脂肪酶处理鸡肉可有效增加鸡肉的香气，提高肉品风味。另外，适当焖煮可促进道口烧鸡风味化合物的释放，有利于盐的渗透和鲜味的产生，长时间的焖煮会导致风味强度减弱。鸡肉加工技术及产品开发方面，预制菜研究较为活跃。添加食用菌后，鸡汤的灰分、总糖和呈味核苷酸含量较空白鸡汤显著增加，粗脂肪含量显著下降。

（国家肉鸡产业技术体系首席科学家　文杰　提供）

2022 年度水禽产业技术发展报告

（国家水禽产业技术体系）

一、国际水禽生产与贸易概况

依据中国畜牧业协会与联合国粮食及农业组织（FAO）提供的数据分析及对我国水禽产业市场供求关系推算，2022 年世界肉鸭出栏量约 55.9 亿只，与 2021 年相比有一定幅度减少。其中亚洲占比最大，达到约 85%的占比。其次是欧洲，约占 11%。全世界肉鸭出栏量按出栏只数排名前 5 位的国家是中国、缅甸、越南、法国、孟加拉国。按出栏量重量排名前 5 位的国家是中国、法国、缅甸、越南、马来西亚，中国肉鸭出栏重量占世界约 69%的比重。2022 年世界肉鹅出栏量约 5.3 亿只，与 2021 年相比减少约 18%。其中，亚洲约占 95%，欧洲约占 3.4%，美洲与非洲约占 1.6%。中国是世界肉鹅出栏量最多的国家，其次是埃及、波兰、缅甸、匈牙利。目前，全球禁止生产鹅肝的国家包括：阿根廷、捷克、丹麦、芬兰、德国、爱尔兰、以色列、意大利、卢森堡、荷兰、挪威、波兰、瑞典、瑞士和英国。这些国家只是禁止生产，并不禁止销售。而印度是全球唯一全面禁止鹅肝生产和销售的国家。

从生产上来看，7 月 11 日，巴西农业、畜牧业和供应部（MAPA）发布了第 612 号法令，制定禽蛋养殖场和蛋加工生产企业注册规定。主要内容包括生产企业的一般要求、生产加工要求、包装要求与存储运输要求，该法令自 2022 年 8 月 1 日起施行。在英国，大量家禽被扑杀，对于家禽养殖和食品生产行业来说意味着巨大的损失。与此同时，英国 36%的家禽养殖场因为禽流感而受到管控，家禽必须在室内饲养，这也造成了一定的成本上涨。目前，英国政府给予农民扑杀每只家禽以一定的补偿来缓解后者的养殖压力。由于通货膨胀，世界各地的家禽生产商都面临着投入成本上升的问题。巴西动物蛋白协会（ABPA）称，生产商承受着巨大的投入成本压力，这反映在价格上涨方面。马来西亚对家禽设置价格上限以确保其价格合理，据说这将曾经有利可图的家禽业务变成亏损企业，并迫使其他企业关闭。

另外，2022 年疫病对水禽产品贸易造成了严重的影响。中国在内的全球多地暴发禽流感疫情。11 月 11 日，美国通报加利福尼亚州等 8 地发生 38 起野禽和 15 起家禽 H5N1 亚型高致病性禽流感疫情，321 羽野禽和散养家禽感染死亡，1 032羽被扑杀，740 羽家禽感染死亡，117.6 万羽被扑杀。11 月 17 日，意大利通报艾米利亚罗马涅大区等 3 地发生 7 起野禽和 8 起家禽 H5N1 亚型高致病性禽流感疫情，7 羽野禽感染死亡，7.6 万羽家禽感染，1 067羽死亡，19.8 万羽被扑杀。2022 年 10 月，欧盟食品安全局与欧洲疾病预防与控制中心曾联合发布报告，表示欧洲正经历史上最大规模的禽流感疫情，已上报2 460多起疫情，扑杀4 800万羽家禽，波及全欧 37 个国家，不论是病例数量还是疫情范围都创“新高”。作为欧洲禽类产品出口大国，荷兰有2 000多家禽蛋农场，每年鸡蛋净出口达 60 多亿枚，但自 2021 年以来，荷兰已有 60 多家农场暴发禽流感疫情，当局扑杀的家禽数量超过 400 万羽。据荷兰农业、自然及食品质量部当日发布的公告，荷兰东南部与德国接壤的林堡省芬莱市（Venray）一处养鸡场发现禽流感病例，为防疫情扩散，涉事农场约 22. 3 万羽肉鸡被扑杀。同时，涉事农场方圆 10 千米以内有 43 家农场，且一小块区域系德国领土；经与德国当局协商，荷兰农业、自然及食品质量部对 43 家农场下达“封锁令”，禁止农场对外运送家禽、蛋、肉、肥料等产品，民众也不得在这些地区狩猎。除“重灾区”荷兰，禽流感疫情正在席卷欧洲。11 月 18 日德国柏林动物园通报，受禽流感疫情影响，柏林动物园即日起闭园，其间将对园内所有禽类进行防疫检查。

二、国内水禽生产与贸易概况

从国内水禽产业生产相关政策来看，①2022 年 9 月 20 日，农业农村部办公厅发布《关于公布饲料中豆粕减量替代典型案例的通知》，按照农业农村部部署，在饲料养殖行业实施豆粕减量替代行动，大力推广低蛋白多元化饲料精准配方技术，取得了明显成效。部分饲料养殖企业在实践中探索出成功的技术路径，涌现了一批典型案例，为全行业豆粕减量使用作出了示范。②10 月 14 日，中国动物疫病预防控制中心组织全国动物防疫专家委员会禽病组专家编写了《秋冬季高致病性禽流感防控技术要点》，建议针对不同饲养周期家禽，制定科学合理的免疫程序，确保基础免疫完善、及时补免。要选择国家批准的疫苗厂生产的合格禽流感疫苗进行接种，确保免疫效果。③10 月 30 日，十三届全国人大常委会第三十七次会议表决通过新修订的《中华人民共和国畜牧法》。此次修法坚持问题导向和目标导向，加快构建现代畜禽养殖、防疫和加工流通体系，进一步强化畜禽种业自主创新，筑牢动物疫病防控风险防线，推动畜牧业绿色发展，完善支持保障措施，完善了畜禽产品保供稳价制度，更好满足人民群众多元化的畜禽产品消费需求。

据对全国 23 个水禽主产省（区、市）2022 年水禽生产情况的调查统计，全年商品肉鸭出栏 40. 02 亿只，较 2021 年下降 2. 41%；肉鸭总产值1 203. 07亿元，较 2021 年上升 18. 25%。蛋鸭存栏 1. 51 亿只，较 2021 年上涨 0. 08%；鸭蛋产量为 264. 91 万吨，较 2021 年下降 4. 56%；蛋鸭总产值 388. 80 亿元，较 2021 年上升 10. 40%。商品鹅出栏 4. 68 亿只，比 2021 年下降 17. 88%，肉鹅产值 526. 73 亿元，比 2021 年上涨 0. 79%。水禽产业总产值2 118. 60亿元，较 2021 年上涨 11. 97%。受新冠疫情持续影响，2022 年我国肉鸭、蛋鸭及肉鹅三大水禽产业的产量都呈下降态势，但由于原料价格继续上涨，市场价格持续走高，三大水禽产业的产值都呈上升的状态。

从水禽产品价格来看，进入 2022 年以来，水禽基本走出了冰火两重天的态势。从 2022 年各季度最后 1 个月价格表现来看，①活鸭方面：2022 年第一季度 3 月末的毛鸭平均价格为 4. 16 元/斤（1 斤 = 0. 5 千克，下同），环比上升 5. 96%，同比下降 4. 10%。毛鸭主要产区中，广西毛鸭价格最高，为 4. 86 元/斤；山东毛鸭价格最低，为 3. 68 元/斤。全国主要产区毛鸭价格环比变动均有升有降，其中上升幅度最大的是广西，为 29. 03%；下降幅度最大的是山东，约为 1. 18%。2022 年第二季度 6 月末的毛鸭平均价格为 5. 09 元/斤，环比上升 7. 84%，同比上升 28. 86%。全国主要产区毛鸭价格环比均有较大幅度上升，上升幅度最大的是广西，约为 10. 87%；上升幅度最小的是河南，约为 2. 50%。2022 年 9 月的毛鸭平均价格是 5. 36 元/斤，环比上升 0. 56%，同比上升 16. 11%。在毛鸭主要产区中，广西毛鸭价格最高，为 6. 13 元/斤；安徽毛鸭价格最低，为 4. 80 元/斤。全国主要产区毛鸭价格环比变动有升有降，其中上升幅度最高的是江苏，为 5. 19%；下降幅度最大的是广东，约为 8.08%。2022 年第四季度 12 月末的毛鸭平均价格为 5.23 元/斤，环比下降 8.57%，同比上升 20.92%。可以看出，2022 年全国毛鸭均价逐渐上升，有较好的销售前景。且在广西的销售市场中，毛鸭价格的上升幅度较大。②鸭蛋方面：2022 年 3 月，鸭蛋月度平均价格为 13.65 元/千克，环比上升 2.39%，同比上升 14.82%。2022 年 6 月，鸭蛋月度平均价格为 14.21 元/千克，环比上升 2.08%，同比上升 21.87%。2022 年 9 月，鸭蛋月度平均价格为 14.92 元/千克，环比上升 2.05%，同比上升 23.61%。2022 年 12 月，鸭蛋月度平均价格为 15.07 元/千克，环比下降 1.37%，同比上升 24.44%。总的来说，2022 年全国鸭蛋均价也呈上升趋势，整体行情面临的压力减小。③鸭苗方面：2022 年 3 月，我国鸭苗月度平均价格为 1.16 元/羽，环比上升 2.72%，同比下降 74.06%。2022 年 6 月，我国鸭苗月度平均价格为 1.98 元/羽，环比上升 17.16%，同比上升 144.16%。2022 年 9 月，我国鸭苗月度平均价格为 7.54 元/羽，环比上升 22.80%，同比上升 281.00%。2022 年 12 月，我国鸭苗月度平均价格为 1.41 元/羽，环比下降 72.24%，同比下降 23.12%。全年鸭苗价格波动较大，毛鸭成本下调目前还难以实现。整体来说，虽然未来随着消费恢复行情会变好，但具体到当前的价格和未来的市场还是未知的，行情报价短期内客观来说仍然承压。

从对外贸易来看，受疫情影响，我国进口冷冻食品备受关注，多次发生进口冷冻食物外包装检测出新冠病毒事件。我国水禽进出口也遭受了严重下滑。根据海关总署的数据统计，2022 年 1—10 月家禽进口金额为10 868万元人民币，累计比 2021 年同期下降 39.7%。其中，2022 年 1—10 月冻的鸭块及杂碎进口数量为 25 吨；出口数量为 3 745.7吨。2022 年 1—10 月家禽出口金额为 856.7 万元，与 2021 年同期相比急剧下滑。2022 年 1—10 月冻的鸭块及杂碎进口金额为 37.8 万元；出口金额为4 535.69万元。

2022 年 7 月 22 日，农业农村部接到中国动物疫病预防控制中心报告，经国家禽流感参考实验室确诊，青海省刚察县和共和县发生一起 H5N1 亚型高致病性禽流感疫情，发病死亡野禽 273 羽。疫情发生后，当地立即按照相关应急实施方案规定，开展应急处置工作，对全部病死野禽进行无害化处理，并对周边家禽进行监测排查，实施紧急免疫。9 月 26 日，湖南省凤凰县发生一起家禽 H5N6 亚型高致病性禽流感疫情，截至 9 月 28 日，存栏家禽 519 羽，发病 516 羽，死亡 385 羽。疫情发生后，凤凰县委、县政府及时启动重大动物疫情应急预案，按照防治技术规范要求，依法、科学防控，切实做好疫情处置工作；对疫点养殖场 385 羽死禽进行深埋消毒处置，所有活禽进行强制扑杀及无害化处置，并彻底消毒。12 月 15 日，中国香港元朗区湿地公园发生一起野禽 H5N1 亚型高致病性禽流感疫情，一只野生黑脸琵鹭感染死亡。

三、国际水禽产业技术研发进展

2022 年，国外水禽产业技术研发进展主要在禽类养殖、疾病防控、禽类产品应用三个方面。

在禽类养殖上，弗吉尼亚理工大学 Jacobs 等学者认为增加环境复杂性和丰富性，例如增加游戏行为可以提高家禽福利水平以及活动水平。美国爱荷华州立大学 Fries-Craft 等学者评估了一种专有的藻类成分对家禽性能、肠道健康、全身免疫和玉米或小麦日粮之间的代谢/免疫基因型的影响。埃斯特雷马杜拉大学 Mahmoudi 等学者探讨了角豆树部分替代玉米果肉粉对家禽性能、肠道菌群、胴体性状和肉质的影响。研究发现角豆果肉粉可以作为非常规饲料以 7%的比例应用于肉鸡日粮，对生长性能和胴体性状没有负面影响，并且可以增加不饱和度，而不会对氧化稳定性或感官性状产生负面影响。波兹南大学 Perz 等学者研究发现补充外源淀粉酶的蚕豆种子对家禽具有更大的营养价值。

在疾病防控方面，加纳大学的 Kayang. B 等学者研究了加纳当地家禽在感染快速（高毒性）和低速（低毒性）新城疫病毒（NDV）毒株后的反应。江原国立大学的 Hosseindoust 等学者发现使用抗沙门氏菌噬菌体能够抑制蛋禽感染加里纳鲁沙门氏菌。瓜达拉哈拉大学 Perez 等学者的研究结果表明，墨西哥的禽传染性支气管炎病毒（IBV）多样性是由属于不同基因型的不同谱系的共同传播引起的，且墨西哥 IBV 谱系与马萨诸塞州和康涅狄格州的疫苗株有很大不同，表明墨西哥当期使用的疫苗可能需要更新。

在禽类产品应用上，美国普林斯顿大学创新学院副院长 Craig B. Arnold 领导的团队用鸡蛋清制造了一种气凝胶，这种轻质多孔材料可用于多个领域，包括水过滤、储能、隔音和隔热，例如能够以较低成本去除海水中的盐和微塑料，效率分别为 98%和 99%。

四、国内水禽产业技术研发进展

2022 年国内水禽产业技术研发成果丰硕，为产业发展提供了持续的驱动力。

在遗传育种方面：①规定了农安籽鹅的特性、体貌特征、生长性能、繁殖性能及性能测定方法。②以黑羽番鸭为研究对象，克隆 *TNNI2* 基因并对其编码的蛋白质的理化性质及结构进行生物信息学分析。③探究北京鸭不同品系参考群的合并对基因组选择准确性的影响，为北京鸭基因组选择提供参考依据。

国家标准与数据库建设方面的成果主要有：①发布或实施国家标准 5 项，《蛋鸭营养需要量》（GB/T 41189—2021）、《食品安全国家标准　食品中 41 种兽药最大残留限量》（GB 31650. 1—2022）、《畜禽屠宰加工设备　家禽脱毛设备》（GB/T 41830—2022）、《规模化家禽饲养场流感防控环境管理技术规范》（GB/T 41381—2022）、《规模化家禽饲养场流感防控设施设备配置要求》（GB/T 41380—2022）。②发布或实施行业标准若干项，《天府肉鹅》（NY/T 4050—2021）、《畜禽肉分割技术规程　鸭肉》（NY/T 3962—2021）、《畜禽养殖场空气源热泵应用技术规范》（NB/T 11039—2022）等。③发布或实施地方标准若干项：《鸭瘟强弱毒核酸鉴别诊断技术》（DB35/T 2034—2021）、《鸭无水面饲养技术规范》（DB35/T 690—2022）、《鹅星状病毒病综合防控技术规范》（DB3212/T 2035—2022）等。④发布或实施企业标准若干项，《肉鸭屠宰加工技术管理标准》（Q/DMS 0001S—2022）、《正泉肉鸭标准化养殖技术规程》（Q/PTZQ—2022）等。

加工技术方面取得的成果主要有：①通过乳化和微胶囊化来提高鹅肝油稳定性，从而实现鹅肝油的高效利用。②采用传统微生物培养法从皮蛋“爆蛋”样品中分离获得 BD 菌株，探究皮蛋“爆蛋”原因。③通过测量肉鸭胸肌的电子感官指标，为肉鸭风味构建一个相关的数据库。④检测了北京鸭×连城白鸭梯度血缘群体胸肌中亲水性物质的含量以及种类。⑤以感官评分为指标，通过单因素试验确定辣条鸭排中辣条调料添加量等 4 个单因素最佳范围。⑥研究了不同日龄扬州鹅肌肉营养物质及肌纤维特性肉品质差异。

营养和饲料技术方面取得的成果主要有：①研究了烟酸对种鹅生产性能、蛋品质和血清生化指标的影响。②研究了稻壳用于肉鹅养殖的可行性及合适的添加比例。③研究了饲料中添加迷迭香提取物对浙东白鹅的促生长效果及对机体健康水平的影响。④研究发现饲粮中添加生物发酵玉米对于提高鹅的饲料利用效率，改善脂肪代谢，提高机体免疫能力效果明显。⑤研究了不同饲喂模式下饲粮蛋氨酸水平对肉鸭生产性能和羽毛生长的影响。⑥探索了益生菌发酵饲料和普通全价饲料饲喂模式下所产鸭蛋挥发性风味成分的差异。⑦研究了不同钙、有效磷的添加水平对产蛋高峰期种母番鸭产蛋性能、孵化性能和蛋品质的影响。

在疫病防控方面取得一定成就：①建立了一种能快速、准确检测鸭星状病毒 3 型（Duck Astrovirus-3，DAstV-3）的 SYBR Green I 实时荧光定量 PCR 方法。②采用双荧光素酶实验、实时荧光定量 PCR、TCID50 等技术对解析鸭瘟病毒（DPV）UL41 蛋白进行分析，从而解析 UL41 蛋白在 DPV 逃逸宿主先天免疫反应的作用及机制。③研究发现外泌体在 1 MOI 坦布苏病毒（TMUV）感染 HEK293 细胞的感染过程中具有重要作用。④研究了鹅星状病毒（GAstV）、鹅细小病毒（GPV）、新城疫病毒（NDV）等鹅主要病原在我国鹅群中的混合感染情况。⑤建立了快速检测鸭血清多杀性巴氏杆菌抗体的胶体金试剂条。⑥研究了坦布苏病毒（Tembusu virus，TMUV）抗体保护雏鸭抵抗鸭坦布苏病毒病的能力。

在养殖技术方面取得的进展主要有：①研发出大角度翻蛋孵化机及“变角度翻蛋”孵化新技术，可提高大体型鹅种蛋、中型鹅种蛋、肉种鸭蛋孵化性能，并能够大幅提高鹅鸭苗的质量和生长性能。②研究了公鹅阉割及睾酮对鹅食欲及肌肉脂肪沉积的调控机制。

（国家水禽产业技术体系首席科学家　侯水生
产业经济岗位科学家　刘灵芝　提供）

2022年度兔产业技术发展报告

(国家兔产业技术体系)

一、国际兔生产与贸易概况

(一) 国际兔业生产概况

根据FAO最新统计①，2021年全球兔出栏量5.721亿只，比2020年减少5.93%；兔肉产量为86.17万吨，比2020年减少4.22%（表1）。从地区结构来看，全球兔业主要分布在亚洲和欧洲地区（表2）。亚洲占据主导地位，欧洲正在丧失其优势。

表1 2016—2021年全球家兔生产情况

年份	存栏		出栏		兔肉	
	存栏量（亿只）	增速（%）	出栏量（亿只）	增速（%）	兔肉产量（万吨）	增速（%）
2016	2.534	-15.98	7.802	-12.72	114.62	-12.32
2017	2.074	-18.15	6.706	-14.05	95.42	-16.74
2018	1.985	-4.30	6.470	-3.52	90.14	-5.54
2019	2.004	0.97	6.536	1.03	91.34	1.33
2020	1.846	-7.90	6.082	-6.95	89.97	-1.49
2021	1.719	-6.86	5.721	-5.93	86.17	-4.22

数据来源：FAO统计数据库（https：//www.fao.org/faostat/en/#hom）。

表2 2016—2021年全球兔肉产量及其区域分布

年份	产量（万吨）	占比（%）			
		亚洲	欧洲	非洲	其他
2016	114.62	68.29	22.61	7.74	1.36
2017	95.42	65.57	23.52	9.31	1.60
2018	90.14	68.77	19.23	10.27	1.73
2019	91.34	68.77	18.50	11.05	1.68
2020	89.97	70.47	17.02	10.79	1.72
2021	86.17	69.30	17.50	11.41	1.79

数据来源：FAO统计数据库（https：//www.fao.org/faostat/en/#hom）。

---

① 全球兔生产的数据来源于联合国FAO统计数据库（https：//www.fao.org/faostat/en/#hom）。

兔毛和獭兔的生产 90%集中在中国。除中国外，法国、匈牙利、智利、阿根廷等国也生产一定量兔毛，但其产毛量合计在1 000多吨。兔皮生产方面，獭兔皮的生产国主要有中国、法国和德国等。

（二）国际兔产品贸易概况

兔肉贸易方面，2021 年世界兔肉总出口量 3. 18 万吨，出口额 1. 43 亿美元。兔肉主要出口国西班牙、匈牙利、法国、中国和比利时分别占世界兔肉出口总量的 29. 80%、14. 48%、13. 70%、12. 66%和 10. 32%。德国、意大利、比利时、法国和葡萄牙为进口的前 5 位国家（表 3），占进口总量的 64. 18%。

虽然全球兔毛的统计比较缺乏，但兔毛的主要生产和出口国为中国，其产量和出口量均占全球的 90%以上，中国兔毛原料及兔毛针织品出口量也占世界的 90%以上。

表 3　2021 年兔肉进出口前 5 位的国家进出口价格

排名	出口			排名	进口		
	国家	数量（吨）	单价（美元/千克）		国家	数量（吨）	单价（美元/千克）
1	西班牙	9 475. 01	3. 56	1	德国	5 765. 00	6. 05
2	匈牙利	4 603. 97	6. 58	2	意大利	2 795. 00	3. 98
3	法国	4 356. 54	4. 49	3	比利时	3 887. 00	2. 79
4	中国	4 026. 67	4. 34	4	法国	2 075. 00	4. 46
5	比利时	3 280. 20	3. 94	5	葡萄牙	1 912. 00	4. 56

数据来源：WITS 数据库（http：//wits. worldbank. org/WITS/. ）。

二、国内兔生产与贸易概况

（一）国内兔业生产概况

据估计 2021 年我国家兔出栏量达 34 892. 9万只（表 4），兔肉产量为 51. 2 万吨，兔养殖行业产值 247. 97 亿元，其中肉兔产值达到 167. 4 亿元；獭兔产值为 25. 53 亿元；毛兔产值为 42. 65 亿元，其他产值为 12. 39 亿元。

从区域结构来看，我国肉兔养殖主要集中在四川、重庆及山东、河南等地，獭兔主要在山东、河北、河南和山西等地，毛兔主要在山东、浙江、江苏、安徽等地。目前，我国家兔产业的集中度较高，出栏排前 5 位的省份及其占比分别为：四川（50%）、山东（10%）、重庆（8%）、江苏（7%）和河南（7%）。

表 4　2011—2020 年我国家兔存栏、出栏和兔肉产量

年份	出栏量		存栏量		肉产量	
	数量（万只）	增速（%）	数量（万只）	增速（%）	数量（万吨）	增速（%）
2016	35 056. 7	-2. 32	13 225. 7	-38. 78	53. 5	-3. 25
2017	31 955. 3	-8. 85	12 114	-8. 41	46. 9	-12. 34

（续表）

年份	出栏量		存栏量		肉产量	
	数量（万只）	增速（%）	数量（万只）	增速（%）	数量（万吨）	增速（%）
2018	31 670.9	-0.89	12 033.9	-0.66	46.6	-0.64
2019	31 323.1	-1.10	11 937.7	-0.80	45.8	-1.72
2020	33 231.4	6.09	10 917.1	-8.55	48.8	6.55
2021*	34 892.9	5.00	11 081.0	1.50	51.2	4.92

注：* 表示 2021 年数据为估计值。

（二）中国兔产品贸易概况

1. 兔肉贸易

我国兔肉多年均为净出口（表 5），2022 年前 11 个月我国兔肉（HS 编码 02081020）出口 0.34 万吨，同比下降 7.79%，全年预计出口 0.38 万吨。

表 5　2017—2022 年中国兔肉出口情况

年份	出口总量（吨）	出口总额（亿元）	出口均价（元/千克）
2017	7 042	1.991	28.27
2018	5 964	1.892	31.72
2019	4 897	1.587	32.40
2020	3 972	1.988	50.04
2021	4 027	1.132	28.11
2022*	3 400	1.035	30.45

注：* 表示 2022 年为 1—11 月数据。数据来源：中国海关。

2. 兔毛和兔皮贸易

2022 年前 11 个月出口兔毛 138.71 吨，同比下降 5.20%。2022 年前 11 个月进口兔皮 1.100 万吨，同比下降 34.74%，2022 年前 11 个月未缝制兔皮出口上升至 48.06 吨，较 2021 年同期增加了 5.55%。

三、国际兔产业技术研发进展

1. 遗传育种与繁殖

遗传育种：利用法国兔，将白色到棕色的颜色模式和梯度在喜马拉雅表型中分离，以此探究色素沉着背后的生物学机制；兔的体型也是一个复杂的性状，可能是由许多基因共同作用决定的；探讨 *IRS*1、*PPAR*-γ、*LEP* 基因中的 3 个 SNP 对家兔生长性状的影响。

繁殖技术：研究表明，炎热季节，每周口服 400 或 600 毫克/头的玛卡提取物可提高兔子的生长性能、抗氧化状态和精液质量；较高浓度的 ZnO 纳米颗粒会降低兔体外精子活力和细胞膜完整性，其精子毒性与剂量和时间有关；发现次级卵泡的数量与 AMH 浓度显著相关；过度刺激母兔卵巢会影响母兔卵母细胞的质量和体内胚胎的存活率。

2. 营养与饲料

饲料开发利用：獭兔饲粮中添加等量的发酵豆粕可提高肝脏抗氧化能力，改善盲肠菌群，以 1.5%的添加量为宜；日粮中添加荨麻和葫芦巴可有效降低兔肝脏和肉类中有毒金属铅和镉的浓度；饲喂添加 250 毫克番茄加工副产品提取物（TPBE）日粮的兔，表现出最重的体重、最低的采食量和最佳的饲料转化率；生长兔日粮中添加 150 克/千克黄羽扇豆和白羽扇豆种子完全替代豆粕，使肉中饱和脂肪酸降低和多不饱和脂肪酸增高。

饲料添加剂：在家兔饲粮中添加百里酚能改善家兔小肠的结构形态和盲肠的微生物区系；桑叶提取物可以影响家兔结肠中的离子转运，促进钠离子的吸收；家兔饲粮中添加低聚果糖，可促进家兔生长并改善胴体性状；家兔饲粮中添加纳米硒和维生素 E，能缓解家兔的热应激，提高生长性能并改善免疫力；在饮用水中单独或联合添加肠球菌 EntM 与 EntED26E/7 时，可改善血清生化、吞噬活性和空肠形态测定；3%枸杞可调节肠道微生物群组成和盲肠乳酸发酵。

3. 疾病防控

新加坡首次报道了兔出血症病毒 2 型（RHDV2）的暴发和流行；RHDV2 感染幼兔的特性对于其流行具有重要的竞争优势；开展了宠物兔中感染 RHD 的研究；繁殖期将 RHDV-2 撒在诱饵上会导致幼兔感染，幼兔的死亡率降低了 1/3；建立了一种兔出血症病毒 GI. 1 和 GI. 2 双重免疫层析试纸条检测方法并评价了其对临床样品的检测效果，显示其敏感性为 94. 4%，特异性为 100%；发现一种强效蛋白酶抑制剂 GC376 可抑制兔出血症病毒和欧洲野兔综合征病毒；Lagovirus 编码一种类似 3C 的蛋白酶（3CLpro），它对病毒复制至关重要，是抗病毒药物开发的一个潜在的靶点；研究了大型艾美耳球虫 SAG10 和 SAG11 基因的原核表达及重组蛋白对兔的免疫保护作用。

4. 饲养管理

自由放养（FR）兔肉较笼具饲养（CS）不易发生脂质和蛋白质氧化，但是 CS 组兔的终末体重、日增重及饲料转化率均高于 FR 组；予油茶籽提取组的母兔每周产奶量和每日乳汁效率以及血清激素水平显著增加；与圈养兔相比，笼养兔在 80 日龄时的体重、采食量、腰最长肌（LL）产量均显著增高，圈养兔的胴体收缩值明显比笼养兔高；探讨分组时间对繁殖性能和动物福利的影响；不同的群养时间下母兔繁殖性能没有显著差异，但仔兔死亡率差异显著；法国的 Chabeauti 公司设计并开发了一种母兔笼/育肥笼；意大利的 Cleric 公司设计了用于繁殖、断奶和育肥的兔笼。

5. 加工技术

研究表明，芝麻油煎炸能够产生最少的多环芳烃化合物，是煎炸兔肉的最佳选择；魔芋胶替代部分脂肪开发了一款低脂兔肉香肠，能显著降低产品的硬度和脆性；真空包装比气调包装（30% CO_2+70% O_2）能更加有效抑制兔肉微生物生长，但后者能更好地保持肉品的质地。

6. 产业发展

在世界范围内，特别是在中国和欧洲，家兔代表了继牛、猪和鸡之后的第四大畜牧部门；消费者购买肉类尤其是兔肉的行为受到多种因素的驱动；对巴西兔肉消费的潜力与限制进行了分析。

四、国内兔产业技术研发进展

1. 遗传育种与繁殖

对皖南黄兔新品种不同世代兔进行屠宰性能和肉品质测定，结果表明皖南黄兔新品种肉用性能好，肉品质优；对四川麻兔的相关种质特性进行研究，为四川麻兔保护利用提供了理论基础；闽西南黑兔与伊拉商品兔屠宰性能相似，而闽西南黑兔具有较强脂肪沉积能力；将獭兔的被毛品质感官评定与实验室测定进行关联性分析，能快捷评定獭兔被毛细度、密度，可应用于育种生产实际；利用线粒体基因测序方法评价新疆托氏兔的遗传多样性水平，并探究了亚种间的遗传结构。

分子育种：*PPARγ* 基因在腿肌和背最长肌中的相对表达量与 IMF 含量均呈正相关；探索伊拉肉兔和美系獭兔 *MSTN* 基因多态性；朱翠云等通过转录组分析了新西兰兔 3 个发育阶段的骨骼肌基因表达差异；*KRT16* 在长毛兔毛囊发育过程中能够调控毛囊生长发育相关基因，显著促进毛乳头细胞增殖；*BMP4* 基因可能通过调控毛乳头细胞中毛囊发育相关基因的表达，抑制毛乳头细胞增殖，参与家兔毛囊发育过程。

繁殖技术：发情前 1 周母兔基础日粮中添加 1 000 毫克/千克丁酸钠可以提高母兔受胎率、产活仔数；采用弯头输精管能够显著提高伊普吕经产母兔受胎率和产仔性能；繁殖母兔在经过多次妊娠后，会发生卵巢衰退的现象；与红光相比，绿光和蓝光三级卵泡的数量显著减少；光照强度为 50 勒克斯时，母兔外阴部表现为最易配种颜色的比例有显著差异；研究了光照时间对四川白兔母兔繁殖性能、生殖激素及相关基因表达的影响。

2. 营养与饲料

饲料开发利用：青花椒叶可改善肉兔饲粮适口性，促进养分消化，提高生产性能，降低血清血糖和血脂，添加量不宜超过 8%；一定脂肪和蛋氨酸具有协同效应，能明显提高母兔泌乳力、促进仔兔生长发育和降低仔兔死亡率的作用，且含量分别为 3. 5%和 0. 73%时效果最好；日粮用 8%黄粉虫替代豆粕作为生长期肉兔的蛋白原料可以改善生长后期和整个生长期的饲料效率，降低粪氮和尿氮排泄量，使整个试验期的增重成本降低 0. 86 元/千克；提高脂肪供应可提高肉兔断奶窝重、断奶个体重、断奶仔兔数和成活率；用 25%薏苡秸秆或 22. 3%油菜秸秆替代日粮中 20%苜蓿草粉，饲料成本降低 8. 52% ~ 12. 49%，养殖效益提高 10. 68% ~ 12. 50%；饲粮中 20%白酒糟替代葵花皮，肉兔经济效益最好。

饲料添加剂：添加益生菌有降低肉兔腹泻率和提高肉兔成活率的趋势；复合精油可以作为抗生素的替代品；肉兔饲粮中组合添加 0. 15%复合酶制剂、0. 30%柠檬酸和 0. 70%二甲酸钾，能够提高生长性能、降低死亡率、提高免疫力，但不影响屠宰性能与养分表观消化率；饲粮中添加 100 克/吨枯草芽孢杆菌也有利于提高獭兔生产性能、改善毛皮品质；日粮中添加乳酸菌和芽孢杆菌可提高粗脂肪、粗蛋白质、中性洗涤纤维表观消化率及盲肠乳酸菌数量来改善其生长性能；添加壳寡糖对肉兔平均日增重、料重比、营养物质表观消化率等有改善；乳酸菌能显著改善肉兔的生长性能、屠宰性能、抗肉品质和免疫器官指数，且 0. 5%添加量效果较好；β-葡聚糖可显著提高肉兔生长性能，降低腹泻率，最适添加量为 0. 06%。

3. 疾病防控

兔出血症：制备了兔出血症病毒 2 型 VP60 蛋白的特异性单克隆抗体；构建重组 RHDV2 SC 毒株 VP60 杆状病毒，并以此重组杆状病毒为疫苗毒种，制备获得了兔 RHDV2

SC 株 VP60 基因工程疫苗；发现浙江首例 2 型兔瘟，并对其进行分离鉴定；四川地区兔波氏杆菌存在较为严重的抗生素耐药；青蒿素可作为化学类抗球虫药物的替代药物应用于兔球虫病的临床治疗；磺胺二甲嘧啶和地克珠利对兔球虫都有一定的治疗效果。

4. 饲养管理

S 隧道形玩具对侏儒兔的生长、行为、健康状况最有益；持续黑暗可提高肉兔采食量、饲料转化率和半净膛率，改善肉质，降低血糖浓度，兔坐、啃咬行为频率较低，运动、直立、站立行为频率较高，更具社会性；设计了一种两侧进风、一端排风的兔舍，解决了兔舍内空气温度和空气质量不均匀的问题，利于兔子生长发育；探究了夏季湿帘冷风机在南方高温高湿地区长毛兔种兔舍的降温效果；开展了精准可变量喂料系统、自主巡检平台开发、兔舍图像实例分割和轮廓提取模型、兔舍数据预测回归模型、肉兔体重估测模型、死兔识别模型和肉兔采食量估测模型等相关研究，为实现肉兔精准养殖提供了技术支撑。

5. 加工技术

利用发酵型调味料富集乳酸菌、微球菌、霉菌等有益微生物，并采用仿天然风干工艺加工传统酱兔可在一定程度上抑制产品氧化，提升产品风味和安全性；考察了不同盐腌量、腌制时间、烤制温度、烤制时间对烤兔肉产品的色泽、质构以及感官评分的影响，并确定最佳工艺参数；通过 4 种不同保鲜方式冷吃兔中挥发性风味物质的对比分析，为工业化生产冷吃兔防腐保鲜提供了理论依据；研究将花生粉添加至兔肉糜中制备花生风味兔肉脯。

6. 产业经济

对 2022 年产业发展趋势进行了展望，从完善兔种体系、促进绿色养殖、建设优产集群、推进产品营销、应对产业风险、加强节本增效手段等方面提出了促进兔产业发展的政策建议；详细分析了新疆和田地区的兔产业发展现状及困境，并提出政策建议；国内海棠兔宠物市场具有良好的发展前景和广阔的销售市场，应合理规划海棠兔的市场供应，实现养兔和售兔的双增收。

（国家兔产业技术体系首席科学家　秦应和　提供）

2022年度蜂产业技术发展报告

（国家蜂产业技术体系）

一、国际蜂产品生产与贸易概况

2022年国际蜂蜜市场的产值约为85.3亿美元。占国际出口市场份额前5名的国家依次为：新西兰、中国、阿根廷、巴西、德国。其中，新西兰蜂蜜出口产值居全球第一，中国蜂蜜出口数量居全球第一。以进口产值计算，主要的蜂蜜进口国为美国（约4.2亿美元）、德国（约2.9亿美元）、日本（约1.8亿美元）、英国（约1.4亿美元）及法国（约1.2亿美元）等。从产量上来看，前5名的世界蜂蜜生产国（地区）依次为：中国、欧盟、土耳其、伊朗、阿根廷。我国的蜂蜜产量占世界蜂蜜产量的26%，是全球第一蜂蜜生产大国，也是欧盟蜂蜜进口的主要来源国。然而，亟待解决并值得关注的问题是我国出口蜂蜜的单价在国际市场上较低。相反，新西兰的蜂蜜产量虽然仅位于全球蜂蜜总产量的第十五名，但新西兰蜂蜜在国际市场上的单价最高，其所占产值反而居全球第一名。中国出口蜂蜜的价格是世界主要蜂蜜生产国中最低的，每千克蜂蜜的价格仅为1.36欧元，而新西兰蜂蜜的价格最高，每千克蜂蜜的价格高达28.12欧元。从近4年的数据来看，我国蜂蜜出口至欧盟市场的单价呈逐年下降趋势（2018年的每千克蜂蜜为1.51欧元），这一现象值得国内蜂产业警惕。

二、国内蜂产品生产与贸易概况

我国是世界第一大蜂产品生产国和出口国。据统计，我国2022年拥有蜂群近1 000万群，蜂蜜产量42万吨。2022年1—11月，我国蜂产品出口总量约15.7万吨，同比增长11.11%。其中，蜂蜜出口数量14.4万吨，同比增长12.01%；蜂王浆出口数量620.20吨，同比下降12.48%；蜂王浆冻干粉出口184.75吨，同比下降21.04%；蜂花粉出口2 627.65吨，同比增长1.52%；蜂蜡出口8 990.42吨，同比增长4.54%。其他蜂产品（蜂胶类、蜂蛹类、花粉提取物及其他蜂产品制品）出口321.51吨，同比增长1.78%。

由于新冠疫情，同时部分地区的自然条件也有所变化，但我国养蜂业的生产状况总体趋向平稳，蜂产品的价格和产量也基本稳定，为国际贸易提供了良好的供给实力。因国际保健食品需求急增，全球市场对蜂蜜、蜂王浆等蜂产品的需求明显提升，中国作为主产国，蜂产品出口大幅增加。同时疫情也使得我国各地蜂农对养蜂业预期降低，导致养蜂热情降温，从而使蜂产品价格较往年有所下降。

三、国际蜂产业技术研发进展

2022年，国内外学者围绕蜜蜂生物学、蜜蜂疾病诊疗、蜜蜂与生物或非生物因子互作及组学等方面发表的学术论文超过203篇。与蜂蜜、蜂胶、蜂毒和蜂花粉等相关的研究论文达到500多篇。

涉及蜜蜂生物学方面的研究论文为61篇，研究热度依然不减。Aamidor等在研究蜂王的生殖可塑性和卵子发生时发现，营养缺乏和环境压力是导致蜂王卵子发生终止的关键因素；Moreira 等通过观察吡虫啉处理后的蜂王卵巢和受精囊，发现卵巢内容物的退化和再吸收，同时对精子形态没有显著影响，但这仍不排除吡虫啉对于蜜蜂繁殖和发育的影响；Li 等通过将蜜蜂暴露在低频电磁场（ELF-EMF）中发现环境中的 ELF-EMF 导致蜜蜂能量代谢降低，阻碍变态发育过程中幼虫组织的降解和蛹组织的重建，等等。此外，组学技术在蜜蜂生理学和生物学方面也得到了广泛应用；Li 等借助组学和工程荧光细菌检测了蜜蜂共生菌 Gilliamell 谱系在蜜蜂中的定位，发现正是由于在不同宿主物种中的隔离以及个体宿主内的空间生态位划分，蜜蜂肠道细菌的多样性才得以产生和维持；Fang 等发现蜜蜂的分工和大脑基因的表达和染色质构象的持续变化有关，同时多种转录因子的活动与个体水平的不同分工密切相关；Lago 等研究发现，保幼激素是蜜蜂卵巢种属特异性性腺发育的关键因素，其中 DMRT A2 和 Hsp83 被 JH 上调，因此成为蜜蜂性别和种属特异性性腺发育的潜在分子标记物；Martelli 等发现成年后一周的蜜蜂饮食中被剥夺花粉会导致衰老相关的表型提前发生；Zhang 等发现通过 *SIRT1* 表达的激活剂 SRT1720 激活 *SIRT1* 基因表达可以改善蜜蜂生理机能并延长冷应激蜜蜂的寿命。

涉及蜜蜂健康与保护方面的研究论文多达 123 篇，东方蜜蜂微孢子虫、白垩病、蜂螨、农药等危害蜜蜂健康的因素仍然受到广泛关注。Li 等研究发现蜜蜂在受到吡虫啉的侵害后，体内褪黑素表达量增加，同时，褪黑素可以增强蜜蜂的抗氧化和解毒能力，减轻吡虫啉的毒性损伤；Cheng 等研究发现球囊菌（*Ascosphaera apis*）与塔宾曲霉结合可通过授粉和人类活动诱发白垩病暴发，同时慢性蜜蜂麻痹病毒（CBPV）有可能利用真菌作为跨界传播的媒介夸大宿主范围；Avci 等对黑蜂王病毒（BQCV）进行流行病学分析发现，BQCV 在工蜂中的流行率为 90%，在幼虫和蛹的流行率为 58%，同时，BQCV 没有显示季节性变化；Penn 等发现蜜蜂的种群遗传决定变形残翅病毒（DWV）症状的严重程度，但是对于暴露后的蛹的病毒载量或传播无关。涉及蜜蜂诊疗方面的研究论文共计 29 篇，相关研究结果为检测试剂、诊断试剂盒和治疗药物的研发和应用提供了重要的理论和实验依据。

1. 蜜蜂育种中的研究进展

RNA 干扰（RNAi）以及最受关注的 CRISPR/Cas9 系统等分子技术被广泛应用于改良动植物性状等的研究中，这便为昆虫基因功能研究、生产性状改良、病虫害防治等提供借鉴和参考。近年来，美国及欧洲还致力于通过分子生物学和合成生物学手段挖掘和筛选敏感生物标志物，为抗性蜜蜂品种筛选提供靶点，目前上述工作已成为蜂群优化和群势繁育工作的重点。

2. 蜂产品中农药残留监测

国际上对于蜂产品中农药残留的检测极为重视，几乎到了苛刻的地步。如欧盟几乎每年设定新项目指标并规定在蜂产品贸易中为必检项目，并不断有相应的新质量标准、指令等出台。另外，发达国家如德国设立蜂产品分析研究所专门从事蜂产品质量与检测技术研究工作，并针对不同蜂产品提出相应的理化指标，作为该项产品的质量标准，以保证其食用的安全性。2022 年，美国环境保护署（EPA）还一直持续针对乙酰胺、吡虫啉、噻虫嗪等农药进行数据收集和风险评估。欧盟在欧盟食品安全局（EFSA）组织和协调下，建立欧盟各成员国的蜜蜂伙伴关系（EUBP），并在此框架下开展新烟碱类、菊酯类农药对蜜蜂影响的风险评估，同时制定了《农药对蜜蜂影响风险评估指南》等技术性指导文件。2022年EFSA发布了《基于分子相互作用计算分析蜜蜂应激源的风险评估》进展，该研究关注了农药对蜜蜂亚致死效应的影响，并通过分子设计和靶向对接等计算毒理学手段开展研究。

3. 蜂产品相关研究

2022年度，蜂产品相关研究主要集中在医药学、美容养颜、健康与长寿、化学指标等方面。例如，利用从黑麦麸中分离得到的杂多糖与蜂蜜和蜂王浆配置混合物，首次证明可以有效改善巨噬细胞的炎症反应，减少了肿瘤坏死因子和白细胞介素的分泌，具有较强的细胞内氧化还原能力，参与了伤口愈合过程，对将来开发免疫调节特性的营养品以及伤口愈合的药物有重要应用前景。在护肤品中添加0.1%的蜂毒，0.3%的蜂胶提取物，0.45%的蜂蜜和1.0%的蜂王浆，测试表明具有很高的抗氧化能力和细胞活力，有助于滋养皮肤，均匀肤色，减少皱纹，且无刺激性。采用核磁共振（NMR）和高效液相色谱（HPLC）综合色谱分析法，可以识别复杂混合物的化学性质和分子之间的相互作用，对不同国家花粉样品的特异性图谱中鉴定出潜在的化学标记表征其地理起源，提高产品质量和国际商业竞争力。

4. 蜂授粉产业技术研发进展

阿根廷里奥内格罗大学的Pablo L. Hünicken团队为了验证寻找一种可以替代蜜蜂的传粉者，以其可以达到与蜜蜂具有同样的传粉效率，且能被人工繁育和饲养，包括并不限于熊蜂属（*Bombus* spp.）、壁蜂属（*Osmia* spp.）等各种传粉蜂类。以荟萃分析（Meta-analysis）的方式，验证人工饲养传粉蜂提供的授粉服务是否可以替代、补充蜜蜂授粉，抑或是同蜜蜂授粉起协同交互作用。研究者对1962—2022年发表的科技文献利用关键词进行了检索和归纳，共纳入43项适合主题的研究，其中具有完整数据的研究共有28项。荟萃分析的结果显示：蜜蜂负责传粉的农作物生产力与人工饲养传粉蜂负责传粉的作物生产力之间没有显著差异。由蜜蜂与人工饲养传粉蜂一起授粉的作物的生产力较仅较蜜蜂授粉的作物高22%。Pablo L. Hünicken团队发现在蜜蜂传粉的区域里加入人工饲养传粉蜂会显著增加蜜蜂蜂群数量，表明蜜蜂和人工饲养传粉蜂之间存在协同作用。简单来说，就是在蜜蜂传粉的范围内增加一个“竞争者”，让这些传粉者“内卷”起来，更加努力地去采集花粉，提高作物的授粉率，从而提高作物的产量。当然也有可能的是人工饲养传粉蜂可以在蜜蜂后面查漏补缺，帮助农作物可以更好、更充分地接受授粉服务。

四、国内蜂产业技术研发进展

蜜蜂生物学：2022年共发表文章70篇，其中核心期刊40篇，比2021年多了7篇，东方蜜蜂成为研究热点，新疆黑蜂、熊蜂、壁蜂等生物学、基因组的研究也已展开。何金明等利用基因组SNP标记揭示了新疆黑蜂的遗传结构和独立遗传背景，研究结果可为中国新疆黑蜂的遗传进化、资源评价及地方蜂种资源的保护利用提供重要遗传信息；曹喆等研究了短头熊蜂肠道拮抗菌株的分离筛选鉴定及其生物特性评价；还有中华蜜蜂NPC2基因家族克隆及表达模式分析、中华蜜蜂幼虫肠道中微小RNA的鉴定及分析等研究发表。

蜜蜂遗传育种：共发表文章33篇，其中核心期刊3篇，秦加敏等对云南短头熊蜂的繁育特性进行研究，得出其易于人工繁育，具有重要的授粉利用价值的结论。还有不同组配的蜜蜂信息素对中华蜜蜂生产及繁殖性能的影响、蜜蜂王台产卵育王器设计及育王试验等研究发表，其他的主要是一线生产者的生产经验或总结。

蜜蜂饲养管理：2022 年共发表文章 248 篇，核心期刊 7 篇。与前 2 年关注于计算机、机械对蜜蜂行为和养蜂机具等的研究不同，2022 年蜜蜂饲粮的研究成为热点，孙桂云等研究了饲粮中添加精氨酸对意大利蜜蜂工蜂幼虫生理机能的影响，认为适量添加可以提高意大利蜜蜂工蜂幼虫的抗氧化能力，而高剂量添加则会降低意大利蜜蜂工蜂幼虫的化蛹率和羽化率。

蜜蜂保护：共发表文章 66 篇，比 2021 年的 96 篇下降了 31.3%；其中核心期刊 20 篇，比 2021 年的 37 篇分别下降了 45.9%，但文章质量依旧很高，蜜蜂与农药则成为 2022 年的研究热点。中国农业大学的张伟全面阐述了农药对蜜蜂的影响及毒理学机制研究进展；邱一蕾等探究了亚致死剂量吡虫啉对中华蜜蜂神经代谢基因表达的影响。

蜂产品：共发表文章 128 篇，但核心期刊有 53 篇，和 2021 年相当。蜂蜜的研究高达 42 篇，和 2021 年的热点一样，即主要研究各种单花蜂蜜、特种蜂蜜、其他蜜蜂生产的蜂蜜和蜂蜜真实性等。

蜜源植物和蜜蜂授粉：共发表文章 71 篇，其中核心期刊 7 篇，相比 2021 年的 13 篇下降了近一半。张可等在《生态学报》发表了《基于 DNA 宏条形码技术的蓝彩带蜂粉源植物多样性研究》，结果表明该蜂粉源植物共涉及 47 科，99 属，124 种。其他主要是授粉效果、授粉技术研究，如《中华蜜蜂授粉对猕猴桃产量和品质的影响》。《北京昌平区景观复杂度和局地管理对苹果园传粉蜂多样性的影响》《东方蜜蜂和西方蜜蜂对红阳猕猴桃雌花挥发性气味响应的差异》等。

蜂业经济与蜂业政策：共发表各类文章 132 篇，世界和全国各地产业政策与发展的代表性的文章有《全球蜜蜂种群数量急剧下降》《2021 年我国蜂产业现状、发展趋势与建议》《江西省养蜂产业发展的分析与思考》《我国蜂产业发展现状及政策性建议》等。有关产业经济和贸易的研究有 29 篇，代表性的研究有《技术进步视角下小农户与现代农业有机衔接的实证研究——基于全国微观固定观察点 336 户蜂农面板数据》《全球蜂蜜贸易分析及未来展望》《我国蜂蜜生产集中度及产区变化趋势分析》等。

专利：截至 2022 年 12 月 22 日，与蜜蜂、蜂蜜、蜂王浆、蜂花粉、蜂胶、蜂蜡、蜂毒、蜂幼虫有关的专利 1 248项，比 2021 年的 1 326项减少 78 项，其中发明授权专利 429 项，实用新型专利 819 项。另有外观专利 392 项。但有关蜂毒的专利明显增多，发明授权专利由 6 项增加到 14 项，实用新型专利由 0 增加到 7 项，外观专利也由 1 项增加到 10 项。

1. 蜜蜂育种的研究进展

与意蜂相比，中蜂是我国本土的一个宝贵的蜜蜂种质资源，近年来，保护和发展中蜂以促进生态平衡的可持续发展愈来愈成为我国蜂业管理者、科研人员及一线养蜂生产者的共识。为探索东方蜜蜂在我国地理环境下的遗传分化和遗传资源分布，从我国所有东方蜜蜂分布区 102 个采样点共采集6 147头东方蜜蜂工蜂，测定与翅、个体大小、后足和体色相关的 33 个形态特征，进行多变量形态统计分析，划分形态类群。同时对划分的不同东方蜜蜂类群的形态特征及分布模式进行分析。结果表明我国东方蜜蜂分为 14 个形态类群。有 5 个类群具有较小的个体大小。海南类群个体最小，其次为滇南类群，台湾类群，南方类群和北方类群。这 5 个类群之间在吻长、前翅长、前翅第三亚缘室结构、体色和蜡镜长上存在显著差异。长白类群具有最大的肘脉指数、蜡镜和第五背板绒毛带宽。而西藏波密类群具有全国最小的第五背板绒毛带宽。西北类群具有最长的后足。川西高原的 5 个形态类群具有个体大、体色黑等特点。其中，巴塘类群肘脉指数（3.0169）全国最小，个体大小全国最大。阿坝类群具有仅次于长白类群的肘脉指数，且翅长和第七腹板最大。德荣类群体色最黑。雅江类群具有独特的翅脉角。川滇类群在川西高原个体最小。研究结果为中国东方蜜蜂遗传资源的保护和遗传资源的开发利用提供理论基础。

2. 蜜蜂生物学研究进展

我国蜂业科学家首次在 *Science* 上发表研究性文章。研究人员监测已标记的采集蜂的采集和跳舞行为，同时检测和干扰采集蜂在采集和信息交流循环关键阶段的脑部生物胺信号。结果表明，①在采集蜂跳舞的起始阶段和离巢前往良好食物源阶段，其脑部的多巴胺水平显著升高；②蜜蜂的食物采集活动受到多巴胺拮抗剂的负面影响，食物采集欲望下降；③个体饥饿也会提升采集蜂的脑部多巴胺水平，采集蜂脑部多巴胺升高会增强其对蔗糖溶液的快乐值，提高其食欲相关的气味学习能力和记忆能力。这一研究结果首次发现并证实蜜蜂脑部多巴胺调控食物欲望（Food Wanting），揭示了蜜蜂（昆虫）拥有与哺乳动物类似的多巴胺调控的食物欲望系统。该研究为蜜蜂采集性状相关的分子基础研究和优良蜂种培育提供新的思路；为高等动物乃至人类基本生理需求食物欲望的比较进化研究提供创新性的重要科学证据；也为人类多巴胺相关的生理心理和学习记忆障碍等健康问题研究提供新的生物模型。

揭示了中蜂雄蜂与蜂王生殖腺的基因表达差异。从中蜂精巢与卵巢中共鉴定出5 312个差异表达基因，其中2 668个基因在精巢中表达上调，2 644个基因在卵巢中表达上调。并鉴定了 11 个与性别决定和精子卵子发生相关的候选基因。这些差异表达基因可以归类到1 458个 GO 功能类别和 132 个 KEGG 通路，其中有 4 个 GO 条目和 2 个 KEGG 通路显著富集。这些结果为研究中华蜜蜂繁殖的分子机制提供了有价值的基因表达信息。

DNA 序列的多态性是研究蜜蜂种质资源进化和遗传育种等领域的重要分子标记。国内不同学者利用线粒体 DNA（mt DNA）$tRNA^{leu}$-COⅡ、COⅠ-COⅡ等序列对所在地区的中蜂的遗传多样性进行了分析比较，并对分子标记微卫星等参数稳定性进行研究，发现浙江省内东方蜜蜂可能经历了群体扩张事件，特别是杭州、宁波地区的东方蜜蜂与周边其他地区东方蜜蜂在遗传分化上存在一定程度的区别，表明东方蜜蜂的遗传多样性可能与长期生存在特定地区相关。

此外，雄蜂精液保存技术是蜜蜂种质资源保护与开发利用的重要配套技术之一，同时结合蜜蜂人工授精技术，合理地高质量储存和使用雄蜂精液可以缩短蜜蜂新品种培育所需时间。此外，国内学者系统地总结了蜜蜂转基因与克隆、分子遗传标记在蜜蜂遗传育种中的应用。唐相友等利用全基因组重测序技术对青藏高原东缘、东南缘及邻近地区东方蜜蜂样本进行群体遗传多样性与适应性进化研究，结果表明来自川西高原、藏南高原、滇北高原和川北高原 4 个高原型东方蜜蜂分属于两个进化分支，平均遗传分化指数高于非高原型种群的遗传分化指数。

3. 蜜蜂授粉技术研究进展

农业农村部对十三届全国人大五次会议第 7914 号建议的答复《关于加强蜜粉源植物保护和扩大种植规模促进蜂业持续健康发展的建议》中明确指出加大对蜜粉源植物保护

力度、引导蜜粉源植物种植布局向优势产区集中，强化技术支撑服务，推进标准化生产，继续贯彻落实科学绿化理念，指导各地科学规划、合理布局，因地制宜培育蜜粉源植物在内的乡土树种，为蜂业创造良好的发展环境，实施蜂业质量提升行动，持续推动蜂业持续健康发展。截至 2021 年 9 月，经国务院批准，国家林业和草原局与农业农村部联合发布了修订后的《国家重点保护野生植物名录》，保护物种数量增至约 1 200种，加大了对鹅掌楸、紫椴等蜜粉源植物的保护力度。2022 年，蜂业质量提升行动支持范围扩大到 14 个省区，中央财政新增资金用于蜂授粉技术推广和市场培育，推广集中连片蜂授粉基地，扩大高效蜂授粉专业服务市场规模。

2022 年国内蜜蜂授粉的研究多集中在苹果、梨、露地西瓜、甜瓜、设施草莓、大田蓝莓、油茶、白刺花、猕猴桃和茶叶等作物的授粉效果和对果实品质影响的研究上，研究结果也均表明，蜜蜂授粉可以显著提升果实品质和果实产量，对于提升农产品的品质和口感均具有显著的效果，因此，蜜蜂授粉技术在果树和作物上的推广和应用取得了较好的社会效益和经济价值。

2021 年 10 月 24 日，中共中央、国务院印发的《关于完整准确全面贯彻新发展理念做好碳达峰碳中和工作的意见》发布。“双碳”战略是倡导绿色、环保、低碳的生活方式，是加快降低碳排放步伐，有利于引导绿色技术创新，提高产业和经济的全球竞争力。在积极利用金融科技推动蜂业高质量发展的同时，认真探索生态蜜蜂产业助力“双碳”经济可持续发展最终实现固碳能力的途径。绿色生态蜜蜂产业就是碳汇产业，将生态“蜜蜂汇碳”产业助力双碳经济可持续发展的思路和方法得到国内外专家的关注和重视。我国每年组织2 000群以上蜜蜂给陕西延安地区的万亩苹果进行授粉，实践证明果实生长及收获水平是自然授粉的一倍以上。不仅提高了产量，还增加了固碳能力。据初步估计，自然界可被蜜蜂利用的蜜源植物约有14 500余种；在我国 1.066 亿公顷的耕地上，约 1/3 的土地有蜜源植物，在 0.7 亿公顷的森林乃至辽阔疆域和众多城镇、乡村庭院花草绿植中，基本上都存在蜜蜂喜爱的花蜜、花粉，因此，有巨大的养殖潜力。从单位国土面积的平均蜂群数量上看，中国还远远不能称为蜂业大国。与世界平均水平还有着较大的差距。中国蜂业发展仍然有着巨大的发展空间，从长远来看，中国国土上合理的蜂群总数，理论应在 2 亿箱以上。这是一个巨大的空白，需要花数十年的时间来填补，同时为社会带来巨大的经济价值和社会效益。未来蜜蜂授粉提升产量、增加碳中和以及间接减少碳排放将是蜜蜂产业最大的价值：①蜜蜂授产业将为碳中和贡献 100 亿吨碳；②通过减少化肥使用从而减少碳排放 40 亿吨；③共计碳总量 140 亿吨，按照目前 52 元/吨计算，折合碳交易人民币7 820亿元；④未来全国每群蜜蜂每年“双碳”贡献达 70 吨。我国在推动生态蜜蜂产业与碳中和结合方面已经在多地进行了推广及基地建设，为蜜蜂产业发展探索走出一条生态可持续发展之路。

4. 蜂产品研究进展

产品市场的疲软使消费者更加重视对优质产品的追求，国家蜂产业技术体系近年加大了对成熟蜂蜜生产及质量检测的研究及示范与推广，成果显著，客观上极大地促进了我国成熟蜂蜜的生产水平。我国部分地区及部分蜜种，成熟蜂蜜生产已成为蜂农的普遍生产意识，成熟蜜比重不断增加，成熟度也已成为消费者对蜂蜜好坏的主要评价标准之一。我国蜂产品质量检测产品不合格率大幅度降低，特别是产品药残部分检出率很低，表明我国多数转地蜂场已充分重视蜂产品安全生产、合理用药的重要性。

针对蜂产品检测，气相色谱、液相色谱和质谱连用更加成熟有效。中国农业科学院蜜蜂研究所蜂产品质量与风险评估创新团队以胡枝子单花蜜为研究对象，挖掘出胡枝子蜜中所含特殊生物活性成分——山柰酚-3-O-半乳糖苷，该发现为胡枝子蜜的质量分级及蜜种区分提供了理论依据。在黄芪蜂蜜特征标志物研究方面，该团队也取得新进展，研究发现毛蕊异黄酮和刺芒柄花素是可靠的黄芪蜂蜜特征标志物，它们存在于黄芪蜂蜜和黄芪植物中，但不存在于其他蜂蜜中，进一步建立了黄芪蜂蜜特征标志物定量分析方法，并结合生物活性评价实验，证实了黄芪蜂蜜及其特征成分具有良好的抗氧化活性。这不仅有利于黄芪蜂蜜的质量控制，更有利于黄芪蜂蜜相关特色产品的开发应用。中国农业科学院蜜蜂研究所资源昆虫产品加工与功能评价团队从蜂花粉中新发现多个酚胺类和黄酮苷类化合物，为开发蜂花粉的功能食品和先导药物提供了重要支撑。

基于液相串联高分辨质谱（LC-HRMS）和数据后处理技术，开发了一系列适用于蜂产品中农、兽药等污染物的筛查鉴定方法，可显著提升蜂产品质量安全检测的准确性和实用性。

基于热敏组分以及蜂蜜自然成熟过程中相关代谢物的变化形成了以α-二羰基化合物等为指标的成熟蜂蜜鉴别方法。

不同品种蜂蜜具有植物特色标志性成分，通过液质联用、气质联用等技术对我国多个地区多种特色蜂蜜进行了特征成分鉴定。为特色地理源、植物源优质农产品的开发奠定了基础。

基于高分辨质谱技术对蜂花粉过敏原进行了鉴定，明确了油菜蜂蜜中的潜在致敏原，并开发了发酵、复合酶处理等多种降敏技术。为解决蜂花粉致敏的共性难题提供了科学依据。

构建了细胞模型和动物模型，用于评价蜂产品特色组分的功能活性机制，为开发功能性食品、提高蜂产品多样性和附加值等奠定了基础。

（国家蜂产业技术体系首席科学家　吴杰

国家蜂产业技术体系岗位科学家　赵芝俊　提供）

2022年度大宗淡水鱼产业技术发展报告

（国家大宗淡水鱼产业技术体系）

一、国际大宗淡水鱼类生产与贸易概况

据联合国粮食及农业组织最新统计①，2020年世界淡水鱼养殖产量4 812.95万吨，产值1 036.32亿美元。其中，大宗淡水鱼（青鱼、草鱼、鲢、鳙、鲤、鲫、鳊鲂）的养殖产量2 234.23万吨，产值506.11亿美元，分别占世界淡水鱼养殖水平的46.4%和48.8%。世界大宗淡水鱼中草鱼的养殖产量最高，为579.15万吨，鲢的养殖产量居其次，为489.66万吨，再次是鲤和鳙，分别为423.63万吨和318.72万吨；鲫产量275.33万吨，鳊鲂和青鱼产量分别为78.17万吨和69.55万吨。2020年，我国大宗淡水鱼的养殖产量为1 963.57万吨，占世界大宗淡水鱼养殖产量的87.9%。

据联合国商品贸易统计数据库统计②，2021年世界鲤科鱼类进出口总量11.08万吨，其中进口量为5.26万吨，出口量为5.82万吨；贸易额为32 536.93万美元，进口额为15 003.40万美元，出口额为17 533.53万美元。根据出口额排名，前五位的出口国家分别是中国、菲律宾、捷克、匈牙利和克罗地亚；按进口额排名，前五位的进口国家和地区分别是中国香港、罗马尼亚、德国、中国澳门和韩国。

二、国内大宗淡水鱼类生产与贸易概况

据2022年《中国渔业统计年鉴》，2021年我国大宗淡水鱼养殖产量为1 987万吨，比2020年增1.2%，大宗淡水鱼养殖产量占淡水养殖总产量的比重为62.4%。淡水养殖鱼类中，草鱼产量最大，为575.51万吨，鲢居其次，为383.66万吨，其他依次为鳙317.70万吨，鲤283.18万吨，鲫278.37万吨，鳊鲂76.43万吨和青鱼71.66万吨。草鱼产量增长最快，为3.3%，青鱼增3.2%，鳙、鲫、鲢分别增1.5%、1.3%、0.6%，鲤和鳊鲂的产量均比2021年减2.2%。据对全国20个月报省份生产情况统计，2022年前三季度国内水产品产量4 514.86万吨，同比增长3.86%。

据中国农业信息网数据，2022年1—12月大宗淡水鱼加权平均价16.65元/千克，同比下跌6.8%，成交量136.49万吨，同比减少15.7%。2022年大宗淡水鱼价格先涨后跌，据国家大宗淡水鱼产业技术体系监测，4月，水产品加权平均价涨至每千克17.31元，为年内最高价格，此后市场消费需求转淡，加之上海、长春、北京等地疫情防控形势严峻，水产品市场流通交易受到影响，大宗淡水鱼价格逐月回落，12月跌至每千克15.61元，

---

① 数据来源：联合国粮食及农业组织（FAO）渔业和水产养殖部（Fisheries and Aquaculture Department），世界淡水养殖产量统计数据（Global Aquaculture Production），数据截至2020年。

② 数据来源：联合国商品贸易统计数据库的水产品进出口统计中，反映鲤科鱼类进出口情况的商品分类编号为030193，数据截至2021年。

为年内最低。

2022 年 1—11 月，我国鲤科鱼类①出口额 11 402.13 万美元，比 2021 年同期增长 1.9%。中国香港是最大的出口市场，输港产品占鲤科鱼类出口额的份额超过 80%，其他主要国家和地区是中国澳门、越南、韩国和日本。

三、国际大宗淡水鱼产业技术研发进展

（一）育种与繁育技术

大宗淡水鱼育种与繁育研究主要集中在国内，国外主要是德国、捷克、巴基斯坦、波兰等国家开展了一些关于鲤方面的研究，主要集中在免疫、生长等影响因素方面。印度和孟加拉国聚焦在露斯塔野鲮方面，开展了系统的遗传选育研究，探讨了在露斯塔野鲮遗传改良计划中，通过早期选择以提高遗传进展，通过从 135 个家系中的每个家系中选择第一代（G1）家系、随机样本采集和非随机大个体样本（通常每个家系 36 个个体）进行标记分析，通过分析遗传进展结果表明，早期选择（即视觉识别和对较大个体的非随机抽样）的 G1 个体提高了收获重量的遗传增益。因此，应考虑到在所测试的露斯塔野鲮遗传改良计划中采用这种做法。此外，印度科研工作者采用线粒体 DNA 细胞色素 b 辅助 DNA 条形码对印度不同地区的露斯塔野鲮的种群空间遗传变异进行了探讨。

（二）饲料营养与投喂技术

大宗淡水鱼营养与饲料方面国际上的研究集中在鲤方面，包括功能性添加剂，如维生素 C、百里香精油、槲皮素、肉豆蔻提取物、益生菌、益生元、合生素、蒲公英多糖、番茄酱副产品提取物、山茱萸提取物、琉璃苣粉、杧果叶、番石榴叶、诺丽果、蛋白核绿藻、大型溞、姜黄素、白藜芦醇、蓝藻、昆虫卵粉、青花菜提取物以及甜菜糖蜜对鲤生长、抗氧化和免疫力的影响；还有关于教酒色链霉菌、干酪乳酸菌、荧光假单胞菌效果的研究；环境因子、内分泌干扰物、农用杀虫剂、有机化合物、有机磷农药和有机合成材料的毒性作用，甘氨酸、姜黄、麝香草酚、卵叶车前籽提取物、不同蛋白水平的抗应激能力；还有关于扁豆籽粉作为替代蛋白源的效果研究。在草鱼中，主要研究了黑麦草、大型海藻、辣木、螺旋藻对生长、抗氧化和代谢的影响。

（三）病害防控技术

针对水产养殖纤毛虫病危害，国际团队建立了多子小瓜虫、刺激隐核虫、斜管虫、盾纤类等病原和模式生物的实验室人工培养系统，为致病机制、生态防控和药物筛选研究奠定了基础。土耳其 Mustafa 等研究获得对鱼体无害可用于防控嗜水气单胞菌感染的特异性噬菌体，研究发现植物精油与氟苯尼考联合控制气单胞菌感染时具有抗菌增效作用。德国 Sandro 等通过强毒性 KHV 细胞培养传代产生减毒活疫苗（ORF150 缺失株），研制了适合口服和浸泡的锦鲤疱疹病毒病减毒疫苗。捷克 Machat 等发现野生鲤和养殖锦鲤在鲤疱疹病毒感染早期的免疫反应差异，造成对病毒敏感性存在差异。埃及 Fouad 等研究采用靶向鲤春病毒 M 和 L 基因的 RNAi 技术，在离体和在体研究中发现可以有效控制病毒载量和感染致死率。

（四）养殖与环境修复技术

绿色、低碳、高效、清洁、无公害、可持续为特征的水产健康养殖模式逐渐成为国际

① 所含商品编码为 03019390、03019993、03027300、03032500、03019310。

发展主流，欧美日韩等发达国家遵循绿色发展原则，践行环境友好标准，强调生态系统完整性、协调性和多方参与生态系统管理；立足生态系统水平，养殖容量评估研究逐步深入，综合养殖模式备受推崇；集约化养殖科技含量日益提升，养殖机械化、自动化、智能化技术水平逐步提升。为有效保护渔业资源，从生态系统整体的角度，关注对水生态系统的完整性修复，通过水环境改善、生物栖息地修复、生物种类及其空间分布的合理配置，促进大生态系统的恢复与重建。采用 AI 技术实现自动、精准投喂、溶氧智能调控；利用物联网的智能感知、智能传输、智能信息处理技术和手段，建立完整的监控与管理平台，帮助降低养殖风险，提高养殖管理水平。

（五）加工技术

营养方面，西班牙、伊朗等国家学者通过添加鱼粉、鱼油等方式对食品进行营养强化，阿根廷、挪威、日本等多国学者关注低盐鱼制品的开发与品质提升，赞比亚学者探讨了鱼作为婴儿早期辅食的可能性。水产品安全方面，国际上关注度比较高的是重金属、农药残留、过敏原、汞、生物胺、抗生素、微塑料等含量及风险评估，通过 DNA 条形码标记可以正确识别物种，美国 FDA 批准在各种食品中使用 DNA 条形码。保鲜方面，对鱼肉及其制品的新鲜度的检测方法、鲜度变化规律与控制等进行了研究，土耳其学者基于机器学习预测鱼新鲜度的准确率可达到 86% 以上，意大利学者通过活性肽包装系统来提高鱼制品的新鲜度。副产物利用方面，主要利用副产物制备胶原蛋白、生物钙等，研究其功能活性、稳定性及应用，印度学者开发出鱼鳞营养脆片。

四、国内大宗淡水鱼产业技术研发进展

（一）育种与繁育技术

国内科研人员围绕大宗鱼类优良种质资源挖掘与鉴定评价、大宗淡水鱼类分子标记开发、大宗淡水鱼类优良品种培育、良种扩繁与良法配套技术研究示范等方面开展了研究。通过全基因组关联分析、转录组、蛋白组等多组学分析手段，围绕大宗鱼类抗病、耐低氧、性别、生长、饲料利用率等性状，开展性状的遗传机制解析和相关联分子标记开发工作，用于开展种质资源鉴定与评价、家系/品系遗传选育工作。构建鲤分子辅助抗疱疹病毒病新品种选育技术、团头鲂和银鲫基因编辑技术、草鱼全基因组育种技术等现代育种技术；培育镜鲤龙科 11 号、合方鲫 2 号、鳙中科佳鳙 1 号国审新品种 3 个。联合综合试验站和合作企业，建立合方鲫 2 号、镜鲤龙科 11 号、异育银鲫中科 5 号和建鲤 2 号等良种标准化快速扩繁技术体系，优质大宗鱼苗种得到大面积推广应用。

（二）饲料营养与投喂技术

国内有关大宗淡水鱼营养饲料方面的研究主要包括饲料大营养素蛋白、脂肪及糖的水平和来源的影响，在替代蛋白源方面，包括乙醇梭菌蛋白、黄粉虫、棉籽浓缩蛋白、小球藻、复合植物、螺旋藻、蚕豆粉、鸡肠水解物等；在健康和代谢方面的添加剂包括泛酸、阿魏酸、吡哆醇、生物素、大黄素、胆汁酸、硫胺素、纳米硒、小檗碱、金银花、白藜芦醇、磷、丁酸钠、黄芪、染料木素、果寡糖、左旋肉碱、丹皮酚等；还有关于环境胁迫的毒性、投喂模式的研究；品质方面包括主要营养素、氨基酸、茶多酚、镁、甘草等对品质的影响；还有关于高脂饲料诱导的组织损伤及代谢的研究。

（三）病害防控技术

国内研究团队分别建立了小瓜虫病、草鱼出血病、锦鲤疱疹病毒病和鲫造血器官坏死

病等重要疫病的检测技术及临床应用试剂盒。研究掌握了多子小瓜虫在养殖水体剑水蚤捕食天敌，为生物防治奠定基础。研究发现紫苏醛与恩诺沙星联用控制气单胞菌具有显著抗菌增效作用。研究发现槲皮素（Quercetin）对 GCRV 增殖有抑制效果，并通过降低炎症反应发挥抗病毒作用，降低感染草鱼的死亡率；GCRV 外衣壳蛋白 VP5 和 VP7 蛋白在病毒感染中发挥关键作用，草鱼的 HSP90 作为受体蛋白可以和病毒 VP35 互相作用，实现病毒的增殖。研究表明乳酸菌重组表达草鱼呼肠孤病毒 VP6 的亚单位疫苗可以诱导黏膜免疫反应抵御病毒感染。研发的鲫维氏气单胞菌败血症蜂胶灭活疫苗（AVCA07 株）获得临床试验批件（批件号 2022007）。

（四）养殖与环境修复技术

水产健康养殖技术研发与模式应用成效显著，综合养殖基础理论有所突破，已创建一批生态、绿色、高效的养殖技术与生产模式；智能、精准、高效已成为养殖发展的新方向，研发了自动化作业、智能化管控新装备，构建了水质预判模型、溶氧和饲喂精准调控等智能化控制系统；研制了池塘养殖太阳能底质改良机、拉网机械、饲料集中投饲系统等高效生产设备。资源养护型渔业模式研发与应用初见成效，生态系统水平上的养殖水域运营与管理理念已经成型，多营养层次综合养殖技术与模式获国际广泛认可；渔业环境修复和资源养护效果逐渐显现，监测了重要渔业水域的健康状况，评估了渔业资源生物量和可捕量，初步掌握了重要渔业水域资源现状及生态环境状况，为渔业资源管理提供了科技支撑。

（五）加工技术

保鲜与贮运方面，研究了抗菌衬垫、导水保鲜衬垫、生物保鲜膜、多酚、接种发酵微生物等对鱼肉品质及贮藏稳定性的影响，开发出鱼肉的生物活性膜保鲜技术；研究了暂养、运输过程中团头鲂的应激代谢及其肌肉品质的影响，建立了团头鲂运输应激控制与品质提升技术。加工方面，研究了鱼糜漂洗、外源添加物、工艺条件等对鱼糜及其制品品质的影响，开发出性能稳定的鱼糜制品以及具有鱼香味的双蛋白重组织化食品及其生产技术。在质量安全方面，研究了热加工方式、添加物等对水产品中晚期糖基化终末产物、丙烯酰胺等安全危害因子形成的影响，提出了水产品安全危害因子抑制措施。在副产物利用方面，以鱼皮、鳞、骨为原料，开发出生物活性肽、营养高汤等产品。

（国家大宗淡水鱼产业技术体系首席科学家　戈贤平　提供）

2022年度特色淡水鱼产业技术发展报告

（国家特色淡水鱼产业技术体系）

一、国际特色淡水鱼生产与贸易概况

（一）国际特色淡水鱼生产

特色淡水鱼包括罗非鱼、鮰、鳗、鳜、淡水鲈、鳢、黄鳝、泥鳅、黄颡鱼、鲟、鲑鳟11类品种。根据联合国粮食及农业组织（FAO）数据库数据，2020年全球特色淡水鱼总产量为1 509.68万吨，其中罗非鱼683.77万吨、鮰45.43万吨、鳗27.91万吨、鳜37.70万吨、淡水鲈62.23万吨、鳢50.13万吨、黄鳝30.81万吨、泥鳅36.84万吨、黄颡鱼56.55万吨、鲟12.37万吨、鲑363.22万吨、鳟102.72万吨。生产国家超过30个的特色淡水鱼品种有：罗非鱼125个、鳟82个、鲟39个、鲑37个，而鳜和黄颡鱼仅中国生产。中国是特色淡水鱼的主要生产国，单品种生产量占全球总产量的比例分别为罗非鱼27.13%、鮰67.95%、鳗89.87%、淡水鲈99.56%、黄鳝99.71%、泥鳅99.73%、鲑0.05%、鳟3.70%、鲟84.47%、鳢99.97%。

2022年全球特色淡水鱼产量预计为：罗非鱼701万吨、鮰50万吨、鳗28万吨、淡水鲈80万吨、鳢64万吨、鳜41万吨、黄鳝32万吨、泥鳅39万吨、黄颡鱼62万吨，鲟16万吨、鲑373万吨和鳟116万吨。

（二）国际特色淡水鱼贸易

特色淡水鱼主要国际贸易种类有罗非鱼、鮰、鳗、鲑鳟和鲟等。根据联合国商品贸易统计数据库最新数据，2021年全球特色淡水鱼主要贸易产品贸易总量1 002.45万吨，贸易总额725.72亿美元。其中，罗非鱼贸易总量234.43万吨，贸易总额104.32亿美元，2022年总量预计为251万吨，同比增长7.15%；鮰贸易总量43.84万吨，贸易总额15.03亿美元，2022年总量预计为43万吨，同比减少2.86%；鳗贸易总量15.48万吨，贸易总额21.00亿美元，2022年总量预计为17万吨，同比增长17.32%；鲑贸易总量321.46万吨，贸易总额267.70亿美元，2022年总量预计为364.50万吨，同比增长13.39%；鳟贸易总量92.60万吨，贸易总额60.15亿美元，2022年总量预计为105万吨，同比增长13.39%；鲟贸易总量11.94万吨，贸易总额11.14亿美元，2022年总量预计为13.14万吨，同比增长10.05%。

2021年鲜、冻罗非鱼片平均价格为6.39美元/千克，2022年预计为6.42美元/千克，同比增长0.58%；2021年冻鮰鱼片平均价格为3.43美元/千克，2022年预计为3.37美元/千克，同比下降1.81%；2021年加工鳗鱼平均价格为19.77美元/千克，2022年预计为21.53美元/千克，同比增长8.92%；2021年鲑鱼平均价格为8.49美元/千克，2022年预计为11.15美元/千克，同比增长31.33%；2021年鲜、冻鳟鱼平均价格为6.35美元/千克，2022年预计为7.00美元/千克，同比增长7.76%；2021年鲟鱼子酱平均价格为222.13美元/千克，2022年预计为237.86美元/千克，同比增长7.08%。

二、国内特色淡水鱼生产与贸易概况

（一）中国特色淡水鱼生产

根据《中国渔业统计年鉴》统计，2021年中国特色淡水鱼总产量533.23万吨。其中，罗非鱼产量为166.26万吨，主产区为广东、海南、广西、云南和福建等；鮰产量36.33万吨，主产区为四川、湖北、广东和河南等；鳗产量为25.53万吨，主产区为福建、广东、江西和江苏等；淡水鲈产量为70.21万吨，主产区为广东、浙江、江苏、湖南和四川等；鳢产量为54.85万吨，主产区为广东、江西、浙江、山东和湖南等；鳜鱼产量为37.4万吨，主产区为广东、湖北、安徽、江西和江苏等；黄鳝产量为31.14万吨，主产区为湖北、江西、安徽和湖南等；泥鳅产量为36.7万吨，主产区为江西、江苏、湖北、安徽和四川等；黄颡鱼产量为58.78万吨，主产区为湖北、浙江、广东和江西等；鲑鳟产量3.83万吨，其中鲑产量0.253 4万吨，主产区为天津、辽宁、四川、甘肃、吉林，鳟产量为3.58万吨，主产区为青海、云南、新疆、辽宁、河北、四川、重庆；鲟产量为12.19万吨，主产区为云南、贵州、山东、湖北、湖南、河北和浙江。

2022年我国特色淡水鱼总产量预计为557.02万吨。其中，罗非鱼约164万吨，鮰29.16万吨，大口黑鲈79.58万吨；乌鳢62.5万吨、鳜鱼40.45万吨、黄鳝31.73万吨、泥鳅37.31万吨、黄颡鱼61.58万吨、鲑鳟5.31万吨、鲟鱼14.11万吨左右、鳗鲡20万吨。

（二）中国特色淡水鱼贸易与市场

罗非鱼、鮰和鳗鲡是我国特色淡水鱼的主要出口品种。2022年1—9月罗非鱼出口量30.33万吨，同比减少11.4%，其中冻罗非鱼片作为主要出口产品，出口价格3.39美元/千克，同比减少14.4%。2022年1—9月鮰总出口量0.42万吨，同比减少25.70%，其中主要出口产品制作或保藏的斑点叉尾鮰出口价格8.04美元/千克，同比上涨22.9%。2022年鳗1—9月出口总量4.99万吨，同比减少7.4%，日本是我国最大的出口目的国，但对日本鳗鱼出口额占比呈现下降态势，对马来西亚出口额迅速增长，马来西亚逐渐成为我国鳗鱼出口的第二大出口国。2022年1—9月对日本出口额为5.41亿美元，对马来西亚出口额为1.15亿美元，占比分别为53.84%、11.49%。此外，2022年1—9月，我国鲑鱼出口总量0.28万吨，同比增长11.3%，出口均价9.55美元/千克，上涨17.8%；鳟鱼出口总量0.18万吨，同比减少40.9%，出口均价12.84美元/千克，上涨64.8%；鲟鱼子酱出口总量142.90吨，同比增加23.6%，出口均价288.37美元/千克，上涨3.9%。

鳜鱼、淡水鲈、鳢、黄鳝、泥鳅和黄颡鱼主要以鲜活产品的形式供应国内市场。2022年鳜塘口价61.39元/千克，同比下降12.55%；大口黑鲈塘口价为28.37元/千克，同比上升2.75%；鳢塘口价为20.51元/千克，同比上升2.2%；黄鳝塘口价64.77元/千克，同比上涨0.3%；泥鳅塘口价18.77元/千克，同比下降0.58%；黄颡鱼塘口价21.77元/千克，同比下降6.6%。

三、国际特色淡水鱼产业技术研发进展

（一）种质资源与遗传改良

种质资源研究方面，菲律宾学者对菲律宾6个湖泊中鳢种群的遗传多样性进行了研究，发现菲律宾水域的鳢种群具有很高的遗传多样性；韩国学者完成了首个鳅科鱼类大鳞

泥鳅的基因组草图绘制，开发了一种可同时鉴定 3 种鳅科鱼类的 PCR 检测方法；格鲁吉亚和意大利学者在黑海东部发现鲟鱼种群由于数量濒危形成了 4 个自然杂交类别。遗传改良方面，美国学者通过将雌性斑点叉尾鮰与雄性蓝鲶进行杂交，产生的子代生长速度显著提升，可提高鲶鱼养殖的经济效益；日本学者通过基因敲除获得虹鳟不育突变体，可作为生殖细胞移植的受体；美国学者利用加权一步法全基因组关联分析研究虹鳟肌肉颜色变异的遗传基础，筛选出了可用于选择育种的 SNP。苗种繁育方面，日本学者建立了通过饲养温度调控鳗鲡卵母细胞成熟进程的方法，丹麦、荷兰和西班牙学者分别评价了不同类别、不同剂量、不同给药方式下类固醇激素对人工催熟鳗鲡精子和卵子质量的影响。

（二）养殖技术与水环境控制

池塘生态化养殖研究方面，巴西学者将鱼菜共生系统与生物絮凝技术相结合，并将淡水虾和罗非鱼进行混养，发现养殖罗非鱼肌肉的脂肪含量高于对照组，且脂肪酸结构组成不变，改善了养殖罗非鱼的肌肉品质。工程化养殖方面，国外学者主要针对循环水系统进行研究，如高溶氧循环水养殖系统、高密度循环水养殖系统以及高活性水质改良微生物优化。养殖设施与设备方面，美国 Moleaer 公司研发了“CO^{2} L Flow”系统的纳米气泡技术，与现有的增氧技术相比，氧气使用量可减少 75%，加拿大 Grieg 公司研发的养殖摄像系统装备以及挪威 Lingalaks 公司的养殖场数据驱动决策数字平台，将养殖鲑鱼死亡率降低了 41%；水环境控制方面的研究主要集中在水产养殖废弃物资源化利用，水环境的生物、物理和化学修复等。

（三）营养与饲料

营养需求方面，葡萄牙、巴西等国学者针对罗非鱼在不同盐度以及鱼菜共生系统等养殖环境下对氨基酸、矿物质和微量元素的精准需求展开了一系列工作，挪威学者研究了高不饱和脂肪酸对大西洋鲑肠道健康的影响；饲料添加剂方面，研究集中在罗非鱼、鳗鲡以及鲑鳟等品种的生长、抗氧化和非特异性免疫能力提升上，如饲料中添加海藻源多糖可促进罗非鱼的生长、代谢和免疫力，添加杜仲树皮提取物可以改善日本鳗鲡的生长和抗氧化应激能力，添加螺旋藻可改善鲑鳟的非特异性免疫能力和肠道菌群结构，并提高饲料蛋白转化率。国际上对罗非鱼、鳗鲡、淡水鲈、鲑等品种的饲料蛋白原料替代也开展了一些研究，如埃及学者发现用脱脂黑虻幼虫粉能完全替代饲料中的鱼粉，且不影响罗非鱼的生长速率和饲料转化率，加拿大学者在大西洋鲑的饲料蛋白中，通过微藻和海藻对鱼粉的部分替代在不影响生长的前提下恢复了鲑鱼饲料养殖中肌肉 EPA 和 DHA 的损失。

（四）病原检测与病害防控

病原检测方面，英国学者开发了一种无损伤欧洲鳗鲡的居线虫快速检测方法，挪威学者建立了针对虹鳟鲁氏耶尔森氏菌的 PCR 检测方法，为欧洲鳗鲡和虹鳟的疫病调查提供重要手段；病害防控方面，泰国学者针对罗非鱼湖病毒开展了灭活疫苗研发，德国学者筛选出抗罗非鱼湖病毒病的品系并初步解释了其抗病机理，埃及学者开发了维氏气单胞菌活疫苗和灭活疫苗，其中 HY1 活疫苗相对保护率达 94. 12%。针对无乳链球菌也已经有新的灭活疫苗制备及佐剂选择方法的报道，国外学者针对海豚链球菌、东方弗朗西斯菌的减毒活疫苗研究也取得了一定进展。

（五）保活保鲜与加工技术

有水保活运输方面，国际上仍以新型植物源麻醉剂对鱼类的麻醉效果及其在保活运输中的应用效果研究为主，如植物精油、柠檬醛等；保鲜方面主要关注保鲜化合物的探究、保鲜材料的改进以及鱼类新鲜度评估方法开发等，如埃及学者发现干红甜菜皮提取物对罗非鱼片具有极好的防腐效果，巴西学者研究证实了膳食补充虾青素能够改善罗非鱼片货架期内的微生物状况和理化品质。加工方面主要集中在加工方式和添加剂对鱼肉品质的影响，如澳大利亚学者研究了烤制、微波加热、蒸煮等不同烹饪方式对罗非鱼片特征风味的影响，意大利学者研究了鲟鱼籽黑色素的提取及分离纯化技术；此外，国外学者利用罗非鱼、鲟、鮰、鲈、鳝、鳗加工副产物开发了多种类型的新型食品。

四、国内特色淡水鱼产业技术研发进展

（一）种质资源与遗传改良

种质资源方面，完成了泥鳅基因组测序，通过基因组解析、转录组测序和基因编辑等多种方法，为泥鳅适应温变、缺氧和有害环境等特征提供生物学证据；通过 mRNA 和 miRNA 整合分析，揭示了奥尼杂交罗非鱼的杂种优势形成机制；采用微卫星标记和线粒体 D-loop 序列分析，对大口黑鲈养殖群体、引种群体以及杂交群体进行群体遗传变异分析，阐述了大口黑鲈不同群体的选育潜力。遗传改良方面，开发了集合遗传结构分析和育种值评估的分子育种平台，并应用于大西洋鲑的遗传分析和选育；开展了罗非鱼耐盐和耐寒性状的分子标记，开发了多个大口黑鲈和鳜饲料养殖驯化相关的分子标记。苗种繁育方面，分离出一种对黄颡鱼催产具有较好效果的小肽分子，能起到代替脑垂体的作用；通过雌二醇和高温处理建立斑点叉尾鮰生理性转技术，建立 XY 型鮰伪雌鱼种群，为鮰鱼单性繁殖提供技术支持。

（二）养殖技术与水环境控制

池塘养殖方面，国内学者在养殖水环境预测模型构建、不同蔬菜对于鱼菜共生系统水质的净化效果、硝化型和异养型生物絮团的应用、微生物固定化技术等方面开展研究，并在以微生物净水技术为核心的微生物制剂研究、生物絮团技术、微生物固定化技术、生物膜法等池塘净化技术方面取得突破。工程化养殖方面，国内研究集中在流水槽循环水养殖和陆基圆池循环水养殖优化及新模式的构建和示范等方面，多家企业开发了集合物联网传感器技术与大数据分析技术的智能化水产养殖系统，为水产养殖业的日常管理带来了便利；养殖设施与设备研发重点集中在循环水绿色养殖模式的新型养殖池、智能投饲、养殖尾水处理设备等方向。生态化养殖方面，以水稻—罗非鱼为代表的特色淡水鱼综合种养模式在我国广西、云南等山区蓬勃发展。养殖尾水处理方面，重点完善现有的原位环境调控技术和异位尾水治理技术，构建并推广应用水产养殖面源污染治理“两坝三区”模式。

（三）营养与饲料

营养需求方面，重点开展罗非鱼、鮰、黄颡鱼等品种对氨基酸、脂肪酸、矿物质、维生素和微量元素的精准需求研究。功能性添加剂方面，国内学者发现通过在罗非鱼饲料中添加白藜芦醇、螺旋藻，鮰、黄颡鱼饲料中添加多糖、益生菌，乌鳢饲料中添加乳球菌、黄酮类化合物，鳗饲料中添加花生衣原花青素，淡水鲈饲料中添加叶酸、磷脂等可以提高饲料利用率和鱼体免疫能力，改善特色淡水鱼的生长性能和肌肉品质。饲料原料替代研究方面，国内学者在不影响生长速度和养殖成活率的前提下开展罗非鱼饲料中橄榄油替代鱼油、紫萍干粉替代豆粕，鮰饲料中酶解大米蛋白和酵母培养物替代鱼粉，乌鳢饲料中发酵豆粕、海藻多糖替代鱼粉，淡水鲈中发酵棉籽蛋白、小球藻和乙醇梭菌蛋白替代鱼粉，鲑

鳟饲料中微藻和棉籽浓缩蛋白替代鱼粉等国产饲料脂肪源、蛋白源替代研究，实现了特色淡水鱼饲料原料的国产化。

（四）病原检测与病害防控

病原检测方面，建立了 5 种主要养殖病原菌多重微流控荧光定量 PCR 快速检测技术，建立了罗非鱼湖病毒实时荧光定量 RT-PCR 检测法和逆转录-重组酶介导等温核酸扩增（RT-RAA）快速检测方法。病害防控方面，国内学者针对杂交鲟海豚链球菌、虹鳟传染性胰腺坏死病毒（IPNV）、传染性造血器官坏死病毒（IHNV）的疫苗研发有了新的进展；此外，构建了 *GluNS* 基因缺失的鰤鱼诺卡氏菌减毒菌株并制成减毒活疫苗；利用乳酸菌表达了虹鳟鱼的趋化因子蛋白 CK6 与 IHNV 的 G 蛋白的融合蛋白，制成了能够有效诱导鱼体产生特异性 IgM 和 IgT 的口服疫苗；此外，针对大口黑鲈弹状病毒开发了 DNA 疫苗。

（五）保活保鲜与加工技术

在鱼类有水保活运输方面，主要集中于甲磺酸三卡因 MS-222、丁香酚、白玉兰挥发油、二氧化碳等传统麻醉剂对养殖鱼类的麻醉效果和运输潜力分析对比。在保鲜方面，主要集中在鲈、黄鳝、罗非鱼、虹鳟等的保鲜技术研究，包括物理保鲜、化学保鲜和复合保鲜；保鲜装置的开发也受到关注，如武汉市农业科学院研发了一种淡水鱼低温快速微冻保鲜装置。加工方面，国内学者的研究集中在罗非鱼鱼片脱腥、腌制、干制等技术流程优化及鱼糜制品开发，以及不同烹饪方式对鲈、鲟、泥鳅、鳜肌肉品质的影响，并开发了罗非鱼混合鱼糜鱼丸、乌鳢鱼头汤粉剂、鮰鱼肉酱等即食型休闲食品。此外，副产物综合利用的研究重点是新型产品的研发，如虹鳟胶原蛋白肽、鲟硫酸软骨素、罗非鱼皮明胶等。

（国家特色淡水鱼产业技术体系首席科学家　杨弘　提供）

2022年度海水鱼产业技术发展报告

（国家海水鱼产业技术体系）

一、国际海水鱼生产与贸易概况

（一）生产情况

全球海洋渔业总产量稳定，水产养殖对全球海水鱼产量的贡献持续上升，比重从2000年的3.6%升至2020年的11.1%。2020年，全球海洋捕捞①总产量7 994.8万吨，其中，海水鱼类捕捞产量6 673.3万吨，占海洋捕捞总产量的83.5%；全球海水养殖②总产量6 813.1万吨，海水鱼类养殖产量834.1万吨，占海水养殖总产量的12.2%。海水鱼类养殖产量的全球区域分布为：亚洲450.3万吨、欧洲212.2万吨、美洲124.1万吨、非洲37.9万吨、大洋洲9.6万吨。全球海水鱼养殖规模较大的品种有大西洋鲑、海鲈、鲕鱼、大黄鱼、鲆鲽类等。其中，单一种类产量最大的是大西洋鲑，2020年养殖产量272.0万吨。

中国海水鱼类养殖产量（不含港澳台地区数据）连续4年居世界第一。2020年，中国海水鱼类养殖产量为174.98万吨，占全球海水鱼类养殖总产量的21%③。2021年，中国海水鱼养殖业整体保持增长态势，除军曹鱼和河鲀为负增长外，国家海水鱼产业技术体系跟踪监测的其他大宗养殖海水鱼均实现正增长，同比增幅为0.1%~52.4%。

（二）贸易情况

受全球通货膨胀和生产成本上升的影响，同时随着外部市场逐步走出新冠疫情带来的负面影响，2022年海水鱼全球贸易规模和区域特点变得复杂。

海鲈是国家海水鱼产业技术体系跟踪的几大品种中全球贸易量较大的品种，其最大进口地是欧盟和美国，以鲜冷品为主，2022年1—10月其进口量分别为21 898吨和10 306吨，分别占比50.36%和23.70%，同比下降6.06%和上升16.9%；其进口额分别为1.38亿美元和9.07亿美元，分别占比42.01%和27.64%，同比下升了3.84%和25.34%。海鲈最大出口国土耳其在出口市场中的份额占到60%以上，2022年1—11月其出口量为40 731吨，同比下降8.87%，出口额为2.48亿美元，同比上升3.35%。希腊的海鲈出口异军突起。

石斑鱼主要出口国是印度尼西亚，2022年1—11月其鲜冷和冷冻品出口量额为4 385吨和1 644.98万美元，同比均略有上升。美国是鲜冷石斑鱼第一大进口国，2022年1—11月的进口量和进口额为4 845吨和6 083.66万美元，同比下降了5.77%和增加了5.99%。

半滑舌鳎第一大出口地是欧盟，出口以冷冻为主，进口以鲜冷为主，2022年1—10

---

① 不含水生哺乳动物、鳄、短吻鳄和凯门鳄、海藻以及其他水生植物。

② 不含水生哺乳动物、鳄、短吻鳄和凯门鳄、海藻以及其他水生植物。

③ 资料来源：联合国粮食及农业组织（FAO）。

月其出口额占比为 31.06%，同比上升了 56.37%，出口量占比为 25.76%，同比上升了 22.05%。美国是半滑舌鳎第一大进口国，进口量占比 20%左右，进口额占比 30.18%，以冷冻品为主，2022 年 1—11 月进口量和进口额为2 636吨和1 655.93万美元，同比分别上升 126.75%和 50.54%；欧盟为第二大进口地，2022 年 1—10 月半滑舌鳎的进口量和进口额分别为1 161吨和1 031.35万美元，同比均下降了 10%左右。

二、国内海水鱼生产与贸易概况

（一）生产情况

2022 年国家海水鱼产业技术体系跟踪区域海水鱼工厂化养殖、工程化池塘养殖、普通网箱和深水网箱养殖面积总体呈下降趋势。工厂化养殖由 2022 年第一季度的 664.79 万立方米下降至第四季度的 658.80 万立方米，降幅 0.90%，其中循环水养殖面积下降 24.45%；池塘养殖由 2022 年第一季度的 1.11 万公顷升至第四季度的 1.58 万公顷，其中工程化池塘养殖面积下降明显，降幅 40.00%；2022 年第四季度普通网箱养殖2 341.28万平方米、深水网箱养殖 922.21 万立方米、围网养殖 165.77 万平方米，较 2022 年第一季度分别变动-1.99%、-2.94%和 45.11%。

2022 年体系跟踪区域主要海水鱼养殖品种总产量为 90.10 万吨，如表 1 所示。

表 1　2022 年体系跟踪区域海水鱼产量统计　　（单位：万吨）

鱼类品种	示范县产量	非示范县产量	合计
大菱鲆	4.80	0.01	4.81
牙鲆	0.37		0.37
半滑舌鳎	0.40		0.40
其他鲆鲽类	0.70		0.70
珍珠龙胆	1.77	4.88	6.65
其他石斑鱼	2.15	0.55	2.70
暗纹东方鲀	0.34	0.68	1.02
红鳍东方鲀	0.34		0.34
其他河鲀鱼	0.45		0.45
大黄鱼	14.25	0.98	15.24
海鲈	13.33	0.68	14.01
军曹鱼	0.19	0.75	0.94
卵形鲳鲹	3.82	5.32	9.13
鲷鱼	1.82	8.76	10.58
美国红鱼	1.13	2.87	4.00
鰤鱼	0.07	1.17	1.24
许氏平鲉	0.11		0.11
其他海水鱼	0.64	16.78	17.42
合计	46.68	43.42	90.10

（二）贸易情况

我国是黄鱼（包括大黄鱼和小黄鱼）、军曹鱼、卵形鲳鲹、河鲀和其他鲆鲽最大出口国。其中黄鱼、军曹鱼、卵形鲳鲹和河鲀国际市场占有率比较高，而黄鱼和卵形鲳鲹显示性比较优势极好。2022 年 1—11 月不同鱼种出口规模和形态各异。黄鱼出口规模和市场较为稳定，出口量和出口额为3 048吨和 2. 54 亿美元，同比分别下降 13. 09%和 6. 7%，目前仍以冻品为主，但冻品份额呈下降趋势，鲜冷品出口份额呈上升趋势。军曹鱼出口规模出现大幅度增长，以鲜冷品为主，出口量和出口额分别为2 082吨和1 459. 73万美元，同比分别增长 353. 14%和 350. 43%。卵形鲳鲹出口以鲜冷品为主，出口量和出口额为11 350吨和 1. 00 亿美元，同比分别下降了 8. 61%和 16. 25%。河鲀出口以活鱼为主，出口量和出口额为 276 吨和 544. 92 万美元，量降额升。半滑舌鳎出口量和出口额为 915 吨和 541. 89 万美元，出口量额双降，同比分别减少了 31. 6%和 41. 17%。我国其他鲆鲽类进出口都以冻品为主，进口全球占比 29. 65%，进口量和进口额为 15. 70 万吨和 4. 87 亿美元，同比分别增加 1. 27%和 11. 32%，在全球出口市场占比 27. 16%，出口量和出口额为67 877吨和37 326. 72万美元，同比分别减少了 2. 56%和增加了 12. 7%。我国是鲆鲽类加工贸易大国，冻大比目鱼和其他冻比目鱼占我国其他鲆鲽类总进口额的 61. 85%和 37. 50%，而冻比目鱼鱼片占我国其他鲆鲽类总出口额的 79. 88%，出口量和出口额为48 576吨和29 817. 97万美元。

三、国际海水鱼产业技术研发进展

（一）海水鱼遗传改良技术

土耳其开展了大菱鲆多倍体育种研究，结果表明冷休克诱导的三倍体大菱鲆是养殖行业的可行替代品；开展了欧洲鲈抗鳗弧菌、抗病毒性神经坏死症、抗寄生虫病等性状的遗传力研究，评估了欧洲鲈种群的遗传变异性、近亲繁殖和有效种群规模；发现牙鲆 *Foxl2*、*Dmrt1*、*amhy*、*amhr2* 基因在性腺分化、性别决定、性腺发育中的重要作用，甲状腺激素 T3-Drosha-miRNA 信号通路可能是牙鲆变态发育的调控机制之一，基于耐药和敏感牙鲆家系的转录组分析，为牙鲆抗病育种提供了重要的基因标记信息；此外，国际上还开发了一种基于机器学习的基因组选择新算法（DNNGP），适合鱼类研究使用；为评估多性状线性阈值模型在鱼类抗病性状基因组预测中的优势，开发了一种鱼类多性状阈模型方法，能同时预测多个抗病性状育种值，弥补了鱼类抗病性状遗传力低、选择准确性差的问题。

（二）海水鱼养殖与环境控制技术

（1）工厂化养殖。主要聚焦在养殖管理、环境与养殖动物的互作关系、养殖动物病害控制与免疫、消毒等水环境控制、微生态环境、新型装备研发与应用效果、精准投喂与品质控制等领域。

（2）网箱和深远海养殖。挪威 Royal Salmon 推出第一个北极近海养殖网箱，能够承受 15 米高海浪，直径达 77 米。各国深入开展了鱼类社会化行为研究，以支撑设施养殖装备研制与健康养殖技术开发。

（3）池塘养殖。主要集中在养殖生物的生理适应机制、池塘环境微生态调控、工程化技术应用、病害生态防控、池塘生境要素利用、养殖投入品与生物及环境互作等基础研究方面。

（4）养殖水环境控制。国际上提出了一种利用细菌将废弃的氮和磷固定在生物絮凝体中的新方法。热除虫已成为防治鲑鱼虱最常用的方法，处理温度和持续时间的组合能最大限度地提高除虫效率，并尽量减少对宿主鱼的影响。

（5）养殖设施与装备。智能化养殖技术成为各国研究的重点，采用深度学习、机器视觉、增强现实等技术开展了鱼类产卵注射激素决策、个体识别、鱼群检测等方面的探索。

（三）海水鱼疾病防控技术

（1）流行病原。各国海水鱼类病原研究主要集中在爱德华氏菌（*Edwardsiella*）、气单胞菌（*Aeromonas*）、黄杆菌（*Tenacibaculum*）、诺卡氏菌（*Nocardia*）、发光杆菌（*Photobacterium*）等细菌病原；传染性鲑贫血症病毒（Infectious salmon anaemia virus，SAV）、病毒性出血性败血症病毒（Viral haemorrhagic septicaemia virus，VHSV）、传染性造血器官坏死病毒（Infectious haematopoietic necrosis virus，IHNV）等病毒性病原以及鲑海虱、刺激隐核虫等寄生虫病原。运用基因组编辑、功能基因组学研究手段，从感知体内外理化因子信号和病原毒力进化等方面阐明病原的分子致病机制和宿主免疫防御功能。

（2）疾病防控。病害控制手段呈现多元化，但疫苗接种依然是最为热点的病防策略。此外抗病育种、益生菌、免疫增强与调节剂等成为重要补充手段。国际上对鱼类养殖过程中环境丰容日益重视，通过生态调节提高养殖鱼类抗病能力是重要研究方向。

（四）海水鱼营养与饲料技术

（1）营养需求研究。研究开始关注生长性能之外的其他指标，例如不同营养素水平对海水鱼免疫及肠道健康的影响、营养素与海水鱼品质形成的关联机制等。

（2）蛋白源、脂肪源开发。在豆粕等价格飙升的背景下，评估非粮型植物蛋白原料在海水鱼饲料中的应用成为重要研发方向。此外，单细胞蛋白、昆虫蛋白等在海水鱼饲料中的应用效果研究增多。

（3）免疫增强剂。大量研究通过探索特定养殖条件下（高温、高脂饲料、高糖饲料），通过添加免疫增强剂，提升海水鱼应激条件下抗病能力，从而构建特定养殖条件下绿色高效营养方案。

（五）海水鱼产品质量安全控制与加工技术

（1）鱼品加工。国际上研究最多的加工鱼种是海鲈、鳕鱼、鲭鱼、金枪鱼和三文鱼，加工技术包括海水鱼加工过程中的品质改善、功能因子绿色制备及功能评价、海水鱼智能化感知与数字化分析技术。

（2）保鲜与贮运。保鲜技术包括生鲜水产品保鲜过程中品质劣变机制与冷链环境因素的互作网络，特定腐败微生物随环境因素变化和贮运时间的响应机制，提出了功能聚合绿色保鲜材料的多维结构设计理论。

（3）质量安全。包括赋存形态及生物吸收转化过程的精准解析，基于“3R”原则评估质量安全和营养因子，简便快速、智能化、高通量的检测技术。

四、国内海水鱼产业技术研发进展

（一）海水鱼遗传改良技术

建立起大菱鲆等海水鱼类抗逆育种技术路线、大黄鱼多性状基因组复合选择技术、半滑舌鳎基因编辑育种技术；开发出一种新的鱼类体表标志方法，可以准确测定群体养殖条件下不同个体的摄食量和饲料效率；构建了海鲈的基因型分型及遗传分析数据库；针对斜带石斑鱼免疫及抗逆性，成功构建高密度遗传连锁图，开发了棕点石斑鱼与鞍带石斑鱼精子冷冻保存试剂及技术。开发了一种鱼类多性状阈模型方法，能同时预测多个抗病性状育种值，弥补了鱼类抗病性状遗传力低、选择准确性差的问题。

（二）海水鱼养殖与环境控制技术

（1）工厂化养殖。主要研究聚焦于循环水系统的养殖管理、环境与养殖动物的互作关系、消毒与病害控制、微生态环境、精准投喂与品质控制、养殖池型与流态等领域的研究，工厂化循环水养殖平均单产提升至传统流水养殖的3倍。

（2）网箱、深远海养殖。黄渤海坐底式大型深海智能养殖网箱“经海系列”、舟山桃花岛大型养殖围栏设施等设计建设工作顺利推进。大陈岛海域大型铜合金网衣养殖围栏投放大黄鱼35万尾，成活率92%。国内首艘10万吨养殖工船“国信1号”顺利出坞，交付运营，首批试养的大黄鱼起捕上市。

（3）池塘养殖。研究集中在养殖模式、水环境调控、病害防控、高效养殖技术、养殖尾水处理技术等方面。建设现代工程化池塘养殖系统，培育生态适应性强的养殖品种，构建智能化管理平台与养殖标准化工艺，是海水池塘养殖高质量发展的重大科学命题。

（4）养殖水环境控制。研究聚焦于高效水处理技术工艺，探索尾水再利用方法。添加H_2O_2是一种高效去除H_2S的水处理技术，此外，基于正向渗透（FO）和纳米气泡（NB）的混合系统，为水产养殖废水处理提供了一个可持续的解决方案。

（5）养殖设施与装备。重点围绕鱼类生长行为监测、鱼类品种识别分类、鱼体定向整理、水产养殖图像增强等方向。随着水产养殖机械化发展需求的增强，投饲机器人、水下除污机器人、自动收捕等装备研发工作正在加紧推进。

（三）海水鱼疾病防控技术

（1）流行病原。我国海水鱼病害的主要细菌病原为弧菌（*Vibrio*）、爱德华氏菌、假单胞菌（*Pseudomonas*）、链球菌（*Streptococcus*）、发光杆菌和诺卡氏菌等，病毒病病原主要为石斑鱼虹彩病毒和神经坏死病毒，寄生虫则为刺激隐核虫。

（2）疾病防控。国家海水鱼产业技术体系在我国大菱鲆主养区龙头企业完成大菱鲆疫苗联合接种生产示范，实现全程“无抗”养殖，兽药减量达70%~80%。大菱鲆鳗弧菌灭活疫苗（EIBVA1株）完成注册申报工作，开展了石斑鱼虹彩病毒灭活疫苗临床试验，摸清了高温季节大黄鱼内脏白点病的病原可能是诺卡氏菌。研发了防治刺激隐核虫病的纳米杀虫涂料和镀锌材料，以及混养罗非鱼防控刺激隐核虫病生态防控技术。

（四）海水鱼营养与饲料技术

（1）营养需求参数。当前我国海水鱼营养需求研究主要围绕特定养殖阶段（仔稚鱼、幼鱼、成鱼）和养殖条件（高温期、越冬后）等开展研究，相关成果进一步丰富了我国海水鱼营养需求数据库。

（2）蛋白源开发。2022年，饲料原料价格飙升提高了我国海水鱼饲料成本，棉粕、菜粕、鸡肉粉等原料在海水鱼饲料中应用进一步提升。国内围绕系列非粮蛋白源对海水鱼生长、健康及品质的影响开展了大量研究，为相关饲料企业合理调整配方奠定了基础。

（3）饲料添加剂。植物性活性物质成为我国海水鱼饲料功能性添加剂的重要研发方向，开展了黄芪多糖、杜仲提取物等系列研究。

（五）海水鱼产品质量安全控制与加工技术

（1）鱼品加工。研究主要集中在海鲈和大黄鱼，其次是卵形鲳鲹、暗纹东方鲀、大菱鲆等鱼种。研究聚焦提高海水鱼调理加工制品的品质，解析海水鱼风味形成代谢调控机制，开发满足各类特殊人群需求的海水鱼功能食品。

（2）保鲜与贮运。探明暗纹东方鲀商品化包装后在0℃、-3℃贮运下的货架期；大菱鲆在水温8℃、MS-222质量浓度40毫克/升、鱼水比1∶3时，24小时运输存活率为100%；175瓦的多频超声辅助冻结大黄鱼可实现-22℃，300天冻藏保持一级鲜度。

（3）质量安全与评价。研究砷、镉、过敏原等危害物在海水鱼中的赋存形态及其在加工和生物消化中的变化规律，基于免疫学等手段建立快速前处理及检测技术，拉曼、近红外等开始用于新鲜度等品质鉴别检测。

（国家海水鱼产业技术体系首席科学家　关长涛　提供）

2022 年度虾蟹产业技术发展报告

（国家虾蟹产业技术体系）

一、国际虾蟹生产与贸易情况

2022 年全球海水虾类养殖产量约 704.9 万吨，我国海水虾类养殖产量约 180 万吨（不含台湾地区数据），厄瓜多尔约 130 万吨，越南约 90 万吨，印度约 90 万吨，泰国约 39 万吨，印度尼西亚约 80 万吨，墨西哥 16.5 万吨，中东地区 12 万吨，巴西 11 万吨，中美地区 9.4 万吨。罗氏沼虾全球养殖产量约 30 万吨，我国产量约 16.8 万吨（不含台湾地区数据）。日本沼虾 22 万吨，我国是唯一养殖生产国。中华绒螯蟹产量约 75 万吨，三疣梭子蟹养殖产量约 11 万吨，我国是上述两种蟹唯一养殖生产国。

二、国内虾蟹生产与贸易情况

虾蟹是我国水产养殖产业中重要的种类，其中凡纳滨对虾、斑节对虾、日本囊对虾、中国明对虾、克氏原螯虾、罗氏沼虾、日本沼虾、中华绒螯蟹、三疣梭子蟹、拟穴青蟹等 10 种虾蟹养殖产量 595.4 万吨。2022 年对虾养殖产量较 2021 年提升约 12.5%，养殖产量约 180 万吨，养殖产值较 2021 年有所提升；凡纳滨对虾、中国明对虾、斑节对虾和日本囊对虾是我国主要养殖海水虾类，凡纳滨对虾仍是最主要的养殖品种，养殖产量约 158 万吨，约占我国海水虾养殖产量的 88%，所占比例与 2021 年持平。淡水虾类养殖产量与 2021 年相比明显增加，产量约 323.8 万吨，其中克氏原螯虾约 285 万吨，较 2021 年增加约 40 万吨；罗氏沼虾 16.8 万吨，较 2020 年增加 1.8 万吨；日本沼虾约 22 万吨。蟹类养殖产量与 2021 年相比有所下降，约 91.6 万吨，中华绒螯蟹约 75 万吨，较 2021 年减少 5 万吨；三疣梭子蟹约 11 万吨，较 2021 年减少 1 万吨；拟穴青蟹单产有所提高，养殖产量约 5.6 万吨，与 2021 年基本持平。

三、国际虾蟹产业技术研发进展

（一）遗传育种研究

2022 年通过 Web of Science 数据库共检索到虾蟹遗传育种领域发表的英文文章 200 余篇，主要内容包括虾蟹基因组图谱的构建，生长、抗病、抗逆等经济性状的遗传参数分析，功能基因挖掘与鉴定、性状遗传规律解析和新品种（系）的培育等方面的研究进展。

1. 虾类遗传育种

Wang 等采用全基因组重测序技术揭示了凡纳滨对虾（*Litopenaeus vannamei*）人工选择的基因组特征。Fu 等采用全基因关联分析确定了 7 个与凡纳滨对虾氨氮耐受性相关的候选基因，为耐氨氮性状的选育提供支撑。Hasan 等首次获得了斑节对虾（*Penaeus monodon*）体色特征的遗传力估计值为 0.05~0.35。Kawato 等组装了日本囊对虾（*Penaeus japonicus*）基因组草图和完整的线粒体基因组序列，拥有非常丰富的重复序列，占总序列的 27.4%。Pillai 等总结了全球范围内罗氏沼虾（*Macrobrachium rosenbergii*）的遗传改良现状，生长性状遗传力范围在 0.056～0.407，每代的选择反应为 4.4%～11%。Jiang 等筛选出 5 个与日本沼虾（*Macrobrachium nipponense*）雌虾生长性状相关的 SNP。Ren 等分析了克氏原螯虾（*Procambarus clarkii*）抗病性状的性别差异，结果表明，病原体胁迫下雌虾拥有比雄虾更强的抗病力。

2. 蟹类遗传育种

Zhang 等锚定了 8 个与三疣梭子蟹（*Portunus trituberculatus*）耐盐碱性状相关的候选基因标记，为三疣梭子蟹分子标记辅助育种提供新的标记。Chen 等分析了短期胁迫对三疣梭子蟹肌肉和肝胰腺非挥发性风味物质的影响，当盐度降至 8‰时鲜味的程度达到最高，研究结果为三疣梭子蟹品质选育提供思路。Xu 等完成了中华绒螯蟹（*Eriocheir sinensis*）DDE_Tnp_4 家族的全基因组鉴定和表达特征分析，为中华绒螯蟹环境适应性机制的解析提供了完整的框架。

（二）健康养殖与环境研究

2022 年 Web of Science 收录虾蟹养殖论文1 954篇，涉及基础生物学、环境与微生物、养殖、生理、病害防控、饲料等。

克氏原螯虾（*Procambarus clarkii*）：发表论文 108 篇，涉及生理毒理等。Han 等分离菌株 *Limosilactobacillus fermentum* GR3 并进行饲喂试验，GR3 对三价砷 As（Ⅲ）、DPPH（1,1-二苯基-2-苦基肼）和羟基自由基的清除率分别为 51%、88%和 75%，GR3 有利于恢复虾肠道菌群紊乱，虾产量增加 50%。Xu 等发现虾体干旱暴露后，血细胞数显著降低，吞噬力下降 66%，活性氧升高，引起虾组织损伤和代谢变化。

海水对虾：发表论文1 379篇，涉及水环境调控、菌群解析、病害防控等。Liu 等以空心菜和小球藻调控水环境，氨氮和亚硝氮浓度分别小于 1.0 毫克/升和 0.1 毫克/升。Zaher 等发现温度变化影响虾肠道菌群，降低虾存活率。Ranjan Das 等提出将大型海藻并入虾生物絮团养殖，可提高生产性能。El Saadony 等提出益生菌调控肠道菌群，调节虾体过敏反应。

罗氏沼虾（*Macrobrachium rosenbergii*）：发表论文 45 篇，涉及生理健康和养殖环境等。Jahanbakhshi 等认为大蒜提取物作为添加剂对虾体生长和生理反应有积极影响。Kathia 等提出，乳酸菌对虾肠道和水体菌群无影响；Liu 等指出虾肠道菌群与水体和沉积物差异显著。

日本沼虾（*Macrobrachium nipponense*）：发表论文 22 篇，涉及养殖环境、病害防控等。Fan 等在急性高盐胁迫下鉴定出 16 条通路、24 个代谢物，表明高盐影响虾体氨基磷脂、脂肪酸等代谢。Yang 等提出稻虾种养可能形成独特的土壤菌群，提高稻、虾的适应性和耐受性。

蟹：发表论文 384 篇，涉及环境、生态毒理、病害防控等。Yang 等发现菲对河蟹（*Eriocheir sinensis*）幼蟹有潜在毒性。Aneesa 等在印度西南沿海泥蟹（*Scylla serrata*）肠道中检出了微塑料。Lu 等发现三疣梭子蟹（*Portunus trituberculatus*）15 天的氨长期胁迫将严重影响其细胞应激反应，短期和中期胁迫表现为细胞凋亡、热休克反应、DNA 损伤反应。

养殖设施与装备：发表论文 16 篇，主要涉及生物量预测、机器学习监测行为等。Chen 等建立虾生物量预测模型，最高准确性达 91%。Ji 等提出 MobileCenterNet 模型监测河蟹，监测速度达 48 帧/秒，可为蟹科学饲养提供指导。

（三）病害控制研究

在 Web of Science 共检索到 2022 年发表的虾蟹免疫和病害相关的论文 900 余篇，主要内容包括虾蟹病原学及流行病学、虾蟹宿主免疫学、病害防治策略等方向。在 *Reviews in Aquaculture* 杂志发表的 12 篇综述性论文，回顾了对虾白斑综合征病毒（White spot syndrome virus，WSSV）宿主范围及对传播的影响、WSSV 蛋白结构及基于此的抗病毒策略探讨、十足类虹彩病毒（Decapod iridescent virus1，DIV1）的潜在危害、细菌在生物絮团养殖技术中的应用等方面的研究进展。

流行病学及病原致病机制：在全基因组水平分析了拉丁美洲和亚洲传染性皮下及造血组织坏死病毒的遗传相关，首次发现真菌性病原梅奇酵母和伯氏考克斯氏体感染中华小长臂虾，纵向分析了泰国罗勇府海水养殖虾中白斑综合征发生的风险因素，报道了英吉利海峡食用黄道蟹阿米巴蟹病情况及巴西养殖监蟹呼肠孤病毒的高发现象。

免疫学：发现拟穴青蟹 miR-133 通过调控 *astakine* 表达影响血细胞增殖，对虾中 ECSIT 介导的 Toll3-Dorsal-ALFs 通路抑制金黄色葡萄球菌在宿主体内的增殖，对虾 PTPN6 介导的 IRF-JAK-STAT 胞内调控轴抑制 WSSV 感染，WSSV 抑制 Hippo 信号传导并激活 Yki 以促进其在对虾中感染，日本囊对虾 LRR 蛋白 Shoc2 识别细菌的鞭毛蛋白并介导 Erk/Stat 信号传导发挥抗菌作用。

病害防治原理和方法：测定了利用副溶血弧菌丝氨酸蛋白酶基因作为 DNA 疫苗预防副溶血弧菌感染效果，发现饵料添加 SYNSEA 益生菌可降低副溶血弧菌感染风险，发现 15 毫克/升的 PMS 消毒沙蚕卵会降低偷死野田村病毒的传播风险，揭示噬菌体—原核生物共存策略介导 SCPE 对虾肠道和底泥微生物群落多样性并建立对虾养殖微生态防控技术。

（四）营养与饲料研究

2022 年 Web of Science 收录虾蟹营养与饲料研究文章 204 篇，主要涉及饲料营养免疫与健康及原料开发与利用等主题。

海水对虾：Web of Science 收录对虾营养研究文章 52 篇，主要评估了功能性添加剂在饲料中的应用效果；原料开发及利用研究 16 篇，主要涉及新型蛋白源替代鱼粉或豆粕的效果评估；蛋白/氨基酸研究文章 5 篇，主要涉及蛋白源、蛋白需求及碳氮比，以及氨基酸添加方式效果评估；矿物质营养研究文章 3 篇，涉及 Co、Se、Cu 的作用效果；脂肪营养研究文章 2 篇，维生素营养研究文章 2 篇，碳水化合物营养研究文章 1 篇，饲料重金属/毒素研究文章 1 篇。

淡水虾：Web of Science 收录罗氏沼虾、日本沼虾、克氏原螯虾等淡水虾营养与饲料研究文章 102 篇。其中罗氏沼虾文章 51 篇，主要涉及不同饲料添加剂的作用效果；日本沼虾文章 17 篇，主要涉及饲料品质和添加剂对生理性能的影响；克氏原螯虾文章 34 篇，主要涉及饲料原料与添加剂的作用效果评估。

海水蟹：Web of Science 收录海水蟹（三疣梭子蟹和拟穴青蟹）营养相关文章 18 篇。其中三疣梭子蟹相关研究论文 9 篇，主要涉及脂质营养、碳水化合物需求量、新型蛋白源评估和营养物质对性腺发育的影响；拟穴青蟹相关论文 9 篇，主要涉及不饱和脂肪酸、微量营养素的需求量和作用效果。

淡水蟹：Web of Science 收录中华绒螯蟹营养研究文章 32 篇。主要涉及微量营养素

（维生素A、花生四烯酸、锌、亚油酸等）和添加剂（γ-氨基丁酸、淫羊藿苷、竹叶黄酮、银杏发酵提取物等）的需求量和作用效果，以及性腺发育方面的研究。

（五）虾蟹加工研究

2022年共检索到SCI论文1 121篇，其中虾蟹加工和保鲜384篇，副产物利用548篇，质量安全与营养品质189篇。

虾蟹加工：涉及虾蟹加工理论研究、过敏原消减及胃肠道模拟消化特性研究。Jing等发现虾的特征风味形成与热处理密切相关。Yu等发现接种嗜盐菌发酵剂能有效缩短虾酱的发酵时间，并与传统虾酱的风味特征相似。Li等发现热处理能改变虾中原肌球蛋白等过敏原释放的肽量。Lu等发现温压协同处理能降低蟹肉的IgE结合活性。Fan等推荐蒸煮河蟹的时间应超过30分钟，以达到饮食利益和风险的良好平衡。

虾蟹保鲜：涉及虾蟹保鲜新技术。Kai等鉴定和表征了虾副产品自溶物中的抗冻肽。Chen等发现超高压处理提高了虾肉的硬度、弹性和体色。Samuel等以等离子活化水作为虾的冰衣开发虾类保鲜剂。Qin等发现低盐海水暂养能提高蟹可食部分的游离氨基酸和核苷酸含量。

虾蟹副产物综合利用：涉及甲壳素、脂类、虾青素等提取工艺及专用酶的发掘。Zare等利用复合微生物共同发酵法从虾壳废料中提取甲壳素。Ahmadkelayeh等利用废鱼油提取虾青素。Thomas等利用源于坎氏弧菌的内切几丁质酶提取高质量的壳二糖。

质量安全和营养品质评价：涉及虾蟹风险评估和营养品质评价。Gonzalez等认为螃蟹的可食用组织不会造成癌症健康风险。De等评估发现蟹类中无机砷的浓度可能对长期消费造成负面影响。Yang等发现噻虫嗪对甲壳类动物存在神经毒性和代谢损伤等潜在的毒性威胁。Zhang等认为铬生物蓄积的主要组织是肝胰腺。Zheng等发现磷脂对虾干整体香气的影响与构成磷脂的脂肪酸不饱和度有关。Lu等发现训练的机器学习模型能够准确（100%）识别虾酱的来源。

（六）产业经济研究

虾蟹产业经济方面，2022年检索到学术论文22篇。

国外学者分别从不同地区的虾类养殖模式分析、虾类产业的社会经济分析、虾类供应链、COVID-19对虾类产业的影响等方面对虾类产业经济进行了研究。

（1）不同地区的虾类养殖模式分析：通过对菲律宾、越南、孟加拉国虾类养殖研究，认为小农户应该得到政府的支持，使他们能够利用集约化商业养殖场所使用的更先进的技术。还有学者发现印度尼西亚的许多养殖户为了减少疾病的暴发，普遍采用轮作和混养模式。

（2）虾类产业的社会经济分析：稻虾田的发展有效地促进了区域经济增长，从而促进了农村由传统农业向特色农业转型。

（3）虾类供应链：有学者注意到如果实施可持续供应链，可以帮助企业和个人。

（4）COVID-19对虾类产业的影响：COVID-19对农业社会经济的危害程度较大，早期应对战略和长期缓解措施，是建立这一粮食生产部门复原力的当务之急。

（5）虾类其他方面的研究：除了以上关于虾类产业经济方面的研究，学者们还进行了虾类产业经济其他方面的研究，包括产业评估方面、中间商方面、土地流转方面、科研经费方面、应对气候变化方面、渔业推广人员方面、合作管理方面、虾产品出口价格方面以及养殖户行为方面。

四、国内虾蟹产业技术研发进展

（一）遗传育种研究

通过中国知网数据库共检索到国内学者在虾蟹遗传育种领域发表的论文 184 篇，申请或授权相关国家发明专利近 30 件。主要内容包括虾蟹经济性状的相关性分析，群体遗传多样性分析，功能基因的克隆及表达分析，环境胁迫下的生态适应机制解析，良种良法配套养殖技术与模式等。

虾类遗传育种研究：完成凡纳滨对虾染色体级别的基因组组装，构建了凡纳滨对虾多性状联合分子育种基因芯片。培育出的斑节对虾新品种南海 3 号，与南海 2 号和普通品种相比，养殖成活率分别提高 12.86% 和 23.09%。构建了中国对虾（*Fenneropenaeus chinensis*）高密度遗传连锁图谱，定位到 19 个与中国对虾耐高 pH 值胁迫相关的 QTL。日本囊对虾闽海 2 号耐温性状提升至 37℃。培育罗氏沼虾新品种数丰 1 号，生长速度平均提高 23.54%，亩产量平均提高 24.05%。突破了日本沼虾的基因编辑技术，孵出期突变率平均为 24.2%，培育出的青虾太湖 3 号与未经选育的长江青虾相比，150 日龄体重提高 28.7%；与青虾太湖 2 号相比，150 日龄雌虾体重提高 33.3%。评估克氏原螯虾 50 天收获体重遗传力为0.362 8±0.182 1。

蟹类遗传育种研究：完成三疣梭子蟹基因组测序及组装，建立了三疣梭子蟹 SPF 群体，培育的抗副溶血弧菌新品系抗病能力提高（Ⅱ期幼蟹 72 小时胁迫存活率）11.6%。采用微卫星 DNA 技术对中华绒螯蟹连续 3 个世代进行遗传多样性分析，研究发现群体遗传结构处于相对不稳定状态，今后选育过程中应保持足够的繁育亲本数量和遗传多样性，防止近交衰退。

（二）健康养殖与环境研究

中国知网收录相关论文 1 104 篇，涉及环境与微生物、养殖技术与模式、病害防控、饲料应用、品质评价等。

克氏原螯虾：发表论文 118 篇。何乃娟等提出 32℃持续高温胁迫严重影响虾体存活、生长、消化、免疫及抗氧化功能。张家宏等提出藕田养虾投喂饲料可显著提高产量，投喂饲料+全量有机肥可提升虾体鲜肉品质。

海水对虾：发表论文 349 篇。何润端等提出添加糖蜜显著增强菌群碳水化合物和能量代谢通路功能，提高对虾存活率。熊莹槐提出饲料添加酶和菌制剂可显著提高凡纳滨对虾（*Litopenaeus vannamei*）的生长，及其能量支出比例。杨泽禹等认为施用益生菌可降低虾肠道可培养细菌的耐药性。

罗氏沼虾：发表论文 41 篇。邹松保等提出池塘中硫酸盐还原菌和硫氧化菌的垂直分布差异显著。朱东敏等认为使用乳酸菌，可使其在虾胃肠中大量增殖，提高虾苗成活率。

日本沼虾：发表论文 69 篇。郭丽芸等提出原塘直放抱卵虾育苗，可提高虾苗产量，提升亲本利用率，降低育苗成本。汤环宇等指出氟苯尼考对 3 株维氏气单胞菌杀菌效果好，测试浓度内磺胺甲恶唑无杀菌效果。

蟹：发表论文 505 篇。华清红等提出零交换水蟹塘的 pH 值高于普通蟹塘和水源水，透明度和溶解氧也优于后二者，有利于实现尾水“零排放”。

养殖设备与工程：发表论文 22 篇。郭珍岐等以岸边人机界面对无人装备的航向和速度实时控制，按规划路径行驶，实现淡水虾蟹养殖作业平台的自主导航和控制。

（三）病害控制研究

在万方数据等中文数据库中检索到 2022 年国内学者发表的虾蟹免疫和病害相关研究论文 100 余篇，在国家知识产权局专利检索网站检索 2022 年虾蟹免疫和病害方面新申请专利 30 余件，主要研究内容包括流行病学和病原检测、宿主免疫学及病害防控等方面的研究。

流行病学和病原检测：在浙江、辽宁、江苏、天津、山东、福建、广东、广西等省（区、市）开展了虾蟹主要病原的流行病检测，开展了克氏原螯虾烂尾病病原的鉴定及特性分析，针对对虾急性肝胰腺坏死病病原菌检测建立了重组酶介导等温扩增检测方法，针对 453 批在 2017—2018 年自越南、泰国、马来西亚进境的对虾样品进行了急性肝胰腺坏死病病原鉴定。

宿主免疫防御：分析了凡纳滨对虾血细胞在副溶血性弧菌和白斑综合征病毒感染早期的细胞学特征，开展了患铁虾综合征罗氏沼虾眼柄转录组研究，分析了长毛明对虾核转录因子 *NF-κB* 基因的克隆及在细菌侵染过程中的表达变化，鉴定了克氏原螯虾一种新型甲壳素基因，研究了硫酸软骨素 N-乙酰半乳糖氨基转移酶-1 在克氏原螯虾免疫中的作用。

虾蟹病害防控理论与技术：发现从养殖池水中分离出的副溶血弧菌噬菌体 Vp-PV1 防治副溶血弧菌 JGB080708-1 效果显著；基于白斑病毒关键蛋白基因开发 RNA 药物，明显降低白斑病的病害；通过对具有抑制虾蟹养殖中细菌性致病菌群体感应功能的芽孢杆菌进行培养，获得具有抑制群体感应功能的物质；通过引入捕食性原生动物贪食纤口虫 PJ13002，在养殖系统中恢复自然界中存在的微生物食物链，可实现纤毛虫病的生物防治。

（四）饲料与营养研究

2022 年 Web of Science 收录虾蟹营养与饲料研究文章 204 篇，主要涉及饲料营养免疫与健康及原料开发与利用等主题。

海水对虾：Web of Science 收录对虾营养研究文章 52 篇，主要评估了功能性添加剂在饲料中的应用效果；原料开发及利用研究 16 篇，主要涉及新型蛋白源替代鱼粉或豆粕的效果评估；蛋白/氨基酸研究文章 5 篇，主要涉及蛋白源、蛋白需求及碳氮比，以及氨基酸添加方式效果评估；矿物质营养研究文章 3 篇，涉及 Co、Se、Cu 的作用效果；脂肪营养研究文章 2 篇，维生素营养研究文章 2 篇，碳水化合物营养研究 1 篇，饲料重金属/毒素研究文章 1 篇。

淡水虾：Web of Science 收录罗氏沼虾、日本沼虾、克氏原螯虾等淡水虾营养与饲料研究文章 102 篇。其中罗氏沼虾文章 51 篇，主要涉及不同饲料添加剂的作用效果；日本沼虾文章 17 篇，主要涉及饲料品质和添加剂对生理性能的影响；克氏原螯虾文章 34 篇，主要涉及饲料原料与添加剂的作用效果评估。

海水蟹：Web of Science 收录海水蟹（三疣梭子蟹和拟穴青蟹）营养相关文章 18 篇。其中三疣梭子蟹相关研究论文 9 篇，主要涉及脂质营养、碳水化合物需求量、新型蛋白源评估和营养物质对性腺发育的影响；拟穴青蟹相关论文 9 篇，主要涉及不饱和脂肪酸、微量营养素的需求量和作用效果。

淡水蟹：Web of Science 收录中华绒螯蟹营养研究文章 32 篇。主要涉及微量营养素（维生素 A、花生四烯酸、锌、亚油酸等）和添加剂（γ-氨基丁酸、淫羊藿苷、竹叶黄酮、银杏发酵提取物等）的需求量和作用效果，以及性腺发育方面的研究。

（五）虾蟹加工研究

通过中国知网等数据库检索，2021 年发表虾蟹加工与保鲜论文 213 篇，副产物利用论文 305 篇，安全和营养品质论文 331 篇。

虾蟹加工技术：涉及虾蟹产品加工技术、基础理论和加工机械。优化了即食虾滑配方，探究了虾青素和抗冻肽对虾滑感官品质的提升作用。采用复配酶法制备脱脂南极磷虾粉鲜味酶解液。优化了蟹汁发酵、低盐蟹糊、蟹肉护色、低盐醉蟹等加工工艺，建立了相应的货架期模型。发明了蟹腿批量去壳机、蟹肉的高速离心提取系统等。

虾蟹保鲜：涉及虾蟹保鲜新技术。采用羧甲基壳聚糖、壳寡糖—羟基吡啶酮缀合物作为对虾保鲜剂。利用声光动力杀菌技术杀灭虾体内的主要病原菌。发现高功率脉冲微波协同丁香酚处理，对蟹肉具有较好的保鲜作用。

副产物利用：涉及壳聚糖等的回收利用，制备调味品、抗菌材料及甲壳素加工用酶的发掘等。开发出溶剂热法一步脱蛋白脱乙酰基制备壳聚糖的新工艺；以废弃虾壳中提取的天然壳聚糖为纳米银配体，制备了壳聚糖—纳米银（h-chit-AgNPs）保鲜剂；从自然发酵的虾皮中筛选属于赖氨酸芽孢杆菌的甲壳素脱乙酰酶。

质量安全与营养品质评价：涉及虾蟹质量安全、分级筛选设备和风险评估。建立了树脂吸附结合近红外光谱模型同时检测大批量小龙虾中铅、镉含量的方法；构建了对虾品质无损检测装置；进行了河蟹石油烃富集代谢实验及阈值研究；研究了烹饪方式对河蟹可食部位中常量元素及重金属分布的影响。

（六）虾蟹产业经济

虾蟹产业经济方面，2022 年共检索到学术论文 41 篇。国内学者分别从虾类产业现状与对策、稻虾模式研究、潜江小龙虾品牌与营销等方面对虾类产业经济方面进行了研究。国内学者分别从产业发展现状和对策、阳澄湖大闸蟹品牌与营销等方面对蟹类产业经济方面进行了研究。

1. 虾类

①虾类产业现状与对策：目前湖北省小龙虾产业的主要问题是“稻虾共作”模式过度发展致使供需失衡、重虾轻稻导致基础粮田种植效益受损。②稻虾模式研究：“稻虾共作”模式作为典型的生态农业技术，具有较好的经济、社会、生态效益，是乡村振兴、保障农业可持续发展、维护粮食安全的重要途径，但在发展过程存在着基础设施薄弱、经营管理落后等问题。③品牌与营销：潜江小龙虾品牌有利于为地区带来更可观的经济收益。④虾类其他方面的研究：除了以上关于虾类产业经济方面的研究，学者们还进行了虾类产业经济其他方面的研究，包括莲藕—小龙虾养殖模式方面以及国际贸易方面。

2. 蟹类

①产业发展现状和对策：国内学者分析了大闸蟹、河蟹产业发展现状，提出加强领导、依靠科技、加大扶持等对策。②品牌与营销：从品牌历史文化方面看，以往关于蟹及阳澄湖蟹的研究仅关注其本身发展，而未从更大视野将其与市场联系。从营销策略方面

看，相对其他商品来说，生鲜农产品对营销速度、效率的要求更高，只有进行精准营销和高效物流运输，才能保证生鲜农产品到消费者手中时依然保持新鲜状态。③蟹类其他方面的研究：除了以上关于蟹类产业经济方面的研究，学者们还进行了蟹类产业经济其他方面的研究，包括社会效益方面、养殖模式和产业联合体方面。

（国家虾蟹产业技术体系首席科学家　何建国　提供）

2022 年度贝类产业技术发展报告

（国家贝类产业技术体系）

一、国际贝类生产与贸易概况

（一）国际贝类生产

FAO 最新统计数据显示，2020 年全球贝类总产量达到 2 347.08万吨，海水贝类养殖产量占比 74.76%。2011—2020 年，海水贝类养殖产量和产值分别从期初的 1 355.19万吨和 190.38 亿美元，增加到期末的 1 754.78万吨和 295.04 亿美元，增幅分别为 14.76%和 39.87%（表 1）。五大物种组产量和产值与总产量和总产值的变动情况基本相同。

表 1　2011—2020 年世界海水贝类养殖产量、产值变动趋势

种类	类别	2011 年	2012 年	2013 年	2014 年	2015 年	2016 年	2017 年	2018 年	2019 年	2020 年
蛤类	产量（万吨）	476.89	485.18	500.59	518.83	523.74	554.48	564.66	558.78	550.04	574.28
	产值（亿美元）	66.58	72.43	81.79	88.85	88.46	95.04	97.78	98.18	95.84	99.62
牡蛎	产量（万吨）	432.25	456.05	477.13	495.28	512.15	543.26	573.57	599.82	611.64	626.02
	产值（亿美元）	46.94	51.14	57.14	60.48	60.65	65.18	68.55	71.65	71.99	73.48
扇贝	产量（万吨）	145.71	159.15	179.86	184.09	200.57	211.33	218.52	215.55	206.80	198.42
	产值（亿美元）	35.71	37.47	48.67	51.08	51.35	56.61	58.78	60.05	56.31	52.12
贻贝	产量（万吨）	183.49	178.29	172.79	184.34	183.30	199.98	206.81	209.25	203.15	204.80
	产值（亿美元）	23.60	22.84	34.75	41.60	32.34	38.55	42.33	44.81	45.48	32.76
鲍螺	产量（万吨）	27.66	30.20	32.07	34.58	36.96	39.06	42.32	42.64	45.00	48.93
	产值（亿美元）	9.90	12.10	14.64	16.52	17.23	18.84	21.98	24.89	25.38	26.36
其他	产量（万吨）	89.18	99.39	104.56	103.54	102.13	111.81	102.66	105.39	103.18	102.34
	产值（亿美元）	7.65	9.06	10.19	10.57	10.29	11.39	10.54	10.82	10.79	10.70
合计	产量（万吨）	1 355.19	1 408.26	1 467.00	1 520.65	1 558.84	1 659.92	1 708.54	1 731.43	1 719.82	1 754.78
	产值（亿美元）	190.38	205.04	247.18	269.09	260.32	285.61	299.97	310.40	305.78	295.04

数据来源：FAO FishStatJ，2022。

2020 年，蛤类主产国为中国（95.13%）和朝鲜（1.08%），牡蛎主产国为中国（86.65%）、韩国（4.79%）、日本（2.54%）和美国（2.35%），扇贝主产国为中国（88.64%）和日本（7.61%），贻贝主产国为中国（43.31%）、智利（19.56%）、日本（9.98%）和新西兰（4.96%），鲍螺主产国为中国（95.08%）和韩国（4.10%）。

（二）国际贝类贸易

2012—2021 年，世界牡蛎、扇贝及贻贝进口总量和总额分别从期初的 39.55 万吨、

22.29 亿美元减少到期末的 26.25 万吨、12.61 亿美元，出口总量和总额分别从期初的 34.78 万吨、19.20 亿美元减少到期末的 25.95 万吨、10.34 亿美元，进、出口均价分别从期初的 5.64 美元/千克和 5.52 美元/千克下降到期末的 4.80 美元/千克和 3.98 美元/千克（表 2）。

表 2　2012—2021 年世界主要贝类品种进出口情况

年份	种类	进口			出口		
		进口量（万吨）	进口额（亿美元）	均价（美元/千克）	出口量（万吨）	出口额（亿美元）	均价（美元/千克）
2012	牡蛎	4.32	2.89	6.69	4.07	2.79	6.87
	扇贝	11.86	13.89	11.71	9.71	11.25	11.58
	贻贝	23.37	5.51	2.36	21.01	5.16	2.46
	合计	39.55	22.29	5.64	34.78	19.20	5.52
2013	牡蛎	4.40	3.28	7.46	4.40	3.18	7.22
	扇贝	15.04	16.18	10.76	10.78	14.00	12.98
	贻贝	21.52	5.61	2.61	20.26	5.46	2.70
	合计	40.96	25.08	6.12	35.44	22.64	6.39
2014	牡蛎	4.86	3.61	7.43	4.53	3.15	6.96
	扇贝	14.88	16.81	11.29	10.88	14.88	13.67
	贻贝	21.90	6.03	2.75	21.71	6.64	3.06
	合计	41.65	26.45	6.35	37.12	24.67	6.65
2015	牡蛎	5.41	3.60	6.66	4.85	3.14	6.47
	扇贝	16.41	16.48	10.04	9.22	13.89	15.08
	贻贝	21.70	4.91	2.26	23.57	5.35	2.27
	合计	43.52	24.99	5.74	37.64	22.38	5.95
2016	牡蛎	5.82	3.64	6.25	4.96	3.12	6.28
	扇贝	15.38	17.34	11.28	9.84	14.17	14.40
	贻贝	23.04	5.26	2.28	25.47	5.77	2.27
	合计	44.24	26.24	5.93	40.27	23.06	5.73
2017	牡蛎	3.91	2.70	6.90	4.29	2.72	6.34
	扇贝	4.38	6.17	14.07	3.88	5.44	14.01
	贻贝	22.89	3.83	1.67	21.59	4.01	1.86
	合计	31.19	12.69	4.07	29.76	12.17	4.09

（续表）

年份	种类	进口			出口		
		进口量（万吨）	进口额（亿美元）	均价（美元/千克）	出口量（万吨）	出口额（亿美元）	均价（美元/千克）
2018	牡蛎	3. 70	2. 79	7. 56	4. 49	2. 96	6. 59
	扇贝	5. 87	6. 16	10. 50	2. 93	4. 14	14. 12
	贻贝	15. 17	3. 81	2. 51	19. 55	4. 43	2. 27
	合计	24. 74	12. 77	5. 16	26. 97	11. 53	4. 27
2019	牡蛎	4. 22	2. 94	6. 97	4. 50	2. 92	6. 49
	扇贝	4. 32	5. 47	12. 66	2. 70	3. 54	13. 11
	贻贝	18. 30	3. 86	2. 11	21. 61	4. 36	2. 02
	合计	26. 84	12. 27	4. 57	28. 81	10. 82	3. 76
2020	牡蛎	3. 36	2. 20	6. 55	3. 25	2. 18	6. 71
	扇贝	4. 10	4. 33	10. 56	1. 81	2. 31	12. 76
	贻贝	13. 85	3. 17	2. 29	14. 89	3. 05	2. 05
	合计	21. 31	9. 70	4. 55	19. 95	7. 54	3. 78
2021	牡蛎	4. 81	3. 34	6. 93	4. 76	3. 36	7. 07
	扇贝	4. 99	5. 42	10. 87	2. 78	3. 05	10. 96
	贻贝	16. 45	3. 85	2. 34	18. 41	3. 92	2. 13
	合计	26. 25	12. 61	4. 80	25. 95	10. 34	3. 98

数据来源：UN Comtrade，2022。

二、国内贝类生产与贸易概况

（一）全国贝类生产

2020 年，中国对世界海水贝类养殖产量的贡献高达 84. 35%，蛤类、牡蛎、扇贝、贻贝和鲍螺养殖产量在同类别世界养殖产量中占比分别为 95. 13%、86. 65%、88. 64%、43. 31%和 95. 08%（表 1 和表 3）。2021 年，中国海水贝类养殖产量达到 1 526. 07万吨，同比微升 3. 11%。

表 3　2012—2021 年中国海水贝类养殖产量变动趋势　（单位：万吨）

种类	2012 年	2013 年	2014 年	2015 年	2016 年	2017 年	2018 年	2019 年	2020 年	2021 年*
蛤类	453. 64	470. 06	488. 11	494. 97	527. 43	539. 31	530. 60	522. 43	546. 30	548. 98
牡蛎	378. 40	403. 77	415. 94	438. 06	466. 04	487. 94	513. 98	522. 56	542. 46	581. 92
扇贝	137. 51	155. 58	159. 32	172. 75	186. 71	202. 40	193. 23	184. 16	175. 88	182. 99
贻贝	73. 25	71. 50	76. 99	80. 94	86. 28	92. 76	90. 34	87. 07	88. 69	82. 95

（续表）

种类	2012 年	2013 年	2014 年	2015 年	2016 年	2017 年	2018 年	2019 年	2020 年	2021 年*
鲍螺	29.23	30.94	33.28	35.53	37.41	40.33	40.22	42.15	46.52	51.75
其他	85.97	86.37	84.62	78.86	85.50	74.39	75.57	80.61	80.22	77.48
合计	1 158.00	1 218.21	1 258.27	1 301.12	1 389.37	1 437.13	1 443.93	1 438.97	1 480.08	1 526.07

注：2012—2020 年数据来源为 FAO FishStat J，2022；2021 年数据来源为《2022 中国渔业统计年鉴》。2021 年蛤类数据中包括蛤、蛏、蚶。

（二）贝类进出口贸易

中国海关数据显示，2022 年 1—10 月，贝类进口量、进口额和均价分别为 2.00 万吨、1.79 亿美元和 0.90 万美元/吨，同比分别下降 81.74%、55.74%和上升 142.34%。其中，蛤类进口量、进口额和均价同比分别下降 1.08%、2.88%和 1.82%，牡蛎进口量、进口额和均价同比分别下降 29.12%、18.55%和上升 14.92%，扇贝进口量、进口额和均价同比分别下降 98.99%、93.78%和上升 516.12%，贻贝进口量、进口额和均价同比分别下降 33.62%、35.26%和 2.46%，鲍进口量、进口额和均价同比分别下降 16.37%和上升 2.76%、22.89%。

贝类出口量、出口额和均价分别为 13.99 万吨、9.34 亿美元和 0.67 万美元/吨，同比下降 16.02%、11.23%和上升 5.71%。其中，蛤类出口量、出口额和均价同比分别下降 10.79%和上升 4.02%、16.59%，牡蛎出口量、出口额和均价同比分别上升 23.08%、34.50%和 9.27%，扇贝出口量、出口额和均价同比分别下降 66.15%、65.59%和上升 1.65%，贻贝出口量、出口额和均价同比分别上升 6.36%、5.46%和下降 0.84%，鲍出口量、出口额和均价同比分别上升 16.73%、19.98%和 2.78%。

（三）国内贝类市场

国内主要水产品批发市场价格监测数据显示，截至 2022 年 12 月 15 日，贝类市场均价普遍上涨，蛤仔、蛏子、鲍、牡蛎和扇贝均价同比分别上升 25.05%、15.86%、9.24%、7.02%和 7.00%。

三、国际贝类产业技术研发进展

（一）贝类遗传和育种技术

2022 年度国外学者在贝类遗传学研究与育种技术研发方面取得多项进展。贝类基因组研究方面，红鲍（*Haliotis rufescens*）、黑鲍（*Haliotis cracherodii*）、紫石房蛤（*Saxidomus purpuratus*）、硬壳蛤（*Mercenaria mercenaria*）的全基因组序列被破译；Hollenbeck 等对不同地理群体大扇贝（*Pecten maximus*）的基因组分析揭示了扇贝温度适应性机制；Stenger 等评估了 3 种壳色黑蝶贝（*Pinctada margaritifera*）的基因组差异，鉴定到多个壳色形成关键基因，为解析珍珠颜色形成机制提供了参考。贝类种质资源挖掘与鉴定方面，Lapègue 等评估了从挪威到北海 15 个野生平牡蛎群体的遗传多样性和遗传分化水平；Toro 等分析了智利至新西兰海域 6 个野生平牡蛎群体的种群特性；Vargas-Peralta 等应用 RAD 技术对东北太平洋海域鲍属物种进行了鉴定；另外在贻贝、蛤仔、珠母贝等其他经济贝类中也开展了资源调查、种群遗传结构评估、不同群体经济性状差异分析等研究。贝类性状遗传解析与环境适应机制研究方面，学者们对贝类性别决定机制、环境胁迫（高温、低盐、低氧等）耐受机制、海洋酸化应答与适应机制以及贝类抗病机制等进行了系统报道。育种技术研发方面，Boles 等（2022）基于无创超声技术建立了一种无损快速评价鲍性腺生殖状况的方法；基于 CRISPR/Cas9 的基因编辑技术在贝类基因功能解析和生产性状遗传改良方面展现出广阔应用前景；抗冷冻蛋白的成功应用推动鲍种质保藏技术获得新突破；多位学者评估了基因组选择在贝类重要经济性状改良中的作用，提出了通过降低基因分型成本来提高基因组选择效率的方法。

（二）贝类营养与饲料

双壳类方面，主要关注各双壳贝类品种的最佳饵料组合。研究发现中国蛤蜊（*Mactra chinensis*）的最佳饵料组合为金藻（*Isochrysis* sp.）和路氏巴夫藻（*Pavlova lutheri*）的混合；大溪地金藻（*Tisochrysis lutea*）、路氏巴夫藻（*P. lutheri*）、纤细角毛藻（*Chaetoceros gracilis*）和小环藻（*Cyclotella nana*）4 种藻混合投喂硬壳蛤（*M. mercenaria*），其生长和存活状况最佳；在塑蛤（*Asaphis violascens*）上，单独投喂大溪地金藻（*T. lutea*）或将其混合微绿球藻（*Nannochloropsis oculata*）和扁藻（*Tetraselmis suecica*）均可满足稚贝生长；在长牡蛎（*Crassostrea gigas*）上，角毛藻（*Chaetoceros* sp.）和扁藻（*Tetraselmis* sp.）饵料效果最佳；在 *Anadara tuberculosa* 上，纤细角毛藻（*C. gracilis*）和牟氏角毛藻（*Chaetoceros muelleri*）饵料效果最好。淡水贻贝（*Unio crassus*）中的研究发现，裂殖壶菌（*Schizochytrium limacinum*）粉可替代 30%的淡水节旋藻（*Arthrospira maxima*）藻粉饵料。裙带菜（*Undaria pinnatifida*）粉和裂殖壶菌（*Schizochytrium* sp.）粉混合可部分替代紫贻贝（*Mytilus galloprovincialis*）饲料。富含 β-葡聚糖的细胞壁突变的酵母能增强长牡蛎（*C. gigas*）免疫和抗弧菌感染能力。

鲍营养与饲料方面的研究则主要集中在饲料藻源筛选以及副产物对鱼粉和藻粉的替代上，优化饲料配方、扩大原料来源仍然是理论研究和产业发展的热点。研究发现，海鞘粉可替代饲料中 50%的鱼粉和 100%藻粉而对皱纹盘鲍（*Haliotis discus hannai*）的生长没有负面影响。当饲料中海带粉的添加量为 20%时，白菜提取物副产物可完全替代饲料中海带粉而不影响皱纹盘鲍生长。皱纹盘鲍配合饲料添加剂的研究表明，饲料中添加 50 克/千克柑橘皮副产物可以提高皱纹盘鲍的增重率以及空气暴露 20 小时和高温应激后的存活率。关于鲍配合饲料形态的研究，Lebata-Ramos 等发现，相较于条状饲料，片状饲料更有利于鲍的生长，不添加螺旋藻粉和海藻酸钠的饲料导致鲍的外壳呈蓝绿色，而添加螺旋藻粉和海藻酸钠的鲍的外壳呈棕褐色。

（三）贝类病害控制技术

2022 年国际贝类病害控制技术研究主要集中于以下 3 个方面。病原方面，首次对阿联酋贝类样品中弧菌的流行率、生长特征和抗生素敏感性进行了全面分析；针对克罗地亚贝类中的耐热弯曲杆菌属（*Campylobacter* spp.）进行了检测分析；开发了长牡蛎 3 种原生动物寄生虫的多重定量 PCR 检测方法；发现副溶血性弧菌 ST36 菌株在牡蛎中具有低温生长特性；从黄海长牡蛎的肠道中分离出新型兼性厌氧细菌，命名为 *Vibrio ostreae* sp. nov.。贝类免疫防御机制方面，通过转录组测序和蛋白质组学分析等方法鉴定了扇贝在副溶血弧菌和 PST 等胁迫后的差异表达基因，发现免疫相关基因的表达水平显著增加；证实了 TCAP 能够降低悉尼岩牡蛎的血淋巴细胞在氧化应激下的凋亡水平。环境胁迫对贝类健康影响方面，主要解析了环境污染物（海洋微塑料、重金属和农药成分等）和水环境理化因子（水温、酸化和盐度等）变化对贝类生理和生化水平的影响，探明了海水养殖贝类生长发育、免疫防御及能量代谢等关键生理过程的变化，阐明了贝类对环境胁迫的响应特征及调节机制。

（四）贝类养殖模式与养殖环境

欧美等发达国家贝类养殖业普遍实施和推广最佳管理实践（BMP）、基于生态系统的管理（EBM）等理念。生态容量评估作为支撑贝类养殖业可持续发展的重要依据，科学研究和应用在持续推进。Guyondet 等采用 FVCOM 水动力模型与 BiCEM 双壳类养殖生态系统模型耦合的方法，以浮游植物衰减率为判定指标，对加拿大贝恩斯湾贝类养殖的生态容量进行了评估，为该区域的养殖管理等提供了决策支持。养殖模式方面，一是注重近岸、池塘等区域海水贝类、淡水珍珠贝作为核心生物功能群的多营养层次综合养殖模式的优化，聚焦更高效种类的开发、级联效率的提升等。二是致力于养殖空间逐步向离岸深水区域拓展，创新贝类养殖与海上风电融合发展等新模式；加拿大圣劳伦斯湾南部离岸区域养殖的紫贻贝（*Mytilus edulis*）较近岸区域表现出更高的条件指标、更高的能量脂类（三酰甘油）以及在收获时更高的糖原含量。养殖环境方面，高效液相—生物标志物化学分析方法等养殖环境监测技术得到了发展；温度胁迫对菲律宾蛤仔的细胞代谢、凋亡、内质网应激等生物学过程造成显著影响。

（五）贝类流通与加工技术

国外学者认为，微塑料（MP）、药物（PHAR）和潜在有毒污染物（PTE）等环境污染物是贝类产品中存在的对消费者安全的重要威胁。PTE 的免疫毒性、遗传毒性、生育力破坏性、致死性和生物累积性已在染疫贝类中被证实；大量体外研究证实了贝类由于摄食特性而积累上述污染物的能力，如贻贝中检测到 MP、PHAR 和 PTE 污染物。然而，对这些污染物在水生环境中的分布及其与人类的相互作用尚缺乏了解，包括风险评估在内的预防措施对于保护贝类产业和消费者是必要的。贝类保活流通方面，牡蛎、鲍、象鼻蚌等高端贝类一直是国际市场贸易流通的重要海洋水产品，低温保活技术在其中起着极其重要的作用。贝类加工方面，发酵贝类调味品在全球范围内消费，尤其是在亚洲国家，通常用作增味剂，具有独特的感官特征，与鲜味和肉香味相关；在一些亚洲国家，贝类干制产品受消费者欢迎，如干制的扇贝柱（瑶柱）、牡蛎干（蚝干）等；除蛋白质外，贝类多糖亦被作为功能成分开发的潜在对象而开展相关研究。

四、国内贝类产业技术研发进展

（一）贝类遗传和育种技术

2022 年度国内学者在贝类性状遗传解析与育种方面取得多项突出成果。中国海洋大学绘制并收集了扇贝科的 8 个代表性物种染色体水平基因组，利用多组学手段首次鉴定到冠轮动物同形性染色体（ZW）、控制性别决定的主效基因和保守增强子，提出了性染色体维持和分化的新进化模型，为理解性别起源进化和遗传调控开辟了新视角。Dai 等系统揭示了扇贝足丝分泌粘附的分子基础和调控机制，提出了“全足分泌、原位组装”新模型，为新型仿生材料的开发利用提供了数据基础。国内学者联合分子生物学与生物信息分析技术，对牡蛎、鲍、扇贝、珍珠贝等多种经济贝类的生长、壳色、耐高温、抗病等性状进行了遗传解析，鉴定到一系列候选 SNPs 和功能基因。CRISPR/Cas9 技术在模式贝类侏儒蛤（*Mulinia lateralis*）基因功能研究中得到应用，为开展贝类基因功能研究提供了新平台。育种技术研发方面，Yu 等实现了鲍食物转化率性状的精准测评；Wang 等引入 X 射线技术，实现了扇贝闭壳肌占壳面积比值的精准无损测定；国内多名学者开展了鲍远缘杂交、牡蛎南北方群体杂交、四倍体和二倍体长牡蛎杂交等研究，杂交后代性状优势明显；贝类基因组选择育种仍然是国内研究的热点；此外，中国海洋大学成功搭建了水产物种分子育种平台，为水产物种的遗传育种分析提供了重要支持。新品种培育方面，2022 年通过全国水产原种与良种委员会审定的贝类新品种共有 4 个，分别为栉孔扇贝蓬莱红 3 号、海湾扇贝海益丰 11、长牡蛎海大 4 号和长牡蛎前沿 1 号，系列贝类新品种为种业振兴和绿色养殖提供了支撑。

（二）贝类营养与饲料

双壳类饵料选择研究方面，发现侏儒蛤（*M. lateralis*）的最佳饵料为小球藻（*Chlorella pyrenoidesa*）；湛江叉鞭金藻是曲波皱纹蛤（*Periglypta chemnitzii*）的最佳开口饵料；牟氏角毛藻和湛江等鞭金藻是厚壳贻贝（*Mytilus coruscus*）的较好饵料；Wang 等发现长牡蛎（*C. gigas*）育肥期间投喂不同的饵料微藻，其风味物质截然不同；针对企鹅珠母贝（*Pteria penguin*），湛江等鞭金藻和青岛大扁藻藻粉可达到与其活藻类似的营养效果；另外，以发酵浒苔（*Enteromorpha prolifea*）和条斑紫菜（*Pyropia yezoensis*）为主要原料制备的配合饲料可用于青蛤（*Cyclina sinensis*，壳长 27 毫米）养殖；针对菲律宾蛤仔（*Ruditapes philippinaru*，体重 1 克）和缢蛏（*Sinonovacula constrict*，体重 0.45 克），配合饲料可替代 50%的活饵料微藻。

腹足类方面，结合产业需求，以皱纹盘鲍为主要研究对象，在饲料蛋白源开发方面开展了系列研究，发现玉米蛋白粉替代饲料中 75%的鱼粉对皱纹盘鲍的生长没有负面影响；乙醇梭菌蛋白可以完全替代鱼粉而对皱纹盘鲍的生长性能无显著影响；饲料中用豆粕替代 50%鱼粉对皱纹盘鲍的生长性能有积极影响；当酶解豆粕替代 75%的鱼粉时，对鲍生长和抗氧化能力没有负面影响。同时，优化了饲料营养参数并开展了饲料添加剂的基础性研究，发现皱纹盘鲍饲料最佳糖水平为 38.05%，精氨酸的最适需求量为 1.64%，蛋氨酸的最适需求量为 1.07%。为开发环境友好型鲍高效配合饲料的功能性饲料添加剂，付泳豪等发现适宜水平铬（1.21～1.58 毫克/千克）对鲍生长、免疫、抗氧化以及抗应激能力具有积极影响；邹伟光等（2022）发现饲料中添加 0.1 克/千克姜黄素不仅能改善皱纹盘鲍的生长和调节肠道菌群组成，还能增强鲍的抗氧化能力以及对 *Vibrio harveyi* AP37 感染的抵抗力。对皱纹盘鲍脂肪酸和维生素的研究发现，在饲料中添加 DHA 可以提高鲍的生长性能；饲料中添加 1.25%水平 EPA 和 1 260毫克/千克维生素 C 可以增加肌肉中风味和滋味物质的含量，提高肌肉质构和持水力。

（三）贝类病害控制技术

2022 年国内贝类病害控制技术研究主要集中于病原致病特征、贝类免疫防御机制、环境胁迫对贝类免疫防御能力的影响以及病害发生预警预报等方面。病原方面，揭示了 *Cg*DM9CP 对 PAMPs 和微生物的结合活性及免疫反应特征；报道了广东沿海派琴虫暴发导致贝类大量死亡，其中夏秋季感染率高于冬春季；通过监测长牡蛎病原性弧菌的种群结构变化和毒力因子特征，揭示了病原菌的生态进化过程。贝类免疫防御机制方面，通过高通量 miRNA 测序揭示了血蛤感染 OsHV-1 的分子防御机制；通过转录组分析鉴定了皱纹盘鲍免疫防御相关基因，以及香港牡蛎中参与副溶血弧菌感染应答的免疫相关基因；发现*Cg*IFI44L-1受*Cg*IFNLP和*Cg*STAT调控，参与长牡蛎抗病毒免疫应答；血淋巴细胞不同分群和RGD标记血淋巴细胞在牡蛎免疫防御中发挥重要作用。环境胁迫对贝类健康影响方面，发现盐度和温度影响亚洲绿贻贝的消化酶活性、SOD和GPX表达水平；解析了低盐对岩牡蛎基因转录及血淋巴渗透压的影响；发现长期高温胁迫下，珍珠贝通过调节可变剪切来上调特定转录物以适应高温胁迫；发现酸化通过影响长牡蛎肠道中益生菌丰度，导致致病菌增殖从而影响宿主健康；双酚A和微塑料影响血蛤的抗菌能力并导致死亡；优化了贝类病害发生预警预报技术，发布了贝类环境胁迫和养殖风险提醒。

（四）贝类养殖模式与养殖环境

"人与自然和谐共生"理念对于贝类养殖业绿色高质量发展的指导作用不断增强。养殖容量评估作为判定贝类养殖是否环境友好的理论依据，开始纳入政府层面工作部署，山东省农业农村厅正式启动了2023年海上养殖容量评估试点工作，科学与管理之间的衔接和融合有了跨越式的推进。养殖模式方面，浅海筏式养殖与海洋牧场有机结合、浅水与深水接力养殖等新生产模式得到探索和发展；池塘外挂式平面流循环水养殖模式的成效逐渐显现，既充分利用了养殖塘堤空间，又实现了贝类苗种的高效、规模化中间培育，一举多赢；淡水珍珠贝生态服务功能的理论和实践得到了深化，"渔—蚌—藻—菌"等多营养层次综合养殖模式持续优化和完善，应用场景拓展到水产养殖尾水净化、稻田综合种养等；履带式滩涂贝类采收机等机械化装备的研发与创制得到了发展。贝类碳汇功能解析方面，厘清了贝类养殖驱动形成的"使用碳""移出碳""储存碳""释放碳"4个碳库，核算出近20年（2001—2020年）我国海水贝类养殖"总碳汇"和"净碳汇"量分别为345.79万~553.88万吨和218.88万~350.61万吨。

（五）贝类流通与加工技术

贝类质量安全方面，应用稳定同位素对贝类进行产地溯源的研究多集中在溯源指标的探索方面，在产地溯源时应重点探讨贝类组织、基因型、个体大小、饵料藻、采收季节、海水温度等因素对贝类中稳定同位素分馏的影响，以期在贝类体内稳定同位素分馏机制明晰的基础上筛选出更为稳定的同位素。有研究者发现福建漳州沿海赤潮发生后贝类海产品约需45天净化周期方可食用，相关海域约需18个月净化至贝类毒素完全消失。贝类产品保鲜方面，国内学者综述了乳酸链球菌素、壳聚糖、ε-聚赖氨酸、生物酶等天然保鲜剂对贝类产品品质和货架期的影响，显示复配生物保鲜剂和与其他技术相结合的保鲜技术在贝类产品保鲜中具有广泛应用前景。精深加工和综合利用方面，受政策激励，国内研究者和生产者开发了较多贝类预制菜产品上市，如蒜蓉粉丝扇贝、佛跳墙、即食香辣牡蛎等在市场大受欢迎。国内研究者将牡蛎废弃物——牡蛎壳开发成透水混凝土、土壤调理剂、水质净化剂，且具有广阔的应用前景。

（国家贝类产业技术体系首席科学家　宋林生　提供）

2022年度藻类产业技术发展报告

（国家藻类产业技术体系）

一、国际藻类生产与贸易概况

（一）生产概况

根据联合国粮食及农业组织的2022年《世界渔业和水产养殖状况》报告，2020年全球水产养殖产量创历史新高，达到1.226亿吨，全球藻类养殖以海洋大型藻类（海藻）为主，2020年藻类产量为3 510万吨，比2019年的3 460万吨增长50万吨，增幅为1.4%，价值165亿美元。2020年共61个国家和地区报告了藻类养殖，其中亚洲地区的藻类产量占全球总产量的99.54%、非洲占0.3%、美洲占0.07%、欧洲占0.06%、大洋洲占0.03%。几十年来，亚洲在全球水产养殖行业处于毫无争议的主导地位。2020年全球主要藻类养殖国及其占全球藻类养殖总量的比例分别为：中国（占总产量的59.5%）、印度尼西亚（占总产量的27.4%）、菲律宾、韩国和日本等。由此可见，中国是藻类生产和消费大国。

（二）贸易概况

2021年世界贸易进口额有所回升，达到8.74亿美元，相较于2020年增长了7 200万美元，进口额为2015年以来的最高值，但进口量相较于2020年下降了300万千克。世界藻类贸易主要进口国（地区）为日本、中国、美国、泰国、中国台湾、澳大利亚和韩国；世界藻类贸易主要出口国为韩国、印度尼西亚、中国、菲律宾、日本和美国。从藻类主要进口国来看，中国藻类的平均进口单价最低，为1.45美元/千克；韩国次之，为1.61美元/千克。澳大利亚的藻类平均进口单价最高，为15.57美元/千克。从藻类主要出口国来看，印度尼西亚的藻类平均出口单价最低，为1.17美元/千克；而菲律宾的藻类平均出口单价最高，为14.15美元/千克；其次是日本，出口单价为14.04美元/千克。

二、国内藻类生产与贸易概况

（一）生产概况

2021年我国藻类养殖产量为271.46万吨，相比2020年增加3.83%；我国四大海洋藻类养殖中，海带养殖产量为174.23万吨，较2020年增长5.50%，占全国藻类养殖产量的64.19%；江蓠产量为39.89万吨，增长8.12%，占总产量的14.69%；裙带菜产量为21.22万吨，较2020年下降5.92%，占总产量的7.81%；紫菜产量为19.92万吨，下降10.29%，占总产量的7.34%。2021年藻类养殖总面积为14.02万公顷，较2020年降低1.13%；其中，海带养殖面积为4.74万公顷，较2020年增加2.68%；江蓠养殖面积为1.16万公顷，增加11.23%；裙带菜养殖面积为0.69万公顷，较2020年下降1.84%；紫菜养殖面积为6.80万公顷，下降6.02%；从不同品种藻类养殖面积来看，海带和紫菜是我国主要养殖的藻类产品，其养殖面积之和占总面积的80%以上。2021年我国藻类养殖单位面积产量为 19.37 吨/公顷，较 2020 年增长 5.04%。

（二）贸易概况

总体上，我国生鲜藻类贸易进口量远远高于出口量。2021 年生鲜藻类进口量有所上涨，进口量突破 16 万吨，进口额从 2015 年的 1.26 亿美元增长到 2021 年的 2.34 亿美元；生鲜藻类出口量降至 1.3 万吨以下，出口额跌至5 000万美元以下。但我国加工藻类出口量高于进口量，2021 年，加工藻类出口量为 5.9 万吨，出口额达 3.07 亿美元；加工藻类进口量约为6 000吨，但进口额高达8 300万美元。我国生鲜藻类的主要进口来源国为印度尼西亚、韩国和菲律宾，主要出口目的国家（地区）为日本，台湾、澎湖、金门、马祖单独关税区，墨西哥和美国；加工藻类的主要进口来源国为韩国和泰国；主要出口目的地为日本，台湾、澎湖、金马、马祖单独关税区和泰国。

三、国际藻类产业技术研发进展

（一）遗传育种研究

海带繁育与养殖领域主要集中在海带繁育技术的提升，提出了沉积物对孢子性能产生的影响；分子生物与组学的研究主要在代谢组学技术广泛应用于分析褐色大型藻类蛋白质通路。在裙带菜领域，韩国学者研发了原生质体的获得、培养及整株藻体的再生技术。在紫菜研究领域，根据核仁 rRNA 内含子存在或缺失及其长度对 82 个条斑紫菜和甘紫菜样品进行了分类；日本北海道大学的 Uji 教授团队根据条斑紫菜的特点开发了一种染色质免疫共沉淀的方法。江蓠的研究主要集中在培养条件、生态效应和活性物质提取与功能研究方面。微藻的研发集中在活性物质规模提取、生物精制法处理废水，以及提升生产工艺等方面。

（二）病害和有害藻类防控研究

在病害和有害藻类防控方面，2022 年 Web of Science 收录论文有 400 余篇，主要涉及病害和有害藻类调查技术研发、形成原因分析、防控方法研究等相关工作。在菌藻互作与病害研究方面，法国学者鉴定了 λ-卡拉胶病原菌的群感信号分子在其致病性中的作用。在病害防控方面，澳大利亚团队发现红藻 *Delisea pulchra* 的附生细菌可以通过防止附生菌群失调而抑制白化病的发生，为藻类病害的生物防控提供了新视角；印度和匈牙利学者综述了藻类病害发生机理、病原种类、致病环境因子以及预警防控手段等。在有害藻类防控方面，英格兰研究团队预测了自然波动的 pH 值条件和海洋酸化对大型藻类（防污）化合物的影响，分析这些改变对化合物介导的化学防御的作用。韩国研究团队研究了酸快速处理对紫菜养殖过程出现的绿藻和硅藻的去除作用，确定了清除有害生物同时减少紫菜养殖损害的处理条件。这些方法的开发和建立为探索经济海藻的病害和有害藻类防控方法奠定了基础。

（三）养殖与环境控制研究

海洋藻类生物多样性及其在海洋生物地球化学循环过程中的作用是研究的重点领域；在近海生态系统生物多样性、生源要素生物地球化学循环、多营养层次综合养殖技术、生态系统服务与产出功能理论研究方面成果显著。系统阐释人类活动和气候变化多重因子对近海典型水域生态系统的影响过程和机理，是维护近海生态安全和保障食物可持续产出的科学基础。对于离岸外海区的海藻养殖，欧美科学家近两年从养殖区选址、养殖平台设备开发、养殖品种的选择、升级和开发新技术以降低运营成本等方面进行研究，如法罗群岛海藻养殖公司 Ocean Rainforest 设计了 Macroalgal Cultivation Rig 大型藻类延绳养殖平台，对糖海带和翅藻进行了养殖测试。在海藻场监测和生态恢复方面，日本各个县级水产研究所的藻类室，长期对县内的海藻场的物种组成和生物量进行观测，掌握本县内海藻场的状况和变动规律。在藻类采收装备方面，国外研究设计了一种大型收获船“Seaweed trawler”，采用机械手爪进行野生海带捕捞。

（四）藻类加工研究

根据 ISI Web of Science 数据库检索，以“algae processing”等为主题词，2022 年共检索到学术论文 680 余篇。通过对检索文献总结和对国际海藻加工企业的调研发现 2022 年国际藻类产业技术研发进展主要包括 5 个方面。①海藻中活性物质，包括糖类及降解产物、黄酮、多酚、色素的制备、结构解析、功能活性及作用机制研究，其中集合高效生物破壁、膜分离、电渗析的高效节能提取纯化技术越来越受到关注。②藻类质量安全方面。主要集中在大型海藻对重金属的富集能力及其食用健康风险评价。③生物材料应用。海藻提取物（如海藻多糖）与其他生物聚合物和添加剂（如纳米颗粒和天然活性剂）等结合使用，研制出海藻基可降解食品接触材料，在活性包装、智能包装、食用薄膜和涂层等方面有很大的应用潜力。④海藻饲料添加剂对动物生长性能、免疫反应、肠道微生物等的调节作用。⑤不同干燥模型对海带原料中成分的影响，以及双蒸发器常闭环热泵干燥机系统的设计对于海带干燥性能的影响等。

（五）产业经济研究

通过在 Web of Science 数据库检索藻类产业经济相关文献以及其他公开的科研成果，发现 2022 年国外藻类产业经济的相关研究主要聚焦于以下两个方面。①发展藻类经济的机遇与挑战。Armeli 等分析了过去 20 年来地中海海藻生物基产品和研究的状况，并以意大利为主要研究区域分析了藻类在海洋环境、生态系统多样性、食品加工等方面的经济价值。但由于受到欧洲法律法令的监管，藻类生产贺藻类在医疗领域的应用受到了限制。②发展循环经济的藻类技术。Vishwakarma 等讨论了整合藻类技术以建立环境友好的循环生物基经济的优势，将藻类技术与水产养殖、家禽、畜牧业和农业相结合，在保护资源、维护多样性以及改善社会经济条件方面具有巨大的潜力。Ranbin 等同样就利用微藻开采技术来建设循环经济这一话题进行论述，回顾了基于废水循环的各种微藻产品开采技术，并提出通过回收微藻增值产品可能是一种使废水稳定化的方法，从而推动废水的循环利用。

四、国内藻类产业技术研发进展

（一）遗传育种研究

海带组学分析技术较为广泛地应用于种群遗传结构、性别发育和分化的调控机制，辨别了配子体发育过程中性染色体 U 和 V，为海带性别分化提供了线索。在裙带菜遗传学领域，系统研究了我国裙带菜群体的遗传多样性及其与日本、韩国群体的亲缘关系。紫菜育种研究仍然聚焦于生产和抗逆性状的遗传解析、基因克隆和基因功能验证技术的开发等方面。江蓠领域，报道了龙须菜 ARTP 诱变育种技术、倍性鉴定技术的开发和应用；在龙须菜中实现了基于 CRISPR / LbCas12a 技术体系的基因编辑，为龙须菜的基因功能研究提供了重要的技术手段。在微藻产业中建立了 ARTP 等离子体诱变技术构建优势藻株的方法。

（二）病害和有害藻类防控研究

在病害和有害藻类防控方面，2022 年 Web of Science 收录来自中国的论文有 300 余篇。国内对于藻类病害的研究进展主要集中在两方面。一是紫菜和海带栽培环境中菌群的时空序列变化及潜在的功能分析，为监测养殖环境变化、预警海藻灾害和病害的发生提供了基础数据。二是致病机制的研究，多个研究团队研究了海带病害过程中的附生菌群变化，综述了海藻表面附生细菌群落对于生态、藻体健康及产业应用的重要作用。在有害藻类防控方面，涉及有害藻类鉴定、防控方法探索及相互作用机理等。有害藻类综合防控团队对条斑紫菜丝状体和叶状体中的有害藻类进行了分离和纯化，同时进行了防控处理。Xu 等开展了有机酸处理去除羊栖菜幼苗附生的石莼属藻类的研究，发现 0.08 摩尔/升柠檬酸处理 3 分钟是比较适宜的条件。Hu 等使用 USEPA 注册的除藻剂来处理赤潮甲藻 *Karenia brevis*，取得较好的试验效果。

（三）养殖与环境控制研究

多营养层次综合水产养殖是应对多重压力胁迫下近海生态系统显著变化的一条有效的途径。我国科学家详细论述了发展多营养层次综合养殖的科学基础，介绍了在黄海桑沟湾构建的多营养层次综合养殖模式及其效果，评估了多营养层次综合养殖的碳收支与生态服务功能，并指出多营养层次综合养殖模式的多样化发展需要加强养殖种类的生物学和区域生态学研究，还需要加强养殖生态系统的生物地球化学循环和水动力学过程研究。环境影响着藻类的增殖和养殖，藻类调节着海洋生态环境，藻类养殖与环境之间彼此依存。系统开展了藻类养殖与生态环境互作、生态位模型预测未来分布区变化、离岸式养殖新种质开发等方面的工作。通过构建生态位模型，预测了当前和未来气候下坛紫菜和条斑紫菜的物种适宜分布区，发现随着温室气体排放的增多，两种紫菜的分布区均呈现向高纬度、外海区扩张的趋势，未来全球变暖可能有利于紫菜养殖，而紫菜北移、离岸养殖将是未来发展方向。

（四）藻类加工研究

根据中国期刊网（CNKI）数据库检索，以藻类加工/营养/质量等为主题词，2022 年检索到学术论文 150 余篇。结合国内海藻加工企业的调研，国内藻类产业技术研发进展主要包括 7 个方面。①集合高效生物破壁、膜分离、电渗析的节能提取纯化技术，为营养大健康系列产品提供海藻生物活性物质。②集合的海藻预制菜生产关键技术不断优化，包括栅栏技术、冷杀菌技术、无菌包装技术、低温贮藏技术和冷链运输技术的集合优化。③海藻提取物在活性和智能包装、食用薄膜和涂层等方面的应用潜力。④海藻活性物质的研究。褐藻多糖及其寡糖、褐藻胶裂解酶、岩藻黄素及龙须菜抗氧化蛋白、活性肽，江蓠活性多糖等的构效活性及作用机制。⑤海藻食品加工关键技术。主要集中在海带速发鲜焙干品新工艺、三段垂挂喷淋式海带漂烫盐渍加工新工艺、海带低温组织重组新技术和成型产品新工艺、低盐紫菜酱加工工艺等技术。⑥海藻质量安全与营养品质。研究集中在经济海藻营养品质变化的时空分布规律研究，海藻中有机碘、单糖、多糖等特征性成分检测技术的建立，海藻中污染物含量数据库的建立，海藻多糖对生物体内重金属的促排作用及毒性拮抗机理的探究。⑦海藻高效干燥模式的探究，包括将太阳能和热泵干燥技术干燥模式的建立与应用；在不同微波功率密度、真空度、脉冲间歇条件下的“裙带菜微波真空干燥模型”的建立。

（五）产业经济研究

在中国知网数据库检索藻类产业经济相关文献以及其他公开的科研成果，发现 2022

年国内藻类产业经济的相关研究主要聚焦于以下 3 个方面。①藻类资源综合开发与利用。吴志刚等以山东日照市为例，介绍了微藻的经济价值、应用现状及发展前景，详细阐述了微藻在生态农业、食品创新、环境保护、生物质能源中的应用。提出了为更好挖掘和利用微藻资源的展望，一是加大科研支持力度，二是要加大产品研发力度，三是要加大微藻产品的宣传力度。②藻类碳汇能力评估和经济价值分析。贺加贝等通过对山东烟台市贝藻养殖产量、主养贝藻含碳率等相关数据进行分析，核算了烟台市 2010—2019 年贝藻养殖碳汇物质量及价值量，并开展了主要养殖贝藻的碳汇能力评估，并为烟台市贝藻养殖碳汇经济价值提出建议：重视藻类高效固碳优势，扩增藻类养殖加工全产业链建设。③藻类行业市场供需规模及投资趋势预测。周岩根据市场调研机构智研咨询近日发布的相关报告，阐述了 2021 年 1—10 月中国海带的进出口情况：中国海带主要进口于日本、韩国等地，出口到日本、俄罗斯、美国、越南等地。并预测中国海带需求量会继续攀升，海洋资源开发利用的经济价值越来越重要。

（国家藻类产业技术体系首席科学家　逄少军　提供）

[illegible]……2021年1—10月[illegible]

[illegible]